中華博物通考

總主編 張述錚

天宇卷

本卷主編
徐傳武 胡真

上海交通大學出版社

圖書在版編目（CIP）數據

中華博物通考. 天宇卷 / 張述錚總主編；徐傳武，
胡真本卷主編.—上海：上海交通大學出版社, 2024.1
ISBN 978-7-313-24699-8

Ⅰ.①中… Ⅱ.①張… ②徐… ③胡… Ⅲ.①百科全
書—中國—現代②天文學史—中國 Ⅳ.①Z227
②P1-092

中國國家版本館CIP數據核字(2023)第238318號

特約編審：占旭東
責任編輯：朱　菁
裝幀設計：姜　明

中華博物通考·天宇卷

總　主　編：張述錚
本卷主編：徐傳武　胡真

出版發行	上海交通大學出版社	地　　址	上海市番禺路951號
郵政編碼	200030	電　　話	021-64071208
印　　製	蘇州市越洋印刷有限公司	經　　銷	全國新華書店
開　　本	890mm×1240mm　1 / 16	印　　張	36.75
字　　數	758千字		
版　　次	2024年1月第1版	印　　次	2024年1月第1次印刷
書　　號	ISBN 978-7-313-24699-8		
定　　價	438.00元		

《中華博物通考》編纂委員會

名譽主任：匡亞明

主　　任（按姓氏筆畫排序）：王春法　　張述錚

副　主　任：和　龑　韓建民　　顧　鋒　　張　建　　丁鵬勃

委　　員（按姓氏筆畫排序）：

丁鵬勃	丁艷玲	王　勇	王元秀	王午戌	王立華	王青梅	王春法
王素芳	王栩寧	王緒周	文啓明	孔令宜	石　磊	石永士	白建新
匡亞明	任長海	李　淳	李西寧	李延年	李紅霞	李峻嶺	吳秉鈞
余志敏	沈江海	宋　毅	武善雲	林　彬	和　龑	周玉山	胡　真
侯仰軍	俞　陽	馬　巖	耿天勤	華文達	徐建林	徐傳武	高毅清
高樹海	郭砥柱	唐桂艷	陳俊强	陳益民	陳萬青	陳聖安	黃笑山
盛岱仁	婁安良	崔淑雯	康戰燕	張　越	張　標	張小平	張太龍
張在德	張述錚	張維軍	張學鋒	董　巍	焦秋生	謝冰冰	楊秀英
賈秀麗	賈貴榮	路廣正	趙卜慧	趙宗來	趙連賞	鄭小寧	劉世敏
劉更生	劉景耀	賴賢宗	韓建民	韓品玉	鍾嘉奎	顧　鋒	

《中華博物通考》總主編
張述錚

《中華博物通考》副總主編
韓品玉　　陳益民　　俞　陽　　賴賢宗

《中華博物通考》編務主任
康戰燕　　盛岱仁

《中華博物通考》學術顧問

（按姓氏筆畫排序）

王　方	王　釗	王子舟	王文章	王志强	仇正偉	孔慶典	石雲里
田藝瓊	白庚勝	朱孟庭	任德山	衣保中	祁德樹	杜澤遜	李　平
李行健	李克讓	李德龍	李樹喜	李曉光	吳海清	佟春燕	余曉艷
邱永君	宋大川	苟天林	郝振省	施克燦	姜　鵬	姜曉敏	祝逸雯
祝壽臣	馬玉梅	馬建勛	桂曉風	夏興有	晁岱雙	晏可佳	徐傳武
高　峰	高莉芬	陳　煜	陳茂仁	孫　機	孫　曉	孫明泉	陶曉華
黃金東	黃群雅	黃壽成	黃燕生	曹宏舉	曹彥生	常光明	常壽德
張志民	張希清	張維慎	張慶捷	張樹相	張聯榮	程方平	鈕衛星
馮　峰	馮維康	楊　凱	楊存昌	楊志明	楊華山	賈秀娟	趙志軍
趙連賞	趙榮光	趙興波	蔡先金	鄭欣淼	寧　强	熊遠明	劉　静
劉文豐	劉建美	劉建國	劉洪海	劉華傑	劉國威	潛　偉	霍宏偉
魏明孔	聶震寧	蘇子敬	嚴　耕	羅　青	羅雨林	釋界空	釋圓持
鐵付德							

《中華博物通考·天宇卷》編纂委員會

主　　編：徐傳武　　胡　真

副 主 編：黃海蓮　　陳益民　　李峻嶺

撰 稿 人：徐傳武　　胡　真　　黃海蓮　　陳益民　　李峻嶺　　許繼瑩　　趙　洋
　　　　　徐碩博　　徐滴石

導 論

——縱論中華博物學的沉淪與重建

引 言

在中國當代，西方博物學影響至巨，自鴉片戰爭以來，屈指已歷百載。何謂“西方博物學”？“西方博物學”是以研究動植物、礦物等自然物爲主體的學科，但不包含社會領域的社會生活，至 19 世紀後期已完成學術使命，成爲一種保護大自然的公益活動，但國人却一直承襲至今。中華久有自家的博物學，已久被忘却，無人問津，這一狀况實是令人不安。前日偶見《故宮裏的博物學》問世，精裝三册，喜出望外，以爲我中華博物學終得重生，展卷之後始知，該書是依據清乾隆時期皇室的藏書《清宮獸譜》《清宮鳥譜》《清宮海錯圖》（“海錯”多指海中錯雜的魚鱉蝦蟹之類）繪製而成，其中一些并非實有，乃是神話傳説之物。其内容提要稱“是專爲孩子打造的中華文化通識讀本”，而對博物院内琳琅滿目的海量藏品則隻字未提。這就是説，博物院雖有海量藏品，却與故宮裏的博物學毫不相干，或曰并不屬於博物學的研究範圍。此書的編纂者是我國的著名專家，未料我國這些著名專家所認定的博物學仍是西方的博物學。此書得以《故宮裏的博物學》的名義出版，又證我國的出版界對於此一命題的認同，竟然不知我中華久有自家的博物學。此書如若改稱《故宮裏的皇室動物圖譜》，則名正言順，十分精彩，不失爲一部别具情趣的兒童讀物，但原書名却無意間形成一種誤導，孩子們可能會據此認定：唯有鳥獸蟲魚之類才是中華文化中的大學問，故而稱之爲“博物學”，最終會在其幼小心靈裏留下西方博物學的深深印記。

何以出現這般狀況？因爲許多國人對於傳統的中華博物及中華博物學，實在是太過陌生！那麽，何謂“博物”？本文指稱的“博物”，是指隸屬或關涉我中華文化的一切可見或可感知之物體物品。何謂“中華博物學”？“中華博物學”的研究主體是除却自然界諸物之外，更關涉了中國社會的各個方面各個領域，進而關涉了我中華民族的生息繁衍，關涉了作爲文明古國的盛衰起落，足可爲當代或後世提供必要的藉鑒，是我國獨有、無可替代的學術體系。故而重建中華博物學，具有歷史的、現實的多方面實用價值。我中華博物學起源久遠，至遲已有兩千年歷史，衹是初始没有“博物學”之名而已。時至明代，始見“博物之學”一詞。如明楊士奇《東里續集》卷一八評述宋陸佃《埤雅》曰：“此書於博物之學蓋有助焉。”此一“博物之學”，可視爲“中華博物學”的最早稱謂。又，《四庫全書總目提要》卷一三六評清陳元龍《格致鏡原》曰：“〔此書〕分三十類：曰乾象，曰坤輿，曰身體，曰冠服，曰宫室，曰飲食，曰布帛，曰舟車，曰朝制，曰珍寶，曰文具，曰武備，曰禮器，曰樂器，曰耕織器物，曰日用器物，曰居處器物，曰香奩器物，曰燕賞器物，曰玩戲器物，曰穀，曰蔬，曰木，曰草，曰花，曰果，曰鳥，曰獸，曰水族，曰昆蟲，皆博物之學。”此即古籍述及的“中華博物學”最爲明確、最爲全面的定義。重建的博物學於“身體”之外，另增《函籍》《珍奇》《科技》等，可以更全面地融匯古今。在擴展了傳統博物學天地之外，又致力於探索浩浩博物的淵源、流變，以及同物異名與同名異物的研究，致力於物、名之間的生衍關係的考辨。“博物學”本無須冠以“中華”或“中國”字樣，在當代爲區別於西方的“博物學”，遂定名爲“中華博物學”，或曰“中華古典博物學”。“中華博物學”，國人本當最爲熟悉，事實却是大出所料，近世此學已成了過眼雲烟，少有問津者，西方博物學反而風靡於中國。何以形成如此狀況？何以如此本末倒置？這就不能不從噩夢般的中國近代史談起。

一、喪權辱國尋自保，走投無路求西化

清王朝自鴉片戰争喪權辱國之後，面對列强的進逼，毫無氣節，連連退讓，其後又遭

甲午戰爭之慘敗，走投無路，於是由所謂"師夷之長技"，轉而向日本求取西化的捷徑，以便苟延殘喘。日本自 19 世紀始，城鄉不斷發生市民、農民暴動，國内一片混亂。1854 年 3 月，又在美國鐵艦火炮脅迫之下，簽訂《神奈川條約》。四年後再度被迫與美國簽訂通商條約。繼此以往，荷、俄、英、法，相繼入侵，條約不斷，同百年前的中國一樣，徹底淪爲半封建半殖民地社會，當權的幕府聲威喪盡。1868 年 1 月，天皇睦仁（即明治天皇）下達《王政復古大號令》，廢除幕府制度，但值得注意的是仍然堅守"大和精神"，并未全部廢除自家原有傳統。同年 10 月，改元明治，此後的一系列變革措施，即稱之爲"明治維新"。維新之後，否定了"近習華夏"，衝決了"東亞文化圈"，上自天皇，下至黎民，勠力同心，在"富國强兵、置産興業"的前提之下，遠法泰西，大力引入嶄新的科學技術，從而迅速崛起，廢除了與列强的一切不平等條約，成爲令人矚目的世界强國之一。可見"明治維新"之前，日本内憂外患的遭遇，與當時的中國非常相似。在此民族存亡的關鍵時刻，中國維新派代表人物不失時機，遠渡東洋，以日本爲鏡鑒，在引進其先進科技的同時，也引進了日本人按照英文 natural history 的語意翻譯成的漢語"博物學"，雖并不準確，但因出於頂禮膜拜，已無暇顧及。況且，自甲午戰爭至民國前期，日源語詞已成爲漢語外來語詞庫中的魁首，遠超英法俄諸語，且無任何外來語痕迹，最難識別。如"民主""科學""法律""政府""美感""浪漫""藝術界""思想界""無神論""現代化"等，不勝枚舉。國人曾試圖自創新詞，但敗多勝少，衹能望洋興嘆。究其原因，并非民智的高下，也并非語種的優劣，實則是國力强弱的較量，國强則國威，國威則必擁有强勢文化，而强勢文化勢必涌入弱國，面對强勢文化，弱國豈有話語權？西方的"博物學"進入中國，遒勁而又自然。

那麼，西方博物學源於何時何地？又經歷了怎樣的發展變化？答曰：西方博物學發端於古希臘亞里士多德（公元前 384—前 322）《動物志》之類著述，又經古羅馬老普林尼（公元 23—79）的《自然史》，輾轉傳至歐洲各國。其所謂博物除却動植物外，更有天文、地理、人體諸類。這是西方的文化背景與知識譜系，西人習以爲常，喜聞樂見。在歐洲文藝復興和美洲地理大發現之後，見到別樣的動物、植物以及礦物，博物學得到長足發展。至 19 世紀前半期，博物學形成了動物學、植物學和礦物學三大體系，達於鼎盛。至 19 世紀後期，動物學、植物學獨立出來，成爲生物學，礦物學則擴展爲地質學，博物學已被架空。至 20 世紀，博物學已不再屬於什麼科學研究，而完全變成一種生態與環境探索，以供民衆休閑安居的社會活動。其時，除却發端於亞里士多德的"博物學"之外，也有後起的"文化博物學"（Cultural Museology），這是一門非主流的綜合性學科，旨在研究人類一切文化遺產，試圖展示并解釋歷史的傳承與發展，但在題材視野、表達主旨等方面與中華傳統博物學仍甚有差异。面對此類非主流論説，當年的譯者或視而不見，或有意摒弃，其志在振興我中華。

在尋求救國的路途中，仁人志士們目睹了西方先進文化，身感心受，嚮往久之。"試航東西洋一游，見彼之物質文明，莊嚴燦爛，而回首宗邦，黯然無色，已足明興衰存亡之由，長此以往，何堪設想？"（吴冰心《博物學雜誌》發刊詞，1914 年 1 月，第 1 ~ 4 頁），此時仁人志士們滿腔熱血，一心救國。但如何救國，却茫茫然，如墮五里霧中。這一救國之路從表象上觀察似乎一切皆以日本爲鏡鑒，實則迥别於"明治維新"之路，未能把握"富國强兵、置産興業"之首要方嚮，而當年的執政者却祇顧個人權勢的得失，亦無此遠大志嚮。仁人志士們雖振臂疾呼，含泪吶喊，祇飄摇於上層精英之間，因一度失去民族自信、文化自信，而不知所措，矛頭直指孔子及千載儒學，進而直指傳統文化。五四運動前夜，北京大學著名教授錢玄同即正告國人"欲驅除一般人之幼稚的野蠻的頑固的思想"，就必須要"廢孔學"，必須要"廢漢文"（錢玄同《中國今後的文字問題》，載 1918 年 4 月 15 日《新青年》第 4 卷第 4 號）。翌年，五四運動爆發，仁人志士們高舉"德謨克拉西"（民主）、"賽因斯"（科學）兩面大旗，掀起反帝反封建的狂濤巨瀾，成爲中國近現代史上的偉大里程碑，中國人民自此視野大開。這兩面大旗指明了國家强弱成敗的方嚮。但與此同時，仁人志士們又毫不猶豫，全力以赴，要堅決"打倒孔家店"。於是，孔子及其儒家學説成了國弱民窮的替罪羊！接踵而至的就是對於漢字及其代表的漢文化的徹底否定。偉大革命思想家魯迅也一直抨擊傳統觀念、傳統體制，1936 年 10 月，在他逝世前夕《病中答救亡情報訪員》一文中，竟然斷言："漢字不滅，中國必亡！"而新文化運動的主要人物之一胡適更是語出驚人："我們必須承認我們自己百事不如人，不但物質機械上不如人，不但政治制度不如人，并且道德不如人，知識不如人，文學不如人，音樂不如人，藝術不如人，身體不如人。"中華民族是"又愚又懶的民族"，是"一分像人，九分像鬼的不長進民族"（胡適《介紹我自己的思想》，1930 年 12 月亞東圖書館初版《胡適文選》自序）。這是五四運動前後一代精英們的實見實感，本意在於革故鼎新，但這些通盤否定傳統文化的主張，不啻是在緊要歷史關頭的一次群情失控，是中國文化史中的一次失智！在這樣的歷史背景、這樣的歷史氣勢之下，接受西方"博物學"就成了必然，有誰會顧及古老的傳統博物學？

在引進西方博物學之後，國人紛予效法，試圖建立所謂中華自家的博物學，於是圍繞植物學、動物學兩大方面遍搜古今，窮盡群書，着眼於有關動植物之類典籍的縱橫搜求，但這并非我中華的博物全貌，也并非我中華博物學，況且在中華古典博物學中，也罕見西方礦物學之類著作，可見，試圖以西方的博物學體系，另建中華古典博物學，實在是削足適履、邯鄲學步。自 1902 年始，晚清推行學制改革，先後頒布了"壬寅學制""癸卯學制"。1905 年，根據《奏定學堂章程》，已將西方博物學納入中學的課程設置。其課程分爲植物、動物、礦物、人體生理學四種，分四年講授。1912 年中華民國成立後，江浙等地出現過博物學會和期刊，稍後武昌高等師範學校設立了博物學系，出版過《博物學雜誌》，主要研究動物學、植物學及人體生理學，隨後又將博物學系改稱生物學系，《博物學雜誌》也相應改稱《生物學雜誌》，重走了西方的老路。北京高等師範學校也有類似經歷，甚爲盲目而混亂。至 30 年代，發現西方博物學自 20 世紀始，已轉型爲生態與環境探索，國人因再無興趣，對西方博物學的大規模推廣、學習在中國遂告停止，但因影响至深，其餘風猶存。

二、中華典籍浩如海，博物古學何處覓？

應當指出，中國古代典籍所載之草木、鳥獸、蟲魚之類，亦有別於西方，除却其自身屬性特徵外，又常常被人格化，或表親近，或加贊賞，體現了另一種精神情愫。如動物龜、鶴，寓意長壽（其後，龜又派生了貶義）；豺、狼、烏鴉、猫頭鷹，或表殘忍，或表不祥；其他如十二生肖，亦各有象徵，各有寓意。而那些無血肉、無情感的植物，同樣也被賦予人文色彩。如漢班固《白虎通·崩薨》載："《春秋含文嘉》曰：天子墳高三仞，樹以松；諸侯半之，樹以柏；大夫八尺，樹以欒；士四尺，樹以槐；庶人無墳，樹以楊、柳。"足見在我國古老的典制禮俗中，松、柏、欒、槐、楊、柳，已被賦予了不同的屬性，被分爲五等，楊、柳最爲低賤；就連如何埋葬也分爲五等，嚴於區別，從墳高三仞到無墳，成爲天子到庶人的埋葬標志。實則墳墓分爲等級，早在公元前 3300 年至公元前 2300 年的良渚古城遺址已經發現。這些浩浩博物，廣泛涉及了古老民族和古老國度的典制與禮俗，我國學人也難盡知，西方的博物學又當如何表述？

可見西方博物學絕難取代中華古典博物學，中華古典博物學的研究範圍，遠超西方博物學，或可說中華古典博物學大可包容西方博物學。如今，這一命題漸引起國內一些有識之士、專家學者的關注。那麼，中華古典博物學究竟發端於何時何地？有無相對成型的體系？如何重建？答曰：若就人類辨物創器而言，上古即已有之，環宇盡同。若僅就我中華文獻記載而言，有的學者認爲當發端於《周易》，因爲"易道廣大，無所不包"（《四庫全書總目提要》卷九），或認爲發端於《書·禹貢》，因爲此書廣載九州山河、人民與物產。《周易》《禹貢》當然可以視爲中華博物學的源頭。而作爲中華博物學體系的領銜專著，則普遍認爲始於晋代張華《博物志》。而論者則認爲，中華博物學成爲一門相對獨立的學科體系，當始於秦漢間唐蒙的《博物記》，此書南北朝以來屢見引用，張華《博物志》不過是續作而已。對此，前人久有論述。如《四庫全書總目提要》卷一四二曰："劉昭《續漢志》注《律曆志》引《博物記》一條，《輿服志》引《博物記》一条，《五行志》引《博物記》二條，《郡國志》引《博物記》二十九條……今觀裴松之《三國志》注（《魏志·太祖紀》《文帝紀》《吳志·孫賁傳》等）引《博物志》四條，又於《魏志·凉茂傳》中引《博物記》一條，灼然二書，更無疑義。"再如宋周密《齊東野語·野婆》曰："《後漢·郡國志》引《博物記》曰：'日南出野女，群行不見夫，其狀皛且白，裸袒無衣襦。'得非此乎？《博物記》當是秦漢間古書，張茂先（張華，字茂先）蓋取其名而爲《志》也。"再如明楊慎《丹鉛總錄》卷一一："漢有《博物記》，非張華《博物志》也，周公謹云不知誰著。考《後漢書》注，始知《博物記》爲唐蒙作。"如前所述，此書南北朝典籍中多有引用，如僅在南朝梁劉昭《續漢志》注中，《博物記》之名即先後出現了三十三次之多。據有關古籍記載，其內包括了律曆、五行、郡國、山川、人物、輿服、禮俗等，盡皆實有所指，無一虛幻。故在明代有關前代典籍分類中，已將唐蒙《博物記》與三國魏張揖《古今字詁》、晋呂静《韻集》、南朝梁阮孝緒《古今文詁》、唐顏元孫《干禄字書》、宋洪适《隸釋》等字書、韵書并列（見明顧起元《說略》卷一五），足見其學術地位之高，而張華《博物志》則未被錄入。

至西晋已還，佛道二教廣泛流傳，神仙方士之說大興，於是張華又衍《博物記》爲《博物志》，其書內容劇增，自卷一至卷六，記載山川地理、歷史人物、草木蟲魚，這些當是紀要考訂之屬，合乎本文指稱的名副其實的博物學系統。此外，又力仿《山海經》的體例，旨在記載异物、妙境、奇人、靈怪，以及殊俗、瑣聞等，諸多素材語式，亦幾與《山海經》盡同，若"羽民國，民有翼，飛不遠……去九嶷四萬三千里"云云，并非"浩博實物"，已近於"志怪"小説。張華自序稱其書旨在"博物之士覽而鑒焉"，張序指稱的"博物之士"，義同前引《左傳》之"博物君子"，其"博物"是指"博通諸種事物"，虛虛實實，紛紛紜紜，無所不包。此類記述，正合世風，因而《博物志》大行其道，《博物記》則漸被冷落，南北朝之後已失傳，其殘章斷簡偶見於他書，可輯佚者甚微。後世輾轉相引，又常與《博物志》混同。《博物志》至宋代亦失傳，今本十卷爲采摭佚文、剽掇他書而成，真僞雜糅，亦非原作。其後又有唐人林登《續博物志》十卷，緊接《博物志》之後，更拓其虛幻内容，以記神異故事爲主，多是叙述性文字，其條目篇幅較長，宋代之後也已亡佚。再後宋人李石又有同名《續博物志》十卷，其自序稱："次第仿華書，一事續一事。"實則并不盡然，華書首設"地理"，李書改增爲"天象"，其他内容，間有與華書重複者，所續多是後世雜籍，宋世逸聞。此書雖有舛亂附會之弊，仍不失爲一部難得的繼補之作。李書之後，又有明人游潛《博物志補》三卷，仍係補張華之《志》，旨趣體例略如李石之《續志》，但頗散漫，時補時闕，猥雜冗濫。李、游一續一補，盡皆因仍張《志》，繼其孑遺。以上諸書之所謂"博物"，一脉相承，注重珍稀之物而外，多以臚列奇事异聞爲主旨，同"浩博實物"的考釋頗有差异。游潛稍後，明董斯張之《廣博物志》五十卷問世，始一改舊例，設有二十二類，下列子目一百六十七種，所載博物始於上古，達於隋末，不再因仍張《志》而爲之續補，已是擴而廣之，另闢山林，重在追溯事物起源，其中包括職官、人倫、高逸、方技、典制，等等。其後，清人陳逢衡著有《續博物志疏證》十卷、《續博物志補遺》一卷，對李石《續志》逐條研究探索，并又加入新增條目，成爲最系統、最深入的《續》説。其後，徐壽基又著有《續廣博物志》十六卷，繼董《志》餘緒，於隋代之後，逐一相繼，直至明清，頗似李石之續張華。但《廣志》《續廣志》之類，仍非以專考釋"浩博實物"爲主旨。我國第一部以"博物"命名而研究實物的專著，當爲明末谷應泰之《博物要覽》。該書十六卷，惜所涉亦不過碑版、書畫、銅器、窰器、瑪瑙、珊瑚、珠玉、奇石等玩賞之器物，皆係作者隨所見聞，摭録成帙；所列未廣，其中碑版書畫，尤爲簡陋，難稱浩博，其影響遠不及前述諸《志》，但所創之寫實體例，則非同尋常。而最具權威者，當是明末黄道周所著《博物典彙》，該書共二十卷，所涉博物，始自遠古，達於當朝，上自天文地理，下至草木蟲魚，盡予囊括，并以其所在時代最新的觀點、視野，對歷代博物著述進行了彙總研究。如卷一關於"天文"之考釋，下設"渾天""七曜"，"七曜"下又設"日""月""五星"，再後又有"經星圖""緯星圖""二十八宿"。又如卷七關於"后妃"，下設"宮闈內外之分""宮闈預政之誡"，緊隨其後的即教育"儲貳"之法，等等，甚爲周嚴。

以上諸書就是以"博物"命名的博物學專著。在晚清之前，代代相繼，發展有序，并時有新的建樹。

與這些博物學專著相并行，相匹配，另有以"事"或"事物"命名，旨在探索事物起源的博物學專著。初始之作爲北魏劉懋《物祖》十五卷，稍後有隋謝昊《物始》十卷，是對《物祖》的一次重大補正。《物始》之後，有唐劉孝孫等《事始》三卷，又有五代馮鑑《續事始》十卷，是對《事始》的全面擴展與開拓。《續事始》之後，另有宋高承《事物紀原》十卷，此書分五十五個類目，上自"天地生植"，中經"樂舞聲歌""輿駕羽衛""冠冕首飾""酒醴飲食"，直至"草木花果""蟲魚禽獸"，較《物祖》《物始》尤爲完備，遂成博物學的百代經典。接踵而來者有明王三聘《古今事物考》八卷，效法《紀原》之體，自古至今，上至天文地理，下至昆蟲草木，中有朝制禮儀、民生器用、宮室舟車，力求完備，較之他書尤得要領，類居目列，條理分明，重在古今考釋，一事一物，莫不求源溯始，考核精審。此書載錄服飾資料尤爲豐富，如卷一有上古禮制之種種服式，非常全面，卷六所載後世之巾冠、衣、佩、帶、襪、履舄、僧衣、頭飾、妝飾、軍服等百餘種，考證多引原書原文，確然有據，甚爲難得。就全書而言，略顯單薄。明徐炬又有《古今事物原始》三十卷，此書仿高承《紀原》之體，又參《事物考》之章法，以考釋制度器物爲主，古今上下，盡考其淵源，更有所得，凡日月星辰、山川草木，亦必確究其淵源流變，但此與天地共生之浩浩博物，四百餘年前的一介書生，豈可臆測而妄斷？爲此而輾轉援引，頗顯紛亂。且鳥獸花草之起首，或加偶語一聯，或加律詩二句，而後逐一闡釋，實乃蛇足。其書雖有此瑕疵，却不掩大成。與王、徐同代的還有羅頎《物原》二卷（《四庫》本作一卷），羅氏以《紀原》不能黜妄崇真，故更訂爲十八門，列二百九十三條，條條錘實。如，刻漏、雨傘、鋦子（用於連合破裂器物的兩脚釘）、酒、豆腐之類的由來，多有創見。惜違《紀原》明記出典之體，又背《事物考》之道，凡有考釋，則溷集眾說爲一。如，烏孫公主作琵琶，張華作苔紙，皆茫然不知所本。不過章法雖有差失，未臻完美，但其功業甚巨，《物原》成爲一部研究記述我國先民發明創造的專著。時至清代，陳元龍又撰

《格致鏡原》一百卷。何謂"格致鏡原"？意即格物致知，以求其本原。此書的子目多達一千七百餘種，明代以前天地間萬事萬物盡予羅致，一事一物，必究其原委，詳其名號，廣博而精審，終成中華古典博物學的巔峰之作。

以上兩大系列專著，自秦漢以來，連續兩千載，一脉相承，這并非十三經、二十六史之類的敕編敕修，無人號令，無人支持，完全出自一種無形的力量，出自文化大國、中華文脉自惜自愛的傳承精神，從而構成浩大的博物學體系。在我國學術研究史中，在我國圖書編纂史中，乃至於世界文化史中，當屬大纛獨立，舉世無雙！本當如江河之奔，生生不息，終因清廷喪權辱國、全盤西化而戛然中斷。

三、博物古學歷磨難，科技起落何可悲！

回顧我國漫長的文化史可知，中華博物學是在傳統的"重道輕器"等陳腐觀念桎梏下，以强大的民族自覺精神、民族意志爲推動力，砥礪前行，千載相繼，方成獨立體系，因而愈加難得，愈加可貴。

"重道輕器"觀念是如何出現的？何謂"道器"？兩者究竟是何關係？《周易·繫辭上》曰："形而上者謂之道，形而下者謂之器。"何謂"道"？所謂道乃"先天地生"，無形無象、無聲無色、無始無終、無可名狀，爲"萬物之所然也，萬理之所稽也"（見《韓非子·解老》），是指形成宇宙萬物之本原，是形成一切事理的依據與根由。何謂"器"？器即宇宙間實有的萬物，包括一切科技發明，至巨至大，至細至微，充斥天地間，而盡皆不虛，或有實物可見，或有形體可指。器即博物，博物即器。"道器關係"本是一種有形無形、可見與不可見的生衍關係，并無高下之分，但在傳統文化中却另有解釋。如《周禮·考工記序》曰："坐而論道，謂之王公；作而行之，謂之士大夫；審曲面埶，以飭五材，以辨民器，謂之百工。"又曰："智者創物，巧者述之，守之世，謂之百工。百工之事，皆聖人之作也。"此文突顯了"道"對於"器"的指導與規範地位。"坐而論道"，可以無所不論，民生、朝政、國運、天下事，當然亦在所論之中。"道"實則是指整體人世間的一種法則、一種定律，或說是我古老的中華民族所創造的另一種學說。所謂"論道者"，古代通常理解爲"王公"或"聖人"，實則是代指一代哲人。《考工記序》却將論道與製器兩者截然分開，明確地予以區別，貶低萬衆的創造力，旨在維護專制統治，從而確定人們的身份地位。坐而論道者貴爲王公，親身製器者屬末流之百工（"審曲面埶，以飭五材、以辨民器"，謂觀察金、木、皮、玉、土之曲直、性狀，據以製造民人所需之器物）。《考工記序》所記雖名爲"考工"，實則是周代禮制、官制之反映，對芸芸衆生而言，這種等級關係之誘惑力超乎尋常，絕難抵禦，先民樂於遵從，樂於接受，故而崇敬王公，崇敬聖人，百代不休。因而在中國古代，科學技術大受其創。

"重道輕器"的陳腐觀念，在中國古代影響廣遠，"器"必須在"道"的限定之下進行，不得隨意製作，不得超常發揮，"道"漸演化爲統治者實施專政的得力手段。"坐而論道"，似乎奧妙無盡。魏晉時期，藉儒入道，張揚"玄之又玄"，乃至於魏晉人不解魏晉文章，本朝人爲本朝人作注，史稱"玄學"。兩宋由論道轉而談理，一代理學宗師應運而生，闡理思辨，超乎想象，就連虛幻縹緲的天宮，亦可談得妙理聯翩，後世道家竟繪出著名的《天宮圖》來。事越千載，五四運動時期，那些新文化運動主將們聯手痛搗"孔家店"，却不攻玄理，"論道""崇道""樂道""惜道"，滾滾而來，遂成千古"道"統，已經背離《易》《老》的本義。出於這樣的觀念，如何會看重"形而下"的博物與博物學？

那麼，古代先民又是如何看待與博物學密切相關的科學技術？《書・泰誓下》載，殷紂王曾作"奇技淫巧，以悦婦人"，爲百代不齒，萬世唾罵。何謂"奇技淫巧"？唐人孔穎達釋之曰："奇技謂奇異技能，淫巧謂過度工巧……技據人身，巧指器物。"所謂"奇技淫巧"，今大底可釋爲超常的創造發明，或可直釋爲科學技術。論者認爲，"百代不齒，萬世唾罵"者并不在於"奇技淫巧"這一超常的創造發明，而在於紂王奢靡無度，用以取悦婦人的種種罪孽。至於紂王是否奢靡無度，"以悦婦人"，今學界另有考證。紂王當時之所以能稱雄天下，正是由於其科技的先進，軍事的强大，其失敗在於大拓疆土，窮兵黷武，導致內外哀怨，決戰之際又遭際叛亂。所謂"以悦婦人"之妲己，祇是戰敗國的一種"貢品"而已，對於年過半百的老人并無多大"媚力"。關於殷商及妲己的史料，最早見於戰國時期成書的《國語・晋語一》，前後僅有二十七字，并無"酒池肉林""炮烙之刑"之類記載，後世史書所謂紂王對妲己的種種寵愛，實是一種演繹，意在宣揚"紅顏禍水"之説（此説最早亦源於前書。"紅顏禍水"，實當稱之爲"紅顏薄命"）。在中國古代推崇"紅顏禍水"論，進而排斥"奇技淫巧"，從而否定了科技的力量，否定了科技强弱與國家强弱的關係。時至周代，對於這種"奇技淫巧"，已有明確的法律限定："作淫聲、異服、奇技、奇器以疑衆，殺！"（見《禮記・王制》）這也就是説，要杜絕一切新奇的創造發明，連同歌聲、服飾也不得超乎常規，否則即犯殺罪！此文自漢代始，多有注疏，今擇其一二，以見其要。"淫聲"者，如春秋戰國時鄭、衛常有男女私會，謳歌相引，被斥爲淫靡之聲；"奇技"者，如年輕的公輸班曾"請以機窆"，即以起重機落葬棺木，因違反當時人力牽挽的埋葬禮節，被視爲不恭。一言以蔽之，凡有違禮制的新奇科技、新奇藝術，皆被視爲疑惑民衆，必判以重罪。這就是所謂"維護禮制"，其要害就是維護統治者的統治地位，故而衣食住行所需器物的質材及數量，無不在尊卑貴賤的等級制約之中。如規定平民不得衣錦綉，不得鼎食，商人、藝人不得乘車馬，就連權貴們娛樂時選定舞蹈的行列亦不可違制，違制即意味着不軌，意味着僭越。杜絕"奇技淫巧"，始自商周，直至明清而未衰。我國著名的四大發明，千載流傳，未料却如同國寶大熊猫一樣，竟由後世西方科學家代爲發現，實在可悲！四大發明、大熊猫之類，或因史籍隱冷，疏於查閱，或因地處山野，難以發現，姑可不論，但其他很多非常具體的發明創造，雖有群書連續記載，也常被無視，或竟予扼殺。如漢代即有超常的"女布"，因出自未嫁少女之手而得名（見《後漢書·王符傳》），南北朝時已久負盛名，稱"女子布"（見南朝宋盛弘之《荆州記》）。宋代又稱"女兒布"，被贊爲"布帛之品……其尤細者也"（見宋羅濬《寶慶四明志·郡志四》）。其後歷代製作，不斷創新，及至明清終於出現空前的妙品"女兒葛"。"女兒葛"爲細葛布的一種，其物纖細如蟬翼紗，又如傳説中的"蛟女絹"，僅重三四兩，捲其一端，整匹女兒葛便可出入筆管之中，精美絕倫，明代弘治之後曾發現於四川鄰水縣，但却被斷然禁止。明皇甫録《下陴記談》卷上："女兒葛，出鄰水縣，極纖細，必五越月而後成，不減所謂蟬紗、魚子纈之類，蓋十縑之力也。予以爲淫巧，下令禁止，無敢作者。"對此美妙的"女兒葛"，時任順慶府知府的皇甫録，并没給予必要的支持、鼓勵，反而謹遵古訓，以杜絕"奇技淫巧"爲己任，堅決下達禁令，并引以爲榮。皇甫録乃弘治九年（1496）進士，爲官清正，面對"奇技淫巧"也如此"果斷"！此後清代康熙年間，"女兒葛"再現於廣東增城縣一帶，其具體情狀，清屈大均《廣東新語·貨語·葛布》中有翔實描述，但其遭遇同樣可悲，今"女兒葛"終於銷聲匿迹。在中國古代，類似的遭遇，又何止"女兒葛"？杜絕"奇技淫巧"之風，一脉相承，何可悲也。

但縱觀我華夏全部歷史可知，一些所謂的"奇技淫巧"之類，雖屢遭統治者的禁弃，實則是禁而難止，況統治者自身對禁令也時或難以遵從，歷代帝王皇室之衣食住行，幾乎無一不恣意追求舒適美好，爲了貪圖享樂，就不得不重視科技，就不得不啓用科技。如

"被中香爐"（爐內置有炭火、香料，可隨意旋轉以取暖，香氣縷縷不絕。發明於漢代）、"長信宮燈"（燈內裝有虹管，可防空氣污染。亦發明於漢代）的誕生，即明證。歷代王朝所禁絕的多是認定可能危及社稷之類的"奇技淫巧"，并未禁止那些有利於民生的重大發明，也没有壓抑摧殘黎民百姓的靈智（歷史中偶有以愚民爲國策者，祇是偶或所見的特例而已）。帝王們爲維護其統治地位，以求長治久安，在"重道輕器"的同時，也極重天文、曆算、農桑、醫藥等領域的研究，凡善於治國的當權者，爲謀求其國勢得以强盛，則必定大力倡導科技，《後漢書·和熹鄧皇后紀》所載即爲顯例。和熹皇后鄧綏（公元81—121），深諳治國之道，兼通天文、算數。永元十四年（102），漢和帝死後，東漢面臨種種滅頂之災，鄧綏先後擁立漢殤帝和漢安帝，以"女君"之名親政長達十六年，克服了有史以來最嚴重的十年天災，剿滅海盜，平定西羌，收服嶺南三十六個民族，將九真郡外的蠻夷夜郎等納入版圖，恢復東漢對西域的羈縻，征服南匈奴、鮮卑、烏桓等，平息了内憂外患，使危機四伏的東漢王朝轉危爲安。正是在這期間，鄧綏大力發展科技，勉勵蔡倫改進造紙術，任用張衡研製渾天儀、地動儀等儀器，并製造了中尚方弩機，這一可以連續發射的弩機，其射程與命中率令時人驚嘆，成爲當時世界上最具殺傷力的先進武器（此外，鄧綏又破除男女授受不親的陳腐觀念，創辦了史上最早的男女同校學堂，并通過支持文字校正與字詞研究，推動了世界第一部字典《説文解字》問世）。這就爲傳統的博物研究提供了巨大的空間，因而先後出現了今人所謂的"四大發明"之類。實際上何止是"四大發明"？天文、曆算等領域的發明創造，可略而不論。鄧綏之前，魯班曾"請以機仢"的起重機，出現於春秋時期，早於西方七百餘年。徐州東洞山西漢墓出土的青銅透光鏡，歐洲和日本人稱其爲"魔鏡"，當一束光綫照射鏡面而投影在墙壁上時，墙上的光亮圈内就出現了銅鏡背面的美麗圖案和吉祥銘文。這一"透光鏡"比日本"魔鏡"早出現一千六百餘年，而歐洲的學者直到19世紀纔開始發現，大爲驚奇，經全力研究，得出自由曲面光學效應理論，將其廣泛運用於宇宙探索中。今日，國人已能夠恢復這一失傳兩千餘載的原始工藝，千古瑰寶終得重放异彩！鄧綏之後，又創造了"噴水魚洗"，亦甚奇妙，令人大開眼界。東漢已有"雙魚洗"之名（見明梅鼎祚《東漢文紀》卷三二引《雙魚洗銘》），未知當時是否可以噴水。"噴水魚洗"形似現今的臉盆。盆内多刻雙魚或四魚，盆的上沿兩側有一對提耳，提耳的設置，不祇是爲了便於提動，同時又具有另外一個功用，即當手掌撫摩時，盆内還能噴射出兩尺高的水柱，水面形成一片浪花，同時會發出樂曲般的聲響，十分神奇。今可確知，"噴水魚洗"興起於唐宋之間（見宋王明清《揮麈前録》卷三、宋何薳《春渚紀聞》卷九），當是皇家或貴族所用盥洗用具。魚洗能够噴水，其道理何在？美國、日本的物理學家曾用各種現代科學儀器反復檢測查看，試圖找出其導熱、傳感及噴射發音的構造原理，雖經全力研究，但仍難得以完整的解釋，也難以再現其效果。面對中國古代科技創造的這一奇迹，現代科學遭遇了空前挑戰，祇能"望盆興嘆"。

中華民族，中華博物學，就是在這樣複雜多變的背景之下跌宕起伏，生存發展，在晚清之前，兩千餘年來，從未停止前進的步伐，這又成爲中華民族的民族性與中華博物學的一大特點。

四、西化流弊何時休，誰解古老博物學？

自晚清以還，中華博物學沉淪百年之久，本當早已復蘇，時至今日，幸逢盛世，正益修典，又何以總是步履維艱？豈料經由西學東漸之後，在我國國内一些學人認定科學決定一切，無與倫比，日積月纍，漸漸形成了一種偏激觀念——"唯科學主義"，即以所謂是否合於科學，來判定萬事萬物的是非曲直，科學擁有了絶對的話語權。"唯科學主義"通常表現爲三種態度：一、否認物質之外的非物質。凡難以認知的物質，則稱之爲"暗物質"。這一"暗"字用得非常巧妙，"暗"，難見也！於是"暗物質"取代了"非物質"；二、否認科學之外的其他發現。凡是遇到無從解釋的難題，面對別家探索的結論，一律斥爲"僞科學"。三、否認科學範圍以外的其他一切生産力，唯有科學可以帶動社會發展，萬事萬物必須以科學爲推手。

何謂"科學"？中國古代本有一種認識論的命題，稱之爲"格致"，意謂"格物致知"，指深究事物原理以求得知識，從而認識各種客觀現象，掌握其變化規律。這種哲學我國先秦諸子久已有之，雖已歷千載百代，但却未得應有的重視，終被西方科學所取代。自16世紀始，歐洲由於文藝復興，掙脱了天主教會的長期禁錮，轉向於對大自然的實用性的探索，其代表作即哥白尼的"日心説"與伽利略天文望遠鏡的發明，同時出現牛頓的力學，這是西方的第一次科技革命。這一時期已有"科學"其實，尚無後世"科學"之名，起始定名爲英語science一詞，源於拉丁文，本意謂人世間的各種學問，隸屬於古希臘的哲學思想，是一種對於宇宙間萬事萬物的生衍關係的一種想象、一種臆解，原本無甚稀奇，此時已反響於歐洲，得以廣泛流傳。至 18 世紀，新興的資產階級取得政權，爲推行資本主義，又大力發展科學，西方科學已處於世界領先地位。時至 19 世紀 60 年代後期及 20 世紀初，歐洲發生了以電力、化學及鋼鐵爲新興產業的第二次科技革命，英語 science 一詞迅速擴展於北美和亞洲。日本明治維新時期，赴歐留學的日本學者將 science 譯成"科學"，學界認爲是藉用了中國科舉制度中"分科之學"的"科學"一詞，如同將英文 natural history 的語意翻譯成漢語"博物學"一樣，也并不準確，中國的變法派訪日時，對之頂禮膜拜，欣然接受，自家固有的"格致"一詞，如同國學中的其他語詞一樣被弃而不用，"科學"一詞因得以廣泛流傳。"科學"當如何定義？今日之"科學"包括了自然科學、社會科學、思維科學以及交叉科學。除却嚴謹的形式邏輯系統之外，本是一種具體的以實踐爲手段的實證之學。實踐與實證的結果，日積月纍，就形成了人類關於自然、社會和思維的認知體系，成爲人類評斷事物是非真僞的依據。但科學不可能將浩渺無盡的宇宙及宇宙間的萬事萬物盡皆予以實踐、實證，能够實踐、實證者甚微，因而科學總是在不斷地探索，不斷地補正，不斷地自我完善之中，其所能研究的領域與功能實在有限。當代科學可以在指甲似的晶片上，一次性地裝載五百億電晶體，可以將重達六噸以上的太空船射向太空，并按照既定指令進行各種探索，但却不能造出一粒原始的細胞來，因爲這原始細胞結構的複雜神秘，所蘊含的奇妙智慧，人類雖竭盡全力，却至今無法破解。細胞來自何處？是如何形成的？科學完全失去了話語權！造不出一粒原始的細胞，造一片樹葉尤無可能，造一棵大樹更是幻想，遑論萬千物種，足證"科學"并非萬能的唯一學問。況且，"暗物質"之外，至少在中國哲學體系中尚有"非物質"。何謂"非物質"？"非物質"是與"物質"相對而言，區別於"暗物質"的另一種存在，正如前文所述，它"無形無象、無聲無色、無始無終、無可名狀"，在中國古代稱之爲"道"。"道"可以不遵循因果關係，可以無中生有，爲"萬物之所然也，萬理之所稽也"，可以解釋萬物的由來，可以解釋宇宙的形成。今以天體學的的視野略加分析，亦可見"唯科學主義"的是非。人類賴以生存的地球，其直徑約爲 12 742 公里，是太陽系中的第三顆小行星。太陽系的直徑約爲 2 光年，太陽是銀河系中數千億恒星之一，銀河系的直徑約爲 10 萬光年，包括 1 千億至 4 千億顆恒星，而宇宙中有一千至兩千億銀河系，宇宙有 930 億光年。一光年約等於 9.46 萬億公里。地球在宇宙中祇是一粒微塵，如此渺小的地球人能創造出破解一切的偉大科學，那是癡人說夢！中華先賢面對諸多奧妙，面對諸多不可思議的現象，提出這一"無可名狀"之"道"，當然并非憑空想象，自有其觀測與推理的依據，這顯然不同於源自西方的科學，或曰是西方科學所包容不了的。先賢提出的"無可名狀"的"道"，已超越物質的範圍，或曰"道"絕非"暗物質"所能替代的。這一"無可名狀"的"道"，在當今的別樣的時空維度中已得到初步驗證（在這非物質的維度中滿富玄機）。論者提出這一古老學説，旨在證明"唯科學主義"排斥其他一切學説，過分張揚，不足稱道，絕無否定或輕忽科學之意。百年前西學東漸，尤其是西方科學的傳入，乃是我中華民族思維與實踐領域的空前創獲，是實踐與思維領域的一座嶄新的燈塔，如今已是家喻户曉，人人稱贊，任誰也不會否認科學的偉大，但却不能與偏激的"唯科學主義"混同。後世"科學"一詞，又常常與"技術"連稱爲"科學技術"，簡稱"科技"。何謂"技術"？"技術"一詞來源於希臘文"techs"，通常指個人的技能或技藝，是人類利用現有實物形成新事物，或改變原有事物屬性、功能的方法，或可簡言之曰發明創造。科學技術不同於科學，也不同於技術，也不是科學與技術的簡單相加。科學技術是科學與技術的有機結合體系，既是人類認識世界和改造世界的成果或產物，又是人類認識世界和改造世界最有力的工具或手段，兩者實難分割。某些技術本身可能衹是一種技法，而高深技術的背後則必定是科學。

出於上述"唯科學主義"偏激觀念，重建中華博物學就遭致了質疑或否定，如有學者認爲，中國古代衹有技術而没有科學，哪有什麽中華博物學？中華博物學被看作"前科學時代的粗糙的知識和技能的雜燴"，是一種"非科學性思考"，没有什麽科學價值，當然也就没有重建的必要，因爲西方博物學久已存在，無可替代。中國古代當真"衹有技術而没有科學"麽？前文已論及"科學"與"技術"很難分割，在中國古代不衹有"技術"，同樣也有"科學"。回眸世界之歷史長河，僅就中西方的興替發展脉絡略作比較，就可以看到以下史實：當我中華處於夏禹已劃定九州、建有天下之際，西方社會多處於尚未開化的蠻荒歲月；當我中華已處於春秋戰國鋼鐵文化興起之際，整個西方尚處於引進古羅馬文明的青銅器時代；當我宋代以百萬册的印數印刷書籍之際，中世紀的西方仍然憑藉修士們成年纍月在羊皮卷上抄寫複製；著名的火藥、指南針等其他重大發明姑且不論，單就中國歷朝歷代任何一件發明創造而言，之於西方社會也毫不遜色，直至清代中葉，中國的科技一直處於世界領先地位。英國科學家李約瑟主編的七卷巨著《中國科學技術史》，即認爲西方古代科學技術 85% 以上皆源於中國。這是西方人自發的没有任何背景、没有任何色彩的論斷，甚爲客觀，迄今未見异議。此外又有學者指出，中華傳統博物學不衹擁有科技，又超越了科技的範疇，它是"關於物象（外部事物）以及人與物的關係的整體認知、研究範式與心智體驗的集合"，"這種傳統根本無法用科學去理解和統攝"，中華古典博物學"給我們提供的'非科學性思考'，恰恰是它的價值所在"（余欣《中國博物學傳統的重建》，載《中國圖書評論》，2013年第10期，第45～53頁）。這無疑是對"唯科學主義"最有力的批駁！是的，本書極重"科技"研究，又不拘泥於"科技"，同樣重視"非科學性思考"。

　　中華古典博物學的研究主體是"博物"，是"博物史"，通過對"博物""博物史"的探索，而展現的是人，是人的生存、生活的具體狀況，是人的直觀發展史。中華傳統博物學構成了物我同類、天人合一的博大的獨立知識體系，是理解和詮釋世界的另一視野，這種視野中的諸多"非科學性思考"的博物，科學無法全面解讀，但却是真真切切的客觀存在。所謂傳統博物學是"前科學時代的粗糙的知識和技能的雜燴"，是"非科學性思考"的評價，甚是武斷，祇不過是一種不自覺的"唯科學主義"觀念而已。另將"科學"與"技術"分割開來，強調什麼"科學"與否，這一提法本身就不太"科學"。對此，本書前文已論及，無須複述。我國作爲一個古老國度，在其漫長的生衍過程中，理所當然地包容了"粗糙的知識和技能"。這一狀況世界所有古國盡有經歷，并非中國獨有。"粗糙的知識"的表述似乎也并不恰當，"知識"可有高下深淺之分，未聞有粗糙細緻之別。這所謂"粗糙"，大約是指"成熟"與否，實際上中華傳統博物學所涉之"知識和技能"，并非那麼"粗糙"，常常是合於"科學"的，有些則是非常的"科學"。英國科學家李約瑟等認定古代中國涌現了諸多"黑科技"。何謂"黑科技"？這是當前國際間盛行的術語，即意想不到的超越科技之科技，可見學界也是將"科學"與"技術"連體而稱，而并非稱"黑科學"。認定中國古代"祇有技術而没有科學"，傳統博物學是"前科學時代的粗糙的知識和技能的雜燴"之説，頗有些"粗糙"，準確地説頗有些膚淺！這位學者將傳統博物學統稱爲"前科學時代"的產物，亦是一種妄斷，也頗有些隨心所欲！何謂"前科學時代"？"前科學時代"是指形成科學之前人們僅憑五官而形成的一種感知，這種感知在原始社會時有所見，但也并非全部如此，如鑽木取火、天氣預測、曆法的訂立、灸砭的運用等，皆超越了一般的感知，已經形成了各自相對獨立的科學。看來這位學者并不怎麼瞭解中國古代科技史，并不太瞭解自家的傳統文化，實屬自誤而誤人。

　　中華博物學的形成及發展歷程，與西方顯然不同。西方博物學萌生於上古哲人的學説，其後則以自然科學爲研究主體，遍及整個歐洲，全面進入國民的生活領域。在這樣的文化背景之下，西方日益强大，直接影響和推動了社會的發展，因而步入世界前列。我中華悠悠數千載，所涉博物，形形色色，浩浩蕩蕩，逐漸形成了中華獨有的博物學體系，但面臨的背景却非常複雜，與西方比較是另一番天地，那就是貫穿數千載的"重道輕器"觀念與排斥"奇技淫巧"之國風，這一觀念、這一國風，其表現形式就是重文輕理，且愈演愈烈。如中國久遠的科舉制度，應試士子們本可"上談禮樂祖姬孔，下議制度輕雔玄"（見明高啓《送貢士會試京師》詩），縱論古今國事，是非得失，而朝廷則可藉此擇取英才，因而國家得以强盛。時至明代後期，舉國推行的科舉制度竟然定型爲千篇一律的八股文，泯滅了朝廷取才之道，一代宗師顧炎武稱八股之禍勝似"焚書坑儒"（見《日知録·擬題》）。清代後期爲維護其獨裁統治，手段尤爲專橫强硬，又向以"天朝"自居，哪裏會重視什麽西方的"科學技術"？"科學技術"的落伍最終導致文明古國一敗塗地，這也就是"李約瑟難題"的答案！"科學"之所以成爲"科學"，是因爲其出自實踐、實證，實踐、實證是科學的生命。實踐、實證又必須以物質爲基礎，這正與我中華博物學以浩浩博物爲研究主體相合！但中華博物學，或曰博物研究，始終被置於正統的國學之外，這一觀念與國風，極大地制約了中華博物學的發展。制約的結果如何？可以毫不誇張地説，直接阻礙了中國古代社會的歷史進程。

五、中華博物知多少，皓首難解千古謎

中華博物如繁星麗天，難以勝計，其中有諸多別樣博物，可稱之爲"黑科技"者，令人百思不得其解。如八十餘年前四川廣漢西北發現的三星堆古蜀文化遺址，距今約四千八百年至三千年左右，所在範圍非常遼闊，遠超典籍記載的成都平原一帶，此後不斷探索，不斷有新的發現，成爲 20 世紀人類最偉大的考古發現之一。該遺址內三種不同面貌而又連續發展的三期考古學文化，以規模壯闊的商代古城和高度發達的青銅文明爲代表的二期文化最具特點。二期文化中青銅器具占據主導地位，極爲神奇。衆多的青銅人頭象、青銅面具，千姿百態。還有舉世罕見的青銅神樹，該樹有八棵，最高者近 4 米，共分三層，樹枝上栖息有九隻神鳥，應是我國古籍所載"九日居下枝"的體現；斷裂的頂部，當有"一日居上枝"的另一神鳥，寓意九隻之外，另一隻正在高空當班。青銅樹三層

九鳥，與《山海經・海外東經》中所載"扶桑""若木""九日居下枝，一日居上枝"正同。上古時代，先民認爲天上的太陽是由飛鳥所背負，可知九隻神鳥即代表了九個太陽。其《南經》又曰："有木，其狀如牛，引之有皮，若纓、黃蛇。其葉如羅，其實如欒，其木若蘆，其名曰建木。"何謂"建木"？先民認爲"建木"具有通天本能，傳說中伏羲、黃帝等盡皆憑藉"建木"來往神界與人間。由《山海經》的記載可知，這神奇物又來源於傳統文化，大量青銅文化明顯地受到夏商文明、長江中游文明及陝南文明的影響。那些金器、玉器等禮器更鮮明地展現出華夏中土固有的民族色彩。如此浩大盛壯，如此神奇，這一古蜀國究竟是怎樣形成的？又是怎樣突然消失的？詩人李白在《蜀道難》中曾有絕代一問："蠶叢及魚鳧，開國何茫然？"意謂蠶叢與魚鳧兩位先帝，是在什麼時代開創了古蜀國？何以如此茫茫然令人難解？今論者續其問曰："開國何茫然，失國又何年？開失兩難知，千古一謎團。"三星堆的發掘并非全貌，僅占遺址總面積的千分之一左右，只是古蜀文化的小小一角而已，更有浩瀚的未知數，國人面臨的將是另一個陌生的驚人世界。中華民族襟懷如海，廣納百川，中外文化相容并包，故而博大精深。這些百思不得其解的神奇之物，向無答案，確屬於所謂"非科學性思考"，當代專家學者亦爲之拍案。"唯科學主義"面臨這些"黑科技"的挑戰，當然也絕難詮釋。以下再就已見出土，或久已傳世之實物爲例。上世紀 80 年代，臨潼始皇陵西側出土了兩乘銅車馬，其物距今已有兩千二百餘年，造型之豪華精美，被譽爲世界"青銅之冠"，姑且不論。兩輛車的車傘，厚度僅 0.1 ～ 0.4 厘米，一號車古稱"立車"或"戎車"，傘面爲 1.12 平方米，二號車傘面爲 2.23 平方米，而且皆用渾鑄法一次性鑄出，整體呈穹隆形，均勻而輕薄，這一鑄法迄今亦是絕技，無法超越。而更絕的是一號立車的大傘，看似遮風擋雨所用，實則充滿玄機，此傘的傘座和手柄皆爲自鎖式封閉結構，既可以鎖死，又可以打開，同時可以靈活旋轉 180 度，隨太陽的方位變化而變化，亦可取下插入野外，遮烈日，擋風雨，賞心隨意。令人尤爲稱奇的是，打開傘柄處的雙環插銷，傘柄與傘蓋可各獨立，傘柄就成了一把尖銳的矛，傘蓋就成了盾，可攻可守。這一 0.1 ～ 0.4 厘米厚的盾，其抗擊力又遠勝今人的製造技術，令今人望塵莫及，故國際友人贊之爲罕見的"黑科技"。此外分存於西安與鎮江東西兩方的北宋石刻《禹迹圖》，尤爲奇異。此圖參閱了唐賈耽《海內華夷圖》，并非單純地反映宋代行政區劃及華夷之間的關係，而是上溯至《禹貢》中的山川、河流、州郡分布，下至北宋當世，已將經典與現實融爲一體。此圖長方約 1 平方米，宋朝行政區劃即達三百八十個之多，五個大湖，七十座山峰，更有蜿蜒數千里的長江、黃河等江川八十餘條；不衹是中原的地域，尚有與之接壤的大理、吐蕃、西夏、遼等區域，這些區域的山野江河亦有精準的繪製。作爲北宋時代的製圖人，即使能够遍踏域内、域外，也絶難僅憑一己的目力俯瞰全景。此圖由五千一百一十個小方格組成，每一小方格皆爲一百平方公里，所有城市、山野江河的大小距離，盡包容在這些格子裏，全部可以明確無誤地測算出來，其比例尺與今世幾無差异。如此細密精準，必須具有衛星定位之類的高科技纔能繪製出來，九百年前的宋人是憑藉什麽儀器完成的？此一《禹迹圖》較之秦陵銅車馬，更超乎想象，詭异神奇，故而英國學者李約瑟評之爲“世界上最神秘、最杰出的地圖”，美國國家圖書館將一幅19世紀據西安圖打製的拓本作爲館藏珍品。中國古代“黑科技”，又何止臨潼銅車馬與《禹迹圖》？

除却上述文獻記載與出土及傳世之物外，另一些則是實見於中華大地的奇特自然景觀，這些百思不得其解的神奇之物，散處天南海北，自古迄今，向無答案，亦屬於所謂“非科學性思考”，當代專家學者亦爲之拍案。“唯科學主義”面臨這些“黑科技”的挑戰，當然也絶難詮釋。我中華大地這些神奇之物，在當世尤應引起重視，國人必須迎接“超科技時代”的到來。如“應潮井”，地處南京市東紫金山南麓定林寺前。此井雖遠在深山之間，却與五公里外的長江江潮相應，江水漲則井水升，江水退則井水降，同處其他諸井皆無此現象。唐宋以來，已有典籍記載，如《江南通志·輿地志·江寧府》引唐段成式《酉陽雜俎》：“蔣山有應潮井，在半山之間，俗傳云與江潮相應，嘗有破船朽板自井中出。”《景定建康志·山川志三·井泉》：“應潮井在蔣山頭陁寺山頂第一峰佛殿後。《蔣山塔記》云：‘梁大同元年，後閣舍人石興造山峰佛殿，殿後有一井，其泉與江潮盈縮增减相應。’”何以如此，自發現以來，已歷千載，迄今無解。以上的奇特之物，多有記載，名揚天下，而另一些奇物，却久遭冷落，默默無聞。如“靈通石”，亦稱“神石”“報警石”，俗稱“猪叫石”。該石位於太行大峽谷林縣境内高家臺輝伏巖村。石體方正，紫紅色，裸露於地面約4立方米，高寬各3米，厚2米，象是一頭體積龐大的臥猪，且能發聲如猪叫。傳聞每逢大事（包括自然灾害、重大變革等）來臨之前，常常“鳴叫”不止，大事大叫數十天，小事則小叫數日，聲音忽高忽低，一次可叫百餘聲，百米之内清晰可聞。但其叫聲衹能現場聆聽，不可録音。何以如此怪异？同樣不得而知！中華博物浩浩洋洋，漫漫無涯，可謂無奇不有，作爲博物之學，亦必全力探究，這也正是中華博物學承担的使命。

六、中華博物學的研究範圍與狀況，新建學科的指嚮與體式如何？

中國當代尚未建立博物學會，也没有相應的報刊，人們熟知的則是博物院館，而博物院館的職責在於收藏、研究并展出傳世的博物，面對日月星辰、萬物繁衍以及先民生息起居等數千年的古籍記載（包括失傳之物），豈能勝任？中華博物全方位研究的歷史使命祇能由新興的博物學承擔。古老中華，悠悠五千載，博物浩茫，疑難連篇，實難解讀，而新興的博物學却不容迴避，必須做出回答。

本書指稱的博物，包括那些自然物，但并不限於對其形體、屬性的研究，體現了博物古學固有的格致觀念，且常常懷有濃厚的人文情結，可謂奧妙無窮，這又迥别於西方博物學。

如“天宇”，當做何解釋？在中國傳統文化中是與“宇宙”并存的稱謂，重在強調可見的天體和所有星際空間。前已述及，天體直徑可達930億光年以上，實際上可能遠超想象。這就出現了絶世難題：究竟何謂天體？天體何來？戰國詩人屈原在其《天問》篇中，曾連連問天：“上下未形，何由考之？”“馮翼惟象，何以識之？”“明明闇闇，惟時何爲？”千古之問，何人何時可以作答？天宇研究在古代即甚冷僻，被稱爲“絶學”。中國是天宇觀測探索最爲細密的文明古國之一，天象觀測歷史也最爲悠遠，殷墟甲骨、《書》《易》諸經，盡有記載，而歷代正史又設有天文、曆律之類專志，皇家設有司天監之類專職機構，憑此“觀天象、測天意”，以決國策。於是，天文之學遂成諸學之首。天宇研究的主體是天空中的各種現象，這些現象又以各種星體的位置、明暗、形狀等的變化爲主，稱之爲星象。星象極其繁複，難以辨識。於是，在天空位置相對穩定的恒星就成爲必要的定位標志。在人們目力所及的範圍內，恒星數以千計，簡單命名仍不便查找和定位，我華夏先民又將天空劃分爲若干層級的區域，將漫天看似雜亂無章的恒星位置相近者予以組合并命名，這些組合的星群稱之爲星宿。古人視天上諸星如人間職官，有大小、尊卑之分，故又稱星官，因而就有了三垣二十八宿，成爲古天宇學最重要理論依據，這一理論西方天文學絶難取代。

再如古代類書中指稱的“蟲豸”，當代辭書亦少有確解。何謂“蟲豸”？舉凡當今動物學中的昆蟲綱、蛛形綱、多足綱，以及爬行動物中的綫形動物、扁形動物、環節動物、軟體動物中形體微小者，皆爲蟲豸之屬。蟲豸形雖微小，然其生存之久、種類之繁、分布之廣、形態之多、數量之巨，從生物、生態、應用、文化等角度，其意義和價值都大异於其他各類動物，或説是其他各類動物所不能比擬的。蟲豸之屬，既能飛於空，亦能游於水，既能潜於土，亦能藏於山，形態萬千，且各具靈性，情趣互异，故古代典籍遍見記叙，不僅常載於詩文，且多見筆記、小説中。先民又常憑藉其築穴或搬遷之類活動，以預測氣象變化或靈异别端，同樣展現了一幅具體生動的蟲文化畫卷，既有學術價值，又充滿趣味性。自《詩》始，就出現了咏蟲詩，其後歷代從蝶舞蟬鳴、蟻行蛇爬中得到靈感者代不乏人，或以蟲言志，或以蟲抒懷，或以蟲爲比，或以蟲爲興，甚至直以蟲名入於詞牌、曲牌，如僅蝴蝶就有“蝴蝶兒”“玉蝴蝶”“粉蝶兒”“蝶戀花”“撲蝴蝶”“撲粉蝶”等名類。唐歐陽詢《藝文類聚》收集有關蟬、蠅、蚊、蝶、螢、叩頭蟲、蛾、蜂、蟋蟀、尺蠖、螳、蝗等蟲類的詩、賦、贊等數量浩繁，後世仿其體例者甚多，如《事物紀原》《五雜俎》《淵鑑類函》《古今圖書集成・禽蟲典》等，洋洋大觀。不僅詩詞歌賦，在成語、俗語中，言及蟲豸者，亦不可勝數，如莊周夢蝶、蟻首蛾眉、金蟬脱殼、螳螂捕蟬、螳臂當車、蚍蜉撼樹、作繭自縛、飛蛾撲火（詞牌名爲“撲燈蛾”）等；不僅見諸歷代詩文，今世辭章以蟲爲喻者，仍沿襲不衰，如以蝸喻居、以蝶喻舞、以蟬翼喻輕薄、以蛇蠍喻狠毒等，比比皆是，不勝枚舉。

　　本博物學所指稱博物又包括了人類社會生活的各方面、領域，自史前達於清末民初，有的則可直達近現代，至巨至微，錯綜複雜。而對於某一具體實物，必須從其初始形態、初始用途的探討入手，而後追逐其發展演變過程，這樣纔能有縱橫全面的認定，從而作出相應的結論，這正是新興博物學的使命之一。今僅就我中華民族時有關涉者予以考釋。今日，國人對於古代社會生活實在太過陌生，現當代權威工具書所收録的諸多重要的常見詞目，常常不知其由來，遭致誤導。如“祭壇”一詞，《漢語大詞典・示部》釋文曰：

　　　　祭壇：供祭禮或宗教祈禱用的臺。劉大傑《中國文學發展史》第一章三：“無論藝術哲學都得屈服於宗教意識之下，在祭壇下面得着其發展生命了。”艾青《吹號者》詩：“今日的原野呵，已用展向無限去的暗緑的苗草，給我們布置成莊嚴的祭壇了。”亦指上壇祭祀。侯寶林《改行》：“趕上皇上齋戒忌辰，或是皇上出來祭壇，你都得歇工（下略）。”

　　以上引用的三個書證全部是現代漢語，檢索此條的讀者可能會認定“祭壇”乃無淵源的新興詞，與古漢語無關。豈不知《晋書・禮志下》《舊唐書・禮儀志三》《明史・崔亮傳》

諸書皆有"祭壇"一詞，又皆爲正史，并不冷僻。《漢語大詞典》爲證實"祭壇"一詞的存在，廣予網羅，頗費思索，連同侯寶林的相聲也用作重要書證。侯氏雖被贊爲現代語言大師，但此處的"祭壇"，并非"供祭禮或宗教祈禱用的臺"，"祭"與"壇"爲動賓語結構，并非名詞，不足爲據。還應指出，"祭壇"作爲人們祭祀或祈禱所用實體的臺，早在史前即已出現，初始之時不過是壘土爲臺罷了。

此外，直接關涉華夏文化傳播形式的諸多博物更是大异於西方。如"文具"初稱"書具"，其稱漢代大儒鄭玄在《禮記·曲禮上》注中已見行用。千載之後，宋人陶穀《清異錄·文用》中始用"文具"一詞。文具泛指用於書寫繪畫的案頭用具及與之相應的輔助用具。國人憑藉這些文具，創造了最具特色的筆墨文化、筆墨藝術，憑藉這些文具得以描述華夏五千載的燦爛歷史。中華傳統文具究有多少？國人最爲熟悉的莫過於"文房四寶"，實際又何止"文房四寶"？另有十八種文房用具，定名爲"十八學士"，宋代林洪曾仿唐韓愈《毛穎傳》作《文房職方圖贊》（簡稱《文房圖贊》，即逐一作圖爲之贊）。實際上遠超十八種，如筆筒、筆插、筆搔、筆洗、墨水匣、墨床、水注、水承、水牌、硯滴、硯屏、印盒、帖架、鎮紙、裁刀、鉛槧、算袋、照袋、書床、筆擱、高閣，等等，已達三十種之多。

"文房四寶""十八學士"之類中華獨具的傳統文化，今國人熟知者已不甚多，西方博物又何從涉及？何可包容？

七、新興博物學的表述特點，其古今考辨的啓迪價值

當代新興博物學所展現的是中華博物本身的生衍變化以及其同物异名、同名异物等，其主旨之一在於探尋我古老的中華民族的真實歷史面貌，溫故知新，從而更加熱愛我们偉大的中華文明。

偉大的中華民族，在歷史上產生过許多杰出的思想觀念，比如，我中華民族風行百代的正統觀念是"君爲輕，民爲本，社稷次之"（見《孟子·盡心下》），這就是强调人民高於君王，高於社稷（猶"國家"），人民高於一切！古老的中華正統對人民如此愛護，如此尊崇，在當今世界也堪稱難得。縱觀朝代更迭的全部歷史可知，每朝每代總有其興起及消亡的過程，有盛必有衰。在這部《通考》中，常有實例可證，如有關商代都城"商邑"的

記載，就頗具代表性。試看，《詩·商頌·殷武》："商邑翼翼，四方之極。"鄭玄箋："極，中也。商邑之禮俗翼翼然……乃四方之中正也。"孔穎達疏："言商王之都邑翼翼然，皆能禮讓恭敬，誠可法則，乃爲四方之中正也。"《詩》文謂商都富饒繁華，禮俗興盛，足可爲全國各地的學習楷模。"禮俗"在上古的地位如何？《周禮·天官·大宰》曰："以八則治都鄙：一曰祭祀，以馭其神……六曰禮俗，以馭其民。"這是説周代統治者以禮俗馭其民，如同以祭祀馭鬼神一樣，未敢輕忽怠慢，禮俗之地位絶不可等閑視之。古訓曰："倉廩實而知禮節，衣食足而知榮辱。"（見《史記·管晏列傳》）此處的"禮節"是禮俗的核心内容，可見禮俗源於"倉廩實"。"倉廩實"展現的是國富民强，而國富民强，必重禮俗，禮俗展現了國家的面貌。早在三千年前的商代，已如此重視禮俗。"商邑翼翼"所反映的是上古時期商都全盛時期的繁華昌明，其後歷代亦多有可以稱道的興盛時期，如"漢武盛世""文景盛世"、唐"貞觀盛世""開元盛世"、宋"嘉祐盛世"、明"永宣盛世"、清"康乾盛世"等，其中更有"夜不閉户，路不拾遺"的佳話。盛世總是多於亂世，或曰温飽時代總是多於飢寒歲月。唐代興盛時期，君臣上下已萌生了甚爲隨和的禮儀狀態，不喜三拜九叩之制，宋元還出現了"衣食父母"之類敬詞（見宋祝穆《古今事物類聚別集》卷二〇、元關漢卿《竇娥冤》第二折），這正體現了"王者以民爲天，民以食爲天"（見《漢書·酈食其傳》）的傳統觀念。中國歷史上的黎民百姓并非一直生活在水深火熱之中，在漫長的歲月中也常有温飽寧静的生活，因而涌現了諸多忠心報國的詩詞。如"但使龍城飛將在，不教胡馬度陰山"（唐王昌齡《出塞二首》之一）；"忘身辭鳳闕，報國取龍庭"（王維《送趙都督赴代州得青字》）；"僵卧孤村不自哀，尚思爲國戍輪臺"（宋陸游《十一月四日風雨大作》）；"奇謀報國，可憐無用，塵昏白羽"（宋朱敦儒《水龍吟·放船千里凌波去》）。

　　久已沉淪的傳統博物學今得重建，可藉以知曉我中華兒女擁有的是何樣偉大而可愛的祖國！偉大而可愛的祖國，江山壯麗，蘭心大智，光前裕後，莘莘學子尤當珍惜，尤當自豪！回眸古典博物學的沉淪又可確知，鴉片戰争給中華民族帶來的是空前的傷害，不衹是漢唐氣度蕩然無存，國勢極度衰微，最爲可怕的是傷害了民族自信，爲害甚烈。傷害了民族自信，則必會輕視或否定傳統文化，百代信守的忠義觀念、仁義之道，必消失殆盡，代之而來的則是少廉寡恥，爾虞我詐，以崇洋媚外爲榮，這一狀況久有持續，對青少年的影響尤甚，怎不令人痛心！時至當代，正全力弘揚中華優秀傳統文化，全力推行科技創新，踔厲奮發，重振國風，這又怎不令人慶幸！

新興博物學在展現中華博物本身的生衍變化進而展現古代真切的社會生活之外，又展現了一種獨具中華風采的文化體系。如常見語詞"揚州瘦馬"，其來歷如何？衹因元馬致遠《天净沙·秋思》中有"西風古道瘦馬"之句。自 2008 年山西吕梁市興縣康寧鎮紅峪村發現元代壁畫墓以來，其中的一首《西江月》小令："瘦藤高樹昏鴉，小橋流水人家，古道西風瘦馬，夕陽西下，已獨不在天涯。"在學界引發了關於《天净沙·秋思》的爭論熱議。由《西江月》小令聯想元代的另一版本："瘦藤老樹昏鴉，遠山流水人家，古道西風瘦馬，夕陽西下，斷腸人去天涯。"於是有學人又認爲此一"瘦馬"當指"揚州藝妓"，意謂形單影隻的青樓女子思念遠赴天涯的情郎——"斷腸人"，但這小令中的"瘦馬"之前，何以要冠以"古道西風"四字？則不得而知。通行本狀寫天涯游子的冷落凄凉情景，堪稱千古絶唱，無可置疑。那麼何以稱藝妓爲"瘦馬"？"瘦馬"一詞，初見於唐白居易《有感》詩三首之二："莫養瘦馬駒，莫教小妓女。後事在目前，不信君看取。馬肥快行走，妓長能歌舞。三年五年間，已聞換一主。"金董解元《西廂記諸宫調》中的《仙吕·賞花時》又載："落日平林噪晚鴉，風袖翩翩吹瘦馬。"此處的"瘦馬"無疑確指藝妓。稱妓女爲人人可騎的馬，後世又稱之爲"馬子"，是一種侮辱性的比擬。何以稱"瘦"？在中國古代常以"瘦"爲美，"瘦"本指腰肢纖細，故漢民歌曰："楚王好細腰，宮中多餓死。""細腰"强調的是苗條美麗。"好細腰"之舉，在南方尤甚，揚州的西湖所以稱之爲"瘦西湖"，不衹是因其狹長緊連京杭大運河，實則是因湖邊楊柳依依，芳草萋萋，又有荷花池、釣魚臺、五亭、二十四橋，美不勝收，較之杭州西湖有一種別樣的美麗。國人何以推崇揚州？《禹貢》劃定九州之中就有揚州，今之揚州已有兩千五百餘年的歷史。其主城區位於長江下游北岸，可追溯至公元前 486 年。春秋時期，吳王夫差在此開鑿了世界最早的運河——邗溝，建立邗城，孕育了唯一與邗溝同齡的運河城；因水網密布，氣候温潤，公元前 319 年，楚懷王熊槐在此建立廣陵城（今揚州仍沿稱"廣陵"），遂成爲中華歷史名城之一。此後歷經魏晉等朝代多次重修，至隋文帝開皇九年（589），廣陵改稱揚州。揚州除却政治地位顯赫之外，又是美女輩出之地，歷史上曾有漢趙飛燕、唐上官婉兒及南唐風流帝王李煜先後兩任皇后周薔、周薇，號稱"四大美女"。隋煬帝楊廣又在此開鑿大運河，貫通至京都洛陽旁連涿郡，藉此運河三下揚州，尋歡作樂。時至唐代，揚州更是江河交匯，四海通達，成爲全國性的交通要衝，故有"故人西辭黄鶴樓，煙花三月下揚州。孤帆遠影碧空盡，唯見長江天際流”的著名詩篇（唐李白《黄鶴樓送孟浩然之廣陵》，今之揚州已遠離長江）。揚州在唐代是除却長安之外的最爲繁華的大都會，商旅雲聚，青樓大興，成爲文壇才士、豪門公子醉生夢死之地。唐王建《夜看揚州市》詩贊曰：“夜市千燈照碧雲，高樓紅袖客紛紛。”詩人杜牧《遣懷》更有名作：“落魄江湖載酒行，楚腰纖細掌中輕。十年一覺揚州夢，贏得青樓薄幸名。”此“楚腰纖細掌中輕”之用典，即直涉楚靈王好細腰與趙飛燕的所謂“掌中舞”兩事。杜牧憑藉豪放而婉約的詩作，贏得百世贊頌，此詩實是一種自嘲、以書懷才不遇之作，却曾遭致史家“放浪薄情”的詬病。大唐之揚州，確是令人嚮往，令人心醉，故而詩人張祜有“人生只合揚州死”（見其所作《縱游淮南》）之感嘆。元代再度大修的京杭大運河弃洛陽直達北京，揚州之地位愈加顯赫。總之，世界這一最古最長的大運河歷代修建，始終離不開揚州。時至明清，揚州經濟依然十分繁盛，仍是達官貴人喜於擇居之地，兩淮鹽商亦集聚於此，富甲一方，由此振興了園林業、餐飲業，娛樂中的色情業也應運而生，養“瘦馬”就是其中的一種，一些投機者低價買進窮苦人家的美麗苗條幼女，令其學習言行禮儀、歌舞繪畫及其他媚人技能技巧，而後以高價賣至青樓或權貴豪門，大發其財。除却“揚州瘦馬”之外，又催生了著名的“揚州八怪”，文化藝術色彩愈加分明。

　　“揚州瘦馬”本是一種當被摒弃的陋習，不足爲訓，但這一陋習所反映出的却是關聯揚州的一種別樣的文化，反映了揚州古今社會的經濟發展與變化，這當然也是西方博物學替代不了的。

結　語

　　綜上所述可知，中華博物學是學術研究中的另一方天地，無可替代，必須重建，且勢在必行。如何重建？如何展現我中華博物獨有的神貌？答曰：中華博物絶非僅指博物館的收藏物，必須是全方位的，無論是宮廷裏，無論是山野間，無論是人工物，無論是天然品，無論是社會中，無論是自然界裏，皆應廣予收錄考釋。考釋的主旨，乃探索我中華浩浩博物的淵源、流變。此一博物學甚重“物”的形體、屬性及其淵源流變，同時又關注其得名由來，重視兩者間的生衍關係。通常而言（非通常情況當作別論），在人類社會中有其物必當有其名，有其名亦必有其物。此外，更有同物異名，或同名異物之別。探究"物"本體的淵源流變并釐清名物關係，這就是中國古典博物學的使命，這也正是最爲嚴密的格物致知，也正是最爲嚴肅的科學體系。但中國古典博物學，又必須體現《博物記》以還的國學傳統，必須體現博大的天人視野及民胞物與情懷，有助於我中華的再度振起，乃至於世界的安寧和諧。而那些神怪虛無之物，則不得納入新的博物學中，祇能作爲附錄以備考。如何具體裁定，如何通盤布局，并非易事，遠超想象。因我中華民族是喜愛并嚮往神話的古老民族，又常常憑藉豐富的想象對某種博物作出判斷與解讀，判斷與解讀的結果，除却導致無稽的荒誕之外，又時或引發別樣的思考，常出乎人們的所料，具有別樣的價值。如水族中的"比目魚"，亦稱"王餘魚""兩鮹""拖沙魚""鞋底魚""板魚""箬葉"，俗稱"偏口魚"，爲鰈形目魚類之古稱。成魚身體扁平而闊，兩眼移於頭的另一端，習慣於側臥，朝上的一面有顏色鮮明的眼睛，朝下一面似無眼睛，先民誤以爲祇有一眼，必須相互比并而行。此一判斷與解讀，始自漢代《爾雅・釋地》："東方有比目魚焉，不比不行。"郭璞注："狀似牛脾……一眼，兩片相合乃得行。今水中所在有之，江東又稱爲王餘魚。"事過千載，直至明代李時珍《本草綱目》問世，盡皆認定比目魚僅有一隻眼，出行必須各藉他魚另一眼（見《本草綱目・鱗四・比目魚》）。傳統詩文中用比目魚以比喻形影不離的情侶或好友，先民爭相傳頌，百代不休，直至1917年徐珂的《清稗類鈔》問世，始知比目魚兩眼皆可用，不必兩兩并游（《清稗類鈔・動物篇》）。古人憑藉想象，又認爲尚有與比目魚相對應的"比翼鳥"，見於《爾雅・釋地》："南方有比翼鳥焉，不比不飛。"這一"比翼鳥"，僅一目一翼，須雌雄并翼飛行，如同比目魚一樣，亦用以比喻形影不離的情侶或好友。"比目魚""比翼鳥"之類虛幻者外，後世又派生了所謂"連理枝"，著名詩作有唐白居易《長恨歌》曰："在天願爲比翼鳥，在地願爲連理枝。"何謂"連理枝"？"連理枝"是指自然界中罕見的偶然形成的枝和幹連爲一體的樹木。"連理枝"之外，又出現了"并蒂蓮"之類。"并蒂蓮"亦稱"并頭蓮""合歡蓮"等，是指一莖生兩花，花各有蒂，蒂在花莖上連在一起的蓮花。這種"連理枝""并蒂蓮"，難以納入下述的世界通行的階元系統，也難依照林奈創立的雙名命名法命名，但却又是一種不可忽視的實物，是大自然所形成的另一種奇妙的實物。此一"并蒂蓮"如同"比目魚""連理枝"一樣，亦用以喻情侶或好友，同樣廣見於傳統詩文。歲月悠悠，始於遠古，達於近世，先民對於我中華博物的無限想象以及與之并行的細密觀察探索，令人嘆爲觀止，凡天地生靈、袞袞萬物，無所不及，超乎想象，從而構成了一幅文明古國的壯闊燦爛畫卷。

　　這當是歷經百年沉淪、今得復蘇的我國傳統的博物學，這當是重建的嶄新的全方位的中華博物學。

　　中華博物學除却遵循發揚傳統的名物學、訓詁學、考據學及近世的考古學之外，也廣泛汲取了當代天文、地理、生物、礦物、農學、醫學、藥學諸學的既有成就，其中動植物的本名依照世界通行的階元系統，分爲界、門、綱、目、科、屬、種七類。又依照瑞典卡爾·馮·林奈（瑞文Carl von Linné）創立的雙名命名法命名。"連理枝""并蒂蓮""比目魚""比翼鳥"之屬旁及龍、鳳、麒麟、貔貅等傳説之物，則作爲附録，劃歸相應的動物或植物卷中。這樣的研究章法，這樣的分類與標注，避免了傳統分類及形狀描述的訛誤或不確定性，即可與國際接軌。綜合古今中外，論者認爲《中華博物通考》的研究主體，可劃歸三十六大類，依次排列如下：

　　《天宇》《氣象》《地輿》《木果》《穀蔬》《花卉》《獸畜》《禽鳥》《水族》《蟲豸》《國法》《朝制》《武備》《教育》《禮俗》《宗教》《農耕》《漁獵》《紡織》《醫藥》《科技》《冠服》《香奩》《飲食》《居處》《城關》《交通》《日用》《資産》《珍奇》《貨幣》《巧藝》《雕繪》《樂舞》《文具》《函籍》。

　　存史啓智，以文育人，乃我中華千載國風。新時代習近平總書記甚重民族自信、文化自信，極力倡導"舊邦新命"，明確指出要"盛世修文"，怎不令人振奮，令人鼓舞！今日，我輩老少三代前後聯手、辛苦三十餘載、三千餘萬言的皇皇巨著——《中華博物通考》欣幸面世，并得到國家出版基金资助。這就昭示了沉淪百載的中華傳統博物學終得復蘇，這就是重建的全新中華博物學。"舊邦新命""盛世修文"，重建博物學，旨在賡續中華文脉，發揚優秀傳統文化，汲取生生不息的精神力量，再現偉大民族的深邃智慧，展我生平志，圓我强國夢！

張述錚

乙丑夾仲首書於山東師範大學映月亭

甲辰南吕增補於歷下龍泉山莊東籬齋

總　説

——漫議重建中華博物學的歷史意義與現實價值

緣　起

《中華博物通考》（下稱《通考》）是一部通代史論性的華夏物態文化專著，係"九五""十五""十四五"國家重點出版物專項規劃項目，并得到 2020 年度國家出版基金資助。全書共三十六卷，另有附録一卷，其中有許多卷又分上下或上中下，計有五十餘册，逾三千萬字。《通考》的編纂，擬稿於 1990 年夏，展開於 1992 年春，迄今已歷三十餘載，初始定名爲《中華博物源流大典》，原分三十二門類（即三十二卷）。此後，歷經斟酌修補，終成今日規模。三十餘載矣，清苦繁難，步履維艱，而大江南北，海峽兩岸，衆多學人，三代相繼，千里聯手，任勞任怨，無一退縮，何也？因本書關涉了古老國度學術發展的重大命題，足可爲當今社會所藉鑒，作者們深知自家承擔的是何樣的重任，未敢輕忽，未敢怠慢。

何謂中華物態文化？中華物態文化的研究主體就是中華浩博實物。其歷史若何？就文字記載而言，中華物態文化史應上溯於傳説中的三皇五帝時期，隸屬於原始社會。"三皇五帝"究竟爲何人，我國史家多有不同見解，大抵有三説：一曰"人間君主説"，"三皇"分別指天皇、地皇、人皇，"五帝"分別指炎帝烈山氏、黃帝有熊氏、顓頊高陽氏、帝堯陶唐氏和帝舜有虞氏；二曰"開創天下説"，三皇分別指有巢氏、燧人氏、伏羲氏，"五帝"分別指炎帝烈山氏、黄帝有熊氏、顓頊高陽氏、帝堯陶唐氏和帝舜有虞氏；三曰"道治德化説"，認爲"三皇以道治，五帝以德治"，"三皇"是遠古三位有道的君主，分別指太昊伏羲氏、炎帝神農氏及黄帝軒轅氏，五帝則是少昊金天氏、顓頊高陽氏、帝嚳高辛氏、帝堯陶唐氏和帝舜有虞氏。有關三皇五帝的組合方式，典籍記載亦不盡相同，大抵有四種，在此不予臚列。"三皇五帝"所處時間如何劃定，學界通常認爲有巢、燧人、伏羲屬於舊石器時代，有巢、燧人爲早期，伏羲爲晚期，其餘皆屬新石器時代，炎帝、黄帝、少昊、顓頊等大致同時，屬仰韶文化後期和龍山文化早期。"三皇五帝"後期，已萌生并逐步邁進文明史時代。

　　中華文明史，國際上通常認定爲三千七百年（主要以文字的誕生與城邑的出現等爲標志），國人則認定爲逾五千年，今又有九千年乃至萬年之説。後者可以上溯至新石器時代，如隸屬裴李崗文化的河南省舞陽縣賈湖村出土了上千粒碳化稻米，約有九千年歷史，是世界最早的栽培粳稻種子。經鑒定其中百分之八十以上不同於野生稻，近似現代栽培稻種，可證其時已孕育了農耕文化。其中發現的含有稻米、山楂、葡萄、蜂蜜的古啤酒也有九千年以上的歷史，可證其時已掌握了釀造術。賈湖又先後出土了幾十支骨笛，也有七千八百年至九千年的歷史，其中保存最爲完整者，可奏出六聲音階的樂曲，反映了九千年前，中華民族已具有相當高度的生産力與創造力、具有相當高度的文化藝術水準與審美情趣。有美酒品嘗，有音樂欣賞，彼時已知今人所稱道的"享受生活"，當非原始人所能爲。賈湖遺址的發現并非偶然，近來上山文化晚期浙江義烏橋頭遺址，除却出土了古啤酒之外，又發現諸多彩陶，彩陶上還繪有伏羲氏族所創立的八卦圖紋飾，故而國人認爲這一時期中華文明已開始形成，至少連續了九千載。中華文明的久遠，當爲世界四大文明古國之首，徹底否定了中華文明西來之説。九千載之説雖非定論，却已引起舉世關注。此外，江西省上饒市萬年縣大源鄉仙人洞遺址發現的古陶器則産生於一萬九千至兩萬年前，又遠超前述的出土物的製作時間。雖有部分學界人士認爲仙人洞遺址隸屬於舊石器遺址，并未進入文明時代，但其也足可證中華博物史的久遠。

一、何謂“博物”與《中華博物通考》？《通考》的要義與章法何在？

　　何謂“博物”？“博物”一詞，首見於《左傳·昭公元年》：“晉侯聞子產之言，曰：‘博物君子也。’”其他典籍也時有記載，如《漢書·楚元王傳贊》：“自孔子後，綴文之士衆也，唯孟軻、孫況、董仲舒、司馬遷、劉向、揚雄此數公者，皆博物洽聞，通達古今。”《周書·蘇綽傳》：“太祖與公卿往昆明池觀魚，行至城西漢故倉地，顧問左右莫有知者。或曰：‘蘇綽博物多通，請問之。’”以上“博物”指博通諸種事物，一般釋爲“知識淵博”。此外，《三國志·魏書·國淵傳》：“《二京賦》博物之書也，世人忽略，少有其師可求。”唐釋玄奘《大唐西域記·摩臘婆國》：“昔此邑中有婆邏門，生知博物，學冠時彦，内外典籍，究極幽微，曆數玄文，若視諸掌。”明王禕《司馬相如解客難》：“借曰多識博物，賦頌所託，勸百而風一。”這些典籍所載之“博物”，即可釋爲今義之“浩博實物”。這一浩博實物，任一博物館盡皆無法全部收藏。本《通考》指稱的“博物”既可以是天然的，也可以是人工的；既可以是静態的，也可以是動態的；既可以是斷代的，也可以是歷時的，是古今并存，巨細俱備，時空縱横，浩浩蕩蕩，但必須是我中華獨有，或是中土化的。研究這浩蕩博物的淵源流變以及同物異名或同名异物之著述即《博物通考》，而爲與西方博物學相區別，故稱之爲《中華博物通考》。

　　在中國古代久有《皇覽》《北堂書鈔》等類書、《儒學警語》《四庫全書》等叢書以及《爾雅》《説文》等辭書，所涉甚廣，却皆非傳統博物典籍。本書草創之際，唯有《中國學術百科全書》《中華百科全書》《中國大百科全書》之類風行於世，這類百科全書亦皆非博物學專著。專題博物學著作甚爲罕見，僅有今人印嘉祥《物源百科辭書》，俞松年、毛大倫《生活名物史話》，抒鳴、銳鏵《世界萬物之由來》等幾種，多者收詞約三千條，少者僅一百八十餘款，或洋洋灑灑，或鳳毛麟角，各有千秋，難能可貴。《物源百科辭書》譽稱“我國第一部物源工具書”（見該書序），此書中外兼蓄，虚實并存，堪稱廣博，惜略顯雜蕪。本《通考》則另闢蹊徑，别有建樹，可稱之爲當代第一部“中華古典博物學”。

　　《通考》甚重對先賢靈智的追踪與考釋。中華民族是滿富慧心的偉大民族，極善觀察探索，即使一些不足挂齒的微末之物也未忽視，且載於典籍，十分翔實生動。如對常見的鳥類飛行方式即有以下描述：鳥學飛曰翎，頻頻試飛曰習，振翅高飛曰翥，向上直飛曰翀，張翼扶摇上飛曰羿，鳥舒緩而飛、不高不疾曰翀、曰翂，快速飛行曰翼，水上飛行曰猱，高飛曰翰，輕飛曰翾，振羽飛行曰翻，等等，不一而足。如此細密的觀察探隱，堪稱世界之最，令人嘆服！而關於禽鳥分類學，在中國古代也有獨到見解。明代李時珍所著《本草綱目》已建立了階梯生態分類系統，將禽鳥劃分爲水禽、原禽、林禽、山禽等生態類別，具有劃時代意義。這一生態分類法較瑞典生物學家林奈的《自然系統》（第十版）中的分類要早一百六十餘年，充分展示了我國古代鳥類分類學的輝煌成就，駁正了中國傳統生物學一貫陳腐落後的舊有觀念。此外，那些目力難及、浩瀚的天體，也盡在先民的觀察探索之中，如關於南天極附近的星象，遠在漢代即有記載。漢武帝元鼎六年（公元前111），滅南越國，置日南九郡事，《漢書》及顏注、酈道元《水經注》有關"日南"的定名中皆有詳述，而西方於15世紀始有發現，晚中國一千四百餘年。再如，關於太陽黑子，在我國漢代亦有記載，《漢書·五行志》載："日黑居仄，大如彈丸。"其後《晉書·天文志中》亦載："日中有黑子、黑氣、黑雲。"而西方於17世紀始有發現，晚於中國一千六百餘年。惜自清朝入關之後，對於中原民族，對於漢民族長期排斥壓抑，致使靈智難展，尤其是中後期以來的專制國策，遭致國弱民窮，導致久有的科技一蹶不振，於是在列強的視野下，中華民族變成了一個愚昧的"劣等"民族。受此影響，一些居留國外或留學國外的學人，亦曾自卑自弃，本書《導論》曾引胡適的評語：中華民族是"又愚又懶的民族"，是"一分像人，九分像鬼的不長進民族"（見胡適《介紹我自己的思想》，1930年12月亞東圖書館初版《胡適文選》自序））。本《通考》有關民族靈智的追蹤考索，巨細無遺，成爲另一大特點。

《通考》遵從以下學術體系：宗法樸學，不尚空論，既重典籍記載，亦重實物（包括傳世與出土文物）考察，除却既有博物類專著自身外，今將博物研究所涉文獻歸納爲十大系統：一曰史志系統，即史書中與紀傳體并列，所設相對獨立的諸志。如《禮樂志》《刑法志》《藝文志》《輿服志》等，頗便檢用。二曰政書類書系統。重在掌握典制的沿革，廣求佚書异文。三曰考證系統。如《古今注》《中華古今注》《敬齋古今黈》等，其書數量無多，見重實物，頗重考辨。四曰博古系統。如《刀劍錄》《過眼雲煙錄》《水雲錄》《墨林快事》等，這些可視爲博物研究散在的子書，各有側重，雖常具玩賞性，却足資藉鑒。五曰本草系統。其書草木蟲魚、水土金石，羅致廣博，雖爲藥用，已似百科全書。六曰注疏系統。爲古代典籍的詮釋與發揮。如《易》王弼注、《詩》毛亨傳、《史記》裴駰集解、《老子》魏源本義、《楚辭》王夫之通釋、《三國志》裴松之注、《水經》酈道元注、《世說新語》

劉孝標注等。七曰雅學系統、許學系統，或直稱之爲訓詁系統，其主體就是名物研究，後世稱爲“名物學”。八曰異名辨析系統。已成爲名物學的獨立體系。如《事物異名》《事物異名録》等，旨在同物異名辨析。九曰説部系統。包括了古代筆記、小説、話本、雜劇之類被正統學者輕視的讀物，這是正統文化之外，隱逸文化、民間文化的淵藪，一些世俗的衣、食、住、行之類日常器物，多藉此得見生動描述。十曰文物考古系統，這是博物研究中至爲重要的最具震撼力的另一方天地，因爲這是以歷代實物遺存爲依據的，足可印證文獻的真僞、糾正其失誤，多有創獲。

二、《通考》内容究如何，今世當作何解讀？

《通考》内容極爲豐富，所涉範圍極廣，古今上下，時空縱橫，實難詳盡論説，今略予概括，主要可分兩大方面，一爲自然諸物，二爲社科諸物，兹逐一分述如下：

（一）自然諸物：包括了天地生殖及人力之外的一切實體、實物，浩博無涯，可謂應有盡有。

如“太陽”“月亮”，在我中華凡是太空中的發光體（包括反射光體）皆被稱爲“星”，因此漢語在吸納現代天文學時，承襲了這一習慣，將“太陽”這類自身發光的等離子物體命名爲恒星。《天宇卷》研究的主體就是天空中的各種星象。星象就是指各種星體的位置、明暗、形狀等的變化。星象極其繁複，難以辨識。於是，在天空中位置相對穩定的恒星就成爲必要的定位標志。在人們目力所及的範圍内，恒星數以千計，先民將漫天看似雜亂無章的恒星位置相近者予以組合并命名，這些組合的星群稱之爲星宿，因而就有了三垣二十八宿之説。在远古難以對宇宙進行深入探索的時代，先民未能建立起完整的天體概念，也不知彼此的運動關係，僅憑藉直感認知，將所見的最強發光體——“太陽”本能地給予更多的關注，作出不同於西方的別樣解釋。視太陽爲天神，太陽的出没也被演繹成天神駕車巡游，而夸父追日、后羿射日等典故，則承載了諸多遠古信息。先民依據太陽的陰陽屬性、形體形象、光熱情況、時序變化、神話傳説及俗稱俗語等特點，賦予了諸多別名和异稱，其數量達一百九十餘種，如“陽精”“丙火”“赤輪”“扶桑”“東君”“摩泥珠”等，可見先民對太陽是何等的尊崇。對人們習見的“月亮”，《天宇卷》同樣考釋了其異名別稱及其得名由來。今知月亮異名別稱竟達二百二十餘種，較之“太陽”所收尤爲宏富。如

“太陰”“玉鏡”“嬋娟”“姮娥”“顧兔”“桂影”“玉蟾蜍”“清凉宫”，等等。而關於“月亮”的所見所想，所涉傳聞佳話，連綿不絶，超乎所料。掩卷沉思，無盡感慨！中華民族是一個明潔温婉、追求自由、嚮往和平、極具夢想的偉大民族。愛月、咏月、賞月、拜月，深情綿綿，與月亮別有一番不解之緣！饒有趣味者，爲東君太陽神驅使六龍馭車的羲和，如同爲太陰元君駕車的望舒一樣，竟也是一位女子，可見先民對於女性的信賴與尊崇。何以如此？是母系社會的遺風流韵麽？不得而知！足證《通考》探討“博物”的意義并不祇在“博物”自身，而是關乎“博物”所承載的傳統文化。

　　再如古代出現的“雪”“雹”之類，國人多認定與今世無多大差异，實則不然。《氣象卷》收有“天山雪”“陰山雪”“燕山雪”“嵩山雪”“塞北雪”“南秦雪”“秦淮雪”“廬山雪”“嶺南雪”“犬吠雪”（偏遠的南方之雪。因犬見而驚吠，故稱），等等，這些雪域不祇在長城内外，又達於大江南北，可謂遍及全國各地，令人眼界大開。這些雪域的出現，又并非遠古間事，所見文字記載盡在南北朝之後，而“嶺南雪”竟見於明清時期，致使今人難以置信。若就人們對雪的愛惡而言，有“瑞雪”“喜雪”“灾雪”“惡雪”；若就雪的屬性而言，有“乾雪”“濕雪”“霧雪”“雷雪”；若就降雪時間長短而言，有“連旬雪”“連二旬雪”“連三旬雪”“連四旬雪”；若就雪的危害而言，有“致人凍死雪”“致人相食雪”等，不一而足。此外，雪另有色彩之別，本卷收有“紅雪”“綠雪”“褐雪”“黑雪”諸文，何以出現紅、綠、褐、黑等顏色？這是由於大地上各類各色耐寒的藻類植物被捲入高空，與雪片相遇，從而形成不同色彩。對此，先民已有細微觀察，生動描述，但未究其成因。1892 年冬，意大利曾有漫天黑雪飄落，經國際氣象學家研究測定，此一現象乃是高空中億萬針尖樣小蟲，在飛翔時與雪片粘連所致。這與藻類植物被捲入高空，導致顏色的變幻同理。或問，今世何以不見彩色之雪？因往昔大地之藻類及針尖樣小蟲，由於生態環境的破壞而消失殆盡。就氣象學而言，古代出現彩雪，是正常中的不正常，現代祇有白雪，則是不正常中的正常。本卷中有關雹的考釋，同樣頗具情趣，十分精彩。依雹的顏色有“白色雹”“赤色雹”“黑色雹”“赤黑色雹”，依形狀有“杵狀雹”“馬頭狀雹”“車輪狀雹”“有柄多角雹”，依長度有“長徑尺雹”“長尺八雹”，依重量有“重四五斤雹”“重十餘斤雹”，依危害則有“傷禾折木雹”“擊殺鳥雀雹”“擊殺獐鹿雹”“擊死牛馬雹”“壞屋殺人雹”等，這些記載并非出自戲曲小説，而是全部源於史書或方志，時間地點十分明確，毋庸置疑。古今氣象何以如此不同？何以如此反常？祇嘆中國古代的科研體系多注重對現象的觀察，而不求其成因，衹是將以上現象置於史志之中，予以記載而已。本《通考》對中華"博物"的考辨，不衹是展現了大自然的原貌、大自然的古今變幻，而且也提供了社會的更迭興替和民生的禍福起落等諸多耐人尋味的思考。

另如，《水族卷》中收有棘皮動物"海參"，其物在當代國人心目中，是難得的美味佳餚和滋補珍品。《水族卷》還原其本真面貌，明確指出海參爲海洋動物中的棘皮動物門，海參綱之統稱，而後依據古代典籍，考證其物及得名由來：三國吳沈瑩《臨海水土異物志》："土肉，正黑，如小兒臂大，中有腹，無口目……炙食。"其時貶稱"土肉"，衹是"炙食"而已。既貶稱爲"土"，又止用於燒烤而食，此即其初始的"身份""地位"，實是無足稱道。直至明代謝肇淛《五雜俎·物部一》中，始見較高評價，并稱其爲"海參"："海參，遼東海濱有之，一名海男子。其狀如男子勢然，淡菜之對也。其性溫補，足敵人參，故名海參。""男子勢"，舊注曰"男根"，因海參形如男性生殖器，俗名"海男子"，正與形如女性生殖器的淡菜（又稱"海牝""東海夫人"，即厚殼貽貝）相對應。此一形似"男根"之物，何以又被重視起來？國人對食療養生素有"以形補形"的觀念，如"芹菜象筋骼，吃了骨頭硬；核桃象大腦，吃了思維靈"之類，而因海參似男根，故認定其有補腎壯陽的功能，這就是"足敵人參"的主要根據之一。謝氏在讚其"足敵人參"的同時，又特別標示了其不雅的綽號"海男子"，則又從另一側面反映了明代對於海參仍非那麼珍視，故而在其當代權威的醫典《本草綱目》中未予記載。"海參"在清朝的國宴"滿漢全席"中始露頭角，漸得青睞。本卷作者在還其本真面貌的過程中，又十分自然地釐清了海參自三國之後的异名別稱。如，"土肉""海男子"之後，又有"蚫""沙噀""戚車""龜魚""刺參""光參""海鼠""海瓜""海瓜皮""白參""牛腎""水參""春皮""伏皮"諸稱，"蚫"字之外，其他十三個异名別稱，古今辭書無一收録，唯一收録的"蚫"字，又含混不清。而"海參"喻稱"海瓜"，則爲英文sea cucumber的中文義譯，較中文之喻稱"海男子"似有异曲同工之妙，又可證西人對海參也并不那麼重視。

全書三十六卷，卷卷不同。本書設有《珍奇卷》，別具研究價值。如"孕子石"，發現於江蘇省溧陽市蘇溧地區。此石呈灰黃色，質地堅硬，其外表平凡無奇，但當人們把石頭敲開時，裏面會滾出許多圓形石彈子，直徑21厘米左右，和母石相較，顔色稍淺，但成分一致。因石中另包小石，好似母石生下的子石，故稱"孕子石"。這種"石頭孕子"史志無載，首次發現，地質學家們同樣百思而不得其解，衹能"望石興嘆"。再如"預報天旱井"，位於廣西全州縣內，每年大旱來臨前二十天，水井會流出渾水，長達兩天之久，附近村民見狀，便知大旱將臨，便提前做好抗旱準備。此外，該井每二十四小時漲潮六次，每次約漲五十分鐘，水量約增加兩倍。此井如同"孕子石"一樣，史志無載，首次發現，對此井的奇特現象有關專家同樣百思不得其解，也祇能"望井興嘆"。

　　（二）社科諸物：自然物外，中華博物中的社科諸物漫布於社會生活之中，其形成發展、古今變化，尤爲多彩，展現了一種別樣的國情特徵和民族靈智。

　　如《國法卷》，何謂"國法"？國法係指國家之法紀、法規。國法其詞作爲漢語語詞起源甚爲久遠，先秦典籍《周禮・秋官・朝士》中即已出現，"國法"之"法"字作"灋"，其文曰："凡民同貨財者，令以國灋行之，犯令者刑罰之。"同書《地官・泉府》中又有另詞"國服"，其文曰："凡民之貸者，與其有司辨而授之，以國服爲之息。"此"國服"言民間貿易必須服從國法，故稱"國服"。作爲語詞，"國法""國服"互爲匹配。國法爲人而設，國服隨法而施，有其法必有其服，有法無服，則法罔立，有服無法，舉世罔聞。今"國法"一詞存而未改，"國服"則罕見使用。就世界範圍而言，中國的國法自成體系，具有國體特色與民族精神，故西方學者稱之爲"中華法系"或"東方法系"。本《國法卷》即以"中華法系"爲中心論題，全面考釋，以現其固有特色與精神。中華法系如同世界諸文明古國法系一樣，源於宗教，興於禮俗，而最終成爲法律，遂具有指令性、強制性。中華法系一經形成，即迥异於西方，因其從不以"永恒不變的人人平等的行爲準則"自詡，也沒有立法依據的總體理論闡釋，而是明確標示法律應維護帝王及權貴的利益。在中國古代，從沒出現過如古希臘或古羅馬的所謂絕對公正的"自然法"，毋須在"自然法"指導下制定"實在法"。中國古代的全部法律皆爲正在施行的"實在法"，但却有不可撼動的權威理論——"君權天授"説支撐。"天"，在先民心目中是無可比擬的最神秘、最巨大的力量。"天"，莊重而仁慈，嚴厲而公正，無所不察，無所不能。上自聖賢哲人，下至黎民百姓，少有不"敬天意"、不"畏天命"者，帝王既稱"天子"，且設有皇皇國法，條文森然，何人敢於反叛？天下黔首，非處垂死之地，絶不揭竿而起，妄與"天"鬥！故而在中國古代，帝王擁有最高立法權與司法權，享有無盡的威嚴與尊貴。今知西周時又強化了宗族關係，即血緣關係。血緣關係又分爲近親、遠親、异姓之親等。血緣關係成爲一切社會關係的核心，由血緣關係擴而廣之，又有師生、朋友及當體恤的其他人等關係。由血緣關係又進而強化了尊卑關係，即君臣關係、臣民關係，這些關係較之血緣關係更爲細密，爲

此而設有 "八辟" 之法，規定帝王之親朋、故舊、近臣等八種人，可以享有減免刑罰之特權。漢代改稱 "八議"，三國魏正式載入法典。其後，歷代常有沿襲。這一血緣關係在我國可謂根深蒂固，直至今世而未衰。爲維護這尊卑關係，西周之法典又設有《九刑》，以 "不忠" 爲首罪。另有《八刑》以 "不孝" 爲首罪。"忠"，指忠君，"孝" 指孝敬父母，兩者難以分割。《九刑》《八刑》雖爲時過境遷之古法，但其倡導的 "忠孝"，已成爲中華民族的一種處世觀念，一種道德規範。作爲個人若輕忽 "忠孝"，則必極端自私，害及民衆；作爲執政者若輕忽 "忠孝"，則必妄行無忌，危及國家。今世早已摒弃愚忠愚孝之舉，但仍然繼承并發揚了 "忠孝" 的傳統。"忠" 不再是 "忠君"，而是忠於祖國，忠於人民，或是忠於信守的理想；"孝" 謂善事父母，直承百代，迄今不衰。"忠孝" 是人們發自心底的感恩之情，唯知感恩，始有報恩，人間纔有真情往還，纔有心靈交融。佛家箴言警語曰 "上報四重恩，下濟三途苦"（見《大乘本生心地觀經》），"四重恩" 指父母恩、師長恩、國土恩、衆生恩（衆生包括動植物等一切生靈）。我國傳統忠孝文化中又融入了佛家的這一經典旨意，可謂相得益彰。"忠孝" 乃我文明古國屹立不敗的根基，絕不可視之爲 "封建觀念"。縱觀我中華信史可知，舉凡國家昌盛時代，必是忠孝振興歲月，古今如一，堪稱鐵律。國家可敬又可愛，所激起的正是人們的家國情懷！"忠孝" 這一處世觀念，這一道德規範，直涉人際關係，直涉國家命運，成爲我中華獨有、舉世無雙的文化傳統。

　　中國之國法，并非僅靠威懾之力，更有 "禮治" 之宣導，而關乎禮治的宣導今人常常忽略。前已述及中華法系如同世界諸文明古國法系一樣，源於宗教，興於禮俗，由禮俗演進爲禮治，禮治早於刑法之前已經萌生。自商周始，《湯刑》《吕刑》（按，《湯刑》《吕刑》之 "刑" 當釋爲 "法"）相繼問世，尤重 "禮治"，何謂 "禮治"？"禮治" 指遵守禮儀道德與社會規範，破除 "禮不下庶人" 的舊制，將仁義禮智信作爲基本的行爲規範，《孟子·公孫丑上》曰："辭讓之心，禮之端也。" "辭讓" 指謙和之道，尊重他人，由 "禮讓" 而漸發展爲 "禮制"。至西周時，"禮治" 已成定制。這一立法思想備受推崇。夏商以來，三千餘載，王朝更替，如同百戲，雖脚色各異，却多高揚禮制之大旗，以期社會和諧，民生安樂。不瞭解中國之禮治，也就難以瞭解中華法制史，就難以瞭解中國文化史。此後 "禮治" 配以 "刑治"，相輔相成，久行不衰。"禮刑相輔" 何以行使？答曰：升平之世，統治者無不强調禮制之作用，藉此以示仁政；若逢亂世，則用重典，施酷刑（下將述及），軟硬兩手交替使用。這就組成了一張巨大的不可錯亂、不可逾越的法律之網，這就是中華民族百代信守的國家法制的核心，這就是中華民族有史以來建國治國之道。這一"禮刑相輔"的治國之道，迥別與西方，爲我中華所獨有，在漫長而多樣的世界法制史中居於前沿地位。

在我古老國度中，國家既已形成，於是又具有了不同尋常的歷史意義與價值觀。自先秦以來，"國家"一詞意味着莊嚴與信賴。在國人心目中，"國"與"家"難以分割，直與身家性命連爲一體，故"報效國家"爲中華民族的最高志節，而"國破家亡"則爲全民族的最大不幸。三十年前本人曾是《漢語大詞典》主要執筆者之一，撰寫"國家"條文時，已注意了先民曾把皇帝直稱爲"國家"。如《東觀漢紀・祭遵傳》："國家知將軍不易，亦不遺力。"《晉書・陶侃傳》："國家年小，不出胸懷。"稱皇帝爲"國家"，以皇帝爲國家的代表或國家的象徵，較之稱皇帝爲天子，更具親切感，更具號召力。中國歷史上的一些明君仁主也多以維護國家法制爲最高宗旨，秦皇、漢武皆曾憑藉堅定地立法與執法而國勢強盛，得以稱雄天下，這對始於西周的"八辟"之法，無疑是一大突破。本書《國法卷》第一章概論論及隋唐五代立法思想時，有以下論述：據《隋書・王誼傳》及文帝相關諸子傳載，文帝楊堅少時同王誼爲摯友，長而將第五女嫁王誼之子，相處極歡，後王誼被控"大逆不道，罪當死"，文帝遂下詔"禁暴除惡"，"賜死於家"。《隋書・文四子傳》又載，文帝三子秦王楊俊，少而英武，曾總管四十四州軍事，頗有令名，文帝甚爲愛惜，獎勵有加。後楊俊漸奢侈，違制度，出錢求息，窮治宮室，文帝免其官。左武衛將軍劉升、重臣楊素，先後力諫曰："秦王非有他過，但費官物、營廨舍而已。"文帝答曰："法不可違！"劉、楊又先後諫曰："秦王之過，不應至此，願陛下詳之。"文帝答曰："我是五兒之父，若如公意，何不別制天子兒律？"文帝四子、五子皆因違法，被廢爲庶民，文帝處置毫不猶豫，毫不留情。隋文帝身爲人君，以萬乘之尊，率先力行，實踐了"王子犯法，與民同罪"的古訓。在位期間，創建"開皇之治"，人丁大增，百業昌盛，國人視文帝爲真龍天子，少數民族則尊稱其爲聖人可汗。《國法卷》主編對歷史上身爲人君的這種舉措，有"忍割親朋私情，立法爲公"的簡要評論。這一評論對於中國這種以宗族故交爲關係網的大國而論，正是切中要害。此後，唐太宗李世民、玄宗李隆基、憲宗李純等君王皆有類似之舉，終成輝煌盛世。時至明代，面對一片混亂腐敗的吏治，明太祖朱元璋更設有"炮烙""剝皮"之類酷刑嚴法，懲治的貪官污吏達十五萬之衆，即便自家的親朋故舊，也毫不留情。如進士出身的駙馬，朱元璋的愛婿歐陽倫只因販茶違法，就直接判以死刑，儘管安慶公主及儲君朱允炆苦苦哀求，也絕不饒恕。據《明史·循吏傳序》載：“〔官吏〕一時受令畏法，潔己愛民，以當上指……民人安樂、吏治澄清者百餘年。”其時，士子們甘願謀求他職，而不敢輕率爲官，而諸多官員却學會了種田或捕魚，呈現了古今難得一見的別樣的政治生態。明太祖的這類嚴酷法令雖是過當，却勝於放縱，故而明朝一度成爲世界經濟大國、經濟强國。中國歷史上的諸多建國之名君仁主，執法雖未若隋文帝之果決，未若明太祖之嚴酷，但無一不重視國家安危。這些建國名君仁主“上以社稷爲重，下以蒼生在念”（見《舊唐書·桓彦範傳》），故而贏得臣民的擁戴。今之世人多以爲帝王之所以成爲帝王，盡皆爲皇室一己之私利，祇貪圖自家的享榮華富貴而已，實則并非盡皆如此。歷代君王既已建國，亦必全力保國，并垂範後世，以求長治久安。品讀本書《國法卷》，可藉以瞭解我國固有的國情狀況，瞭解我國歷史中的明君仁主如何治理國家，其方策何在，今世仍有藉鑒價值。縱觀我國漫長的歷史進程，有的連續數代，稱爲盛世；有的衰而復起，稱爲中興；有的則二世而亡，如曇花一現。一切取決於先主與後主是否一脉相繼，一切取決於執法是否穩定。要而言之：嚴守國法，則國家興盛，嚴守國法，則社會祥和，此乃舉世不二之又一鐵律。

《國法卷》雖以國法爲研究主體，却力求超越法律研究自身，力求探索法律背後的正反驅動力量，其旨義更加廣遠。因而本卷又區別於常見的法律專著。

另如《巧藝卷》，在《通考》全書中未占多大分量，但在日常社會生活中却有無可替代的獨特地位，藉此大可飽覽先民的生活境遇和精神世界。何謂“巧藝”？古代文獻中無此定義。所謂“巧藝”，專指巧智與技藝性的娛樂及各種健身活動，同時展現了與之相應的家國關係。中華民族的“巧藝”別具特色，所涉内容十分廣泛，除却一般游戲活動外，又包涵了棋類、牌類、養生、武術、四季休閑、宴飲娛樂、動物馴化等等。細閱本卷所載，常爲古人之智巧所折服。如西漢東方朔“射覆”之奇妙，今已成千古佳話。據《漢書·東方朔傳》載，漢武帝嘗覆守宫（即壁虎）於杯盂之下，令衆方士百般揣度，各顯其能，并無一言中的者，而東方朔却可輕易解密，有如神算，令滿座驚呼。何謂“射覆”？“射覆”爲古代猜測覆物的游戲。射，揣度；覆，覆蓋。“射覆”之戲，至明清始衰，其間頗多高手。這些高手似乎出於特異功能，是古人勝於今人麼？當作何解釋？學界認爲這些高手多善《易》學，故而超乎常人，但今世精於《易》學者并非罕見，却未見有如東方朔者，何也？難以作答，且可不論，但古代對動物的馴化，又何以特別精彩，令今人嘆服？

著名的唐代象舞、馬舞，久負盛名，這些大動物似通人性，故可不論，而那些似乎笨拙的小動物，如“烏龜疊塔”“蛤蟆説法”之類的馴養，也常常勝過今人，足可展現先民的巧智，“‘疊塔’‘説法’，固教習之功，但其質性蠢蠢，非他禽鳥可比，誠難矣哉！”（見明陶宗儀《輟耕録·禽戲》）古人終將蠢蠢之蟲馴化得如此聰明可愛，藉此可見古人之扎實沉着，心智之專一，少有後世浮躁之風。目前，國人甚喜馴養，寵物遍地，却未見馴出如同上述的“疊塔”之烏龜與“説法”之蛤蟆，今之馬戲或雜技團體，爲現代專業機構，也未見絶技面世。

《巧藝卷》的條目詮釋，大有建樹，絶不因襲他人成説，明確關聯了具體事物形成的歷史淵源與社會背景。如“踏青”，《漢語大詞典》引用了唐代的書證，并稱其爲“清明節前後，郊野游覽的習俗”。本卷則明確指出，“踏青”是由遠古的“春戲”演變而來。西周時曾爲禮制。漢代已有“人日郊外踏青”之俗，同時指出“踏青”還有“游春”的別稱。《漢語大詞典》與本卷的釋文內容差異如此之大，實出常人之所料。何謂“春戲”？所有辭書皆未收録。本卷有翔實考證，兹録如下：

春戲：古代民間春季娛樂活動。以繁衍後代和期盼農作物豐收爲目的的男女歡會活動。始於原始社會末期，西周時仍很流行。《周禮·地官·司徒》：“中春之月，令會男女。於是時也，奔者不禁。若無故而不用令者，罰之。司男女之無夫家者而會之。”《墨子·明鬼篇》：“燕之有祖，當齊之社稷。宋之有桑林，楚之雲夢也，此男女之所屬而觀也。”《詩·鄭風·溱洧》：“溱與洧，瀏其清矣。士與女，殷其盈矣。女曰：‘觀乎？’士曰：‘既且。’‘且往觀乎！洧之外，洵訏且樂。’維士與女，伊其將謔，贈之以芍藥。”《楚辭·九歌·少司命》：“秋蘭兮麋蕪，羅生兮堂下。綠葉兮素枝，芳菲菲兮襲予。夫人兮自有美子，蓀何以兮愁苦？”戰國以後逐漸演變爲單純的春游活動“踏青”。

《巧藝卷》精心地援引了以上經典，可證在中國上古時期男女歡會非常自然，而且是具有相當規模的群體性活動。此舉在中國遠古時代已有所見，青海大通縣上孫家寨出土的舞蹈紋彩陶盆，已展現了男女携手共舞的親密生動場景，那是馬家窰文化的代表，距今已有五千年歷史，但必須明確，這并非蒙昧時期的亂性之舉。這是一種男女交往的公開宣示。前述《周禮·地官·司徒》曰：“中春之月，令會男女……司男女無夫之家者而會之。”其要點是“男女無夫之家者”。這是明確的法律規定，故而作者的篇首語曰：“以繁衍後代和期盼農作物豐收爲目的。”這就撥正了後世對於中國古代奴隸社會或封建社會有關男女關係的一些偏頗見解，可證本卷之“巧藝”非同一般的娛樂，所展現的是中華先民多方位的生活狀態。

三、博物研究遭質疑，古老科技又誰知？

《通考》所涉博物盡有所據，無一虛指，如繁星麗天，構成了浩大的博物學體系，千載一脉，本當生生不息，如瀑布之直下，但却似大河之九曲，時有峽谷，時有險灘，終因清廷喪權辱國、全盤西化而戛然中斷，故而迥异於西方。由於西方科技的巨大影響，致使一些學人缺少文化自信，多認爲中國古老的博物學，無甚價值。豈知我中華民族從不乏才俊、精英，從不乏偉大的發明，很多祇是不知其名而已。如《淮南子·泰族訓》：“欲知遠近而不能，教之以金目則快射。”漢代高誘注曰：“金目，深目。所以望遠近射準也。”何謂“金目”？據高注可知，就是深目。“深目”之“深”，謂深遠也（又說稱“金目”爲黄金之目，用以喻其貴重，恐非是）。“金目”當是現代望遠鏡或眼鏡之類的始祖。“金目”其物，在古代萬千典籍中僅見於《淮南子》一書，别無他載。因屬古代統治者杜絶的“奇技淫巧”，又甚難製作，故此物宫廷不傳，民間絶踪，遂成奇品。上世紀 80 年代，揚州邗江縣東漢廣陵王劉荆墓中出土一枚凸透鏡，此鏡之鏡片直徑 1.3 厘米，鑲嵌在用黄金精製而成的小圓環内，視物可放大四五倍，此鏡至遲亦有兩千餘年的歷史。廣陵墓之外，安徽亳州曹操宗族墓等處，亦有出土。是否就是“金目”已難考證。作爲眼鏡其物，發展到宋代，始有明確的文字記載，其時稱之爲“靉靆”（見明方以智《通雅·器用·雜用諸器》引宋趙希鵠《洞天清録》）。今日學者皆將眼鏡視爲西方舶來品，一說來自阿拉伯，又說來自英國，如猜謎語，不一而足；西方的眼鏡實則是由中國傳入的，如若說是西方自家發明，也晚於中國千年之久。

“金目”其物的出現絶非偶然，《墨子》中的《經下》《經說下》已有關於光的直綫傳播、反射、折射、小孔成象、凹凸透鏡成象等連續的科學論述，這一原理的提出，必當有各式透體器物，如鏡片之類爲實驗依據，這類器物的名稱曰何今已不得而知，但製造出金目一類望遠物，是情理之中的必然結果。據上述《經下》《經說下》記載可知，早在戰國時期，先賢已有光學研究的成就，與後世西方光學原理盡同。在中國漫長的古代日常生活中，隨時可見新奇的創造發明，這類創造發明所展現的正是中國獨有的科學。《導論》中所述"被中香爐""長信宮燈"之外，更有"博山爐"（一種形似傳說中神山"博山"的香爐，當香料在爐內點燃時，烟霧通過鏤空的山體宛然飄出，形成群山蒙蒙、衆獸浮動的奇妙景象，約發明於漢代）、"走馬燈"（一種竹木扎成的傳統佳節所用風車狀燈具，外貼人馬等圖案，藉燈內點燃蠟燭的熱力引發空氣對流，輪軸上的人馬圖案隨之旋轉，投身於燈屏上，形成人馬不斷追逐、物換景移的壯觀情景，約發明於隋唐時期）之類。古老中華何止是"四大發明"？此外，約七千年前，在天灾人禍、形勢多變的時代背景之下，先民爲預測未來，指導行爲方嚮，始創有易學，形成於商周之際，今列爲十三經之首，稱爲《周易》，這是今世的科學不能完全解釋的另一門"科學"，其功用不斷地爲當世諸多領域所驗證，在我華夏、乃至歐美，研究者甚衆，本《通考》對此雖有涉及，而未立專論。

那麼，在近現代，國人又是如何對待古代的"奇技奇器"的呢？著名的古代"四大發明"，今已家喻户曉，婦幼皆知，但却如同可愛的國寶大熊猫一樣，乃是西方學者代爲發現。我仁人志士，爲喚醒"東方睡獅"，藉此"四大發明"，竭力張揚，以振奮民族精神。這"四大發明"影響非凡，但在中國傳統文化中亦無重要地位，其中"火藥"見載於唐孫思邈《丹經》，"指南針""印刷術"同見載於宋沈括《夢溪筆談》，皆非要籍鴻篇，唯造紙術見於正史，全文亦僅七十一字，緊要文字衹有可憐的四十三字（見《後漢書·宦者傳·蔡倫》）。而這"四大發明"中有兩大發明，不知爲何人所爲。

在古老中國的歷史長河中，更有另一種科學技術，當今學界稱之爲"黑科技"（意謂超越當今之科技，出於人類的想象之外。按，稱之爲"超科技"，似更易理解，更準確），那就是現代科學技術望塵莫及、無法破解的那些千古之謎。如徐州市龜山西漢楚襄王墓北壁的西邊牆上，非常清晰地顯示一真人大小的影子，酷似一位老者，身着漢服，峨冠博帶，面東而立，作揖手迎客之狀。人們稱其爲"楚王迎賓圖"。最初考古人員發掘清理棺室時，并無壁影。自從設立了旅游區正式開放後，壁影纔逐漸地顯現出來，仿佛是楚王的魂魄顯靈，親自出來歡迎來此參觀的游人一樣。楚襄王名劉注，是西漢第六代楚王，死後葬於此。劉注墓還有五謎，今擇其三：一、工程精度之謎。龜山漢墓南甬道長 55.665 米，北甬道長爲 55.784 米，沿中綫開鑿，最大偏差僅爲 5 毫米，精度達 1/10000；兩甬道相距 19 米，夾角 20 秒，誤差爲 1/16000，其平行度誤差之小，大約需要從徐州一直延伸到西安纔能使兩甬道相交。按當時的技術水準，這樣的墓道是何人如何修建的？二、崖洞墓開鑿之謎。龜山漢墓爲典型的崖洞墓，其墓室和墓道總面積達到 700 多平方米，容積達 2600 多立方米，幾乎掏空了整個山體。勘察發現，劉注墓原棺室的室頂正對着龜山的最高處，劉注府庫中的擎天石柱也正位於南北甬道的中軸綫上。龜山漢墓的工程人員是利用什麼樣的勘探技術掌握龜山的山體石質和結構？ 三、防盜塞石之謎。南甬道由 26 塊塞石堵塞，分上下兩層，每塊重達六至七噸，兩層塞石接縫非常嚴密，一枚硬幣也難以塞入。漢墓的甬道處於龜山的半山腰，當時生産力低下，人們是用什麼方法把這些龐大的塞石運來并嵌進甬道的？ 今皆不得而知。

斷言“中國古代衹有技術而没有科學”者，對中國歷史的瞭解實在是太過膚淺，并不瞭解在中國古代不衹有科技，而且竟然有超越科學技術的“黑科技”。

四、當世灾難甚可懼，人間正道何處覓？

在《通考》的編纂過程中，常遇到的重要命題，那就是以上論及的“科技”。今之“科技”，在中國上古曾被混稱爲“奇技奇器”，直至清廷覆亡，迄未得到應有的重視，導致國勢衰微，外寇侵略，民不聊生。這正是西方視之爲愚昧落後，敢於長驅直入，爲所欲爲的原因。因而一個國家、一個民族，要立於不敗之地，必須擁有自家的科技！ 世人當如何評定“科技”？ 如何面對“科技”？ 本書《導論》已有“道器論”，今《總説》以此“道器論”爲據，就現代人類面臨的種種危機，論釋如下：

何謂“道器”？ 所謂“道”是指形成宇宙萬物之原本，是形成一切事理的依據與根由。何謂“器”？ “器”即宇宙間實有的萬物，包括一切科技，一切發明，至巨至大，至細至微，充斥天地間，而盡皆不虛。科技衍生於器，驗證於器，多以器爲載體，是推進或毀壞人類社會的一種無窮力量，故而又必須在人間正道的制約之下。此即本書道器并重之緣由，或可視爲天下之通理也。英國自 18 世紀第一次工業革命以來，其科學技術得以高速而全方位地發展，引起西方乃至全世界的密切關注與重視，影響廣遠。這一時期，英帝國統治者睥睨全球，居高臨下，自我膨脹，發表了“生存競争，勝者執政”等一系列宏論；托馬斯·馬爾薩斯的《人口論》亦應時而起，其核心理論是：“貧富强弱，難以避免。承認現實，存在即合理。”甚而提出“必須控制人口的大量增長，而戰争、饑荒、瘟疫是最後抑制人口增長的必要手段”（這一理論在以儒學爲主體的傳統文化中被視爲離經叛道，滅絕人性，而在清廷走投無路全面西化之後，國人亦有崇信者，直至 20 年代初猶見其餘緒）。在這樣的時代背景下，查爾斯・達爾文所著《物種起源》得以衝破基督教的束縛，順利出版，暢行無阻。該書除却大量引用我國典籍《齊民要術》《天工開物》與《本草綱目》之外，還鄭重表明受到馬爾薩斯《人口論》的啓示和影響。《物種起源》的問世，形成了著名的進化理論：“物競天擇、優勝劣汰，弱肉强食，適者生存。”（近世對其學説已有諸多評論，此略）進化學説在人們的社會生活中留下了深刻的印迹，在世界範圍内引起巨大反響，當時英國及其他列强利用了自然界“生存法則”的進化理論，將其推行於對外擴張的殖民戰争中，打破了世界原有生態格局，在巨大的聲威之下，暢行無阻，遍及天下。縱觀人類的發展史，尤其是近世以來的發展史可知，科技的高下決定了國家的强弱，以强凌弱，已成定勢，在高科技强國的聲威之下，無盡的搜羅，無盡的采伐，無盡的探測實驗（包括核試驗），自然資源和自然環境漸遭破壞，各種弊端漸次顯露。時至 20 世紀中後期，以原子能、電子電腦、信息技術、空間技術等發明和應用爲標志、第三次科技革命的到來，學界稱之爲“科技革命的紅燈時刻”，其勢如風馳電掣，所向披靡，人類社會發生了翻天覆地的變化，時至 21 世紀，又凸顯了另一灾難，即瘟疫肆虐，病毒猖獗，危及整個人類。這一系列禍患緣何而生？天灾之外，罪魁爲人。何也？世間萬種生靈，習性歸一，盡皆順從於大自然，但求自身生息而已，别無他求，而作爲“萬物之靈”的人類，在茹毛飲血，跨越耕獵時代之後，却欲壑難填，毫無節制！爲追求享樂、滿足一己之貪婪，塗炭萬種生靈，任你山中野外，任你江面海底，任你晝藏夜出，任你天飛地走，皆得作我盤中佳餚。閑暇之日，又喜魚竿獵槍，目睹异類掙扎慘死，以爲暢快，以爲樂趣，若爲一己之喜慶，更可“磨刀霍霍向猪羊”，視之爲正常！“萬物之靈”的人類，永無休止，地表搜刮之外，還有地下的搜索挖掘，如世界著名的南非姆波尼格金礦，雖其開采僅起始於百年前，憑藉當代最先進的科技，挖掘深度已超 4000 米（我國的招遠金礦，北宋真宗年間已進行開采，至今深度不過 2000 米左右），現有 370 千米軌道，用以運送巨大的設備與成噸重的礦石，而每次開采都必須用兩千多公斤的炸藥爆破，可謂地動山摇！金礦之外，又有銀礦、鐵礦、銅礦、煤礦、水晶礦（如墨西哥的奈咯水晶洞，俗稱“神仙水晶礦”，其中一根重達 50 噸，挖出者一夜暴富），種種礦藏數以萬計。此外尚有對石油、純凈水，乃至無形的天然氣等的無盡索取，山林破壞，大地沙化，水污染、大氣污染、核污染，地球已是百孔千瘡，而挖掘索取，仍未甘休，愈演愈烈，故今之地球信息科學已經發現地球性能的變异以及由此帶來可怕的全球性灾難。今日世界，各國執政者憑仗高科技，多是從一國、一族或一己之私利出發，或結邦，或聯盟，争强鬥勝，互不相顧，國際關係日趨惡化，人類時刻面臨可怕的威脅，面臨毁滅性的核戰争。凡此種種，怎不令人憂慮，令人悲痛？故而有學者宣稱："科技確實偉大，也確實可怕。一旦失控，後患無窮。"又稱："人類擁有了科技，必警惕成爲科技的奴隸。"此語并非危言聳聽，應是當世的警鐘，因爲人類面對强大的科技，常常難以自控，這是科技發展必然的結果。而作爲"萬物之靈"的人類，具有高智慧，能够擁有高科技，確乎超越了萬物，居於萬物主宰的地位，而執政者一旦擁有失控的權力，肆意孤行，其最終結局必將是自戕自毁，必將與萬物同歸於盡。一言以蔽之，毁滅世界的罪魁禍首是人類自己，而并非他類。

面對這多變的現實與可怕的未來，面對這全球性的灾難，中外科學家作了不懈努力，而收效甚微。1988 年 1 月，七十五位諾貝爾獲獎者及世界著名學者齊聚巴黎，探討了 21 世紀科學的發展與人類面臨的種種難題，提出了應對方略。在隆重的新聞發布會上，瑞典物理學家漢内斯·阿爾文發表了鄭重的演説："如果人類要在 21 世紀生存下去，必須回頭到兩千五百年前去汲取孔子的智慧。"（見 1988 年 1 月 24 日澳大利亞《堪培拉時報》原文——《諾貝爾獎獲得者説要汲取孔子的智慧》）這是何等驚人的預見，又是何等嚴正的警示！這七十五位諾貝爾獲獎者没有一位是我華夏同胞，他們對孔子的認知與崇敬，非常客觀，非常深刻，超乎我們的想象。這種高屋建瓴式的睿智呼籲，振聾發聵，可惜并没有警醒世人，也没有引起足够多的各國領導人的重視。

人類爲了自救，不能不從人類自身發展史中尋求答案。在人類發展史中，不乏偉大的聖人，孔子是少有的没有被神化、起於底層的聖人（今有稱其爲"草根聖人"者），他生於春秋末期，幼年失父，家境貧寒，又正值天下分裂，戰亂不斷，在這樣的不幸世道裏，孔子及其弟子大力宣導"克己復禮"，這是人類歷史上最切實際的空前壯舉。何謂"禮"？《説文·示部》曰："禮，履也。所以事神致福也。"禮本來是上古祭祀鬼神和先祖的儀式。史稱文、武、成王、周公據禮"以設制度"，此即"周禮"。"周禮"的内容極爲廣泛，舉凡國家的政治、經濟、軍事、行政、法律、宗教、教育、倫理、習俗、行爲規範，以及吉、凶、軍、賓、嘉五類禮儀制度，均被納入禮的範疇。周禮在當時社會中的地位與指導作用，《禮記·曲禮》中有明確記載："分争辯訟，非禮不決；君臣上下、父子兄弟，非禮不定；宦學事師，非禮不親；班朝治軍、涖官行法，非禮威嚴不行。"當然也維護了"君臣朝廷尊卑貴賤之序,下及黎庶車輿衣服宮室飲食嫁娶喪祭之分"(見《史記・禮書》),這符合於那個時代的階級統治背景。孔子提出"克己復禮",期望世人克服一己之私欲,以應有的禮儀禮節規範自己的言行,建立一個理想的中庸和諧社會,這已跨越了歷史局限。孔子的核心思想是"敬天愛人",何謂"敬天"?孔子強調"巍巍乎唯天爲大"(見《論語・泰伯》),又曰:"天何言哉?四時行焉,百物生焉,天何言哉!"(見《論語・陽貨》)孔子所言之"天",并非指主宰人類命運的上蒼或上帝,并非是孔子的迷信,因"子不語怪力亂神"(見《論語・述而》)。孔子認爲四季變化、百物生長,皆有自己的運行規律,人類應謹慎遵從,應當敬畏,不得違背。孔子指稱的"天",實則指他所認知的宇宙。此即孔子的天人觀、宇宙觀。"巍巍乎唯天爲大",在此昊天之下,人是何樣的微弱,面臨小小的細菌、病毒,即可淒淒然成片倒下。何謂"愛人"?孔子推行"仁義之道",何謂"仁"?子曰:"仁者,愛人!"(《論語・顏淵》)即人人相親、相愛。又曰:"己所不欲,勿施於人。"意即重正義,絕不損人利己。何謂"義"?"義"指公正的道理、正直的行爲。子曰:"不義而富且貴,於我如浮雲。"(見《論語・述而》)這就是孔子的道德觀與道德規範,當作爲今世處理人與自然、人與社會的規範與行動指南。其弟子又提出"親親而仁民,仁民而愛物"(見《孟子・盡心上》),漢代大儒又有"天人之際,合而爲一"的主張(董仲舒在《春秋繁露・深察名號》中,爲維護皇權的需要而建立了皇權天授的觀念),這種主張已遠遠超越了維護皇權的需要,成爲了一種可貴的哲理。時至宋代,大儒張載再度發揚孟子"親親而仁民,仁民而愛物"的襟怀,又有"民吾同胞,物吾與也"(見其所著《西銘》)之名言箴語,即將天下所有的人皆當作同胞,世間萬物盡視爲同類,最終形成了著名的另一宏大的儒學系統,其主旨則是"天人合一"論。何謂"天人合一"?"天人合一"有兩層意義:一曰天人一致,天是一大宇宙,人則如同一小宇宙,也就是說人類同天體各有獨立而相似之處;二是天人相應,這是說人與天體在本質上是相通的,是相互相連的。因此,一切人事應順乎自然規律,從而達到人與自然的和諧。達到人與自然的和諧統一,當作爲今世處理人與自然、人與社會的明確規範與行動指南。這是真正的"人間正道",唯有遵循這一"人間正道",人際關係纔能融洽,社會纔能和諧,天下纔能太平。

　　古老中國在形成"孔子智慧"之前,早已重視人與自然的關係。約在七千年前,我中華先祖已能夠通過對於蟲鳥之類的物候觀察,熟練地確定天氣、季節的變幻,相當完美地適應了生產、生活、繁衍發展的需求,這一遠古的測算應變之舉,處於世界領先地位。約四千年前，夏禹之時，已建有令今人嚮往的廣袤的緑野濕地。如《書·禹貢》即記載了"雷夏""大野""彭蠡""震澤""菏澤""孟豬""豬野""雲夢"諸澤的形成及其利用情况，如其中指出："淮海惟揚州，彭蠡既豬（瀦），陽鳥攸居；三江既入，震澤厎定。篠簜既敷，厥草惟夭，厥木惟喬……厥貢惟金三品，瑶琨篠簜，齒革羽毛，惟木。"這是説揚州有彭蠡、震澤兩方緑野濕地，適合於鴻雁類禽鳥居住，適合於篠竹（箭竹）、簜竹（大竹）生長，青草繁茂，樹木高大，向君主進貢物品有金銀銅等三品，又有瑶琨美玉、箭竹、大竹以及象齒皮革與孔雀、翡翠等禽鳥羽毛。所謂"大禹治水"，并非衹是被動的抗災自救，實則是大治山川，廣理田野，調整人與大自然的關係，使之相得益彰。《逸周書·大聚解》又載，夏禹之時"且以并農力，執成男女之功，夫然則有生不失其宜，萬物不失其性，人不失其事，天不失其時……放此爲人，此謂正德"，此即所謂夏禹"劃定九州"之功業所在。其中"放此爲人，此謂正德"的論定，已藴含了後世儒家初始的"天人合一"的觀念。西周初期，已設定掌管國土資源的官職"虞衡"，掌山澤者謂"虞"，掌川林者稱"衡"（見《周禮·天官·太宰》及賈疏）。後世民衆，繼往開來，對於保護生態環境，保護大自然，采取了各種措施，又設有專司觀察氣象、觀察環境的機構，并有方士之類的"巫祝史與望氣者"，多管道、多方位進行探測研究，從而防患於未然。《墨子·號令篇》（一説此篇非墨子所作，乃是研究墨學者取以益其書）曰："巫祝史與望氣者，必以善言告民，以請（讀爲'情'）上報守（一説即太守），上守獨知其請（情）。無〔巫〕與望氣，妄爲不善言，驚恐民，斷弗赦。"這裏明確地指出，由"巫祝史與望氣者"負責預告各種灾情，但不得驚恐民衆，否則即處以重刑，絶不饒恕。愛惜生態，保護自然，這是何樣的遠見卓識，這又是何樣的撫民情懷！

　　是的，自夏禹以來，先民對於大自然、對於與蒼生，有一種别樣的愛惜、保護之舉措，防範措施非常細密，非常全面而嚴厲。《逸周書·大聚解》有以下記載：夏禹時期設定禁令，大力保護山林、川澤，春季不准帶斧頭上山砍伐初生的林木；夏季不准用漁網撈取幼小的魚鱉，此即世界最早的環境保護法。《韓非子·内儲説上》又載：殷商時期，在街道上揚弃垃圾，必斬斷其手。西周時又有更爲具體規定：如，何時可以狩獵，何時禁止狩獵，何樣的動物可以獵殺，何樣的動物禁止獵殺；何時可以捕魚，何時禁止捕魚，何樣的魚可以捕取，何樣的魚禁止捕取，皆有明文規定，甚而連網眼的大小也依季節不同而嚴予區别。并特别强調：不准搗毀鳥巢，不准殺死剛學飛的幼鳥和剛出生的幼獸。春耕季節不准大興土木。《禮記·月令》又載："毋變天之道，毋絶地之理，毋亂人之紀。"這一"毋變""毋絶""毋亂"之結語，更是展現了後世儒家宣導并嚮往的"天人合一"説。至春秋戰國之際，法律法規的範圍更加全面，特別嚴厲。這一時期已經注意到有關礦山的開發利用，若發現了藏有金銀銅鐵的礦山，立即封禁，"有動封山者，罪死而不赦。有犯令者，左足入，左足斷，右足入，右足斷"（見《管子·地數》）。古人認爲輕罪重罰，最易執行，也最見成效，勝過重罪重罰。這些古老的嚴厲法令，雖是殘酷，實際却是一聲斷喝，讓人止步於犯罪之前，因而犯罪者甚微。這就最大限度地保護了大自然，同時也最大限度地保護了人類自己。而早在西周建立前夕，又曾頒布了令人欽敬的《伐崇令》："文王欲伐崇，先宣言曰……令毋殺人，毋壞室，毋填井，毋伐樹木，毋動六畜，有不如令者，死無赦！崇人聞之，因請降。"（見漢劉向《説苑·指武》）這是指在殘酷的血火較量中，對於敵方人民、財産及生靈的愛惜與保護。我中華上古時期這一《伐崇令》，是世界戰争史中的奇迹，是人類應永恒遵守的法則！當今世界日趨文明，闊步前進，而戰争却日趨野蠻，屠殺對方不擇手段，實是可怖可悲！我華夏先祖所展現的這些大智慧、大慈悲，爲後世留下了賴以繁衍生息的楚山漢水，留下了令人神往的華夏聖地，我國遂成爲幸存至今、世界唯一的文明古國。

五、筆墨革命難預料？卅載成書又何易？

《通考》選題因國內罕見，無所藉鑒，期望成爲經典性的學術專著，難度之大，出乎想象，初創伊始，即邀前輩學者南京大學老校長匡亞明先生主其事。這期間微信尚未興起，寧濟千里，諸多不便，盛岱仁、康戰燕伉儷滿腔熱情，聯絡於匡老與筆者之間，得到先生的熱情鼓勵與全力支持，每逢疑難，必親予答復，但表示難做具體工作，在經濟方面也難以爲力。因爲先生於擔任國家古籍整理領導小組組長之外，又全面主持南京大學中國思想家研究中心的工作，正在編纂《中國思想家評傳》，百卷書稿須親自逐一審定，難堪重任。筆者初赴南大之日，老人家親自接待，就餐時當場現金付款，没有讓服務員公款記賬，筆者深受感動，終生難以忘懷。此後在匡老激勵之下，筆者全力以赴，進而邀得數百作者并肩携手，全面合作，并納入國家"九五"重點出版規劃中。1996年12月，匡老驟然病逝，筆者悲痛不已，孤身隻影，砥礪前行，本書再度確定爲國家"十五"重點出版規劃項目，并將初名更爲今名。那時，作者們盡皆恪守傳統著述方式，憑藏書以考釋，藉筆墨以達志。盛暑寒冬，孜孜矻矻，無敢逸豫。爲尋一詞，急切切，一目十行，翻盡千頁而難得；爲求善本，又常千里奔波，因限定手抄，不得複印，纍日難歸！諸君任勞任怨，潛心典籍，閱書，運筆，晝夜伏案，恂恂然若千年古儒。至上世紀末，一些年輕作者已擁有個人電腦，各種信息，數以億計，中文要籍，一覽無餘，天下藏書，“千頃齋”“萬卷樓”之屬，皆可盡納其中，無須跋涉遠求。搜集檢索，衹需“指點”，瞬息可得；形成文章，亦衹需“指點”，頃刻可就。在這世紀之交，面臨書寫載體的轉換，老一輩學人步入了一個陌生的电脑世界，遭遇了空前的挑戰。當代作家余秋雨在其名篇《筆墨祭》中有如下陳述：“五四新文化運動就遇到過一場載體的轉換，即以白話文代替文言文；這場轉換還有一種更本源性的物質基礎，即以‘鋼筆文化’代替‘毛筆文化’。”由“毛筆文化”向“鋼筆文化”的轉換，經歷了漫長的數千載，而今日再由“鋼筆文化”向“電腦文化”轉換，却僅僅是二十年左右，其所彰顯的是科學技術的力量、“奇技奇器”的力量。作家所謂的“筆墨”，係指毛筆與烟膠之墨，《筆墨祭》衹在祭五四運動之前的“毛筆文化”。今日當將毛筆文化與鋼筆文化并祭，乃最徹底的“筆墨祭”。面對這世紀性的“筆耕文化”向“電腦文化”的轉換，面對這徹底的“筆墨祭”，老一輩學人没有觀望，没有退縮，同青年作者一道，毅然決然，全力以赴，終於跟上了時代的步伐！筆者爲我老一輩學人驕傲！回眸曩日，步履維艱，隨同筆墨轉型，書稿也隨之經歷了大修改、大增補，其繁雜艱辛，實難言喻。天地逆旅，百代過客，如夢如幻，三十餘年來，那些老一輩學人全部白了頭，却無暇“含飴弄孫”，又在指導後代參與其事。那些“知天命”之年的碩博生導師們皆已年過花甲，却偏喜“舞文弄墨”，又在尋覓指導下一代弟子同步前進。如此前啓後追，無怨無悔，這是何樣的襟懷？憶昔乾嘉學派，人才輩出，時有“高郵王父子，棲霞郝夫婦”投入之佳話，今《通考》團隊，於父子合作、夫婦合作之外，更有舉家投入者，四方學人，全力以赴。但蒼天無情，繼匡老之後，另有幾位同仁亦撒手人寰。上海那位《天宇卷》主編年富力强，却在貧病交加、孩子的驚呼聲中，英年早逝。筆者的另一位老友爲追求舊稿的完美，於深夜手握鼠標闃然永訣，此前他的夫人曾勸其好好休息，答説“我没有那麽多時間”！可謂鞠躬盡瘁，死而後已，這又是何樣的壯志，思之怎能不令人心酸！這就是我的同仁，令我驕傲的同仁！

自 2012 年之後，因面臨多種意外的形勢變化，筆者連同本書回歸原所在單位山東師範大學，于是增加了第一位副總主編——文學院副院長、古籍整理研究所所長韓品玉，解決了編務與財力方面的諸多困難，改變了多年來的孤苦狀況。時至 2017 年春，爲盡快出版、選定新的出版社，又增加了天津人民出版社總編輯、南開大學客座教授陳益民，中國職工教育研究院常務副院長、全國職工教育首席專家俞陽，臺北大學人文學院東西哲學與詮釋學研究中心主任賴賢宗教授三位爲副總主編，於是形成了現今的編纂委員會。

在全書編纂過程中，編纂委員會和學術顧問，以及分卷正副主編、主要作者所在單位計有：中國國家博物館、中國國家圖書館、中央文史研究館、中國佛教圖書文物館、全國總工會、中聯口述歷史研究中心、河北省文物與古建築保護研究院、河北省文物考古研究院、河北閱讀傳媒有限責任公司、北京大學、浙江大學、南京大學、南京師範大學、東北師範大學、鄭州大學、河北大學、河北師範大學、河北醫科大學、廈門大學、佛山大學、山東大學、中國海洋大學、山東師範大學、曲阜師範大學、山東中醫藥大學、濟南大學、山東財經大學、山東體育學院、山東藝術學院、山東工藝美術學院、山東省社會科學院、山東博物館、山東省圖書館、山東省自然資源廳、山東省林業保護和發展服務中心、濟南市園林和林業綠化局、濟南市神通寺、聊城市護國隆興寺、臺北大學、臺灣成功大學、臺灣大同大學、臺北中國文化大學、臺灣中華倫理教育學會，以及澳大利亞國立伊迪斯科文大學等，在此表示由衷的謝忱！

本書出版方——上海交通大學領導以及上海交通大學出版社領導，高瞻遠矚，認定《通考》的編纂出版，不祇是可推動古籍整理、考古研究的成果轉化，在傳承歷史智慧，弘揚中華文明，增強民族凝聚力和認同感，彰顯民族文化自信等各個方面具有重要意義。出版方在組織京滬兩地專家學者審校文字的同時，又付出時間精力，投入了相當的資金，增補了不少插圖，這些插圖多來自古籍，如《考工記解》《考工記圖解》《考工記圖説》《考古圖》《續考古圖》《西清古鑑》《西清續鑑》《毛詩名物圖説》《河工器具圖説》等等，藉此亦可見出版方打造《通考》這一精品工程的決心。而山東師範大學各級領導同樣十分重視，社科處高景海處長一再告知筆者："需要辦什麼事情，儘管吩咐。"諸多問題常迎刃而解，可謂足智善斷。筆者所屬文學院孫書文院長更親行親爲，給予了全面支持，多方關懷，令筆者備感親切，深受鼓舞，壯心未老，必酬千里之志。此前，著名出版家和龔先生早已對本書作出權威鑒定，并建議由三十二卷改爲三十六卷。本書在學術界漂游了三十餘載終得面世，并引起學界的關注。今有國人贊之曰：《通考》是中華優秀傳統文化創造性轉化、創新性發展的優异成果，是一部具有極高人文價值的通代史論性的華夏物態文化專著，凝聚了中華民族的深層記憶，積澱了民族精神和傳統文化的精髓。又有國際友人贊之曰：《通考》如同古老中國一樣，是世界唯一一部記述連續數千載生機盎然的人類生活史。國内外的評論祇是就本書的總體面貌而言，但細予探究，缺憾甚爲明顯，因本書起步於三十餘年前，三十餘年以來，學術界有諸多新的研究成果未得汲取，田野考古又多有新的發現，國内外的各類典藏空前豐富，且檢索方式空前便捷，而本書作者年齡與身體狀況又各自不同，多已是古稀之年，或已作古，或已難執筆，交稿又有先後之别，故而三十六卷未能統一步伐與時俱進，所涉名物，其語源、釋文難能確切，一些舊有地名或相關數據，亦未及修改，而有些同物異名又未及增補。這就不能不有所抱憾，實難稱完美！以上，就是本書編纂團隊的基本面貌，也是本書學術成就的得失狀况。

筆者無盡感慨，卅載一瞬渾似夢，襟懷未展，鬢髮盡斑，萬端心緒何曾了？長卷浩浩，古奧繁難，有幾多知音翻閱？何處求慰藉？人道是紅袖祇揾英雄泪！歲月無情，韶光易逝，幾位分卷主編未見班師，已倏而永別，何人知曉老夫悲苦心情？今藉本書的面世，聊以告慰匡老前輩暨謝世的同仁在天之靈！

張述錚

丙子中吕初稿於山東師範大學映月亭
甲辰南吕增補於歷下龍泉山莊東籬齋

凡　例

一、本書係通代史性的中華物態文化學術專著，旨在對構成中華博物的名物進行考釋。全書三十六卷，另有附録一卷。各卷之基本體例：第一章爲概論，其後據内容設章，章下分節，爲研究考釋文字，其下分列考釋詞目。

二、本書所涉博物，分兩種類型：一曰"同物异名"，二曰"同名异物"。前者如"女牆"，隨從而來者有"女垣""女堞""女陴""城堞""城雉""陴堞"等，盡皆爲"女牆"的同物异名；後者如"衽"，其右上分別角標有阿拉伯數字，分別作"衽¹"（指衣襟）、"衽²"（指衣服胸前交領部分）、"衽³"（指衣服兩旁掩裳際處）、"衽⁴"（指衣袖）、"衽⁵"（指下裳）等，皆爲"衽"的同名异物。

三、各卷詞目分主條、次條、附條三種。次條、附條的詞頭字型較主條小，并用【　】括起。主條對其得名由來、産生年代、形制體貌、歷史演進做全面考釋，然後列舉古代文獻或實物爲證，并對疑難加以考辨，或列舉諸家之説；次條往往僅用作簡要交代，補主條不足，申説相佐；附條一般祇用作説明，格式如即"××"、同"××"、通"××"、"××"之單稱、"××"之省稱，等等。

四、各卷名物，或見諸文獻記載，或見諸傳世實物，循名責實，依物稽名，於其本稱、別稱、單稱、省稱，務求詳備，代稱、雅稱、謔稱、俗稱、譯稱，旁搜博采。因中華博物的形成、演化有自身規律，實難做人爲的斷代分割。如"朝制"之類名物，隨同帝王的興起而興起，隨同帝王的消亡而消亡，因而其下限達於辛亥革命；"禮俗"之類名物起源於上古，其流緒直達今世；而"冠服"之類名物，有的則起源甚晚，如"中山裝"之類。故各卷收詞時限一般上起史前，下迄清末民初，有的則可達現當代。

五、各卷考釋條目中的文獻書證一般以時代先後爲序；關乎名物之最早的書證，或揭示其淵源成因之書證，尤爲本書所重，必多方鈎索羅致；二十五史除却《史記》《漢書》外，其他諸史皆非同朝人編纂，其書證行用時間則以書名所標時代爲準；引書以古籍爲主，探其語源，逐其流變，間或有近現代書證爲後起之語源者，亦予扼要采用。所引典籍文獻名按學術界的傳統標法。如《詩》不作《詩經》，《書》不作《尚書》，《說文》不作《說文解字》等；若作者自家行文爲了强調或區別於他書，亦可稱《詩經》《尚書》《說文解字》等。文獻卷次用中文小寫數字：不用"千""百""十"，如卷三三一，不作卷三百三十一；"十"作〇，如卷四〇，不作卷四十。

六、本書使用繁體字。根據 1992 年 7 月 7 日新聞出版署、國家語言文字工作委員會發布的《出版物漢字使用規定》第七條第三款、2001 年 1 月 1 日施行的《中華人民共和國通用語言文字法》第二章第十七條第五款之規定，本書作爲大量引徵古籍文獻的考釋性學術專著，既重視博物的源流演變，又重視對同物異名、同名異物的考辨，故所有考釋條目之詞頭及文獻引文，保留典籍原有用字，包括异體字，除明顯錯別字（必要時括注正字訂誤）之外，一仍其舊。其中作者自家釋文，則用正體，不用异體，但關涉次條、附條等异體字詞頭等，仍予保留。繁體字、异體字的確定，以《規範字與繁體字、异體字對照表》（國發〔2013〕23 號附件一）及《通用規範漢字字典》爲依據。

七、行文叙述中的數字一律采用漢字小寫，但標示公元紀年及現代度量衡單位時，用阿拉伯數字。如"三十六計"，不作"36 計"；"36 米"，不作"三十六米"。

八、各卷對所收考釋詞條設音序索引，附於卷末，以便檢索。

目　録

序　言

　　《中華博物通考》(下稱《通考》)是一部通代史論性的華夏物態文化專著，係"十四五"國家重點出版物出版專項規劃項目，并得到 2020 年度國家出版基金資助。全書共三十六卷，另有附錄一卷，達三千萬字，《天宇卷》即其中的一卷。

　　何謂"天宇"？在中國傳統文化中可泛指天、天空、太空，乃至浩浩茫茫難測難知之宇宙。本卷定義的"天宇"，則指可見可知以及先民想象中的天體，即地球大氣層以外的空間和物質。今人目前可觀測的天體，直徑可達九百二十億光年以上，實際上可能遠超想象，人類所居住的地球衹是一粒微塵而已。關於天體的本質，主要有三説：一曰意識天體，二曰法則天體，三曰物質天體。前兩者着重於天體的布局及運轉的奇妙與規律，常常同造物主相關聯，後者説明天體是一個客觀存在，對其布局及運轉不做解答。三説之外，尚有他説。

　　中國是天宇觀測探索最爲細密的文明古國，天象觀測歷史最爲悠遠，殷墟甲骨、《書》《易》諸經，皆有記載，而歷代正史又設有天文、律曆之類專志，以備察考研究，這些都具有無可替代的歷史價值。天象紛繁複雜、深奧莫測，歷代設有司天監之類專職機構，憑此"觀天象、測天意"，以決國策。於是，天文之學遂成諸學之首，被視爲絶學密學。今本卷主編徐傳武教授，爲世人呈現一幅全方位、鮮明生動的畫卷。如關於天宇的劃分與認定，其第四章第一節《三垣考》之起始文字寫道：

　　我國古代天文研究的主體是天空中的各種現象。這些現象又以各種星體的位置、明暗、形狀等的變化爲主，稱之爲星象。星象極其繁複，難以辨識。於是，在天空位置相對穩定的恒星就成爲必要的定位標識。天空中可見的恒星數以千計，簡單命名仍不便查找和定位，故古人又將全天空劃分爲若干層級的區域，將漫天雜亂無章而與恒星位置相近者予以組合并命名，這些組合的星群稱星宿。宿，即居處、居所之意。又因古人視天上諸星如人間職官，有大小尊卑之分，故又稱星官。因而就有了三垣二十八宿之説，成爲古天文學的第一層級。

　　這段文字指明了我國古天文學形成的依據，即古天文學的原理。所謂“三垣”，以人類仰頭所見上方天空爲主，有三大區域，即紫微垣、太微垣、天市垣。“三垣”的四周，有東方蒼龍、北方玄武、西方白虎、南方朱雀四象（亦作“四相”），又各自統領七宿，此即所謂“二十八宿”。三垣猶國都，紫微垣則如紫禁城，“二十八宿”即全部的國域。“二十八宿”遂成爲觀測日、月、五星運行的坐標，并據以定四時、立農耕。天文學界將各個星區串聯起來，形成了天文區域圖，以便世人閱覽指認。“三垣”“二十八宿”爲古天文研究中的繁難所在，而在本卷主編筆下，却如數家珍，讀來暢然如流。其他如日、月、五星、銀河諸天象，包括了其常見形態、主象變化，以及得名由來等等，雖是弘文長篇，而妙言要道，呈一片清爽之氣。

　　本卷主編徐傳武教授，爲當今國内爲數不多的古天文學者，又有另一專家——徐君的得意門生胡真相佐，如虎添翼。在縱論傳統的天體天象之外，猶感不足，難盡己意。因爲南天極附近的星象，明代之前尚無專門記載和命名，於是，又以漢武帝元鼎六年（公元前111年），滅南越國，置日南九郡事，以證西漢王朝已發現南天極星象，祇是有其實無其名而已。徐君以《漢書》及顏注、酈道元《水經注》有關“日南”定名的記述及明人定名南天極附近的星象爲史論爲證，毋庸置疑。此外，主編又設《黑子新星説》之專章，揭示了中國古人的關注及認定，舉證了中國古代天文史中的翔實記載。

　　本卷所涉名物考證，亦頗見功力。如“秋日”，有些辭書釋爲“烈日或秋天的陽光”，實則大誤！“秋日”是夏日的太陽或夏日的陽光。先秦曆法有“三正”之説，周正之秋，恰是夏正之夏，這是由於曆法不同而出現的名稱差异。《孟子·滕文公上》“秋陽以暴之”，趙岐注、蔡模集疏言之甚明，只是今之學人未加詳考而已。再如“泥珠”一詞，見於明唐順之《游嵩山少林寺》詩：“慧月秋逾徹，泥珠夕更鮮。”遍查群書，僅此一證。太陽何以稱"泥珠"？於"泥"何干？通過本卷釋讀可知：

泥珠，爲梵語"摩泥珠"之簡譯，初譯爲"摩尼珠"。《北史·西域傳·南天竺國》中已有"城中出摩尼珠、珊瑚"之語，宋孫光憲《北夢瑣言》又作"摩泥珠"（見宋曾慥《類說》卷四三轉引）。摩尼珠，佛家指海底龍宮中的如意寶珠，光焰似火，普照四方，爲佛家七寶之一，因以喻指太陽。

又如"新月"，本卷主編列爲四個義項：一指朔月，屬於天文學專名，即農曆每月初一隱而難見的月亮；二指農曆月初的月牙兒；三指最初升起的月亮，不論何種形狀；四專指農曆中秋的滿月。

卷中的同物異名辨析，亦別具風采，細細品讀，興味無盡。僅就月亮而言，據其時序、形狀、五行歸屬、神話傳說及人們的摯愛情感，別稱爲"七夕月""中秋月""二八月""上弦月""下弦月""天鏡""金餅""玉輪""半璧""瓊鈎""菱花""蛾眉""太陰""陰精""陰靈""陰宗""陰怪""嫦娥""姮娥""姱娥""桂兔""桂蟾""桂影""天眼""明舒""夜魄""結璘"等等，計兩百餘種，羅致之廣，考釋之精，尚未見比肩者。其他如"太陽""北斗""銀河"，乃至浩瀚無涯的蒼天，亦各展其異名別稱，窮盡探索，全卷如一。

全卷之末，除附有古代隕石及有關哈雷彗星的章節外，又附有古代天宇神靈的考辨，包括話本小說的描述。所考天宇神靈種種，雖然與實際星宿并不能一一對應，徐君附錄於此，旨在展現古人的固有觀念，以求通達，瞭解全面。天宇間有無神靈，這是個永恒的話題。今人難解的是：星斗浩繁，其物質構成卻出奇統一，且排列井然，運行有序，好似極具智慧的巨大工程，這一工程何以形成？有無主宰？又有何人何時可作答案？其間奧秘永難窮盡。讀得本卷，熟知天宇，當生敬畏之情。

因傳統天文學，古奧深邃，今人多感費解，主編徐君爲求淺白易讀，所用語體常爲口語白話。另外，傳武教授雖是資深專家，但古稀之年，以久病之軀，匆而執筆，因限時交稿，難得全璧。其中第一章之概論，爲天宇說的精要，全卷的綱領，由天津陳益民教授、濟南李峻嶺博士另行撰寫；體例的失誤，附條漏標的行用時間，則由本校古籍研究所研究生趙洋補正；全卷每節凡遺缺考釋文章者，皆由序者完成，并補寫了些許條目，如"夏陽""冬陽"之類。

世事無常，實難預料。20 世紀 90 年代初，序者主持編撰《中國古代名物大典》時，徐君出任《天象卷》主編，除卻本科生教學之外，身兼研究生導師，又肩負魏晉南北朝多項科研課題，其時高足胡真尚未卒業，已成爲有力助手。記得當年徐君的另一位在讀博士生奉命抵舍時，曾贊其導師"晝讀天官，夜察星象"，視其師爲治學楷模。徐君此舉令我由衷欽佩，却又不無擔心，身處這一繁難狀况，何日方可交稿？豈料，徐君竟提前完成，圖文并茂，一時傳爲佳話。而今徐君雖已離職，又多有他任，接稿之初，一如當年，滿懷激情，日夜操勞，雙目兩次手術，體力難耐。好在徐君預有總體設計，今之《天宇卷》重拓視野，多有前人所未及者，遠勝原《天象卷》，且數量劇增四倍之多（原《天象卷》依古制包括了後世之氣象）。序者行文至此，本當完帙作結，未料徐教授兀自不休，體力稍甦，期待在滬高足胡真修改原稿，添加條目，昔日暢通連連的電訊却戞然中斷，繼而噩耗傳來，胡君已遽然西去，令人震驚，令人痛惜！

　　胡君作爲徐教授的弟子，二十餘年前畢業於山東大學中文系，爲展生平之志，辭去固定職業，到上海從事筆墨生涯。而這一筆墨生涯并非寫小說、編劇本之類，偏偏是以學術研究爲主旨，不隨時尚，不計經濟效益，難免清貧凄苦。胡君在協助恩師一年多的歲月中，除恩師的些許接濟之外，生活拮據。今已確知，胡君竟是因病急服用過期藥物，而離開了這個世界，令人萬分痛心！

　　《國學茶座》（2019年7月總第二十三期）載徐教授悼胡君詩八首，哀惋之情，難以言喻，讀來不勝心酸。今錄其四，以誌同哀：

其一

噩耗驚千里，老友詫疑實；

救藥若及濟，壽或享期頤。

其二

淵博稱國士，遺篇存珠璣。

伯樂世上稀，公諸待何時？

其三

互助若兄弟，情誼猶父子。

白髮送黑髮，悲傷何能已？

其四

家中徒四壁，殘桌置塵機。

老母斷腸泣，塗兒將何依？

原注：塗兒，胡真兒子乳名糊塗，人喚塗塗。

常道是歲月無情，浮生若夢。憶往事，彈指惜流年，無盡悲傷，萬般無奈，聊以片紙，痛以爲序！

張述錚

太歲著雍掩茂嘉平月上浣於山東師範大學映月亭初稿
太歲重光赤奮若巧月中浣於歷下龍泉山莊東籬齋定稿

第一章 概 論

引 言

　　天宇者，宇宙也。《文子·自然》曰："往古來今謂之宙，四方上下謂之宇。"近時天文學意義上的宇宙，爲萬物的總稱，是時間和空間的統一，不依賴於人的意志而客觀存在，處於不斷運動和發展中，在時間上沒有開始沒有結束，在空間上沒有邊界，沒有盡頭。此與古之宇宙説無异，而尤爲明確，尤爲深入。在中國傳統文化中，宇宙通稱爲天，主要有物質之天、主宰之天、命運之天和義理之天四種意義。亦泛稱爲天、天空、太空等。本卷稱之爲"天宇"，重在强調其上下四方之空間意義，而不側重其時間屬性。今特指站在地球的視角上，所觀察到的星空及人們想象中的天地之間所存在的空間與物質，也就是中國傳統文化中的天宇觀念。它未必完全符合科學實際，却反映着中國古人對天宇的認識，及其對後世的影響。本書另設有"氣象卷"，内涵亦屬天宇。本概論論釋的乃是廣義的宇宙論。論釋之所重在於古代文獻之記述，在於傳統文化中之天宇探討，而不敢妄議科學之宇宙觀也。"天宇"一詞，晋人左思《魏都賦》中已見行用："儡響起，疑震霆。天宇駭，地廬驚。"其後，歷代沿用不衰。

在中國古代典籍中，天宇常泛稱爲"天文"，指日月星辰及風、雲、雨、露、霜、雪等自然景象。《易·賁》中即有"觀乎天文，以察時變"之語。此"天文"包括今時之氣象。天宇又泛指各種天體現象，如太陽出没、行星衝和、月亮盈虧、彗星隱現、流星閃逝、隕星跌落、日食月食、新星爆發和極光出現等。語本《易·繫辭上》："天垂象，見吉凶，聖人象之。"《書·胤征》："羲和尸厥官，罔聞知，昏迷于天象，以干先王之誅。"古人常以天象推斷吉凶禍福。

第一節　中國傳統的天宇觀

中國對於天宇的探索，有悠久歷史。先民經歷了漫長歲月，在感知天宇變化過程的同時漸次認識了其具有的一些運動規律，確信世間萬物消長盛衰，皆與天宇變化相關聯。古時多稱天宇爲"乾"，地輿爲"坤"，并闡釋了"乾""坤"及人三者的空間關係。《易·説卦》："乾，天也……坤，地也。"又《乾》："大哉乾元，萬物資始。"又《序卦》："有天地，然後萬物生焉。盈天地之間者唯萬物。"《荀子·禮論》："天地合而萬物生，陰陽接而變化起。"晋葛洪《抱朴子·仁明》："三光垂象者，乾也；厚載無窮者，坤也。"均體現着古人天在上、地在下、萬物在其間的認識。

但這種認識仍讓古人存疑，屈原在《天問》中發問："上下未形，何由考之？"即天地尚未成形前，如何得以產生？换言之，先民心目中的天宇，最初渾沌無形。《淮南子·天文訓》："天墜未形，馮馮翼翼、洞洞灟灟。""墜"即地。漢高誘注："馮翼洞灟，無形之貌。"而無形狀態又如何形成天地？一種説法是，渾沌無形，以清者升，濁者降，而形成天地。《淮南子·天文訓》又曰："虚廓生宇宙，宇宙生氣（按《御覽》引作'元氣'），氣有涯垠。清陽者，薄靡而爲天；重濁者，凝滯而爲地。……天先成而地後定。"薄靡，高誘注爲"若塵埃飛揚之貌"。此雖臆説，但不意間與宇宙爆炸理論暗合。（當然古人未曾提及宇宙爆炸，尚不可能達到如此認識高度。）塵埃飛揚，清者升、濁者降，遂成天地。《吕氏春秋·有始》言天地形成，説法亦與此相近："天地有始，天微以成，地塞以形。天地合和，生之大經也。"高誘注："天，陽也，虚而能施，故微以生萬物；地，陰也，實而能受，故塞以成。"此説至漢代有了進一步的闡釋。《易緯》八種，其中《乾鑿度》卷上言：

"夫有形生於無形，乾坤安從生？故曰有太易，有太初，有太始，有太素也。太易者，未見氣也；太初者，氣之始也；太始者，形之始也；太素者，質之始也。氣、形、質具而未離，故曰渾淪。渾淪者，言萬物相渾成而未相離，視之不見，聽之不聞，循之不得，故曰易也。易變而爲一……一者形變之始，清輕者上爲天，濁重者下爲地。"

按《易·繫辭上》曰："易有太極，是生兩儀，兩儀生四象，四象生八卦。"兩儀即天地，四象即四時，天地乃空間，四時爲時間。空間、時間構成宇宙，而太極正是宇宙形成前的狀態。則由"易有太極"，至"易變而爲一"，"一者形變之始"，可看出先秦至漢代中國古人基本的宇宙形成觀念。

對於天體形狀及運行規律，中國古代主要流行蓋天説、渾天説、宣夜説三類。《後漢書·張衡傳》："遂乃研覈陰陽，妙盡璇璣之正，作渾天儀，著《靈憲》《算罔論》，言甚詳明。"李賢注引《漢名臣奏議》："蔡邕曰：言天體者有三家，一曰周髀，二曰宣夜，三曰渾天。"按漢代蔡邕著有《天文志》云："宣夜之學絕無師法，周髀術數具存，考驗天狀多所違失，故史官不用，唯渾天者近得其情。今史官所用候臺銅儀則其法也。"所言"周髀"，以《周髀算經》首記蓋天説，故代指蓋天之論。則天體三説，漢代時唯渾天説最被認可——事實上也成爲中國歷代最主要的天體學説。

蓋天説起源最早，傳商代以前已形成。先人直觀看天地，天在上，地在下，天如蓋，覆蓋地。而天圓地方觀念由來已久，應是蓋天説的重要內容。《易·説卦》："乾爲天，爲圓。"《管子·心術下》："能戴大圓者，體乎大方；鏡大清者，視乎大明。"《吕氏春秋·序意》："爰有大圓在上，大矩在下。"高誘注："圓，天也；矩，方，地也。"《淮南子·俶真訓》："是故能戴大員者履大方。"可見先秦時期人們多認爲天爲圓形，地爲方形，圓天覆蓋着大地。但亦或認爲地也是圓的。《唐開元占經》卷二："蓋天者，言天形如車蓋，地形如覆槃。"此外，人們甚至還將天地想象成天罩大地的大宅，《淮南子·原道訓》"縱志舒節，以馳大區"高誘注："區，宅也。宅謂天也。"後來較流行的説法有三種，見《太平御覽》卷二引南朝梁祖暅《天文錄》："蓋天之説又有三體，一云天如車蓋，游乎八極之中；一云天形如笠，中央高而兩邊下；一云天如敧車蓋，南高北下。"可以説，蓋天説之影響在中國古代經歷了十分漫長的時代，并且其中有的論説與渾天、宣夜諸説亦有相交集處。

宣夜説起源於漢以前，其説大意是天空蒼茫寥廓，充滿元氣，日月星辰俱飄浮空中，隨氣而動。但此説流傳未廣，至東漢已乏傳人。《太平御覽》卷二引《抱朴子》曰："宣夜之書亡，而郄萌記先師相傳宣夜説云：天了無質，仰而視之，高遠無極，眼瞀睛極，蒼蒼然也。譬旁望遠道之黄山而皆青，俯察千仞之谷而黝黑，夫青非真色，黑非有體也。日月衆星，相浮空中，行止皆須氣焉。"晋代尚有人承傳此説，《太平御覽》卷二又引《天文録》曰："宣夜之説未嘗聞也，後有虞昺作《穹天論》，姚信作《昕天論》，虞喜作《安天論》，衆形殊象，參差其間。"關於虞喜安天之論，《晋書·天文志上》有所解説："以爲天高窮於無窮，地深測於不測。天確乎在上，有常安之形；地塊焉在下，有居静之體。當相覆冒，方則俱方，圓則俱圓，無方圓不同之義也。其光曜布列，各自運行，猶江海之有潮汐，萬品之有行藏也。"然此説漸不流行，而其天空充滿元氣、天宇無窮無盡的觀點，猶融入後世的主流天宇觀中。如《晋書·天文志上》又載虞昺《穹天論》云："天形穹窿如鷄子，幕其際，周接四海之表，浮於元氣之上。譬如覆奩以抑水，而不没者，氣充其中故也。"鷄子（鷄蛋）的説法，即與渾天説相關聯。

渾天説約出現於漢代。隨着人們對天象認識的不斷提升，逐漸形成了天地如鷄蛋，地猶蛋黄，被天包孕的説法。漢代張衡以渾天説爲基礎，發明了渾天儀，從儀器上可直觀瞭解天空主要星相的變化。因更接近於星相實際，故渾天説漸成爲天宇學説之主流觀點。《晋書·天文志上》載："吴時中常侍廬江王蕃善數術，傳劉洪《乾象曆》，依其法而製渾儀，立論考度曰：前儒舊説，天地之體，狀如鳥卵。天包地外，猶殼之裏黄也。周旋無端，其形渾渾然，故曰渾天也。"又載，葛洪引《渾天儀注》云："天如鷄子，地如鷄中黄，孤居於天内，天大而地小。天表裏有水，天地各乘氣而立，載水而行。周天三百六十五度四分度之一，又中分之，則半覆地上，半繞地下，故二十八宿半見半隱，天轉如車轂之運也。"後之觀天象者多襲此説。《唐開元占經》卷二："渾天者，言渾然而圓，地在其中。"

先民立足大地，仰望星空，對千變萬化的天體形態充滿想象。在人類尚未建立起完整的宇宙、天體概念的古代，中國古人基於眼睛的直觀認知，也衹能本能地給天空中最明亮的天體予以更多的關注，并在各個天體的運轉中發現其運行規律和彼此間的關聯，結合渾天説等説法，形成一套中國古人的天體觀念。

第二節　中國古人對日月星辰的觀察

中國古人對天體研究的要點，就是認真觀察日月運行，密切關注三垣二十八宿變化，深入解讀異常天象呈現。這幾方面，構成了中國古代天宇學說的基本內涵。

天體運動，銀河系在宇宙中與其他無數星系一樣有規律地運動；在銀河系中，太陽系又與其他恒星一樣按一定軌道運動；太陽系中，行星又在各自的軌道上繞太陽運動；行星又可能帶着衛星，衛星在繞着行星運動。地球就是太陽系中的一顆行星。這都是現代有關天體運動的常識。然而在中國古代，古人祇能以地球為參照，以為地球是不動的，日、月、星繞地球運動。當時科學尚不發達，我們不能苛求古人達到今天的認識水準。因而論述中國古代天宇思想，除了梳理古人對天體運動的正確認識，也不免要呈現古人的謬誤認知，其中不乏憑空想象的成分。

古人認為，日月星辰均維繫於天空，天空為圓球形，一半呈現、一半隱藏。元郝經《續後漢書‧曆象錄上上》說："日月眾星，浮游虛空之中，而維繫于天，隱蔽于地，故半隱半顯，為晝為夜，上下四方天地相合而為六合。天于地上見者一百八十二度半強，地下亦然。北極出地上三十六度，南極入地下亦然。而嵩高正當天之中。"嵩高即中岳嵩山，把中州（今河南中部）對應的天空視為正中，為三垣之中心位置。天空左旋（逆時針方向），帶動眾星辰左旋；但其中日月五星的方向相反，是右旋。明周祈《名義考‧天部》引《靈曜注》曰："二十八宿及諸星，皆循天左行，日月五星右行。"這些說法多出於想象。

日月最亮，受古人特別的關注。《易‧繫辭下》："日往則月來，月往則日來，日月相推而明生焉。"《黃帝內經‧靈樞‧陰陽繫日月》："天為陽，地為陰；日為陽、月為陰。"日、月在視覺中最大最亮，因而也成為古人敬奉和崇拜的對象，視之為"日宗""月宗"。太陽和月亮的異常，會引起世人的心焦。因此，《詩‧小雅‧十月之交》中，會有"日月告凶"的句子："日有食之，亦孔之醜。彼月而微，此日而微。今此下民，亦孔之哀。"

關於太陽。《易‧繫辭上》曰："縣象著明，莫大乎日月。"日、月這兩個天體的運行是人類視運動中最顯著的現象，尤其是光芒萬丈、耀眼眩目的太陽，日日東升西落、年年四季高低變化，以及由此產生的冷暖，都在先民心目中產生巨大影響，使之充滿敬畏和崇拜，幻化出種種神奇傳說。如《山海經‧大荒南經》："東〔南〕海之外，甘水之間，有義和之國。有女子名曰義和，方浴日於甘淵。義和者，帝俊之妻，生十日。"又《淮南子·地形訓》："若木在建木西，有十日，其華照下地。"《本經訓》亦曰："逮至堯之時，十日並出，焦禾稼，殺草木，而民無所食。猰貐、鑿齒、九嬰、大風、封豨、修蛇皆爲民害。堯乃使羿誅鑿齒于疇華之野，殺九嬰于凶水之上，繳大風於青丘之澤，上射十日而下殺猰貐，斷修蛇於洞庭，禽封豨于桑林，萬民皆喜，置堯以爲天子。"天有十日，當然是無稽之談，但它應當反映了遠古時期曾經乾旱嚴重的歷史。而這也是世人敬畏太陽的緣由之一。又，王充《論衡·説日》："日中有三足烏。"先民想象太陽裏面有三足烏，朝陽因之騰躍東升，往來飛翔，西去降落，故又稱之爲"日烏""翔陽""金烏""織烏"等。《文選·木華〈海賦〉》"翔陽逸駭於扶桑之津"李善注："言日初出也。翔陽，日也。……日中有烏，故言翔。"唐方幹《感時》詩之二："日烏往返無休息，朝出扶桑暮却迴。"諸如此類傳説，加深了世人對於研究太陽、崇拜太陽、祭祀太陽的看重。

關於月亮，古時亦多神話傳説。《山海經·大荒西經》有十二個月亮傳説（與一年十二個月暗合）："有女子方浴月。帝俊妻常義，生月十二，此始浴之。"戰國初期的《歸藏》則出現最初的嫦娥奔月故事："昔常娥以西王母不死之藥服之，遂奔月，爲月精。"漢代張衡《靈憲》所載述之更詳："羿請不死之藥於西王母，姮娥竊以奔月，將往，枚筮之於有黄。有黄占之曰吉……姮娥遂托身於月，是爲蟾蜍。"則奔月之後，又有嫦娥變身蟾蜍之説。故人們以月宮有蟾蜍，而稱月爲"蟾宮"。漢以後，蟾蜍之外，月中傳説又增一兔。劉向《五經通義》："月中有兔與蟾蜍何？兔，陰也；蟾蜍，陽也，而與兔並，明陰繫於陽也。"而傳説還在不斷豐富中，又有玉兔搗藥、吳剛伐桂故事。晋傅玄《擬天問》云："月中何有？玉兔搗藥。"唐段成式《酉陽雜俎·天咫》載："舊言月中有桂，有蟾蜍，故《異書》言：月中桂高五百丈，下有一人常砍之，樹創隨合。人姓吳名剛，西河人，學仙有過，謫令伐樹。"這些關於"月中何有"的傳説，大約是基於解釋月中陰影和月蝕等月象所產生的聯想。而這些聯想，又爲古人吟咏明月提供了形象素材，從而爲後世留下無數優美的咏月詩句。諸如："引玄兔于帝臺，集素娥于後庭。"（南朝宋·謝莊《月賦》）"出門聊一望，蟾桂向人斜。"（唐羅隱《旅夢》詩）"明滴溜銀蟾似海山，光燦爛天兔照天關。"（元金仁傑《追韓信》第二折）俱爲咏月佳句。

因爲日月總是兩相對應，日夜間交替出現，古詩詞中便常常共舉并稱。南朝梁劉孝綽《望月有所思》詩："玉羊東北上，金虎西南昃。"以玉羊比月亮，金虎比太陽。南朝梁何遜《七召》：“踆烏始照，宮槐遷而欲舒；顧兔纔滿，庭英紛而就落。”以踆烏比太陽，顧兔比月亮。唐舒元輿《坊州按獄蘇氏莊記室二賢自鄜州走馬相訪》詩：“陽烏忽西傾，明蟾挂高枝。”以陽烏比太陽，明蟾比月亮。皆見日月相提并論情形。

太陽有九大行星（學界或將冥王星排除在太陽行星之外，故亦稱有八大行星）。因古人目力所見，除地球外，另外祇看得見五個行星，即水星、金星、火星、木星、土星。五星隨日運轉，故古人在關注日月之外，也極關切這五星的運行變化。“五星”又有“五佐”“五辰”“五緯”“五耀”“五曜”等多種稱呼，甲骨文中已見“歲”“大星”字樣，蓋指歲星（木星）、金星。至戰國時，五星已全見於文獻記載，唯名稱不一而已，如辰星（水星）、太白（金星）、熒惑（火星）、歲星（木星）、填星（土星）等。《周禮·春官·保章氏》“掌天星，以志星、辰、日、月之變動”鄭玄注：“星，謂五星。”賈公彥疏：“《天文志》謂東方歲，南方熒惑，西方太白，北方辰，中央鎮星。”《史記·天官書論》：“水、火、金、木、填星，此五星者，天之五佐。”古人從地球上觀察，五星右轉，運行方向與太陽一致，而與二十八宿左轉相反。《周禮·春官·大宗伯》“以實柴祀日月星辰”鄭玄注：“星謂五緯，辰謂日月。”賈公彥疏：“五緯，即五星……言緯者，二十八宿隨天左轉爲經，五星右旋爲緯。”日月同五星合起來，稱爲七政。《書·堯典》：“在璇璣玉衡，以齊七政。”宋蔡沈傳：“七政，日月五星也。七者，運行於天，有遲有速，猶人之有政事也。”又稱七緯、七曜。均見五星在古人心目中地位甚高。

天空中其他星辰，分三垣二十八宿以統括。三垣居中，二十八宿以七宿爲一組，又分成東、南、西、北四個區環繞三垣。各個星宿之下還統領着成群小星。

爲了方便觀測，古人以黃道、赤道爲中心將日月和金木水火土的運行按區域劃分，以恒星爲中心分組組合，并予以命名。這樣的恒星組合稱作星官。各個星官所包含的星數多寡不一，少則一個，多到幾十個。三垣和二十八宿，構成的就是天空星官的主體。正因爲經過對星宿運轉的研究，發現了地球上季節變化與星宿運轉有關聯，從而產生了曆法，使古人得以更好地認識和應對自然規律。

三垣是將北極周圍的天空星象分爲紫微垣、太微垣和天市垣三個區域，每垣是一個較大的天區，内含若干小的星官（亦稱星座）。

紫微垣居中最大，包括北天極附近的天區，大體相當於拱極星區。紫微垣亦稱“紫微宮”“紫宮垣”“中垣”，位於北斗星之北，太微垣與天市垣之中，包括北極、四輔、天乙、太乙、左垣、右垣等星官，兩個附座，凡正星一百六十三顆，增星一百八十一顆。按隋丹元子《步天歌》說法，主要由十五個星官組成：以北極爲中樞，有左垣八星爲東藩，右垣七星爲西藩（見《宋史·天文志二》），環抱成垣。《晉書·天文志上》：“紫宮垣十五星……紫微，天帝之坐也，天子之常居也，主命主度也。”視作天子之居，可見在古人看來是居天之中、統攝天空所有群星的星垣。

太微垣亦稱“上垣”，即三垣之上垣，其星多以職官命名。位於北斗以南，有正星七十八顆，增星一百顆。按《步天歌》，主要由十個星官組成（見《宋史·天文志二》），分東西兩區，環繞五帝座成屏藩之狀。《楚辭·遠游》：“召豐隆使先導兮，問大微之所居。”古人視太微爲帝宮，帝宮有藩臣匡衛。王念孫《讀書雜志·餘編·後漢書》“或裴回藩屏，或躑躅帝宮”：“帝宮謂太微宮，藩屏謂太微之兩藩。”《史記·天官書》：“太微，三光之廷。匡衛十二星，藩臣。”

天市垣亦稱“天市”“天府”“天旗庭”“長城”等，爲三垣之下垣，位於紫微垣下之東南角，包含十九個星官，正星八十七顆，增星一百七十三顆。被視爲天帝之市。《晉書·天文志二》：“天市垣二十二星，在房心東北，主權衡，主聚衆。一曰天旗庭，主斬戮之事也。”《觀象玩占·天市垣》：“天市垣二十二星，在房心東北，一曰天府，一曰長城，一曰天旗庭。天子之市也，主權衡，主聚衆。”一説天市二十三星。《史記·天官書》“旗中四星曰天市”張守節正義：“天市二十三星，在房心東北。”

關於三垣的形成有其演變和調整過程，學界多認爲此種星象劃分形成於戰國時期。據甘氏、石氏、巫氏（甘德、石申、巫咸）的劃分，其三垣星官及其星數互有不同。三垣星區的定名和劃分，經歷了一個較漫長的歷史過程。

爲了確定天體的位置，古人還把地球運行的黃道面上的星宿按東、南、西、北四方分爲四組，每組七宿，合稱二十八宿。東方蒼龍，由角、亢、氐、房、心、尾、箕七宿構成，形狀如同飛舞於春天和初夏夜空的巨龍；北方玄武，由斗、牛、女、虛、危、室、壁七宿構成，似蛇、龜出現在夏天至秋初的夜空；西方白虎，由奎、婁、胃、昴、畢、觜、參七宿構成，猶猛虎躍出深秋初冬的夜空；南方朱雀，由井、鬼、柳、星、張、翼、軫七宿構成，像展翅飛翔的朱雀出現在寒冬和早春的夜空。故古人分別以四神稱之，即“蒼龍”“玄武”“白虎”“朱雀”。二十八宿又稱“二十八星”“二十八舍”“二十八次”，是太陽和月亮所經天區（黃道）的不同恒星區域，古天文學家用以觀測日月五星運行之坐標，并據以定四時、事農耕。《周禮·春官·馮相氏》：“掌……二十有八星之位。”孫詒讓正義：“二十八星即二十八宿。”可見周代已形成二十八宿分法。湖北隨縣曾侯乙墓出土戰國初年（葬於前 433 年）之漆箱蓋上，亦已見二十八宿之名。宿猶屋舍，《史記·律書》“七正，二十八舍”司馬貞索隱：“二十八宿，七正之所舍也。舍，止也，言日月五星運行，或舍於二十八次之分也。”

　　日月五星、三垣二十八宿，其表徵、運轉，均有相對穩定的規律。而天宇中往往會出現一些超乎常規的天象，因古人認爲天象與人世關聯非常緊密，異常的天象總會被視作是某種天意，從而影響到世間的變化乃至吉凶。因此，古人極重種種异常天象，諸如太陽黑子、客星、隕石、彗星等等，在中國古代發現得極早，觀察得極密，記錄甚爲詳實。

　　太陽黑子：通常是因太陽表面的强勁氣流活動，造成太陽看上去有些黑點黑斑的表象，并且有時也會對地球的氣象、氣候產生明顯影響，古代天象觀察者以爲關係國計民生。《晋書·天文志中》：“日爲太陽之精，主生養恩德，人君之象也。人君有瑕必露其慝，以告示焉。……日中烏見，主不明，爲政亂，國有白衣會，將軍出，旌旗舉。日中有黑子、黑氣、黑雲，乍三乍五，臣廢其主。”日中烏見，自是指成片黑斑，看似烏；黑子、黑氣、黑雲，爲三三兩兩黑點和濃淡不一似氣的黑團，此皆認爲於國有災，於君不利。故祇要發現太陽黑子，文獻必記之。《魏書·天象志》：“日赤無光，中有黑子一。”《宋史·太祖紀》：“日有二黑子。”明談遷《國榷》卷七載洪武十四年二月乙酉：“自壬午至是日，日中黑。”乾隆《潮州府志》卷一一載康熙四年正月：“黑光蔽日，摩盪不息，數日方復。”

　　客星：一些恒星的亮度或有發生變化的時候。這些恒星此前肉眼可能不可見，若突然變得更亮，就能看到了，古人誤以爲是突然造訪或新出現之星，故稱之爲客星（今稱新星）。客星記錄最早見載於漢代，以其光亮微小如燭，或稱燭星。《漢書·天文志》：“〔元鳳五年四月〕燭星見奎婁間。”因客星的出現往往被古人認定是不祥之兆，故又稱妖星、孛星、祅星。《晋書·惠帝紀》：永康元年三月，“妖星見南方”。《新唐書·天文志》：乾寧元年七月，“妖星見，非彗非孛，不知其名，時人謂之妖星，或曰惡星”。又，中和元年，“有異星出於輿鬼，占者以爲惡星”。《元史·天文志》：大德元年八月丁巳，“祅星出奎，九月辛酉朔，祅星復犯奎”。皆可見古人對這種星辰的懼怕與厭惡。然而，古人以肉眼觀察，往往難辨新出現之星究竟是新星還是彗星，祇是一概視爲不祥，故文獻所載妖星、孛星，後世須詳加辨析究是新星還是彗星。《漢書·成帝紀》：“秋七月，有星孛於東井。詔曰：‘乃者日蝕星隕，謫見於天，大異重仍。在位默然，罕有忠言，今孛星見於東井，朕甚懼焉。’”此星性質即須辨別。又《晉書·天文志中》，還徑稱彗星爲妖星：“妖星……一曰彗星，所謂掃星。本類星，末類彗，小者數寸，長或竟天。見則兵起，大水。”

流星與隕石：太陽系內的星際空間，存在大量塵埃微粒和大大小小的固體塊，它們也繞着太陽運動。當它們的運動與地球的運行軌迹接近時，由於地球引力作用，會使其軌道發生改變，從而有可能穿過或進入地球大氣層。進入大氣層後，速度高達每秒數十公里，與空氣的摩擦會產生高熱，燃燒氧化，人在地球上可以看到燃燒的星體劃過空中的一道亮光，這一星體就是流星。《釋名·釋天》：“流星，星轉行如流水也。”流星在特定運行軌道上往往以群組的形式存在，當它們共同進入地球大氣層後，便形成多個分散燃燒的流星體，其中有些還會進一步碎裂成多個更小的塊狀體。衆多燃燒的流星體呈現出一條條光帶，這就是所謂流星雨。大部分流星進入大氣層後開始燃燒，會在空中完成氧化分解。也有一小部分個體較大，或其成分能耐高溫，在進入大氣層的全過程中沒有燃燒盡，最後會有殘剩實體落到地面，這就是隕石。流星雨的殘體大量落到地面，則稱隕石雨。

可見流星、隕石本爲一物，一以在天空燃燒發光之象爲言，一以落地後如石之實物而言。單一個體爲流星、爲隕石，如一時成群出現，則稱流星雨、隕石雨。古代文獻很早就有隕石和流星記録。《竹書紀年》卷上：“帝癸，一名桀。……十年，五星錯行，夜中星隕如雨。”《春秋·莊公七年》：“夜中星隕如雨。”魯莊公七年爲公元前 687 年，這是迄今所見最明確的早期流星雨記録（《竹書紀年》出土於西晉，爲春秋戰國時期史官對夏商周歷史的記述，故不稱作最早記述）。又《春秋·僖公十六年》：“十有六年春王正月戊申朔，隕石于宋，五。”此爲最早的隕石記録，係公元前 644 年事。此外，較早的記録還有：《楚辭·九辯》：“願寄言夫流星兮，羌儵忽而難當。”《史記·樂書》：“漢家常以正月上辛祠太一甘泉……常有流星經於祠壇，上使僮男僮女七十人俱歌。”《漢書·武帝紀》：“〔征和四年〕二月丁酉，隕石于雍二，聲聞四百里。”

彗星：是太陽系中由冰凍物質和塵埃組成的一種特殊天體，當接近太陽時，多會反射太陽光，形成以太陽爲焦點的抛物綫軌道或橢圓形閃亮軌迹。因其軌迹似掃帚，故又稱掃帚星。彗星的軌道可能會受行星的影響而出現變化。因這種影響而加速時，軌道將變扁，甚至成爲抛物綫或雙曲綫，從而脫離太陽系；當彗星減速時，軌道的偏心率變小，從而使長周期彗星變爲短周期彗星，或者從非周期彗星變成周期彗星。彗星中最著名的是哈雷彗星，每七十六年，它就會周期性地出現在天空。中國古代對彗星記錄也很早，《春秋·文公十四年》：“秋七月，有星孛入于北斗。”杜預注：“孛，彗也。”這年爲公元前 613 年，根據哈雷彗星運行軌迹推算其出現年份，則此星正是哈雷彗星，這是世界上最早的彗星確切記錄。又《淮南子·兵略訓》：“武王伐紂，東面而迎歲，至汜而水，至共頭而墜。彗星出，而授殷人其柄。”據一些學者研究，亦認爲這是公元前 1057 年哈雷彗星回歸的記錄。又，長沙馬王堆西漢墓出土有彗星圖帛書，上繪有二十九幅彗星圖樣，這是古人留存至今的較早的彗星圖。彗星也被認爲與世間人事有關聯。《左傳·昭公十七年》：“彗，所以除舊布新也。”孔穎達疏：“彗，埽箒也。箒所以埽去塵，彗星象之。”清黄景仁《冬青樹引和謝皋羽别唐珏韵》：“杜宇啼碧千年枝，西來妖彗曳長尾。”彗星也被視作妖彗，亦可見它的出現對古人的震懾。

天象與人事。《易·乾》：“飛龍在天，利見大人。”其中的天是指寥闊的自然之天。而在中國古人心目中，自然之天之外，還存在着超乎萬類之上的主宰之天、命運之天，乃至於有佑護敬德保民者的義理之天。

《説文·一部》曰：“天，顛也。至高無上。從一、大。”段玉裁注：“顛者，人之頂也，以爲凡高之稱。始者，女之初也，以爲凡起之稱。然則天亦可爲凡顛之稱。臣於君，子於父，妻於夫，民於食者皆曰天是也。”根據《説文》的解釋，最初的天指的是與地相對應的空間。《詩·唐風·綢繆》曰：“綢繆束薪，三星在天。”又《小雅·采芑》：“鴥彼飛隼，其飛戾天，亦集爰止。”這裏的“天”顯然就是後世《敕勒川》“天蒼蒼，野茫茫”蒼蒼之天。《左傳·莊公二十五年》曰：“秋，大水，鼓用牲于社，于門，亦非常也，凡天災，有幣無牲，非日月之眚，不鼓。”“天災”中的“天”與《荀子·天論》所謂“天不爲人之惡寒也輟冬……天有常道”之“天”相同，指的都是自然之天、物質之天。

由於遠古先民處在蒙昧狀態，認知能力低，對自然環境的變化缺乏正確了解，對春夏秋冬輪換、萬物生長死亡感到神秘莫測，對電閃雷鳴、驟雨野火充滿畏懼，從而認爲有一種來自上天的神秘力量掌控着世間的萬事萬物，這便是主宰之天——天帝的形成緣由。這個時期天是作爲至高無上的萬能之神而存在，人則作爲附屬，是天意的執行者。《甲骨文合集》10124：“貞：唯帝害我年？二月。”這是商代卜辭卜問天帝是否會降災害於農業收成。《書·微子》亦有“天毒降災荒殷邦”語。胡厚宣在《殷卜辭中的上帝與王帝》一文中指出：“在殷人心目中，這個至神上帝，主宰着大自然的風雲雷雨，水潦乾旱，決定着禾苗的生長，農產的收成。……帝雖在天上，但能降人間以福祥災疾，能直接護祐或作孽於殷王。”可見主宰之天在殷人心目中有極大的威懾力。有意思的是，到商代後期，商王便極力將王權與天帝神權合二爲一，自武丁以後，好幾位殷王將天帝之“帝”字作爲名，如帝甲、帝乙、帝丁、帝辛。《甲骨文合集》3637亦曰：“佳帝取婦好。”還將自己描摹成天之子，從而宣示君權神授。然而即使尊爲“天子”，像主宰之天一樣有天帝權威，商朝却滅亡了。因而至商末周初，人們認爲，違背天意，天就不會佑護。《書·西伯戡黎》：“西伯既戡黎，祖伊恐，奔告于王。曰：‘天子！天既訖我殷命。格人元龜，罔敢知吉。非先王不相我後人，惟王淫戲用自絕。故天棄我，不有康食。不虞天性，不迪率典……’”當然這是周人的追述。按周初總結商人亡國經驗，他們不能説“上帝”和商人祖先不佑護商王，而去支持作爲异族的周，何况商人還一直十分敬神。於是周人提出，至上神“天”衹支持有德愛民之君。天依然是有意志的至上神，君主凡不敬畏天命、不愛護民衆者，必遭天譴，被天遺弃。梁啓超在《儒家哲學·儒家哲學的重要問題》中論“天命的問題”，説：“古代的天，純爲‘有意識的人格神’，直接監督一切政治，如《商書·湯誓》：‘非台小子，敢行稱亂，有夏多罪，天命殛之。’《盤庚》：‘先王有命，格謹天服’‘予迓續乃命于天。’……天是超越的，另爲主宰，有知覺情感與人同。”《書》成書於周以後，故叙述商朝事，亦必糅入周人觀念。周人認爲，君主衹能作爲天意的代言人，而不能違逆天意。《詩·周頌·昊天有成命》：“昊天有成命，二后受之。成王不敢康，夙夜基命宥密。於緝熙、單厥心，肆其靖之。”《書·大禹謨》：“益曰：‘都，帝德廣運，乃聖乃神，乃武乃文。皇天眷命，奄有四海爲天下君。’”強調的都是昊天有成命，君主受其眷命，方能奄有四海。《左傳·莊公十一年》：“秋，宋大水。公使吊焉，曰：‘天作淫雨，害於粢盛，若之何不吊！’對曰：‘孤實不敬，天降之災……’”道出了君王不敬天佑民，則天會降災警示。因此，《詩·大雅·蕩》所謂“天生烝民，其命匪諶。靡不有初，鮮克有終”，道出了天命的無常：君主有道則天命護持，君主無道則天命弃之。

而由天命無常，又催生了義理之天的觀念。周代中後期，隨着人文精神的覺醒，人們對主宰之天產生了疑惑，開始質疑天的道德性。《詩·小雅·雨無正》：“浩浩昊天，不駿其德。降喪飢饉，斬伐四國。昊天疾威，弗慮弗圖。舍彼有罪，既伏其辜。若此無罪，淪胥以鋪。”簡直是對昊天主宰的批判。《左傳·宣公三年》載楚王觀兵周疆，問周鼎輕重，周定王使者王孫滿指出：“在德不在鼎。……天祚明德，有所底止，成王定鼎于郟鄏，卜世三十，卜年七百，天所命也。周德雖衰，天命未改，鼎之輕重，未可問也。”對於世人關注現實世界的利益，而忽略天命的存在，王孫滿給予了有力的回答。這種有德者得天佑的觀念，此後成爲歷朝歷代的主流思想。

周人的主宰之天是道德性的主宰，它實際沿着兩個方向發展：一是理論上，道德性之主宰必然需要懲惡揚善，因而逐漸向具有道德性的義理之天演進；一是現實中，道德性主宰之天必然造成的物質世界的現實狀況與理想中的道德狀況的矛盾，從而使得道德之天的自然性戰勝人格性，從而使命運之天也大行其道。義理之天與道義化的天命又是密不可分的，這就構成了後世漫長時期對於天道的基本認識。《詩·大雅·烝民》：“天生烝民，有物有則。民之秉彝，好是懿德。天監有周，昭假于下。保茲天子，生仲山甫。”這裏的義理之天，是作爲完美道德化身而存在的。《左傳·昭公十八年》載，鄭國星占家裨竈預言鄭將發生大火，人們勸子產按照裨竈的話，用玉器禳祭，以避免火災。子產答：“天道遠，人道邇，非所及也，何以知之，竈焉知天道？”在這裏，子產將天道與人道相提并論，説明此時期與天地相較，人的地位有了極大提升，甚至可與天相提并論，這又是義理之天概念下又關注人的作爲，而不祇是局促於天命。

在上述天命觀的觀照下，中國古代的天象，也就被賦予了與君權相關聯的象徵意義。

其一，天體以三垣爲中心，猶人間有朝廷中央。

紫微垣象徵人間帝王的宮殿在天上的位置，故又稱帝宮。這裏的星星大多以皇宮中的人員和事物來命名。如北斗七星就位於紫微垣中，象徵皇帝外出乘坐的御車。古人通常把異常進入紫微垣的五星、客星或彗星等，視爲人間君王、國家遭遇損害的徵兆。可見不同天象成了下界人事在天上的縮影。《竹書紀年·昭王》：“十九年春，有星孛于紫微。祭公、辛伯從王伐楚。天大曀，雉兔皆震，喪六師于漢。王陟。”《後漢書·蘇竟傳》：“太白、辰星自亡新之末，失行算度，以至於今，或守東井，或没羽林，或裴回藩屏，或躑躅帝宮。”太微垣在紫微垣的西南方，包括室女、后髮、獅子等星座的一部分。它象徵朝廷三公九卿，因而其中的星星多以朝廷職官和官署命名。《漢書·天文志》載：“孝武建元三年三月，有星孛於注、張，歷太微，干紫宮，至於天漢。《春秋》‘星孛於北斗，齊、魯、晉之君皆將死亂’。今星孛歷五宿，其後濟東、膠西、江都王皆坐法削黜自殺，淮陽、衡山謀反而誅。”世人居然從天象變化中，找到了人間發生重大事件的理由。天市垣在紫微垣東南，太微垣東，包括蛇夫、武仙、巨蛇、天鷹等星座之部分，是三垣中的下垣。它爲天上都市，皇帝率諸侯巡行各地，須多看下垣變化。因而垣中星名多以與皇帝侍從、諸侯地名及某些貨市之名來命名。《後漢書・天文志中》："孝明永平元年四月丁酉，流星大如斗，起天市樓，西南行，光照地。流星爲外兵，西南行爲西南夷。是時益州發兵擊姑復蠻夷大牟替滅陵，斬首傳詣雒陽。"

其二，天體九野與天下九州的對應。

《易・繫辭上》曰："天地變化，聖人效之；天垂象見吉凶，聖人象之。"《書・皋陶謨》"天聰明，自我民聰明"漢孔安國傳："言天因民而降之福，民所歸者天命之。天視聽人君之行，用民爲聰明。"此二引文，《晋書・天文志上》謂前者是"觀乎天文以示變者也"，後者是"觀乎人文以成化者也"，并認爲"是故政教兆於人理，祥變應乎天文。"清孫承澤《春明夢餘録・欽天監二・觀象臺》："分野之説，以中國之九州應上天之十二次。"古人將天體九野與天下九州相對應，二十八宿變化與華夏大地變化相對應，十二星次與十二分野相對應，正是這種觀念的反映。

所謂天之九野，即中央鈞天、東方蒼天、東北變天、北方玄天、西北幽天、西方顥天、西南朱天、南方炎天、東南陽天，九野被認爲涵蓋整個天際，它是地上九州在天宇中的體現。《吕氏春秋・有始》："天有九野，地有九州。"《列子・湯問》"八紘九野"張湛注："九野，天之八方中央也。"這實際上是古人視野中的整個天地空間。而在這空間中，古人認爲九野的變化，必有九州相應的事情發生；九州某地吉凶之事，亦見於九野某方之星的變化。雖屬無稽之談，却長期爲古人所重。因是天命所繫，遂成爲世人由事物到人心皆可比附推想之天綱。明代黄道周與友人陳克轀有尺牘往來，探討性理。陳克轀有言："天字易知，命字難明。大抵天命之説，亦猶心性之説……氣數猶五行之吏分布九野，與晝夜循環，猶人身之有脉絡消息。天命猶不動之極，向離出治，不與斗柄俱旋，即人身之心性是也。"（《榕壇問業》卷一七）言雖玄空，而謂九野可見天命，與世事人性關聯，則見古人一般觀念。

九野中的具體變化，就體現在三垣二十八宿中。從地球看上去，五緯（五星）的運行與二十八宿的運轉方向相反，由此便引申出古人對星象的種種解讀。

古人認爲，二十八宿對應着不同的地域國家，決定着該地該國的朝政狀況，何處星宿異動，該處必有大事發生，故《史記・天官書》載："二十八舍主十二州，斗秉兼之，所從來久矣。秦之疆也，候在太白，占於狼、弧。吴、楚之疆，候在熒惑，占於鳥衡。燕、齊之疆，候在辰星，占於虛、危。宋、鄭之疆，候在歲星，占於房、心。晉之疆，亦候在辰星，占於參罰。"又從山河地勢看星象影響，謂秦併吞三晉、燕、代之後，"自河山以南者中國。中國於四海內則在東南，爲陽；陽則日、歲星、熒惑、填星；占於街南，畢主之。其西北則胡、貉、月氏諸衣旃裘引弓之民，爲陰；陰則月、太白、辰星；占於街北，昴主之。故中國山川東北流，其維，首在隴、蜀，尾没于勃、碣。是以秦、晉好用兵，復占太白，太白主中國；而胡、貉數侵掠，獨占辰星，辰星出入躁疾，常主夷狄，其大經也，此更爲客主人。熒惑爲孛，外則理兵，内則理政"。由此而將歷史發展大勢與天象運轉構成了密不可分的關係。清孫承澤《春明夢餘録》又引吳澄語謂："步占之法，以星爲主。故曰：天星十有二辰，經天左旋，常度不移，不足以見吉凶。惟日月五星行乎十二辰之次，緯天左旋，而日有薄蝕暈珥之變，月有盈虧朓朒之變，五星有盈縮圜角之變，故總言日月星辰之變動。變動即所謂遷也，順則爲吉，逆則爲凶，二者相參變矣。"所言星變見吉凶頗簡明。

　　金、木、水、火、土五曜，由左向右（由東向西），穿梭於由右向左運轉的群星中。《淮南子·天文訓》記述五星之神及其功用亦云："何謂五星？東方，木也，其帝太皞，其佐句芒，執規而治春。其神爲歲星，其獸蒼龍，其音角，其日甲乙。南方，火也，其帝炎帝，其佐朱明，執衡而治夏。其神爲熒惑，其獸朱鳥，其音徵，其日丙丁。中央，土也，其帝黃帝，其佐后土，執繩而制四方。其神爲鎮星，其獸黃龍，其音宮，其日戊己。西方，金也，其帝少昊，其佐蓐收，執矩而治秋。其神爲太白，其獸白虎，其音商，其日庚辛。北方，水也，其帝顓頊，其佐玄冥，執權而治冬。其神爲辰星，其獸玄武，其音羽，其日壬癸。"新疆博物館收藏有漢代"五星出東方利中國"織錦，上面還繡有青龍、白虎、朱雀、玄武等，是體現漢代人注重天上五星四神的重要實物。人們認爲，通過五星運動，可探知諸般天象與地上人事的關聯。"太陰在四仲，則歲星行三宿。太陰在四鈎，則歲星行二宿。二八十六，三四十二，故十二歲而行二十八宿"。"歲星"即木星。古人將黃道帶分成十二個部分，每部分稱爲"次"。歲星在黃道帶每年經過一個"星次"，經十二個"星次"完成一個周期，爲時十二年。而地上區域又有十二分野，與十二星次對應。十二星次分別是星紀、玄枵、娵訾、降婁、大梁、實沈、鶉首、鶉火、鶉尾、壽星、大火、析木，十二分野即與這些星次對應的地區，如大梁爲趙、實沈爲晉、鶉首爲秦、鶉尾爲楚、析木爲燕等等。《左傳·昭公八年》："晉侯問於史趙曰：'陳其遂亡乎？'對曰：'未也。'公曰：

'何故？'對曰：'陳，顓頊之族也，歲在鶉火，是以卒滅。陳將如之。今在析木之津，猶將復由。'"孔穎達疏："顓頊崩年，歲星在鶉火之次。……歲星，天之貴神所在必昌。鶉火得歲而火益盛，火盛而水滅。顓頊水德，故以此年終也。陳是顓頊之族，故知滅將如之，亦當歲在鶉火，陳乃滅也。"當時歲星所在星次爲析木，尚未至亡國時，必待歲星至鶉火乃亡。這就是歲星、星次與人間國家關係之一例。

再看其他諸星。"熒惑"，即火星。《漢書·天文志》載："熒惑曰南方夏火，禮也，視也。禮虧視失，逆夏令，傷火氣，罰見熒惑。逆行一舍二舍爲不祥，居之三月國有殃，五月受兵，七月國半亡地，九月地太半亡。因與俱出入，國絕祀。"可見在古人看來，火星逆行帶來的都是國家災難。故古時曾流傳這樣的俗語："雖有明天子，必視熒惑所在。"（《史記·天官書》）"鎮星"即土星，亦稱填星。古人觀測其約二十八年繞天一周，平均每年行經"二十八宿"之一。《史記·天官書》曰："歷斗之會以定填星之位。曰中央土，主季夏，日戊、己，黃帝，主德，女主象也。歲填一宿，其所居國吉。"可知此星多吉。"辰星"即水星，比地球更靠近太陽的行星，其光亮多被太陽光遮蓋。《漢書·天文志》曰："辰星，殺伐之氣，戰鬥之象也。"同書還記有辰星與軍事勝負關聯的多種情形，且與太白相伴與否關係密切。"與太白俱出東方，皆赤而角，夷狄敗，中國勝。與太白俱出西方，皆赤而角，中國敗，夷狄勝"。事關軍國兵戎，因而頗爲世人所重。"太白"即金星，凌晨見於東方天際時又稱啓明，黃昏見於西邊天際時又稱長庚。因距地球近，尤明亮。《新序·雜事三》記載金星對國政影響："昔者，荊軻慕燕丹之義，白虹貫日，太子畏之。衛先生爲秦畫長平之計，太白蝕昴，昭王疑之。"

其三，日月的帝王仙宮象徵。

從地球上看，太陽是光亮最強的天體，最受世人推崇，因而也被賦予神靈的威力。帝王還把自己比作太陽，照臨四方。夏商時期帝王的名字多與"天干"有關，實際就是與天象有關聯，如夏之大庚、孔甲、履癸（即夏朝末帝桀），商之武丁、祖甲。夏商帝王生前死後，還自視若太陽，光照人間，天上人間均歸他們統治。商王生前或以日爲名，死後則成其廟號。《史記·殷本紀》索隱引三國蜀譙周云："夏殷之禮，生稱王，死稱廟主，皆以帝名配之。天亦帝也，殷人尊湯，故曰天乙。"亡國之君夏桀相信自己的統治會像太陽一樣長久："吾有天下，猶天之有日也，日有亡乎？日亡，吾亦亡也。"（《韓詩外傳》卷二）百姓或作歌謠譏刺："時日曷喪？予及汝偕亡。"（《書·湯誓》）太陽爲衆陽之宗，人君之象。故《漢書·孔光傳》曰："臣聞日者，衆陽之宗，人君之表，至尊之象。"《禮記·月令》"孟冬之月……臘先祖五祀"孔穎達疏引漢蔡邕曰："日爲陽宗，月爲陰宗。"《漢書·李尋傳》："日數湛於極陽之色。"顔師古注引張晏曰："衆陽之宗，故爲極陽也。"

後世皇帝皆自比太陽，故每當皇權受侵削，觀天象者必言有星侵犯太陽，如《漢書·元帝紀》："是以氛邪歲增，侵犯太陽，正氣湛掩，日久奪光。"隋王通《元經》卷八："元嘉六年……五月，日有蝕之。"唐薛收傳曰："曰日無光，君德不明，故星侵日晝見，象臣下侵君權也。"

古人非常重視祭天，其中日、月、星又是祭天中的重要內容。帝王祭祀太陽，彰顯着王權與太陽的關聯，此風早在商代已然，如《殷契佚存》872："乙巳卜，王賓日，□弗賓日。"《殷契粹編》17："出入日，歲三牛。"日、月、星之祭，與祭天同等重要。《禮記·祭義》曰："祭天之禮，兼及三望。"三望即日、月、星三光。又曰："祭日於壇，祭月於坎，以別幽明，以制上下。祭日於東，祭月於西，以別外內，以端其位。日出於東，月生於西。陰陽長短，終始相巡，以致天下之和。"《大戴禮記·保傳》載："三代之禮，天子春朝朝日，秋暮夕月，所以明有別也。"日月之祭尤被重視，亦可見與王權關係密切。此禮也爲後世所沿襲。

此外，月亮又被稱作月宮，雖爲仙人之宮，却有不少帝王進入月宮的故事流傳。托言東方朔的《海內十洲記》載，東方朔"隨縣主履行，比至朱陵扶桑，蹩海冥夜之丘，純陽之陵，始青之下，月宮之間"。傳奇故事中唐明皇也曾夢游廣寒宮。唐鄭綮《開天傳信記》記載，唐明皇稱"昨夜夢游月宮，諸仙娛予以上清之樂，寥亮清越，殆非人間所聞也"。可謂神乎其神，亦證月之與帝王的關聯。

其四，异常星象的人間吉凶比附。

每一種星宿都被古人賦予特殊的意義，尤其那些异常運行之星，更被用於占卜戰爭勝負、年成豐歉、王朝盛衰、帝王安危等軍國大事。《左傳·僖公十六年》所載五顆隕石落宋國的吉凶："周內史叔興聘於宋，宋襄公問焉，曰：'是何祥也，吉凶焉在？'對曰：'今茲魯多大喪，明年齊有亂，君將得諸侯而不終。'退而告人曰：'君失問，是陰陽之事，非吉凶所生也，吉凶由人，吾不敢逆君故也。'"表明星象變化的解讀是不固定的，占卜者可以據現實的事件任意發揮。又《文公十四年》："有星孛入於北斗，周內史叔服曰：'不出七年，宋齊晉之君，皆將死亂。'"《襄公二十八年》："二十八年，春，無冰。梓慎曰：

'今茲宋鄭其饑乎，歲在星紀，而淫於玄枵，以有時菑，陰不堪陽。蛇乘龍。龍，宋鄭之星也。宋鄭必饑，玄枵，虛中也。枵，秏名也，土虛而民秏，不饑何爲？'"可見在古人看來，星宿的异動預示着將發生某種與軍國大事相關的吉凶事情。故後世每以星變象徵歷史事件，如《晋書·文苑傳·伏滔》："昔妖星出於東南而楚以亡，飛字横于天漢而劉安誅絶。"《陳書·高祖紀上》："長彗横天，已徵布新之兆；璧日斯既，實表更姓之符。"

自古星空异象，俱入史志灾祥記録中，故所記其變化甚詳。如《清朝通志·灾祥略》："〔乾隆二十四年三月甲午〕彗星見於虛宿之次，其色蒼白，尾迹長尺餘，指西南，每夜順行，十餘日伏不見。四月戊辰，復出西南方，在張宿第二星之上，體勢甚微，向東順行，至五月初仍隱伏。"又《清朝通志·灾祥略》："彗星見奎壁之中，距奎宿第二星二度，體如彈丸，其色黄，尾迹長尺餘，每夜向西逆行，由戌宫至亥宫。"皆可見古人對此的重視程度。

第三節　明清以後天宇觀的變化

康有爲在《上皇帝第四書》中曾説："墨領繞大地知地如球，而荷蘭、葡萄牙大收南洋，據臺灣而占濠鏡矣。哥白尼發地之繞日，於是利瑪竇、熊三拔、艾儒、南懷仁、湯若望挾技來游，其入貢有渾天地球之儀、量天縮地之尺，而改中國曆憲矣。"寥寥數語，概括幾百年間西學東漸，顛覆中國自古以來所持有的天宇觀。

明末以來，隨着一批批西方傳教士的東來，帶來一些西方的天文觀察儀器，更帶來一些讓中國人感到驚駭的天宇觀點。但這一過程却是漫長的。利瑪竇向萬曆皇帝進獻《萬國圖志》及其他物品，須放下身段，以"遠臣慕義之忱"，貢方物"以祝萬壽"。他謹奏《貢獻方物疏》："天地圖及度數，深測其秘。制器觀象，考驗日晷，並與中國古法吻合，倘蒙皇上不棄疏微，令臣得盡其愚，披露於至尊之前，斯又區區之大願。"（黄伯禄《正教奉褒》，載《熙朝崇正集》第 260 頁，中華書局 2006 年版）爲讓西學得到中國官方認可，利瑪竇不得不詭稱天地觀象之物與中國古法同，不難看出實際與中國古法大异的西方天宇觀，在傳入中國時之步履維艱。

最初傳入的天文知識，主要觀點包括：大地是球形；地球小於太陽，而大於月亮；太陽、地球及其他一些恒星，各自構成一重天；日食、月食是因日、月、地球三者運行到一條直綫上所造成，等等。如利瑪竇《乾坤體義》卷中曰：“日球大於地球，地球大於月球。”又言日食：“日蝕非他，惟朔時，月或至黃道日所恒在也，則既在日之下，便掩其光而吾不能見日，謂日蝕也。且日球者了無失光，故其蝕，非天下各國共有之，而或一處日蝕而別處光焉，或一處全蝕而他處惟蝕其半焉，所見正斜異故也。”言月食：“月蝕，天下皆同。蓋月球並諸辰星之體本無光，皆借太陽之光也。地球懸九重之當中，如鷄子黃在青中。然惟望時月或至黃道，於太陽正相對，則地球障隔其光而不得照之，故月失光矣。且月蝕乃地影曚之也，月已出地影，即復光。”西人陽瑪諾《天問略》所言更簡捷：“日蝕，非日失其光，乃月掩其光也；月之天在日天之下，朔時月輪正過日輪之下，南北同經，東西同緯，故掩其光若有失之耳……日食，非各處共有之，或一處見食，別處見光。或一處全食，別處半食，皆目隨地異也。”這些觀點，讓自古將日食視作天狗食日、必鳴鼓驅之的中國百姓，大爲驚異。對於固有的大地是平的，固定不動，日月星辰環繞等觀念，也是巨大的衝擊，開啓天文學知識的近代啓蒙。

哥白尼的日心説，更是顛覆中國傳統的天宇觀。此説其實早已傳入中國，但傳教士們輕易不敢公開宣傳，恐遭中國官民攻擊。直至 1760 年，法國耶穌會士蔣友仁借獻《坤輿全圖》於乾隆帝之機，纔首度正面介紹了哥白尼學説，但在當時并未受到中國朝廷重視，後在民間逐漸傳播開來。

西人天文學説得到中國一些士大夫的認同，如徐光啓、李之藻等均據此而對傳統天文學説有所修正發明。但反對者亦不乏其人，他們或不承認西方天文曆算的正確性，或認可其正確，又認爲多源自中國。阮元在《疇人傳》蔣友仁傳論中斥日心説“離經叛道，不可爲訓”。又在湯若望傳論中評述：“習於西學者咸謂西人之學非中土所能及，然某嘗博觀史記，綜覽天文算術家言，而知新法亦集合古今之長，而非彼中人所能獨創也。如地爲圓體，《曾子》十篇中已言之。太陽高卑，與《考靈耀》地有四游之説合。蒙氣有差，即姜岌地有游氣之論。諸曜異天，即郄萌不附天體之説。凡此之等，安知非出於中國如借根方之本爲東來法乎？”李之藻根據利瑪竇所傳星盤原理，著《渾蓋通憲圖説》，而精通傳統天文學的學者梅文鼎卻在《曆算全書·曆學疑問補上》中極言“渾蓋通憲”即蓋天説遺法，甚至説“蓋天之學流傳西土，不止歐邏巴”。他稱“渾蓋雖利氏所傳，而非其所創也”，還“論渾蓋之器與周髀同”，謂“西洋分畫星圖，亦即古蓋天之遺法也”。“夫法傳而久，豈無微有損益，要皆踵事而增，其根本固不殊也。利氏名之曰'渾蓋通憲'，蓋其人強記博聞，故有以得其源流而不敢没其實"。事實上利瑪竇爲使中國人更易理解而借用中國固有的名稱，而實際内容根本不同，足見固守傳統天宇觀勢力之頑固。

諸如此類的牽强附會，阻礙較科學的西方天文學的傳播，使其普及進程十分緩慢。但歷史終究在前進，近代隨着各門西學的東傳，西方天文學也逐漸得到廣泛認同，從而在很大程度上也改變中國傳統的天宇觀，使之朝着近代天文學的方向發展起來。

第二章　天體銀河説

第一節　天體考

　　天體，謂人們觀察想象中的天之形體。《東觀漢記·和熹鄧皇后傳》："嘗夢捫天體，蕩蕩正青滑。"《後漢書·張衡傳》："著《靈憲》《算罔論》，言甚詳明。"李賢注引《漢名賢奏議》："言天體有三家：一曰周髀，二曰宣夜，三曰渾天。"現分述如下：

　　一、蓋天説：蓋天説産生於商周時代，到了漢代又有長足的發展。是古代最早的宇宙結構學説。此學説認爲，天是圓形的，像一把張開的車蓋覆在地上；地是圓形的，像無蓋的盤子，在其下方。日月星辰則像爬蟲一樣過往天空。《唐開元占經》卷二："蓋天者，言天形如車蓋，地形如覆槃。"周髀，即蓋天。因其説見於《周髀算經》（共二卷）中，故稱。又傳成書於周公，故稱"周髀"。髀，股也，立八尺之表爲股，表影爲勾。此即《算經》中用之勾股定理之意。

　　二、宣夜説：宣夜説起源於漢以前，其説大意是天空蒼茫寥廓，充滿元氣，日月星辰俱飄浮空中，隨氣而動。但此説流傳未廣。《太平御覽》卷二引《抱朴子》曰："宣夜之書亡，而郗萌記先師相傳宣夜説云：天了無質，仰而視之，高遠無極，眼瞀睛極，蒼蒼然也。譬旁望遠道之黃山而皆青，俯察千仞之谷而黝黑，夫青非真色，黑非有體也。日月衆星，相浮空中，行止皆須氣焉。"

三、渾天説：渾天説約出現於漢代。隨着人們對天象認識的不斷提升，逐漸形成天地如鷄蛋，地猶蛋黃，被天包孕的説法。漢代張衡以渾天説爲基礎，發明渾天儀，從儀器上可直觀瞭解天空主要星相的變化。因更接近於星相實際，故渾天説漸成爲天宇學説之主流觀點。《晋書·天文志上》載："吳時中常侍廬江王蕃善數術，傳劉洪《乾象曆》，依其法而製渾儀，立論考度曰：前儒舊説，天地之體，狀如鳥卵。天包地外，猶殼之裹黃也。周旋無端，其形渾渾然，故曰渾天也。"

按，除以上三説之外，尚有四説，一曰昕天（昕，讀爲軒），二曰穹天，三曰安天……共計七説。見《禮記·月令》孔穎達正義。

基於此原始認知機理，漢字中的"天"中有"人"的形象，如甲骨文作"𠀾"（前二·三·七）、"𡗜"（乙六八五七），金文作"𡗜"（克鼎）等，均爲人形之上加圓形或短橫而成。學界多數意見將其釋爲指事字，以圓形或短橫爲指事符，本義爲人之頭頂，即"顛"字初文，後借用爲天地之"天"。

"天"字所指，原爲虛空，雖可見而無實體，雖日處其間而無所感知，故而與尋常事物相比，天充滿了神秘性、未知性。人類至今仍未發展出不借助工具而長時間在高空滯留的自身能力，因此對天和自然置身於天空的事物又充滿了敬畏，進而認爲天有超能力，是人的主宰。故"天"的字義又引申爲君主、天神、上帝，天被人格化、神格化，各種天體乃至各種見於天空的自然現象亦逐漸被賦予神性，與地面上山川方位的神祇遙相呼應。所以，在漢語諸多與天相關的語彙中，附有神話色彩或符號化喻義者尤多，是爲其表義的多元性。《詩·鄘風·柏舟》有"母也天只"句，是爲女子呼告語，毛傳釋"天"爲父，則意其爲父母并呼，今人多不從之，止謂其女呼母呼天而已。而這兩種不同的對"天"的解釋，無論從此一句還是全篇而言，都是可通的，兩種理解并存或偏於其中一種都不影響詩義的傳達，這在大量沒有很高科學準確性要求的古代文獻中是普遍存在的，而"天"及其附屬事物的語彙即便在同一語句中并含多義的現象又特別常見。因此，我們不能簡單地用當今自然科學的思維，執泥於詞義的對錯是非，將那些不單純表示自然天空的"天"全部摒弃不録，這將無法真實反映中國古代文化對"天"這一事物的認知、理解和運用。

天

　　環繞地球之無垠空間。因其廣大無垠，至高至上，故又被賦予人文觀念。商代甲骨文已有"天"之象形字，爲一上頂矩形的人形（矩形象徵天）。《説文·一部》："天，顛也，至高無上。從一、大。""從一、大"是後來衍生寫法。"天"之概念主要有三：一指自然天空，日月星辰布列於内，風雨雷電運行其中。在古人概念中，其與大地相對應。二指超自然神聖帝君（天帝），爲先人敬畏大自然偉力而生出之觀念神。三指君王爲神化王權而製造的君主與天帝相比附觀念。分述如下：一、自然之天，自古至今，一直存續。《易·乾》："飛龍在天，利見大人。"王弼注："不行不躍而在乎天，非龍而何！"《詩·唐風·綢繆》："綢繆束薪，三星在天。"《禮記·月令》："日窮於次，月窮於紀，星回於天。數將幾終，歲且更始。"唐韓愈《原道》："坐井而觀天，曰天小者，非天小也。"前蜀韋莊《菩薩蠻》詞："春水碧於天，畫船聽雨眠。"二、至上天神觀念，商代已盛行。郭沫若主編《甲骨文合集》22454："叀（惠）丘豕于天。"又22054："天戊五牢。"其語義與祭祀有關，從中可見商人對"天"之敬畏。此種敬畏，表明了"天"已被神聖化。《禹鼎》（《殷周金文集成》2833）："烏虖哀哉！用天降大喪于下或（國）。"《敬事天王鐘》（《殷周金文集成》78）："敬事天王。"《鄒王義楚耑》（《殷周金文集成》6513）："隹正月，吉日丁酉，鄒王義楚擇余吉金，自酢祭耑，用亯于皇天。"《書·湯誓》"予畏上帝，不敢不正"孔穎達疏："我畏上天之命。"《戰國策·楚策三》："謁者難得見如鬼，王難得見如天帝。"因天意不同尋常，故歷朝最

重祭天。《後漢書·祭祀志中》有"文罽爲壇，飾淳金釦器，設華蓋之坐，用郊天樂也"之句，見祭天之重。又《舊五代史·樂志下》："其五郊天地、宗廟、社稷、三朝大禮，合用十二管諸調，並載唐史、《開元禮》，近代常行。"天被賦予人的意志，乃超越了自然之天。宋黄中輔《念奴嬌》："天意眷我中興，吾皇神武，踵曾孫周發。"三、王與天一體，君主借神權維護王權。《爾雅·釋詁》："天、帝、皇、王、后、辟、公、侯，君也。"《甲骨文合集》36535："不□□（薿）……天邑商。""天邑商"爲商朝國都美稱，猶言商之天都。王與天合一，故有此稱。《書·多士》："予一人惟聽用德，肆予敢求爾于天邑商。"鄭玄注："言天邑商者，亦本天之所建。"自然天宇，在中國古人心中被賦予極深厚内涵。故清朝《皇朝經世文統編·格物部三·天文》有"談天"一節，略謂："昔者天荒破，天象垂，有法天之聖人出，體天立極，代天宣化。定天紀，補天功。天成地平，天靜人和。天宇澄清，天休聿至。……法天行以治國，象天刑以用兵，搜天寶以理財，仿天儀以製造。……借使天相吉人，天報善士，一旦星回於天，聲聞於天，奉九重天緯，捧五色天書，校經天禄閣中，歌咏大羅天上。此亦天作之合，天成其美也。"足見古人仰天敬天而又借天威以行人事之意。

天空

　　省稱"空"，又稱"空宇"。與地相對應的長天。以"天"之體空曠無垠，故稱。《廣韵·平東》："空，空虚。"凡言寥廓空曠之天的名稱，多含"空""虚""穹""宇""圜""昊""玄""冥"之類字（詳後）。《列子·天瑞》"夫天地，空

中之一細物，有中之最巨者，難終難窮"之語，亦極言其空其巨，皆見古人對於天空的直觀認識——空曠、無邊、廣大。"天空"之稱漢代已行用。漢趙曄《吳越春秋·勾踐伐吳外傳》："蠡去時，陰畫六，陽畫三，日前之神莫能制者，玄武天空威行，孰敢止者。"唐韓愈《南山》詩："天空浮修眉，濃綠畫新就。"唐張籍《徐州試反舌無聲》詩："竹外天空曉，溪頭雨自晴。"唐岑參《送王著作赴淮西幕府》詩："天空信寥廓，翔集何時同。"宋湯恢《滿江紅》："酒醒香消人自瘦，天空海闊春無極。"明初邵復孺、郟經《舟中聯句》："歲晏冰雪稀，天空水雲闊。"《金瓶梅》第二七回："祝融南來鞭火龍，火雲焰焰燒天空。"明楊爵《春日十二首》其十二："從此超然脫故吾，天空海闊見洪模。"清王韜《淞隱漫錄·薊素秋》："仰視天空，月光如畫。"《文選·左思〈咏史〉》八首之四："寥寥空宇中，所講在玄虛。"李善注引《廣雅》曰："空，廓也。"唐謝偓《高松賦》："匝地冰厚，周空霧密。"宋朱熹《入瑞巖道間得四絕句呈彥集充父二兄》詩："清溪流過碧山頭，空水澄鮮一色秋。"此稱至今猶用之。

【空】

"天空"之省稱。此稱先秦時期已行用。見該文。

【空宇】

即天空。此稱晋代已行用。見該文。

【天經】

即天空。本指天運行軌道，因借稱。唐虞世南《和鑾輿頓戲下》詩："重輪依紫極，前耀奉丹霄。天經戀宸辰，帝命扈仙鑣。"明佚名《投筆膚談·天經》何守法題解："天經者，天之運行，猶云經緯也。"世人因借指天空。清姚鼐《雨登岳陽樓》詩："風交廣漠野，雲起盪天經。"

元

亦稱"元天""元穹"。指天。此稱漢代已行用。元，本爲人首，人首在上，天亦在上，故稱。宋、清兩朝聖祖名皆帶"玄"字，避諱多改爲"元"，而玄、元二字均可指天，今所見雕版古書又皆出宋以後人之手，其中言天之字或有初作"玄"而後改作"元"者，易誤導後人。參見"玄""玄天""玄穹"條。《廣雅·釋言》："元，天也。"《後漢書·郎顗傳》："元精所生，王之佐臣。"李賢注："元爲天。"《南齊書·曹虎傳》："化總元天，方融八表。"唐駱賓王《爲齊州父老請陪封禪表》："臣聞元天列象，紫宮通北極之尊；大帝凝圖，玄猷暢東巡之禮。"明黄佐《白沙新祠》二首之一："元穹正搖落，辛勤薦芳馨。"清姚鼐《雜詩》："勃上充元天，下達幽泉底。"

【元天】

即元。此稱南北朝時期已行用。見該文。

【元穹】

即元。此稱明代已行用。見該文。

虚[1]

亦稱"天墟"。"虚"同"墟"。指天。古以上天爲虛空無有之境，故稱。此稱先秦時期已行用。《管子·心術上》："天曰虛，地曰靜。"尹知章注："言能體天而虛。"晋陸雲《南征賦》："聲馮虛而天回，烈駭空而地蕩。"《抱朴子·君道》："剔腹背無益之毛，攬六翮凌虛之用。"唐韓愈《朝歸》詩："長風吹天墟，秋日萬里曬。"宋蘇軾《赤壁賦》："浩浩乎如馮虛御風，而不知其所止。"

【天墟】

即虛。此稱唐代已行用。見該文。

【虛空】

即虛。此稱先秦時期已行用。亦稱"虛無""虛亡"。《莊子·徐無鬼》："夫逃虛空者，藜藋柱乎鼪鼬之逕，踉位其空，聞人足音跫然而喜矣。"《史記·司馬相如列傳》："乘虛無而上遐兮，超無有而獨存。"《漢書·司馬相如傳下》作"虛亡"。《晉書·天文志上》："日月衆星，自然浮生虛空之中，其行其止皆須氣焉。"晉竺法護初譯《佛說文殊師利凈律經·真諦義品》："又問：其法界者，豈有分際？文殊答曰：虛空之界，寧有分際乎？報曰：不也。"唐岑參《與高適薛據同登慈恩寺浮圖》詩："登臨出世界，磴道盤虛空。"

【虛無】

即虛空。此稱漢代已行用。見該文。

【虛亡】

即虛空。亡，同"無"。此稱漢代已行用。見該文。

【虛廓】

即虛。亦作"虛霩"。此稱三國時期已行用。漢劉安《淮南子·天文訓》："道始于虛霩，虛霩生宇宙。"三國魏曹植《七啓》："耗精神乎虛廓，廢人事之紀經。"明王洪《悠然閣記》："枯槁淡泊，而玩心於虛廓沆寥之間。"

【虛霩】

同"虛廓"。此體漢代已行用。見該文。

丹霄

亦稱"絳霄"。指天。此稱漢代已行用。空中雲霞絢麗，故稱。一說天位於北極以南，故以南方之色爲稱。《北堂書鈔》卷一五一引漢賈誼詩："青青雲寒，上拂丹霄。"南朝梁蕭衍《直石頭》詩："翠壁絳霄際，丹樓青霞上。"唐李白《門有車馬客行》："謂從丹霄落，乃是故鄉親。"宋王逵《蠡海錄》曰："天之色蒼蒼然也，而前輩曰丹霄、曰絳霄……蓋觀天者以北極爲標準，所仰視而見者皆在北極之南……借南之色以爲今也。"

【絳霄】

即丹霄。此稱南北朝時期已行用。見該文。

紫虛

亦稱"紫霄""紫穹""紫宙""紫冥""紫漢""紫極"。指天空。此稱三國時已行用。雲霞映日，天空呈紫色，故稱。三國魏曹植《游仙》詩："意欲奮六翮，排霧凌紫虛。"《藝文類聚》卷九三引晉曹毗《馬射賦》："狀若騰虬而登紫霄，目似晨景之駭扶木。"《宋書·樂志二》："膺華丹耀，登瑞紫穹。"南朝梁江淹《構象臺》："網紫宙兮治萬品，冠璇寓兮濟群生。"南朝梁丘遲《望雪詩》："氛氳發紫漢，雜沓被朱城。"《魏書·高允傳》："發響九皋，翰飛紫冥。"唐武平一《侍宴安樂公主新宅應制》詩："紫漢秦樓敞，黃山魯館開。"明劉基《題王起宗御史江山烟靄圖》詩："日落風雲連紫極，天寒波浪隔蒼梧。"

【紫霄】

即紫虛。此稱晉代已行用。見該文。

【紫穹】

即紫虛。此稱南北朝時期已行用。見該文。

【紫宙】

即紫虛。此稱南北朝時期已行用。見該文。

【紫冥】

即紫虛。此稱南北朝時期已行用。見該文。

【紫漢】

即紫虛。此稱唐代已行用。見該文。

【紫極】[1]

即紫虛。此稱明代已行用。見該文。

玉界

亦稱"玉宇""玉清"。指天宇。碧空如玉，故稱。常作道家術語。此稱唐代已行用。唐陸龜蒙、皮日休《開元寺樓看雨聯句》："寫作玉界破，吹爲羽林旋。"宋張孝祥《浪淘沙》詞："樓外捲重陰。玉界沉沉，何人低唱醉泥金？"玉宇爲雅稱，南北朝已行用。南朝宋劉鑠《擬明月何皎皎》詩："玉宇來清風，羅帳延秋月。"元陳基《秋懷》詩之七："長願玉宇净，河漢生微瀾。"金董解元《西厢記諸宫調》卷五："是夜，玉宇無塵，銀河瀉露。"明薛瑄《次張都憲喜雨韵》："布濩旋應彌玉宇，沾濡行復遍塵寰。""玉清"一稱多用於道教。《正統道藏・正一部》載南北朝或隋唐時的《上清無上金元玉清金真飛元步虛玉章》第十一章："眇眇入玄，同登玉清。"清侯方域《擬思宗改元追復楊漣等官爵百官廷臣謝表》："新煉媧妃之石，玉清仍是九層。"

【玉宇】

即玉界。此稱南北朝時期已行用。見該文。

【玉清】

即玉界。本爲道家"三清境"之一，爲天尊所居。因以借指上天，蒼天。此稱南北朝時期或隋唐時期已行用。見該文。

玄天

亦稱"玄乾""玄昊""玄微""玄蒼"。本指北方之天，因與黑色相配，故稱玄天，後稱代天、天空。此稱先秦時期已行用。《吕氏春秋・有始》："北方曰玄天。"高誘注："北方十一月建子，水之中也。水色黑，故曰玄天也。"《莊子・在宥》："亂天之經，逆物之情，玄天弗成。"《隸釋・漢高陽令楊著碑》："玄乾鍾德于我，楊君其德伊何！"晋葛洪《抱朴子・廣譬》："是以惠和暢於九區，則七曜得於玄昊。"唐郭周藩《譚子池》詩："言訖辭冲虛，杳靄上玄微。"明周瑛《後感興》六首之六："眼底不可意，躑躅問玄蒼。"明唐順之《詹府宴集奉和上宰松皋公》詩之一："祥光虹渚應玄蒼，喜溢仙曹薦羽觴。"

【玄乾】

即玄天。此稱漢代已行用。見該文。

【玄昊】

即玄天。此稱晋代已行用。見該文。

【玄微】

即玄天。此稱唐代已行用。見該文。

【玄蒼】

即玄天。玄、蒼皆天之色，因以指代。此稱明代已行用。見該文。

【玄】

"玄天"之省稱。亦稱"玄玄""重玄"。此稱先秦時期已行用。語本《易・坤》"天玄而地黄"孔穎達疏："天色玄。"後以代天。《楚辭・招魂》："青驪結駟兮齊千乘，懸火延起玄顏烝。"王逸注："玄，天也。"《淮南子・原道訓》："當此之時，口不設言，手不指麾，執玄德于心，而化馳若神。"高誘注："玄，天也。"又《淮南子・本經訓》："當此之時，玄玄至碭而運照。"《文選・揚雄〈劇秦美新〉》："或玄而萌，或黄而芽。"劉良注："玄，天也。黄，地也。"《文選・陸機〈漢高祖功臣頌〉》："重玄匪奧，九地匪沈。"吕延濟注："重玄，天也。"
唐王勃《游山廟序》："俯臨萬仞，平視重玄。"
《宋史·太宗本紀二》："恤物安人，以祈玄祐。"
明宋濂《雲寓軒詩序》："〔有道之士〕捐去塵俗
之累，翩翩然御風而游玄間。"

【玄玄】

即玄。此稱漢代已行用。見該文。

【重玄】

即玄。此稱晉代已行用。見該文。

【玄穹】

即玄天。亦稱"玄極""玄間""玄蓋"。天
色青蒼，形似穹廬，故稱。此稱晉代已行用。
晉張華《壯士篇》："長劍横九野，高冠拂玄
穹。"晉葛洪《抱朴子·君道》："是以七政不亂
象於玄極，寒温不謬節而錯集。"《梁書·邵陵
王綸傳》："自我國五十許年，恩格元穹，德彌
赤縣。"唐韓愈《雜説》："然龍乘是氣，茫洋
窮乎玄間。"前蜀杜光庭《羅天中級三皇醮詞》：
"伏以玄蓋上浮，黄輿下鎮，元精降瑞，應運開
圖。"元李存《畫梅》詩："明窗磅礴寥以闃，
玄間清氣歸毫端。"明劉基《石末公再賦元夕見
寄用韵酬之》詩："聽盡殘鐘成不寐，那無飛羽
入玄間。"

【玄極】

即玄穹。此稱晉代已行用。見該文。

【玄間】

即玄穹。此稱唐代已行用。見該文。

【玄蓋】

即玄穹。此稱五代時期已行用。見該文。

【玄虛】

即玄天。亦稱"玄霄"。此稱漢代已行用。
漢趙曄《吴越春秋·勾踐入臣外傳》："仰飛鳥

兮烏鳶，凌玄虚兮翩翩。"《雲笈七籤》卷二五：
"上登玄虚，金書玉清。"晉葛洪《抱朴子·交
際》："靈烏萃于玄霄者，扶摇之力也。"《晉
書·簡文帝紀》："雖抗志玄霄……孰與自足山
水，栖遲五壑。"

【玄霄】

即玄虚。此稱晉代已行用。見該文。

【玄清】

即玄天。亦稱"玄渾"。此稱晉代已行用。
晉葛洪《抱朴子·任命》："篤隘者執束於滓涅，
達妙者逍遥於玄清。"《雲笈七籤》卷九七："玄
清眇眇觀，落景出東淳。"宋朱熹《齋居感興》
詩之十一："仰觀玄渾周，一息萬里奔。"

【玄渾】

即玄清。此稱宋代已行用。見該文。

青天

亦稱"青冥""青溟""青空"。指天，天
空。天色青蒼，故稱。此稱先秦時期已行用。
《莊子·逍遥游》："鵬……絶雲氣，負青天，然
後圖南。"戰國屈原《九章·悲回風》："據青冥
而攄虹兮，遂儵忽而捫天。"唐孟浩然《越中逢
天台太乙子》詩："上逼青天高，俯臨滄海大。"
唐李白《贈僧崖公》詩："凌競石橋去，恍惚入
青冥。"唐杜甫《奉先劉少府新畫山川障歌》詩：
"滄浪水深青溟闊，欹岸側島秋毫末。"元成廷珪
《送張可道赴嘉定府太守》詩："樓倚青溟來萬
景，山横紫翠接三峨。"元王逢《錢塘春感六首》
其一："紫闥輧車從六龍，盡隨仙曲度青空。"

【青冥】

即青天。此稱先秦時期已行用。見該文。

【青溟】

即青天。此稱唐代已行用。見該文。

【青空】

即青天。此稱元代已行用。見該文。

【青霄】

即青天。亦稱"青蒼"。此稱唐代已行用。唐王勃《上劉右相書》:"及其投形巨壑,觸丹浦而雷奔。假勢靈飆,指青霄而電擊。"《清平山堂話本·楊溫攔路虎傳》:"有指爪劈開地面,爲騰雲飛上青霄。"宋黃庭堅《奉送周元翁鎖吉州司法廳赴禮部試》詩:"澄江如練明橘柚,萬峰相倚摩青蒼。"清洪昇《長生殿·舞盤》:"長生秘殿倚青蒼,玉醴還分獻壽觴。"

【青蒼】

即青霄。此稱宋代已行用。見該文。

蒼天

亦稱"蒼宇""穹蒼""蒼極""蒼空"。指天,天空。天色青蒼,故稱。此稱先秦時期已行用。《爾雅·釋天》:"穹蒼,蒼天也。春爲蒼天。"邢昺疏:"李巡云:'古詩人質,仰視天形穹窿而高,其色蒼蒼,故曰穹蒼。'是蒼天以體言之也。……據人遠而視之,其色蒼蒼然,則稱蒼天。又李巡注此云:'春萬物始生,其色蒼蒼,故曰蒼天……'案此以四時異其天名。"清樂鈞《耳食録·平陽生》:"蒼然而高者天也。"《詩·王風·黍離》:"悠悠蒼天,此何人哉。"毛傳:"據遠視之蒼蒼然,則稱蒼天。"南朝梁江淹《從蕭驃騎新帝壘》詩:"開襟夾蒼宇,拓遠局溟洲。"《梁書·高祖三王傳》:"感誓蒼穹,憑靈宗祀。"唐陳子昂《洛城觀酺應制》詩:"蒼極神功被,青雲秘籙開。"唐李白《效古》詩:"青山映輦道,碧樹搖蒼空。"宋劉敞《校獵同支使作》詩:"壯節排蒼極,歡聲激怒濤。"宋劉應時《和史魏公酬北山壽老》詩:"梅林洗

煩暑,霽色摩蒼空。"

【蒼宇】

即蒼天。此稱南北朝時期已行用。見該文。

【蒼穹】

即蒼天。此稱南北朝時期已行用。見該文。

【蒼極】

即蒼天。此稱唐代已行用。見該文。

【蒼空】

即蒼天。此稱唐代已行用。見該文。

【蒼昊】

即蒼天。亦稱"蒼旻""蒼窿"。此稱漢代已行用。漢王延壽《魯靈光殿賦》:"據坤靈之寶勢,承蒼昊之純殷。"晉陶潛《感士不遇賦》:"蒼旻遐緬,人事無已。"《梁書·武帝紀上》:"上達蒼昊,下及川泉。"唐孟郊《贈李觀》詩:"願君語高風,爲余問蒼旻。"明文翔鳳《齊五嶽賦》:"鬱蒼窿黃輦之輪囷以中梗兮,詎白虎赤璋之賁陳而天其右。"

【蒼旻】

即蒼昊。此稱晉代已行用。見該文。

【蒼窿】

即蒼昊。此稱明代已行用。見該文。

【蒼蒼】

即蒼天。亦稱"蒼玄"。此稱秦漢時期已行用。語本《莊子·逍遙游》"天之蒼蒼,其正色邪,其遠而無所至極邪?"本指深青色,後以代天。漢蔡琰《胡笳十八拍》之十六:"泣血仰頭兮訴蒼蒼,生我兮獨罹此殃。"《梁書·朱异傳》:"聖明御宇,上應蒼玄,北土遺黎,誰不慕仰。"

【蒼玄】

即蒼蒼。此稱南北朝時期已行用。見該文。

碧天

指青天，蒼天。地球周圍有大氣層，使天空呈碧藍色，故稱。此稱晋代已行用。晋王羲之《蘭亭》詩："仰視碧天際，俯瞰緑水濱。"唐薛用弱《集異記·蔡少霞》："碧天虚曠，瑞日瞳曨。"清陳維崧《滿路花·荷珠》詞："惆悵回船，碧天早挂明鏡。"

【碧空】

即碧天。亦稱"碧虚""碧宇"。此稱南北朝時期已行用。南朝梁簡文帝《京洛篇》："夜輪懸素魄，朝光蕩碧空。"南朝梁吳均《咏雲》詩："飄飄上碧虚，藹藹隱青林。"唐李端《巫山高》詩："巫山十二重，皆在碧虚中。"唐李白《金陵三首》其一："地即帝王宅，山爲龍虎盤。"清王琦集注謂此二句一説應作"碧宇樓臺滿，青山龍虎盤"。宋劉克莊《跋方雲臺文藁二十韵》："黑潭龍怒起，碧宇鶻孤騫。"元陳樵《夜闌曲》："碧宇星迴夜漫漫，靈蕪烟暖重熏薦。"

【碧虚】

即碧空。此稱南北朝已行用。見該文。

【碧宇】

即碧空。此稱唐代已行用。見該文。

【碧霄】

即碧天。亦稱"碧落""碧寥""碧旻""紫落"。此稱唐代已行用。唐李白《酬岑勳見尋就元丹丘對酒相待以詩見招》詩："中逢元丹丘，登嶺宴碧霄。"唐楊炯《和輔先入昊天觀星瞻》詩："碧落三乾外，黃圖四海中。"唐溫憲《杏花》詩："團雪上晴梢，紅明映碧寥。"唐黃滔《融結爲河岳賦》："鑿通浩渺，擘斷嶙峋，然後總注滄海，争磨碧旻。"唐王勃《七夕賦》："循

五緯而清黄道，正三衡而澄紫落。"《通雅》卷一一："蔚藍猶碧落也，或曰紫落。"清孔尚任《桃花扇·入道》："列仙曹，叩請烈皇下碧霄；捨煤山古樹，解却宮縧。"

【碧落】

即碧霄。此稱唐代已行用。見該文。

【碧寥】

即碧霄。此稱唐代已行用。見該文。

【碧旻】

即碧霄。此稱唐代已行用。見該文。

【紫落】

即碧霄。此稱唐代已行用。見該文。

【碧翁翁】

即碧天。省稱"碧翁"。此稱宋代已行用。宋陶穀《清異録·天文》："晋出帝不善詩，時爲俳諧語，咏天詩曰：'高平上監碧翁翁。'"明袁宏道《天壇》詩："碧翁難道是無情，分合千年議不成。"清梁章鉅《浪迹叢談·喜雪唱和詩》："試爲舉頭應更喜，白漫漫作碧翁翁。"

【碧翁】

"碧翁翁"之省稱。此稱明代已行用。見該文。

【碧羅天】

即碧天。碧羅，碧緑之綢緞，喻碧空。此稱唐代已行用。唐劉禹錫《春日書懷寄東洛白二十二楊八二庶子》詩："野草芳菲紅錦地，游絲繚亂碧羅天。"宋葉廷珪《海録碎事》卷一引蘇軾詞曰："初雨歇，洗出碧羅天。"

【瑶空】

即碧天。碧、瑶皆玉名，引以喻天。此稱宋代已行用。宋史浩《代宰臣等賀雪表》："寒籥適中，庶物方希於膏潤。同雲密布，飛霙潡

散於瑤空。"宋蔡伸《憶瑤姬·南徐連滄觀賞月》詞:"微雨初晴,洗瑤空萬里,月挂冰輪。"《群音類選·竊符記·如姬焚香》:"瑤空虛朗,冰輪初上。"

太空

亦作"大空",亦稱"泰蒙"。無形而寥廓之天。指天空。唐代《無能子·質妄》即有"無形質廓乎太空"句。古人因受科技水準限制,尚缺乏科學的地球大氣層之外的外太空概念,故古時此稱指天或天空,而與今義有別。《古今說海》卷一〇八引《高麗錄》解說太空,由直觀而想象之:"天包水,水承地。而元氣升降於太空之中,地乘水力以自持,且與元氣升降。"此稱先秦已行用。《關尹子·二柱》:"一運之象周乎太空。""空"與"蒙"語義相近。晋傅玄《天行篇》詩:"百川皆赴海,三辰回泰蒙。"唐儲光羲《登秦嶺作時陷賊歸國》詩:"僮僕履雲霧,隨我行太空。"唐楊炯《渾天賦》:"日月載於元氣,所以或中或昃。星辰浮於大空,所以有行有息。"唐孟雲卿《傷時》二首之一:"太空流素月,三五何明明。"宋洪邁《夷堅乙志·青童神君》:"霹靂從中起,聲震太空。"宋曾慥《類說·夢中賦詩》:"張宣熙寧中,夢行大空中。"明王守仁《泛海》詩:"險夷原不滯胸中,何異浮雲過太空。"《西游記》第九九回:"香氣飄雲漢,清光滿太空。"

【大空】

同"太空"。此體唐代已行用。見該文。

【泰蒙】

即太空。此稱晋代已行用。見該文。

【太浩】

即太空。亦作"太皓""太皞"。亦稱"太廓"。浩,遼闊浩渺之貌。此稱漢代已行用。《淮南子·覽冥訓》:"蒲且子之連鳥於百仞之上,而詹何之鶩魚於大淵之中,此皆得清净之道,太浩之和也。"《後漢書·郎顗傳》:"陛下若欲除災昭祉,順天致和,宜察臣下尤酷害者,亟加斥黜,以安黎元,則太皓悅和,雷聲乃發。"李賢注:"太皓,天也。"北魏高允《王子喬》詩:"騎日月,從列星,跨騰太廓逾窅冥。"唐溫庭筠《過華清宮二十二韵》:"劍鋒揮太皞,旗焰拂蚩尤。"

【太皓】[1]

同"太浩"。此體漢代已行用。見該文。

【太皞】[1]

同"太浩"。此體唐代已行用。見該文。

【太廓】

即太浩。此稱南北朝時期已行用。見該文。

【太虛】

即太空。亦作"大虛"。因天空虛曠,故稱。此稱先秦時期已行用。戰國宋玉《小言賦》:"超於太虛之域,出於未兆之庭。"《文選·孫綽〈游天台山賦〉》:"太虛遼闊而無閡,運自然之妙有。"李善注:"太虛,謂天也。"南朝梁元帝《金樓子·立言》:"大虛所以高者,以其輕而無累也。"唐孟浩然《彭蠡湖中望廬山》詩:"太虛生月暈,舟中知天風。"

【大虛】

同"太虛"。此體南北朝時期已行用。見該文。

太清

指天空。亦作"泰清"。清氣上揚之天。此稱先秦時期已行用。《鶡冠子·度萬》:"唯聖人能正其音,調其聲,故其德上及太清,下及太寧，中及萬靈。"陸佃注："太清，天也。"三國魏曹植《贈丁儀王粲》詩："員闕出浮雲，承露槃泰清。"明劉基《黄州團湖董氏鏡心樓》詩："團湖四面開明鏡，中有高樓接泰清。"清薛福成《寧波府學記》："聖人之道之在天下，猶日月之懸於太清也。"

【泰清】

同"太清"。此體三國時期已行用。見該文。

昊天

亦作"皞天""皓天""晧天"。元氣博大之天。昊，狀天之博大廣闊。《爾雅·釋天》"夏爲昊天"郭璞注："言氣皓旰。"邢昺疏："昊者，元氣博大之貌。……李巡云：……夏萬物盛壯，其氣昊大，故曰昊天。"此稱先秦時期已行用。《書·堯典》："乃命羲和，欽若昊天，曆象日月星辰，敬授人時。"孔傳："昊天，言元氣廣大。"《莊子·人間世》："易之者，皞天不宜。"《荀子·賦篇》："皓天不復，憂無疆兮。"楊倞注："皓與昊同，昊天，元氣昊大也。"一本作"晧天"。晉左思《咏史》詩之五："皓天舒白日，靈景耀神州。"

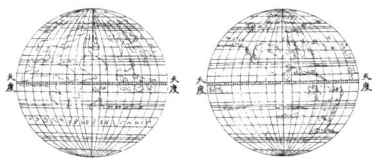

昊天（昊天渾元圖）
（明章潢《圖書編》）

【皞天】

同"昊天"。此體先秦時期已行用。見該文。

【皓天】

同"昊天"。此體先秦時期已行用。見該文。

【晧天】

同"昊天"。此體晋代已行用。見該文。

【昊】

"昊天"之省稱。此稱先秦時期已行用。《詩·小雅·巷伯》："有北不受，投畀有昊。"毛傳："昊，昊天也。"南朝宋謝靈運《擬魏太子鄴中集詩·平原侯植》："哀音下回鵠，餘哇徹清昊。"宋蘇軾《再和潛師》詩："且撼長條餐落英，忍饑未擬窮呼昊。"

【顥】

同"昊"。此體先秦時期已行用。本指西天，後泛指天空。《吕氏春秋·有始》："西方曰顥天，其星胃昴畢。"高誘注："西方八月建酉，金之中也。金色白，故曰顥天。"唐李白《明堂賦》："廓區宇以立極，綴蒼顥之頹綱。"明陸世廉《西臺記》："堪誚，孤臣泣血，誰知也！空自負氣衝晴顥。"

【昊穹】

即昊天。亦作"顥穹""晧穹"。亦稱"昊乾""昊空"。此稱漢代已行用。《史記·司馬相如列傳》："伊上古之初肇，自昊穹之生民。"《漢書·司馬相如傳下》作"顥穹"。《隸釋·李翕析里橋郙閣頌》："精通晧穹。"漢蔡邕《議郎胡公夫人哀贊》："幽情倫於后坤兮，精哀達乎昊乾。"清魏源《秋夕》詩之三："出仰昊空，昊空寥落。"

【顥穹】

同"昊穹"。此體漢代已行用。見該文。

【晧穹】

同"昊穹"。此體漢代已行用。見該文。

【昊乾】

即昊穹。此稱漢代已行用。見該文。

【昊空】

即昊穹。此稱清代已行用。見該文。

【昊蒼】

即昊天。亦作"顥蒼"。此稱漢代已行用。漢班固《答賓戲》:"不睹其能奮靈德,合風雲,超忽荒,而躐昊蒼也。"《漢書・叙傳上》作"顥蒼"。三國魏曹植《五游咏》:"曜靈未移景,倏忽造昊蒼。"宋蘇籀《烏石山辭》:"雲飛水擊兮憑據顥蒼。"

【顥蒼】

同"昊蒼"。此體漢代已行用。見該文。

空闊

亦稱"空杳""空冥""空寥""空廓""寥闊"。指遼闊廣大之天。宋代已有此稱。宋姜夔《慶宮春》詞:"雙槳蓴波,一蓑松雨,暮愁漸滿空闊。"宋蘇軾《與客游道場何山得鳥字》:"明朝便陳迹,清景墮空杳。"元張翥《題陳所翁九龍戲珠圖》詩:"捲圖還君慎封鐍,但恐破壁飛空冥。"明李東陽《曲江韶石題廣東黃瑛卷》詩:"浮雲盪空寥,野望豁疏莽。"明李東陽《題衍聖公所藏畫竹因憶闕里南國之勝》詩:"想當磅礴向空廓,已覺意象超風塵。"明何景明《送劉御史按淮陽諸郡》詩:"鷹隼在寥闊,一擊乘秋霜。"

【空杳】

即空闊。此稱宋代已行用。見該文。

【空冥】

即空闊。此稱元代已行用。見該文。

【空寥】

即空闊。此稱明代已行用。見該文。

【空廓】

即空闊。此稱明代已行用。見該文。

【寥闊】

即空闊。此稱明代已行用。見該文。

空白

亦稱"空浮"。空闊而白之天空。此稱唐代已行用。唐李賀《李憑箜篌引》:"吳絲蜀桐張高秋,空白凝雲頹不流。"葉葱奇注:"空白,指天。"宋洪邁《夷堅丁志・司命府丞》:"是夕,仙樂聞於空浮之上。"宋于右《七月七日》詩:"其餘衆常星,爛然滿空浮。"

【空浮】

即空白。因其空闊虛浮,故稱。此稱宋代已行用。見該文。

空青

亦稱"空翠""空碧""空蒼"。空闊青碧的天宇。此稱唐代已行用。唐杜甫《不離西閣》詩:"江雲飄素練,石壁斷空青。"唐白居易《大水》詩:"蒼茫生海色,渺漫連空翠。"又《西湖晚歸回望孤山寺贈諸客》詩:"烟波澹蕩摇空碧,樓殿參差倚夕陽。"明李東陽《京都十景・瓊島春雲》詩:"瑶峰獨立倚空蒼,雲來雲去兩不妨。"明王陽明《夜雨山翁家偶書》:"沿溪步月色,溪影摇空蒼。"

【空翠】

即空青。此稱唐代已行用。見該文。

【空碧】

即空青。此稱唐代已行用。見該文。

【空蒼】

即空青。此稱明代已行用。見該文。

高空

亦稱"高天"。高遠之天空。此稱唐代已行用。唐李白《大獵賦》:"狀若乎高天雨獸,上墜於大荒。"唐杜甫《義鶻行》詩:"高空得蹭蹬，短草辭蜿蜒。"

【高天】

即高空。此稱唐代已行用。見該文。

【雲天】

即高空。亦稱"雲中""雲日""雲心""雲外""雲末""雲杪""雲表"。因高空多有雲朵，故稱。此稱先秦時期已行用。《莊子・大宗師》："黃帝得之，以登雲天。"戰國屈原《九歌・雲中君》："靈皇皇兮既降，猋遠舉兮雲中。"王逸注："雲中，雲神所居也。"三國魏曹植《贈白馬王彪》詩之二："修阪造雲日，我馬玄以黃。"趙幼文校注："造，至也。雲日形容高峻。"南朝梁王訓《奉和同泰寺浮圖》："重櫨出漢表，層栱冒雲心。"隋李播《天文大象賦》："動則飛躍於雲外，止則盤縈於漢沂。"唐岑參《過磧》詩："黃沙磧裏客行迷，四望雲天直下低。"唐李華《含元殿賦》："進而仰之，騫龍首而張鳳翼。退而瞻之，岌樹顛而崒雲末。"宋蘇軾《水龍吟》詞："嚼徵含宮，泛商流羽，一聲雲杪。"清厲鶚《小雪初晴訪敬身於城南同游梵天講寺》詩："願服埽塔衣，頂禮向雲表。"

【雲中】

即雲天。此稱先秦時期已行用。見該文。

【雲日】

即雲天。此稱三國時期已行用。見該文。

【雲心】

即雲天。此稱南北朝時期已行用。見該文。

【雲外】

即雲天。此稱隋代已行用。見該文。

【雲末】

即雲天。此稱唐代已行用。見該文。

【雲杪】

即雲天。此稱宋代已行用。見該文。

【雲表】

即雲天。此稱清代已行用。見該文。

高冥

亦稱"高碧""高圓""高穹"。高遠無際之天，指天空、上天。此稱漢代已行用。《後漢書・蔡邕傳》："沈精重淵，抗志高冥。"晉陸機《齊謳行》："洪川控河濟，崇山入高冥。"唐孟郊《寒溪》詩："瑞晴刷日月，高碧開星辰。"唐韓愈《雜詩》："長風飄襟裾，遂起飛高圓。"《宋史・西蜀孟氏傳》："何高穹之不祐，與幽壤之同歸。"

【高碧】

即高冥。因天空高遠蒼碧，故稱。此稱唐代已行用。見該文。

【高圓】[1]

即高冥。因天高形圓，故稱。此稱唐代已行用。見該文。

【高穹】

即高冥。因天高遠而似穹窿，故稱。此稱宋代已行用。見該文。

寥天

省稱"寥"。指天空。因其寥闊無際，故稱。此稱唐代已行用。唐李白《大庭庫》詩："我來尋梓慎，觀化入寥天。"唐姚月華《怨詩》："登臺北望烟雨深，回身泣向寥天月。"宋范成大《望海亭賦》："騰駕碧寥，指麾滄溟。"宋周密《齊東野語》卷一六："頹倒景兮揮碧寥，娛宴息兮江之皋。"清趙翼《綿州刺史劉蔭萱遠寄藏佛一尊賦謝》詩："安得金粟影接寥天長，玉毫光共素月皎。"

【寥】

"寥天"之省稱。此稱宋代已行用。見該文。

【寥廓】

即寥天。亦稱"寥沉"。寥闊之天。此稱漢代已行用。《漢書・司馬相如傳下》："猶焦朋已翔乎寥廓，而羅者猶視乎藪澤。"宋楊萬里《筠庵》詩："故老談李仙，昔日上寥廓。"宋林逋《鳴皋》詩："一唳便驚寥沉破，亦無閑意到青雲。"清黃燮清《十一月朔大雪》詩："辛丑月在子，層雲掩寥沉。"

【寥沉】

即寥廓。此稱宋代已行用。見該文。

圓天

亦稱"圓象""圓空""圓蒼""規天"。圓形之天，指天空。古以天圓地方，故稱。此稱先秦時期已行用。《莊子・説劍》："上法圓天，以順三光。下法方地，以順四時。"晋陸雲《贈顧驃騎・有皇》："規天有光，矩地無疆。"《文選・盧諶〈時興〉詩》："亹亹圓象運，悠悠方儀廓。"李善注："曾子曰：在天成象，故曰圓象。"唐黃滔《融結爲河岳賦》："翻雪浪與霜濤，下吞方厚。拔重峰兼疊嶂，上列圓空。"唐李賀《吕將軍歌》："圓蒼低迷蓋張地，九州人事皆如此。"王琦注："圓蒼，天也。"

【圓象】

即圓天。古以天圓而布列星象，故稱。此稱南北朝時期已行用，見該文。

【圓空】

即圓天。古以天圓而空，故稱。此稱唐代已行用。見該文。

【圓蒼】

即圓天。古以天圓而色蒼，故稱。此稱唐代已行用。見該文。

【規天】

即圓天。此稱晋代已行用。見該文。

【大圓】

即圓天。亦作"大圜""大員"。此稱先秦時期已行用。《管子・心術下》："能戴大圓者，體乎大方。鏡大清者，視乎大明。"《吕氏春秋・序意》："爰有大圜在上，大矩在下。"高誘注："圜，天也。矩，方，地也。"《淮南子・俶真訓》："是故能戴大員者履大方。"高誘注："言能戴天履地之道。"唐陳子昂《堂弟孜墓志銘》："大圓蒼蒼，大方茫茫。賢聖同此，爾之何傷？"

【大圜】

同"大圓"。圜，通"圓"。此體先秦時期已行用。見該文。

【大員】

同"大圓"。員，"圓"之本字。此體漢代已行用。見該文。

【圜】

即圓天。亦作"圓"。此稱先秦時期已行用。《易・説卦》："乾爲天，爲圜。"《楚辭・天問》："圜則九重，孰營度之？"朱熹注："圜，謂天形之圓也。"《淮南子・本經訓》："戴圓履方。"高誘注："圓，天也。"唐柳宗元《天對》："轉輠渾淪，蒙以圜號。"

【圓】

同"圜"。此體漢代已行用。見該文。

【圓精】

即圓天。亦稱"圓靈"。古以天圓且有精靈，故稱。此稱南北朝時期已行用。《文選・顔延之〈宋文皇帝元皇后哀策文〉》："圓精初鑠，方祗始凝。"吕延濟注："圓精，謂天也。"《文選·謝莊〈月賦〉》："柔祗雪凝，圓靈水鏡。"李善注："圓靈，天也。"《舊唐書·后妃傳下·肅宗章敬皇后吴氏》："伏惟先太后圓精挺質，方祗禀秀。"

【圓靈】

即圓精。此稱南北朝時期已行用。見該文。

【圜則】

即圓天。圜則，猶言天道，借指天。此稱先秦時期已行用。《楚辭·天問》："圜則九重，孰營度之？"朱熹注："圜，謂天形之圓也。則，法也。九，陽極之數，所謂九天也。"元貢師泰《過仙霞嶺》詩："傑觀奠方陣，高標麗圜則。"

【圜宰】

即圓天。亦作"圓宰"。宰，主宰萬物。古以天圓且主宰萬物，故稱。此稱漢代已行用。《樂府詩集·郊廟歌辭四·唐祀圜丘樂章》："有赫圜宰，深仁曲成。"《舊唐書·音樂志三》作"圓宰"："有赫圓宰，深仁曲成。"

【圓宰】

同"圜宰"。此體漢代已行用。見該文。

【圜蓋】

即圓天。亦作"圓蓋"，亦稱"圓燾"。此稱漢代已行用。《樂府詩集·郊廟歌辭七·周郊祀樂章》："告功圜蓋，受命雲壇。"圜，一本作"圓"。唐柳宗元《天對》："圓燾廓大，厥立不植。"唐李商隱《人欲》詩："人欲天從竟不疑，莫言圓蓋便無私。"

【圓蓋】

同"圜蓋"。此稱漢代已行用。見該文。

【圓燾】

即圜蓋。燾，覆蓋之意。古人認爲天如圓蓋覆於地上，故稱。此稱唐代已行用。見該文。

【幽圓】

即圓天。幽，深邃。圓，同"圓"。古人認爲天圓深遠，故稱。此稱唐代已行用。唐包佶《祀雨師樂章·迎神》："陟降左右，誠達幽圓。"明楊爵《春日十二首》其七："遲日幽圓春又深，閑聽燕語散愁襟。"

【大渾】

即圓天。蓋古人稱圓形爲渾圓，故稱。此稱晋代已行用。晋葛洪《抱朴子·任命》："六龍促軌於大渾，華顛倏忽而告暮。"

大區

指天空。天似屋宅籠罩大地，故稱。區，宅也。此稱漢代已行用。《淮南子·原道訓》："縱志舒節，以馳大區。"高誘注："區，宅也。宅謂天也。"元吴萊《浦陽舊有明月泉久而不應今乃疏道其源似頗與弦望晦朔之間相爲消長者遂作是詩》："大區何渾淪，元氣乃潛洩。"

天宇

亦稱"珍宇"。指天空。宇，房屋，古視天如宇，故稱。《莊子·齊物論》"旁日月，挾宇宙"王先謙注引《尸子》云："天地四方曰宇。"是知"宇"爲空間概念。《玉篇·宀部》釋"宇"："方也，四方上下也。"然古人對天體認知水平有限，尚不足以解釋清楚地球以外天體狀況，因而古人所謂"天宇"，多爲天空泛稱，尚無今人天地宇宙的概念。此稱晋代已行用。晋左思《魏都賦》："儕響起，疑震霆。天宇駭，地廬驚。"唐張九齡《西江夜行》詩："悠悠天宇曠，切切故鄉情。"唐蘇頲《奉和晦日幸昆明池應制》詩："霽色清珍宇，年芳入錦陂。"宋秦觀《龍井題名記》："是夕，天宇開霽，林間月明，可數毫髮。"明彭韶《送謝文祥御史謫南陵丞》："仰視天宇闊，素月揚輝光。"

【珍宇】

即天宇。此稱唐代已行用。見該文。

天蓋

亦稱"天頂"。如車蓋覆地之天。指天空。此稱唐代已行用。唐獨孤及《季冬自嵩山赴洛道中作》詩："天蓋西北傾，衆星殞如雨。"唐張説《三月二十日詔宴樂游園賦得風字》詩："北闕連天頂，南山對掌中。"

【天頂】

即天蓋。此稱唐代已行用。見該文

宙

指天空。此稱南北朝時期已行用。《南齊書·樂志》："功燭上宙，德耀中天。"南朝梁江淹《構象臺》："網紫宙兮洽萬品，冠璇宇兮濟群生。"唐王勃《七夕賦》："霜凝碧宙，水瑩丹霄。"

穹天

亦稱"穹隆""穹窿""穹漢"。似穹窿之天，指天空。此稱晉代已行用。晉陸機《演連珠》："臣聞日薄星回，穹天所以紀物。山盈川沖，后土所以播氣。"晉葛洪《抱朴子·喻蔽》："若如雅論，貴少賤多，則穹隆無取乎宏燾。"唐柳宗元《南岳彌陀和尚碑》："服庇草木蔽穹隆，仰攀俯取食以充。"《晉書·天文志》："虞喜族祖河間相聳又立《穹天論》云：天形穹窿如雞子，幕其際，周接四海之表，浮于元氣之上。譬如覆奩以抑水，而不没者，氣充其中故也。"宋釋契嵩《論原·明分》："穹窿無窮，日月星辰而已，餘物不容，是天道之分也。"宋樓鑰《北行日録》卷上："此峰獨上摩穹漢，巍然削立。"明尹臺《龍峰記》："豈非象其天矯騰踔，拔勢穹漢之表，

有龍之儀矣乎！"《鏡花緣》第八三回："我用天文，穹窿、河漢、玉燭……可有想頭？"

【穹隆】

即穹天。此稱晉代已行用。見該文。

【穹窿】

即穹天。此稱晉代已行用。見該文。

【穹漢】

即穹天。此稱宋代已行用。見該文。

【穹】

即穹天。穹，穹窿，中間隆起、四邊下垂貌。古以天形穹窿，因借稱。此稱秦漢時期已行用。《爾雅·釋天》："穹蒼，蒼天也。"郭璞注："天形穹隆，其色蒼蒼，因名云。"唐李白《暮春江夏送張祖監丞之東都序》："手弄白日，頂摩青穹。"元高明《琵琶記·丹陛陳情》："澄澄湛湛，萬里璇穹，一片團團月初墜。"

【穹蒼】

即穹天。亦作"穹倉"，又稱"穹玄""穹碧"。此稱先秦時期已行用。《詩·大雅·桑柔》："靡有旅力，以念穹蒼。"《隸釋·北海相景君銘》："于何穹倉，布命授期。"《隋書·薛道衡傳》："哀纏率土，痛感穹玄，流澤萬葉，用教百年。"唐趙蕃《月中桂樹賦》："轉低影於穹碧，擢幽姿於顥初。"宋王禹偁《放言》詩："静算人間事偶然，窮通未必在穹玄。"

【穹倉】

同"穹蒼"。此體漢代已行用。見該文。

【穹玄】

即穹蒼。此稱隋代已行用。見該文。

【穹碧】

即穹蒼。此稱唐代已行用。見該文。

穹儀

亦稱"穹昊""穹旻"。運行有度之天，亦即上天。儀，法則，法度。天形穹窿，有規律運行，故稱。此稱南北朝時期已行用。《梁書·元帝紀》："鑿河津於孟門，百川復啓；補穹儀以五石，萬物再生。"唐杜甫《送長孫九侍御赴武威判官》詩："西極柱亦傾，如何正穹昊。"唐柳宗元《憎王孫文》："毀成敗實兮更怒喧，居民怨苦兮號穹旻。"

【穹昊】

即穹儀。此稱唐代已行用。見該文。

【穹旻】

即穹儀。此稱唐代已行用。見該文。

【穹冥】

即穹儀。亦稱"穹圓""穹閶"。此稱晋代已行用。《藝文類聚》卷三六引晋張載《招隱詩》："鵷雛翔穹冥，蒲且不能視。"《晋書·簡文帝紀贊》："靜河海於既泄，補穹圓於已紊。"《宋史·樂志十》："薦號穹冥，登名祖禰。"明劉基《甘露頌》："天乳耀芒，燦於穹圓。"清黃燮清《十一月朔大雪》詩："搔首問穹閶，心與愁雲結。"

【穹圓】

即穹冥。此稱晋代已行用。見該文。

【穹閶】

即穹冥。此稱清代已行用。見該文。

穹靈

亦稱"穹祇"。指天，上天。古以天爲神靈，故稱。此稱南北朝時期已行用。《北史·魏孝明帝紀》："實望穹靈降祐，麟趾衆繁。"宋陸游《謝明堂赦表》："德協穹祇，春回海縣。"

【穹祇】

即穹靈。此稱宋代已行用。見該文。

天幕

四垂如幕之天。極言其博大。語本晋劉伶《酒德頌》"幕天席地"句。後世詩文中用之。唐李商隱《假日》詩："誰向劉伶天幕内，更當陶令北窗風。"宋柳永《思歸樂》詞："天幕清和堪宴聚，想得盡、高陽儔侶。"

璇蓋

亦稱"璇穹""璇霄"。天空之美稱。璇，佳玉。天形如傘蓋，故稱。此稱晋代已行用。晋陸機《折楊柳》詩："仰悲朗月運，坐觀璇蓋回。"唐吳融《雪十韵》："灑密蔽璇穹，霏霏杳莫窮。"《宋史·樂志七》："璇霄來下，羽衛毿毿。"宋劉攽《嘉祐大行皇帝挽詩十首》之二："昧谷迷升日，璇霄失建杓。"元周巽《郊祀曲》："瑤階降甘露，璇霄羅景星。"

【璇穹】

即璇蓋。穹，形似穹窿。此稱唐代已行用。見該文。

【璇霄】

即璇蓋。此稱宋代已行用。見該文。

鸞霄

鸞可飛入雲霄，因代指天空。鸞，神鳥。此稱唐代已行用。唐韓偓《漫作》詩之二："黍谷純陽入，鸞霄瑞彩生。"宋趙善括《瑞鶴仙·母氏生朝》詞："月華凝露掌，正極目鸞霄，望風鯨壤。"

輕霄

指天空。此稱晋代已行用。晋左思《蜀都賦》："擢修幹，竦長條，扇飛雲，拂輕霄。"南朝宋何承天《君馬篇》詩："輕霄翼羽蓋，長風靡淑旗。”

大鈞

亦稱“洪鈞”。指天空。鈞爲古代製陶之轉輪。天造萬物，如鈞製陶器，故稱。大、洪，示尊大。此稱漢代已行用。漢賈誼《鵩鳥賦》：“雲蒸雨降兮，糾錯相紛。大鈞播物兮，坱圠無垠。”《文選・張華〈答何劭〉詩之二》：“洪鈞陶萬類，大塊稟群生。”李善注：“洪鈞，大鈞，謂天也。”唐李白《門有車馬客行》：“惻愴竟何道，存亡任大鈞。”清陳夢雷《告都城隍文》：“勑封都城隍正神，既能節陰宣陽，佐洪鈞於宇宙，必當扶忠褫佞，植正氣於乾坤。”

【洪鈞】

即大鈞。此稱晋已行用。見該文。

九野

本指天上九個區域，因亦作“天”代稱。此稱先秦時期已行用。爲中央鈞天、東方蒼天、東北變天、北方玄天、西北幽天、西方顥天、西南朱天、南方炎天、東南陽天，此即天之九野。《吕氏春秋・有始》：“天有九野，地有九州，上有九山。”《列子・湯問》：“八紘九野之水，天漢之流，莫不注之，而無增無減焉。”張湛注：“九野，天之八方中央也。”清顧炎武《咏史》詩：“中夜視百辰，九野何茫茫。”參閱《淮南子・天文訓》。

天海[1]

浩渺如海之天空。此稱南北朝時期已行用。南朝齊孔稚珪《褚先生伯玉碑文》：“子晋笙歌，取鳳於天海。王喬雲舉，控鶴於玄都。”清黄鷟來《述別叙懷》詩之五：“迷茫睹天海，俯仰宇宙窄。”

六點兒

天之隱語。牙牌中幺數爲地，六數爲天，因以代稱。此稱宋代已行用。宋蘇軾《减字木蘭花・贈勝之》：“要賭休癡。六隻骰兒六點兒。”元高文秀《遇上皇》第二折：“你須是説古論文士大夫，這六點兒運人不曾把人做。”

祁連

亦稱“提婆”。匈奴語，指天空。此稱漢代已行用。《漢書・霍去病傳》“去病至祁連山”唐顏師古注：“祁連山即天山也。匈奴呼天爲祁連。”《格致鏡原》卷一引《菽園記》：“匈奴呼天爲祁連，西域曰提婆。”

【提婆】

即祁連。此稱明代已行用。見該文。

長空

指天空。因其遼闊無際，故稱。此稱三國時期已行用。三國魏曹植《愁霖賦》：“瞻玄雲之晻晻兮，聽長空之淋淋。”唐杜牧《登樂游原》詩：“長空澹澹孤鳥没，萬古銷沈向此中。”明佚名《貧富興衰》第一折：“四野雲迷，雪花飄墜，長空内，柳絮紛飛，裁剪的鵝毛碎。”

祆

方言所稱“天”。爲南北朝時期以後關中方言。南北朝時從西域傳入拜火教，稱“火祆教”，建有祆神廟，祆神猶天神，故關中方言稱天作祆。《通典・職官典》：“祆者，西域國天神，佛經所謂摩醯首羅也。武德四年，置祆祠及官。”唐慧琳《一切經音義》：“祆祠（上顯堅反。本無此字，胡人謂神明曰天）。”《集韻・平先》：“祆，關中謂天爲祆。”清梁廷楠《海國四說・總論》：“祆神一教，即波斯教，與大秦不同。其字從示從天，《説文》云：‘關中（《説文》蓋統西域言之。）謂天爲祆。'《廣韻》亦曰：'胡神。'西國尊天，君曰天可汗，山曰天山，凡尊者輒以天冠之。"

【寠】

亦作"寠"。"天"之別稱。此稱漢代已行用。明梅鼎祚《東漢文紀》卷二八收錄漢代《故司隸校尉楗爲楊君頌》："上則縣□，屈曲流□。下則人（應作'入'）寠，□寫輸淵。"又《隸釋·楊君石門頌》爲同一文，洪适注："寠，冥字。"《廣韻·平青》："寠，天也。……又乃定切。"遼釋行均《龍龕手鑑·入聲·穴部》："寠，正音寧。天也。"

【寠】

同"寠"。此體約唐宋以後行用。見該文。

杳冥

指天空，上天。天空高遠無際，故稱。此稱先秦時期已行用。宋玉《對楚王問》："鳳凰上擊九千里，絕雲霓，負蒼天，翱翔乎杳冥之上。"唐魏朴《和皮日休悼鶴》詩："直欲裁詩問杳冥，豈教靈化亦浮生。"清卓爾堪《雪竇》詩："拾級凌千仞，身疑入杳冥。"

溟漠

指天空。此稱宋代已行用。宋以前此稱意指空濛，如隋盧思道《孤鴻賦》："倦天衢之溟漠，降河渚之芳菲。"唐宋以後乃借指天空。宋陳普《感興》："本原盡溟漠，日用垂日星。"元湯式《南呂一枝花·題白梅深處》套曲："想度，暗約，我猜似梨雲一片連溟漠。"明高士萉《讀厓志有感》詩："只今正氣橫溟漠，千古回狂障海東。"

旻天

省稱"旻"。亦稱"旻穹""旻蒼"。指上天。古以爲上天憫恤下民，故稱。旻，通"閔"。此稱先秦時期已行用。《書·多士》："爾殷遺多士，弗吊旻天，大降喪於殷。"孔穎達疏："天有多名，獨言旻天者，旻，愍也。"《隸釋·漢繁陽令楊君碑》："旻穹不惠，年五十一。"《藝文類聚》卷四四引三國魏嵇康《琴賦》："鬱紛紜以獨茂，飛英蕤於旻蒼。"南朝宋謝靈運《永初三年七月十六日之郡初發都一首》詩："秋岸澄夕陰，火旻團朝露。"宋王安石《憶昨詩示諸外弟》："旻天一朝畀以禍，先子泯没予誰依？"明吾丘瑞《運甓記·翦逆聞喪》："不能勾身生兩翅飛鄉邑，只落得淚暈雙眸泣旻蒼。"

【旻】

"旻天"之省稱。此稱先秦時期已行用。見該文。

【旻穹】

即旻天。此稱漢代已行用。見該文。

【旻蒼】

即旻天。此稱三國時期已行用。見該文。

重陽

指天。積陽爲天，天有九重，故稱。此稱先秦時期已行用。《楚辭·遠游》："集重陽入帝宮兮，造旬始而觀清都。"洪興祖補注："《文選》云：'重陽集清氣'，又云：'集重陽之清徵。'注云：'言上止於天陽之宇。上爲陽，清又爲陽，故曰重陽。'余謂積陽爲天，天有九重，故曰重陽。"漢張衡《西京賦》："消雾埃於中宸，集重陽之清澄。"

帝青

亦稱"帝天"。指青天，碧宰。古認爲天帝主宰青天，故稱。此稱宋代已行用。宋王安石

《古意》詩：“帝青九萬軍，空洞無一物。”宋劉克莊《滿江紅》詞：“九萬里，纖雲收盡，帝青空闊。”明唐寅《與朱彥明諸子同游保俶寺》詩：“登高新酒傾鸜白，吊古空山涌帝青。”清蒲松齡《聊齋志異·王六郎》：“前一念惻隱，果達帝天。”

【帝天】

即帝青。此稱清代已行用。見該文。

洪陶

指上天。本謂陶製萬物之巨匠。天生萬物，如陶匠製造器物，故借稱。此稱晋代已行用。晋葛洪《抱朴子·任命》：“且夫洪陶範物，大象流形，躁静異尚，翔沈舛情。”參見本卷《天體銀河説·天體考》“大鈞”文。

真宰

亦稱“上宰”。指上天。古以爲上天爲萬物之主宰，故稱。此稱先秦時期已行用。《莊子·齊物論》：“必有真宰，而特不得其朕。”《隋書·高祖紀上》：“一陰一陽，調其氣者上宰。”唐杜甫《遣興》詩之一：“吞聲勿復道，真宰意茫茫。”

【上宰】[1]

即真宰。此稱隋代已行用。見該文。

倒景

亦作“倒影”。景，同“影”。本指日月之上極高處。借指上天。日月之光由下上照，而於極高處下視日月，其影皆倒，故稱。此稱漢代已行用。《史記·司馬相如列傳》：“貫列缺之倒景兮，涉豐隆之滂沛。”裴駰集解：“列缺，電閃也。倒景，日在下。”《漢書·郊祀志下》：“言世有仙人，服食不終之藥……登遐倒景，覽觀縣圃，浮游蓬萊。”顔師古注引如淳曰：“在

日月之上，反從下照，故其景倒。”晋葛洪《抱朴子·明本》：“出携松羡於倒景之表，入宴常陽於瑶房之中。”宋蘇軾《潮州修韓文公廟記》：“滅没倒影不可望，作書詆佛譏君王。”

【倒影】

同“倒景”。此體宋代已行用。見該文。

乾[1]

亦稱“乾元”“乾靈”“乾棟”“乾步”。指天。相傳伏羲作八卦，以乾卦象徵天，故稱。此稱先秦時期已行用。《易·説卦》：“乾，天也……坤，地也。”又《乾》：“大哉乾元，萬物資始。”三國魏曹植《漢二祖優劣論》：“世祖體乾靈之休德，禀貞和之純精。”晋葛洪《抱朴子·仁明》：“三光垂象者，乾也。厚載無窮者，坤也。”唐崔融《嵩山啓母廟碑》：“乾棟傾而三光北馳，坤輿缺而百川東瀉。”唐王勃《九成宮頌序》：“氣清乾步，景霽山維。”

【乾元】

即乾。乾，指天。元，尊大之詞。此稱先秦時期已行用。見該文。

【乾靈】

即乾。古人以爲天有神靈，故稱。此稱三國時期已行用。見該文。

【乾棟】

即乾。此稱唐代已行用。見該文。

【乾步】

即乾。此稱唐代已行用。見該文。

得一

即上天，蒼天。此稱先秦時期已行用。語本《老子》“天得一以清”。原指得道，後用作天之代稱。北周庾信《周祀圜丘歌·皇夏》：“得一惟清，于萬斯寧。”唐佚名《鴻慶寺碑》：

"上奉得一，下及七世父母，法界衆生。"

兜率天

亦稱"兜率宮"。指上天，天宮。本爲佛教用語，爲欲界六天中的第四天。後用以借稱。此稱唐代已行用。唐白居易《祭中書韋相公文》："靈鷲山中，既同前會。兜率天上，豈無後期？"元王實甫《西廂記》第一本第一折："這的是兜率宮，休猜作了離恨天。"清龔自珍《齊天樂》詞："兜率天中，修羅海上，各是才人無數。"

【兜率宮】

即兜率天。此稱元代已行用。見該文。

陽體

指天，上天。古人認爲天乃陽氣所成，故稱。此稱宋代已行用。宋鄭獬《圓丘象天賦》："心在國南，播宏基之高厚。用符陽體，取大運之周旋。"

霄

亦稱"霄房""慶霄""天霄"。本指雲氣，借指天。此稱先秦時期已行用。《尸子·貴言》："干霄之木，始若蘖足，易去也。"晋陸機《挽歌詩》之二："廣霄何寥廓，大暮安可晨？"又《凌霄賦》："下霄房之靡迆，卜良辰而復舉。"唐權德輿《唐開州文編遠寄新賦累惠良藥咏嘆仰佩不覺斐然走筆代書聊書還答》詩："三清飛慶霄，百汰成雄鋋。"唐柳宗元《禮部賀甘露表》："發於天霄，特降宮樹。"

【霄房】

即霄。此稱晋代已行用。見該文。

【慶霄】

即霄。此稱唐代已行用。見該文。

【天霄】

即霄。此稱唐代已行用。見該文。

雲霄

指天空。此稱晋代已行用。《晋書·陶侃傳》："志陵雲霄，神機獨斷。"宋沈括《夢溪筆談》卷一〇："林逋隱居杭州孤山，常蓄兩鶴，縱之則飛入雲霄，盤旋久之，復入籠中。"

層霄

亦稱"層漢""層宙"。指高空，雲天。層，高。霄，本指雲，借指天。此稱晋代已行用。晋庾闡《游仙》詩之二："層霄映紫芝，潛澗泛丹菊。"南朝梁王僧孺《侍宴景陽樓》詩："妙舞駐行雲，清歌入層漢。"唐李德裕《早入中書行公主冊禮事畢登集賢閣成咏》："明星入東陌，燦燦光層宙。"明徐弘祖《徐霞客游記·粤西游日記》："東上入石峽，峽兩峰中剖，上摩層霄，裂罅相距不及丈。"

【層漢】

即層霄。此稱南北朝時期已行用。見該文。

【層宙】

即層霄。此稱唐代已行用。見該文。

【層穹】

即層霄。亦作"曾穹"。此稱南北朝已行用。南朝梁沈約《和劉雍州繪博山香爐》詩："蛟螭盤其下，驤首盼層穹。"《文選·謝惠連〈七月七日夜咏牛女〉詩》："躡足循廣除，瞬目曬曾穹。"呂向注："曾穹，天也。"唐李商隱《今月二日輒復五言四十韻》："將星臨迴夜，卿月麗層穹。"一本作"曾穹"。

【曾穹】

同"層穹"。曾，通"層"。此體南北朝時期已行用。見該文。

積氣

亦稱"積風"。指天空。古以天乃風氣積聚而成，故稱。此稱先秦時期已行用。《列子·天瑞》："天，積氣耳，亡處亡氣，若屈伸呼吸，終日在天中行止，奈何憂崩墜乎。"北齊顏之推《顏氏家訓·歸心》："天爲積氣，地爲積塊。"宋蘇軾《次前韵寄子由》詩："下視九萬里，浩浩皆積風。"

【積風】

即積氣。此稱宋代已行用。見該文。

衡漢

衡，北斗；漢，銀河。借指天空。此稱唐代已行用。《文選·鮑照〈玩月城西門廨中〉詩》："夜移衡漢落，徘徊帷戶中。"李周翰注："衡，北斗也。漢，天河也。"《宋書·禮樂志三》："聖上輻錄蕃河，竚翔衡漢，金波掩照，華耀停明。"

瓊宇

天宇、天空之美稱。瓊，美玉。此稱宋代已行用。宋杜範《夏夜雲月不明有感》詩："瓊宇本瑩徹，一髮不可容。"宋林景熙《洞霄宫》詩："飄然乘泠風，一瓣謁瓊宇。"

覆

亦稱"洪覆"。覆，指天。此稱先秦時期已行用。語本《禮記·中庸》"天之所覆，地之所載"。《漢書·外戚傳下·班倢伃》："猶被覆載之厚德兮，不廢捐於罪郵。"晋束皙《補亡》詩之五："漫漫方輿，回回洪覆。"宋鄒浩《用王憲韵寄參寥》詩："營營覆載間，萬事風前燭。"明劉基《遣興》詩："人生覆載間，與物共推遷。"

【洪覆】

即覆。此稱晋代已行用。見該文。

靈空

亦稱"靈曜"。指上天，天空。古以天有神靈，故稱。此稱唐代已行用。唐李咸用《贈來進士鵬》詩："語玄人不到，星漢在靈空。"《文選·蔡邕〈陳太丘碑文〉》"徵士陳君，禀嶽瀆之精，苞靈曜之純"李善注："靈曜謂天也。"

【靈曜】[1]

即靈空。此稱漢代已行用。見該文。

【清靈】

即靈空。亦稱"清浮""清穹""清昊""清冥"。此稱先秦時期已行用。漢劉向《九嘆·遠逝》："游清靈之颯戾兮，服雲衣之披披。"漢陳琳《爲曹洪與魏文帝書》："及整蘭筋，揮勁翮，陵屬清浮，顧盼千里。"《文選·謝瞻〈九日從宋公戲馬臺集送孔令詩〉》："輕霞貫日月，迅商薄清穹。"李周翰注："清穹，穹天也。"唐沈佺期《辛丑歲十月上幸長安時扈從出西嶽作》詩："磅礴壓洪源，巍峨壯清昊。"明高明《琵琶記·古輪臺》："闌干露濕人猶憑，貪看玉鏡，況萬里清冥，皓彩十分端正。"明練子寧《二月望日與饒隱君游玉笥山》詩："回飈吹散碧天霧，清冥倒瀉澄湖光。"

【清浮】

即清靈。此稱漢代已行用。見該文。

【清穹】

即清靈。此稱南北朝時期已行用。見該文。

【清昊】

即清靈。此稱唐代已行用。見該文。

【清冥】

即清靈。此稱明代已行用。見該文。

蔚藍

天之隱語。此稱唐代已行用。宋陸游《老學庵筆記》卷六："蔚藍乃隱語天名，非可以義理解也。杜子美《梓州金華山》詩云：'上有蔚藍天，垂光抱瓊臺。'猶未有害。韓子蒼乃云'水色天光共蔚藍'，乃直謂天與水之色俱如藍耳，恐又因杜詩而失之。"清朱圭《七月十五日望雨》詩："蔚藍高高不敢捫，龍骨踏翻腰脛摺。"

九重天

亦稱"九重""九天"。指天，天之極高處。古以天有九重，故稱。《孫子·形篇》："善攻者動于九天之上。"杜牧注："〔攻者〕疾若雷電，如來天上……九者，高深數之極。"戰國屈原《天問》："圜則九重，孰營度之？"王逸注："言天圜而九重。"《淮南子·天文訓》："天有九重，人亦有九竅。"《漢書·禮樂志》："九重開，靈之斿，垂惠恩，鴻祐休。"顏師古注："天有九重。"三國魏曹植《仙人篇》："徘徊九天上，與爾長相須。"此稱唐代已行用。唐李白《贈宣城宇文太守兼呈崔侍御》詩："何言一水淺，似隔九重天。"宋周紫芝《歲杪四絕》之一："湖上青山一水邊，暮雲樓閣九重天。"《封神演義》第二回："愁雲直上九重天，一派敗兵隨地擁。"

【九重】

即九重天。此稱先秦時期已行用。見該文。

【九天】

即九重天。此稱先秦時期已行用。見該文。

【重霄】

即九重天。亦稱"九霄""九重霄"。此稱晉代已行用。《藝文類聚》卷八引晉孫綽《望海賦》："翼遮半天，背負重霄。"《文選·左思〈吳都賦〉》："思假道於豐隆，披重霄而高狩。"

晉葛洪《抱朴子·暢玄》："其高則冠蓋乎九霄，其曠則籠罩乎八隅。"晉孫綽《原憲贊》："志逸九霄，身安陋術。"元金仁傑《追韓信》第一折："淚灑就長江千尺浪，氣衝開雲漢九重霄。"

【九霄】

即重宵。《群書拾唾》以爲九霄即神霄、青霄、碧霄、丹霄、景霄、玉霄、琅霄、紫霄、太霄。此稱晉代已行用。見該文。

【九重霄】

即重霄。此稱元代已行用。見該文。

【九垓】

亦作"九閡""九陔"。垓，猶層。此稱漢代已行用。《史記·司馬相如列傳》："上暢九垓，下泝八埏。"裴駰集解引《漢書音義》曰："言其德上達於九重之天，下流於地之八際也。"《漢書·禮樂志》："專精厲意逝九閡，紛云六幕浮大海。"顏師古注引如淳曰："閡亦陔也。按，《淮南子》曰：'……吾與汗漫期乎九陔之上。'陔，重也，謂九天之上也。"按，《淮南子·道應訓》作"九垓"。晉葛洪《抱朴子·廣譬》："日未移晷，周章九陔。"晉郭璞《游仙詩》之六："升降隨長烟，飄飄戲九垓。"

【九閡】

同"九垓"。此體漢代已行用。見該文。

【九陔】

同"九垓"。此體晉代已行用。見該文。

【九玄】

即九重天。亦稱"九蒼""九冥"。玄、蒼、冥，皆青黑暗色，天色蒼茫青暗，故稱。此稱晉代已行用。三國魏阮籍《答伏義書》："夫九蒼之高，迅羽不能尋其巔。"晉葛洪《抱朴子·刺驕》："身寄波流之間，神躋九玄之表，道足於內，遺物於外。"晉郭璞《南郊賦》："飛廉鼓舞於八維兮，豐隆擊節於九冥。"《舊唐書·音樂志三》："九玄著象，七曜甄明。珪璧是奠，醞酎斯盈。"《雲笈七籤》卷四四："九天真女，御飛鳳白鸞，游於九玄之上。"

【九蒼】

即九玄。此稱三國時期已行用。見該文。

【九冥】

即九玄。此稱晉代已行用。見該文。

【九乾】

即九重天。亦稱"九旻""九清"。乾，指天。《易·説卦》："乾爲天。"此稱漢代已行用。《後漢書·崔駰傳》："俯鈎深於重淵，仰探遠乎九乾。"李賢注："九乾，謂天有九重也。戰國屈原《天問》曰'圓則九重，孰營度之？'"晉摯虞《思游賦》："會司儀於有始兮，延嘉賓於九乾。"南朝梁劉勰《文心雕龍·封禪》："樹石九旻，泥金八幽。"唐白居易《送毛仙翁》詩："所憩九清外，所游五岳顛。"

【九旻】

即九乾。此稱晉代已行用。見該文。

【九清】

即九乾。道教語。此稱唐代已行用。見該文。

【九靈】

即九重天。亦稱"九垠""九宸"。古以天有神靈，故稱。此稱先秦時期已行用。漢王褒《九懷·思忠》："登九靈兮游精，静女歌兮微晨。"王逸注："想登九天，放精神也。"《漢書·揚雄傳上》："漂龍淵而還九垠兮，窺地底而上回。"顏師古注引晉灼曰："九垠，九垓也。"宋葉廷珪《海録碎事·地下》引宋王禹玉《英宗挽詞》："一夜催仙文，悲聲到九宸。"《西游記》第六三回："一聲吆喝長空振，似仙鶴飛鳴貫九宸。"

【九垠】

即九靈。此稱漢代已行用。見該文。

【九宸】

即九靈。宸，天邊。此稱宋代已行用。見該文。

【九閶】

即九重天。亦稱"九閽"。本指九天之門，借指九天。語本屈原《離騷》："吾令帝閽開關兮，倚閶闔而望予。"後閽、閶皆用爲天門。此稱唐代已行用。唐劉禹錫《楚望賦》："高莫高兮九閶，遠莫遠兮故園。"明王夫之《燭影摇紅》詞："群仙笑指九閶開，朱鳳翔丹穴。"清龔自珍《贈太子太師涿州盧公神道碑銘》："我書公勞，十不六七，塞滿九閶。"《花月痕》第三回："名花落溷已含冤，欲借天風叫九閶。"

【九閽】

即九閶。此稱明代已行用。見該文。

上天

亦稱"上帝"。指天。天在上方，有尊崇之義。此稱先秦時期已行用。《書·湯誓》："予畏上帝，不敢不正。"孔穎達疏："我畏上天之命。"又《湯誥》："〔小子〕敢用玄牡，敢昭告于上天神后，請罪有夏。"《詩·小雅·信南山》："上天同雲，雨雪雰雰。"孔穎達疏："以雲在於天上，雨從上下，故云上天。"又《大雅·雲漢》："后稷不克，上帝不臨。"鄭玄箋："天不視我之精誠與？"《漢書·郊祀志上》："〔舜〕遂類于上帝，禋于六宗。"顏師古注："上帝，天也。"

【上帝】

即上天。古以爲天有意志，司主下界，故稱。此稱先秦時期已行用。見該文。

【上】

即上天。此稱先秦時期已行用。《書·堯典》："光被四表，格于上下。"孔傳："故其名聞充溢四外，至于天地。"戰國屈原《天問》："上下未形，何由考之？"王逸注："言天地未分，溷沌無垠，誰考定而知之也。"《樂府詩集·鼓吹曲辭一·上邪》："上邪！我欲與君相知，長命無絶衰。"

【上蒼】

即上天。亦稱"上穹"，亦作"上倉"。天色蒼青，故稱。此稱漢代已行用。漢袁康《越絶書·請糴内傳》："昔者上蒼以越賜吳，吳不受也。"三國魏曹植《武帝誄》："兆民號咷，仰愬上穹。"《敦煌變文集·伍子胥變文》："上倉儻若逆人心，不免此處生留難。"唐杜甫《入衡州》詩："烈火發中夜，高烟焦上蒼。"

【上穹】

即上蒼。天似穹廬。故稱。此稱三國時期已行用。見該文。

【上倉】

同"上蒼"。此體唐代已行用。見該文。

【上圓】

即上天。亦稱"上清"。古人以爲天在上而圓，故稱。此稱南北朝時期已行用。《文選·陸倕〈石闕銘〉》："色法上圓，製模下矩，周望原隰，俛臨烟雨。"李善注："上圓，天也。"《樂府詩集》卷五十二載《晋武功舞歌》之二："睿算超前古，神功格上圓。"《漢書·揚雄傳下》"不能撆膠葛"唐顔師古注："膠葛，上清之氣

也。"唐盧照鄰《悲人生》："若夫呼吸吐納，全身養精，反於太素，飛騰上清。"

【上清】

即上圓。天清地濁，故稱。此稱唐代已行用。見該文。

【上玄】

即上天。亦稱"上靈""上元"。玄，蒼黑色。天在上而色青，故稱。此稱漢代已行用。《文選·揚雄〈甘泉賦〉》："惟漢十世，將郊上玄，定泰時，雍神休。"李善注："上玄，天也。"《南史·梁武帝紀》："仰迫上玄之眷，俯惟億兆之心。"《晋書·樂志》："我其夙夜，祇事上靈。"唐韋紓《南至日隔仗望含元殿香爐》詩："抗殿疏元首，高高接上元。"唐貫休《對雪寄新定馮使君》詩之二："政化由來通上靈，豐年祥瑞滿窗明。"

【上靈】

即上玄。此稱晋代已行用。見該文。

【上元】

即上玄。此稱唐代已行用。見該文。

【皇天】

省稱"皇"。亦稱"皇穹""皇乾"。天之尊稱，即上天。此稱先秦時期已行用。《書·大禹謨》："皇天眷命，奄有四海，爲天下君。"孔傳："言堯有此德，故爲天所命。"《郤王義楚䚋》(《殷周金文集成》6513)："隹正月，吉日丁酉，郤王義楚擇余吉金，自酢祭鍴，用亯于皇天。"漢許慎《五經異義》引《尚書説》："天有五號：尊而君之，則曰皇天。元氣廣大，則稱昊天。仁覆閔下，則稱旻天。自上監下，則稱上天。據遠視之蒼蒼然，則稱蒼天。"《廣韻·唐韻》："皇，天也。"戰國屈原《離騷》：

"陟陞皇之赫戲兮，忽臨睨夫舊鄉。"王逸注：
"皇，皇天也。"《文選·揚雄〈劇秦美新〉》：
"登假皇穹，鋪衍下土。"李善注："言衆瑞升
至於皇天，鋪衍下土。"《後漢書·黃瓊傳下》：
"賴皇乾眷命，炎德復輝，光武以聖武天挺，繼
統興業。"晋潘岳《寡婦賦》："仰皇穹兮嘆息，
私自憐兮何極。"

【皇】

"皇天"之省稱。此稱先秦時期已行用。見
該文。

【皇穹】

即皇天。此稱漢代已行用。見該文。

【皇乾】

即皇天。此稱漢代已行用。見該文。

【太皇】

即皇天。亦作"大皇"。太、皇，皆尊大之
詞。此稱漢代已行用。《莊子·秋水》："且彼
方跐黃泉而登大皇。無南無北，奭然四解。"成
玄英疏："大皇，天也。"漢賈誼《惜誓》："獨
不見夫鸞鳳之高翔兮，乃集大皇之埜。"《淮南
子·精神訓》："登太皇、馮太一，玩天地於掌
握之中。"

【大皇】

同"太皇"。此體先秦時期已行用。見該文。

天波

蜀方言中對天之尊稱。此稱宋代已行用。
宋范成大《吳船錄》卷上："蜀中稱尊老者爲
波，祖及外祖皆曰波。又有所謂天波、日波、
月波、雷波者，皆尊大之稱。"又《送劉唐卿户
曹擢第西歸》六首之六："心期本自無南北，萬
里天波一月波。"自注："末句戲用蜀語，以見
久要不忘之意。"明陳汝元《金蓮記·賦鶴》：

"天波迥碧虛，落落子雲廬。盡是王孫路，何人
問謫居。"明李夢陽《西來行》："雨寒著樹盡成
雪，天波霑霔路幽絶。"

泰元

亦作"太元"。指上天。泰，極大，尊崇之
詞。元，天也。此稱漢代已行用。《史記·孝
武本紀》："天增授皇帝泰元神筴，周而復始。"
《漢書·禮樂志》："惟泰元尊，媼神蕃釐，經緯
天地，作成四時。"顏師古注："泰元，天也。"
《雲笈七籤》卷二〇："出駕八景，浮游太元。"
宋沈遘《章穆皇后齊文》："授神筴於泰元，占
維熊於吉夢。"

【太元】

同"泰元"。此體宋代已行用。見該文。

宇宙

永恒的天地四方。宇指空間，宙指時間。
這是古人對時空的總概括。此稱先秦時期已行
用。《莊子·齊物論》："予嘗爲女妄言之，女
以妄聽之。奚旁日月，挾宇宙？"晋郭象注：
"以萬物爲一體，挾宇宙之譬也。"唐成玄英
疏："天地四方曰宇，往來古今曰宙。"又《莊
子·讓王》："余立於宇宙之中……逍遙於天地
之間。"《淮南子·原道訓》："橫四維而含陰陽，
紘宇宙而章三光。"漢高誘注："四方上下曰宇，
古往今來曰宙，以喻天地。"《史記·司馬相如
列傳》載司馬相如《上林賦》："追怪物，出宇
宙。"張守節正義引張揖云："天地四方曰宇，
往古來今曰宙。"可知注家所言皆同。後世一直
沿用此稱，直至今日。晋傅玄《驚雷歌》："驚
雷奮兮震萬里，威陵宇宙兮動四海。"唐李嶠
《大周降禪碑》："登封降禪，拉宇宙之樞衡。立
顯崇功，定皇王之軌式。"唐佚名《空賦》："卷

之潛方寸之内，舒之盈宇宙之裏。"《隱元禪師語録》卷二："擡瞎眼睛光宇宙，踏翻世界露全身。"清彭始搏《聖駕幸闕里賦》："迨乎氛埃掃滌，宇宙載新，八表遐暢，海極無塵，歌載續於武功，乃壹志于修文。"

第二節　銀河考

在晴朗的夜晚仰頭而望，可見天空中有一條時寬時窄的白色光帶，漢語稱之爲銀河，此外尚有天漢、河漢等數十异名。

直至公元 17 世紀，意大利人伽利略用望遠鏡發現，銀河原是由許多恒星組成，隨着科技進步，人類漸漸知道，如太陽一樣的恒星周圍有許多本身不發光的行星、星雲等其他物質，皆爲銀河的實際組成部分。然而，對於僅凭肉眼觀測的古人來説，他們祇是看到一條白色光帶，并不知那是數以千計的恒星，更不知除了恒星，其中還有更多不發光的星體和物質間雜其中。因此，古人祇能據其所見，用比喻想象的方式爲這條光帶命名，中國人習慣於將其當作天上的河，故有"銀河"等一系列名稱。而英語中則稱之爲 milky way，直譯即"乳白色的路"，這個詞彙是從古希腊文繼承下來的，西方古人在最初設計時亦用比喻法，不過没有把它比作河流，而是比作道路。

在漢語中，銀河亦稱星漢、星河等，甚至左思《蜀都賦》有"雲漢含星而光燿洪流"，杜甫《天河》詩有"含星動雙闕"，但這并非是古人所作的天文學意義上的猜想暗合現代天文常識，而是基於肉眼實際觀測，銀河是鑲嵌在夜天空"星圖"中的。在一個具體地點、具體時刻，理想的氣象條件下，視力正常的觀測者大約能看到天空中兩三千顆恒星，其中亮度在三等以上的有兩百多顆。而銀河中數量龐大的恒星因離地球太遠，無法一顆一顆辨析，祇能看到一條光帶，因此文學家每説這條長長的光帶"含"了許多星，或者是星空中的一條河。

在伽利略之前，milky way 和"銀河"的所指完全相同，儘管在取喻上有差别，仍理所當然地形成了互譯關係。但在伽利略之後，西方的天文學在銀河的研究上快速發展，觀察到更多的宇宙天體，雖沿用 milky way 一詞，却在理解上更新了固有概念，不再用它指稱想象中的那條天路，而是指一組數量龐大的恒星。而且，地球人所見光帶祇是一部分，通過望遠鏡等手段可以發現宇宙中更大數量的恒星群，爲研究方便，借用舊稱命名爲milky way galaxy，漢語譯作"銀河系"。銀河，祇是銀河系中的一個部分，特指人類肉眼所見的光帶部分。太陽系也是銀河系的一部分，這是依觀測研究得出的，與地球人是否肉眼可見無關。這些新成果、新知識基本都是西方人的，經較長時間完整傳入中國。在截至清末的文獻資料中，絕大多數"銀河"及其別稱仍是用來指稱那條想象中的河而非大量恒星，因此，我們現在歸納梳理古代資料時，不能僅從科學新知出發，不顧古代語用實情，將其置入星宿一類，祇得從其變例歸於天宇一章。

銀河

省稱"河"，亦稱"白河""輕河"。橫跨天空之乳白色光帶，由衆多恒星、星雲與星際塵埃組成，古人想象其爲天上之河，故稱。此稱南北朝已行用。南朝梁何遜《和蕭諮議岑離閨怨》詩："曉河没高棟，斜月半空庭。"南朝陳江總《内殿賦新詩》："織女今夕渡銀河，當見新秋停玉梭。"唐杜甫《送嚴侍郎到綿州同登杜使君江樓宴》詩："不勞朱户閉，自待白河沉。"仇兆鰲注："白河，天河也。"唐元稹《冬夜懷李侍御王太祝段丞》詩："泛覽星粲粲，輕河悠碧虚。"唐李商隱《辛未七夕》詩："由來碧落銀河畔，可要金風玉露時。"清孫枝蔚《賈客婦》詩："天上有雙星，一年一渡河。"

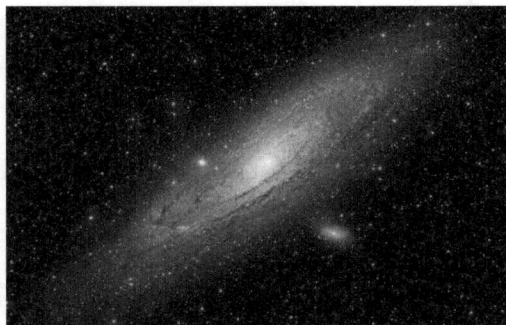

銀河系

【河】

"銀河"之省稱。此稱南北朝時期已行用。見該文。

【白河】

即銀河。此稱唐代已行用。見該文。

【輕河】

即銀河。此稱唐代已行用。見該文。

【天河】[1]

即銀河。此稱先秦時期已行用。《詩·大雅·雲漢》"倬彼雲漢，昭回于天"鄭玄箋："雲漢，謂天河也。"北周庾信《鏡賦》："天河漸没，日輪將起。"唐韋應物《擬古》詩之六："天河橫未落，斗柄當西南。"

【九河】[1]

即銀河。位於九天，故稱。此稱先秦時期已行用。戰國屈原《少司命》："與汝游兮九河，衝飇起兮水揚波。"呂延濟注："九河，天河也。"唐韓愈《陸渾山火和皇甫湜用其韵》："側身欲進叱於閽，帝賜九河湔涕痕。"

【明河】

即銀河。此稱唐代已行用。唐宋之問《明河篇》："明河可望不可親，願得乘槎一問津。"

唐戴叔倫《早行寄朱放》詩：“明河川上沒，芳草露中衰。”宋歐陽修《秋聲賦》：“星月皎潔，明河在天。四無人聲，聲在樹間。”

【長河】

即銀河。亦稱“長漢”。長貫雲天，故稱。此稱南北朝已行用。南朝宋謝莊《月賦》：“列宿掩縟，長河韜映。”南朝梁沈約《八咏詩》之一：“轍天衢而徒步，轢長漢而飛空。”唐李賀《有所思》詩：“夜殘高碧橫長河，河上無梁空白波。”唐董思恭《咏虹》詩：“橫彩分長漢，倒色媚清渠。”

【長漢】

即長河。此稱南北朝已行用。見該文。

【秋河】

即銀河。相傳牛郎、織女七夕相會於此，時值秋令，故稱。此稱南北朝時期已行用。《文選·謝朓〈暫使下都夜發新林至京邑贈西府同僚〉詩》：“秋河曙耿耿，寒渚夜蒼蒼。”李善注：“秋河，天漢也。”南朝梁簡文帝《七勵》：“秋河曉碧，落蕙山黃。”唐李商隱《楚宮》詩：“暮雨自歸山悄悄，秋河不動夜厭厭。”

【晴河】

即銀河。亦稱“高河”。晴朗的夜空纔能看到，故稱。此稱唐代已行用。唐劉禹錫《和汴州令狐相公到鎮改月偶書所懷》詩：“花樹當朱閣，晴河逼翠簾。”唐劉得仁《宿僧院》詩：“破月斜天半，高河下露微。”前蜀杜光庭《初月》詩：“定無列宿敢爭耀，好伴晴河相映流。”

【高河】

即晴河。此稱唐代已行用。見該文。

【傾河】

即銀河。亦稱“斜漢”。此稱南北朝時期已行用。《文選·謝惠連〈七月七日夜咏牛女〉詩》：“傾河易回幹，款顏難久悰。”李善注：“傾河，天漢也。”《文選·謝莊〈月賦〉》：“于時斜漢左界，北陸南躔。”李善注：“漢，天漢也。”南朝齊謝朓《離夜》詩：“玉繩隱高樹，斜漢耿層臺。”一說天河將曉而斜。參閱明彭大翼《山堂肆考》卷二。

【斜漢】

即傾河。此稱南北朝時期已行用。見該文。

【絳河】

即銀河。亦稱“絳津”“紫河”“丹河”。此稱漢代已行用。漢班固《漢武帝內傳》：“上元夫人又遣侍女答問，云：阿環再拜，上問起居，遠隔絳河，擾以官事，遂替顏色，近五千年。”唐王維《同崔員外秋宵寓直》詩：“月迥藏珠斗，雲消出絳河。”唐王初《銀河》詩：“闓闔疏雲漏絳津，橋頭秋夜鵲飛頻。”宋歐陽修《曉咏》詩：“簾外星辰逐斗移，紫河聲轉下雲西。”明王逵《蠡海集·天文類》：“河漢曰銀河可也，而曰絳河，蓋觀天者以北極爲標準，所仰視而見者，皆在于北極以南，故稱之曰丹、曰絳，借南之色以爲喻也。”

【絳津】

即絳河。此稱唐代已行用。見該文。

【紫河】

即絳河。此稱宋代已行用。見該文。

【丹河】

即絳河。此稱明代已行用。見該文。

【繩河】

即銀河。古緯書言王者德至則天河直如繩，故稱。此稱南北朝時期已行用。南朝梁江淹《建平王慶安城王拜封表》：“麗采繩河，映萼璿

圍。"明彭大翼《山堂肆考》卷二："〔天河〕曰
繩河，言如繩之直也。"

天漢[1]

省稱"漢"。指銀河。此稱三國時期已行
用。《詩·小雅·大東》："維天有漢，監亦有光。"
毛傳："漢，天河也。"三國魏曹丕《雜詩》："天
漢回西流，三五正從橫。"南朝梁江淹《別賦》：
"駕鶴上漢，驂鸞騰天。"唐王昌齡《贈史昭》
詩："東林月未升，廓落星與漢。"唐張籍《秋夜
長》詩："秋天如水夜未央，天漢東西月色光。"
按，據現有文獻，"漢"當爲銀河最初之名。

【漢】

"天漢"之省稱。此稱先秦已行用。見該文。

【河漢】

即天漢。銀河、天漢之合稱。此稱漢代已
行用。語本《古詩十九首·迢迢牽牛星》"河
漢清且淺，相去復幾許"。南朝梁沈約《夜夜
曲》之一："河漢縱且橫，北斗橫復直。"清陳
夢雷《明月何皎皎》詩："河漢已西逝，北斗忽
低昂。"

【星漢】

即天漢。亦稱"星河""星潢"。此稱三國
時期已行用。三國魏曹丕《燕歌行》："明月皎
皎照我床，星漢西流夜未央。"南朝齊張融《海
賦》："湍轉則日月似驚，浪動而星河如覆。"南
朝梁江淹《寡婦賦》："霜被庭兮風入室，夜既
分兮星漢回。"宋劉筠《七夕》："靈匹迢迢駕七
襄，暫陳雲幄對星潢。"宋韓琦《七夕》："星潢
今夕度仙軿，人世爭爲乞巧樓。"宋李清照《南
歌子》詞："天上星河動，人間簾幕垂。"

【星河】

即星漢。此稱南北朝時期已行用。見該文。

【星潢】

即星漢。此稱宋代已行用。見該文。

【清漢】

即天漢。亦稱"青漢""華漢""清河""碧
漢""金漢"。此稱晉代已行用。語本《古詩
十九首·迢迢牽牛星》"河漢清且淺，相去復
幾許"。晉陸機《擬迢迢牽牛星》詩："昭昭清
漢暉，粲粲光天步。"南朝梁沈約《侍游方山
應詔》詩："清漢夜昭晢，扶桑曉陸離。"南朝
梁陶弘景《答虞中書書》："栖六翮於荆枝，望
綺雲於青漢者，有日于茲矣。"《宋書·樂志》：
"淳波澄宿，華漢浮天。"隋袁慶《奉和御製月
夜觀星示百僚》詩："爛爛星芒動，耿耿清河
長。"唐徐夤《鵲》詩："香閨報喜行人至，碧
漢填河織女回。"唐王勃《七夕賦》："玉繩湛
色，金漢餘光。"

【青漢】

即清漢。此稱南北朝時期已行用。見該文。

【華漢】

即清漢。此稱南北朝時期已行用。見該文。

【清河】

即清漢。此稱隋代已行用。見該文。

【碧漢】

即清漢。此稱唐代已行用。見該文。

【金漢】

即清漢。此稱唐代已行用。見該文。

【淺漢】

即天漢。亦稱"清淺"。此稱唐代已行用。
《古詩十九首·迢迢牽牛星》："河漢清且淺，相
去復幾許。"唐許敬宗《奉和七夕宴懸圃應制》
詩之一："牛閨臨淺漢，鸞馭涉秋河。"唐李
白《游泰山》詩之六："舉手弄清淺，誤攀織女

機。"唐孟郊《古意》詩："未得渡清淺，相對遥相望。"

【清淺】

即淺漢。此稱唐代已行用。見該文。

【雲漢】

即天漢。亦稱"雲川"。銀河古稱漢，望之如雲，故稱。此稱先秦時期已行用。《詩·大雅·棫樸》："倬彼雲漢，爲章于天。"毛傳："雲漢，天河也。"晋左思《蜀都賦》："若雲漢含星，而光耀共流。"南朝宋王微《七襄怨》詩："藻帳越星波，玉飾渡雲川。"唐杜甫《白沙渡》詩："差池上舟楫，窈窕入雲漢。"

【雲川】

雲漢。此稱南北朝時期已行用。見該文。

【銀漢】

即天漢。亦稱"銀渚"。此稱南北朝已行用。南朝宋鮑照《夜聽妓》詩之一："夜來坐幾時，銀漢傾露落。"宋蘇軾《中秋月》詩："暮雲收盡溢清寒，銀漢無聲轉玉盤。"宋范成大《七月五日夜雨快晴》詩："天上秋期正多事，趣駕星橋跨銀渚。"清洪昇《長生殿·重圓》：

雲漢（雲漢升降之圖）
（明章潢《圖書編》）

"你看碧水如天，銀漢無塵，正好引上皇前去。"

【銀渚】

即銀漢。此稱宋代已行用。見該文。

【天潢】[1]

即天漢。亦稱"銀潢""潢漢"。潢，積水池。此稱漢代已行用。漢張衡《思玄賦》："乘天潢之泛泛兮，浮雲漢之湯湯。"唐盧照鄰《七夕浮舟》詩："天潢殊漫漫，日暮獨悠哉。"宋蘇軾《和文與可洋州園池·天漢臺》詩："漢水東流舊見經，銀潢左界上通靈。"明王世貞《天門開》詩："竅混沌，金精發，焱若電，燭潢漢。"

【銀潢】

即天漢。此稱宋代已行用。見該文。

【潢漢】

即天漢。此稱明代已行用。見該文。

【靈漢】

即天漢。亦稱"仙潢"。此稱唐代已行用。唐趙彦昭《奉和七夕兩儀殿會宴應制》詩："今宵望靈漢，應得見蛾眉。"唐盧照鄰《七夕泛舟》詩："水疑通織室，舟似泛仙潢。"

【仙潢】

即靈漢。此稱唐代已行用。見該文。

【遥漢】

即天漢。此稱宋代已行用。宋吳文英《夜飛鵲·黃鍾商蔡司户席上南花》詞："金規印遥漢，庭浪無紋。"明文徵明《夜坐》詩："遥漢三星度，空庭萬籟沉。"

【西漢】

即天漢。此稱唐代已行用。唐王勃《七夕賦》："月還西漢，霞臨東海。"宋陳與義《石城夜賦》詩："沈沈石城夜，漠漠西漢秋。"

天津 [1]

省稱"津"，亦作"津漢""漢津"。自箕星宿跨越銀河至斗星宿的一段，古人想象爲橋梁津渡，故稱。因日月五星皆經行其處，故甚爲古人關注。先秦時期已形成其說。《國語·周語下》："昔武王伐殷，歲在鶉火，月在天駟，日在析木之津。"韋昭注："津，天漢也。"戰國屈原《離騷》："朝發軔於天津兮，夕余至乎西極。"朱熹注："天津，析木之津，謂箕斗之間漢津也。蓋箕、北斗，南天河所經，而日月五星于此往來，故謂之津。"南朝梁蕭綱《鬥鷄篇》："龍尾橫津漢，車箱起戍樓。"宋陸游《喜雨》詩："黑雲橫絕天漢津，父老僉言候當雨。"

【津】

"天津"之省稱。此稱先秦時期已行用。見該文。

【津漢】

即天津。此稱南北朝時期已行用。見該文。

【漢津】

即天津。此稱宋代已行用。見該文。

【析木之津】 [1]

即天津。省稱"析木""析木津"。析木，本十二星次名，自尾十度至斗十一度，天河之渡口，借指銀河。此稱先秦時期已行用。《左傳·昭公八年》："陳，顓頊之族也，歲在鶉火，是以卒滅。陳將如之，今在析木之津，猶將復由。"《爾雅·釋天》："析木謂之津，箕、斗之間，漢津也。"郭璞注："箕，龍尾。斗，南斗。天漢之津梁。"邢昺疏："析木之津，箕、斗之次名也。孫炎曰：'析別水木，以箕斗之間，是天漢之津也。'劉炫謂是天漢即天河也。天河在箕、斗二星之間，箕在東方木位，斗在北方水

位，分析水木以箕星爲隔，隔河須津梁以度，故謂此次爲析木之津也。"唐盧肇《天河賦》："至若白榆風勁，析木烟秋，吹玉葉而將落，泛金波而共流。"唐楊炯《渾天賦》："東宮則析木之津，壽星之野。"清毛世楷《秋日感懷》詩："人間何處投金瀨，天上徒聞析木津。"

【析木津】 [1]

"析木之津"之省稱。此稱清代已行用。見該文。

【析木】 [1]

"析木之津"之省稱。此稱秦漢時期已行用。見該文。

【星津】

即天津。此稱唐代已行用。唐武則天《贈胡天師》詩："今日星津上，延首望靈槎。"宋張先《菩薩蠻》詞："寄語問星津，誰爲得巧人。"清唐孫華《七夕喜雨》詩之一："遙想星津正清淺，今宵添得飲牛波。"

【長津】

即天津。此稱南北朝時期已行用。南朝宋謝靈運《擬魏太子鄴中集詩·魏太子》："照灼爛霄漢，遙裔起長津。"宋丁謂《橋》詩："七星橫巨浸，半月映長津。"

【雲津】

即天津。此稱南北朝時期已行用。南朝宋劉義慶《世說新語·賞譽》："張華見褚陶，語陸平原曰：'君兄弟龍躍雲津，顧彦先鳳鳴朝陽。謂東南之寶已盡，不意復見褚生。'"唐孟郊《贈李觀》詩："捨予在泥轍，飄迹上雲津。"

【靈津】

即天津。此稱唐代已行用。唐陳陶《蒲門戍觀海作》詩："靈津水清淺，余亦慕修航。"

明唐寅《七夕賦贈織女》詩：“靈津駕鵲將言就，咸池沐髮會令晞。”

【牛津】

即天津。亦稱“斗牛津”“牽牛津”。傳説牛郎飲牛於此，故稱。此稱唐代已行用。唐吳融《和韓致光侍郎無題三首十四韵》：“眼穿回雁嶺，魂斷飲牛津。”唐顔真卿《刻清遠道士詩因而繼作》詩：“名高清遠峽，文聚斗牛津。”宋楊億《戊申年七夕五絶》之四：“争如靈區年年别，莫恨牛津隔風軸。”元盧琦《李副使之江浙》詩：“持節方臨江海上，乘槎又入斗牛津。”明陳子龍《田家詩》之二：“夜望牽牛津，不見雲電起。”

【斗牛津】

即牛津。謂斗、牛之間的津渡。此稱唐代已行用。見該文。

【牽牛津】

即牛津。此稱明代已行用。見該文。

【玉津】

即天津。亦稱“玉河”。銀河之星雲白亮如玉，故稱。本意指如玉的河水，如《初學記》卷六引南朝陳釋慧標《咏水詩》：“玉津花色亮，銀溪錦磧明。”元明以後借指銀河如玉。元丁復《送廉公子北歸》詩：“江上行逢瑶圃樹，天邊歸泛玉河查。”明林鴻《中秋凌霄臺玩月》詩：“風來金氣肅，河瀉玉津寒。”明張天賦《寄陳雪厓都閫》詩：“幾夜思君處，明星燦玉河。”明徐觀光《萬事不如杯在手》詩：“最宜對月吞銀海，何必乘風上玉津。”

【玉河】

即玉津。此稱元代已行用。見該文。

天江 [1]

亦稱“天杭”“河維”。指銀河。此稱唐代已行用。唐李賀《上雲樂》詩：“天江碎碎銀沙路，嬴女機中斷烟素。”葉葱奇注：“天江，即天河。”漢揚雄《太玄·劇》：“海水群飛，蔽於天杭。”范望注：“天杭，天漢也。”漢蔡邕《青衣賦》：“非彼牛女，隔于河維。”

【天杭】

即天江。此稱漢代已行用。見該文。

【河維】

即天江。此稱漢代已行用。見該文。

秋明大老

好文墨者對銀河的美稱。秋季天高氣爽，銀河格外明亮，故稱。初見載於後周韓彦卿《博學記》。宋陶穀《清異録·天文》“迷空步障”條：“世宗時，水部郎韓彦卿使高麗。〔彦〕卿有一書曰《博學記》，偷抄之得三百餘事。今抄天部七事：……秋明大老（天河）。”《通雅·天文》譏其爲小説家言：“有稱‘迷宫步障’者，此見《清異録》柴世宗謂韓彦卿曰，迷宫步障，霧也；……秋明大老，天河也。凡此是小〔説〕家臆造之綺藻，終近俗艷非雅故也。”則知此稱流傳未廣。

烟潯

指銀河。星雲隱約似烟水蒼茫，故稱。此稱南北朝時期已行用。南朝宋謝莊《七夕夜咏牛女應制》詩：“容裔泛星道，逶迤濟烟潯。”宋夏竦《奉和御製七夕》詩：“琱車縹緲際烟潯，扣砌迢遥望雲闕。”

别浦

指銀河。牛郎織女隔絶之地，故稱。此稱唐代已行用。唐李賀《七夕》詩：“别浦今朝暗，羅帷午夜愁。"王琦注："別浦，天河也，以其爲牛、女二星隔絶之地，故謂之別浦。"又《聽穎師彈琴歌》："別浦雲歸桂花渚，蜀國弦中雙鳳語。"宋葉清臣《松江秋泛賦》："遥山晚碧，別浦寒清。"

銀浦

亦稱"銀波"。指銀河。此稱唐代已行用。唐李賀《天上謠》："天河夜轉漂回星，銀浦流雲學水聲。"王琦注："銀浦，即天河也。既云天河，又云銀浦，對舉不嫌重複。"宋姜夔《摸魚兒》詞："空贏得，今古三星炯炯，銀波相望千頃。"

【銀波】

即銀浦。此稱宋代已行用。見該文。

漢渚

亦稱"雲渚""星渚"。指銀河。渚，指洲渚。此稱南北朝已行用。南朝宋顔測《七夕連句》："雲肩息游彩，漢渚起遥光。"唐李賀《河南府試十二月樂詞・七月》："星依雲渚冷，露滴盤中圓。"葉葱奇注："雲渚，即天河。"唐白居易《題王處士郊居》詩："半依雲渚半依山，

愛此令人不欲還。"唐蘇味道《咏虹》詩："紆餘帶星渚，窈窕架天潯。"唐劉禹錫《同樂天和微之深春》詩："橋峻通星渚，樓暄近日車。"

【雲渚】

即漢渚。此稱唐代已行用。見該文。

【星渚】

即漢渚。此稱唐代已行用。見該文。

銀灣

即銀河。灣，河水彎曲之處。銀河曲折傾斜，故稱。此稱唐代已行用。唐李賀《溪晚涼》詩："玉烟青濕白如幢，銀灣曉轉流天東。"王琦注："銀灣，銀河也。"宋王子韶《鷄跖集》："許洞謂銀河爲銀灣。"明楊維楨《小臨海曲》："天風將一半，吹度白銀灣。"

增泉

指銀河。增，通"層"，"高"義；泉，猶言"水"。增泉，義猶"高河"。此稱先秦時期已行用。漢王逸《九思・守志》："朝晨發兮鄢郢，食時至兮增泉。"洪興祖補注："增泉，天漢也。"唐滕邁《二黃人守日賦》："理殊執熱，寧濯增泉之隅；事近負暄，杳在離宮之側。"

第三章　日月五星説

第一節　太陽考

　　太陽，是距離地球最近的恒星，是對人類而言最醒目的天體。現代天文學研究發現，浩淼的宇宙中存在着無數物質，統稱天體。由於人類肉眼可見的天體，過去大多被稱爲"星"，因此漢語在吸納現代天文學知識時較多承襲了這一習慣，將自身發光的等離子天體命名爲恒星，太陽即離地球最近的恒星。恒星和周圍的許多天體在引力作用下會形成複雜而相對恒定的繞轉運動關係，爲便於研究，人們又將各個互有緊密運動關係的天體組合定義爲星系。人類瞭解最多并身處其中的星系便是太陽系，星系中自身不發光且環繞恒星運轉的較大天體被稱爲行星，地球就是太陽系行星之一。在從屬關係上，太陽系又是銀河系的一個部分，太陽帶領其所有成員共同圍繞銀河系中心運動，繞行一圈需要225000000到250000000年。在太陽系内部也可分出更小的系統組合，以地球爲例，月球繞地球旋轉一周約30天，稱爲地球的衛星。月球在地球帶領下繞太陽繞轉，其情形與太陽帶領太陽系繞銀河中心旋轉是一致的。

　　在未曾對宇宙進行深入探索的古代，人類未能建立起完整的宇宙、天體概念，也不知彼此的運動關係，但基於五官的直觀認知，人們本能地給日、月以最多的關注，因爲它們是全天空亮度最高的天體。尤其太陽，幾乎是白天唯一可見的。太陽是地球所需光和熱的最主要來源，因此先民樸素的文化意識中每將其擬作君王，并給予各種形式的崇拜與供奉，日月規律性的出没也被演繹爲駕車巡游等傳説。而夸父逐日、后羿射日等故事，可能承載了一些今人尚未完全瞭解的遠古信息。

由於日月運行有恒定的規律，人類很早就利用它們來定義時間，各大文明的曆法、計時都以日月運行爲基礎參照。雖然古人未必知道地球自轉的原理，但日出、日落、再出、再落的恒定周期是最清晰直觀的時間感受，故很自然地將此周期命名爲“日”，由日向下細分，則有“時”的單位，漢字中的“時”字從日，正值此故。由“日”向上，則另一天體月可以提供參照，其圓缺周期約合三十日，故又有“月”。還有地球公轉的周期，對人而言，是通過四時更替獲得直觀感受的，由於氣温、降水、動植物生長等許多方面都受其影響，故而這個周期規律對人的生産、生活也有至關重要的作用。但這個周期相對較長，且缺乏日、月那樣簡單明確的自然參照，在没有發現其基本原理之前，衹能靠長期觀察的經驗加以總結，形成“年”的概念。漢字“年”的初文，主體是一束禾類植物，這也在一定程度上暗示“年”的時間概念最初可能源自農業生産實踐，而與天體的直接關係不大。

有了年、月、日等概念之後，就可以編定曆法供人們使用了，但其中隱含了一個很嚴重的問題。大多數實用的計量體系是基於約定的，比如距離單位的“尺”究竟是怎樣的長度，給出一個約定，然後再以倍數關係設定好寸、丈、里等，便可付諸實用了，其具體數值及换算關係衹需使用者共同認定即可，所以中國的尺在不同時代、不同地域并不一致，跟英尺更是相去甚遠，却不妨礙其通行。而在計時問題上就不同了，年、月、日的基本單位并非完全出於人爲設定，而是依據自然法則而定，這些單位獨立使用没有問題，但要想將其合爲一個系統，即整合爲曆法，就有困難了，因爲年、月、日互不構成整倍數關係，曆法要以日爲主，則一年的日數可以相對穩定，但“月”將完全不能反映自然月相的變化周期，月圓之夜可能屬於某月的任何一天。這種以日爲主設計的曆法稱太陽曆，今國際通行的《格里高曆》即屬於此。如果完全以月爲中心，嚴格按月球繞地周期設定月，則一年將爲 12月又 11日左右，這樣的曆法用不了多少年就會發生年内季節錯亂，所以必須頻繁地在年中增加日數。這種以月爲主設計的曆法稱《太陰曆》，伊斯蘭《回曆》即屬於此。

太陽是太陽系内的唯一恒星，也是其間的唯一光源，人眼所見月球及其他行星的光是反射自太陽的，而其他發光的恒星則不屬於太陽系。月球離地球最近，人類感覺它大而且亮，但由於月、地、日三者的繞轉運動關係，當月球恰好行至日、地之間時，地球上的觀測者不僅不能看到月球反射的日光，反而是太陽被遮住了，這就是日食。由於不瞭解其原理，同時對太陽又有不同程度的崇拜，古代日食往往會帶來恐慌，并被賦予各種神話解讀，認爲是太陽主動發出的行爲，昭示其對人間的某種不滿。

名類考

所謂“名類”，是指太陽的各種名稱，包括正名、別名和异稱。先民依據觀察、體驗、傳説與想象，形成以下五種類型。一、陰陽五行説之類。“太陽”與“太陰”相對而言，“太陰”即月亮。同類者有“陽宗”“九陽”“極陽”“陽精”“陽曜”“陽靈”“陽日”“日陽”“天陽”。太陽亦稱“乾”“乾曜”。乾，與“坤”相對，乾屬陽，故稱。亦稱“明兩”“明離”。“離卦”爲“離上離下”，二體組成，離爲火爲日，故又稱“火”“丙火”“炎精”“火精”“炎精”等。二、形體形象之類。“太陽”的本字爲“日”，金文、石鼓文、形體《説文》古文多作圓形或橢圓形，圓中有一黑點或横綫，表示其中藏有不可知之物。後世有多種比喻，如“日輪”“日轂”“陽輪”“祥輪”“羲輪”“赤輪”“紅輪”“火輪”“飛輪”“黄金輪”“頳玉盤”“赤瑛盤”“頳盤”等。三、光亮赤熱之類。如“日晶”“日鏡”“火鏡”“紅鏡”“朱明”“朱羲”“朱曦”“朱炎”“朱陽”“赤燒”“赤蓋”“赤萍”“火盆”“火傘”“炎官傘”等。四、時序變化之類。如早晚之別，朝陽，別稱“旭日”“東曦”“暾”“初暾”，夕陽，別稱“夕照”“夕暾”“日餘”“傾景”“墜景”“頹陽”；四季變化之別，春陽，別稱“春曦”，夏陽，秋陽，冬陽，別稱“黄綿襖子”。五、神話傳説之類。其中其中又分三種：人神，如“東君”，乘坐六龍車，以神人羲和爲其駕馭，後常以“羲車”“羲輪”“羲轡”“六龍”“龍馭”代指太陽。另有“鬱儀”，爲奔日之仙，猶奔月之嫦娥，此外還有居日之火神炎官，其姓氏已不可知。動物神，傳説有衛火照天之神龍，亦稱“燭龍”，亦借指太陽。又，傳説中太陽内有神烏長居。名曰“三足烏”，因以代指太陽。有“赤烏”“赤鴉”“紅鴉”“烏焰”“烏輪”“烏焰”“陽烏”“暘烏”諸稱，又具化爲“踆烏”“蹲烏”，言其作蹲伏狀。“踆”，亦蹲意，植物神——大樹“扶桑”，日出其下，拂其梢而升，故亦借指太陽。六、佛道專用詞。如“圓光蔚”“太明”“圓明”“九曜生”“眇景”“紫曜明”“微玄”“摩泥珠"，後者爲佛教語國，源自天竺國。七、雜名俗稱之類。如"大明""日靈""靈景""遠景""日頭""日頭兒"等等。另外，太陽的有些美稱尊稱，常存在於形體形象、光亮熾熱的描寫中，如"璧日""日翁"之類，爲數無多，不再舉證。

　　在中華典籍中，太陽及其異名別稱達一百九十餘種，可見先民對天體、對太陽是何等關注，何等摯愛。

太陽

　　此稱漢代已行用。銀河系之恒星，太陽系之天體，九大行星均繞其運行。其體積爲地球的一百三十萬倍，爲熾熱氣體球，是地球上光和熱的主要來源。最早名之爲"日"，後稱"陽""太陽"。此稱漢代已行用。《漢書・元帝紀》："是以氛邪歲增，侵犯太陽，正氣湛掩，日久奪光。"顏師古注："太陽，日也。"《說文・日部》："日，實也。太陽之精不虧。"三國魏曹植《洛神賦》："遠而望之，皎若太陽升朝霞。"唐王捧珪《日賦》述太陽運行云："杲杲太陽，升自扶桑。既移晷而高下，亦候時而短長。其没也天地爲之黯色，其出也遠近爲之生光。"

【陽】

　　"太陽"之單稱，亦稱"九陽"。日爲陽，月爲陰。此稱先秦時期已行用。商代甲骨文已有此稱，初寫作"昜"。郭沫若主編《甲骨文合集》11499："伐，〔既〕雨；咸伐，亦〔雨〕；椎卯鳥大（啓），昜（陽）。"《詩・小雅・湛露》："湛湛露斯，匪陽不晞。"《孟子・滕文公上》："秋陽以暴之。"《後漢書・仲長統傳》："沆瀣當餐，九陽代燭。"李賢注："九陽，謂日也。"明劉基《淮南王》詩："虹蜺繽紛夾彩游，

上窺九陽下六幽。"

【九陽】

　　即陽。謂九天之陽，故稱。此稱漢代已行用。見該文。

陽宗

　　亦稱"極陽"。指太陽。太陽爲衆陽之宗，故稱。《漢書・孔光傳》："臣聞日者，衆陽之宗，人君之表，至尊之象。"此稱先秦時期已行用。《禮記・月令》："孟冬之月……臘先祖五祀。"孔穎達疏引漢蔡邕曰："日爲陽宗，月爲陰宗。"《漢書・李尋傳》："日數湛於極陽之色。"顏師古注引張晏曰："衆陽之宗，故爲極陽也。"

【極陽】

　　即陽宗。此稱漢代已行用。見該文。

陽精

　　亦稱"陽曜"。指太陽。古人以陰陽説釋日月，以日爲陽精。此稱漢代已行用。《後漢書・丁鴻傳》："日者陽精，守實不虧。"漢蔡琰《悲憤詩》："惟彼方兮遠陽精，陰氣凝兮雪夏零。"唐姚合《酬任疇協律夏中苦雨見寄》詩："陽精藏不耀，陰氣盛難收。"唐李嶠《日賦》："天爲至陽，日爲陽精。"唐劉禹錫《謝門下武相公啓》："回陽曜于肅殺之辰，沃天波于蹭蹬之際。"

【陽曜】

即陽精。日爲七曜之首，故稱。此稱唐代
已行用。見該文。

【陽靈】

即陽精。此稱三國時期已行用。《三國
志·蜀書·郤正傳》：“且陽靈幽於唐葉，陰精
應於商時。”晋左思《魏都賦》：“陽靈停曜於其
表，陰祇濛霧於其裏。”唐吳筠《游仙詩》：“陽
靈赫重暉，四達何皎皎。”

陽日

亦稱“日陽”。指太陽。此稱晋代已行用。
《晋書·李勢載記》：“澤及四海，恩過陽日。”
《詩·大雅·卷阿》：“梧桐生矣，于彼朝陽。”
唐孔穎達疏：“云生于朝陽者，以其早見日陽被
温仁之氣。”

【日陽】

即陽日。此稱唐代已行用。見該文。

天陽

指太陽。古人視日、火皆爲陽，析言則日
爲天陽，火爲地陽。此稱漢代已行用。漢桓譚
《新論·離事》：“日爲天陽，火爲地陽，地陽
上升，天陽下降。”唐韓愈《送無本師歸范陽》
詩：“天陽熙四海，注視首不頷。”

乾²

亦稱“乾曜”。乾，指太陽。與“坤”相
對，乾屬陽，故稱。此稱唐代已行用。唐杜
甫《登岳陽樓》詩：“吳楚東南坼，乾坤日夜
浮。”宋王應麟《六經天文編》卷上：“大明乾，
大明，終始晋進而麗乎大明，皆日也。”《元
史·后妃傳一·順帝后答納失里》：“月之道循
右行，明同貞於乾曜。”

【乾曜】

即乾。此稱元代已行用。見該文。

明兩

亦稱“明離”。指太陽。此稱先秦時期已行
用。《易·離》：“明兩作離，大人以繼明照于
四方。”孔穎達疏：“明兩作離者，離爲日，日
爲明。今有上下二體，故云明兩作離也。”本謂
“離卦”爲“離上離下”組成，離爲火爲日，故
稱。晋陶潛《五月旦作和戴主簿》：“明兩萃時
物，北林榮且豐。”南朝梁簡文帝《〈昭明太子
集〉序》：“昭明太子縣明離之極照，履得一之
休徵。”

【明離】

即明兩。此稱南北朝時期已行用。見該文。

火¹

亦稱“丙火”。指太陽。此稱漢代已行用。
漢應劭《風俗通·皇霸》：“遂人以火紀。火，
太陽也。”唐黃滔《楊狀頭贊圖啓》：“且午火燒
空，一陰司月，面泉石或病乎炎毒，處城池而
奈彼鬱蒸。”古以十干配五行，丙屬火，日爲火
精，又稱“丙火”。唐謝良輔《秋霧賦》：“及夫
丙火方馳，騰蛇欲飛；三辰被汩，五星霏微。”

【丙火】

即火。此稱唐代已行用。見該文。

火精¹

亦稱“炎精”。指太陽。古人認爲日乃火之
精氣而成，故稱。此稱漢代已行用。語本漢王
充《論衡·説日》：“夫日，火之精也；月，水
之精也。”《宋書·武帝紀》：“近炎精亢序，苗
稼多傷。”唐蕭穎士《游馬耳山》詩：“我來疑
初伏，幽路無炎精。”宋孔武仲《鼃石》詩：
“灼以炎皇之火精，礱以少昊之金液。”

【炎精】

即火精。此稱南北朝時期已行用。見該文。

日[1]

指太陽。其字本象太陽之形。金文、石鼓文、形體《説文》古文多作圓形或橢圓形，圓中有一黑點或橫綫。此稱先秦時期已行用。郭沫若主編《甲骨文合集》11480："鼎（貞）：日出（有）食。"《易·繫辭下》："日往則月來，月往則日來。"《詩·衛風·伯兮》："其雨其雨，杲杲出日。"漢王充《論衡·感虛》："日之行也，星天星度。"道家對"日"之描述亦甚深入，《雲笈七籤》卷二三："《黃氣陽精三道順行經》曰：日，陽之精，德之長也。縱廣二千三十里。金物、水精量於內，流光照於外。"南朝齊謝朓《郡內高齋閑坐答呂法曹》詩："日出衆鳥散，山暝孤猿吟。"唐李白《古風五十九首》之二十八："草緑霜已白，日西月復東。"《明史·樂志三》："萬里烟塵净洗，正紅日一輪高照。"清姚鼐《登泰山記》："日上，正赤如丹，下有紅光。"

【日精】

即日。亦稱"日魂"。古人奉太陽爲神靈，故稱。此稱晋代已行用。晋葛洪《抱朴子·金丹》："若取九轉之丹，内神鼎中，夏至之後，爆之鼎熱，內朱兒一斤於蓋下。伏伺之，候日精照之。"唐司空圖《注愍征賦述》："咽水警夜，冤磷靄空，日魂慘淡，鬼哭荒叢。"唐皮日休《早春以橘子寄魯望》詩："剖似日魂初破後，弄如星髓未銷前。"宋梅堯臣《苦雨》詩："晝不見日精，夜不見月魄。"

【日魂】

即日精。此稱唐代已行用。見該文。

璧日

對太陽的美稱。此稱南北朝時期已行用。南朝梁簡文帝《大法頌》："璧日揚精，景雲麗色。"《陳書·高祖紀上》："長彗橫天，已徵布新之兆；璧日斯既，實表更姓之符。"

日翁

太陽之擬人尊稱。此稱唐代已行用。唐李頎《贈蘇明府》詩："采藥傍梁宋，共言隨日翁。"

日波

蜀中對太陽之尊稱。此稱宋代已行用。參見本卷《天體銀河説·天體考》"天波"文。

日頭

亦稱"日頭兒"。太陽之俗稱。此稱唐代已行用。唐張鷟《朝野僉載》卷四："日頭赫赤赤，地上絲氳氳。"宋楊萬里《山村》詩之二："歇處何妨更歇些，宿頭未到日頭斜。"《水滸傳》第二四回："我倒不曾見日頭在半天里便把著喪門關了。"金董解元《西廂記諸宮調》卷三："窗兒外弄影兒行，恨日頭兒不到正南時分。"按，清林亭年《鄉言解頤·天部》："日頭，頭字不可考。《晋書·天文志》：'日上有戴。'樓鑰《白醉閣》詩：'天梳與日帽……'，曰戴曰帽，則日頭之稱可矣。"以"頭"爲"日"的喻詞，并非實指。

【日頭兒】

即日頭。此稱金代已行用。見該文。

白日

亦稱"白景"。指太陽。此稱先秦時期已行用。《文選·宋玉〈神女賦并序〉》："其始來也，耀乎若白日初出照屋梁。"李善注引薛君曰："詩人所説者，顏色美勝，若東方之日。"唐王之渙《登鸛雀樓》詩："白日依山盡，黃河入海流。"唐李賀《古悠悠行》："白景歸西山，碧華上迢迢。"

【白景】

即白日。景，日光。此稱唐代已行用。見該文。

日輪

亦稱"日轂""陽輪"。指太陽。日圓如輪，運轉不息，故稱。此稱南北朝時期已行用。北周庾信《鏡賦》："天河漸没，日輪將起。"倪璠注引《列子》曰："日出之初，大如車輪。"唐高適《塞下曲》："日輪駐霜戈，月魄懸琱弓。"宋范成大《丙戌閏七月九日與王必大登姑蘇臺避暑》詩："炎官扶日轂，輝赫不停運。"元柳貫《次韵魯恭政觀潮》詩之一："日轂行天淪左界，地機激水出東溟。"《金瓶梅詞話》第二七回："日輪當午凝不去，萬國如在紅爐中。"《二刻拍案驚奇》卷一九："東方大明，日輪紅焰焰鑽將出來了。"清姚鼐《新城道中書所見》詩："虛榮幻象豈久據，午位已正陽輪加。"

【日轂】

即日輪。轂，車輪中央之圓木，代指車輪。此稱宋代已行用。見該文。

【陽輪】

即日輪。此稱清代已行用。見該文。

【羲輪】[1]

即日輪。此稱宋代已行用。宋楊億《陳乞奏狀》："羲輪晃朗，未照於覆盆；河鮒焦熬，愈悲於涸轍。"宋李覯《孤懷》詩："蜀犬自鳴吠，羲輪自光輝。"清黄景仁《送春》詩："玉虹高駕倘見招，急叱羲輪出平旦。"

【祥輪】

即日輪。此稱唐代已行用。唐駱賓王《咏

雪》："含輝明素篆，隱迹表祥輪。"陳熙晋箋注："祥輪，日也。"宋劉筠《上元日》詩："祥輪滿菡苕，凝華寶炬新。"

【紅輪】

即日輪。亦稱"赤輪"。此稱唐代已行用。唐太宗《賦得白日半西山》詩："紅輪不暫駐，鳥飛豈復停。"唐温庭筠《陳宮詞》："淅瀝湘風外，紅輪映曙霞。"宋何夢桂《入夏初晴詩》："羲和駕赤輪，倏睹朝旭吐。"

【赤輪】

即紅輪。此稱宋代已行用。見該文。

【火輪】

即日輪。如火之輪。此稱唐代已行用。唐韓愈《桃源圖》詩："夜半金鷄啁唽鳴，火輪飛出客心驚。"宋劉敞《槐陰》詩："火輪東升又西没，倒影參差朝復曛。"清黄景仁《苦暑行》："火輪杲杲懸中天，下鑠大地生青烟。"

飛輪

指太陽。日形如輪，飛行於天（視運動），故稱。此稱唐代已行用。唐許堯佐《日載中賦》："流景弭節，飛輪頓勢。"

金輪

亦稱"黄金輪""金鑼"。指太陽。其光金黄，其形如輪，故稱。唐以後此稱流行。唐佚名《慶雲抱日賦》："若乃運叶堯年，靈符舜日。爛玉葉以繁布，抱金輪而半出。"唐劉禹錫《有僧言羅浮事因爲詩以寫之》："赤波千萬里，涌出黄金輪。"宋蘇軾《韓太祝送游太山》詩："恨君不上東峰頂，夜看金輪出九幽。"宋陶穀《清異録》卷上："開元時高太素隱商山，起六逍遥館，晴夏晚雲，中秋午月，冬日方出，春雪未融，暑簟清風，夜階急雨，各製一銘。晚雲云：作萬變圖，先生一笑冬日云：金鑼騰空，映檐白醉。”

【黄金輪】

即金輪。此稱唐代已行用。見該文。

【金鑼】

即金輪。此稱宋代已行用。見該文。

金鉦

喻指太陽。本是金黄色鑼，成太陽的文學修飾語。宋代已見行用。宋范成大《曉出古巖呈宗偉子文》詩：“東方動光彩，晃晃金鉦吐。”

金虎 [1]

指太陽。日光强烈，以虎爲喻。此稱晋代已行用。晋陸機《贈尚書郎顧彦先詩》二首之一：“望舒離金虎，屏翳吐重陰。”南朝梁劉孝綽《望月有所思》詩：“玉羊東北上，金虎西南戾。”

赬玉盤

亦稱“赤瑛盤”“赬盤”。喻指紅日。赬，赤色。此稱唐代已行用。唐李賀《春歸昌谷》詩：“誰揭赬玉盤，東方發紅照。”葉葱奇注：“赬玉盤，指太陽。”宋楊萬里《初曉明朗忽然起霧已而日出》詩：“高懸赤瑛盤，不計丈尺許。”明袁宏道《放言效白》詩之三：“夢去幾番登嶽頂，扶桑清水浴赬盤。”

【赤瑛盤】

即赬玉盤。瑛，美玉。此稱宋代已行用。見該文。

【赬盤】

即赬玉盤。此稱明代已行用。見該文。

日珠

指太陽。因其光亮圓轉如珠，故稱。此稱唐代已行用。唐皇甫湜《出世篇》：“西摩月鏡，東弄日珠。”宋蘇轍《次韵子瞻游羅浮山》：“天樞旋結日珠重，人寰下視鴻毛輕。”

高圓 [2]

指太陽。此稱明代已行用。明劉基《旱天多雨意呈石末公》詩之二：“虛牝空蒸鬱，高圓迥獨浮。”明徐善繼《人子須知資孝地理心學統宗》卷六下之三：“《九星正變龍格歌》：……太陽一星即左輔，高圓覆鍾金。”

規

亦稱“日規”。指圓日。日圓如規，故稱。此稱南北朝時期已行用。《文選・謝靈運〈游南亭〉詩》“密林含餘清，遠峰隱半規”劉良注：“隱半規謂日落峰外隱半見，規，圓日之形也。”唐柳宗元《問答・晋問》：“當空發耀，英精互繞，晃蕩洞射，天氣盡白，日規爲小，鑠雲破霄。”

【日規】

即規。此稱唐代已行用。見該文。

規燧

亦稱“燧炎”。指太陽。規，圓規；燧，烈火。日圓中規而光焰燧烈，故稱。此稱唐代已行用。唐柳宗元《天對》：“規燧魄淵，太虛是屬。”韓醇注：“謂日圓而明，月生而靜。”又《天對》：“燧炎莫儷，淵迫而魄。”

【燧炎】

即規燧。此稱唐代已行用。見該文。

朱明

亦稱“朱光”。指太陽。以其色赤而明亮，故稱。此稱先秦時期已行用。《楚辭・招魂》：“朱明承夜兮，時不可以淹。”王逸注：“朱明，日也。”《文選・張載〈七哀詩〉之二》：“朱光馳北陸，浮景忽西沈。”李善注：“朱光，日也。”明王世貞《天門開》詩：“朱明曜以東起，纖阿迫以西垂。"清唐孫華《三月晦日同年狄向濤太史招同諸公集寄園》詩："漸愁朱光炎，所喜綠陰舊。"

【朱光】

即朱明。此稱晋代已行用。見該文。

朱羲

亦作"朱曦"，亦稱"丹曦"。指太陽。丹和朱意爲紅色；曦，陽光。此稱晋代已行用。《文選·郭璞〈游仙詩〉之七》："蓐收清西陸，朱羲將由白。"李善注："朱羲，日也。"南朝梁蕭統《銅博山香爐賦》："吐圓舒於東嶽，匿丹曦於西嶺。"唐劉知幾《史通·書志》："丹曦素魄之躔次，黄道紫宫之分野。"唐李白《登黄山凌歊臺送族弟溧陽尉濟充泛舟赴華陰》詩："炎赫五月中，朱曦爍河堤。"宋俞德鄰《古意》："素商昔轉玄，朱羲今由白。"明馮夢龍《智囊補·明智序》："朱曦宵駕，洞徹八海。"清陳維崧《風流子》詞："念别我西園，朱曦翁 ꓸ㆑。"

【朱曦】

同"朱羲"。此體唐代已行用。見該文。

【丹曦】

即朱羲。此稱三國時期已行用。見該文。

朱炎

指太陽。此稱三國時期已行用。《文選·何晏〈景福殿賦〉》："開建陽則朱炎豔，啓金光則清風臻。"劉良注："朱炎，日也。"唐杜甫《雨》詩："白谷變氣候，朱炎安在哉？"清黄景仁《客齋偶成》詩："到處蝸廬感潦淹，曉涼差喜失朱炎。"

朱陽

指太陽。此稱三國時期已行用。三國魏阮籍《大人先生傳》："左朱陽以舉麾兮，右玄陰

以建旗。"唐王勃《益州夫子廟碑》："是以朱陽登而九有照，紫泉清而萬物睹。"清黄鷟來《雨中感懷》詩："朱陽藹江郭，首夏漸和柔。"

赤燒

亦稱"赤蓋""赤萍"。即太陽。日光紅赤而熾熱，故稱。此稱唐代已行用。唐李端《茂陵山行陪韋金部》詩："古道黄花落，平蕪赤燒生。"唐李嶠《日賦》："赤蓋下空，埃塵濛籠。"宋梅堯臣《題滿公僧録西明軒》詩："赤萍纔落鄧林外，青銅半磨傍露明。"

【赤蓋】

即赤燒。此稱唐代已行用。見該文。

【赤萍】

即赤燒。此稱宋代已行用。見該文。

暖赫

亦稱"暖紅"。指太陽。烈日色赤而光熱。此稱唐代已行用。唐皮日休《桃花賦》："又若韓娥，將歌斂態，微動輕風，婆娑暖紅。"清厲荃《事物異名録·乾象·日》："皮日休詩：'婆娑愛暖紅。'按：暖紅，謂日也。"

【暖紅】

即暖赫。此稱唐代已行用。見該文。

赫曦

亦作"赫羲"。赤紅明亮，借指太陽。此稱宋代已行用。宋岳珂《六月二日乙丑瀘溪大雷雨》詩："赫曦再見耀亭午，童謡忽憶歌商羊。"宋方鳳《寄柳道傳黄晋卿兩生》詩："大火且西逝，赫曦詎能爲。"宋蘇籀《仲秋苦熱半格一首》詩："子夜涼生秋思肇，午時炎熾赫羲鮮。"

【赫羲】

同"赫曦"。此體宋代已行用。見該文。

火傘

亦作"火繖"。喻烈日。此稱唐代已行用。唐韓愈《游青龍寺贈崔大補闕》詩："光華閃壁見神鬼，赫赫炎官張火傘。"宋袁說友《和周元吉提刑席上得雨韻三首》之一："雷車震動吹海立，火傘退避如鵡飛。"《金瓶梅詞話》第二七回："一輪火傘當空，無半點雲翳，真乃爍石流金之際。"清趙翼《苦熱》詩："火繖當空氣益炎，避炎何處覓深巖。"

【火繖】

同"火傘"。繖，同"傘"。此體清代已行用。見該文。

【炎官傘】

即火傘。炎官，傳說中的火神。因以代指太陽。此稱唐代已行用。唐韓愈《游青龍寺贈崔大補闕》詩："光華閃壁見神鬼，赫赫炎官張火傘。"宋周必大《次韻閭刑部才元楊梅》："炎官傘照江濤紅，五月獻果明光宮。"

火盆

喻烈日。極言太陽之熱的文學修飾語。此稱宋代已行用。宋梅堯臣《青龍海上觀潮》詩："何時更看弄潮兒，頭戴火盆來就濕。"朱東潤注："火盆，炎日。"

日晶

省稱"晶"。指太陽。日光明亮，故稱。此稱唐代已行用。北周衛元嵩《元包・明夷》："晶冥炎潛，冏映䀠苦。"李江注："晶，日也。"唐柳宗元《渾鴻臚宅聞歌效白紵》詩："下沈秋水激太清，天高地迴凝日晶。"

【晶】

"日晶"之省稱。此稱南北朝時期已行用。見該文。

日鏡

指太陽。日光明亮如鏡，故稱。此稱南北朝時期已行用。《魏書・彭城王勰傳》："正希仰成陛下日鏡之明，下念愚臣忘退之禍。"唐太宗《執契靜三邊》詩："玉彩輝關燭，金華流日鏡。"

【火鏡】

即日鏡。此稱南北朝時期已行用。《南齊書・天文志贊》："陽精火鏡，陰靈永存。"清陳維崧《風入松・苦暑戲與客語》詞："炎炎火鏡正燒空，避暑苦無從。"

【紅鏡】

即日鏡。此稱唐代已行用。唐李賀《河南府試十二月樂詞・六月》："炎炎紅鏡東方開，暈如車輪上徘徊。"葉蔥奇注："紅鏡，指太陽。"

丹砂丸

借喻太陽。丹砂，色深紅。此稱唐代已行用。唐白居易《游悟真寺》詩："西北日落時，夕暉紅團團。千里翠屏外，走下丹砂丸。"宋楊萬里《初三日游翟園》："扶桑跳出丹砂丸，光射半天縈紫電。"

丹景

指太陽。深紅色的影像。此稱唐代已行用。唐李白《送梁公昌以信安王北征》詩："祖席留丹景，征麾拂彩虹。"王琦注引楊齊賢曰："丹景，日也。"唐吳筠《游仙》詩之三："凌晨吸丹景，入夜飲黃月。"

飛金

猶黃金輪、飛輪，強調太陽的金黃顏色。此稱宋代已行用。宋曹勛《滿庭芳》詞："看天邊，飛金走玉難留住。"明湯顯祖《宿浴日亭因出小浪望海》詩："飛金出螢火，明珠落鯨魚。"

大明 [1]

省稱"明"。指太陽。此稱先秦時期已行用。《易・乾》："雲行雨施，品物流行，大明終始，六位時成。"李鼎祚集解引侯果曰："大明，日也。"《易・明夷》："明夷，夷于左股，用拯馬壯。"李鏡池通義："明，指太陽。夷，滅。"《禮記・禮器》："大明生於東，月生於西。"唐白居易《爲宰相賀赦表》："大明升而六合曉，一氣熏而萬物春。"唐李嶠《日賦》："天高無程，日爲大明。"宋文天祥《發陵州》詩："大明朝東出，皎月正在天。"

【明】

"大明"之省稱。此稱先秦時期已行用。見該文。

曜靈 [2]

亦作"燿靈""耀靈"，亦稱"靈曜"。指太陽。曜爲日、月、五星之總稱，日爲七曜之首，人尊之爲神靈，故稱。此稱先秦時期已行用。《楚辭・天問》："角宿未旦，曜靈安藏？"王逸注："曜靈，日也。"晋陸雲《登臺賦》："于時南征司火，朱明鬱遂，縣車式徐，曜靈西墜。"《後漢書・張衡傳》："淹栖遲以恣欲兮，燿靈忽其西藏。"李賢注："燿靈，日也。"晋郭璞《游仙》詩："暘谷吐靈曜，扶桑森千丈。"《太平御覽》卷四引晋皇甫謐《年曆》曰："日者，衆陽之宗，陽精外發，故日以晝明，名曰曜靈。"明宋濂《思媺人辭》："蹇佇儦而望絕兮，耀靈忽其西藏。"

【耀靈】

同"曜靈"。此體漢代已行用。見該文。

【靈曜】 [2]

即曜靈。此稱晋代已行用。見該文。

【日靈】

即曜靈。此稱唐代已行用。唐薛曜《舞馬篇》："承雲嘈囋駴日靈，調露鏗鈜動天駟。"

【靈景】

即曜靈。此稱晋代已行用。晋左思《咏史》詩之五："皓天舒白日，靈景耀神州。"唐吳筠《游仙》詩二十四首之二十三："靈景何灼灼，祥風正寥寥。"《宋史・樂志七》："帝臨中壇，肅恭禋祀，靈景舒光，飛龍旋軌。"

遠景

指太陽。此稱漢代已行用。漢孔融《雜詩》之一："巖巖鍾山首，赫赫炎天路。高明曜雲門，遠景灼寒素。"

【景】

"遠景"之省稱。此稱漢代已行用。《漢書・叙傳》："含景耀，吐精英。"《文選・王融〈三月三日曲水詩序〉》："求中和而經處，揆景緯以裁基。"呂向注："景，日；緯，星也。"唐錢起《過長孫宅與朗上人茶會》詩："岸幘看雲卷，含毫任景斜。"

天晷

指太陽。晷，日影。此稱晋代已行用。《文選・陸機〈皇太子宴玄圃宣猷堂有令賦詩〉》："協風傍駭，天晷仰澄。"李善注："言日澄清也。"李周翰注："晷，日也；仰澄，謂無薄蝕也。"

玄暉

指太陽。此稱晋代已行用。《文選・陸雲〈大將軍宴會被命作詩〉》："玄暉峻朗，翠雲崇靄。"呂延濟注："玄，天；暉，日。"《雲笈七籤》卷九八：“良德映玄暉，穎拔粲華蔚。”

利眼

喻指太陽。以其如人眼之明銳，故稱。此稱晉代已行用。《文選・陸機〈演連珠〉之十三》：“臣聞利眼臨雲，不能垂照。”呂向注：“天有日月，如人有眼，故以日爲利眼也。”

黃道[1]

本指太陽在空中運行的軌道，借以指代太陽。此稱明代已行用。明徐渭《次夕降摶雪》詩：“豈無黃道辜葵藿，翻以丹心許蒺藜。”

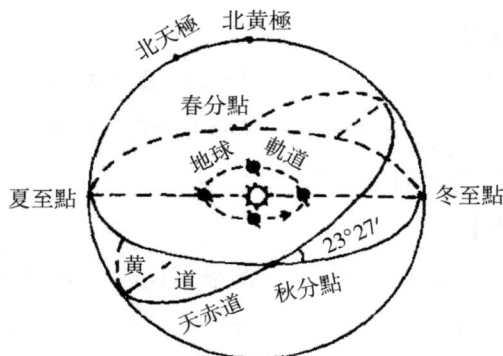

黃道示意圖

日球

即太陽。此稱明代已行用。明末以來，我國逐漸瞭解哥白尼之“日心説”，已知太陽爲一巨大星球，故稱。明利瑪竇《乾坤體義》卷中：“日球大於地球，地球大於月球。”清末李寶嘉《文明小史》第五九回：“試問日球在天，是動的呢，是不動的呢？月球繞地，是人人曉得的了。”

閬陽[1]

明亮的太陽。此稱唐代已行用。《舊唐書・音樂志三》：“閬陽晨披紫闕，太一曉降黃庭。”唐褚亮《祀圜丘樂章・肅和》：“閬陽播

氣，甄曜垂明。”

驕陽

烈日。驕，强烈，旺盛。此稱唐代已行用。唐李白《感時留別從兄徐王延年從弟延陵》詩：“驕陽何火赫，海水爍龍龜。”唐杜甫《阻雨不得歸瀼西甘林》詩：“三伏適已過，驕陽化爲霖。”

朝陽

指早晨的太陽。此稱先秦時期已行用。《詩・大雅・卷阿》：“梧桐生矣，于彼朝陽。”毛傳：“山東曰朝陽。”鄭玄箋：“生於朝陽者，被温仁之氣。”孔穎達疏：“云生于朝陽者，以其早見曰陽，被温仁之氣。”《釋名・釋山》：“山東曰朝陽，山西曰夕陽，隨日所照而名之也。”晉郭璞《抱朴子・外篇》：“靈鳳振響於朝陽，未有惠物之益，而莫不澄聽於下風焉。”唐韋應物《宴別幼遐與君貺兄弟》詩：“群水含時澤，野雉鳴朝陽。”宋夏竦《秋曉》詩：“此景無人共，朝陽入敝廬。”元倪瓚《因吳國良過玉山草堂輒賦長句奉寄》：“玉山樹色隱朝陽，更著漁莊近草堂。”

【旭日】

即朝陽。單稱“旭”。此稱先秦時期已行用。《詩・邶風・匏有苦葉》：“雝雝鳴雁，旭日始旦。”南朝齊謝朓《宋海陵王墓銘》：“西光已謝，東旭又良。”唐柳宗元《感遇》兩首之二：“旭日照寒野，鶂斯起蒿萊。”

【旭】

“旭日”之單稱。此稱南北朝時期已行用。見該文。

【東曦】

即朝陽。曦，早晨的陽光。此稱唐代已行用。唐馮翊《桂苑叢談・崔張自稱俠》：“及期

不至，五鼓絶聲，東曦既駕，杳無踪迹。”宋董嗣杲《壬戌閏重九客中寫夢》：“閏延花盛開，東曦蕩晴光。”

【暾】

即朝陽。此稱先秦時期已行用。戰國屈原《九歌·東君》：“暾將出兮東方，照吾檻兮扶桑。”南朝梁沈約《南郊登歌》之二：“暾既明，禮告成。”元周權《金焦兩山》詩：“海暾紅處謁仙山，不管剛風客棹寒。”

【初暾】

即朝陽。此稱唐代已行用。唐韋元旦《早朝》詩：“挈壺分早漏，伏檻耀初暾。”清王夫之《南嶽賦》：“拂車轍於層巒，觀初暾之輪困。”

夕陽

指傍晚的太陽。此稱先秦時期已行用。《詩·大雅·公劉》：“度其夕陽，幽居允荒。”毛傳：“山西曰夕陽。”按，蔡卞《毛詩名物解·釋天》釋虹曰：“故合雨而成虹，朝陽射之則在西，夕陽射之則在東。”可證夕陽指西下，即傍晚的太陽。《釋名·釋山》：“山東曰朝陽，山西曰夕陽，隨日之所照而名之也。”《隋書·盧思道傳》：“朝露未晞，小車盈董石之巷；夕陽且落，皂蓋填閭竇之里。”

【夕照】

即夕陽。照，指日光。此稱唐代已行用。唐李嶠《晚秋喜雨》詩：“氣滌朝川朗，光澄夕照浮。”清曹寅《看西廊秋葉》詩：“坡陀看愈好，夕照若爲停。”

【夕暾】

即夕陽。此稱明代已行用。明李流芳《留衢閣記》：“朝曦夕暾，薄陰殘雪，其變態可挹也。”《聊齋志異·青娥》：“周章逾時，夕暾漸墜；山谷甚雜，又不可以極望。”何守奇注：“暾音燉，日始出貌。此謂日之將落，如初出時之高下也。”參見本卷《日月五星説·太陽考》“暾”文。

【日餘】

即夕陽。此稱南北朝時期已行用。南朝梁何遜《落日前墟望贈范廣州雲》詩：“輕烟淡柳色，重霞映日餘。”

【傾景】

即夕陽。亦稱“墜景”“夕景”“傾暉”“金景”。此稱晉代已行用。晉陸雲《答兄平原》詩：“傾景儵墜，夕不存罷。”《文選·陸機〈答賈長淵詩〉》：“王室之亂，靡邦不泯，如彼墜景，曾不可振。”李善注：“丁德禮《寡婦賦》曰：‘日曇曇以西墜。’”晉摯虞《思游賦》：“星鳥逝而時反兮，夕景潛而且融。”南朝宋鮑照《秋夜》詩：“傾暉忽西下，回景思華幕。”北魏酈道元《水經注·穀水》：“及其晨光初起，夕景斜輝，霜文翠照，陸離眩目。”南朝宋鮑照《還都口號》：“維舟歇金景，結棹俟昌風。”錢仲聯補注：“金景，西日也。”唐吳筠《游仙詩二十四首》之十八：“飄飄瓊輪舉，曄曄金景散。”

【墜景】

即傾景。此稱晉代已行用。見該文。

【夕景】

即傾景。此稱晉代已行用。見該文。

【傾暉】

即傾景。此稱南北朝時期已行用。見該文。

【金景】

即傾景。此稱南北朝時期已行用。見該文。

【頹陽】

即夕陽。頹，墜落。此稱南北朝時期已行用。南朝宋謝瞻《王撫軍庾西陽集別時爲豫章太守庾被徵還東》詩：“頹陽照通津，夕陰曖平陸。”唐李白《經亂後將避地剡中留贈謝宣城》詩：“太白晝經天，頹陽掩餘照。”

【傾羲】

即夕陽。羲，指日御羲和。此稱南北朝時期已行用。《文選·謝惠連〈秋懷〉詩》：“頹魄不再圓，傾羲無兩旦。”李善注：“羲，羲和，謂日也。”宋彭龜年《登上封半山而霧起嘆而有作》詩：“傾曦已没暝靄生，佇立危亭看不足。”

春陽

指春日的太陽。此稱漢代已行用。漢荀悦《申鑒·雜言》：“故人主以義中，以義屈也。喜如春陽，怒如秋霜。”《隸釋·晋右將軍鄭烈碑》：“其爲政也，仁以施仁，則靈恩衍于春陽。”宋朱熹等《近思録·總録聖賢》：“視其色，其接物也，如春陽之溫；聽其言，其入人也，如時雨之潤。”

【春曦】

即春陽。唐方千里《盧陵所居竹室記》：“凡天地之氣，煦嫗乎春曦，形乎夏，凄乎秋，而冽乎冬。”宋田錫《楊花賦》：“乍若吴王江國，水殿春曦，梅花已老，零落交飛。”清愛新覺羅·玄燁《辛卯春帖子》詩三首之三：“朝來碧殿煥春曦，翰苑箋書帖子詞。”

夏陽

指夏日的太陽，謂其炎熱。此稱唐代已行用。唐張説《崔禮部園亭》詩：“水連伊闕近，樹接夏陽深。”明温純《夏日邀徐君羽飲於曲亭》詩：“夏陽不盡相看思，有約春深此更停。”

【秋陽】[1]

即夏陽。先秦曆法有“三正”之説，周正的秋天，正是夏正的五六月時，恰值盛夏。此稱先秦時期已行用。《孟子·滕文公上》：“江漢以濯之，秋陽以暴之。”趙岐注：“秋陽，周之秋，夏之五六月，盛陽也。”按，《孟子》此處用“周正”。蔡模集疏：“秋日燥烈，言暴之乾也。”宋宋祁《回李端明書》：“于時秋陽酷甚，病悸交戰，日閡一日。”

秋陽[2]

指秋天的太陽。此稱南北朝時期已行用。南朝梁庾咏《答〈答臣下神滅論〉》：“至言與秋陽同朗，群疑與春冰俱釋。”宋趙抃《題三井瀑布》詩：“秋陽五彩隨流照，縱有良工畫不成。”

冬陽

冬日的太陽，謂其溫暖。此稱唐代已行用。唐吕温《裴氏〈海昏集〉序》：“暖乎若冬陽之煦，油乎若春澤之浸。其誘人也易，其感人也深。”宋范存仁《祭司馬温公文》：“冬陽夏冰，赴者正先，仁英兩朝，煌煌厥聲。”元王惲《小箬》：“冬陽暖透征衣燠，溪曲寬从水口開。”

【黄綿襖子】

即冬陽。省稱“黄綿襖”“黄襖”。因其給人溫暖，使人如著棉襖，故稱。此稱宋代已行用。宋羅大經《鶴林玉露》卷一：“何斯舉云：壬寅正月，雨雪連旬，忽爾開霽。閭里翁嫗相呼賀曰：‘黄棉襖子出矣。’因作歌以紀之。”宋姜特立《負暄》詩：“絶憐天上黄綿襖，大勝人間紫綺裘。”清王夫之《劉庶仙五十初度即席同唐須竹》詩：“但祝羲和留萬轉，長披黄襖到三竿。”

【黃綿襖】

　　“黃綿襖子”之省稱。此稱宋代已行用。見該文。

【黃襖】

　　“黃綿襖子”之省稱。此稱明代已行用。見該文。

東君 [1]

　　本爲太陽神名。後借指太陽。此稱漢代已行用。《史記·封禪書》：“晋巫，祠五帝、東君……先炊之屬。”司馬貞索隱引《廣雅》：“東君，日也。”《太平御覽》卷三引《廣雅》曰：“日名燿靈，一名朱明，一名東君，一名大明，亦名陽烏。”宋王質《初春》詩：“東君放步到籬脚，桃李稍稍敷春妍。”

丹靈

　　指太陽。古以日爲神靈，故稱。此稱明代已行用。明汪廣洋《壯游奉東諸閣老》：“披披古蘭若，丹靈耀巇岏。”明夏完淳《寒燈賦》：“丹靈已匿，素魄未升。”

鬱儀

　　傳說中奔日之仙，借指太陽。此稱唐代已行用。唐吳筠《步虛詞》之三：“三宮發明景，朗照同鬱儀。”宋蘇軾《游羅浮山示兒子過》詩：“南樓未必齊日觀，鬱儀自欲朝朱明。”

炎官 [1]

　　傳說中的火神。此稱唐代已行用。唐韓愈《游青龍寺贈崔大補闕》詩：“光華閃壁見神鬼，赫赫炎官張火傘。”《宋史·樂志七》：“惟神之安，方解羽鑾，赤旗霞曳，從以炎官。”明劉基《爲詹同文題浙江月夜觀潮圖》：“炎官挾長握天柄，七月赤日熺元穹。”

羲和 [1]

　　單稱“羲”。傳說太陽乘坐六龍所駕之車，神人羲和爲御，因借指太陽；又傳爲堯時大臣，亦善御；或傳爲生有十個太陽的帝俊之妻，亦與日有關。皆先秦時期神話。《山海經·大荒南經》：“東［南］海之外，甘水之間，有羲和之國。有女子，名曰羲和，方浴日于甘淵。羲和者，帝俊之妻，生十日。”戰國屈原《離騷》：“吾令羲和彌節兮，望崦嵫而勿迫。”王逸注：“羲和，日御也。”《初學記》卷一引《淮南子》：“爰止羲和，爰息六螭，是謂懸車。（日乘車駕以六龍，羲和御之，日至此而薄於虞泉，羲和至此而回六螭）”漢王充《潛夫論·愛日》：“所謂治國之日舒以長者，非謁羲和而令安行也。”後世因神話傳說而以羲和代稱日。《後漢書·崔駰傳》：“霧霓鬱以橫厲兮，羲和忽以潛暉。”李賢注：“羲和，日也。”三國魏曹植《贈王粲》詩：“悲風鳴我側，羲和逝不留。”晋葛洪《抱朴子·任命》：“晝競羲和之末景，夕照望舒之餘耀。”南朝宋謝莊《宋孝武帝哀策文》：“羲庭薄蝕，紫路流飛。”唐韓愈《石鼓歌》：“孔子西行不到秦，掎摭星宿遺羲娥。”孫汝聽注：“日月也。”羲和馭日亦成典故。唐王儲《寅賓出日賦》：“惟天爲大兮，堯實則之；命羲和而馭日，俾出納而從時。”因與日相關，與“羲”字相關的詞語又常寫作“曦”。

【羲】

　　“羲和”之單稱。此稱南北朝時期已行用。見該文。

【曦】

　　同“羲”。此體晋代已行用。晋陸雲《四言失題》詩：“沈曦含輝，芳烈如蘭。”南朝齊謝朓《奉和隨王殿下》詩之五："氣爽深遙矚，豫永聊停曦。"唐武則天《唐享昊天樂》之一："捫天遂啓極，夢日乃升曦。"元王惲《紫藤花歌》："天孫夜擲紫霞被，蒲意下覆須春曦。"清曹爾堪《風入松》："朝曦初上綺疏紅，搖竹一簾風。"

羲曜

亦作"曦曜""曦耀"。光明的太陽。七曜之一。曜，本意光耀。《詩·檜風·羔裘》："羔裘如膏，日出有曜。"毛傳："日出照曜，然後見其如膏。"此稱晋代已行用。《晋書·后妃傳論》："方祇體安，儷乾儀而合德；圓舒循晷，配羲曜以齊明。"《弘明集》卷一四引梁釋寶林《破魔露布文》："白刃之光奪於曦曜，法鼓之音亂於雷震。"明顧允成《題孔壇四景》詩之三："秋水澄兮秋日烈，曦耀高懸終古赫。"清唐孫華《病中對雨》詩之二："洪流忽訝憑空涌，曦曜偏從何處明。"

【曦曜】

同"羲曜"。此體南北朝時期已行用。見該文。

【曦耀】

同"羲曜"。此體明代已行用。見該文。

【羲陽】

即羲曜。亦作"曦陽"。此稱三國時期已行用。三國魏阮籍《咏懷》詩："於心懷寸陰，羲陽將欲暝。"宋王益《新繁縣東湖瑞蓮歌》詩："赫赫曦陽在東井，珍房萃作皇家慶。"

【曦陽】

同"羲陽"。此體宋代已行用。見該文。

龍馭

亦稱"軒龍"。羲和駕馭的六龍牽引之車。代稱太陽。此稱南北朝時期已行用。南朝陳張正見《輕薄篇》："莫嫌龍馭晚，扶桑復浴鴉。"明李東陽《太皇太后輓歌詞》之十："桂兔秋逾好，軒龍晚更輝。"

【軒龍】

即龍馭。此稱明代已行用。見該文。

【六龍】

即龍馭。羲和馭車，駕以六龍，因以代指。此稱漢代已行用。漢劉向《九嘆·遠游》："貫澒濛以東濯兮，維六龍于扶桑。"晋郭璞《游仙詩》："六龍安可頓，運流有代謝。"唐獨孤授《寅賓出日賦》："叙三光以著象，乘六龍而御天。"宋王安石《休假大佛寺》詩："六龍高徘徊，光景在我裳。"明薛蕙《效阮公咏懷》詩："六龍匿西山，蒙汜揚頹波。"

日車

傳說太陽乘坐的六龍所駕之車，羲和爲御，運行不息。代指太陽。此稱先秦時期已行用。《莊子·徐無鬼》："若乘日之車而游於襄城之野。"唐杜甫《將適吴楚留別章使君留後兼幕府諸公》詩："日車隱崑崙，鳥雀噪戶牖。"清陸以湉《冷廬雜識·譚滌生》詩："羲和鞭日車，欲去不得戀。"

【羲車】

即日車。亦作"曦車"，亦稱"曦軒""羲輪""曦輪"。此稱南北朝時期已行用。北魏酈道元《水經注·漾水》："山高入雲，遠望增狀，若嶺紆曦軒，峰柱月駕矣。"唐虞世南《奉和咏日午》詩："高天净秋色，長漢轉羲車。"唐湛賁《日五色賦》："焕羲車而逾媚，映彤庭而轉麗。"唐褚亮《奉和咏日午》詩："曦車日亭午，浮箭未移暉。"《舊唐書·音樂志三》："永流洪慶，式動曦輪。"宋宋庠《夏日北溪亭上》："羲輪亭午爍炎威，溪上軒窗匝翠微。"宋黄裳《三交堂記》："是故曦輪既西，形影相失，一日之變也。"清方殿元《章貢舟中作歌六首》之三："日色歸心不相及，坐見羲車墜岩岫。"清趙翼《楊舍城北登望海樓》詩："是時卓午懸曦輪，潮氣上逼白日昏。"

【曦車】

　　同"羲車"。此體唐代已行用。見該文。

【曦軒】

　　即羲車。軒，車。此稱南北朝時期已行用。見該文。

【羲輪】[2]

　　即羲車。此稱宋代已行用。見該文。

【曦輪】

　　即羲車。輪，代指車。此稱唐代已行用。見該文。

日御

　　亦稱"日馭"。駕車而行之太陽。御，駕車。此稱南北朝時期已行用。南朝宋顔延之《赤槿頌》："日御北至，夏德南宣。"隋江總《芳林園天淵池銘》："曉川漾碧，如日御之在河宿；夜浪浮金，疑月輪之馳水府。"隋盧思道《從駕經大慈照寺》詩："日馭非難假，雲師本易憑。"唐錢起《溫泉宮禮見》詩："雲燧龍行處，山明日馭前。"清金農《憩王屋山後十方院》詩之二："大椿靈餌話堯年，鍊液升烟日馭前。"

【日馭】

　　即日御。此稱隋代已行用。見該文。

【羲馭】

　　即日御。亦作"曦馭"，亦稱"羲御""曦御"。此稱唐代已行用。唐獨孤授《寅賓出日賦》："因末光之可就，與羲馭而回旋。"唐許敬宗《奉和入潼關》詩："曦馭循黄道，星陳引翠旗。"宋宋庠《攝祀出城過西苑馬上作》詩："三竿眺羲馭，十里過商中。"《宋史·樂志十六》："《降仙臺》：星芒收采，雲容放曉，羲馭漸揚明。"宋楊億《朝日迎神》："陽德之母，羲御寅賓。"宋傅察《傅倅請杜守樂語》詩："清時樂事昔難逢，曦御初移晝景融。"明高啓《廣陵孫孝子愛日堂》詩："只愁老景苦駸駸，羲馭西馳疾飛鞚。"清姚鼐《題花塢夕陽遲圖》詩："分明羲御長停處，正在凌雲一笑時。"清趙翼《静觀》詩之五："何以曦馭速，一息無停輪。"

【曦馭】

　　同"羲馭"。此體唐代已行用。見該文。

【羲御】

　　即羲馭。此稱宋代已行用。見該文。

【曦御】

　　即羲馭。此稱宋代已行用。見該文。

【炎馭】

　　即日御。言其炎熱。此稱唐代已行用。唐王勃《九成宮頌》："應雷駢而出豫，蒼帝其時；面炎馭而思和，朱明不遠。"宋曹勛《鳳凰臺上憶吹簫·聖節》詞："碧玉烟塘，絳羅艷卉，朱清炎馭。"

羲轡

　　亦作"曦轡"。轡，車轡。代指日車。此稱南北朝時期已行用。南朝梁王僧孺《豫州墓志銘》："羲轡難留，蒙水易收。"唐黄滔《白日上升賦》："懿夫曦轡亭亭，烏光杲杲。"又《與趙員外書》："伏以曦轡流輝，已侵窮臘。"明黄輝

《自軍莊尋滴水巖下作》："羲轡投西腋，蟾宫隱東弄。"

【曦轡】

同"羲轡"。此體唐代已行用。見該文。

【日轡】

即羲轡。亦稱"飛轡"。此稱南北朝時期已行用。晋陸機《演連珠》："飛轡西頓，則離朱與矇叟收察；懸景東秀，則夜光與武夫匿耀。"北周庾信《周譙國公夫人步陸孤氏墓志銘》："星機北轉，日轡西回。"參見本卷《日月五星説・太陽考》"日車"文。

【飛轡】

即日轡。此稱晋代已行用。見該文。

轡景

亦稱"羲景"。太陽代稱。轡，車轡，代指日車；景，指日光。此稱南北朝時期已行用。南朝梁陶弘景《真誥・運象篇二》："轡景登霄晨，游宴滄浪宫。"明楊慎《謝華啓秀》"轡景"注："日也。《道藏》：'歌轡景，落滄溟。'本《淮南子》懸車息馬之説。"明李東陽《吊岳武穆辭》："羲景縮地，下沈蒿萊。"參見本卷《日月五星説・太陽考》"羲和""日轡"文。

【羲景】

即轡景。此稱明代已行用。見該文。

龍燭

亦稱"燭龍"。本爲傳説中銜火照天之神龍，借指太陽。此稱唐代已行用。唐劉禹錫《觀柘枝舞》詩："神飈獵紅蕖，龍燭映金枝。"唐佚名《登天壇山望海日初出賦》："照耀兮驪珠潛吐，曠朗兮龍燭忽生。"宋程俱《和同舍上元迎駕起居》詩："燭龍飛度崑丘曉，玉斧修成寶鑑寒。"清俞正燮《癸巳存稿・燭龍》："古聖

曰：'燭龍行東時肅清，行西時煴燠。'……燭龍，即日之名。"

【燭龍】

即龍燭。此稱宋代已行用。見該文。

三足烏[1]

省稱"三足"。古代傳説中太陽内之神烏。因以指日。此稱漢代已行用。漢王充《論衡・説日》："日中有三足烏。"唐杜甫《岳麓山道林二寺行》詩："蓮花交響共命烏，金榜雙回三足烏。"仇兆鰲注引黄生曰："金榜回烏，猶云日射黄金榜。三足烏，即日也。"唐柳宗元《跂烏詞》："無乃慕高近白日，三足妒爾令爾疾。"唐周謂《寅賓出日賦》："三足呈祥，重暉降祉。"元王實甫《西廂記》第二本第一折："無端三足烏，團團光爍爍。"參見本卷《黑子新星説・太陽黑子考》"三足烏[2]"文。

【三足】[1]

"三足烏[1]"省稱。此稱唐代已行用。見該文。

【跂烏】

即三足烏[1]。亦作"蹲烏"，亦稱"烏跂"。此稱漢代已行用。《藝文類聚》卷一引《淮南子》："火氣之精者爲日。又曰日中跂烏。"原書注："跂，趾也。謂三足烏也。"南朝梁何遜《七召》："跂烏始照，宫槐遽而欲舒；顧兔纔滿，庭英紛而就落。"唐王勃《送李十五序》："浮蟻傾而高宴終，跂烏落而離宫散。"唐李白《大鵬賦》："跂烏晰耀於太陽，不曠蕩而縱適。"唐釋道宣《廣弘明集》卷一五："蹲烏顧兔，升落常自在。"宋韓元吉《次韵張金彦書事》詩："鶴怨猿驚成底事，烏跂兔蹶自奔忙。"

【蹲烏】

同"踆烏"。此體唐代已行用。見該文。

【烏踆】

即踆烏。此稱宋代已行用。見該文。

【日烏】[1]

即三足烏[1]。亦稱"烏陽"。此稱唐代已行用。唐方干《感時》詩之二："日烏往返無休息，朝出扶桑暮却回。"《舊唐書·李密傳贊》："烏陽既升，爝火不息。"前蜀杜光庭《招友人游春》詩："難把長繩繫日烏，芳時偷取醉功夫。"

【烏陽】

即日烏。此稱唐代已行用。見該文。

【翔陽】

即三足烏[1]。此稱晉代已行用。《文選·木華〈海賦〉》："若乃大明攡轡於金樞之穴，翔陽逸駭于扶桑之津。"李善注："翔陽，日也。《淮南子》曰：'日，陽之主也。'日中有烏，故言翔。"宋夏竦《和水清木連理詩表》："況翔陽之下，久銷螢燐之光；豈建木之陰，可耀蒿萊之質。"

【赤烏】

即三足烏[1]。亦稱"赤鴉""紅鴉"。此稱唐代已行用。唐白居易《勸酒》詩："天地迢迢自長久，白兔赤烏相趁走。"唐聶夷中《住京寄同志》詩："白兔落天西，赤鴉飛海底。"宋文同《野田黃雀行》："搶鼃鏗鯨宴瑤臺，紅鴉弄翼春徘徊。"《金瓶梅詞話》第二七回："到了那赤烏當空的時候，一輪火傘當空，無半點雲翳。"清趙翼《毒暑》詩："毒暑今年甚，當空煽赤烏。"

【赤鴉】

即赤烏。此稱唐代已行用。見該文。

【紅鴉】

即赤烏。此稱宋代已行用。見該文。

【金烏】

即三足烏[1]。亦稱"金鴉"。此稱南北朝時期已行用。南朝梁劉孝威《公無渡河》詩："檣偃落金烏，舟傾没犀枻。"隋康孟《咏日應趙王教》詩："金烏升曉氣，玉檻漾晨曦。"唐韓愈《送惠師》詩："金鴉既騰翥，六合俄清新。"宋楊萬里《題朱伯勤千峰紫翠樓》詩："客來欲識樓中景，祇等金鴉浴海時。"《飛花艷想》第二回："金烏西墜，玉兔東升。"

【金鴉】

即金烏。此稱唐代已行用。見該文。

【靈烏】

即三足烏[1]。亦稱"顧兔"。此稱南北朝時期已行用。北周庾信《象戲賦》："陰翻則顧兔先出，陽變則靈烏獨明。"南朝梁王僧孺《初夜文》："顧兔，升落常自在。"

【顧兔】[1]

即靈烏。此稱南北朝時期已行用。見該文。

【青烏】

即三足烏[1]。此稱元代已行用。元楊維楨《寄張伯雨》詩："每瞻湖上青烏去，不覺山中白兔馴。"

【烏】[1]

"三足烏[1]"之省稱。亦稱"烏焰""烏輪"。此稱晉代已行用。晉陶潛《怨詩楚調示龐主簿鄧治中》："造夕思鷄鳴，及晨願烏遷。"唐韓偓《踪迹》詩："東烏西兔似車輪，劫火桑田不復論。"唐韋莊《寓言》詩："兔走烏飛如未息，路塵終見泰山平。"唐羅鄴《冬日旅懷》詩："烏焰才沉桂魄生，霜階擁褐暫吟行。"宋真德秀《魚計亭後賦》："先生之言達矣，僕何足以闚其萬一。乃相與釂飲浩歌，不知烏輪之東出。"元許謙《春城晚步》詩："紅樓鼓歇烏輪墮，淺水橫舟弄漁火。"明朱有燉《豹子和尚》："看兔走烏飛，迅指間鬢邊白髮老來催。"

【烏焰】

即烏。此稱唐代已行用。見該文。

【烏輪】

即烏。此稱宋代已行用。見該文。

【畢逋】

即三足烏[1]。畢逋，本爲烏鴉尾巴擺動之貌，因日中有三足烏，故借指。此稱元代已行用。元大欣《初發金陵夜泊龍灣寄茅山道士李方外》詩："俄頃波濤忽破碎，木末飛上金畢逋。"明凌雲翰《關山雪霽圖》詩："扶桑飛上金畢逋，暗水流漸度空谷。"

【陽烏】

即三足烏[1]。亦作"暘烏"。此稱晉代已行用。晉張協《七命》："陽烏爲之頓羽，夸父爲之投策。"唐韓愈《訟風伯》："暘烏之仁兮，念此下民，閔其光兮，不鬥其神。"元方回《和陶淵明〈飲酒〉詩》之二十："風雨驟冥晦，暘烏出還新。"

【暘烏】

同"陽烏"。此體唐代已行用。見該文。

【織烏】

即三足烏[1]。太陽東升西落，往來如織，故稱。此稱宋代已行用。宋蘇軾《和貧士》七首之一："青天無今古，誰知織烏飛。"明李昌祺《剪燈餘話・至正妓人行》："織烏苒苒忙過隙，司馬汍瀾已濕襟。"參閱宋趙德麟《侯鯖錄》卷二。

【陽羽】

即三足烏[1]。羽，代指三足烏。此稱唐代已行用。唐許敬宗《謝敕書表》："精衞銜劣，豈究靈鼇之境；秋螢繼日，安測陽羽之升。"

扶桑

亦作"浮桑"。亦稱"扶光""升扶"。神話中的樹名。傳說日出其下，拂其梢而升，故借指太陽。此稱先秦時期已行用。屈原《離騷》："飲余馬於咸池兮，總余轡乎扶桑。"《古文苑・張衡〈髑髏賦〉》："西經昧谷，東極浮桑。"章樵注："日出之處曰扶桑。"三國魏曹植《游仙》詩："東觀扶桑曜，西臨弱水流。"《文選・謝瞻〈九日從宋公戲馬臺集送孔令詩〉》："扶光迫西汜，歡餘讌有窮。"呂延濟注："扶光，日也。"唐駱賓王《對策文》之三："徒以鑽木輕焰，仰升扶而曜暉。"清顔光敏《望華山》詩："天鷄曉徹扶桑涌，石馬宵鳴翠輦過。"

【浮桑】

同"扶桑"。此稱漢代已行用。見該文。

【扶光】

即扶桑。此稱南北朝時期已行用。見該文。

【升扶】

即扶桑。此稱唐代已行用。見該文。

暘

本指日出，亦借指太陽。此稱唐代已行用。唐元稹《元和五年予官不了罰俸西歸》詩："初暘好明净，嫩樹憐低庫。"宋蔡襄《自漁梁驛至衢州大雪有懷》詩："薄吹消春凍，新暘破曉晴。"

暘谷

指日出之山谷，《書・堯典》："分命羲仲，宅嵎夷，曰暘谷，寅賓出日。"明史謹《瞻日軒》詩："暖射卿雲成五色，高升暘谷眩雙瞳。"

日宮

指太陽。古人想象日或月皆爲天上之宮殿，故稱。此稱唐代已行用。唐武則天《從駕幸少林寺》詩："日宮疏澗户，月殿啓巖扉。"唐周利用《奉和九月九日登慈恩寺浮圖應制》詩："山豫乘金節，飛文焕日宮。"

圓光蔚

亦稱"圓羅曜""濯耀羅"。道教語。指太陽。此稱南北朝時期已行用。南朝梁陶弘景《真誥·協昌期一》："扶晨始暉生，紫雲映玄阿，焕洞圓光蔚，晃朗濯耀羅。"又，"外國呼日爲濯耀羅，方諸真人呼日爲圓羅曜。"《雲笈七籤》卷八："九天真人呼日爲濯耀羅，三天真人呼日爲圓光蔚。"

【圓羅曜】

即圓光蔚。此稱南北朝時期已行用。見該文。

【濯耀羅】

即圓光蔚。此稱南北朝時期已行用。見該文。

太明

指太陽。道教語。此稱宋代已行用。《雲笈七籤》卷八："太清天中有山名浮絶，三天神王之所治也。彼天人呼日爲太明。"又卷二三："太明育精，内練丹心，光暉體合，神真來尋。"

圓明

指太陽。道教語。此稱宋代已行用。《雲笈七籤》卷八："太極真人呼日爲圓明。"

九曜生

指太陽。道教語。此稱宋代已行用。《雲笈七籤》卷八："皇上四老真人在日中無影，呼日名爲九曜生。"

眇景

指太陽。道教語。此稱宋代已行用。《雲笈七籤》卷八："太素天中呼日爲眇景也。"明董斯張《廣博物志·天道上》亦引《雲笈七籤》此文。

紫曜明

亦稱"圓珠"。指太陽。道教語。此稱宋代已行用。《雲笈七籤》卷八："東華真人呼日爲紫曜明，或曰圓珠。"

【圓珠】

即紫曜明。此稱宋代已行用。見該文。

微玄

指太陽。日中神名，道教語。此稱宋代已行用。《雲笈七籤》卷八："微玄者，日中之神名，曰玉賢天中或呼日爲微玄也。"

摩尼珠

亦作"摩泥珠"，省稱"泥珠"。指太陽。佛教語。源自天竺國。此稱南北朝時期已行用。《北史·西域傳·南天竺國》中已有"城中出摩尼珠、珊瑚"之語，宋孫光憲《北夢瑣言》中又作"摩泥珠"（見宋曾慥《類説》卷四三轉引）。摩尼珠，佛家指海底龍宮中的如意寶珠，光焰似火，普照四方，爲佛家七寶之一，因以喻指太陽。明唐順之《游嵩山少林寺》詩："慧月秋逾徹，泥珠夕更鮮。"

【摩泥珠】

同"摩尼珠"。此體宋代已行用。見該文。

【泥珠】

"摩泥珠"之省稱。此稱明代已行用。見該文。

日食考

　　日食，月球運動到太陽和地球中間，若三者正處一條直綫時，月球就會擋住太陽射向地球的光，月球身後的黑影落地球表面，此謂日食。日食衹在朔，即月球與太陽呈現交合的狀態時發生。日食分爲日偏食、日全食、日環食、全環食。日食單稱爲"食""蝕""虧"，又稱爲"日蝕""日虧"。在中國古代，多認爲這是一種不祥之兆，乃"天狗食日"所致。中國的各種古籍，包括所謂正史，代代皆有預報或記叙。商代甲骨文中已見日食記載。郭沫若主編《甲骨文合集》11480："鼎（貞）：日出（有）食。"傳世文獻最早的記載見於《左傳·昭公七年》："四月甲辰朔，日有食之。晋侯問於士文伯曰：'誰將當日食？'"

　　之所以對日食充滿恐懼，在於古人不清楚日食的成因。雖然史書或稱不以天象參人事，如《新五代史·司天考》："蓋聖人不絶天於人，亦不以天參人。絶天於人則天道廢，以天參人則人事惑，故常存而不究也。春秋雖書日食、星變之類，孔子未嘗道其所以然者。"但實際上古人一直將日食與人事密切相關聯，并往往要擊鼓攻之，或在社壇作巫術。《春秋·莊公二十五年》："六月辛未朔，日有食之，鼓，用牲於社。"公羊傳："日食則曷爲鼓，用牲於社？求乎陰之道也，以朱絲營社，或曰脅之，或曰爲暗，恐人犯之，故營之。"漢董仲舒《春秋繁露·精華》進一步言日食的人事象徵："日食亦然，皆下犯上，以賤傷貴者，逆節也，故鳴鼓而攻之，朱絲而脅之，爲其不義也。"

　　因此，日食在古代世俗看來，是很有危害的大事，從而也就總被過度解讀，神乎其神。

　　但古代天文學對日食的認識仍有一定的科學性。唐代瞿曇悉達《開元占經》卷一引隋代劉焯《皇極曆》云："凡日食，由月行黃道，體所映蔽大，較正交正如累璧，漸減則有差。……所觀之地又偏，所食之時又別。月居外道，此不見虧，月外之人，反以爲食。"此說已指出月居日前，遮蔽日光，乃成日食，這是非常正確的。

日食

　　月球運行至地球和太陽中間，遮住陽光形成的黑影。商代甲骨文中已見日食記載。郭沫若主編《甲骨文合集》11480："鼎（貞）：日出（有）食。"《左傳·昭公七年》："四月甲辰朔，日有食之。晋侯問於士文伯曰：'誰將當日食？’”《史記·十二諸侯年表》：魯隱公三年二月："日食。"《史記·天官書》："蓋略以春秋二百四十二年之間，日蝕三十六。"《漢書·鮑宣傳》："今日蝕於三始，誠可畏懼。小民正月朔日尚恐毀敗器物。何況於日虧乎？"《南齊書·天文志》："隆昌元年五月甲戌合朔，巳時日蝕三分之一，午時光復還。"《宋書·禮志一》："合朔之時，或有日掩月，或有月掩日。月掩日，則蔽障日體，使光景有虧，故謂之日蝕。"唐瞿曇悉達《開元占經》卷一引隋劉焯《皇極曆》云："凡日食，由月行黄道，體所映蔽大，較正交正如累璧，漸減則有差。"此説已言及日食是月體蔽日而成，甚確。唐劉餗《隋唐嘉話》卷上："僕射蘇威有鏡殊精好，曾日蝕既，鏡亦昏黑無所見。"郭沫若《蘇聯紀行·七月九日》："五時日蝕，蝕自第一象限起，最後才如新月。"宋魏慶之《詩人玉屑·叙事詳盡》："熙寧元年，有司言日當食。四月朔，上爲撤膳，避正殿，時方微雨，明日不見日食。"元陳普《壬辰日蝕》詩："憶昔度宗皇帝時，十年十三日食之。"清何東銘《邛嶲野録》卷六九：道光二十年二月壬戌朔"巳時，日食，不盡者一綫"。

【日蝕】

即日食。月球運行至地球和太陽之間，太陽部分或全部被月球所遮没之天象。有全食、

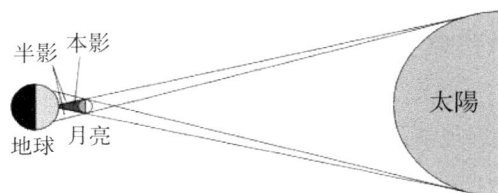

日食原理示意圖

偏食和環食三種，皆發生於農曆初一。古人或以爲是不祥之兆。此稱漢代已行用。《史記·天官書論》："蓋略以春秋二百四十二年之間，日蝕三十六。"《後漢書·五行志六》："光武帝建武二年正月甲子朔，日有蝕之。在危八度。日蝕説曰：‘日者，太陽之精，人君之象。君道有虧，爲陰所乘，故蝕。蝕者，陽不克也。’"《魏書·天象志一》："〔普泰元年〕六月己亥朔，日蝕，從西南角起，雲陰不見。定、相二州表聞。占曰：主弱小人持政。"

【日虧】[1]

即日食。此稱漢代已行用。《漢書·兩龔傳》："小民正月朔日尚恐毀敗器物，何況於日虧乎？"

【食】

"日食"之省稱。亦作"蝕"。食通"蝕"。此稱漢代已行用。《史記·六國年表》："〔秦躁公八年〕日月蝕。"《史記·孝景本紀》："後三年十月，日月皆食，赤五日。"《宋史·天文志》："〔皇祐五年十月丙申朔〕食，未一刻甚。"唐劉餗《隋唐嘉話》卷上："僕射蘇威有鏡殊精好，曾日蝕既，鏡亦昏黑無所見。"

【蝕】

同"食"。此體漢代已行用。見該文。

虧[1]

發生日食時，太陽表面出現虧缺，故日食也稱之爲"虧"，日食纔發生時稱之爲"初虧"。此稱南北朝時期已行用。唐瞿曇悉達《開元占經》卷一引隋劉焯《皇極曆》云："凡日食……或由近而不掩，因遥而蔽多，所觀之地又偏，所食之時又別。月居外道，此不見虧，月外之人，反以爲食。"這是説在不同地區看日食，日

食之"虧"會有不同的呈現。《隋書・律曆志》："〔開皇六年六月十五日〕依曆太陰虧，加時酉，在卯上，食十五分之九半弱，虧起西南。當其時，陰雲不見月，至辰巳，雲裏見月，已食三分之二，虧從東北，即還雲合，至巳午間，稍生，至午後，雲裏暫見，已復滿。"《舊五代史・天文志》："〔天福二年正月乙酉〕是日太陽虧，十分內蝕三分，在尾宿十七度。日出東方，以帶蝕三分，漸生，至卯時復滿。"《宋史・天文志》："〔端平二年二月甲子朔〕日當虧不虧。"參見"日食"。

【虧食】

即虧。亦作"虧蝕"。發生日食時，太陽表面出現虧缺，故稱。此稱宋代已行用。《舊五代史・天文志》："晉高祖天福二年正月乙卯，先是，司天奏：正月二日太陽虧蝕，宜避正殿，開諸營門，蓋藏兵器，半月不宜用軍。是日，太陽虧，十分內食三分，在尾宿十七度。日出東方以帶蝕三分，漸生，至卯時復滿。"《宋會要輯稿・瑞異》："〔政和三年三月壬子朔〕太史局奏太陽當局，至未時七刻後日體圓明，全不虧食。……先是太史局前期定到三月一日壬子朔午時八刻後太陽當食從西北起，蝕及三分。"

【虧蝕】

同"虧食"。此稱五代時期已行用。見該文。

交 [1]

指日食。當月球運動到太陽和地球中間，如果三者正好處在一條直線時，月球就會擋住太陽射向地球的光，月球身後的黑影正好落到地球上，這時發生日食現象，稱之爲"日月交食"，故日食也稱之爲"交"。此稱唐代已行用。唐瞿曇悉達《開元占經》卷一："按劉焯《皇極

曆》云：凡日食，由月行黃道，體所映蔽大，較正交正如累璧，漸減則有差……交淺則間遙，交渾則相博。"《大金國志》卷一五：正隆六年正月甲戌朔"日有食之，太史奏當交不虧"。

日有食之

亦作"日有蝕之"。太陽表面出現虧缺，太陽出現被侵蝕的現象。"日"爲主語，"有"爲存現動詞作謂語，動賓結構"食之"作賓語。語義上，"有"表示出現，"之"回指主語"日"，"食之"前省略了主語。參閱張文國《日有食之的結構語義分析》（載《南華大學學報》社科版，2007 年 8 月第八卷第五期）。此稱先秦時期已行用。《詩・小雅・十月之交》："十月之交，朔日辛卯。日有食之，亦孔之醜。"《左傳・桓公三年》七月壬辰朔："日有食之。"《北齊書・魏本紀》："日有食之。"《宋史・天文志》："〔皇祐元年正月甲午朔〕日有食之。"《魏書・天象志一》："〔太平真君〕七年六月癸未朔，日有蝕之。"《舊唐書・天文志》："〔上元二年七月癸未朔〕日有蝕之，大星皆見。司天秋官正瞿曇譔奏曰：癸未太陽虧，辰正後六刻起虧，巳正後一刻既，午前一刻復滿。虧於張四度。"直至明清時，"日有食之""日有蝕之"，仍被經常使用。

【日有蝕之】

同"日有食之"。此體南北朝時期已行用。見該文。

日再食

亦稱"日又食"。接連兩個月，再次發生日食的現象。此現象先秦時期已被高度關注。《春秋・襄公二十四年》："秋，七月，甲子，朔，日有食之，既。……八月，癸巳，朔，日有食

之。"孔穎達疏認爲不應兩月而日再食："今七
月日食既，而八月又食。於推步之術，必無此
理。蓋古書磨滅，致有錯誤。"孔疏實誤，兩
月連續日食，有之。此稱漢代已行用。《史
記·十二諸侯年表》："〔魯襄公二十一年〕日再
食。"《史記·孝文本紀》："〔二年十二月望〕日
又食。"《元史·朵爾直班傳》："〔元統二年四月
戊午朔〕日又食。"但"十二月望"爲望日，不
會發生日食，當係"月又食"之誤。

【日又食】

即日再食。此稱漢代已行用。見該文。

日全食

太陽全部被月球陰影所覆蓋。在地球上的
部分地點觀察，人們所見到的太陽光全部會被
月球遮住，人們看到的日面全部爲黑色。由於
月球比地球小，祇有在月球本影中的人們纔能
看到日全食。在一次日食中，月球的角直徑與
太陽角直徑的比例，就是食分。日全食的食分，
都會等於或者大於一。文獻中的"月奄日"，全
"奄"即爲日全食，古人或稱之爲"日有食之，
既"，省稱"食既"。《左傳·桓公三年》："七月，
壬辰朔，日有食之，既。"晋杜預注："日月同
會，月奄日，故日食。食有上下者，行有高下，
日光輪存而中食者，相奄密，故日光溢出。皆
既者，正相當，而相奄間疏也。"所謂"皆既
者，正相當"，即指日全食。孔穎達疏："食既
者，謂日光盡也。"參見"食既"文。

食有上下

日偏食。地球有一部分被月球陰影外側的
半影覆蓋的地區，在地球上的部分地點觀察，
人們所見到的太陽光有一部分會被月球遮住，
看到的日面祇有部分爲黑色。月偏食沒有食既、

生光過程，食甚也祇表示月面陰影最大的情況。
在一次日食中，月球的角直徑與太陽角直徑的
比例，就是食分。日偏食的食分，都會小於一。
文獻記述日偏食爲"食有上下"。此稱晋代已行
用。《左傳·桓公三年》："七月，壬辰朔，日有
食之，既。"晋杜預注："食有上下者，行有高
下。"孔穎達疏："謂月在日南，從南入食，南
下北高，則食起於下。月在日北，從北入食，
則食發於高。是其行有高下，故食不同也。故
《異義》云月高則其食虧於上，月下則其食虧於
下也。"

日食階段

日食從開始到結束，人們所見到的太陽光
被月球遮住的部分，總是從無到小到大，再從
大到小到無，經歷着不同的變化階段。我國古
代的記載，也是由簡到繁，越來越細。比如開
始僅僅籠統地記載爲"日有食之"，或"日食"，
或"食"；後來又有了日食變化階段中"初虧"，
或"食甚"或"復圓"的記載；再後來逐步就
有了不同的變化階段比較詳細的記載。如"日
全食五階段""日偏食三階段"，還有各個階段
中不同"食分"和發生於不同星區的更詳盡的
記載等。近現代更有日全食五階段之前、之後
的也作爲日食階段表述。如：《漢書·惠帝紀》：
"〔七年五月丁卯〕日有食之，既。"又《五行
志》："日有食之，幾盡，在七星初。"《南齊
書·天文志》："〔永明十年十二月癸未朔〕加
時在午之半度，到未初見日始蝕，虧起西北角，
蝕十分之四，申時光色復還。"《清朝文獻通考》
卷二六三："〔雍正九年十二月庚寅朔〕日食，
在斗宿初度二十六分，食九分十一秒，卯正三
刻八分初虧，辰初一刻十分帶食，六分四十秒

出地平，辰初三刻四分食甚，巳初初刻五分復圓。"

半影食始 [1]

月球剛剛和半影接觸時稱爲半影食始，這時肉眼覺察不到，半影食始發生在初虧之前。由於人們肉眼看不到，所以人們（特別是古人）一般講日食的過程時，就祇講從初虧開始了。

半影食終 [1]

一般講日食的過程和階段，月亮陰影和太陽圓面第二次外切時爲復圓，日食過程也就結束了。月亮陰影和太陽圓面第二次外切時，月亮陰影和太陽圓面還未有分離開，如果月影徹底離開太陽圓面（半影），整個日食過程就完全正式徹底完結。半影食終和半影食始一樣，人們（特別是古人）講日食的過程和階段時，一般就不講了。

日偏食三階段

地球有一部分被月球陰影外側的半影覆蓋地區，人們所見到的太陽光有一部分會被月球遮住，看到的日面祇有部分爲黑色，這出現日偏食。正式的一次日偏食一般祇有三個階段：初虧、食甚和復原。復原，我國古代多作"復圓"。日偏食沒有食既、生光過程，食甚也祇表示月面陰影最大的情況。《清朝文獻通考》卷二六三：康熙三年十二月戊午朔"日食，在斗宿二十一度二十分，食八分五十四秒，申初一刻六分初虧，申正二刻七分食甚，酉初三刻一分復圓。"《清朝文獻通考》卷二六三：康熙十年八月己卯朔"日食，在張宿九度二十九分，食一分五十九秒，申正一刻九分初虧，酉初初刻七分食甚，酉初二刻十四分復圓。"《清朝文獻通考》卷二六三：乾隆三十四年五月壬午朔

"日食，在畢宿八度三十八分，食三分三十五秒，酉初初刻五分初虧，酉初三刻二分食甚，酉正一刻十三分復圓。"《清朝文獻通考》卷二六三：乾隆三十八年三月庚寅朔"日食，在室宿十二度三十七分，食四分十三秒，未初一刻三分初虧，未正二刻十分食甚，申初三刻九分復圓。"單是《清朝文獻通考》記載的這種"日偏食三階段"就有幾十種之多。日偏食沒有食既、生光過程，食甚也祇表示月面陰影最大的情況。但是，《隋書・律曆志》："〔開皇五年六月三十日〕依曆太陽虧，日在七星六度，加時在午少強上，食十五分之一半強，虧起西南角，今伺候，日乃在午後六刻上始食，虧起西北角，十五分之六，至未後一刻還生，至五刻復滿。"却是有"還生"這一生光過程的。《舊唐書・天文志》："〔上元二年七月癸未朔〕日有蝕之，大星皆見。司天秋官正瞿曇譔奏曰：癸未太陽虧，辰正後六刻起虧，巳正後一刻既，午前一刻復滿。虧於張四度"，却是有"食既"這一過程的。雖然也記載了"三階段"，但和後來逐步完善、嚴格起來的"日偏食三階段"還是不同的。以上兩種記載應該看作日全食過程的簡化。看來隋唐時代還沒有嚴格的"日全食五階段"的記錄和規定。

日全食五階段

日全食，是地球上部分地點看到的太陽光被月亮全部遮住的天文現象。由於月球比地球小，祇有在月球本影中的人們纔能看到日全食。表示日面直徑的被遮部分與太陽直徑的比值，叫食分。如果以太陽的直徑爲一，食分爲一，那就是太陽的整個圓面被遮住，那就是日全食。日全食一般最常見的分爲初虧、食既、

食甚、生光、復原五個階段。復原，古代多作"復圓"。《清朝文獻通考》卷二六三：雍正九年十二月庚寅朔"日食，在斗宿初度二十六分，食九分十一秒，卯正三刻八分初虧，辰初一刻十分帶食，六分四十秒出地平，辰初三刻四分食甚，巳初初刻五分復圓。"《清朝文獻通考》卷二六三：乾隆三十九年八月壬午朔"日食，在張宿十度五十三分，食三分五十一秒，辰初初刻十四分初虧，辰正初刻十二分食甚，巳初一刻三分復圓。"而《隋書·律曆志》："〔開皇五年六月三十日〕依曆太陽虧，日在七星六度，加時在午少強上，食十五分之一半強，虧起西南角，今伺候，日乃在午後六刻上始食，虧起西北角，十五分之六，至未後一刻還生，至五刻復滿。"表面看來，也是"三階段"，但不是"日偏食三階段"，此《隋書·律曆志》記載的，也是"日全食"現象，因爲有"還生"和"復滿"，相當於"日全食五階段"的"生光"和"復原"，而"日偏食"是無有"生光"的。可

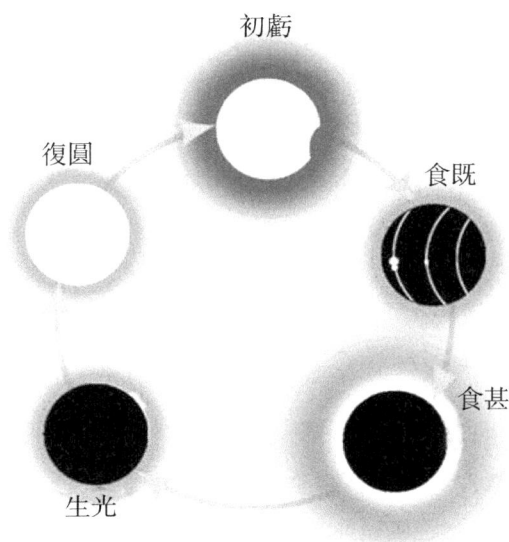

日全食五階段示意圖

見早起的日食記載還是較爲粗略的。

初虧 [1]

亦稱"日虧"。由於月亮自西向東繞地球運轉，所以日食總是在太陽圓面的西邊緣開始的。當月亮的東邊緣剛接觸到太陽圓面的瞬間（即月面的東邊緣與日面的西邊緣相外切的時刻），稱爲初虧。初虧也就是日食過程開始的時刻，標志日食開始。初虧就是人們剛剛看到日食時的景象，由於日食剛剛開始時太陽的亮度非常高，所以人們剛剛開始看到日食時，日食實際已經發生了一小段時間，人們剛剛開始看到日食時初虧的景象，已經有了明顯的缺口。此稱明代已行用。《明神宗實錄》："〔萬曆二十四年閏八月乙丑朔〕巳正二刻，日食初虧，正酉午初四刻，食九分餘。"《清朝文獻通考》卷二六三："〔康熙三年十二月戊午朔〕日食，在斗宿二十一度二十分，食八分五十四秒，申初一刻六分初虧，申正二刻七分食甚，酉初三刻一分復圓。"《清朝文獻通考》卷二六三："〔乾隆三十八年三月庚寅朔〕日食，在室宿十二度三十七分，食四分十三秒，未初一刻三分初虧，未正二刻十分食甚，申初三刻九分復圓。"《漢書·鮑宣傳》："今日蝕於三始，誠可畏懼。小民正月朔日尚恐毀敗器物，何況於日虧乎！"參見本卷《日月五星説·太陽考》"日全食五階段"文。

【日虧】 [2]

即初虧 [1]。此稱漢代已行用。見該文。

【虧】 [2]

即初虧 [1]。此稱南北朝時期已行用。《魏書·天象志》："日有食之，在丙，虧從正南起。"《隋書·律曆志》："〔開皇五年六月三十日〕依曆太陽虧，日在七星六度，加時在午少

强上，食十五分之一半强，虧起西南角，今伺候，日乃在午後六刻上始食，虧起西北角，十五分之六，至未後一刻還生，至五刻復滿。"《隋書・律曆志》："〔開皇十四年七月一日〕依曆時加巳弱上，食十五分之十二半强。至未後三刻，日乃食，虧起西北，食半許，入雲不見，食頃暫見，猶未復生，因即雲鄣。"

【始蝕】[1]

即初虧[1]。亦作"始食""初食"。此稱南北朝時期已行用。《南齊書・天文志》："〔永明十年十二月癸未朔〕加時在午之半度，到未初見日始蝕，虧起西北角，蝕十分之四，申時光色復還。"《大明會典・祥異》："洪武二十六年定日食救護儀……至期、欽天監官報日初食。百官具朝服。典儀唱班齊。贊禮唱鞠躬，樂作，四拜，興，平身，樂止，跪。"嘉慶《瑞安縣志》卷八："〔至正十二年四月癸卯朔〕日食，榜示司天臺謂日食八分，初食在巳正一刻，時敏辨其差謬，果如其言。"

【始食】[1]

即始蝕[1]。此體南北朝時期已行用。見該文。

【初食】

即始蝕[1]。此稱明代已行用。見該文。

【起虧】

即初虧[1]。此稱唐代已行用。《舊唐書・天文志》："〔上元二年七月癸未朔〕日有蝕之，大星皆見。司天秋官正瞿曇譔奏曰：癸未太陽虧，辰正後六刻起虧，巳正後一刻既，午前一刻復滿。虧於張四度。"《宋會要輯稿・瑞異》："〔熙寧元年正月甲戌朔〕日有食之，司天監言：其日巳時八刻，瞻見太陽於正西偏南起虧，至午

時五刻後，食及六分弱，至未時三刻復圓。"

【日體微傷】

即初虧[1]。日食開始，日體出現些微的虧缺損傷。此稱漢代已行用。《續漢書・五行志》"熹平二年十二月癸酉晦日有蝕之"李賢注："蔡邕上書曰：四年正月朔，日體微傷。"

食頃

指日食開始初虧之後不久，還未達到食既的某個階段。此稱隋代已行用。《隋書・律曆志》："〔開皇十四年七月一日〕依曆時加巳弱上，食十五分之十二半强。至未後三刻，日乃食，虧起西北，食半許，入雲不見，食頃暫見，猶未復生，因即雲鄣。"崇禎《松江府志》卷四七："日將沒，忽無光，作蕉葉樣，天黑如夜，星斗燦然，食頃，天再明，又少時乃沒。"

食既[1]

亦作"蝕既"，省稱"既"。從初虧開始，月亮繼續往東運行，太陽圓面被月亮遮掩的部分逐漸增大，陽光的強度與熱度顯著下降。當月面的東邊緣與日面的東邊緣相內切時，稱爲食既。食既發生在初虧之後，是從初虧至食甚的中間階段，太陽光被月亮遮住的部分在逐步增大，而太陽發光的部分在逐步減少。此時整個太陽圓面被遮住，因此，食既也就是日全食開始的時刻。"食既"先秦時期已有記載，此稱唐代已行用。《左傳・桓公三年》："七月，壬辰朔，日有食之，既。"杜預注："日月同會，月奄日，故日食。……皆既者，正相當，而相奄間疏也。"孔穎達疏："食既者，謂日光盡也。"《漢書・五行志》："〔呂后七年正月己丑晦〕日有食之，既，在營室九度。"《舊唐書・天文志》："蝕既，大星皆見。"萬曆《洪洞縣志》卷

八："〔嘉靖二十年夏〕日食既，太白晝見，半
晌始復。"光緒《富陽縣志》卷一五："〔道光
二十三年六月朔〕日食，既，白晝如夜一時
許。"《清史稿·時憲志五》："求食既、生光時
刻，以食甚距緯之餘弦爲一率。"參見"日全食
五階段"及"日全食五階段示意圖"。

【蝕既】[1]

同"食既[1]"。此體唐代已行用。見該文。

【既】[1]

"食既[1]"之省稱。此稱先秦時期已行用。
見該文。

【食盡】[1]

即食既[1]。省稱"盡"。此稱明代已行用。
據《左傳·桓公三年》"秋七月壬辰朔，日有食
之，既"，晋杜預注"既，盡也"，食盡，就是
食既之意。康熙《貴溪縣志》卷一："〔萬曆十
年七月朔〕日食盡，星見，雞犬皆宿。"

【盡】[1]

"食盡[1]"之省稱。此稱晋代已行用。見該
文。

幾既

幾乎接近食既的天象。此稱唐代已行用。
《新唐書·天文志》："〔天寶十三載六月乙丑朔〕
日有食之，幾既，在東井十九度。"

食不既

亦稱"食不盡"。還未達到食既但比較接近
食既的天象。此稱元代已行用。《元史·天文
志》："〔世祖至正二十九年正月甲午朔〕日有食
之，有物漸侵入日中，不能既，日體如金環然，
左右有珥，上有抱氣。"道光《鎮原縣志》卷
七："〔嘉慶十九年六月庚申朔〕日食，是日午
刻，食不盡者三分。"

【食不盡】

即食不既。此稱清代已行用。見該文。

幾盡[1]

猶幾既，幾乎接近食既的天象。此稱漢代
已行用。《漢書·五行志》："日有食之，幾盡，
在七星初。"《漢書·五行志》："元鳳元年七月
己亥晦，日有食之，幾盡，在張十二度。"《續
漢書·五行志》："〔元初六年十二月戊午朔〕日
有蝕之，幾盡，地如昏狀，在須女十一度。"

既盡

已經完全達到食既的天象。此稱清代已行
用。民國《崇善縣志》卷六："〔嘉慶二十年八
月朔〕日食既盡，良久復明。"

不盡如鈎

亦稱"日食如鈎"。尚未達到食既而比較接
近食既時，殘留的發光日面如同細細的彎鈎。
此稱漢代已行用。《漢書·五行志》："元壽元年
正月辛丑朔，日有食之，不盡如鈎，在營室十
度。"《漢書·五行志》："河平元年四月己亥晦，
日有食之，不盡如鈎，在東井六度。"民國《巴
中縣志》卷四："〔宣統三年九月乙丑朔〕午正，
日食如鈎，旁有一日隨之，色微黯，良久日復
圓。"

【日食如鈎】

即不盡如鈎。此稱清代已行用。見該文。

未盡如綫

亦稱"不盡如綫"。此稱民國時期已行用。
尚未達到食既而比較接近食既時，殘留的發光
日面如同細綫，應該是比"不盡如鈎"更加
接近食既時。清何東銘《邛㠏野録》卷六九：
"〔道光二十年二月壬戌朔〕巳時，日食，不盡
者一綫。"民國《平谷縣志》卷三："〔咸豐二年

十一月丁未朔〕日食九分五十一秒，未盡者如
綫，天色如暮。"

【不盡如綫】

即未盡如綫。此稱清代已行用。見該文。

食甚 [1]

省稱"甚"。食既以後，月輪繼續東移，當
月輪中心和日面中心相距最近時，就達到食甚。
食甚發生在食既之後，食甚時的食分最大。對
日全食來説，這時太陽光被月亮全部遮住，太
陽整個表面變成昏暗狀態。對日偏食來説，食
甚是太陽被月亮遮去最多的時刻。此稱元代已
行用。《通鑑目録》卷二七："〔天成元年八月
乙酉〕食二分，甚在辰初。"《宋史・天文志》：
"〔皇祐五年十月丙申朔〕食，未一刻甚。"《元
史・曆志》："《授時曆》：食甚在辰初刻。"明陳
楷《日涉編》卷四："〔大業八年四月一日〕王
度時在臺司，晝卧廳閣，覺日漸昏，諸吏告以
日食甚。"光緒《續猗氏縣志》卷下："〔道光
二十一年二月初二〕逢日食，當食甚時，白晝
星見。"《通鑑目録》卷二七："〔天成元年八月
乙酉〕食二分，甚在辰初。"

【甚】

"食甚"之省稱。此稱五代時期已行用。見
該文。

生光 [1]

亦稱"還生""始生""復生""漸生"。此
稱清代已行用。從食甚至復原的中間階段，月
亮繼續往東移動，當月面的西邊緣和日面的
西邊緣相內切，太陽光被月亮全部遮住以後又
開始出現發光的部分，稱爲生光，它是日全食
結束的時刻，食既到生光爲全食階段。如《隋
書・律曆志》："〔開皇五年六月三十日〕依曆

太陽虧，日在七星六度，加時在午少强上，食
十五分之一半强，虧起西南角，今伺候，日乃
在午後六刻上始食，虧起西北角，十五分之六，
至未後一刻還生，至五刻復滿。"《隋書・律
曆志》："〔開皇五年十月三十日丁丑〕依曆太
陽虧，日在斗九度，時加在辰少弱上，食十五
分之九强，虧起東北角。今候所見，日出山一
丈，辰二刻始食，虧起正西，食三分之二，辰
後二刻始生，入巳時三刻上復滿。"《隋書・律
曆志》："〔開皇十四年七月一日〕依曆時加巳
弱上，食十五分之十二半强。至未後三刻，日
乃食，虧起西北，食半許，入雲不見，食頃暫
見，猶未復生，因即雲部。"《舊五代史・天文
志》："〔天福二年正月乙酉〕是日太陽虧，十
分內蝕三分，在尾宿十七度。日出東方，以帶
蝕三分，漸生，至卯時復滿。"《清史稿・時憲
志五》："求食既、生光時刻，以食甚距緯之餘
弦爲一率。"參見本卷《日月五星説・太陽考》
"日全食五階段"及"日全食五階段示意圖"。

【還生】 [1]

即生光。此稱隋代已行用。見該文。

【始生】

即生光。此稱隋代已行用。見該文。

【復生】

即生光。此稱隋代已行用。見該文。

【漸生】 [1]

即生光。此稱五代時期已行用。見該文。

【復圓】 [1]

亦作"復原"。此稱宋代已行用。生光之
後，月面繼續移離日面，太陽被遮蔽的部分逐
漸減少，當月面的西邊緣與日面的東邊緣相切
的刹那，月亮陰影和太陽圓面第二次外切時，

太陽圓面完全復圓，稱爲復圓。這時太陽又呈現出圓盤形狀，整個日食過程結束。此稱宋代已行用。《宋會要輯稿·瑞異》："〔熙寧元年正月甲戌朔〕日有食之，司天監言：其日巳時八刻，瞻見太陽於正西偏南起虧，至午時五刻後，食及六分弱，至未時三刻復圓。"《大明會典·祥異》："洪武二十六年定日食救護儀……至期，欽天監官報日初食……候欽天監官報復圓。贊禮唱鞠躬，樂作，四拜，平身，樂止，禮畢。"《清朝文獻通考》卷二六三："〔康熙三年十二月戊午朔〕日食，在斗宿二十一度二十分，食八分五十四秒，申初一刻六分初虧，申正二刻七分食甚，酉初三刻一分復圓。"《清朝文獻通考》卷二六三："〔乾隆三十四年五月壬午朔〕日食，在畢宿八度三十八分，食三分三十五秒，酉初初刻五分初虧，酉初三刻二分食甚，酉正一刻十三分復圓。"《清朝文獻通考》卷二六三："〔乾隆三十八年三月庚寅朔〕日食，在室宿十二度三十七分，食四分十三秒，未初一刻三分初虧，未正二刻十分食甚，申初三刻九分復圓。"

【復原】

同"復圓"。此體清代已行用。見該文。

【復】[1]

"復圓"之省稱。此稱漢代已行用。《漢書·五行志》："征和四年八月辛酉晦，日有食之，不盡如鈎，在亢二度，晡時食從西北，日下晡時復。"萬曆《洪洞縣志》卷八："〔嘉靖二十年夏〕日食既，太白晝見，半晌始復。"乾隆《英山縣志》卷二六："日食無光，六畜驚走，漸暝暗如黑夜，行人莫辨，久之始復。"

【復還】[1]

即復圓。此稱南北朝時期已行用。《南齊書·天文志》："隆昌元年五月甲戌合朔，巳時日蝕三分之一，午時光復還。"《南齊書·天文志》："〔永明十年十二月癸未朔〕加時在午之半度，到未初見日始蝕，虧起西北角，蝕十分之四，申時光色復還。"

【復滿】[1]

即復圓。此稱隋代已行用。《隋書·律曆志》："〔開皇五年六月三十日〕依曆太陽虧，日在七星六度，加時在午少強上，食十五分之一半強，虧起西南角，今伺候，日乃在午後六刻上始食，虧起西北角，十五分之六，至未後一刻還生，至五刻復滿。"《隋書·律曆志》："〔開皇五年十月三十日丁丑〕依曆太陽虧，日在斗九度，時加在辰少弱上，食十五分之九強，虧起東北角。今候所見，日出山一丈，辰二刻始食，虧起正西，食三分之二，辰後二刻始生，入巳時三刻上復滿。"《舊唐書·天文志》："〔上元二年七月癸未朔〕日有蝕之，大星皆見。司天秋官正瞿曇譔奏曰：癸未太陽虧，辰正後六刻起虧，巳正後一刻既，午前一刻復滿。虧於張四度。"

【始復】

即復圓。此稱明代已行用。萬曆《洪洞縣志》卷八："〔嘉靖二十年夏〕日食既，太白晝見，半晌始復。"乾隆《英山縣志》卷二六："日食無光，六畜驚走，漸暝暗如黑夜，行人莫辨，久之始復。"

【復光】

即復圓。此稱明代已行用。嘉靖《石埭縣志》卷八："〔嘉靖十九年七月朔〕日食，午後特甚。初然天色昏黃，六畜驚走，漸加晦暗如黑夜，雖道路人不相見。少頃，始復光。"

【漸復】

即復圓。此稱清代已行用。康熙《鄞縣志》卷二四："〔崇禎十四年十月癸卯朔〕日有食之，既乃晝晦見星，鳥雀歸林，移時漸復。"

【復明】

即復圓。此稱清代已行用。民國《崇善縣志》卷六："〔嘉慶二十年八月朔〕日食既盡，良久復明。"

食退

省稱"退"。日食現象消退。此稱宋代已行用。《宋會要輯稿·瑞異》："〔建炎三年九月丙午朔〕日有食之，初，日食僅四分，未幾，復退。有頃，上遣中使齎太史元進《日食分數晷刻圖》示宰執。晚朝奏事次，上曰：'太史初奏，日食早而分深，朕適以油盆觀之，食淺而退速。'"

【退】

"食退"之省稱。此稱宋代已行用。見該文。

內蝕

太陽升起之前日食已經在地平綫之下發生，稱之爲"內蝕"。此稱五代時期已行用。《舊五代史·天文志》："〔天福二年正月乙酉〕是日太陽虧，十分內蝕三分，在尾宿十七度。日出東方，以帶蝕三分，漸生，至卯時復滿。"

帶蝕

亦作"帶食"。太陽升起出地平綫之前日食已經發生，或落入地平綫之後日食繼續，稱之爲"帶蝕"。此稱五代時期已行用。《舊五代史·天文志》："〔天福二年正月乙酉〕是日太陽虧，十分內蝕三分，在尾宿十七度。日出東

方，以帶蝕三分，漸生，至卯時復滿。"《清朝文獻通考》卷二六三："〔雍正九年十二月庚寅朔〕日食，在斗宿初度二十六分，食九分十一秒，卯正三刻八分初虧，辰初一刻十分帶食，六分四十秒出地平，辰初三刻四分食甚，巳初初刻五分復圓。"《清朝文獻通考》卷二六三："〔乾隆二十七年九月庚申朔〕日食，在角宿三度二十六分，食五分四十秒，申正三刻五分初虧，酉初一刻十三分帶食五分四十秒入地平。"

【帶食】[1]

同"帶蝕"。此體清代已行用。見該文。

日環食

日食發生時，太陽的中心部分黑暗，邊緣仍然明亮，形成光環，這就是日環食。古代文獻中無此稱。

全環食

日食發生時，在食帶內當日食開始和終了的時候是環食，但中間有一段時間可以看到全食，這種日食叫全環食。古代文獻中無此稱。

金環

指日環食或全環食。發生日全食時，如果太陽的中心部分黑暗，邊緣仍然明亮，這就形成了一個金色的光環。這是因爲月球在太陽和地球之間，但是距離地球較遠，不能完全遮住太陽而形成的。發生日環食時，物體的投影有時會交錯重叠。在食帶內當日食開始和終了的時候是環食，但中間有一段時間可以看到全食，這種日食即全環食。此稱元代已行用。《元史·天文志》："〔世祖至元二十九年正月甲午朔〕日有食之，有物漸侵入日中，不能既，日體如金環然，左右有珥，上有抱氣。"從描述看，這裏應當是全環食。明徐光啓《新法算

書·測量全義·論體》：“不因地月之比例，何從推日輪之視體幾何大、去人幾何遠乎？則何繇知日食既之有無金環乎？”

珥

日珥。在日全食時，太陽的周圍鑲着一個紅色的環圈，上面跳動着鮮紅的火舌，這種火舌狀物體就叫做日珥。此稱元代已行用。《元史·天文志》：“〔世祖至元二十九年正月甲午朔〕日有食之，有物漸侵入日中，不能既，日體如金環然，左右有珥，上有抱氣。”

抱氣

指籠罩在太陽上面的雲氣、光圈，古代以爲是祥瑞的徵兆。此稱元代已行用。《元史·世祖紀十四》：“日食時，左右有珥，上有抱氣。”《元史·天文志》：“〔世祖至元二十九年正月甲午朔〕日有食之，有物漸侵入日中，不能既，日體如金環然，左右有珥，上有抱氣。”《清史稿·天文志十三》：“〔康熙〕五年五月乙巳兼抱氣。”

白晝如晦

在日全食時或幾近食時，白天變得如同黑夜。此稱明代已行用。崇禎《松江府志》卷四七：“日食，亭午食既，白晝如晦。”乾隆《營山縣志》卷三：“晝晦如夜，人物對面不見，飯時方明，一時稱異。”乾隆《英山縣志》卷二六：“日食無光，六畜驚走，漸暝暗如黑夜，行人莫辨，久之始復。”光緒《富陽縣志》卷一五：“〔道光二十三年六月朔〕日食，既，白晝如夜一時許。”

白晝星現

在日全食時或幾近食時，白天天空出現星辰。此稱清代已行用。康熙《貴溪縣志》卷一：

“〔萬曆十年七月朔〕日食盡，星見，雞犬皆宿。”光緒《寧津縣志》卷一一：“未時，日食，群星晝見。”同治《全椒縣志》卷一〇：“日食，晝晦，恒星皆見。”光緒《續猗氏縣志》卷下：“〔道光二十一年二月初二〕逢日食，當食甚時，白晝星見。”民國《靖遠縣志》卷一：“〔光緒七年〕日食，既，白晝見星。”

晝晦星現

在日全食時或幾近食時，白天變成黑夜，同時天空出現星辰的天象。此稱明代已行用。萬曆《辰州府志》卷一：“〔萬曆三年四月己巳朔〕日食，晝晦星現。”崇禎《松江府志》卷四七：“〔至正二十一年四月辛巳朔〕日將沒，忽無光，作蕉葉樣，天黑如夜，星斗燦然，食頃，天再明，又少時乃沒。”清孫之騄《二申野錄》卷八：“〔崇禎辛巳十月辛卯朔〕日有食之，既，白晝如夜，星斗盡見，百鳥飛鳴，牛羊雞犬皆驚逐。”康熙《鄞縣志》卷二四：“〔崇禎十四年十月癸卯朔〕日有食之，既乃晝晦見星，鳥雀歸林，移時漸復。”康熙《宣化縣志》卷五：“〔康熙二十七年四月癸卯朔〕日食，既，晝晦見星。”康熙《解州志》卷一二：“〔康熙三十六年四月朔〕日食，既，晝晦星見。”雍正《扶風縣志》卷一：“〔康熙二十四年丁酉朔〕日食，自卯至辰，晝晦星見。”

當食不食

省稱“不食”，亦稱“合食不食”“當虧不虧”“當食不虧”“當交不虧”“應食不食”“至期不食”。據天文推算，某日某時應該發生日食，屆時未曾發生，曰“當食不食”。此稱唐代已行用。《舊唐書·天文志》：“〔廣德二年五月丁酉朔〕日當食不食。”《舊唐書·天文志》：

"〔大曆十三年甲戌〕有司奏合食不食。"又貞元六年正月戊戌朔同。《舊五代史・天文志》:"〔天福三年正月戊申朔〕司天先奏,其日日食,至是日不食,内外稱賀。"《宋史・天文志》:"〔元豐四年十一月癸未朔〕日當食不食。"《宋史・天文志》:"〔端平二年二月甲子朔〕日當虧不虧。"《宋史・真宗紀》:"〔景德三年五月壬寅〕日當食不虧。"又大中祥符七年十二月癸丑朔同。《契丹國志・穆宗紀》:"〔應曆十五年二月壬寅朔〕日當食不虧。"《大金國志》卷一五:"〔正隆六年正月甲戌朔〕日有食之,太史奏當交不虧。"《明神宗實錄》卷一五五:"〔萬曆十二年十一月癸酉朔〕午刻,日應食不食。"《明英宗實錄》卷二〇五:"〔景泰二年六月戊辰朔〕欽天監先言是日卯初刻日當食,至期不食。"

【不食】

"當食不食"之省稱。此稱五代時期已行用。見該文。

【合食不食】

即當食不食。此稱唐代已行用。見該文。

【當虧不虧】

即當食不食。此稱宋代已行用。見該文。

【當食不虧】

即當食不食。此稱宋代已行用。見該文。

【當交不虧】

即當食不食。此稱金代已行用。見該文。

【應食不食】

即當食不食。此稱明代已行用。見該文。

【至期不食】

即當食不食。此稱明代已行用。見該文。

過時不食

即當食不食。據天文推算,某日某時應該發生日食,超過這個推算時間,日食未曾發生,曰"過時不食"。此稱南北朝時期已行用。《周書・宣帝紀》:"〔大象元年四月壬戌朔〕有司奏言日蝕,不視事。過時不食,乃臨軒。"

加時日食

據天文推算,某日某時應該發生日食,超過這個推算的時間,日食未曾發生,重新推算今後應該發生日食的時間,到了這個延後的新時間,日食發生了,曰"加時日食"。此稱晉代已行用。《晉書・律曆志》:"〔黃初〕三年正月丙寅朔加時申北日食。"《晉書・律曆志》:"〔黃初三年十一月庚申晦〕加時西南維日食。"《南齊書・天文志》:"〔永明十年十二月癸未朔〕加時在午之半度,到未初見日始蝕,虧起西北角,蝕十分之四,申時光色復還。"

加時未食

據天文推算,某日某時應該發生日食,超過這個推算的時間,日食未曾發生,重新推算今後應該發生日食的時間,到了這個延後的新時間,日食還未發生,曰"加時未食"。此稱晉代已行用。《晉書・律曆志》:"〔黃初二年六月戊辰晦〕加時未日食。"

日食救護

古時候,人們不懂得日食發生的科學道理,認爲日食的發生是天狗吞食太陽所致,凡遇有日食,都心懷恐懼,并進行救護。根據文獻記載,救護日食的觀念及禮儀從夏代就已經産生。周代曾"雷鼓救日"。漢代救護日食:"朔前後各二日,皆牽羊酒至社下以祭日。日有變,割羊以祠社,用救日變。執事者冠長冠,衣皂單衣，絳領袖緣中衣，絳褲襪，以行禮，如故事。”從晉代開始，日食救護有了專門的禳救儀式。晉代摰虞《決疑》曰：“凡救日蝕者，著赤幘，以助陽也。日將蝕，天子素服避正殿，内外嚴警。太史登靈臺，伺候日變便伐鼓於門。聞鼓音，侍臣皆著赤幘，帶劍入侍。三臺令史以上皆各持劍，立其户前。衛尉卿驅馳繞官，伺察守備，周而復始。亦伐鼓於社，用周禮也。又以赤絲爲繩以繫社，祝史陳辭以責之。社，勾龍之神，天子之上公，故陳辭以責之。日復常，乃罷。”各代均莊嚴隆重，如清朝規定：“凡遇日食，結彩於禮部儀門及大堂，設香案於露臺上，鑾儀衛設金二、鼓二十四於儀門内兩旁，教坊司設樂於露臺下，設各官拜位於露臺上，皆向日。欽天監官報日初虧，鴻臚寺鳴贊官贊‘排班’，各官咸朝服序立，鳴贊官贊‘進’，贊‘跪’‘叩’‘興’，樂作，各官行三跪九叩禮畢，樂止。禮部堂官上香畢，鳴贊官贊‘跪’，各官皆跪，教坊司官奉鼓及枹進，贊‘擊鼓救護’，禮部堂官擊鼓三聲，衆鼓齊鳴，贊‘上香’，樂作，贊‘起立’，上香畢，各官起立。班首官上香，贊‘跪’，各官仍跪，欽天監官報復圓，金、鼓止，鳴贊官贊‘跪’‘叩’‘興’，各官復行三跪九叩禮，樂作，禮畢，樂止，各官皆退。”古代發生日食時，村民也曾敲鑼打鼓、舞槍弄刀，驅趕天狗，救護日神。如今，人類利用現代科學技術，已能準確預測日全食發生的時間，人們帶着觀奇覽勝的心態看待日食這個充滿奇趣的自然天象。

第二節　月亮考

月亮是圍繞地球運轉的天體，現代天文學稱其爲地球的衛星，太陽系中其他行星有的沒有衛星，也有的擁有數十顆衛星。月亮本身不發光，祇能反射太陽光，體積只有地球的五十分之一，但由於它離地球遠較其他行星爲近，所以人類看到的月亮既大又亮，除了太陽之外，沒有其他天體可與之相比。

中國古人很早就注重觀察月亮的特點與變化。商代甲骨文中已有關於月亮的記載。郭沫若主編《甲骨文合集》11483：“之夕月出（有）食，甲囗（陰），不雨。”可見歷史記載之早。同時，古代文獻中，月亮還是非常重要的審美對象。由於本身不發光，所以月光主要呈現爲白色或淡黃色的冷光，可以直視。關於月亮的神話傳說中，最著名的元素有嫦娥、蟾蜍、桂樹、兔子等。月亮的形狀呈周期性變化，月盈則虧能引發人們對事物盛衰規律的思索，但從心理感覺上還是更加偏愛滿月、圓月。因此，有關月亮的辭藻往往在玉、銀、冰、娥、蟾、桂、輪、扇、鏡等字之間反復組合，并以此生成了大量優美的篇章。月亮的异名別稱，達二百二十餘種，所見所想，所涉傳聞佳話，較之太陽尤爲宏富。先民與月亮有共生共存的動人情結，中華民族是一個明潔溫婉、追求自由、向往和平、極具夢想的偉大民族。愛月、拜月，同古希腊頗有些相似。

　　與太陽會出現日食一樣，月亮也會出現月食，當日、地、月三者運行相對位置呈一直綫時，由於地球遮蔽了太陽光而月亮形狀呈現虧損或消失。與日食不同的是，月亮形狀本來就因日、地相對運動而呈現周期性的圓缺變化，太陽則總是圓形。月食祇出現於月圓前後，發生幾率要低於日食。因此，對於一般人而言，發生日食更容易發現，更容易引起關注。月食雖也有"天狗喫月亮"之類的傳説，并附生一些相關的文化習俗，但比之日食的影響還是要稍小的。

名類考

　　所謂"名類"，是指月亮的各種名稱，包括正名、別名和异稱。先民依據觀察、體驗、傳説與想象，形成以下類型。一、陰陽五行説之類。月亮，單稱"月"，俗稱"月兒""月子"，近世西學東漸後，始稱"月球"。古稱"太陰"，與"太陽"相對而言，亦稱"太陰精""陰精""陰靈""陰怪""陰宗"等。二、形體形象之類。如"玉鏡""水鏡""天鏡""金鏡""飛鏡""明鏡""瑶鏡""瑶臺鏡""冰鏡""冰鑑""寶鏡""寶鑑""菱花"；再如"玉輪"，亦稱"銀輪""瓊輪""月輪""圓輪""霜輪""珠輪""孤輪""娥輪""玉團""玉環"等。三、美稱特稱之類。美稱如"卿月""麝月""寶月""璧月""荆山璧""碧華""瑶波""玉壺""雪月""冰暉""珪月""水晶球""一輪玉"，特稱如"玉魄""冰魄""霜魄""寒魄""兔魄""桂魄""娟魄""朗魄""宵魄""暗魄"等。"魄"，本指月光，代指月亮。四、神話傳説之類。其中又分三種：1.人神。如"望舒"，傳説是爲月駕車之女神。亦稱"名舒""素舒""纖阿""月馭"或"月御"，又如"姮娥"，傳説是后羿之妻，因偷服長生不老藥而奔月。亦稱"嫦娥""月娥""素娥""姱娥""金娥""瑶娥""嫦影""娥景"或"儀景"等。儀，通"娥"，景，通"影"。2.動物神。如"玉兔"，初稱"顧兔"，傳説月中之陰精匯成顧望之兔，後又稱其作搗藥狀。亦稱"月兔"、"白兔"、"玄兔"、"兔月"、"兔華"、"蹲兔"、"踆兔"（踆，同"蹲"）、"決鼻"（兔裂鼻唇，因以指兔。決，通"缺"，破裂之意）、"穴鼻"（穴，孔也。兔鼻唇有空隙，故代稱）等，玉兔搗藥所持之玉杵，亦在其中。此外尚有三足之"玉蟾蜍"，傳爲吉祥、長壽之物。省稱"玉蟾""玉蜍"，亦稱"金蟾""銀蟾""清蟾""明蟾""素蟾""冰蟾""寒蟾""蟾光"等。3.植物神。如"月桂"，傳爲參天之桂花樹，隨砍隨生，亦稱"桂花""桂華""桂影""桂枝花""清涼宮"等。五、奇名雅稱之類。如"月姊"，《太平御覽》卷一引漢佚名《春秋感精符》曰："人主與日月同明，四海合信，故父天母地，兄日姊月。"意謂人主與日月爲人倫關係，日爲兄，月爲姊，故稱。再如"珠蚌"，古以爲蚌蛤之虛實與月之虧盈有關，因以借指。又如"天眼"，古人認爲太陽、月亮是天上的眼睛，詩文中以"利眼"指日，以"天眼"指月。另如"月規"，亦稱"素規"，指圓月。月圓中規，故稱。其他如"穿綫月"，七夕的月亮。有穿綫乞巧之俗，故稱。

月亮

單稱"月"，亦稱"月兒"。地球衛星，距地球最近之天體。本身不發光，因反射陽光而明亮。其自轉周期與繞地球公轉周期相等（均爲27.3天），故而總以一面對着地球。當日、月與地球三者之相對位置改變時，地上所見月球亮面亦隨之變化，便產生不同的月相。商代甲骨文中已有"月"之象形文字，爲闕（缺）月之形，當爲"月"之最早文字記録。時人已對月亮變化有細緻觀察。郭沫若主編《甲骨文合集》11483："之夕月业（有）食，甲口（陰），不雨。"後世歷代一直對月亮密切關注。《説文·月部》："月，闕也，太陰之精。"《詩·小雅·天保》："如月之恒，如日之升。"《漢書·天文志》："日之所行爲中道，月、五星皆隨之也。"此稱唐代已行用。唐李益《奉酬崔員外副使携琴宿使院見示》詩："庭木已衰空月亮，城砧自急對霜繁。"宋洪邁《夷堅甲志·浄居巖蛟》："向時每夜山輒昏昧，雖月出亦然。"清李光庭《鄉言解頤·月》："月者，太陰之精。

然舉世鄉言無謂太陰者，通謂之月亮。唐李益詩……以'繁'對'亮'，言其光也。相習不察，遂若成月之名矣。或曰月兒。"宋張鎡《烏夜啼·夜坐》詞："月兒猶未全明，乞憐生，幾片彩雲來去更風輕。"《官場現形記》第一二回："不如等到下半夜月亮上來，潮水來的時候。"

【月】[1]

"月亮"之單稱。此稱先秦時期已行用。見該文。

【月兒】

即月亮。此稱宋代已行用。見該文。

【月子】

即月亮。子，詞尾。此稱唐代已行用。唐段成式《酉陽雜俎·壺史》："有唐居士，士人謂百歲人，楊謂之，因留楊止宿。及夜，呼其女曰：'可將一下弦月子來。'其女遂貼月于壁上，如片紙耳……一室朗若張燭。"宋趙彥衛《雲麓漫鈔》卷九："月子彎彎照九州，幾家歡樂幾家愁……此兩句乃吳中舟師之歌。"元繆侃《和西湖竹枝詞》："初三月子似彎弓，照見花開月月紅。"

【月球】

即月亮。此稱清代已行用。西學東漸後，國人認定月亮爲球體。清阮元《望遠鏡中望月歌》"吾從四十萬里外，多加明月三分秋"自注："地球大于月球四倍，地月相距四十八萬餘里。"《文明小史》第五九回："試問月球在天，是動的呢，是不動的呢？月球繞地，是人人曉得了。"

太陰[1]

亦稱"太陰精"。指月亮。古日月對舉，日爲太陽，月爲太陰。此稱先秦時期已行用。《説文・月部》："月，闕也，太陰之精。"明徐應秋《玉芝堂談薈》卷一八引先秦甘德《甘氏星經》："月者，陰宗之精也，爲兔四足，爲蟾蜍三足，兔在月中，而蟾蜍之精爲星，以視太陰之行度。"漢韓嬰《韓詩外傳》卷五："德也者，包天地之大，配日月之明……斂乎太陰而不濕，散乎太陽而不枯。"唐楊炯《盂蘭盆賦》："太陰望兮圓魄皎，閶闔開兮涼風娲。"唐張祜《中秋夜杭州玩月》詩："萬古太陰精，中秋海上生。"宋吳自牧《夢粱録・祠祭》："北太乙正南、攝提正東……太陰正南，天一之版位也。"明沈德符《萬曆野獲編》補遺卷一："觀天象十有三年矣，天氣清爽夜一宿爲主，則太陰漸逼而東，則是左旋。"清龔自珍《叙嘉定七生》："抱秋樹之晨華，指太陰以宵盟。"

【太陰精】

即太陰。此稱唐代已行用。見該文。

【陰宗】

即太陰。亦稱"陰靈""陰精""陰怪"。月爲太陰之精靈，故稱。此稱先秦已行用。明徐應秋《玉芝堂談薈》卷一八引先秦甘德《甘氏星經》："月者，陰宗之精也，爲兔四足，爲蟾蜍三足，兔在月中，而蟾蜍之精爲星，以司太陰之行度。"《禮記・月令》（孟冬之月）："天子乃祈來年于天宗"孔穎達疏引漢蔡邕云："日爲陽宗，月爲陰宗，北辰爲星宗也。"《淮南子・天文訓》："月者，陰之宗也。"漢張衡《靈憲》："月者陰精之宗，積而成獸，象兔。"《文選・謝莊〈月賦〉》："日以陽德，月以陰靈。"李善注引《春秋感精符》曰："月者，陰之精。"《南齊書・天文志贊》："陽精火鏡，陰靈水存。"唐李白《古朗月行》："陰精此淪惑，去去不足觀。"唐元稹《有酒》詩之九："陽烏撩亂兮屋上棲，陰怪跳趯兮水中躍。"

【陰靈】

即陰宗。此稱南北朝時期已行用。見該文。

【陰精】

即陰宗。此稱漢代已行用。見該文。

【陰怪】

即陰宗。此稱唐代已行用。見該文。

金精[1]

指月亮。此稱漢代已行用。《初學記》卷一引漢佚名《河圖帝覽嬉》："月者，金之精也。"唐陳陶《旅泊塗江》詩："斷沙雁起金精出，孤嶺猿愁木客歸。"宋張伯端《絶句》六十四首之二十九："八月十五玩蟾輝，正是金精壯盛時。"

幽陽

指月亮。此稱唐代已行用。唐陳子昂《感遇三十八首》詩之一："微月生西海，幽陽始化升。"明楊慎《幽陽》："陳子昂詩：微月生西海，幽陽始化升。月本陰也，而謂之幽陽；三五陽也，而平明已缺。此語亦道家説坎爲月而中滿，女本陰也而爲嬰兒之理也。"

玄陰

指月亮。此稱唐代已行用。玄，蒼天。月，太陰，故稱。唐柳宗元《天對》："玄陰多缺，爰感厥兔。"唐元稹《賦得九月盡》詩："玄陰迎落日，涼魄盡殘鈎。"

月魂

亦稱"月精""月影"。指月亮。此稱唐代已行用。《漢書·敘傳下》："元后娠母，月精見表。"唐楊師道《奉和咏弓》詩："霜重麟膠勁，風高月影圓。"唐皮日休《茶中雜咏·茶甌》："圓似月魂墮，輕如雲魄起。"宋王安石《與微之同賦梅花得香字》詩之一："好借月魂來映燭，恐隨春夢去飛揚。"明李雲龍《靈芝爲魏少參賦》詩："秀結月精饒瑞色，氣鍾雲母吐清氛。"

【月精】

即月魂。此稱漢代已行用。見該文。

【月影】

即月魂。此稱唐代已行用。見該文。

月天

亦稱"月王"。指月亮。此稱唐代已行用。唐皮日休《華山煉師所居》詩："深夜寂寥存想歇，月天時下草堂來。"宋陸游《山園雜咏》之一："花徑糝紅供晚醉，月天生暈作春寒。"宋陸游《夢中行荷花萬頃中》詩："天風無際路茫茫，老作月王風露郎。"

【月王】

即月天。月亮之尊稱。此稱宋代已行用。見該文。

月華

亦稱"月彩"。指月亮。華，月光、月色。

此稱南北朝時期已行用。北周庾信《舟中望月》詩："舟子夜離家，開舲望月華。"前蜀韋莊《擣練篇》："月華吐艷明燭燭，青樓婦唱擣衣曲。"唐丁澤《上元日夢王母獻白玉環》詩："似見霜姿白，如看月彩彎。"清納蘭性德《臺城路·上元》詞："不解相思，月華今夜滿。"

【月彩】

即月華。此稱唐代已行用。見該文。

玉鏡[1]

指月亮。月亮光潔，故以鏡比。此稱南北朝時期已行用。梁簡文帝《奉請上開講啓》："陛下玉鏡宸居，金輪馭世。"宋侯寘《瑞鷓鴣》："遥天拍水共空明，玉鏡開奩特地晴。"明高明《琵琶記》："欄杆露濕人猶憑，貪看玉鏡。"《紅樓夢》第四八回："翡翠樓邊懸玉鏡，珍珠簾外挂冰盤。"

【水鏡】

即玉鏡[1]。明澈如水之映物，故稱。此稱南北朝時期已行用。《文選·謝莊〈月賦〉》："柔祗雪凝，圓靈水鏡。"張銑注："言月之光彩，照地如凝雪，照天如水鏡。"

【天鏡】

即玉鏡[1]。此稱唐代已行用。唐宋之問《游禹穴回出若邪》詩："石帆搖海上，天鏡落湖中。"明王世貞《月夜步西園積雪有述》詩："冰壺初世外，天鏡忽林端。"

【金鏡】[1]

即玉鏡[1]。此稱唐代已行用。唐李賀《七夕》詩："天上分金鏡，人間望玉鈎。"唐杜牧《寄沈褒秀才》詩："仙桂茂時金鏡曉，洛波飛處玉容高。"

【飛鏡】

即玉鏡[1]。此稱唐代已行用。唐甘子布《光賦》：“銀河披暟，金颷送清，孤圓上魄，飛鏡流明。”唐李白《把酒問月》詩：“皎如飛鏡臨丹闕，綠烟滅盡清輝發。”宋辛棄疾《木蘭花慢·中秋飲酒將旦》詞：“飛鏡無根誰繫，嫦娥不嫁誰留？”

【明鏡】

即玉鏡[1]。此稱唐代已行用。唐杜甫《八月十五夜月》詩之一：“滿目飛明鏡，歸心折大刀。”明劉基《怨王孫》詞：“明鏡飛上青天，照無眠。”明高棅《賦得羅浮霜月懷二逸人》詩：“夢回明鏡没，寂歷閟幽蛩。”

【瑶鏡】

即玉鏡[1]。亦稱“瑶臺鏡”。本指美玉裝飾的梳妝臺鏡，代稱明月。此稱唐代已行用。唐李白《古朗月行》：“小時不識月，呼作白玉盤。又疑瑶臺鏡，飛在青雲端。”唐劉禹錫《奉和中書崔舍人八月十五日夜玩月》詩：“曲沼凝瑶鏡，通衢若象筵。”明王世貞《十六夜月不寐》：“瑶鏡破疏枝，西風敝夕帷。”明于慎行《七月十五夜同朱令君吳文學泛舟北溪》詩：“皎如瑶臺鏡，瀉作金波流。”

【瑶臺鏡】

即瑶鏡。此稱唐代已行用。見該文。

【冰鏡】

即玉鏡[1]。亦稱“冰鑑”。月明如鏡，清凉如冰，故稱。此稱宋代已行用。唐元稹《月》詩：“絳河冰鑑朗，黃道玉輪巍。”宋孔平仲《八月十六日玩月》詩：“團團冰鏡吐清輝，今夜何如昨夜時。”元楊載《夏夜對月》詩：“安得泛舟江海上，坐觀冰鏡落滄波。”

【冰鑑】

即冰鏡。此稱唐代已行用。見該文。

【圓鏡】[1]

即玉鏡[1]。此稱南北朝時期已行用。南朝梁梁元帝《玄覽賦》：“乍浮圓鏡，時泛明珠。”唐龐蘊《詩偈》其一：“圓鏡朗如日，涌出無礙智。”元陳櫟《賀陳竹牖生孫》詩：“幾日名駒產有嫣，中秋圓鏡始蛾眉。”

【寶鏡】

即玉鏡[1]。亦稱“寶鑑”。月明如鏡，因以喻指。此稱宋代已行用。宋李朴《中秋》詩：“皓魄當空寶鏡升，雲間仙籟寂無聲。”宋趙鼎《水調歌頭》詞：“轉銀漢，飛寶鑑，溢清寒。”明謝讜《四喜記·佳期重會》：“湘簾高捲，遥看寶鑑空懸。暗想當年奇遇，美景依然。”

【寶鑑】

即寶鏡。此稱宋代已行用。見該文。

菱花

亦稱“青銅”。本爲鏡名，因以喻指月亮。此稱唐代已行用。唐盧照鄰《明月引》：“横桂枝於西第，繞菱花於北堂。”宋梅堯臣《題滿公僧録西明軒》詩：“赤萍纔落鄧林外，青銅半磨傍露明。”

【青銅】

即菱花。喻指月亮。此稱宋代已行用。見該文。

玉輪[1]

亦稱“玉環”“玉團”。指圓月。月光如玉，圓如車輪，故稱。此稱唐代已行用。唐李賀《夢天》詩：“玉輪軋露濕團光，鸞珮相逢桂香陌。”唐白居易《和櫛沐寄道友》詩：“高星粲金粟，落月沉玉環。”明祝允明《八聲甘州·咏月》套曲："論冬月倍加清耿，與馮夷六花争勝。玉團瓊屑交相映，占斷了天地澄清。"清金農《中秋夜玩月感作》詩："世上浮颰與纖浪，不教闌入玉輪中。"

【玉環】[1]

即玉輪[1]。此稱唐代已行用。見該文。

【玉團】[1]

即玉輪[1]。此稱明代已行用。見該文。

【圓輪】

即玉輪[1]。亦稱"娥輪"。此稱南北朝時期已行用。南朝梁簡文帝《十空詩·水月》："圓輪既照水，初生亦映流。"唐許敬宗《奉和七夕宴懸圃應制》詩之二："婺閨期今夕，娥輪泛淺潢。"

【娥輪】[1]

即圓輪。此稱唐代已行用。見該文。

【月輪】

即玉輪[1]。亦稱"兔輪"。此稱南北朝時期已行用。北周庾信《象戲賦》："月輪新滿，日暈重圓。"唐盧照鄰《益州至真觀主黎君碑》："星橋對斗，像天漢之秋橫；月硤縈城，疑兔輪

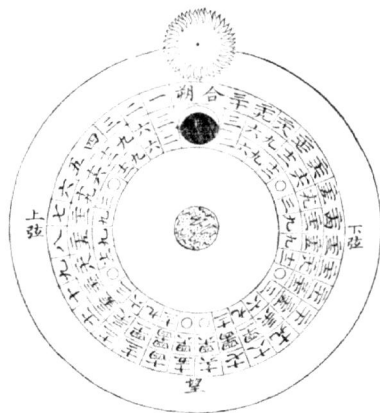

月輪(月輪行度圖)
(清李明彻《圜天圖説》)

之曉落。"唐王昌齡《春宮曲》："昨夜風開露井桃，未央前殿月輪高。"唐元稹《夢上天》詩："西瞻若水兔輪低，東望蟠桃海波黑。"清沈復《浮生六記·閨房記樂》："妾能與君白頭偕老，月輪當出。"

【兔輪】[1]

即月輪。此稱唐代已行用。見該文。

【銀輪】[1]

即玉輪[1]。亦稱"銀盤""銀丸"。此稱唐代已行用。唐姚合《對月》詩："銀輪玉兔向東流，瑩净三更正好游。"唐盧仝《月蝕》詩："爛銀盤從海底出，出來照我茅屋東。"宋楊萬里《雪後霜晴元宵月色特奇》詩："銀輪凍作一團冰，望舒墮指推不行。"宋沈括《夢溪筆談》卷七："月本無光，猶銀丸，日之耀乃光耳。"明陸師道《待月》詩："畫鷁翩翩凌廣寒，俯看碧浪躍銀丸。"

【銀盤】

即銀輪。此稱唐代已行用。見該文。

【銀丸】

即銀輪。此稱宋代已行用。見該文。

【瓊輪】

即玉輪[1]。此稱唐代已行用。唐吳筠《游仙詩》二十四首之十八："飄飄瓊輪舉，曄曄金景散。"唐章碣《對月》詩："瓊輪正輾丹霄去，銀箭休催皓露凝。"

【珠輪】[1]

即玉輪[1]。此稱唐代已行用。唐李嶠《洛州昭覺寺釋迦牟尼佛金銅瑞像碑》文："並晞玉鏡，咸仰珠輪。"唐劉兼《晚樓寓懷》詩："月沉江底珠輪静，雲鎖峰頭玉葉寒。"

霜輪

亦稱"佩環"。指秋月。此稱唐代已行用。唐陸龜蒙《中秋待月》詩："轉缺霜輪上轉遲，好風偏似送佳期。"唐吳融《春晚書懷》詩："嫦娥斷影霜輪冷，帝子無踪淚竹繁。"唐李白《桂殿秋》詞："九霄有路去無香，嫋嫋迹風生珮環。"清曹寅《中和西堂待月》詩："空香浥路飄絲雨，重轂流雲裏珮環。"

【珮環】

即霜輪。此稱唐代已行用。見該文。

卿月

亦稱"卿士月"。月亮之美稱。此稱源於先秦，唐代已行用。《書・洪範》："王省惟歲，卿士惟月，師尹惟日。"孔傳："卿士各有所掌，如月之有別。"孔穎達疏："卿士分居列位，惟如月也。"唐岑參《西河太守杜公挽歌》："惟餘卿月在，留向杜陵懸。"唐杜甫《暮春江陵送馬大卿赴闕下》詩："卿月升金掌，王春度玉墀。"宋范仲淹《依韻和并州鄭宣徽見寄》詩："名品久參卿士月，部封全屬斗牛星。"宋李正民《題蒙圜》："天上早聯卿士月，雲間今見少微星。"

【卿士月】

即卿月。此稱宋代已行用。見該文。

麝月

月亮之美稱。麝，麝香，香味濃烈。此稱南北朝時期已行用。南朝陳徐陵《玉臺新咏序》："金星與婺女争華，麝月共嫦娥競爽。"明唐寅《咏春江花月夜》："麝月重輪三五夜，玉人聯樂出靈娥。"

寶月

指月亮。借爲月亮的美稱。此稱南北朝時期已行用。南朝梁吳均《碎珠賦》："寶月生焉，越浦隋川，標魏之美，擅楚之賢。"唐鮑溶《懷惠明禪師》詩："雪山世界此凉夜，寶月獨照瑠璃宫。"明梁潛《元夜陪駕燕午門》詩："銀漢横空寶月團，六鰲飛出五雲端。"

玉羊

月亮之美稱。月光柔和，故以羊作比。此稱南北朝時期已行用。南朝梁劉孝綽《望月有所思》詩："玉羊東北上，金虎西南昃。"清朱彝尊《解連環・孫愷似使旋夜話用李十九韵》詞："但西東指點，玉羊金虎。"金虎，指太陽。

清質

省稱"清標"。指月亮。月光清澈，月形清秀，借爲月亮的美稱。此稱南北朝時期已行用。南朝宋謝莊《月賦》："升清質之悠悠，降澄暉之藹藹。"宋范成大《次諸葛伯山瞻軍贈別韻》："清標照人寒，玉笋森積雪。"

【清標】

即清質。此稱宋代已行用。見該文。

璧月

省稱"璧"。月亮的美稱。璧，圓形中央有孔之玉器。此稱南北朝時期已行用。南朝梁簡文帝《慈覺寺碑序》："龍星啓曜，璧月儀天。"隋薛道衡《和許給事善心戲場轉韻》："雲間璧獨轉，空裏鏡孤懸。"唐顧況《奉酬劉侍郎》詩："幾回新秋影，璧滿蟾又缺。"前蜀韋莊《咸通》詩："諸郎宴罷銀燈合，仙子游回璧月斜。"宋徐鹿卿《酹江月・元夕上秘丞》詞："璧月騰輝，仙球穩緝，歸有傳柑遺。"

【璧】

"璧月"之省稱。此稱隋代已行用。見該文。

荆山璧

即和氏璧，借爲月亮的美稱。此稱唐代已行用。唐庾抱《臥病喜霽開扉望月簡宮内知友》詩："忽對荆山璧，委照越吟人。"

瓊鈎

亦稱"懸鈎""銀鈎"。缺月如美玉鈎。瓊，美玉。借爲月亮的美稱。此稱南北朝時期已行用。北周庾信《燈賦》："瓊鈎半上，若木全低。"唐康定之《咏月》詩："臺前疑挂鏡，簾外似懸鈎。"宋李彌遜《游梅坡席下雜酬》詩："竹籬茅屋傾樽酒，坐看銀鈎上晚川。"

【懸鈎】

即瓊鈎。此稱唐代已行用。見該文。

【銀鈎】[1]

即瓊鈎。此稱宋代已行用。見該文。

銀葩

月亮的美稱。因似銀白色的花朵，故稱。此稱宋代已行用。宋范端臣《念奴嬌·上太守月詞》："陸海蓬壺，銀葩星暈，點破琉璃碧。"元高明《琵琶記·中秋望月》："玉作人間秋萬頃，銀葩點破琉璃。"

碧華

指月亮。月光皎潔如玉，月亮的美稱。此稱唐代已行用。唐李賀《古悠悠行》："白景歸西山，碧華上迢迢。"

玉壺

亦稱"冰壺"。喻月亮如玉壺冰壺。因以爲美稱。此稱唐代已行用。唐朱華《海上生明月》詩："影開金鏡滿，輪抱玉壺清。"唐元稹《獻滎陽公》詩："冰壺通皓雪，綺樹眇晴烟。"宋辛弃疾《青玉案·元夕》詞："鳳簫聲動，玉壺光轉，一夜魚龍舞。"清李基和《戊寅中秋初度月下作》詩："誰畫雁門今夜裏，山川別樣貯冰壺。"

【冰壺】

即玉壺。此稱唐代已行用。見該文。

雪月

指月亮。月光明亮如雪，借爲月亮的美稱。此稱唐代已行用。唐李商隱《無題》詩："如何雪月交光夜，更在瑶臺十二層。"唐方干《贈李郢公》詩："山川正氣侵靈府，雪月清輝引思風。"

冰暉

指月亮。月光清凉如冰，借爲月亮的美稱。此稱唐代已行用。唐李群玉《中秋維舟君山看月》詩之二："練彩連河曉，冰暉壓樹乾。"

珪月

即月亮。晶瑩如玉，借爲月亮的美稱。此稱唐代已行用。唐王起《秋潭賦》："寫星火兮初流，涵珪月兮始上。"唐李咸用《倢伃怨》詩："不得團圓長近君，珪月鉏時泣秋扇。"唐韓鄂《歲華紀麗·七夕》："珪月初生，珠露方滴。"

玄燭

指月亮。此稱三國時期已行用。玄，蒼天。月明如天空之燭，因以爲美稱。三國魏曹丕《答繁欽書》："白日西逝，清風赴闈；羅帷徒袪，玄燭方微。"

銀燭

指明月。月色銀白如燭，借爲月亮的美稱。此稱唐代已行用。唐温庭筠《更漏子》詞："京口路，歸帆渡，正是芳菲欲度。銀燭盡，玉繩低，一聲村落鷄。"宋康伯可《瑞鶴仙·上元應制》："龍樓兩觀見銀燭，星球有爛捲珠簾。"

千里月

亦稱"千里燭"。月亮之美稱。此稱唐代已行用。唐李嶠《送光禄劉主簿之洛》詩："他鄉千里月，歧路九秋風。"宋林和靖《聞葉初秀才東歸》詩："吟生千里月，醉盡一囊錢。"宋陶穀《清異録·天文》："道士王致一曰：我平生不曾使一文油錢，在家則爲扇子燈，出路則爲千里燭。意其日月也。"

【千里燭】

即千里月。此稱宋代已行用。見該文。

水銀[1]

月色如銀，清凉如水，借爲月亮的美稱。此稱唐代已行用。唐李白《上雲樂》詩："云見日月初生時，鑄冶火精與水銀。"王琦注引《淮南子·天文訓》："積陰之寒氣爲水，水氣之精者爲月。"元方一夔《夜坐月下》詩："誰鑄水銀懸絳闕，獨留姹女搗玄霜。"

輪彩

形如輪而有光彩。借爲月亮的美稱。此稱唐代已行用。唐許渾《鶴林寺中秋夜玩月》詩："輪彩漸移金殿外，鏡光猶挂玉樓前。"

七寶團團

圓月之美稱。七寶，七種寶物，説法不一。《大阿彌陀經》以黄金、白銀、水晶、珊瑚、瑠璃、琥珀、硨磲爲七寶。團團，圓貌。古代傳説，月由七寶合成，故稱。此稱源於唐代，清代已行用。唐段成式《酉陽雜俎·天咫》："君知月乃七寶合成乎？月勢如丸，其影日爍其凸處也，常有八萬二千户修之。"清洪昇《長生殿》："七寶團團，周三萬六千年内；一輪皎潔，滿一千二百里中。"清乾隆《登望蟾閣極頂放歌》詩："試看鏡裏廣寒界，七寶團欒不藉修。"

水精球

亦作"水晶球"。水晶製成的球，故以爲稱月亮的美稱。此稱唐代已行用。唐姚合《對月》詩："一片黑雲何處起，皂羅籠却水精球。"宋韓琦《戊申西洛中秋對月》詩："海東推出水晶球，碧抹晴空暝靄收。"元耶律楚材《過金山和人韵》之一："蘿月團團上東嶂，翠屏高挂水晶球。"

【水晶球】

同"水精球"。此體宋代已行用。見該文。

水精盤

亦作"水晶盤"，省稱"晶盤"，亦稱"晶餅""晶輪"。水晶製成的盤，故以爲稱月亮的美稱。此稱唐代已行用。唐李商隱《碧城》詩之一："若是曉珠明又定，一生長對水精盤。"宋强至《依韻和王立之中秋陰雲不見月》詩："更長不見水精盤，搔首庭除夜向闌。"宋文天祥《二十一夜宿宋家林泰州界二十二日出海洋極目皆水水外惟天大哉觀乎》："一團蕩漾水晶盤，四畔青天作護欄。"清龔自珍《憶瑶姬》詞："定萬古長對晶盤，斂莊嚴寶相，獨坐嬋媛。"清龔鼎孳《念奴嬌·中秋得南鴻喜賦用東坡中秋韵》詞："小字鴛鴦顛倒認，憑仗晶盤凝碧。"清陳維崧《百字令·庚申長安閏中秋》詞："再瀉金波，重懸晶餅，分外鋪晴雪。"又《念奴嬌·送韓聞西之吴門》詞："爛醉高歌，墊側帽，飽看晶輪沐。"

【水晶盤】

同"水精盤"。此體宋代已行用。見該文。

【晶盤】

"水晶盤"之省稱。此稱清代已行用。見該文。

【晶餅】

即水精盤。此稱清代已行用。見該文。

【晶輪】

即水精盤。此稱清代已行用。見該文。

金波

亦稱"瑶波"。圓月之美稱。此稱南北朝時期已行用。南朝齊謝朓《暫使下都夜發新林至京邑贈西府同僚》詩："金波麗鳷鵲，玉繩低建章。"明夏完淳《怨曉月賦》："逗瑶波而微見，淡荒荒其映墻。"

【瑶波】

即金波。此稱明代已行用。見該文。

金餅

亦稱"金丸"。指月亮。此稱宋已行用。宋蘇舜欽《和解生中秋月》詩："銀塘通夜白，金餅隔林明。"宋王十朋《壬申中秋交朋解散不期而會者鄭生遜志夏生伯虎因小飲玩月二子各以詩贈依韵酬之》詩："天高雲散懸金餅，風峭溪涼皺縠文。"宋蘇轍《中秋見月寄子瞻》詩："浮雲捲盡流金丸，戲馬臺西山鬱蟠。"

【金丸】

即金餅。此稱宋代已行用。見該文。

一輪

亦稱"一輪玉"。指圓月。月色皎潔如玉，故以爲美稱。此稱唐代已行用。唐張喬《試月中桂》詩："影高群木外，香滿一輪中。"南唐佚名《月》詩："此夜一輪滿，清光何處無。"宋楊萬里《迓使客夜歸四首》之一："水與天爭一輪玉，市聲人語兩街燈。"宋黃庭堅《念奴嬌》詞："萬里一青天，姮娥何處，駕此一輪玉。"《景德傳燈録·幼璋禪師》："恁麽即一輪高挂，萬國同觀去也。"清宣鼎《夜雨秋燈録·范小仙》："如此良宵，若有燈戲看，庶不負此一輪。"

【一輪玉】

即一輪玉。此稱宋代已行用。見該文。

結璘

月亮之美稱。此稱宋代已行用。宋朱翌《八月十四夜對月效李長吉》詩："雨江洗出揉藍天，結璘下鋪白玉筵。"清厲荃《事物異名録·乾象·月》引《大洞經》："月，一名結璘。"清黃景仁《月下雜感》詩："聞道姮娥嫁，于今是結璘。"

嬋娟

形態美好之意。月亮的美稱。此稱宋代已行用。宋蘇軾《水調歌頭》詞："但願人長久，千里共嬋娟。"《金瓶梅詞話》第七回："風吹列子歸何處，夜夜嬋娟在柳梢。"清孔尚任《桃花扇·草檄》："長空萬里，見嬋娟可愛，全無一點纖凝。"

月魄

月之光華。借指月亮。魄，外在精神。此稱唐代已行用。唐李商隱《無題》二首之一："扇裁月魄羞難掩，車走雷聲語未通。"宋朱熹《朱子語類》卷三："月不可體言，只有魂魄耳。月魄即其全體，而光處乃其魂之發也。"《明史·曆志七》："原推者蓋因太陽光大，能滅月魄。"

【魄】

"月魄"之省稱。魄，本指月光，指代月亮。此稱唐代已行用。唐太宗李世民《遼城望月》詩："魄滿桂枝圓，輪虧鏡彩缺。"唐封演《封氏聞見記·海潮》："雖月有大小，魄有盈虧，而潮常應之，無毫釐之失。"唐常建《第三峰》詩："瑩魄澄玉虛，以求鸞鶴踪。"明張元凱《咏吳市燈二十四韵》詩："冰壺寒瑩魄，玉樹煖生烟。"

【玉魄】

即月魄。月光如玉，故稱。此稱唐代已行用。唐春臺仙《游春臺》詩："玉魄東方開，嫦娥逐影來。"明何景明《對月》詩："玉魄中天滿，清輝近水多。"明王世貞《八月十五夜濟寧池亭別子與》詩："玉魄斜穿樹，金波細溢卮。"

【冰魄】

即月魄。亦稱"霜魄"。此稱元代已行用。元錢惟善《八月十五夜風雨見月有懷》詩："玄雲忽開黃道明，顧兔寒秋抱冰魄。"清曹寅《八月三日熱甚泛舟至池口柳下》詩："如何説凉意，霜魄在西偏。"清魏源《出都前夕與周子堅夜步月下》詩："但得方寸明，冰魄常同趣。"

【霜魄】

即冰魄。此稱清代已行用。見該文。

【地魄】

即月魄。《雲笈七籤》卷五五："日者天之魂，月者地之魄。"此稱唐代已行用。唐李巖《五言》詩："天魂生白虎，地魄産青龍。"清黃景仁《月下雜感》詩："聞道姮娥嫁，于今是結璘。河山收地魄，宮闕爛天銀。"

【兔魄】

即月魄。魄，月光。神話傳說月中有玉兔，故稱。此稱漢代已行用。漢魏伯陽《周易參同契》卷上："蟾蜍與兔魄，日月無雙明。"元范梈《贈郭判官》詩："慈烏夜夜向人啼，幾度紗窗兔魄低。"明瞿祐《剪燈餘話·江廟泥神記》："俄而兔魄將低，鷄聲漸動。"

【素魄】

即月魄。此稱南北朝時期已行用。南朝梁簡文帝《煌煌京洛行》："夜輪懸素魄，朝天蕩碧空。"唐盧全《月蝕》詩："却吐天漢中，良久素魄微。"

【桂魄】

即月魄。此稱唐代已行用。唐王維《秋夜曲》："桂魄初生秋露微，輕羅已薄未更衣。"宋周邦彥《南柯子·咏梳兒》詞："桂魄分餘暈。檀槽破紫心。"明徐渭《宴游西郊》詩："鈎彎遲桂魄，流曲擬蘭亭。"

【宵魄】

即月魄。亦稱"宵暉"。此稱唐代已行用。唐韓愈《會合聯句》詩："夏陰偶高庇，宵魄接虛擁。"唐元稹《春六十韵》："晝漏頻加箭，宵暉欲半弓。"明何喬遠《陽朔舟中懷張質卿太僕兼以所見述之短章二首》之二："西峻擎宵暉，東險遏朝日。"

【宵暉】

即宵魄。此稱唐代已行用。見該文。

【朗魄】

即月魄。此稱明代已行用。明徐渭《謝某啓》："曜靈西馳，朗魄東陟。"

【娟魄】

亦稱"娥魄"。此稱唐代已行用。《海錄碎事·天部·月門》引唐王昌齡詩："娟魄已三孕。"并引注曰："言三次月生也。"唐許敬宗《奉和九月九日應制》詩："鶯嶺飛夏服，娥魄亂雕弓。"

【娥魄】

即娟魄。此稱唐代已行用。見該文。

【晚魄】

即月魄。亦稱"夜魄"。此稱南北朝時期已行用。《宋書·后妃傳·孝武文穆王皇后》："夕不見晚魄，朝不識曙星。"唐曹松《月》詩："寥寥天地內，夜魄爽何輕。"

【夜魄】

即晚魄。此稱唐代已行用。見該文。

【寒魄】

即月魄。此稱唐代已行用。唐劉得仁《對月寄雍陶》詩："圓明寒魄上，天地一光中。"唐方干《中秋月》詩："泉澄寒魄瑩，露滴冷光浮。"明李流芳《過皋亭龍居灣宿永慶禪院同一濂澄心恒可諸上人步月》詩："氣和空宇澄，寒魄如春露。"

【暗魄】

即月魄。此稱唐代已行用。唐許敬宗《奉和秋月即目應制》："規空升暗魄，籠野散輕烟。"宋李新《次韵八月十七玩月》詩："魚龍無處逃清澈，誰言暗魄損光暈。"

初魄

指新月。魄，月光，因以指月。此稱南北朝時期已行用。北周王粲《咏月贈人》詩："上弦如半璧，初魄似蛾眉。"唐張仲素《玉鈎賦》："瑩迢遞之初魄，出西南之一方。"

望舒[1]

月亮代稱。本爲傳說中爲月亮駕車之神，說詳本卷《附錄一·月亮神靈考》"望舒[2]"文。屈原《離騷》已有記載："前望舒使先驅兮，後飛廉使奔屬。"漢以後借指月亮。漢張衡《歸田賦》："于時曜靈俄景，繼以望舒。"三國魏曹叡《樂府》："畫作不停手，猛燭繼望舒。"晋張協《雜詩》之八："下車如昨日，望舒四五圓。"又

張協《七命》八首之一："悲蓂莢之朝落，悼望舒之夕缺。"《雲笈七籤》卷九八載晋雲林《右英夫人揔楊真人許長史詩二十六首》其二："停駕望舒移，回輪返滄浪。"晋葛洪《抱朴子外篇·任命》："晝競羲和之末景，夕照望舒之餘耀。"又同書《喻蔽》："羲和升光以啓旦，望舒曜景以灼夜。"唐耿湋《喜侯十七校書見訪》詩："誰爲須張燭，凉空有望舒。"宋韋驤《進興龍節功德疏》："伏以玉律在申，正協坤成之候。素舒既望，雅符聖誕之期。"

【舒】

"望舒[1]"之省稱。此稱南北朝時期已行用。南朝梁蕭統《銅博山香爐賦》："吐圓舒於東嶽，匿丹曦於西嶺。"宋扈蒙《新修唐高祖廟碑》："體曦舒之至明，稟融結之元精。"宋岳珂《桯史》卷一："其視騎省之辯，正猶螢燭之擬羲舒也。"按，"曦舒""羲舒"爲日、月的合稱。

【明舒】

即望舒[1]。亦稱"素舒"。此稱南北朝時期已行用。南朝宋謝靈運《怨曉月賦》："浮雲褰兮收泛灩，明舒照兮殊皎潔。"南朝梁謝朓《齊敬皇后哀策文》："軒曜懷光，素舒佇德。"

【素舒】

即明舒。此稱南北朝時期已行用。見該文。

【纖阿】[1]

即望舒[1]。傳說中御月運行之女神。此稱晋代已行用。《晋書·摯虞傳》："詔纖阿而右回兮，覲朱明之赫戲。"宋宋庠《正月望夜聞影燈之盛齋中孤坐因寫所懷》詩："仁壽先從殿裏開，纖阿正傍樓前出。"明王世貞《天門開》："朱明曜以東起，纖阿迫以西垂。"

【月御】

即望舒 [1]。亦作"月馭"。漢代此稱指駕月者御月之舉。南北朝時期以後代指月亮。宋計有功《唐詩紀事・楊師道》:"《彈鳴琴》詩云:'北林鵲夜飛,南軒月馭進。'"宋宋祁《七夕》詩:"裴回月御斜光斂,宛轉蛛絲巧意真。"又《月中嘲鵲》詩:"月馭初明露掌西,翩翩猶伴夜烏啼。"宋宋庠《對月》詩:"蕭寂東軒坐,徘徊月馭來。"清曹寅《雨霽半閣玉蘭初開憶西軒依安節韵》詩:"有分千厄迎月御,儘傾殘醞洗梅妝。"

【月馭】

同"月御"。此體唐代已行用。見該文。

姮娥

亦作"恒娥",亦稱"常娥""嫦娥"。神話中的月中女神。"姮"本作"恒",因避漢文帝劉恒諱而改。詩文中常用以借指月亮。此稱漢代已行用。相傳爲后羿之妻,羿請不死之藥於西王母,姮娥竊以奔月。《淮南子・覽冥訓》:"譬若羿請不死之藥於西王母,姮娥竊以奔月。"高誘注:"姮娥,羿妻。"莊逵吉按:"《文選》注引此作常。"宋王安石《試院中五絕句》之三:"咫尺淹留可奈何,東西虛共一姮娥。"清楊模《閏六月初七夜月》詩:"半露姮娥能却暑,廣寒深處玉爲樓。"南朝陳江總《秋日新寵美人應令》詩:"來時向月別嫦娥,別時清吹悲蕭使。"唐盧仝《有所思》詩:"天涯娟娟常娥月,三五二八盈又缺。"唐王泠然《寒食篇》詩:"來疑神女從雲下,去似恒娥到月邊。"宋趙鼎《河傳・秋夜旅懷》詞:"東窗皓月今宵滿,淺酌芳樽,暫倩嫦娥伴。"明唐寅《掬水月在手》:"玉纖弄水金鈿濕,要捧嫦娥對面看。"

【恒娥】

同"姮娥"。此體漢文帝以前已行用,以避漢文帝諱而改稱。見該文。

【常娥】

即姮娥。此稱唐代已行用。見該文。

【嫦娥】

即姮娥。此稱南北朝時期已行用。見該文。

【素娥】

即姮娥。亦稱"姱娥"。素,白色。此稱南北朝時期已行用。南朝宋謝莊《月賦》:"引玄兔於帝臺,集素娥於後庭。"宋范成大《枕上》詩:"素娥脉脉翻愁寂,付與風鈴語夜長。"明高啓《隨月圖》詩:"青天素娥出,餘輝獨堪借。"亦稱"姱娥"。姱,美也。宋梅堯臣《得餘干李尉書》詩:"姱娥夜出在寒溪,青銅瑩磨光幾里。"

【姱娥】

即素娥。此稱宋代已行用。見該文。

【娥月】

即姮娥。亦稱"瑶娥"。此稱南北朝時期已行用。《文選・王僧達〈祭顔光禄文〉》:"凉陰掩軒,娥月寢曜。"李善注:"姮娥掩月,故曰娥月。"清唐孫華《張母陳太孺人貞節》詩:"娥月悲掩曜,中歲忽云徂。"清舒位《月夜出西太湖作》詩:"瑶娥明鏡澹摩空,龍女烟綃熨貼工。"

【瑶娥】

即娥月。此稱清代已行用。見該文。

【金娥】

即姮娥。亦稱"月娥"。此稱唐代已行用。唐許敬宗《奉和喜雪應制》詩:"騰華承玉宇,凝照混金娥。"唐李郢《中元夜》詩:"江南永寺中元夜,金粟欄邊見月娥。"五代後梁牛希濟

《臨江仙》詞："簫鼓聲稀香燼冷，月娥斂盡灣環。"

【月娥】

即金娥。此稱唐代已行用。見該文。

【嫦娥影】

即姮娥。省稱"娥影"，亦稱"儀景"（儀通"娥"，景同"影"）。此稱南北朝已行用。《記纂淵海》卷八三引南朝宋劉義慶《世說新語》："無復嫦娥影，空餘明月輝。"南朝梁劉孝威《苦暑》詩："月麗姮娥影，星韓織女光。"唐鮑溶《上陽宮月》詩："學織機邊娥影静，拜新衣上露華沾。"清魏源《出都前夕夜步月下》詩："儀景圓缺間，迹留影忽逝。"

【娥影】

"嫦娥影"之省稱。此稱唐代已行用。見該文。

【姮娥影】

即嫦娥影。此稱南北朝時期已行用。見該文。

【儀景】

即嫦娥影。此稱清代已行用。見該文。

玉嬌

明月之美稱。蓋源自"玉嬌娥"雅稱，謂月中嫦娥。此稱宋代已行用。宋晏幾道《清平樂》詞："恰是可憐時候，玉嬌今夜初圓。"宋高觀國《隔浦蓮近拍》："西厢舊約，玉嬌誰見私語。"元趙顯宏《晝夜樂·春》："咱人向彩畫的船兒上坐，伴如花似玉嬌娥。醉了呵，月枕雙歌。"

顧兔 [2]

亦作"顧菟"。傳說月中之陰精匯成顧望之兔，後又稱其作搗藥狀，後世美稱爲玉兔，代

指月亮。此稱先秦時期已行用。《楚辭·天問》："厥利維何，而顧菟在腹。"王逸注："月中有菟，何所貪利；居月之腹，而顧望乎？"洪興祖補注："菟，與兔同。《靈憲》曰：月者，陰精之宗，積而成獸，象兔，陰之類，其數偶。"《天問》"顧菟"一本作"顧兔"。南朝梁王僧孺《初夜文》："顧兔，升落常自在。"唐李白《上雲樂》詩："陽烏未出谷，顧兔半藏身。"王琦注："顧兔，月中兔也。"《圖書編》卷一八："若顧兔在腹之間，則世俗桂樹蛙兔之傳，其惑久矣。"按，一說"顧兔"即蟾蜍，當誤。

【顧菟】

同"顧兔"。此體先秦時期已行用。見該文。

玉兔

亦稱"金兔""冰兔"。相傳月中有玉兔，借指月亮。常與"金烏"（太陽）對稱。此稱唐代已行用。隋江總《答王均早朝守建陽門開》詩："金兔猶懸魄，銅龍欲啓扉。"唐韓琮《春愁》詩："金烏長飛玉兔走，青鬢長青古無有。"唐李紳《奉酬樂天立秋夕有懷見寄》詩："冰兔半升魄，銅壺微滴長。"宋江少虞《事實類苑》卷三七引宋釋文瑩《玉壺清話》："金烏兼玉兔，年幾奈君何？"元金仁傑《追韓信》第二折："明滴溜銀蟾似海山，光燦爛玉兔照天關。"《說岳全傳》第一三回："早已金烏西墜，玉兔東升。"

【金兔】

即玉兔。此稱隋代已行用。見該文。

【冰兔】

即玉兔。此稱唐代已行用。見該文。

【月兔】 [1]

即玉兔。亦稱"白兔"。此稱唐代已行用。

唐黃滔《省試內出白鹿宣示百官》詩：“形奪場駒潔，光交月兔寒。”唐杜甫《八月十五夜月》詩之一：“此時瞻白兔，直欲數秋毫。”唐白居易《勸酒》詩：“天地迢迢自長久，白兔赤烏相趁走。”

【白兔】

即月兔。此稱唐代已行用。見該文。

【玄兔】

即玉兔。玄，指蒼天。兔，指傳說中的月中玉兔。此稱南北朝時期已行用。《文選·謝莊〈月賦〉》：“引玄兔于帝臺，集素娥于後庭。”李周翰注：“玄兔，月也。月中有兔象，故以名焉。”唐白行簡《新月誤驚魚賦》：“桂影西南，盡迷玄兔。”

【蹲兔】

即玉兔。亦作“踆兔”，亦稱“兔蹲”。踆，同“蹲”。此稱宋代已行用。宋強至《壓書玉兔》詩：“白玉雙蹲兔，工深刻楮勞。長疑奔月窟，渾欲動霜毛。”宋韓元吉《次韵張金彥書事》詩：“鶴怨猿驚成底事，烏踆兔蹲自奔忙。”清程晉芳《游太學觀石鼓》詩：“赤烏踆兔猶朦朧，六經聚訟如蟻叢。”

【踆兔】

同“蹲兔”。此體清代已行用。見該文。

【兔蹲】

即玉兔。此稱宋代已行用。見該文。

【穴鼻】

即玉兔。亦稱“決鼻”。穴，孔也。兔鼻唇有空隙，故稱。此稱漢代已行用。《太平御覽》卷九〇七引三國魏宋均《詩緯推度災》注：“‘八月成光，決鼻始明’。決鼻，兔也。”明王志堅《表異錄·天文一》：“《易乾鑿度》曰：

‘月三日成魄，八日成光，蟾蜍體就，穴鼻始明。’穴鼻，兔也。”《通雅》卷一一：“《乾鑿度》曰：‘月八日成光，穴鼻始明。’注：‘穴，央也。決鼻，兔也。’《緯書》爲漢人所造，則漢時方語必有以月魄爲穴鼻者。”按，對照《表異錄》《通雅》引《易乾鑿度》，可知《太平御覽》引《詩緯推度災》“八月成光”不辭，當作“八日成光”。參見本類“月魄”。

【決鼻】

即穴鼻。決鼻，兔裂鼻唇，因以指兔。決，通“缺”，破裂之意。此稱三國時期已行用。見該文。

【兔】[1]

“玉兔”之省稱。此稱唐代已行用。唐羅鄴《冬日寄獻庾員外》詩：“却思紫陌觓籌地，兔缺烏沉欲半年。”宋晏殊《清平樂》詞之一：“兔走烏飛不住，人生幾度三臺？”明唐寅《春日花前咏懷》詩：“我且花前沉醉，管甚箇兔走烏飛，白髮蒙頭。”

【兔月】

即玉兔。亦稱“兔華”。此稱南北朝時期已行用。北周庾信《七夕賦》：“兔月先上，羊燈次安。”唐楊師道《闕題》詩：“羊車詎畏青門閉，兔月今宵照後庭。”清陳維崧《水調歌頭·汾西侯仲輅示我九日紀夢詞二闋依韵奉和》：“天上兔華滿，只照別家圓。”

【兔華】

即兔月。此稱清代已行用。見該文。

【兔輝】

即兔月。此稱隋代已行用。隋江總《賦得三五明月夜》詩：“三五兔輝成，浮陰冷復輕。”唐黃頗《聞宜春諸舉子陪郡主登河梁玩月》詩：

"虹影迥分銀漢上，兔輝全寫玉筵中。"

【雪毛兔】

即玉兔。喻指明月。傳說月中有玉兔，故稱。此稱宋代已行用。宋李賓王《中秋玩月》："東山飛來雪毛兔，瑞光千丈無纖塵。"宋楊萬里《羲娥謠》："素娥西征未歸去，簸弄銀盤浣風露。一丸玉彈東飛來，打落桂林雪毛兔。"

【陰兔】

即玉兔。古人以月爲陰宗。傳說其中有玉兔，故稱。此稱南北朝時期已行用。南朝梁簡文帝《大法頌序》："陰兔兩重，陽烏三足。"南朝梁元帝《郢川晋安寺碑銘》："峰下陽烏，林生陰兔。"北周庾信《佛龕銘》："陰兔假道，陽烏回翼。"

【銀兔】

即玉兔。此稱隋代已行用。隋煬帝《望江南》詩："清露冷侵銀兔影，西風吹落桂枝花。"唐皮日休《醉中先起李縠戲贈走筆奉酬》詩："麝烟苒苒生銀兔，蠟淚漣漣滴繡閨。"

【瑶兔】

即玉兔。此稱唐代已行用。唐王勃《上明員外啓》："側聞金烏聳巒，俯圓燧而抽光。瑶兔浮輪，候方諸而吐液。"唐黃滔《丈六金身碑》："一夕雨歇天清，風微月明，瑶兔無烟，銅龍有聲。"

【兔影】

即玉兔。此稱南北朝時期已行用。南朝陳蔣總《内殿賦新詩》："兔影脉脉照金鋪，虬水滴滴寫玉壺。"唐黃滔《課虛責有賦》："故其越兔影，邁烏光。"唐鮑溶《上陽宮月》詩："學織機邊娥影静，拜新衣上露華沾。"宋鄭獬《月波樓》詩："古壕鑿出明月背，樓角飛來兔影

中。"明劉基《摸魚兒》詞："新凉夜，兔影澄清漢渚。"

夕兔

晚上的月亮。唐代已行用此稱。唐駱賓王《艷情代郭氏答盧照鄰》詩："抱膝當窗看夕兔，側耳空房聽曉鷄。"宋李昭玘《昂昂千里駒》詩："東馳越夕兔，西走窮朝烏。"

墜兔

指落月。傳說月中有玉兔，故稱。此稱明代已行用。明李昌祺《剪燈餘話·武平靈怪錄》："逡巡間，墜兔收光，遠鷄戒曉。"

月杵

亦稱"玉杵"。傳說月中有白兔持玉杵搗藥，借指月亮。此稱唐代已行用。唐王初《送陳校勘入宿》詩："銀臺級級連青漢，桂子香濃月杵低。"宋楊億《前檻十二韻》："風車來未定，月杵望長懸。"宋王銍《中秋招葉子謙》："悄然望玉杵，無聲桂影中。"明湯顯祖《牡丹亭·鬧殤》："玉杵秋空，憑誰竊藥把嫦娥奉。"

【玉杵】

即月杵。此稱宋代已行用。見該文。

玉蟾蜍

省稱"蟾"，亦稱"玉蟾""玉蜍"。指月亮。傳說月中有蟾蜍，故代稱。此稱唐代已行用。唐顧況《奉酬劉侍郎》詩："幾回新秋影，璧滿蟾又缺。"南朝梁劉孝綽《林下映月》詩："攢柯半玉蟾，裏葉彰金兔。"唐褚載《月詩》逸句："星斗離披烟靄收，玉蟾蜍耀海東頭。"唐李白《初月》詩："玉蟾離海上，白露濕花時。"明佚名《飛丸記·月下傷懷》："擡頭問玉蟾，一樣團圞，幾般堪玩。"明徐復祚《紅梨記·詩要》："天上玉蜍欣獨占，河中匹烏恨難

招。"

【蟾】

"玉蟾蜍"之省稱。此稱唐代已行用。見
該文。

【玉蟾】

即玉蟾蜍。此稱南北朝時期已行用。見該
文。

【玉蜍】

即玉蟾蜍。此稱明代已行用。見該文。

【蟾蜍】

即玉蟾蜍。亦作"蟬蜍",亦稱"蜍蟾"。
此稱唐代已行用。唐劉商《胡笳十八拍》之
十一:"幾回鴻雁來又去,腸斷蟾蜍虧復圓。"
唐賈島《夜坐》詩:"蟋蟀漸多秋不淺,蜍蟾已
沒夜應深。"唐李中《題徐五教池亭》詩:"曉
香憐杜若,夜浸愛蟬蜍。"

【蟬蜍】

同"蟾蜍"。此體唐代已行用。見該文。

【蜍蟾】

即蟾蜍。此稱唐代已行用。見該文。

【冰蟾】

即玉蟾蜍。此稱宋代已行用。宋郭印《中
秋月試院中作呈莫少虛》詩:"今宵雲四卷,冰
蟾照寰瀛。"宋劉子翬《祝道人日供梅蘭偶成小
詩二首》之一:"谷寒未必春先到,幾夜冰蟾
照得開。"明湯顯祖《牡丹亭・鬧殤》:"海天
悠,問冰蟾何處涌?玉杵秋空,憑誰竊藥把嫦
娥奉?"清惜秋《維新夢・寫本》:"看一派冰
蟾瀉冷,聽幾番風馬敲凉。"

【明蟾】

即玉蟾蜍。此稱唐代已行用。唐舒元輿
《坊州按獄蘇氏莊記室二賢自鄜州走馬相訪》

詩:"陽烏忽西傾,明蟾挂高枝。"明劉基《次
韻和十六夜月再次韻》:"永夜凉風吹碧落,深
和白露洗明蟾。"

【蟾光】

即玉蟾蜍。此稱南北朝已行用。南朝梁蕭
統《錦帶書十二月啓・太簇正月》:"飄颻餘雪,
入簫管以成歌。皎潔輕冰,對蟾光而寫鏡。"唐
李賀《感諷五首》之五:"岑中月歸來,蟾光挂
空秀。"

【金蟾】

即玉蟾蜍。此稱唐代已行用。唐令狐楚
《十七日夜書懷》詩:"金蟾著未出,玉樹悲稍
破。"明高啓《黑河秋雨引賦趙王孫家琵琶蓋其
名也》詩:"夢斷金蟾隔烟小,青塚埋聲秋不
曉。"

【素蟾】

即玉蟾蜍。此稱唐代已行用。唐黃滔《捲
簾》詩:"綠鬟侍女手纖纖,能捧嫦娥出素蟾。"
宋韓琦《秋夕》詩:"露重翻香芰,雲疏點素
蟾。"

【清蟾】[1]

即玉蟾蜍。此稱宋代已行用。宋賀鑄《採
桑子・羅敷歌》詞:"犀塵流連,喜見清蟾似
舊圓。"宋范成大《代人七月十四日生朝》詩:
"已饒瑞莢明朝滿,先借清蟾一夜圓。"

【凉蟾】

即玉蟾蜍。亦稱"寒蟾"。傳說月中有蟾
蜍,而月亮又常給人以寒凉之感,故稱。"凉蟾"
亦特指秋天的月亮,復泛指月亮。此稱唐代已
行用。唐李商隱《燕臺・秋》詩:"月浪衝天天
宇濕,凉蟾落盡疏星人。"唐劉禹錫《和汴州令
狐相公到鎮改月偶書所懷二十二韻》詩:"管絃

喧夜景，燈燭掩寒蟾。"宋張銑《玉樹後庭花》
詞之二："青驄騎來飛鳥，靚妝難好，至今落日
寒蟾，照臺城秋草。"宋晏幾道《阮郎歸》詞：
"箇人鞭影弄凉蟾，樓前側帽簷。"元劉祁《歸
潛志》卷九："影浸凉蟾窗上見，聲敲寒雨枕邊
開。"清陳維崧《百字令·己未長安中秋》詞：
"坐久凉蟾猶未吐，靄靄暮雲偏結。"亦泛指月
亮。

【寒蟾】

即凉蟾。此稱唐代已行用。見該文。

【銀蟾】

即玉蟾蜍。此稱唐代已行用。唐白居易
《中秋月》詩："照他幾許人腸斷，玉兔銀蟾遠
不知。"唐李中《思朐陽春游感舊寄柴司徒五
首》詩之四："紅袖歌長金罍亂，銀蟾飛出海東
頭。"

【蟾魄】

即玉蟾蜍。亦稱"靈蟾"。此稱唐代已行
用。唐陸龜蒙《寄懷華陽道士》詩："蟾魄幾應
臨蕙帳，漁竿猶尚枕楓汀。"唐莫宣卿《百官乘
月早朝聽殘漏》詩："碧空蟾魄度，清禁漏聲
殘。"宋梅堯臣《李康靖夫人挽詞》："寶劍知終
合，靈蟾已殞西。"清勞淑静《槐陰玩月》："靈
蟾濯魄金飆凉，玉鑪爇罷篤耨香。"

【靈蟾】

即蟾魄。此稱宋代已行用。見該文。

【瓊蟾】

即玉蟾蜍。此稱元代已行用。元李道純
《贈程潔庵》詩："無爲好向無中作，自有瓊蟾
照碧崖。"明陳子龍《秋月篇》："海上瓊蟾浴已
過，天邊玉蒵葉還多。"

【蝦蟆】

即玉蟾蜍。此稱唐代已行用。唐杜甫《月
三首》詩之一："魍魎移深樹，蝦蟆没半輪。"
宋王庭珪《鳳停館中秋》詩："蝦蟆出金背，玉
兔動銀盤。"

【圓蟾】[1]

即玉蟾蜍，特指圓滿的玉蟾蜍。此稱唐代
已行用。唐張碧《美人梳頭》詩："玉容驚覺
濃睡醒，圓蟾挂出妝檯表。"宋余靖《和王子元
中秋會飲》："相逢並座叙離闊，把酒共見圓蟾
生。"明陳憲章《游西室山》詩："圓蟾夜炯炯，
蝙蝠秋飛飛。"

【西蟾】

即玉蟾蜍。此稱宋代已行用。宋仲并《晝
堂春·和秦少游韵》："漸西蟾影漾餘暉，醉倒
誰知？"宋張先《江城子》詞："金字半開香穗
少，愁不寐，恨西蟾。"元范梈《奉同陳應舉月
夜齋宿玉堂有賦五首》之五："願逐西蟾影，長
栖丹鳳林。"

月桂

亦稱"桂月"。傳説月中有光艷的桂花樹，
因以借指月亮。此稱南北朝時期已行用。《樂府
詩集·雜曲歌辭八·東飛伯勞歌》："南窗北牖
桂月光，羅帳綺帳脂粉香。"南朝梁梁元帝《刻
漏銘》："宮槐晚合，月桂宵暉。"北周庾信《終
南山義谷銘》："桂月危懸，風泉虛韵。"南朝陳
張正見《薄帷鑒明月》詩："長河上月桂，澄彩
照高樓。"《紅樓夢》第四八回："月桂中天夜色
寒，清光皎皎影團團。"

【桂月】

即月桂。此稱南北朝時期已行用。見該文。

【桂花】

即月桂。亦作"桂華"。此稱南北朝時期已行用。北周庾信《舟中望月》詩:"天漢看珠蚌,星橋視桂花。"唐韓愈《明水賦》:"桂華吐耀,兔影騰精。"唐李賀《有所思》詩:"自從孤館深鎖窗,桂花幾度圓還缺。"葉蔥奇注:"桂花指月。月中有桂樹。"宋范成大《好事近》詞:"何待桂華相照,有人人如月。"

【桂華】

同"桂花"。此體唐代已行用。見該文。

【桂枝花】

即月桂。亦稱"桂枝""桂花渚"。此稱隋代已行用。隋煬帝《望江南》詩:"清露冷侵銀兔影,西風吹落桂枝花。"唐太宗《遼城望月》詩:"魄滿桂枝圓,輪虧鏡彩缺。"唐盧照鄰《明月引》:"橫桂枝於西第,繞菱花於北堂。"唐李賀《聽穎師彈琴歌》:"別浦雲歸桂花渚,蜀國絃中雙鳳語。"葉蔥奇注:"桂花渚,指月。"

【桂枝】

即桂枝花。此稱唐代已行用。見該文。

【桂花渚】

即桂枝花。此稱唐代已行用。見該文。

【丹桂】

即月桂。此稱唐代已行用。唐曹松《中秋月》詩:"遙遙望丹桂,心緒更紛紛。"宋葛勝仲《虞美人》詞:"一輪丹桂宭宭樹,光景疑非暮。"

【桂影】

即月桂。此稱唐代已行用。唐駱賓王《秋月》詩:"裛露珠暉冷,凌霜桂影寒。"明劉基《祝英臺近》詞:"翠烟收,珠露下,星漢共瀟灑。桂影徘徊,白雪粲檐瓦。"

【桂】

"月桂"之省稱。此稱唐代已行用。唐李嶠《人日侍宴大明宮恩賜綵縷人勝應制》詩:"桂吐半輪迎此夜,蓂開七葉應今朝。"清洪昇《長生殿·聞樂》:"雲中細看天香落,仍倚蒼蒼桂一輪。"參閱唐段成式《酉陽雜俎·天咫》、《太平御覽》卷九五七。

清凉宮

指月亮。此稱唐代已行用。唐柳宗元《自衡陽移桂十餘本植零陵所住精舍》"路遠清凉宮"注:"清凉宮指月而言也,謂月中有仙桂而清凉。"宋郭祥正《左蠡亭重九夕同東美玩月勸酒》詩:"身心都在清凉宮,一點無塵光皎潔。"

桂兔

指月亮。相傳月中有桂樹和玉兔,故稱。此稱唐代已行用。唐韓偓《元夜即席》詩:"桂兔韜光雲葉重,燭龍銜耀月輪明。"明李東陽《太皇太后挽歌詞》之十:"桂兔秋逾好,軒龍晚更輝。"

桂蟾

亦稱"蟾桂"。指月亮,傳說月中有桂樹和蟾蜍兩物,故稱。此稱唐代已行用。唐盧照鄰《贈益府裴録事》詩:"朝看桂蟾晚,夜聞鴻雁度。"唐李賀《巫山高》詩:"古祠近月蟾桂寒,椒花墜紅濕雲間。"唐羅隱《旅夢》詩:"出門聊一望,蟾桂向人斜。"明吳子孝《朝中措》詞:"桂蟾不見,管絃相逐,高興難勝。"

【蟾桂】

即桂蟾。此稱唐代已行用。見該文。

蟾兔

亦稱"蜍兔"。蟾,蟾蜍;兔,玉兔。月中

有此二物，因以稱代。此稱南北朝時期已行用。《文選·〈古詩十九首·孟冬寒氣至〉》："三五明月滿，四五蟾兔缺。"張銑注："蟾兔，月中精形。"唐權德輿《祗役江西路上以詩代書寄内》："別來如昨日，每見缺蟾兔。"宋司馬光《佇月亭》詩："孤蟾久未上，五馬不成歸。"金元好問《留月軒》詩："驪伯屬我歌，蟾兔爲動色。"清陳維崧《風流子》詞："嘆世上雞蟲，笑人寂寂。天邊蜍兔，去我堂堂。"

【蜍兔】

即蟾兔。此稱清代已行用。見該文。

夜光

亦稱"夜景""夜明"。指月亮。此稱先秦時期已行用。《楚辭·天問》："夜光何德，死則又育？"王逸注："夜光，月也。"三國魏曹植《芙蓉賦》："其始榮也，皦若夜光尋扶桑；其揚暉也，晃若九陽出暘谷。"晋陶潛《辛丑歲七月赴假還江陵夜行塗中》詩："凉風起將夕，夜景湛虛明。"明張居正《郊禮新舊考》："初建圜丘于大祀殿之南，每冬至祀天，以大明、夜明、星辰、風雷從祀。"

【夜景】

即夜光。此稱晋代已行用。見該文。

【夜明】

即夜光。此稱明代已行用。見該文。

月姊

指月亮。此稱源於漢代，宋代已行用。《太平御覽》卷一引漢佚名《春秋感精符》曰："人主與日月同明，四海合信，故父天母地，兄日姊月。"意謂人主與日月爲人倫關係，日爲兄，月爲姊，故稱。宋王炎《和陳右司春雪》："風姨寒重吹飛絮，月姊光凝映爛銀。"清孫枝蔚

《無題次彭駿孫王貽上韻》："安得人今同月姊，關山從未隔明妝。"

玄度

指月亮。玄，指蒼天。度，尺度。月亮爲天空中計算時日之標尺，故稱。此稱漢代已行用。漢劉向《列仙傳·關令尹贊》："尹喜抱關，含德爲務。挹漱日華，仰玩玄度。"唐駱賓王《秋日送陳文林陸道士得風字》詩："惟當玄度月，千里與君同。"

圓景 [1]

亦作"圓影"。指月亮。此稱三國時期已行用。三國魏曹植《寶刀賦》："規圓景以定環，擄神功而造像。"《文選·曹植〈贈徐幹〉詩》："圓景光未滿，衆星燦以繁。"李善注："圓景，月也。"又，"鄭玄《毛詩》箋曰：'景，明也。'"南朝梁沈約《咏月》詩："方暉竟户入，圓影隙中來。"金張暐《大金集禮》卷三四："[大定二十一年正月，奉敕爲五大殿三大門撰名]東門曰晨輝（原注：取日之象），西門曰圓景（原注：取月之象）。"

【圓影】 [1]

同"圓景 [1]"。此體南北朝時期已行用。見該文。

大明 [2]

指月亮。月光明亮，故稱。此稱晋代已行用。《文選·木華〈海賦〉》："若乃大明攄繣於金樞之穴，翔陽逸駭於扶桑之津。"李善注："大明，月也。《周易》曰'懸象著明，莫大乎日月。'"唐李白《古朗月行》："蟾蜍蝕圓影，大明夜已殘。"

珠蚌

指月亮。古以爲蚌蛤之虛實與月之虧盈有

關，因以借指。此稱南北朝時期已行用。北周庾信《舟中望月》詩：“天漢看珠蚌，星橋視桂花。”宋晏殊《中秋月》詩：“誰知滄海曲，珠蚌最盈盈。”參閱《太平御覽》卷四引《吕氏春秋》。

波奴

指月亮。佛家語。此稱隋代已行用。隋闍那崛多譯《大威德陀羅尼經》卷六：“月名波奴，隋言光者。”

孤月

亦稱“孤圓”“孤蟾”“孤輪”。指月亮。獨懸夜空，故稱。此稱唐代已行用。唐王昌齡《送人歸江夏》詩：“曉夕雙帆歸鄂渚，愁將孤月夢中尋。”唐甘子布《光賦》：“孤圓上魄，飛鏡流明。”唐寒山詩：“遠望孤蟾明皎皎，近聞群鳥語啾啾。”唐劉禹錫《奉和中書崔舍人八月十五日夜玩月二十韻》：“迥見孤輪出，高從倚蓋旋。”宋楊萬里《月下梅花》詩：“天恐梅花不耐寒，遣將孤月問平安。”《宋史·樂志十五》：“殘霞弄影，孤蟾浮天外，行人觸目是消魂。”明屠隆《彩毫記·汾陽報恩》：“看千峰雲散晚天屯，正孤輪雪霽，寒潭印門。”

【孤圓】

即孤輪。此稱唐代已行用。見該文。

【孤蟾】

即孤月。此稱唐代已行用。見該文。

【孤輪】

即孤月。此稱唐代已行用。見該文。

天眼

指月亮。古人認爲太陽、月亮是天上的眼睛，詩文中以“利眼”指日，以“天眼”指月。此稱唐代已行用。唐盧仝《月蝕》詩：“皇天要識物，日月乃化生。走天汲汲勞四體，與天作眼行光明……再得見天眼，感荷天地力。”明劉基《次韵石末公七月十五夜月蝕》詩：“不知妖怪從何來，惝恍初驚天眼眹。”

月波

蜀中對月亮的尊稱。此稱宋代已行用。宋范成大《吴船録》卷上：“蜀中稱老者波……又有所謂天波、日波、月波、雷波者，皆尊大之稱。”參見本卷《日月五星説·月亮考》“天波”。

身星

指月亮。星命家語。此稱明代已行用。明佚名《張果星宗·安命度法》：“月爲身星。又月躔某度，即身之度主也。”又同書《玉衡經》：“月金是陰人之曜水孛，如守田財，難招祖業……身星傍母九宮遇孛，終身漂泊無拘。”

歸月

落月。此稱南北朝時期已行用。南朝宋鮑照《岐陽守風》詩：“廣岸屯宿陰，縣厓栖歸月。”唐李白《過汪氏別業》詩：“掃石待歸月，開池漲寒流。”

中月

亦稱“天銀”。當空之明月。此稱南北朝時期已行用。南朝齊謝朓《奉和隨王殿下》詩之四：“雲陰滿地樹，中月懸高城。”清黄景仁《月下雜感》詩：“河山收地魄，宮闕爛天銀。”

【天銀】

即中月。此稱清代已行用。見該文。

團扇

月亮的美稱。以圓形宮扇喻指。此稱南北朝時期已行用。南朝齊王融《擬古》二首之一：“何當垂雙鬢，團扇雲間明。”隋諸葛穎《奉和月夜觀星》詩："連珠欲東上，團扇漸西沉。"

月規

指圓月。月圓中規，故稱。此稱南北朝時期已行用。南朝梁簡文帝《秋夜》詩："綠潭倒雲氣，青山銜月規。"唐段成式《酉陽雜俎·壺史》："〔翟天師〕曾于江岸與弟子數十玩月，或曰：'此中竟何有？'翟笑曰：'可隨吾指觀。'弟子中兩人見月規半天，瓊樓金闕滿焉，數息間不復見。"唐令狐楚《珠還合浦賦》："上掩星彩，遥迷月規，粲粲離離，與波逶迤。"

【素規】

即月規。亦稱"素丸"。此稱唐代已行用。唐李紳《滿桂樓》詩："惟待素規澄滿鏡，莫看纖魄挂如鈎。"金王中立《中秋》詩："素丸東溟來，飛上玻璃盆。"

【素丸】

即素規。此稱宋代已行用。見該文。

穿綫月

七夕的月亮。此時有穿綫乞巧之俗，故稱。此稱唐代已行用。唐李賀《七夕》詩："鵲辭穿綫月，螢入曝衣樓。"葉葱奇疏注："人家七夕穿綫乞巧，所以稱這天的月爲'穿綫月'。鵲辭開月下飛去，是已經填過橋了。"

霜月

寒夜的月亮。此稱南北朝時期已行用。南朝宋鮑照《和王護軍秋夕》："散漫秋雲遠，蕭蕭霜月寒。"唐王勃《寒夜懷友》詩之一："北山烟霧始茫茫，南津霜月正蒼蒼。"清黄景仁《夜泊聞雁》詩："悽然對江水，霜月不勝凉。"

月食考

月食，當月球運行進入地球的陰影（本影部分）時，原本可被太陽光照亮的部分，部分或全部不能被直射陽光照亮，使得位於地球的觀測者無法看到普通的月相，這種天文現象就是月食。月食發生時，太陽、地球、月球恰好或幾乎在同一條直綫上，因此月食必定發生在滿月的晚上，如《説文》所説"日蝕則朔，月蝕則望"。月食可以分爲月偏食、月全食和半影月食三種。當月球整個都進入本影時，就會發生月全食，但如果祇是一部分進入本影時，則祇會發生月偏食。月全食和月偏食都是本影月食。

月食的文獻記載甚早，商代甲骨文中已有之。中國社會科學院考古研究所編《小屯南地甲骨》726："壬寅鼎（貞）：月又（有）戠，其又土，尞大牢。"學者張雪明以爲："戠"即"識"初文，甲、金文像以刻刀辛在戈上刻標記。

月食

亦作"月蝕"。指月亮在運行中被地球遮掩了太陽光綫所形成的影像。商代甲骨文中已有月食記載。郭沫若主編《甲骨文合集》11484："六日〔甲〕午夕月出（有）食。"又11485："三日乙酉夕月出（有）食，聞。"《管子·四時》："是故聖王日食則修德，月食則修刑。"《史記·六國年表》："〔秦躁公八年〕月食。"《漢書·韓延壽傳》："延壽又取官銅物，候月蝕鑄作刀劍鈎鐔。"《宋書·律曆志》："〔元嘉十三年十二月十六日望〕月蝕，加時在酉，到亥初始食，到一更三唱蝕既，在鬼四度。"《南齊書·天文志》："〔永明六年九月癸巳〕月蝕在婁宿九度，加時在寅之少弱。虧起東北角，蝕十五分之十一。十五日子時，蝕從東北始，至子時末都既，到丑時光色還復。"《文獻通考》卷二八五："〔熙寧四年五月己亥〕月食，戌之一刻虧見東南方。出濁未圓六分，在東井度中至五刻復。"《南齊書·天文志》："〔永元元年八月己未〕月食盡，色皆赤。"《文獻通考》卷二八五：熙寧四年十一月丙申"月食，卯之二刻虧見西方。起東南，至六刻食甚，及四分半弱，在東井一度少，至明入濁，不見復。"《文獻通考》卷二八五："〔熙寧四年五月己亥〕月

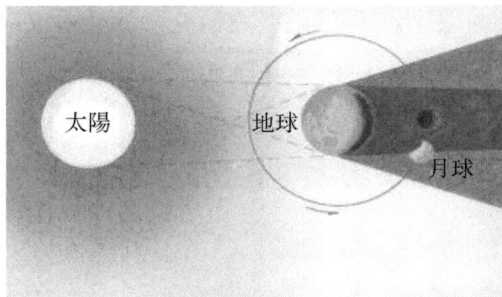

月食原理示意圖

食，戌之一刻虧見東南方。出濁未圓六分，在東井度中至五刻復。"《元史·英宗紀》："〔延祐七年六月辛酉〕是夜，月食，既。"《國榷》卷三三："〔天順四年閏十一月戊午〕曉刻，月食四分有奇。"《清聖祖實錄》卷一二三："〔康熙二十四年十一月十六日〕上諭大學士等曰：'今日朔日食，十六日月食。'"《清史稿·聖祖本紀》："詔曰：'日食於月朔，越十六日，月食。'"民國《始興縣志》卷一六："〔光緒十八年九月十五〕夜，月食，盡，無光。"《元史·英宗紀》："〔延祐七年六月辛酉〕是夜，月食，既。"《國榷》卷三三："〔天順四年閏十一月戊午〕曉刻，月食四分有奇。"民國《始興縣志》卷一六："〔光緒十八年九月十五〕夜，月食，盡，無光。"

【月蝕】

同"月食"。此體漢代已行用。見該文。

虧[3]

發生月食時，月球表面出現虧缺，故月食也稱之爲"虧"，月食纔發生時稱之爲"初虧"。

【闕】

亦作"缺"，猶"虧"，發生月食時，月球表面出現虧闕，故月食也稱之爲"闕"。此稱宋代已行用。《宋史·天文志》："〔紹興二年二月丙子〕月未當闕而闕，體如食，色黃白。"

【缺】

同"闕"，指月食。此稱民國時期已行用。民國《陸良縣志稿》卷一："〔道光三十年二月望〕月缺西志角，色赤如火。"

交[2]

指月食。一個天體經過另一個天體前方，將後者部分或完全擋住的現象，爲交食。這裏

指月球運行至地球的陰影部分時，月球經過地球的前方，地球將月球部分或完全擋住的現象，稱之爲"太陰交食"，也省稱之爲"交"。

【太陰交食】

即交。太陰，月亮。月球運行至地球的陰影部分時，月球經過地球的前方，地球將月球部分或完全擋住的現象，稱之爲"太陰交食"。此稱宋代已行用。《宋史·禮志》："〔咸淳二年十一月十六日〕太史院言，太陰交食。"

月又食

亦稱"月再食""月食再見"。兩個月連續發生月食的現象。《嘉興縣啓禎兩朝實錄·祥異》："〔天啓四年八月丙申〕月再食。"民國《東阿縣志》卷一五："〔同治八年十二月〕月食再見。"民國《山東通志》卷一一："今歲兩澤愆期，月食再見。"

【月再食】

即月又食。此稱明代已行用。見該文。

【月食再見】

即月又食。此稱民國時期已行用。見該文。

三種月食

月食可分爲月偏食、月全食及半影月食三種。月食發生在農曆十五前後。地球在背着太陽的方向會出現一條陰影，稱爲地影。地影分爲本影和半影兩部分。本影是指沒有受到太陽光直射的地方，而半影則祇受到部分太陽直射的光綫。月球在環繞地球運行過程中有時會進入地影，這就産生月食現象。當月球整個都進入本影時，就會發生月全食；但如果祇是一部分進入本影時，則祇會發生月偏食。月全食和月偏食都是本影月食。

月全食

地球在背着太陽的方向會出現一條陰影，稱爲地影。月球在環繞地球運行過程中有時會進入地影，當月球整個都進入本影時，就會發生月全食。月球被食的程度叫"食分"，它等於食甚時月輪邊緣深入地球本影最遠距離與月球視經之比。月全食時食分等於或者大於一。天文教育專家趙之珩説，在三種月食中，月全食最好看，"此時從地球上看去，月亮並不是從空中消失，而是呈現難得一見的古銅色，也就是平常所説的'紅月亮'"（"浙江綫上"之"嘉興頻道"2014年10月07日《明天可觀賞罕見"紅月亮"》）。

月偏食

當月球祇有部分進入地球的本影時，就會出現月偏食。月偏食發生時，月亮將呈現一半白色，一半古銅色的"模樣"。月偏食沒有食既、生光過程，食甚也祇表示月面陰影最大的情況。月球被食的程度叫"食分"，它等於食甚時月輪邊緣深入地球本影最遠距離與月球視經之比。月偏食時食分小於一。

月食階段

月食從開始到結束，人們所見到的月光被地球遮住的部分，總是從無到小到大，再從大到小從小到無，經歷着不同的變化階段。我國古代的記載，也是由簡到繁，越來越細。比如開始僅僅籠統地記載爲"月有食之"，或"月食"，或"食"；後來又有了日食變化階段中"初虧"，或"食甚"或"復圓"的記載；再後來逐步就有了不同的變化階段的比較詳細的記載，總結出了"月全食五階段""月偏食三階段"，還有各個階段中不同"食分"的和發生於不同星區的更詳盡的記載等等。近現代更有月全食五階段之前、之後的也作爲月食階段表述。如《宋書·律曆志》：“〔元嘉十一年七月十六日望〕四更二唱丑初，始蝕，到四唱蝕既，在營室十五度末。《景初》其日日在軫三度。以月蝕所衝考之，其日日應在翼十五度半。”《宋書·律曆志》：“〔元嘉十三年十二月十六日望〕月蝕，加時在酉，到亥初始食，到一更三唱蝕既，在鬼四度。”《魏書·天象志》：“〔太和八年五月丁亥〕月在斗食盡。”《隋書·律曆志》：“〔開皇十五年十一月十六日庚午〕依曆月行在井十七度，時加亥，月在巳半上，食十五分之九半強，虧西北。其夜一更四籌後，月在辰上起食，虧東南，至二更三籌，月在巳上，食三分之二許，漸生，至三更一籌，月在丙上，復滿。”

半影食始[2]

月面與地影首次相切，即月面剛剛和地影接觸時稱爲半影食始，這時月球表面光度略爲減少，但往往肉眼覺察不到，半影食始發生在初虧之前。由於人們肉眼覺察不到，所以人們（特別是古人）一般講月食的過程時，往往祇講從初虧開始了。月面與地影首次相切，月面進入地球半影，月食開始。

半影食終[2]

一般講月食的過程和階段，月亮陰影和太陽圓面第二次外切時爲復圓，日食過程也就結束了。月亮陰影和太陽圓面第二次外切時，月亮陰影和太陽圓面還未有分離開，如果月影徹底離開太陽圓面（半影），整個月食過程就完全正式徹底完結。半影食終和半影食始一樣，人們（特別是古人）講月食的過程和階段時，往往就都不講了。

月偏食三階段

當月球祇有部分進入地球的本影時，就會出現月偏食。正式的一次月偏食一般祇有三個時期：初虧、食甚和復原。復原，我國古代多作“復圓”。月偏食沒有食既、生光過程，食甚也祇表示月面陰影最大的情況。《清朝文獻通考》卷二六四：“〔順治二年正月己亥望〕月食在星宿初度十六分，食八分三十三秒，丑初初刻三分初虧，丑正三刻食甚，寅正一刻十三分復圓。”《清朝文獻通考》卷二六四：“〔康熙二十年正月己巳望〕月食在張宿十三度二十五分，食七分五十二秒。酉初一刻十分初虧，戌初初刻四分食甚，戌正二刻十二分復圓。”單是《清朝文獻通考》記載的這種“月偏食三階段”就有幾十種之多。

月全食五階段

當月球整個都進入本影時，就會發生月全食。月球被食的程度叫“食分”，它等於食甚時

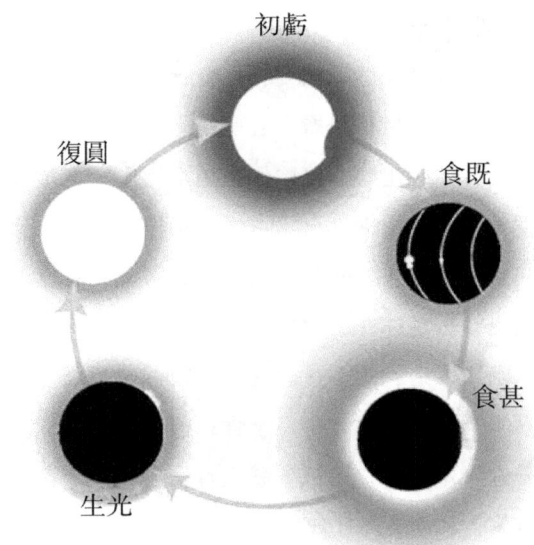

月全食五階段示意圖

月輪邊緣深入地球本影最遠距離與月球視經之比。月全食時食分等於或者大於一。正式的一次月全食的過程一般分爲初虧、食既、食甚、生光、復原五個階段。復原，我國古代多作“復圓”。《清朝文獻通考》卷二六四：“〔順治二年閏六月丙申望〕月食在女宿八度十五分，食十一分五十九秒，戌初初刻初虧，戌正初刻四分食既，戌正三刻七分食甚，亥初二刻十一分生光，亥正二刻十四分復圓。”《清朝文獻通考》卷二六四：“〔順治三年六月辛卯望〕月食在牛宿五度十九分，食十二分四十九秒。亥正三刻四分初虧，子初三刻十四分食既，子正三刻二分食甚，丑初二刻四分生光，丑正二刻十四分復圓。”《清朝文獻通考》卷二六四：“〔康熙二年七月壬午望〕月食在虛宿六度五十一分，食十分四十秒。丑正初刻六分初虧，寅初一刻二分食既，寅初三刻十一分食甚，寅正二刻五分生光，卯初三刻十分復圓。”單是《清朝文獻通考》記載的這種“月全食五階段”就有幾十種之多。

初虧 [2]

標志月食開始。月球由東緣慢慢進入地影，月球與地球本影第一次外切。由於月亮自西向東繞地球運轉，所以月食總是在月亮圓面的西邊緣開始的。當月影的東邊緣剛接觸到太陽圓面的瞬間（即月影的東邊緣與地影的西邊緣相外切的時刻），稱爲初虧。初虧也就是月食過程開始的時刻，是人們剛剛看到月食時的景象，由於月食剛剛開始時月亮的亮度非常高，所以人們剛剛開始看到月食時，月食實際已經發生了一小段時間，人們剛剛開始看到日食時初虧的景象，已經有了明顯的缺口。月球被食的程度叫“食分”，它等於食甚時月輪邊緣深入地球本影最遠距離與月球視經之比。初虧時候的食分一般不超過 0.3。此稱清代已行用。《清朝文獻通考》卷二六四：“〔順治二年閏六月丙申望〕月食在女宿八度十五分，食十一分五十九秒，戌初初刻初虧，戌正初刻四分食既，戌正三刻七分食甚，亥初二刻十一分生光，亥正二刻十四分復圓。”《清朝文獻通考》卷二六四：“〔康熙二年七月壬午望〕月食在虛宿六度五十一分，食十分四十秒。丑正初刻六分初虧，寅初一刻二分食既，寅初三刻十一分食甚，寅正二刻五分生光，卯初三刻十分復圓。”

【虧】 [4]

即初虧 [2]。此稱隋代已行用。《隋書·律曆志》：“〔開皇四年十二月十五日癸卯〕依曆月行在鬼三度，時加酉，月在卯上，食十五分之九，虧起西北。今伺候：一更一籌起食東北角十五分之十，至四籌還生，至二更一籌，復滿。”《隋書·律曆志》：“〔開皇六年六月十五日〕依曆太陰虧，加時酉，在卯上，食十五分之九半弱，虧起西南。當其時，陰雲不見月，至辰巳，雲裏見月，已食三分之二，虧從東北，即還雲合，至巳午間，稍生，至午後，雲裏暫見，已復滿。”《文獻通考》卷二八五：“〔熙寧四年五月己亥〕月食，戌之一刻虧見東南方。出濁未圓六分，在東井度中至五刻復。”

【始蝕】 [2]

即初虧 [2]。亦作“始食”，亦稱“起食”。此稱南北朝時期已行用。《宋書·律曆志》：“〔元嘉十一年七月十六日望〕四更二唱丑初，始蝕，到四唱蝕既，在營室十五度末。《景初》其日日在軫三度。以月蝕所衝考之，其日日應在翼十五度半。"《宋書·律曆志》："〔元嘉十四年十二月十六日望〕月蝕，加時在戌之半，到二更四唱，亥末，始蝕，到三更一唱，食既，在井三十八度。"《宋書·律曆志》："〔元嘉十三年十二月十六日望〕月蝕，加時在酉，到亥初始食，到一更三唱蝕既，在鬼四度。"《隋書·天文志》："〔開皇十五年十一月十六日庚午〕依曆，月行在井十七度，時加亥月在巳半上，食十五分之九半強，虧西北，其夜一更四籌後，月在辰上起食，虧東南，至二更三籌，月在巳上，食三分之二許，漸生，至三更一籌，月在丙上，復滿。"

【始食】[2]

同"始蝕[2]"。此稱南北朝時期已行用。見該文。

【起食】

即始蝕[2]。此稱隋代已行用。見該文。

食半

當月球運行進入地球的陰影時，原本可被太陽光照亮的部分，有一半不能被直射陽光照亮，這種天文現象就是食半。月球被食的程度叫"食分"，它等於食甚時月輪邊緣深入地球本影最遠距離與月球視經之比。食半時候的食分一般大約在 0.5 左右。此稱隋代已行用。《隋書·律曆志》："〔開皇十三年七月十六日〕依曆，月在申半強上，食十五分之半弱，虧起西南。十五日夜，從四更候月，五更一籌起東北上，食半強，入雲不見。"

食既[2]

亦作"蝕既"，省稱"既"。從初虧開始，就是偏食階段。月球的西邊緣與地球本影的西邊緣內切，月球剛好全部進入地球本影內。月亮被遮掩的部分逐漸增大，月光的強度顯著下降。當月面的東邊緣與日面的東邊緣相內切時，稱爲食既。此時整個太陽圓面被遮住，因此，食既也就是月全食開始的時刻，標志着月全食開始。月球被食的程度叫"食分"，它等於食甚時月輪邊緣深入地球本影最遠距離與月球視經之比。月偏食沒有食既、生光過程，月全食食既的食分一般接近或者等於一。此稱晋代已行用。《晋書·天文志》："〔永嘉五年三月壬申〕丙夜月食既，丁夜又食既。"《宋書·律曆志》："〔元嘉十四年十二月十六日望〕月蝕，加時在戌之半，到二更四唱，亥末，始蝕，到三更一唱，食既，在井三十八度。"《隋書·天文志》："〔太建四年九月庚申〕月在婁，食既，至旦不復。"《宋書·律曆志》："〔元嘉十三年十二月十六日望〕月蝕，加時在酉，到亥初始食，到一更三唱蝕既，在鬼四度。"《周書·武帝紀》："〔天和六年九月庚申〕月在婁，食之既，光不復。"《元史·英宗紀》："〔延祐七年六月辛酉〕是夜，月食，既。"《元史·順帝紀》："〔元統二年三月癸卯〕月食，既。"

【蝕既】[2]

同"食既[2]"。此稱南北朝時期已行用。見該文。

【既】[2]

"食既[2]"之省稱。此稱南北朝時期已行用。見該文。

【食盡】[2]

即食既[2]。亦稱"蝕盡"，省稱"盡"。此稱南北朝時期已行用。《左傳·桓公三年》："秋七月壬辰朔，日有食之，既。"晋杜預注："既，盡也。"日食盡，就是日食既之意。同道理，月食盡，就是月食既之意。《宋書·律曆志》："〔元嘉十四年五月十五日〕丁夜，月蝕盡，在斗二十六度。"《魏書·天象志》："〔太和八年五月丁亥〕月在斗食盡。"《宋書·律曆志》："〔元嘉十三年十二月十六日望〕甲夜，月食盡，在鬼四度。"又，"〔大明三年九月十五日〕乙夜，月食盡，在昴宿之末。"民國《始興縣志》卷一六："〔光緒十八年九月十五〕夜，月食，盡，無光。"光緒《曹縣志》卷一八："〔道光十八年八月甲申〕月食，盡，色赤。"

【蝕盡】

即食盡[2]。此稱南北朝時期已行用。見該文。

【盡】[2]

"食盡[2]"省稱。此稱晉代已行用。見該文。

殆既

非常接近於食既階段。此稱清代已行用。《閱世編》卷一："〔順治十七年九月十五日〕酉末，月食殆既，内有紅光如火，歷數刻而逆出。"清葉夢珠《閱世編》卷一："戌時，月食殆既，移時方出。"

都既

全部達到了食既階段。此稱南北朝時期已行用。《南齊書·天文志》："〔永明六年九月癸巳〕月蝕在婁宿九度，加時在寅之少弱。虧起東北角，蝕十五分之十一。十五日子時，蝕從東北始，至子時末都既，到丑時光色還復。"

幾盡[2]

幾乎接近於食既階段。此稱清代已行用。順治《海門縣志》卷一："〔萬曆四十六年正月乙亥〕月食幾盡。"光緒《續蕭縣志》卷一八："〔咸豐九年正月丙戌〕月食幾盡。"

食甚[2]

食既以後，月輪繼續東移，當月輪中心和日面中心相距最近時，就達到食甚。對日偏食來説，食甚是太陽被月亮遮去最多的時刻。月球被食的程度叫"食分"，它等於食甚時月輪邊緣深入地球本影最遠距離與月球視經之比。月全食的食分大於或等於一。月偏食的食分都小於一。一次月食過程中，食分最大的時刻就是食甚。此時前後月球表面呈紅銅色或暗紅色。此稱清代已行用。《文獻通考》卷二八五："〔熙寧四年十一月丙申〕月食，卯之二刻虧見西方。起東南，至六刻食甚，及四分半弱，在東井一度少，至明入濁，不見復。"《清朝文獻通考》卷二六四："〔順治十三年十一月庚申望〕月食在井宿十度六分，食十五分四十七秒。申正三刻初虧，酉初二刻十一分食既，酉正二刻十分食甚，戌初二刻九分生光，戌正二刻五分復圓。"《清朝文獻通考》卷二六四："〔順治十四年五月丁巳望〕月食在箕宿八度十九分，食十分四十五秒。丑正二刻五分初虧，寅初二刻十二分食既，寅正一刻十一分食甚，卯初初刻九分生光，卯正一刻一分復圓。"《清朝文獻通考》卷二六四："〔順治十四年十一月乙卯望〕月食在觜宿十度三十分，食三分二十五秒。丑初二刻十四分初虧，丑正三刻八分食甚，寅正初刻一分復圓。"

生光[2]

月球在地球本影内移動，并與地球本影第二次内切。月球東邊緣與地球本影東邊緣相内切，這時全食階段結束，食既到生光爲全食階段。月偏食的月面一直有光，未全部被遮掩，所以也就没有此生光階段，衹有月全食纔有。

此稱清代已行用。《清朝文獻通考》卷二六四：
"〔順治十年七月己酉望〕月食在危宿十六度
二十四分，食十五分四十九秒。申正三刻一分
初虧，酉初二刻九分食既，酉正二刻十分食甚，
戌初二刻十分生光，戌正二刻四分復圓。"《清
朝文獻通考》卷二六四："〔順治十三年閏五月
壬戌望〕月食在斗宿九度二十五分，食十三分
五秒。戌初二刻十二分初虧，戌正三刻四分食
既，亥初二刻九分食甚，亥正二刻生光，子初
二刻七分復圓。"《清朝文獻通考》卷二六四：
"〔順治十三年十一月庚申望〕月食在井宿十度
六分，食十五分四十七秒。申正三刻初虧，酉
初二刻十一分食既，酉正二刻十分食甚，戌初
二刻九分生光，戌正二刻五分復圓。"《清朝文
獻通考》卷二六四："〔順治十四年五月丁巳望〕
月食在箕宿八度十九分，食十分四十五秒。丑
正二刻五分初虧，寅初二刻十二分食既，寅正
一刻十一分食甚，卯初初刻九分生光，卯正一
刻一分復圓。"

【還生】[2]

即生光。此稱南北朝時期已行用。《魏
書·天象志》："〔延昌二年四月己亥〕月在
箕，從地下食出，還生三分，漸漸而滿。"《隋
書·律曆志》："〔開皇四年十二月十五日癸卯〕
依曆月行在鬼三度，時加酉，月危卯上，食
十五分之九，虧起西北。今伺候：一更一籌起
食東北角十五分之十，至四籌還生，至二更一
籌，復滿。"

【漸生】[2]

即生光。此稱隋代已行用。《隋書·律曆
志》："〔開皇十五年十一月十六日庚午〕依曆月
行在井十七度，時加亥，月在巳半上，食十五

分之九半強，虧西北。其夜一更四籌後，月在
辰上起食，虧東南，至二更三籌，月在巳上，
食三分之二許，漸生，至三更一籌，月在丙上，
復滿。"

復圓 [2]

亦稱"還復""復還""復滿"。省稱"復"。
月球逐漸離開地球本影，與地球本影第二次外
切。月球的西邊緣與地球本影東邊緣相外切，
這時月食全過程結束，月面又恢復了原來的光
亮圓面。此現象南北朝已記載，此稱清代已行
用。《清朝文獻通考》卷二六四："〔康熙三年
正月戊寅望〕月食在星宿初度十一分，食十六
分二十五秒。戌正一刻十二分初虧，亥初一刻
五分食既，亥正一刻六分食甚，子初一刻七分
生光，子正一刻復圓。"《清朝文獻通考》卷
二六四："〔康熙十年二月丁酉望〕月食在翼
宿十五度四十六分，食十七分七秒。酉初初刻
九分初虧，酉正一刻三分食既，戌初初刻十二
分食甚，戌正初刻七分生光，亥初一刻一分復
圓。"《清朝文獻通考》卷二六四："〔康熙十
年八月乙未望〕月食在室宿六度四十四分，食
十六分三十九秒。子正二刻十一分初虧，丑
初二刻七分食既，丑正二刻七分食甚，寅初二
刻七分生光，寅正二刻三分復圓。"《清朝文
獻通考》卷二六四："〔康熙十三年六月戊申
望〕月食在斗宿十九度三十六分，食十一分
四十一秒，丑正一刻十一分初虧，寅初二刻二
分食既，寅正一刻四分食甚，卯初初刻六分生
光，卯正初刻十三分復圓。"《清朝文獻通考》
卷二六四："〔康熙十三年十二月丙午望〕月食
在井宿二十一度六分，食十五分五十秒。丑初
一刻六分初虧，丑正一刻二分食既，寅初一刻

一分食甚，寅正一刻生光，卯初初刻十一分復圓。"《南齊書·天文志》："〔永明十年十二月丁酉〕月蝕在柳度，加時在酉之少弱，到亥時月蝕起東角七分之二，至子時光色還復。"《南齊書·天文志》："〔永明六年九月癸巳〕月蝕在婁宿九度，加時在寅之少弱。虧起東北角，蝕十五分之十一。十五日子時，蝕從東北始，至子時末都既，到丑時光色還復。"《隋書·律曆志》："〔開皇十五年十一月十六日庚午〕依曆月行在井十七度，時加亥，月在巳半上，食十五分之九半強，虧西北。其夜一更四籌後，月在辰上起食，虧東南，至二更三籌，月在巳上，食三分之二許，漸生，至三更一籌，月在丙上，復滿。"《舊五代史·天文志》："〔天福二年正月乙酉〕是日太陽虧，十分內蝕三分，在尾宿十七度。日出東方，以帶蝕三分，漸生，至卯時復滿。"《隋書·天文志》："〔太建四年九月庚申〕月在婁，食既，至旦不復。"《文獻通考》卷二八五："〔熙寧四年五月己亥〕月食，戌之一刻虧見東南方。出濁未圓六分，在東井度中至五刻復。"嘉慶《洛陽縣志》卷四："〔熙寧十年正月丙寅〕月食，於正三刻在張度，至丑三刻復。"

【還復】

即復圓。此稱南北朝時期已行用。見該文。

【復還】²

即復圓。此稱南北朝時期已行用。見該文。

【復滿】²

即復圓。此稱隋代已行用。見該文。

【復】²

"復圓"之省稱。此稱隋代已行用。見該文。

帶食²

月亮升起出地平綫之前月食已經發生，或落入地平綫之後月食繼續，稱之爲"帶食"。此現象南北朝時期已記載，此稱清代已行用。《魏書·天象志》："〔延昌三年四月癸巳〕月在尾，從地下食出，十五分食十四。"《清朝文獻通考》卷二六四："〔乾隆九年三月癸巳望〕月食在亢宿五度五十八分，食六分五十七秒。丑正三刻九分初虧，寅正一刻八分食甚，卯初初刻十二分帶食，四分二十二秒入地平。"

帶半食

月亮升起出地平綫之前月食已經發生，或落入地平綫之後月食繼續，而且當時被遮掩的月面直徑有一半左右，稱之爲"帶半食"。此稱隋代已行用。《隋書·律曆志》："〔開皇十年三月十六日癸卯〕依曆月行在氐七度，時加戌，月在辰太半上，食十五分之七半強，虧起東北。今候，月初出卯南，帶半食，出至辰初三分，可食二分許，漸生，辰末已復滿。"

帶食月出

亦稱"從地下食出"。月亮升起出地平綫之前月食已經發生，或者説月亮帶着被食的月面從地平綫升起，這種天文現象叫"出地平帶食"，古人稱之爲"帶食月出""從地下食出"。此稱南北朝時期已行用。《魏書·天象志》："〔延昌三年四月癸巳〕月在尾，從地下食出，十五分食十四。"《魏書·天象志》："〔景明四年五月丁卯〕月在斗，從地下食出，十五分食十二。"明萬曆《宣府鎮志》卷五："〔天監十二年四月癸巳〕月在尾，從地下食出，十五分食十四分。"《清朝文獻通考》卷二六四："〔乾隆十八年九月戊辰望〕月食在奎宿初度二十一分，食四分十六秒。申初二刻五分初虧，申正三刻四分食既，酉初二刻五分帶食，二分二十九秒出地平，酉正初刻三分復圓。"

【從地下食出】

即帶食月出。此稱南北朝時期已行用。見該文。

入地平帶食

月亮落入地平綫之後月食繼續進行，或者説月亮帶著被食的月面落入地平綫之下，有人稱之爲"入地平帶食"。《清朝文獻通考》卷二六四："〔乾隆三年十二月甲午望〕月食在鬼宿二度三十二分，食五分五十二秒。卯初一刻十三分初虧，卯正三刻九分食甚，辰初初刻八分帶食，五分四十二秒入地平。"《清朝文獻通考》卷二六四："〔乾隆五年十一月壬申望〕月食在井宿十度三分，食五分十九秒。卯正初刻十分初虧，辰初一刻八分帶食，五分十五秒入地平。"《清朝文獻通考》卷二六四："〔乾隆九年三月癸巳望〕月食在亢宿五度五十八分，食六分五十七秒。丑正三刻九分初虧，寅正一刻八分食甚，卯初初刻十二分帶食，四分二十二秒入地平。"

地平不見食

謂月食的過程由於全部在地平綫之下，或者説月亮升起出地平綫之前月食已經發生完畢，所以人們沒有機會看到。此稱清代已行用。嘉慶《馬邊廳志略》卷一："〔乾隆三十八年三月十六日〕月食，各省縣在地平不見食。"

加時月食

據天文推算，某日某時應該發生月食，超過這個推算的時間，月食未曾發生，重新推算今後應該發生月食的時間，到了這個延後的新時間，月食發生了，曰"加時日食"。《宋書・律曆志》："〔元嘉十三年十二月十六日望〕月蝕，加時在酉，到亥初始食，到一更三唱蝕既，在鬼四度。"《南齊書・天文志》："〔永明六年九月癸巳〕月蝕在婁宿九度，加時在寅之少弱。虧起東北角，蝕十五分之十一。十五日子時，蝕從東北始，至子時末都既，到丑時光色還復。"《南齊書・天文志》："〔永明十年十二月丁酉〕月蝕在柳度，加時在酉之少弱，到亥時月蝕起東角七分之二，至子時光色還復。"《隋書・律曆志》："〔開皇六年六月十五日〕依曆太陰虧，加時酉，在卯上，食十五分之九半弱，虧起西南。當其時，陰雲不見月，至辰巳，雲裏見月，已食三分之二，虧從東北，即還雲合，至巳午間，稍生，至午後，雲裏暫見，已復滿。"

昏夜月食

黃昏及夜晚發生的月食。《宋書・律曆志》："〔元嘉十三年十二月十六日望〕月蝕，加時在酉，到亥初始食，到一更三唱蝕既，在鬼四度。"《元史・英宗紀》："〔延祐七年六月辛酉〕是夜，月食，既。"《國榷》卷四六："〔正德二年五月丁巳〕昏刻，月食。"《清朝文獻通考》卷二六四："〔順治五年閏四月己酉望〕月食在尾宿四度五十分，食三分五十三秒。酉正三刻三分初虧，戌初三刻十四分食甚，亥初初刻十分復圓。"《清朝文獻通考》卷二六四："〔順治二年閏六月丙申望〕月食在女宿八度十五分，食十一分五十九秒，戌初初刻初虧，戌正初刻四分食既，戌正三刻七分食甚，亥初二刻十一分生光，亥正二刻十四分復圓。"民國《始興縣志》卷一六："〔光緒十八年九月十五〕夜，月食，盡，無光。"

曉晨月食

凌晨及拂曉發生的月食。《明代宗實錄》卷一八七："〔景泰元年正月辛卯〕是日早,月食當在卯正三刻,欽天監官以爲辰初初刻,致失救護。"《國榷》卷三三："〔天順四年閏十一月戊午〕曉刻,月食四分有奇。"《清朝文獻通考》卷二六四："〔康熙二十一年正月甲子望〕月食在張宿二度三十八分,食十六分四十六秒。寅正三刻十一分初虧,卯初三刻四分食既,卯正三刻五分食甚,辰初三刻七分生光,辰正三刻復圓。"

白晝月食

拂曉至黃昏發生的月食。《清朝文獻通考》卷二六四："〔順治十七年三月辛未望〕月食在亢宿六度九分,食十六分四十二秒。申初初刻九分初虧,申正初刻十分食既,酉初初刻八分食甚,酉正初刻六分生光,戌初初刻七分復圓。"《清朝文獻通考》卷二六四："〔康熙十八年三月辛亥望〕月食在亢宿五度五十一分,食四分三十七秒。卯初初刻十一分初虧,卯正二刻三分食甚,辰初三刻九分復圓。"《清朝文獻通考》卷二六四："〔乾隆二十三年十二月丁卯望〕月食在井宿二十度五十八分,食五分二十八秒。未正一刻十一分初虧,申初三刻三分食甚,申正二刻十三分帶食,二分四十二秒出地平,酉初初刻九分復圓。"

超常月食

由於各種原因,月食每次發生的情況不盡相同,有些發生的時間特長,被遮掩的月面特大,等等。有些超常情況,古人或以爲灾異,是沒有科學根據的。清同治《漢川縣志》卷一四："〔同治五年八月十六望〕月食與尋常不同者有四:尋常月食分數,至逾九分者爲甚;今食至十六分二秒,可異者一。尋常月食所臨方位未必正中,今適臨黃道之中,可異者二。戌正虧,子初復圓,正當陰極陽復之時,可異者三。八月望日,月旺之時,而薄時特甚,久而後明,可異者四。日月之食,本可預推,而異常者則爲灾。"

赤紅月食

俗稱"紅月亮"。月球在環繞地球運行過程中有時會進入地影,當月球整個都進入本影時,就會發生月全食。月全食時整個月面呈現赤紅色,或者黃白色,或者古銅色。《南齊書·天文志》:"〔永泰元年四月癸亥〕月蝕,色赤如血。"《南齊書·天文志》:"〔永元元年八月己未〕月食盡,色皆赤。"《宋史·天文志》:"〔紹興二年二月丙子〕月未當闕而闕,體如食,色黃白。"光緒《曹縣志》卷一八:"〔道光十八年八月甲申〕月食,盡,色赤。"宣統《彭浦里志》卷八:"〔嘉慶十七年七月望後一日〕月有食之,既。移時,月色紅。"民國《陸良縣志稿》卷一:"〔道光三十年二月望〕月缺西南角,色赤如火。"有人稱之爲"紅月亮"。在食甚階段,月圓面中心與地球本影中心最接近的瞬間,此時前後月球表面呈紅銅色或暗紅色。太陽光經過地球大氣層時發生折射,使光綫向內側偏折,但每種光的偏折程度不一樣,紅光偏折程度最大,最接近地球陰影,映在月球上。此外,由於大氣層的灰塵及雲的含量與位置不同,光綫偏折程度會有不同,因此月全食時的月球是暗紅、紅銅或橙色的。同樣的道理,由於大氣層的折射,朝陽與夕陽不是白色的,而因大氣折射程度不同,呈現橙色或紅色。

【紅月亮】

"赤紅月食"之俗稱。此稱多行於現當代。
見該文。

月食有暈

發生月食的同時，圍繞在月亮周圍還產生
彩色的光圈。月暈是光透過高空捲層雲時，受
冰晶折射作用，使七色復合光被分散爲内紅外
紫的光環或光弧，圍繞在月亮周圍產生光圈。
此稱明代已行用。清乾隆《武城縣志》卷一二：
"〔隆慶三年七月望〕月食有暈，帶金、水星。"

月食帶星

月食發生的同時，圍繞在月亮周圍還產生
了彩色的光圈。在月亮周圍的彩色光圈裏，還
出現了五大行星的金星、水星，稱"月食帶
星"。此稱明代已行用。清乾隆《武城縣志》卷
一二："〔隆慶三年七月望〕月食有暈，帶金、
水星。"

月食祥雲

月食發生時刻，月面旁邊還產生了五色繽
紛的雲朵，古人視爲祥瑞之兆。清同治《安福
縣志》卷一："〔嘉慶二十四年八月甲辰望〕月
食，復圓後，四圍現五色雲，如華蓋，垂罩半
空。"清光緒《淳安縣志》卷一六："亥刻，月
食既，忽下五色祥雲至天半，金光四散。"

日月薄蝕

亦稱"日月皆食""日月交食"。太陽和月
亮相互接近掩映，形成了日食、月食。先秦時
期已記載此現象，漢代已行用此稱。《吕氏春
秋·明理》："日月有薄蝕。"高誘注："薄，迫
也。日月激會相掩，名爲薄蝕。"《史記·孝景
本紀》："後三年十月，日月皆食，赤五日。"
《説苑·辨物》："二世立，又重其惡，及即位，

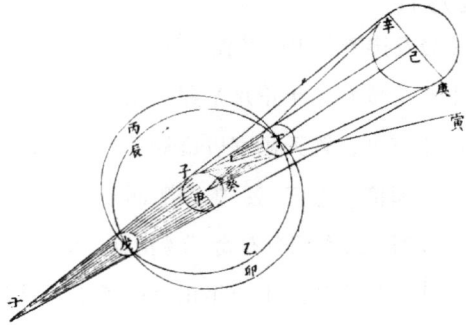

日月交食（日月交食總圖）
（清蔣廷錫等《古今圖書集成·乾象典》）

日月薄蝕。"清康熙《望江縣志》卷三："〔崇禎
九年七月朔望〕日月交食。"

【日月皆食】

即日月薄蝕。此稱漢代已行用。見該文。

【日月交食】

即日月薄蝕。此稱明代已行用。見該文。

日月繼食

夏曆月朔日食，緊接着月望月食，稱"日
月繼食"。此現象漢代已有記載，此稱明代已
行用。《史記·六國年表》："〔秦躁公八年〕日
月蝕。"明萬曆《嘉定縣志》卷一七："〔嘉靖
三十三年十一月〕日月繼食。"《清聖祖實錄》
卷一二三："〔康熙二十四年十一月十六日〕上
諭大學士等曰：'今日朔日食，十六日月食。'"

日月救護

中國古人以日食、月食爲不吉，凡遇有日
食、月食現象，例行救護。二者多有相似之處，
月食救護的觀念及禮儀，比日食救護稍遜，但
仍然是十分莊嚴肅穆的。中國古代日食或月食
出現時，上至統治者下至平民百姓都要施行相
應的"救護"儀式，用以救護日月，這一傳統
禮制從周代一直延續至清末。由於古人對日的
崇拜遠高於月，因此，這種認知上的差异導致

了救護日食、月食禮儀上的不同。在周代，救護日月的儀式相同點在《周禮·地官·鼓人》中有明確記載："救日月，則詔王鼓。""救日以枉矢，救月以恒矢。"雖然救護日月的工具都爲弓箭，但是其中"枉矢""恒矢"還是有些區別的。漢代的日食救護"割羊祠社"，月食救護則較爲簡單，多爲"擊鏡""擊杖"等民間常用方法。明末日食救護時，"百官具朝服"到"禮部儀門及正堂"舉行，月食時百官祇須"便服於都督府"進行，對地方官署不作交食救護要求。清代的日食救護較之明代更加嚴格、複雜。設香案、進、跪、叩等禮儀都體現了清代日食救護之禮最爲隆重，月食救護與日食救護儀式相比，就比較寬鬆、隨便了一些。參見"日食救護活動"。

月相考

月相，指地球上看到的月球被太陽照明的部分。月球繞地球運動，使太陽、地球、月球三者的相對位置在一個月中有規律地變動。因爲月球本身不發光，且不透明，月球可見發亮部分是反射太陽光所致。隨着月亮每個月在星空中自西向東移動一大段距離，因與太陽相對位置不同（黃經差），便會呈現出各種形狀，這月亮位相變化即稱月相。

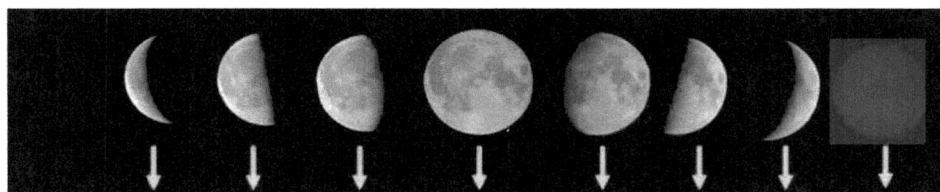

眉　弦　凸　滿　凸　弦　眉　新
月相圖

月盈則食

亦稱"月盈則虧""月滿則虧"。由於月球、地球和太陽三者相對位置的改變，人們從地球上觀看月亮便有盈虧或圓缺的變化。在地球、月亮的運行過程中，人們觀察到月滿的"月相"會隨着月球與太陽和地球相對位置的改變，逐漸呈現出殘虧的月相。此稱先秦已行用。源自《易·豐》"日中則昃，月盈則食，天地盈虛，與時消息，而況于人乎。"又《謙象傳》"天道虧盈"宋丁易東象義："月，光明也。月盈則虧矣。"元無名氏《來生債》第二折："你但看，月滿則虧，這都是無往不復。"《三國演義》第六五回："日中則昃，月滿則虧：此天下之常理也。"反之也是一樣，月虧則盈。月亮也不會永遠黑暗不見或殘缺不全，屆時也會迎來圓滿的一天。

【月盈則虧】

即月盈則食。此稱宋代已行用。見該文。

【月滿則虧】

即月盈則食。此稱元代已行用。見該文。

新月¹

亦稱"朔月"。農曆每月初一的月亮。日月黃經差爲 0°，這時月球位於地球和太陽之間，以黑暗面朝向地球，且與太陽幾乎同時出没，故地面上無法見到，這就是朔月，亦稱"新月"。因爲朔月和新月整個月面暗，是地面上無法見到的，但在日食時可以觀察到它的存在。所以人們生活中基本上不使用，衹是存在於天文學名詞中。

【朔月】

即新月¹。此稱先秦時期已行用。見該文。

【朒】

即新月¹。亦稱"仄慝""側慝"。農曆月朔見於東方之月。此稱漢代已行用。《説文·月部》："朒，朔而月見東方謂之縮朒。"王筠句讀："《初學記》引《漢書》曰：'朔而月見東方謂之朒，亦謂之仄慝。'"舊題漢伏生《尚書大傳》卷二："晦而月見西方謂之朓，朔而月見東方謂之朒，亦謂之側匿。"《漢書·五行志》："〔成帝建始元年八月戊午〕晨漏未盡三刻，有兩月重現。京房《易傳》曰：'婦貞厲，月幾望，君子征，凶。'言君弱而婦强，爲陰所乘，則月並出。晦而月見西方謂之朓，朔而月見東方謂之仄慝，仄慝則侯王其肅，朓則侯王其舒。"

【仄慝】

即朒。此稱漢代已行用。見該文。

【側慝】

即朒。此稱漢代已行用。見該文。

新月²

指月初的殘月。俗語"大二小三，月出一竿"，意謂前月是大月則本月初二日開始看到月亮，前月是小月則本月初三日開始看到月亮，被稱之爲"新月"。月相細彎如蛾眉。此稱南北朝已行用。南朝陳陰鏗《五洲夜發》詩："夜江霧裏闊，新月迥中明。"南朝陳江總《秋日登廣州城南樓》詩："野火初烟細，新月半輪空。"明劉侗、于奕正《帝京景物略·春場》："幼兒見新月，曰月芽兒。"新月，指月初之蛾眉月；殘，指月底殘存將盡之月；圓，指農曆十五日的滿月。參見本卷《日月五星説·月亮考》"殘月""圓月"文。

新月³

亦稱"新魄""初月"。剛剛升起的月亮，初升的月亮。這時候的月相并不一致，隨着初升時日的不同，而顯示出不同的月相。此稱宋代已行用。《樂府詩集·子夜四時歌·春歌五》："碧樓冥初月，羅綺垂新風。"北周庾信《擬咏懷》詩："殘月如初月，新秋似舊婦。"宋歐陽澈《虞美人·玉樓縹緲孤烟際》："簾卷一鈎新月、怯黃昏。"明徐渭《駕幸月壇群望西街》詩："壁畔常儀端捧彗，郊西新魄正垂弓。"《西游記》第一四回："一鈎新月破黃昏，萬點明星光暈。"清厲鶚《東城雜記·灌園生》："白露下，初月上，陶然一適。"黃昏時升起的鈎月，一定是月初不幾天的月相。唐繆氏子有《新月》詩和《賦新月》詩，其《賦新月》詩起首即曰："初月如弓未上弦，分明挂在碧霄邊。"這裏的"新月"指上弦月之前的月相。南朝陳江總《秋

日登廣州城南樓》詩：“野火初烟細，新月半輪
空。”“半輪空”，則祇剩半輪，弦月之相，這裏
的新月指上弦月的月相。《聊齋志異·神女》：
“明夜七月初九，新月鉤辰。”這裏的“新月”
指“七月初九”上弦月之後的月相。

【初月】

即新月[3]。此稱南北朝時期已行用。見該文。

【新魄】

即新月[3]。此稱明代已行用。見該文。

新月[4]

農曆八月十五日新滿的圓月。此稱唐代已
行用。唐白居易《八月十五日夜禁中獨直對月
憶元九》詩：“三五夜中新月色，二千里外故人
心。”明孫緒《壽同年錢士弘七十》詩：“萬首
古風今七帙，一輪新月欲中秋。”

朏

亦稱“朏魄”。本指農曆初三的月亮，亦泛
指新月。此稱先秦時期已行用。《書·召誥》：
“三月，惟丙午朏。”孔傳：“朏，明也。月三日
明生之名。”孔穎達疏：“《説文》云：‘朏，月
未盛之明。’故爲明也。”《漢書·律曆志下》：
“古文《月采》篇曰‘三日曰朏’。”晋庾闡《海
賦》：“朏魄昏微，乍明乍没。”《文選·謝莊
〈月賦〉》：“朒朓警闕，朏魄示冲。”李善注：
“朏，月未成光。魄，月始生魄然也。”清王文
誥《月夜再至濂泉》：“豈其朏魄影，天晴還未
列。”

【朏魄】

即朏。此稱晋代已行用。見該文。

朏朒

農曆月初時的月亮。此稱宋代已行用。《宋
史·律曆志七》：“所謂古曆平朔之日，而月或

朝覿東方，夕見西方，則史官謂之朏朒。”元方
回《秀山霜晴晚眺與趙賓暘黄惟月聯句》：“百
刻倏汐潮，九行遞朏朒。”

霸

指各種形狀的殘月，非指“新月”和“滿
月”。金文有“既生霸”“既死霸”“哉生霸”“哉
死霸”“旁生霸”“旁死霸”等專用月相術語。
“霸”或作“魄”。但“魄”可以指“滿月”。此
稱先秦時期已行用。《乍册大方鼎》（中國社會
科學院考古研究所《殷周金文集成》2760）：
“公來鑄武王、成王異鼎。隹（唯）四月，既生
霸己丑，賞乍（作）册大白馬。大揚皇天尹大
□□，用乍（作）且（祖）丁寶□彝。”《頌鼎》
（《殷周金文集成》2828）：“隹（唯）三年五
月，既死霸甲戌，王才（在）周康邵宫。”《説
文·月部》：“霸，月始生霸然也。承大月二日，
承小月三日。《周書》曰：‘哉生霸。’”今本《尚
書·康誥》作“哉生魄”。段玉裁注引《正義》：
“前月大，則月二日生魄，前月小，則三日始生
魄。”一説，指月亮未盛明時所發的光。參閱王
國維《觀堂集林·生霸死霸考》。

月苗苗

方言。指農曆初四、五的月亮。此稱近現
代已行用。《陝北民歌選·信天游》：“月苗苗
出來一點明，出門小兒誰照應？”原注：“月苗
苗，陰曆初四五的月。”

微月

細小微弱的月亮，猶眉月、新月。指農曆
月初或月末的月亮。此稱晋代已行用。晋傅玄
《雜詩》：“清風何飄飄，微月出西方。”唐杜甫
《水會渡》：“微月没已久，崖傾路何難！”清王
闓運《七夕立秋作》：“虛庭一葉下，微月千里

陰。"蘇曼殊《斷鴻零雁記》："是夕，微月已生西海，水波不興。"

片月

亦稱"弓月"。指弦月。片，半。弦月爲滿月之半，故稱。此稱南北朝時期已行用。南朝陳徐陵《走筆戲書應令》詩："片月窺花簟，輕寒入錦巾。"隋明餘慶《從軍行》："劍花寒不落，弓月曉逾明。"唐李益《聽曉角》詩："邊霜昨夜墮關榆，吹角當城片月孤。"宋陸游《漁父》詩："片月又生紅蓼岸，孤舟常占白鷗波。"

【弓月】[1]

即片月。此稱隋代已行用。見該文。

月牙

亦稱"月芽兒""月牙兒"。農曆月初形狀細小微弱像嫩芽的月亮。初生如草木之芽，故稱。此稱金代已行用。金張澄《和林秋日感懷寄張丈御史》詩之二："別家六見月牙新，萬里風霜老病身。"明劉侗、于奕正《帝京景物略・春場》："幼兒見新月，曰月芽兒。"清李光庭《鄉言解頤・月》："初生之月，婦女稍知書者曰：'初三初四蛾眉月'。餘則曰月牙兒。"

【月芽兒】

即月牙。此稱明代已行用。見該文。

【月牙兒】

即月牙。此稱清代已行用。見該文。

蛾眉月

省稱"蛾眉"，亦稱"眉月"。月初或月末之月，彎若蛾眉，故稱。此稱唐代已行用。唐褚亮《咏花燭》："靨星臨夜燭，眉月隱輕紗。"唐繆氏子《賦新月》詩："時人莫道蛾眉小，三五團圓照滿天。"唐王涯《秋思贈遠》詩："不見鄉書傳雁足，唯看新月吐蛾眉。"元虞集《題僧耳東坡載酒堂》詩："星河度白鶴，山月懸蛾眉。"蛾眉，原形容美人的眉毛，細長而彎曲，這裏指新月、初月。蛾眉月多指上弦月之前細彎如蛾眉的月相。南朝宋鮑照《玩月城西門廨中》詩："始見西南樓，纖纖如玉鈎。末映東北墀，娟娟似蛾眉。"同一晚上的月亮，先說"如玉鈎"，再言"似蛾眉"，可見，在不少人心目中，二者是差不多的。

【蛾眉】

即蛾眉月。此稱南北朝時期已行用。見該文。

【眉月】

即蛾眉月。此稱唐代已行用。見該文。

細月

亦稱"細魄"。指初生之月。彎曲纖細，故稱。此稱唐代已行用。唐溫庭筠《生禖屏風歌》："畫壁陰森九子堂，階前細月鋪花影。"唐李群玉《初月》詩之二："凝顰立戶前，細魄向娟娟。"清葉方藹《途中咏物詩・新月》："娟娟細魄吐逡巡，隱漢藏雲迥莫親。"

【細魄】

即細月。此稱唐代已行用。見該文。

【纖月】

即細月。亦稱"纖魄"。此稱唐代已行用。唐杜甫《夜宴左氏莊》詩："風林纖月落，衣露淨琴張。"唐李紳《滿桂樓》詩："惟待素規澄滿鏡，莫看纖魄挂如鈎。"唐賈島《延壽里精舍寓居》詩："側廬廢肩樞，纖魄時卧逢。"

【纖魄】

即纖月。此稱唐代已行用。見該文。

鈎月

亦稱"月鈎"。農曆月初或月末時的彎月，多指上弦月之前彎細如鈎的月相。此稱唐代已行用。唐元稹《開元觀閑居酬吴士矩侍御三十韵》詩："露盤朝滴滴，鈎月夜纖纖。"宋王炎《七夕》詩："輕雲捲箔月鈎垂，正是青樓乞巧時。"宋周必大《入直召對選德殿賜茶而退》詩："歸到玉堂清不寐，月鈎初上紫薇花。"

【月鈎】

即鈎月。此稱宋代已行用。見該文。

玉鈎

亦稱"玉簾鈎""銀鈎"。潔白而彎細如鈎之月，多指上弦月之前彎細如鈎的月相。此稱南北朝時期已行用。南朝宋鮑照《玩月城西門廨中》詩："蛾眉蔽珠櫳，玉鈎隔瑣窗。"唐李白《挂席江上待月有懷》："倏忽城西郭，青天懸玉鈎。"唐李賀《七夕》詩："天上分金鏡，人間望玉鈎。"唐盧仝《新月》詩："仙宫玉箔捲，露出玉簾鈎。"宋蘇軾《菩薩蠻·新月》詞："畫檐初挂彎彎月，孤光未滿先憂缺。遥認玉簾鈎，天孫梳洗樓。"宋李彌遜《游梅坡席上雜酬》之二："竹籬茅屋傾樽酒，坐看銀鈎上晚川。"明佚名《還帶記·三郎誚裴》："疏影蕩銀河，漾清光，映碧波，玉鈎斜挂，冰輪墮。"

【玉簾鈎】

即玉鈎。此稱唐代已行用。見該文。

【銀鈎】[2]

即玉鈎。此稱宋代已行用。見該文。

垂鈎

狀如釣鈎細彎之月。此稱南北朝時期已行用。南朝陳張正見《薄帷鑒明月》詩："分簾疑碎璧，隔幔似垂鈎。"

兔鈎

彎月，蛾眉月。傳說月中有玉兔，故言。此稱唐代已行用。唐崔櫓《過南城縣麻姑山》："斜倚兔鈎孤影伴，校低仙掌一頭來。"

破鏡

亦稱"碎璧"。如同破碎的明鏡或破碎的璧玉之鈎月。此稱南北朝時期已行用。南朝梁何遜《望新月示同羇》詩："初宿長淮上，破鏡出雲明。"南朝陳張正見《薄帷鑒明月》詩："分簾疑碎璧，隔幔似垂鈎。"

【碎璧】

即破鏡。此稱南北朝時期已行用。見該文。

將弦月

即將達到半圓時上弦月的狀態。此稱源於南北朝時期，清代已行用。南朝梁鮑泉《江上望月》詩："客行鈎始懸，此夜月將弦。"清高宗《泛月》詩："將弦月宜泛，日日就圓輪。光是秋無比，情於人有因。閑雲猶點綴，閃水亦漣淪。朗照銀河畔，黄姑待渡津。"

未弦月

還没達到上弦月的狀態。陰曆每月初八左右，月亮西半明，東半暗，恰似半圓的弓弦，稱上弦。未上弦，是說新月還没有達到半圓。此稱源於唐代，宋代已行用。唐繆氏子《賦新月》詩："初月如弓未上弦，分明挂在碧霄邊。"宋張洞玄《玉髓真經》卷八下《半月》："發揮曰：半月三格，第一格上弦月也；第二格帶魄月；第三格未弦月也。三者皆吉。"元任士林《送李國村之諝兒溪》："停杯手折木犀枝，千里香浮未弦月。"

上弦月

亦稱"初弦""初弦月"。月球到了農曆初七、初八日，日月黄經差爲 90°，太陽落山，月球已經在頭頂，到了半夜，月球落下去，這時被太陽照亮的月球，因爲衹能看到月亮西邊的半圓，稱之爲"上弦月"。上弦月祇能在前半夜看到。此稱漢代已行用。《後漢書·律曆志下》："置月合朔度分之數，加度九十八，加分六百五十三半，以宿次除之，即上弦月所入宿度分也。"《晋書·律曆志中》："求弦望月行所在度，加合朔度九十八，大分四百八，小分四十一，大小分及度命如前合朔，則上弦月所在。"南朝梁劉瑗《在縣中庭看月》詩："移榻坐庭陰，初弦時復臨。"南朝梁庾肩吾《奉使江州舟中七夕》："九江逢七夕，初弦值早秋。"唐杜甫《遣意》詩之二："雲掩初弦月，香傳小樹花。"

【初弦】

即上弦月。此稱南北朝時期已行用。見該文。

【初弦月】

即上弦月。此稱唐代已行用。見該文。

【恒】

即上弦月。此稱先秦時期已行用。《詩·小雅·天保》："如月之恒，如日之升。"謂好像上弦月逐漸圓滿。毛傳："恒，弦升出也。言俱進也。"鄭箋："月上弦而就盈，日始出而就明。"陸德明《經典釋文》："恒，本亦作絚，同。"

弦

亦稱"弦月"。半圓形之月亮。農曆每月初七、八或廿二、三之月。月如弦弓，故稱。此稱漢代已行用。《釋名·釋天》："弦，月半之名也。其形一旁曲，一旁直，若張弓施弦也。"南朝宋謝靈運《七夕咏牛女》詩："火逝首秋節，新明弦月夕。"宋范成大《舫齋晚憩》詩："雨餘弦月上，塵界本清凉。"清劉大櫆《游浮山記》："有大石穹起當道，兩根中虛，如植玉環

而埋其半于地，自遠望之，天光見其下，如弦月焉。"

【弦月】[1]

即弦。此稱南北朝時期已行用。見該文。

小蟾

指較小的月亮。神話傳説月中有蟾蜍，故以蟾代稱月。此稱宋代已行用。宋吳文英《霜葉飛·重九》詞："小蟾斜影轉東籬，夜冷殘蛩語。"金李晏《題武元直赤壁圖》詩："雲破小蟾分樹暗，夜深孤鶴掠舟飛。"此詩所寫爲重九之月，剛剛過去上弦。比半月、弦月略大一點點。

半輪月

月亮如同圓輪之半，故當爲上弦月之景。此稱南北朝已行用。南朝陳江總《秋日登廣州城南樓》詩："野火初烟細，新月半輪空。"唐李白《峨眉山月歌》："峨眉山月半輪秋，影入平羌江水流。"

七夕月

農曆初七日夜晚的月亮。清德容《七夕二首》之一："雙星何事今宵會，遣我庭前月一鈎。"

偃月

亦稱"却月"。橫卧之弦月，如同弦月之狀。此稱漢代已行用。《太平御覽》卷四引漢京房《易飛候》："正月有偃月，必有嘉主。"《南史·侯景傳》："城内作迂城，形如却月以捍之。"唐韋莊《春日》詩："落星樓上吹殘角，偃月營中挂夕暉。"宋張嵲《勸農》詩："竟夕不知回，偃月生林梢。"清平步青《霞外攟屑·里事·寒蘭蕩》："田畛細流，入池如偃月。"

【却月】

即偃月。此稱南北朝時期已行用。見該文。

凸月

滿月前後的月相。月球圓面上絕大部分是明亮的，故稱凸月。滿月以前（即農曆每月十二、十三日）的凸月近時稱爲"漸盈凸月"，又稱"上凸月"，明亮部分朝向西方。一般在日沒以前東升，次日日出以前西沒。滿月以後（即農曆每月十七、十八日）的凸月稱爲"漸虧凸月"，又稱"下凸月"，明亮部分朝向東方。一般在日沒以後東升，次日日出以後西沒。下凸月主要出現在夜間，它的明亮部分愈大，出現在夜間的時間也愈長。凸月是個天文學名詞，人們生活中很少使用。南朝梁劉孝綽《望月》詩："輪光缺不半，扇影出將圓。"可以視爲是描寫凸月之相的。

【漸盈凸月】

即凸月。此稱多行用於近現代。見該文。

【上凸月】

即凸月。此稱多行用於近現代。見該文。

【漸虧凸月】

即凸月。此稱多行用於近現代。見該文。

【下凸月】

即凸月。此稱多行用於近現代。見該文。

望

亦稱"月望"。農曆每月十五日，或十六日、十七日，地球運行至日月間，月亮與太陽之黃經相差180°，遙相望。太陽西下，月亮東升，此時所見月亮最爲圓滿，名之爲"望"。此稱漢代已行用。《初學記》卷一引《釋名》："望，月滿之名也，日月遙相望也。"《吕氏春秋·精通》："月也者，群陰之本也。月望則蚌蛤實，群陰盈。"唐王度《古鏡記》："是後每至月望，則出鏡於暗室，光瑩照數丈。"

【月望】

即望月。此稱漢代已行用。見該文。

既望

指農曆每月十六日的月亮。既望，指農曆每月的十六日。《漢書·五行志》："〔成帝建始元年八月戊午〕晨漏未盡三刻，有兩月重現。京房《易傳》曰：'婦貞厲，月既望，君子征，凶。'言君弱而婦强，爲陰所乘，則月並出。晦而月見西方謂之朓，朔而月見東方謂之仄慝，仄慝則侯王其肅，朓則侯王其舒。"宋楊萬里《中秋無月，既望，月甚佳》詩："中秋無月莫尤天，月入秋來夜夜妍。"

【二八】

即既望。指農曆的十六日，月相剛過月圓之時，稍微有點虧缺。此稱南北朝時期已行用。南朝宋鮑照《玩月城西門廨中》詩："三五二八時，千里與君同。"但鮑詩將"三五""二八"并言，皆指月圓之時。俗語"十五的月亮十六圓"。史料記載，月亮至十六日最圓屢見不鮮，因此，此處十六日的月亮與平時說的十五日的月亮一樣，都是指的圓月、滿月之相。

盈月

亦稱"滿月""滿魄""圓月""正月"。正圓之月。此稱三國時期已行用。《三國志·魏書·管輅傳》裴松之注引《管輅別傳》曰："三五盈月，清耀燭夜。"南朝宋何偃《月賦》："遠日如鑑，滿月如璧。"南朝梁江淹《班婕妤》詩："紈扇如圓月，出自機中素。"唐張九齡《賦得自君之出矣》："思君如滿月，夜夜減清輝。"唐趙蕃《月中桂樹賦》："杳杳低枝，拂

孤輪而挺秀；依依密樹，侵滿魄而含芳。"唐常
建《西山》："圓月逗前浦，孤琴又搖曳。"明文
徵明《念奴嬌·中秋對月》："桂花浮玉，正月
滿天街，夜涼如洗。"

【滿月】

即盈月。此稱南北朝時期已行用。見該文。

【滿魄】

即盈月。此稱唐代已行用。見該文。

【圓月】

即盈月。此稱南北朝時期已行用。見該文。

【正月】

即盈月。此稱明代已行用。見該文。

【圓景】[2]

即盈月。亦作"圓影"，亦稱"圓光"。此
稱三國時期已行用。三國魏曹植《贈徐幹》
詩："圓景光未滿，眾星粲以繁。"南朝宋謝靈
運《南樓中望所遲客》："圓景早已滿，佳人猶
未適。"南朝梁沈約《應王中丞思遠咏月》詩：
"方暉竟戶入，圓影隙中來。"南朝齊謝朓《和
王中丞聞琴》詩："涼風吹月露，圓景動清陰。"
唐李白《古風》之二："圓光虧中天，金魄遂淪
沒。"唐武元衡《八月十五酬從兄常望月有懷》
詩："坐愛圓景滿，況茲秋夜長。"明劉基《過
秦樓》詞："圓光易缺，急景難追。"

【圓影】[2]

同"圓景"。此體南北朝已行用。見該文。

【圓光】

即圓景。此稱唐代已行用。見該文。

【團欒】

即盈月。亦作"團圝"。本為月圓之貌，代
稱滿月。此稱宋代已行用。宋林逋《又咏小梅》
詩："摘索又開三兩朵，團欒空繞百千回。"清

洪昇《長生殿·聞樂》："七寶團圝，周三萬
六千年內；一輪皎潔，滿一千二百里中。"清納
蘭性德《菩薩蠻·回文五》："月也異當時，團
欒照鬢絲。"

【團圝】

同"團欒"。此體清代已行用。見該文。

端正月

指農曆十五的月亮。此稱唐代已行用。唐
韓愈《和崔舍人咏月二十韻》："三秋端正月，
今夜出東溟。"孫注："端正月謂中秋月。"宋陳
與義《中秋不見月》："去年中秋端正月，照我
霑襟萬條血。"

白玉盤

亦稱"玉盤""白月"。白玉製成的圓盤，
喻圓月，應在陰曆十五左右。此稱唐代已行
用。唐李白《古朗月行》："小時不識月，呼作
白玉盤。"唐孟郊《尋裴處士》詩："遠心寄白
月，華髮回青春。"宋韓琦《中秋飲散始微見
月》詩："賓歸已徹青油幕，雲綻聊窺白玉盤。"
宋陳與義《十七夜咏月》詩："玉盤忽微露，銀
浪瀉千頃。"宋蘇軾《中秋月》："暮雲收盡溢
清寒，銀漢無聲轉玉盤。"宋趙子發《鷓鴣天》：
"約略應飛白玉盤，明樓漸放滿輪寒。"元侯克
中《醉花陰》套曲："玉盤光靜，澄澄萬里晴。"
《封神演義》第二六回："玉盤懸在碧天上，展
放光輝散彩紅。"《山堂肆考》卷三引朱田書詩：
"少皞磨成白玉盤，六丁擎出太虛寬。"

【玉盤】

即白玉盤。此稱宋代已行用。見該文。

【白月】

即白玉盤。此稱唐代已行用。見該文。

柳梢月

元宵黄昏之月。此稱宋代已行用。宋歐陽修《生查子·元夕》："去年元夜時，花市燈如晝，月上柳梢頭，人約黄昏後。"詩句寫元宵黄昏，爬上柳樹枝頭之月景。

中秋月

中秋節之月。此稱唐代已行用。唐李嶠有《中秋月二首》："圓魄上寒空，皆言四海同。"

三五月

省稱"三五"。指陰曆十五晚上最明亮的月亮。三五，指十五日。皆爲滿月之相。此稱晋代已行用。《古詩十九首》："三五明月滿，四五蟾兔缺。"晋傅咸《雜詩》："團團三五月，皎皎曜清輝。"南朝梁王僧孺《月夜咏陳南康新有所納》詩："二八人如花，三五月如鏡。"南朝陳江總《賦得三五明月滿》詩："三五兔輝成，浮陰冷復輕。"唐白居易《游悟真寺》詩："是時秋方中，三五月正圓。"唐段成式《觀山燈獻徐尚書》詩："分明三五月，傳照百千燈。"參見本考"望"文。

【三五】[1]

"三五月"之省稱。此稱漢代已行用。見該文。

【三五團圓】

即三五月。指陰曆十五晚上最圓的月亮。三五，指十五日。此稱唐代已行用。唐繆氏子《賦新月》詩："時人莫道蛾眉小，三五團圓照滿天。"宋仲并《浪淘沙·贈妓》："但願人如樓上月，三五團圓。"明温純《上元同劉敬甫送弟從戎》二首其二："三五團圓夕，留連離別時。"

【三五蟾光】

即三五月。指農曆十五的月光。傳説月中有蟾蜍，故稱。此稱明代已行用。明于慎行《將進酒》："又不見瑶臺素月飛銀闕，三五蟾光四五缺。"清王士禎《池北偶談·談藝五·敬一主人詩》："碧天如水夜初凉，三五蟾光滿帝鄉。"

蟾輪

亦稱"蟾盤""清蟾""蟾鏡"。喻指圓月。因傳説月中有蟾蜍，故稱。此稱唐代已行用。唐元凛《中秋夜不見月》："蟾輪何事色全微，賺得佳人出綉幃。"唐曹松《中秋對月》："無雲世界秋三五，共看蟾盤上海涯。"南唐李中《雲》："冷容横釣浦，輕縷絆蟾輪。"宋張先《于飛樂》："寶奩開，菱鑑浄，一掬清蟾。"宋賀鑄《采桑子·羅敷歌》："犀塵流連，喜見清蟾似舊圓。"宋范成大《代人七月十四日生朝》："已饒瑞莢明朝滿，先借清蟾一夜圓。"明陳子龍《長安夜歸曲》："鶯篦蟾鏡曉留人，御溝一夜冰紋白。"清黄景仁《中秋夜雨》："今宵滿意觴蟾盤，西北浮雲早蓬勃。"

【蟾盤】

即蟾輪。此稱唐代已行用。見該文。

【清蟾】[2]

即蟾輪。此稱宋代已行用。見該文。

【蟾鏡】

即蟾輪。此稱明代已行用。見該文。

冰輪

亦稱"凍輪""冰團"。比喻又圓又明的月亮，指滿月。凍，指冰。此稱唐代已行用。唐王初《銀河》詩："歷歷素榆飄玉葉，涓涓清月濕冰輪。"唐王建《關山月》詩："凍輪當礦光悠悠，照見三堆兩堆骨。"宋蘇軾《宿九仙山》詩："夜半老僧呼客起，雲峰缺處涌冰輪。"宋梅堯臣《戲作嫦娥責》："正值十月十五夜，月開冰團上東籬。"《西游記》第二五回："此時萬籟無聲，冰輪明顯，正好走了去罷。"

【凍輪】

即冰輪。凍，冰也。此稱唐代已行用。見該文。

【冰團】

即冰輪。此稱宋代已行用。見該文。

金魄

亦稱"金鏡""金盆"。喻指滿月。此稱唐代已行用。唐李白《古風》之二："圓光虧中天，金魄遂淪沒。"王琦注："金魄者，是言滿月之影，光明燦爛，有似乎金，故曰金魄也。"唐沈佺期《和元舍人萬頃臨池玩月戲爲新體》："玉流含吹動，金魄度雲來。"唐白居易《首夏同諸校正游開元觀因宿玩月》："須臾金魄生，若與吾徒期。"唐元稹《泛江玩月》："遠樹懸金鏡，深潭倒玉幢。"宋陸游《隔浦蓮近拍》："烟霏散，水面飛金鏡，露華冷。"宋劉克莊《水調歌頭·癸卯中秋作》："競看姮娥金鏡，爭信仙人玉斧，費了一番修。"宋楊萬里《携酒夜覓羅季周》："淡月輕雲相映著，淺黃帕子裹金盆。"

【金鏡】[2]

即金魄。此稱唐代已行用。見該文。

【金盆】

即金魄。此稱宋代已行用。見該文。

桂輪

亦稱"娥輪""兔輪"，因爲傳說月宮裏有桂樹、嫦娥和玉兔。輪爲圓形，故以之喻指滿月。此稱唐代已行用。唐許敬宗《奉和七夕宴懸圃應制》之二："婺閨期今夕，娥輪泛淺潢。"唐李涉《秋夜題夷陵水館》："凝碧初高海氣秋，

桂輪斜落到江樓。"唐元稹《夢上天》："西瞻若水兔輪低，東望蟠桃海波黑。"宋張先《燕歸梁》："去歲中秋玩桂輪，河漢净無雲。"清陳維崧《念奴嬌·乙巳中秋用東坡韻寄廣陵諸舊游》："月明如此，問江山今古幾多陳迹。誰把桂輪今夜裏，碾破楚天新碧？"

【娥輪】[2]

即桂輪。此稱唐代已行用。見該文。

【兔輪】[2]

即桂輪。此稱唐代已行用。見該文。

丹輪

月亮月全食時常呈紅色，時當望日滿月，故以之喻指滿月。此稱明代已行用。明徐渭《月下梨花》："丹輪皓質兩微茫，桂粟梨雲鬥淺黃。"清厲荃《事物異名録·乾象·月》："《卓氏藻林》：'丹輪，月也。'六朝詩：'丹輪殊未圓'。"按，南朝梁劉孝威《雜詩》作"月輪殊未圓"。參閱《玉臺新咏》卷八。

滿輪

喻指滿月、圓月。此稱唐代已行用。唐張子容《璧池望秋月》："滿輪沉玉鏡，半魄落銀鈎。"

銀輪[2]

亦稱"玉輪""珠輪"。喻指圓月、滿月。此稱唐代已行用。唐姚合《對月》："銀輪玉兔向東流，瑩净三更正好游。"唐貫休《長安道》："紫氣銀輪兮常覆金闕，仙掌捧日兮濁河澄澈。"唐劉兼《晚樓寓懷》："月沉江底珠輪净，雲鎖峰頭玉葉寒。"唐李賀《夢天》："玉輪軋露濕團光，鸞佩相逢桂香陌。"唐元稹《月三十韵》："絳河冰鑒朗，黃道玉輪巍。"宋盧炳《水龍吟·賡韻中秋》："素娥睡起，玉輪穩駕，初離

海表。"清黄六鴻《賀上臺甲秋》:"伏以銀輪初滿,秋光藻耀於朱門。"清金農《中秋夜玩月感作》:"世上浮颿與纖浪,不教闌入玉輪中。"

【玉輪】[2]

即銀輪。此稱唐代已行用。見該文。

【珠輪】[2]

即銀輪。此稱唐代已行用。見該文。

玉鏡 [2]

亦稱"玉鑒"。玉製鏡子,光潔明亮,喻指明月。此稱唐代已行用。唐張子容《璧池望秋月》詩:"滿輪沉玉鏡,半魄落銀鉤。"宋梅堯臣《次韵答王景彝聞余月下與内飲》:"仰頭看月見新鴻,形影雙飛玉鑒中。"宋楊萬里《月夜觀雪》:"游遍瓊樓霜欲曉,却將玉鏡挂青天。"宋金路驛《衞州贈子深節度》詩:"平分玉鑒漁村晚,四望黄雲寡婦秋。"元許謙《題延月樓》詩:"崦嵫稅駕紅塵息,玉鏡飛空天地白。"明李維楨《日方升賦》:"代玉鑒以相摩,運璇穹而罔息。"

【玉鑒】

即玉鏡[2]。此稱宋代已行用。見該文。

冰盤

冰潔白如玉,盤爲圓形,故以之喻指滿月。此稱宋代已行用。宋高觀國《齊天樂·中秋夜懷梅溪》詞:"晚雲知有關山念,澄霄卷開清霽。素景中分,冰盤正溢,何啻嬋娟千里。危欄静倚。"明屠隆《彩毫記·祖餞都門》:"羨你學克武庫,才郁虹梁,志潔冰盤,一任浮雲舒卷。"《紅樓夢》第四八回:"香菱聽了,便拿了詩找黛玉,黛玉看時,只見寫道:'翡翠樓邊懸玉鏡,珍珠簾外挂冰盤。'"

圓魄

亦稱"圓鏡"。喻指滿月、圓月。此稱南北朝時期已行用。南朝梁武帝《擬明月照高樓》:"圓魄當虛闥,清光流思延。"南朝梁元帝《玄覽賦》:"乍浮圓鏡,時泛明珠。"唐張喬《對月》詩之一:"圓魄上寒空,皆言四海同。"宋劉克莊《念奴嬌》:"天風浩動,掃殘暑,推上一輪圓魄。"

【圓鏡】[2]

即圓魄。此稱南北朝時期已行用。見該文。

玉碗

亦稱"玉環""玉盆""玉團"。喻指滿月、圓月。此稱唐代已行用。唐韓愈《晝月》:"玉碗不磨著泥土,青天孔出白石補。"唐白居易《和〈櫛沐寄道友〉》:"高星粲金粟,落月沉玉環。"唐王建《和元郎中從八月十一至十五夜玩月》詩之四:"月似圓時色漸凝,玉盆盛水欲侵棱。"明祝允明《八聲甘州·咏月》:"論冬月倍加清耿,與馮夷六花爭勝。玉團瓊屑交相映,占斷了天地澄清。"

【玉環】[2]

即玉碗。此稱唐代已行用。見該文。

【玉盆】

即玉碗。此稱唐代已行用。見該文。

【玉團】[2]

即玉碗。此稱明代已行用。見該文。

瑤輪

多指圓月。此稱宋代已行用。宋宋祁《中秋望夕不見月》詩:"坐想瑤輪轉,孤懷悵未平。"明夏完淳《大哀賦》:"不意瑤輪無長炯之期,玉曆有中屯之會。"

扇月

指滿月、圓月。以其如團扇，故稱。此稱南北朝時期已行用。南朝梁元帝《咏池中燭影》："河低扇月落，霧上珠星稀。"明梅鼎祚《玉合記・義姤》："向晚，扇月斜窺，繩河半展。"

圓舒

圓月，月亮。舒，望舒，神話中爲月神駕車之神，用爲月亮的代稱。此稱晉代已行用。《晋書・后妃傳》："方祇體安，儷乾儀而合德。圓舒循晷，配羲曜以齊明。"南朝梁蕭統《銅博山香爐賦》："止圓舒于東嶽，匿丹曦于西嶺。"

清規

亦稱"清團團"。喻指滿月。此稱唐代已行用。唐盧照鄰《明月引》："澄清規於萬里，照離思於千行。"唐李商隱《賦得月照冰池》："高低連素色，上下接清規。"唐齊己《中秋月》詩："空碧無雲露濕衣，群星光外涌清規。"宋蘇軾《次韵毛滂法曹感雨》："空庭月與影，强結三友歡。我豈不足歟？要此清團團。"

【清團團】

即清規。此稱宋代已行用。見該文。

圓蟾 [2]

指滿月、圓月。傳說月中有蟾蜍，故稱。此稱唐代已行用。唐張碧《美人梳頭》："玉容驚覺濃睡醒，圓蟾挂出妝臺表。"宋韓琦《庚戌秋分》詩："西園宴集偏宜夜，坐看圓蟾過麗譙。"宋張先《鳳栖梧》："明日不知花在否？今夜圓蟾，後夜憂風雨。"

寒玉

亦稱"寒璧"。指清寒潔白之月。此稱唐代已行用。唐李賀《江南弄》："吳歈越吟未終曲，江上團團帖寒玉。"宋呂渭老《念奴嬌・贈希文寵姬》："暮雲收盡，霽霞明高擁一輪寒玉。"宋陸游《大醉梅花下走筆賦此》："酒闌江月上，珠樹挂寒璧。"又《秋夜獨過小橋觀月》："乍圓素月升寒璧，欲散微雲蹙細鱗。"因詩中有"江上團團""高擁一輪""乍圓素月"等語，故此處之"寒玉""寒璧"則實指圓月之相。

【寒璧】

即寒玉。此稱宋代已行用。見該文。

四五蟾兔

亦稱"蟾蜍四五"。指二十日的月亮。此稱漢代已行用。《古詩十九首》："三五明月滿，四五蟾兔缺。"四五指農曆二十日，時爲下凸月，從圓月逐漸虧缺，故云"四五蟾兔缺"。唐杜甫《秋日荊南送石首薛明府辭滿告別奉寄薛尚書頌德三十韻》"但驚飛熠耀，不記改蟾蜍"，宋王洙注引晉張協："下車如昨日，蟾蜍四五圓。"按張協《雜詩》原作爲"下車如昨日，望舒三五圓"。王洙所引雖誤，而"蟾蜍四五"一稱，亦見此稱流傳之概也。

【蟾蜍四五】

即四五蟾兔。此稱宋代已行用。見該文。

弦月 [2]

指農曆初七、八或二十二、二十三之月形。此時之月呈半月形，月之一側如琴弦，故稱。初七、八爲上弦月，二十二、二十三爲下弦月，通稱爲弦月。《晋書・律曆志中》："大小分及度命如前合朔，則上弦月所在。"南朝宋謝靈運《七夕咏牛女》詩："火逝首秋節，新明弦月夕。"

【月弦】

即弦月。此稱南北朝時期已行用。南朝宋

謝靈運《七夕咏牛女》詩：“月弦光照户，秋首風入隙。”元黄鎮成《船山早行》詩：“月弦當户直，斗柄插山高。”

【半月】

即弦月。亦稱“半弓”“半輪”。此稱南北朝時期已行用。北魏酈道元《水經注·沅水》：“沅水，又東歷臨沅縣西，爲明月池白璧灣，灣狀半月。”北周王褒《從軍行》：“平雲如陣色，半月類城形。”唐杜甫《月三首》詩之一：“魍魉移深樹，蝦蟆没半輪。”唐杜甫《江月》詩：“玉露薄清影，銀河没半輪。”唐元積《春》詩：“畫漏頻加箭，宵暉欲半弓。”元郭鈺《和羅習之見寄因簡劉淵》：“古陂净瀉秋千頃，歸路斜分月半弓。”

【半弓】

即半月。此稱唐代已行用。見該文。

【半輪】

即半月。此稱唐代已行用。見該文。

【半璧】

即弦月。璧，圓形玉器。此稱南北朝時期已行用。北周庾信《望月》：“蓂新半璧上，桂滿獨輪斜。”

【半照】

即弦月。亦稱“半魄”“半蟾”。此稱唐代已行用。唐韓偓《寄遠》詩：“眉如半照雲如鬢，梧桐落葉敲井幹。”唐張子容《璧池望秋月》詩：“滿輪沉玉鏡，半魄落銀鈎。”唐李白《雨後望月》詩：“四郊陰靄散，開户半蟾生。”宋王沂孫《花犯·苔梅》：“羅浮夢，半蟾挂曉。”

【半魄】

即半照。此稱唐代已行用。見該文。

【半蟾】

即半照。此稱唐代已行用。見該文。

下弦

指下弦月。月球到了農曆二十二、二十三日，日月黄經差爲270°，下弦月出現在下半月的下半夜，出現在東半邊天空，東半邊亮。因爲祇能看到月亮東邊的半圓，即爲下弦月。下弦月祇能在後半夜看到。此稱南北朝時期已行用。南朝宋鮑照《登大雷岸與妹書》：“下弦内外，望達所届。”唐陸龜蒙《别墅懷歸》詩：“題詩朝憶復暮憶，見月上弦還下弦。”

二絃

亦作“二弦”。指上弦月和下弦月。此稱隋代已行用。《隋書·天文志中》：“二絃之日，日照其側，人觀其傍，故半明半魄也。”明宋濂《月堀記》：“上下二弦，虧盈得平。”

【二弦】

同“二絃”。此體明代已行用。見該文。

弓月²

指下弦月。此稱隋代已行用。隋明餘慶《從軍行》：“劍花寒不落，弓月曉逾明。”此例并言“曉月”，當是指下弦月之後的彎月，如果是上弦月之前的彎月，不待曉而已落入地下矣。

【玉弓】

即弓月²。亦稱“明弓”。此稱唐代已行用。唐李賀《南園》詩之六：“尋章摘句老雕蟲，曉日當簾挂玉弓。”此例明言“曉月”，當是指下弦月之後的彎月。又《春懷引》：“蟾蜍碾玉挂明弓，捍撥裝金打仙鳳。”明楊慎《寒垣鷓鴣詞》：“秦時明月玉弓懸，漢塞黄河錦帶連。”

【明弓】

即玉弓。此稱唐代已行用。見該文。

缺月

亦稱"缺蟾"。不圓的月亮，多指月底殘存將盡之月。此稱唐代已行用。唐杜甫《宿鑿石浦》詩："缺月殊未生，青燈死分翳。"宋王洙注："缺，殘也。"唐曹松《山中》詩："衰條難定鳥，缺月易依山。"宋蘇軾《卜算子》詞："缺月挂疏桐，漏斷人初靜。"宋范成大《錦亭然燭觀海棠》詩："銀燭光中萬綺霞，醉紅堆上缺蟾斜。"明王世貞《答明卿聞元美擢御史中丞喜而有寄》之一："浮雲多晻曀，缺月向誰明？"

【缺蟾】

即缺月。此稱宋代已行用。見該文。

【逝魄】

即缺月。此稱明代已行用。謂望日後的月亮陰影部分逐漸增多。明何景明《十七月夜》詩："逝魄不長望，玉貌寧久妍？"

【破月】

即缺月。此稱唐代已行用。唐劉得仁《秋夜宿僧院》詩："破月斜天半，高河下露微。"唐李賀《南園十三首》之十三："古剎疏鐘度，遙嵐破月懸。"

殘月 [1]

殘缺之月，形如峨眉，指月底殘存將盡之月，常指下弦月之後下半夜殘存將盡的月相。此稱唐代已行用。唐裴夷直《秦中臥病思歸》："索索涼風滿樹頭，破窗殘月五更秋。"唐錢起《江行》："無人爭曉渡，殘月下寒沙。"唐白居易《早入皇城贈王留守僕射》："津橋殘月曉沈沈，風露凄清禁署深。"宋柳永《雨霖鈴・寒蟬凄切》："今宵酒醒何處？楊柳岸，曉風殘月。"

殘月 [2]

殘缺之月，指即將落山的殘月，非下弦月之後下半夜殘存將盡之月相。此稱唐代已行用。唐李夢符《漁父引》："村寺鐘聲度遠灘，半輪殘月落山前。""半輪殘月"，當是弦月，而不是狀如峨眉之月。唐李治《七夕宴懸圃二首》："霓裳轉雲路，鳳駕儼天潢。虧星雕夜扆，殘月落朝璜。"詩題即曰"七夕"，此時的月相當爲上弦月或稍前，而不是下弦月。《西游記》第一三回："早又是竹敲殘月落，鷄鳴曉雲生。"當指望日前後即將落山之殘月。此回前言唐三藏於九月望前三日出長安，馬不停蹄一二日來到法門寺，以上所寫即爲剛剛來到法門寺所見之景。以上所寫兩句當爲望月或望月前後之凸月時的情景。

【頹魄】

即殘月 [2]。此稱南北朝時期已行用。《文選・謝惠連〈秋懷詩〉》："頹魄不再圓，傾義無兩旦。"李善注："魄，月魄也。"

曉月

亦稱"曙月"。拂曉的殘月，指下滿月之後下半夜的月亮，因爲滿月之前的月亮不待曉而早已落山。此稱南北朝時期已行用。南朝宋謝靈運《廬陵王墓下作》："曉月發雲陽，落日次朱方。"唐李群玉《自澧浦東游江表》："哀砧搗秋色，曉月啼寒螿。"唐王維《過沈居士山居哭之》："曙月孤鶯囀，空山五柳春。"唐鄭絪《初日照露盤賦》："焜以相鮮，若曙月之臨朝鏡。"宋柳永《殢人嬌》："曉月將沉，征驂已轡。愁腸亂，又還分袂。"

【曙月】

即曉月。此稱唐代已行用。見該文。

朓

農曆月末見於西方之月。實際上地面上無法見到，故《尚書大傳》又謂之爲“側匿”。《説文・月部》：“朓，晦而月見西方，謂之朓。從月兆聲。”又，“朒，朔而月見東方謂之縮朒，從月肉聲。”此稱先秦時期已行用。《尚書大傳》：“晦而月見西方謂之朓，朔而月見東方謂之朒，亦謂之側匿。”《漢書・五行志》：“〔成帝建始元年八月戊午〕晨漏未盡三刻，有兩月重見。京房《易傳》曰：‘婦貞厲，月幾望，君子征，凶。’言君弱而婦強，爲陰所乘，則月並出。晦而月見西方謂之朓，朔而月見東方謂之仄慝，仄慝則侯王其肅，朓則侯王其舒。”而《漢書・五行志》僅僅把朒視之爲“仄慝”，是誤解了《尚書大傳》的原意。《漢書・張敞傳》：“月朓日蝕，畫冥宵光，地大震裂，火生地中，天文失度，祅祥變怪，不可勝記。”

朓朒

農曆月末晦和月初朔的月亮。指農曆月初月見於東方和月末月見於西方。此稱南北朝時期已行用。南朝宋謝莊《月賦》：“朒朓警闕，朏魄示冲。”唐楊宏真《月中桂樹賦》：“春冬無清净之景，朒朓闕婆娑之狀。”明黎民表《十六月夜》詩：“輪困尚皎鏡，朒朓漸成珏。”清曹寅《雨夕偶懷桐皋僧》詩：“千秋磐陀石，潮汐應朒朓。”

第三節　五大行星考

名類考

太陽系的中心是恒星太陽，除了地球之外，人類很早就觀察到的行星還有水星、金星、火星、木星和土星，統稱五大行星，在漢語中它們的命名有意識地被附會上五行學説。而現代天文學又發現了天王星、海王星和冥王星，合計九大行星。近年來天文學界經

水星　金星　地球　火星　木星　土星　天王星　海王星

太陽系八大行星示意圖

過爭論，又將冥王星排除，所以當今的主流觀點是太陽系共有八大行星。

水星是五大行星中離太陽最近的，其繞太陽公轉的運行軌道在地球軌道之內，故稱內行星。中國古代又稱水星爲“辰星”或“昏星”，因爲它非常接近太陽，被太陽光芒遮掩，地球上的觀察者很難發現它，祇有在早晨或黃昏時纔能看到。

金星也是內行星，同樣也是祇出現於日落之後及日出之前，中國人將凌晨出現的金星稱爲“啓明星”，而將傍晚出現的稱爲“長庚星”。由於與地球距離最近，所以金星是全天空最亮的行星，關於它的神話及傳說也特別多，著名的太白金星就是人格化的金星，相傳因李白被認爲是下凡的金星而得名。

火星的運行軌道在地球之外，故從它開始均屬外行星。火星在地球上肉眼可見，呈紅色，古希臘人以之爲戰神，而中國又稱其爲熒惑。中國古代雖然也用“火星”來指稱這顆太陽系行星，但并非總是如此。天空中另有一顆紅色的星，是二十八宿中的心宿二，即天蝎座 α，別名大火星。中國古代對這顆紅色恒星的關注可以追溯到上古時代，《史記》中提到的“火正”、《詩·豳風·七月》中的“七月流火”，都是指大火星而非行星火星。而行星火星有時也會運行到心宿的區域，天空中就會出現兩顆紅星相會的景象，在中國古代稱“熒惑守心”，被視爲預示灾禍的大凶之兆。

木星是太陽系體積最大的行星，其公轉周期約相當於 12 年，正好與中國使用的干支紀年法有數字對應關係，木星的運行位置正與年份中的地支相應，這使它有了歲星的別名，在曆法、星占等方面有很大作用。在民間傳說中，漢代名臣東方朔是下凡的木星。但是，真正的木星運行周期是 11.86 年，用它的位置紀年，時間久了會產生誤差，爲了使用便利，人們又設計了一個假想的天體，運行周期是正好十二年，方向與木星正好相反，稱太歲，也叫歲陰。

土星是五大行星中離太陽最遠的，其公轉周期接近 28 年，而中國古代天文學正好將周天分爲二十八宿，故而土星又稱鎮星，因爲在地球人看來，土星像是每年鎮守一宿，二十八年爲一循環。被傳爲土星下凡的歷史名人是黃石公，西漢開國功臣張良的師父。

五星

省稱“星”。謂五大行星。太陽系有八大行星，依距離太陽近遠順序爲水星、金星、地球、火星、木星、土星、天王星、海王星。前兩顆在地球軌道内，稱内行星，後五顆在地球軌道外，稱外行星。最後兩顆與冥王星爲近代發現。除地球外，古代祇知其五，統稱爲"五星"。此稱漢代已行用。甲骨文中已有"歲""大星"字樣，約指歲星、金星。至戰國時出現辰星、太白、熒惑、歲星、填星五大行星的全部名稱。五行説盛行時，以五行金、火、木、水、土分配五星，形成後來常用的水星、金星、火星、木星、土星之名。《周禮·春官·保章氏》："掌天星，以志星、辰、日、月之變動。"鄭玄注："星，謂五星；辰，日月所會。"賈公彦疏："'星謂五星'者，按《天文志》謂東方歲，南方熒惑，西方太白，北方辰，中央鎮星。"《史記·天官書論》："水、火、金、木、填星，此五星者，天之五佐。"《漢書·律曆志上》："五星之合於五行，水合於辰星，火合於熒惑，金合於太白，木合於歲星，土合於填星。"宋葉適《送程傳叟》詩："誰知仰天愬天公，三辰五星在心中。"

【星】[1]

"五星"之省稱。此稱先秦時期已行用。見該文。

【五佐】

即五星。亦稱"五緯""五耀""五曜""五辰"。古以五星佐天行德，故稱。此稱漢代已行用。《周禮·春官·大宗伯》："以實柴祀日月星辰。"漢鄭玄注："星謂五緯，辰謂日月。"賈公彦疏："五緯，即五星：東方歲星，南方熒惑，西方太白，北方辰星，中央鎮星。言緯者，二十八宿隨天左轉爲經，五星右旋爲緯。"《史記·天官書》："水、火、金、木、填星，此五星者，天之五佐。"張守節正義："言水、

火、金、木、土五星佐天行德也。"晋葛洪《抱朴子·至理》："外除五曜。"《藝文類聚》卷七五引作"五耀"。唐王勃《七夕賦》："循五緯而清黄道，正三衡而澄紫落。"宋趙湘《宋頌》："日月五辰，齊其啓光。"宋夏竦《大安塔碑銘》："五佐星緯，八部人天，分次峻層，罔不咸備。"宋王質《贈徐輝》詩："五曜循環十二宫，乾坤盡落往來中。"明祝允明《大游賦》："五耀潤於乾垣兮，五財理於坤軫。"

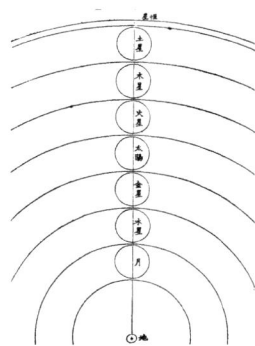

五緯（五緯天距地圖）（清蔣廷錫等《古今圖書集成·乾象典》）

【五緯】

即五佐。二十八宿隨天左轉爲經，五星右旋爲緯，故稱。此稱漢代已行用。見該文。

【五耀】

即五佐。此稱唐代已行用。見該文。

【五曜】

即五佐。此稱晋代已行用。見該文。

【五辰】

即五佐。此稱宋代已行用。見該文。

【五精】

即五星。亦稱"五靈""五斗""五步"。古以星爲天之神靈，故稱。此稱漢代已行用。《黄庭内景經·脾部》："落落明景照九隅，五靈夜燭焕八區。"唐梁丘子注："五靈，謂五星也。"又《若得》："三真扶胥共房津，五斗焕明是七元。"梁丘子注："五斗，五星；七元，北斗也。"漢張衡《東京賦》："辨方位而正則，五精

帥而來摧。"《說文・步部》:"律曆書名五星爲
五步。"段玉裁注:"《漢書・律曆志》云五步。"
前蜀杜光庭《川主相公北帝醮詞》:"伏以七政
上尊,五靈玄老,位司北極,部制中天。"

【五靈】

即五精。古以星爲天之神靈,故稱。此稱
漢代已行用。見該文。

【五斗】

即五精。此稱漢代已行用。見該文。

【五步】

即五精。此稱漢代已行用。見該文。

【珠緯】

即五星。五星亦稱五緯,明如珠,故稱。
此稱唐代已行用。唐武則天《策問》:"上稽珠
緯,得風雨之和。下表圭躔,均遠近之節。"宋
王珪《賀壽星見表》:"珠緯躔空,祥輝麗乎南
極。"

【珠囊】

即五星。本指五星躔度,亦借指五星。此
稱先秦時期已行用。《尚書考靈曜》:"天失日月,
遺其珠囊。"鄭玄注:"珠,謂五星也。遺其囊
者,盈縮失度也。"《今世說・文學》:"顧景范
著《方輿紀要》成,孫宇台謂其書若長河亘天,
珠囊照地。"

金星

省稱"金",亦稱"金精"。太陽系八大行
星之一。按離太陽由近及遠的次序爲第二顆,
除日、月外,爲視力所見亮度最大之星。因是
內行星,故或爲昏星,或爲晨星。因大部分時
間與太陽之角距離較大,故有如月球之位相變
化。與地球相似,亦爲有較密大氣層環包之固
體球。其大小、質量、密度與地球皆相近。公

金星

轉周期爲 225 天,自轉周期爲 243 天,自轉
爲逆向,爲九大行星中獨有之現象,故在金星
上看太陽爲西升東落。古人以五行相配,稱爲
"金星"。此稱南北朝時期已行用。《史記・天
官書》:"若木金在南曰牝牡,年穀熟。金在
北,歲偏無。"北周庾信《哀江南賦》:"地則
石鼓鳴山,天則金精動宿。"南朝陳徐陵《玉臺
新咏・序》:"金星與婺女爭華,麝月共嫦娥競
爽。"《史記・天官書》"察日行以處位太白"張
守節正義引《天官占》云:"太白者,西方金之
精。"《詩・小雅・大東》:"東有啓明,西有長
庚。"朱熹注:"啓明、長庚,皆金星也。"

【金】

"金星"之省稱。此稱漢代已行用。見該文。

【金精】[2]

即金星。此稱南北朝時期已行用。見該文。

【太白】

即金星。亦作"大白"。此稱晉代已行用。
《爾雅・釋天》:"明星謂之啓明。"晉郭璞注:
"太白星也。晨見東方爲啓明,昏見西方爲太
白。"《太平御覽》卷五引漢《尚書考靈耀》曰:
"大白,金精;辰星,水精也。"唐李白《胡無
人》詩:"雲龍風虎盡交回,太白入月敵可摧。"

【大白】

同“太白”。此體漢代已行用。見該文。

【明星】

即金星。亦稱“大星”。此稱先秦時期已行用。《詩·鄭風·女曰雞鳴》:“子興視夜,明星有爛。”朱熹注:“明星,啓明之星,先日而出者也。”《爾雅·釋天》:“明星謂之啓明。”宋范成大《六月七日夜起坐殿廡取凉》詩:“大星送曉來,四窗炯微明。”又《殘夜至峰頂上》詩:“大星與之俱,曉色明旗幡。”明唐寅《上吳天官書》:“明星告旦,而百指伺餔。”

【大星】

即明星。此稱宋代已行用。見該文。

【啓明】

即金星。亦稱“開明”“東方星”“長庚”“長更”。晨現東方爲啓明,昏現西方爲長庚。此稱先秦時期已行用。《爾雅·釋天》:“明星謂之啓明。”晋郭璞注:“太白星也。”《詩·小雅·大東》:“東有啓明,西有長庚。”毛傳:“日旦出,謂明星爲啓明。日既入,謂明星爲長庚。”《大戴禮記·四代》:“《詩》云:‘東有開明。’”孔廣森補注:“金星附日而見,昏曰長庚,晨曰開明。今《詩》字爲啓明,如記或漢避孝景諱改。”《漢書·禮樂志》:“長麗前挟光耀明,寒暑不忒况皇章。”顔師古注:“孟康曰:‘言日雖暮,長更星在前扶助,常有光明也。’晋灼曰:‘言長更星終始不改其光,神永以此明賜君也。’”唐韓愈《醉後》詩:“煌煌東方星,奈此衆客醉。”清趙翼《范洽園七十壽》詩之一:“江天落落占星象,一似長庚一啓明。”

【開明】

即啓明。漢人避景帝劉啓諱而改。此稱漢代已行用。見該文。

【東方星】

即啓明。此稱唐代已行用。見該文。

【長庚】[1]

即啓明。此稱先秦時期已行用。見該文。

【長更】

即啓明。此稱漢代已行用。見該文。

【雌倉靈】

即金星。此稱漢代已行用。漢揚雄《太玄·戾》:“倉靈之雌,不同宿而離失,則歲之功乖。”宋司馬光集注:“倉靈,木之精,歲星也。其雌,金之精,謂太白也。”

【上公】

即金星。此稱先秦時期已行用。《説文·女部》“嬬”字下引甘德《甘氏星經》曰:“太白號上公。妻曰女嬬,居南斗食厲,天下祭之曰明星。”《史記·天官書》:“太白,大臣也,其號上公。”

【玉李】

即金星。亦稱“玉彈”。原以潔白如玉之李子喻明星,語本宋司馬光“太白明如李”句。後因以專指金星。此稱宋代已行用。宋楊萬里《三辰硯屏歌》:“東方亭亭升火輪,西有玉李伴金盆。”又《早入東省殘月初上》詩:“皎然一玉李,前行導征輪。”又《羲娥謡》:“素娥西征未歸去,簸弄銀盤浣風露。一丸玉彈東飛來,打落桂林雪毛兔。”或釋“玉李”爲“李星”,不確。

【玉彈】

即玉李。此稱宋代已行用。見該文。

【刑星】

即金星。古謂金星主刑殺，故稱。此稱先秦時期已行用。《韓非子·飾邪》："又非天缺、弧逆、刑星、熒惑、奎台數年在東也。"梁啓雄注："尹桐陽曰：'刑星，太白也。'《星經》：'太白主刑殺。'"

【殷星】

即金星。亦稱"太正""熒星""營星""觀星""宮星""大衰""大澤""終星""大相""天浩""序星""月緯""大正""梁星""滅星""大囂""大爽""天相""大衣""大威""太皞""官星""爽星""太皓""大皓""大臣"。此稱先秦時期已行用。《史記·天官書》："太白，大臣也，其號上公。其他名殷星、太正、營星、觀星、宮星、明星、大衰、大澤、終星、大相、天浩、序星、月緯。"又，"察日行以處位太白"張守節正義引《天官占》云："太白者，西方金之精，白帝之子，上公、大將軍之象也。一名殷星，一名大正，一名熒星，一名官星，一名梁星，一名滅星，一名大囂，一名大衰，一名大爽。"《太平御覽》卷七引《天官星占》："太白位在西方，白帝之子，天將之象也，一名天相，一名大正，一名大臣，一名大皓，一名明星。"《開元占經·太白占·太白名主一》引石氏《石氏星經》："太白者，大而能白，故曰太白。一曰殷星，一曰大正，一曰營星，一曰明星，一曰觀星，一曰大衣，一曰大威，一曰太皞，一曰終星，一曰大相，一曰大囂，一曰爽星，一曰太皓，一曰序星。上公之神出東方爲明星。"《廣雅·釋天》："太白謂之長庚，或謂之太囂。"

【太正】

即殷星。此稱漢代已行用。見該文。

【熒星】

即殷星。此稱漢代已行用。見該文。

【營星】

即殷星。此稱先秦時期已行用。見該文。

【觀星】

即殷星。此稱先秦時期已行用。見該文。

【宮星】[1]

即殷星。此稱漢代已行用。見該文。

【大衰】

即殷星。此稱漢代已行用。見該文。

【大澤】

即殷星。此稱漢代已行用。見該文。

【終星】

即殷星。此稱先秦時期已行用。見該文。

【大相】

即殷星。此稱先秦時期已行用。見該文。

【天浩】

即殷星。此稱漢代已行用。見該文。

【序星】

即殷星。此稱先秦時期已行用。見該文。

【月緯】

即殷星。此稱漢代已行用。見該文。

【大正】

即殷星。大，同"太"。此稱先秦時期已行用。見該文。

【梁星】[1]

即殷星。此稱漢代已行用。見該文。

【滅星】

即殷星。此稱漢代已行用。見該文。

【大囂】

即殷星。此稱先秦時期已行用。見該文。

【大爽】

即殷星。此稱漢代已行用。見該文。

【天相】[1]

即殷星。此稱漢代已行用。見該文。

【大衣】

即殷星。此稱先秦時期已行用。見該文。

【大威】

即殷星。此稱先秦時期已行用。見該文。

【太皥】[2]

即殷星。此稱先秦時期已行用。見該文。

【官星】

即殷星。此稱漢代已行用。見該文。

【爽星】

即殷星。此稱先秦時期已行用。見該文。

【太皓】[2]

即殷星。此稱先秦時期已行用。見該文。

【大皓】

即殷星。大，同“太”。此稱漢代已行用。見該文。

【大臣】

即殷星。此稱漢代已行用。見該文。

【星旗】[1]

即金星。此稱唐代已行用。唐蕭楚材《奉和展禮岱宗途經濮濟》：“拂漢星旗轉，分霄日羽明。”宋梅堯臣《閏正月二日夜張氏納婦》詩：“坐中傳漏鼓，户外轉星旗。”

木星

省稱“木”，亦稱“木精”。太陽系八大行星之一。體積最大，爲地球的 1316 倍。按離太陽由近及遠的次序爲第五顆，亮度僅次於金星，通常比火星、天狼星還亮。公轉周期 11.8622 年，自轉周期 9 時 50 分 30 秒，爲八大行星中自轉最快者。有光環和十六顆衛星。此稱漢代已行用。《史記·天官書》：“木星與土星合，爲內亂，饑，主勿用戰，敗。”《後漢書·襄楷傳》：“歲爲木精，好生惡殺。”宋葉廷珪《海録碎事·祥瑞》：“唐乾符中，木入南斗，術士邊岡以爲帝王之兆。”《金史·宣宗紀中》：“〔興定元年八月〕木星晝見於昴，六十有七日乃伏。”

【木】

“木星”之省稱。此稱宋代已行用。見該文。

【木精】

即木星。此稱漢代已行用。見該文。

【歲星】

即木星。省稱“歲”，亦稱“星歲”。古時分一周天爲十二次，木星每年約運行一次，十二年運行一周天（實爲 11.8622 年），故以之紀年，因而得名。此稱漢代已行用。《左傳·襄公二十八年》：“歲在星紀。”杜預注：“歲，歲星也。”《國語·周語》：“昔武王伐殷，歲在鶉火。”《史記·天官書》：“察日月之行以揆歲星順逆。”司馬貞索隱引《物理論》云：“歲行一次，謂之歲星，則十二歲而星一周天也。”唐韋應物《白沙亭逢吳叟歌》：“星歲再周十二辰，爾來不語今爲君。”唐白居易《叙德書情四十韵上宣歙崔中丞》：“望如時雨至，福似歲星移。”清顧炎武《日知録·歲星》：“吳伐越，歲在越，

木星

故卒受其凶。”

【歲】

“歲星”之省稱。此稱先秦時期已行用。見該文。

【星歲】

即歲星。此稱唐代已行用。見該文。

【德星】[1]

即木星。亦稱“德宿”“德精”。古以國家有道或賢人出現則顯現，故稱。此稱漢代已行用。《史記・天官書》：“天精而見景星。景星者，德星也。其狀無常，常出於有道之國。”又《孝武本紀》：“陛下建漢家封禪，天其報德星云。”司馬貞索隱：“此紀唯言德星，則德星，歲星也。歲星所在有福，故曰德星也。”南朝宋鮑照《河清頌》：“仁草晨莩，德宿宵映。”《文選・任昉〈王文憲集序〉》：“信乃昴宿垂芒，德精降祉。”李善注：“精，星也。”《北史・韋夐傳》：“德星猶未動，真車詎肯來？”

【德宿】

即德星。此稱南北朝時期已行用。見該文。

【德精】

即德星。此稱南北朝時期已行用。見該文。

【福星】

即木星。亦稱“善星”。其分野有喜祥福善，故稱。此稱唐代已行用。唐李商隱《無愁果有愁曲北齊歌》：“東有青龍西白虎，中含福星包世度。”《孫子・計篇》“天者，陰陽寒暑時制也”，唐杜牧注：“歲爲善星，不福無道。”宋王禹偁《送寇諫議赴青州》詩：“歸夢尋溫樹，行塵動福星。”

【善星】

即福星。此稱唐代已行用。見該文。

【攝提】[1]

即木星。亦稱“脩人”。本爲古歲星紀年法十二辰之一，相當於干支紀年法之寅年，因以借指。此稱先秦時期已行用。《離騷》：“攝提貞于孟陬兮，惟庚寅吾以降。”《史記・天官書》：“歲星一曰攝提，曰重華，曰應星，曰紀星。”《後漢書・律曆志下》：“攝提遷次，青龍移辰，謂之歲。”《太平御覽》卷七引《天官星占》曰：“歲星，一曰攝提，一曰重華，一曰應星，一曰經星，一曰脩人。”

【脩人】

即攝提。此稱漢代已行用。見該文。

【重華】[1]

即木星。亦稱“重星”。此稱漢代已行用。《史記・天官書》：“歲星一曰攝提，曰重華，曰應星，曰紀星。”《後漢書・郎顗傳》：“《尚書洪範記》曰：‘月行中道，移節應期，德厚受福，重華留之。’重華者，謂歲星之在心也。”《廣雅・釋天》：“歲星謂之重華。”王念孫疏證：“重華，各本作重星。”唐劉蛻《與韋員外書》：“如重星輪月，爭下堂而觀之。”

【重星】

即重華。此稱唐代已行用。見該文。

【應星】[1]

即木星。亦稱“經星”“紀星”。古以木星紀年，因與太歲相應，故稱。此稱漢代已行用。《史記・天官書》“察日月之行，以揆歲星順逆”，司馬貞索隱引姚氏案《天官占》云：“歲星，一曰應星，一曰經星，一曰紀星。”《廣雅・釋天》：“歲星謂之重華，或謂之應星。”王念孫疏證引《開元占經》曰：“歲星歲行一次，十二歲一周天，與太歲相應。”

【經星】[1]

即應星。此稱漢代已行用。見該文。

【紀星】[1]

即應星。古以之紀年，故稱。此稱漢代已行用。見該文。

【周星】

即木星。木星十二年（實爲 11.8622 年）行一周天，因以之紀年，故稱。此稱南北朝時期已行用。南朝梁庾肩吾《咏同泰寺浮圖》詩："周星疑更落，漢夢似今通。"唐李乂《奉和幸大薦福寺》詩："代日興光近，周星掩曜初。"

【倉靈】

即木星。此稱漢代已行用。漢揚雄《太玄·戾》："倉靈之雌，不同宿而離失，則歲之功乖。"司馬光集注："倉靈，木之精，歲星也。"

水星[1]

省稱"水"，亦稱"水宿""水精"。太陽系八大行星之一。離太陽最近，其位置在太陽附近來回移動，故肉眼不易看到。其公轉周期爲 88 天，自轉周期爲 58.65 天。體積爲地球的5.6%。古以五行相配，稱"水星"。此稱先秦時期已行用。《左傳·莊公二十九年》："水昏

水星

正而栽。"《史記·天官書》："火與水合爲焠，與金合爲鑠，爲喪，皆不可舉事，用兵大敗。"《關尹子》："有以智升者爲水星佐。"《左傳·襄公二十八年》"歲在星紀"孔穎達疏："五星者，五行之精也。曆書稱……水精曰辰星。"《廣雅·釋天》："辰星謂之爨星，或謂之兔星，或謂之鈎星。水宿也。"

【水】[1]

"水星[1]"之省稱。此稱先秦時期已行用。見該文。

【水宿】[1]

即水星[1]。此稱三國時期已行用。見該文。

【水精】

即水星[1]。此稱唐代已行用。見該文。

【辰星】[1]

即水星[1]。省稱"辰"，亦稱"勾星""鈎星""辰勾"。從地球上看去，軌道離角最多爲 28 度，約爲一辰（30 度），故稱。此稱漢代已行用。《史記·天官書》："察日辰之會以治辰星之位。"司馬貞索隱引三國魏皇甫謐曰："辰星，一名爨星，或曰鈎星。"又，"辰星不出，太白爲客。"司馬貞索隱："謂辰星出西方。辰，水也。"《史記·天官書》："兔七命（即七名），曰小正……鈎星。"《文選·何晏〈景福殿賦〉》："烈若鈎星在漢，煥若雲梁承天。"元王實甫《西廂記》第三本第二折："似這等辰勾，空把佳期盼。"王驥德校注："辰勾，水星。其出雖有常度，見之甚難。張衡云：'辰星，一名勾星。'《博雅》云：'辰星謂之勾星。'故亦謂之辰勾。"

【辰】[1]

"辰星"之省稱。此稱漢代已行用。見該文。

【勾星】

　　即辰星。此稱漢代已行用。見該文。

【鈎星】[1]

　　即辰星。此稱漢代已行用。見該文。

【辰勾】

　　即辰星。水星有“辰星”“勾星”之名，故并稱。此稱元代已行用。見該文。

【小白】

　　即水星[1]。金星名“太白”，水星不如金星明亮，二星皆在太陽附近，故稱。此稱先秦時期已行用。

【兔星】

　　即水星[1]。亦稱“兔”“天兔”“䖟”“䖟星”“小正”“天欃”“安周星”“細爽”“能星”。此稱三國時期已行用。《史記・天官書》：“兔過太白，間可械劍，小戰，客勝。兔居太白前，軍罷。”司馬貞索隱：“《廣雅》云‘辰星謂之兔星’，則辰星之別名兔，或作䖟也。”又，“兔七命（即七名），曰小正、辰星、天欃，安周星、細爽、能星、鈎星。兔五色，青圜憂，白圜喪，赤圜中不平，黑圜吉。赤角犯我城，黃角地之爭，白角號泣之聲。”司馬貞索隱：“謂星（指水星）凡有七名。命者，名也。小正，一也；辰星，二也；天兔，三也；安周星，四也；細爽，五也；能星，六也；鈎星，七也。”又“察日辰之會以治辰星之位”司馬貞索隱引三國魏皇甫謐曰：“辰星，一名䖟星，或曰鈎星。”《廣雅・釋天》：“辰星謂之爨星，或謂之兔星，或謂之鈎星。”

【兔】[2]

　　即兔星。此稱漢代已行用。見該文。

【天兔】

　　即兔星。此稱漢代已行用。見該文。

【䖟】[1]

　　即兔星。此稱唐代已行用。見該文。

【䖟星】

　　即兔星。此稱三國時期已行用。見該文。

【小正】

　　即兔星。此稱漢代已行用。見該文。

【天欃】[1]

　　即兔星。此稱漢代已行用。見該文。

【安周星】

　　即兔星。此稱漢代已行用。見該文。

【細爽】

　　即兔星。爽，明亮。辰星不如其他行星明亮，故稱“細爽”。此稱漢代已行用。

【能星】[1]

　　即兔星。能，同“態”。此稱漢代已行用。見該文。

【細極】

　　即水星[1]。亦稱“爨星”“伺祠”。此稱漢代已行用。《史記・天官書》“罰出辰星”，張守節正義引《天官占》曰：“辰星，北水之精，黑帝之子，宰相之祥也。一名細極，一名鈎星，一名爨星，一名伺祠。”

【爨星】

　　即細極。此稱漢代已行用。見該文。

【伺祠】

　　即細極。此稱漢代已行用。見該文。

【安調】

　　即水星[1]。亦稱“態星”“伺晨”。此稱漢代已行用。《太平御覽》卷七引《天官星占》曰：“辰星，北之位，黑帝之子，宰相之祥也。一名安調，一名態星，一名鈎星，一名伺晨。”

【態星】

即安調。此稱漢代已行用。見該文。

【伺晨】

即安調。此稱漢代已行用。見該文。

火星[1]

省稱“火”，亦稱“火精”。太陽系八大行星之一。按離太陽由近及遠的次序爲第四顆。呈火紅色，亮度隨離地球之距離而變化。體積爲地球的15%。公轉周期約687天，自轉周期爲24小時37分23秒。有四季變化，較明顯。有衛星二。古以五行相配，稱“火星”。此稱漢代已行用。《史記·天官書》：“火犯守角，則有戰。”《漢書·律曆志下》：“火，晨始見，去日半次。”漢王充《論衡·變虛》：“是夕，火星果徙三舍。”《宋書·符瑞志》：“熒惑火精，行縮日一度有餘。”《左傳·襄公二十八年》：“歲在星紀。”孔穎達疏：“五星者，五行之精也。《曆書》稱：木精曰歲星，火精曰熒惑。”南朝陳徐陵《河東康簡王墓誌》：“火精不退，奚應善言。”宋葉適《徐德操墓誌》：“火星犯南斗，公

火星

以曆占之。”

【火】[2]

即火星[1]。此稱漢代已行用。見該文。

【火精】[2]

即火星[1]。此稱南北朝時期已行用。見該文。

【熒惑】[1]

即火星[1]。省稱“熒”。因其隱現不定，時東時西，令人迷惑，故稱。此稱先秦時期已行用。《鬼谷子·符言》：“四方上下，左右前後，熒惑之處安在？”《史記·天官書》：“察剛（當作‘罰’）氣以處熒惑……禮失，罰出熒惑，熒惑失行是也。出則有兵，入則兵散。”《漢書·李尋傳》：“臣聞五星者，五行之精……熒惑往來亡常，周歷兩宮。”清曹寅《贈武元樸》詩：“說與尋常推算子，何曾熒惑在匏瓜。”

【熒】

“熒惑[1]”之省稱。此稱先秦時期已行用。見該文。

【赤星】[1]

即火星[1]。因其色赤，故稱。此稱先秦時期已行用。《開元占經·熒惑占一·熒惑名主一》引《黃帝書》：“熒惑一曰赤星。”

【罰星】

即火星[1]。單稱“罰”。亦稱“法星”“執法”“法使”。古以火星爲執法之星，主罰，司察妖孽，故稱。此稱漢代已行用。《史記·天官書》：“察剛（當作“罰”）氣以處熒惑……罰出熒惑。”《後漢書·襄楷傳》：“五帝之坐，而金火罰星揚光其中。”《文選·揚雄〈羽獵賦〉》：“熒惑司命，天弧發射。”唐李善注引三國魏張晏曰：“熒惑法使，司命不祥。”又《文選·劉

峻〈辨命論〉》：“故宋公一言，法星三徙。”李
善注：“熒惑謂執法之星，故云法星也。”《廣
雅·釋天》：“營惑謂之罰星，或謂之執法。”

【罰】[1]

　　“罰星”之單稱。此稱漢代已行用。見該文。

【法星】

　　即罰星。此稱南北朝時期已行用。見該文。

【執法】[1]

　　即罰星。此稱三國時期已行用。見該文。

【法使】

　　即罰星。此稱三國時期已行用。見該文。

土星

　　省稱“土”，亦稱“土精”“土宿”。太陽系
八大行星之一。依距離太陽由近及遠的次序爲
第六顆。體積爲地球的 740 倍，比木星略小，
爲第二大行星。公轉周期爲 29.46 年，自轉周
期爲 10 小時 14 分。有光環一，衛星二十。古
以五行相配，稱“土星”。此稱漢代已行用。《史
記·天官書》：“木星與土合，爲內亂，饑。”漢
張衡《天象賦》：“伊土宿之播靈，爲鎮星而耀
質。”《太平御覽》卷五引《尚書考靈耀》曰：
“鎮星，土精。”

【土】

　　“土星”之省稱。此稱漢代已行用。見該文。

【土精】

　　即土星。此稱漢代已行用。見該文。

【土宿】

　　即土星。此稱漢代已行用。見該文。

【填星】

　　即土星。亦作“鎮星”。填，通“鎮”。古
以土星 28 年（實爲 29.46 年）運行一周天，每
年鎮守二十八宿之一宿，故稱。此稱漢代已行

用。《史記·天官書》：“曆斗之會以定填星之
位。曰中央土，主季夏……歲填一宿，其所居
國吉。”司馬貞索隱：“晋灼曰：‘常以甲辰之元
始建斗，歲鎮一宿，二十八歲而周天。’《廣雅》
曰：‘鎮星，一名地侯。’”又，“太歲在甲寅，
鎮星在東壁。”宋秦觀《浮山堰賦·引》：“初，
鎮星犯天江而堰實退舍而壞。”

【鎮星】

　　同“填星”。此體三國時期已行用。見該文。

【卿魄】

　　即土星。此稱唐代已行用。《開元占經·填
星占一·填星名主一》引戰國魏石申《石氏星
經》曰：“填星，其神雷公，決星名曰卿魄。”

【信星】

　　即土星。亦稱“地侯”。“信”“地”於五行
中皆爲土，故稱。此稱漢代已行用。《史記·孝
武本紀》：“信星昭見，皇帝敬拜泰祝之饗。”司
馬貞索隱：“信星，鎮星也。信屬土，土曰鎮
星。”又《天官書》：“其（填星）一名地侯，主
歲。”《漢書·禮樂志》：“景星顯見，信星彪
列。”《太平御覽》卷五引《春秋元命苞》：“蟾
蠩陰精流，生織女，立地侯。”宋均注：“地侯，
鎮星別名也。”唐杜牧《爲中書門下請追尊號
表》：“信星效祉，靈旗呈祥。”

土星

【地侯】

即信星。此稱漢代已行用。見該文。

太歲

亦稱"太陰""青龍""天一"。古天文學假設之星名。古人將黃道分爲十二等分，各稱爲次。歲星每年運行一次，十二年運行一周天，因以歲星所在之部位作爲歲名。歲星運行方向自西而東，與將黃道分爲十二支的方向正相反，故假設有一作與歲星實際運行方向相反的星，以其每年所在部位紀年，即太歲。如太歲在寅稱"攝提格"，在卯稱"單閼"，在辰稱"執徐"等。又配以十歲陽，組成六十干支，用以紀年。此稱先秦已行用。《淮南子·天文訓》："太陰在寅，歲名攝提格。"又："天神之貴者，莫貴於青龍，或曰天一，或曰太陰。"《後漢書·律曆志下》："青龍移辰，謂之歲。"《廣雅·釋天》："天一……太歲也。"

【太陰】[2]

即太歲。此稱漢代已行用。見該文。

【青龍】[1]

即太歲。此稱漢代已行用。見該文。

【天一】[1]

即太歲。此稱漢代已行用。見該文。

【歲陰】

即太歲。亦稱"倉龍"。此稱漢代已行用。《史記·天官書》："以攝提格歲：歲陰左行在寅，歲星右轉居丑。"司馬貞索隱："太歲在寅，歲星正月晨見東方之名。"《漢書·王莽傳》"歲在壽星……倉龍癸酉"，顏師古注引服虔曰：

"倉龍，太歲也。"

【倉龍】

即歲陰。此稱漢代已行用。見該文。

金水

金星與水星。此稱南北朝時期已行用。南朝梁陸倕《新刻漏銘》："以爲星火謬中，金水違用。"

曙星

拂曉之星，多指啓明星。此稱南北朝時期已行用。《宋書·后妃傳·孝武帝王皇后》："夕不見晚魄，朝不識曙星。"唐方干《送婺州許録事》詩："曙星没盡提綱去，暝角吹殘鎖印歸。"

昏星

日落後出現於西方天空的金星或水星。此稱宋代已行用。宋文彥博《金宿樓望月呈仲通司封》詩之二："月伴昏星出，雲隨晚吹收。"《禮記·月令》："仲冬之月，日在斗，昏東壁中，旦軫中。"明黃道周《月令明義·仲冬章》解曰："蓋昏星易正，而旦氣難求。以昏壁五度爲準，實測當時日躔，當在斗六度。"

牝牡

金星與木星的合稱，爲豐年的徵兆。此稱漢代已行用。《史記·天官書》："金在南曰牝牡，年穀熟。"司馬貞索隱引晉灼："歲，陽也。太白，陰也。故曰牝牡也。"張守節正義引《星經》："金在南，木在北，名曰牝牡，年穀大熟。"《晉書·天文志中》："太白在南，歲星在北，名曰牝牡，年穀大熟。"

五星食考

月掩行星

亦作"月奄行星""月食行星"。奄，通"掩"，有遮擋、遮蔽之意。月掩行星同日食原理相似，指的是行星、月球、地球排列在一條直綫時，行星被月球掩蓋的自然現象，相當於行星的"食"。此稱清代已行用。康熙《石埭縣志》卷二："〔天啓六年九月十六日〕夜半，一星漸入月中無影。"道光《深州直隸府志》卷末："〔嘉慶六年二月〕有星入月。"道光《香山縣志》卷八："〔道光四年四月己亥〕初昏，星入月。"

【月奄行星】

同"月掩行星"。此稱清代已行用。見該文。

【月食行星】

即月掩行星。此稱清代已行用。見該文。

行星入月

指五大行星之一的行星，進入月影，行星被月影掩蓋的自然現象，相當於行星的"食"。即月掩行星。

月掩金星

亦稱"月掩太白""月奄太白"。月掩金星同日食原理相似，指的是五大行星之一的金星，

月掩金星原理示意圖

同月球、地球排列在一條直綫時，金星被月影掩蓋的自然現象。此稱明代已行用。《晉書·天文志》："〔咸康四年四月己巳〕月奄太白。"《晉書·天文志》："〔咸康四年七月乙巳〕月掩太白。"《魏書·天象志》："〔始皇二年六月庚戌〕月掩太白，在端門外。"明談遷《國榷》卷一七："〔永樂十八年十一月辛卯〕夜，月掩金星。"

【月掩太白】

即月掩金星。金，指的是五大行星之一的金星。此稱晉代已行用。見該文。

【月奄太白】

即月掩金星。太白，指的是五大行星之一的金星。此稱晉代已行用。見該文。

【太陰掩太白】

即月掩金星。太陰，指月亮。太陰掩太白，即月掩太白。指的是五大行星之一的金星，同月球、地球排列在一條直綫時，金星被月影掩蓋的自然現象，即月掩金星。此稱元代已行用。《元史·順帝紀》："〔至正二年七月乙未〕太陰掩太白。"

【太白入月】

即月掩金星。亦稱"太白食月""金星入月""長庚入月"。太白，指五大行星之一的金星。太白入月即金星進入月影，被月影掩蓋的自然現象。此稱漢代已行用。《續漢書·天文志》："〔永平十五年十一月乙丑〕太白入月中。"《魏書·天象志》："〔元象元年十二月癸丑〕太白食月。"明談遷《國榷》卷二七："〔正統十四年八月丙辰〕夜，金星入月。"清康熙《濰縣

志》卷五：“〔順治十五年五月初二〕長庚入
月。”康熙《昌邑縣志》卷一：“長庚入月心。”

【太白食月】

即太白入月。此稱南北朝時期已行用。見
該文。

【金星入月】

即太白入月。此稱明代已行用。見該文。

【長庚入月】

即太白入月。長庚，指的是五大行星之一
的金星。此稱清代已行用。見該文。

【月食太白】

即月掩金星。指五大行星之一的金星，被
月影掩蓋侵蝕的自然現象。此稱唐代已行用。
《新唐書·武宗紀》：“〔會昌三年十月壬午〕日
中，月食太白。”

【月掩犯太白】

即月掩金星。亦稱“月掩犯金星”。掩犯，
遮掩和進犯，指五大行星之一的金星被月影
遮掩侵蝕的自然現象。此稱宋代已行用。《宋
史·天文志》：“〔淳熙三年五月庚午〕〔月〕掩
犯太白。”《明武宗實錄》：“〔正德十六年二月丙
戌〕昏刻，月掩犯金星。”

【月掩犯金星】

即月掩犯太白。此稱明代已行用。見該文。

月掩木星

掩有遮擋、遮蔽之意。月掩木星同日食原
理相似，指的是五大行星之一的木星，同月球、
地球排列在一條直綫時，木星被月球掩蓋的自
然現象，相當於木星的“食”。此稱明代已行
用。《明憲宗實錄》卷二八九：“〔成化二十三年
十月甲戌〕夜，月掩木星。”《明孝宗實錄》卷
一八〇：“〔弘治十四年十月丙辰〕夜，月掩木

星。”《明孝宗實錄》卷二二一：“〔弘治十八年
二月丙寅〕夜，月掩木星。”明談遷《國榷》卷
二三：“〔正統二年正月辛亥〕夜，月掩木星。”
明談遷《國榷》卷二五：“〔正統八年十一月丙
寅〕夜，月掩木星。”

【月奄歲星】

即月掩木星。亦稱“月蝕歲星”“月食歲
星”“月掩歲星”。奄，通“掩”，有遮擋、遮
蔽之意。歲星即木星。此稱晋代已行用。《晋
書·天文志》：“〔升平元年十一月壬午〕月奄歲
星，在房。”《晋書·天文志》：“〔興寧三年正
月乙卯〕月奄歲星，在參。”《魏書·天象志》：
“〔天賜元年二月甲辰〕月掩歲星，在角。”又，
“〔永興四年正月壬戌〕月行畢，蝕歲星。”《新
唐書·天文志三》：“〔天寶〕十四載十二月，
月食歲星，在東井。”明萬曆《紹興府志》卷
一三：“〔嘉祐八年十一月辛亥，月〕又掩（歲
星）。”

【月蝕歲星】

即月奄歲星。此稱南北朝時期已行用。見
該文。

【月食歲星】

即月奄歲星。此稱唐代已行用。見該文。

【月掩歲星】

同“月奄歲星”。此體南北朝時期已行用。
見該文。

【月掩犯歲星】

即月掩木星。亦稱“月掩犯木星”。掩犯，
遮掩和進犯，指五大行星之一的木星被月影遮
掩侵蝕的自然現象，相當於木星的“食”。此稱
宋代已行用。《宋史·天文志》：“〔嘉泰四年十
月辛丑，月〕掩犯歲星。”《明世宗實錄》：“〔嘉

靖二年五月戊子〕夜五更，月掩犯木星。"《清世祖實錄》："〔順治四年二月壬午〕夜，月掩犯木星。"

【月掩犯木星】

即月掩犯歲星。此稱明代已行用。見該文。

【歲星食月】

即月掩木星。亦稱"歲星入月"。歲星指五大行星之一的木星。木星進入月影，被月影掩蓋的自然現象，相當於木星的"食"。此稱唐代已行用。《宋書·天文志》："太安二年十一月庚辰，歲星入月中。"《新唐書·天文志》："〔乾元二年〕正月癸未，歲星蝕月，在翼。"

【歲星入月】

即歲星食月。此稱南北朝時期已行用。見該文。

月復掩歲星

指五大行星之一的木星被月影再次遮掩侵蝕的自然現象，相當於木星的再次被"食"。此稱唐代已行用。《新唐書·天文志》："〔大和九年十月庚辰〕月復掩歲星，在危。"

月奄辰星

亦作"月掩辰星"。奄，通"掩"，有遮擋、遮蔽之意。辰星，指的是五大行星之一的水星。月掩水星同日食原理相似，指的是五大行星之一的水星，同月球、地球排列在一條直綫時，水星被月球掩蓋的自然現象。此稱晉代已行用。《晉書·天文志》："〔元年四月辛丑〕月奄辰星。"《魏書·天象志》："〔元興五年四月辛丑〕月掩辰星，在東井。"

【月掩辰星】

同"月奄辰星"。此體南北朝時期已行用。見該文。

【辰星入月】

即月奄辰星。亦稱"水星入月"。指的是五大行星之一的水星進入月影，被月影掩蓋的自然現象。此稱南北朝時期已行用。《宋書·天文志》："〔太元十三年十二月戊子〕辰星入月，在危。"《晉書·天文志》同。清光緒《保定縣志》卷四〇："〔崇禎十六年正月〕辰星入月。"清楊學淵《寒圩小志》："嘉慶五年二月初四夜，水星入月。"

【水星入月】

即辰星入月。此稱清代已行用。見該文。

月奄熒惑

亦稱"月掩熒惑""月掩火星"。熒惑，指五大行星之一的火星。月掩熒惑同日食原理相似，指的是五大行星之一的火星，同月球、地球排列在一條直綫時，火星被月球掩蓋的自然現象，相當於火星的"食"。此稱晉代已行用。《晉書·天文志》："〔太和元年二月丙子〕月奄熒惑，在參。"《明憲宗實錄》卷二八九："〔成化二十三年四月乙亥〕夜，月掩火星。"《明史·天文志二》："〔月〕掩熒惑於尾。"清康熙《灤志》卷二："〔崇禎十一年己酉〕月掩熒惑，食尾十度。"

【月掩熒惑】

同"月奄熒惑"。此體明代已行用。見該文。

【月掩火星】

即月奄熒惑。此稱明代已行用。見該文。

【太陰掩熒惑】

即月奄熒惑。太陰，指月亮。太陰掩熒惑，指的是五大行星之一的火星，同月球、地球排列在一條直綫時，火星被月影掩蓋的自然現象。此稱元代已行用。《元史·天文志》："〔世祖至

元二十年十二月甲辰〕太陰掩熒惑。"又，世祖
至元二十八年八月癸巳"太陰掩熒惑"。

【月食熒惑】

即月奄熒惑。亦作"月蝕熒惑"，亦稱"月
食火星"。月食熒惑同日食原理相似，指的是
五大行星之一的火星，同月球、地球排列在一
條直綫時，火星被月球掩蓋的自然現象。此稱
漢代已行用。《漢書·天文志》："〔地節元年正
月戊午〕乙夜，月食熒惑，熒惑在角亢。"《隋
書·天文志》："〔建德六年十月癸卯〕月食熒
惑，在斗。"《續漢書·天文志》："〔建武二十三
年三月癸未〕月食火星。"《宋書·天文志》：
"〔延康元年九月十日〕黄昏時，月蝕熒惑，過
人定時，熒惑出營室，宿羽林。"《魏書·天象
志》："〔永興四年七月〕月蝕熒惑。"

【月蝕熒惑】

同"月食熒惑"。此體南北朝時期已行用。
見該文。

【月食火星】

即月食熒惑。此稱漢代已行用。見該文。

【熒惑入月】

即月奄熒惑。亦稱"火星入月"。指的是五
大行星之一的火星進入月影，被月影掩蓋的自
然現象。此稱漢代已行用。《漢書·王莽傳》：
"〔元始五年冬〕熒惑入月中。"《舊唐書·天文
志》："〔長安四年〕熒惑入月。"《明孝宗實録》：
"〔弘治十二年七月甲戌〕是日曉刻，南京見火
星入月。"

【火星入月】

即熒惑入月。此稱明代已行用。見該文。

【月犯熒惑】

即月奄熒惑。犯，進犯，侵蝕。月犯熒惑

同日食原理相似，指的是五大行星之一的火星，
同月球、地球排列在一條直綫時，火星被月球
侵犯掩映的自然現象。此稱南北朝時期已行用。
《魏書·天象志》："〔永興四年〕先是，四年閏
月月犯熒惑，在昴。七月又蝕之。"

月食填星

亦稱"月食土星""月掩食土星"。填星，
亦作"鎮星"，指的是五大行星之一的土星。月
食填星同日食原理相似，指的是五大行星之一
的土星，同月球、地球排列在一條直綫時，土
星被月球掩映侵蝕的自然現象，相當於土星的
"食"。此稱漢代已行用。《漢書·天文志》："〔建
始四年十一月乙卯〕月食填星，星不見，時在
輿鬼西北八九尺所。"明談遷《國榷》卷一七：
"〔永樂二十年三月辛未〕夜，月掩食土星。"明
談遷《國榷》卷一八："〔洪熙元年二月己未〕
月食土星。"清同治《仁壽縣志》卷一五：咸豐
九年四月初七"子時，月食土星於輿鬼"。

【月食土星】

即月食填星。此稱明代已行用。見該文。

【月掩食土星】

即月食填星。此稱明代已行用。見該文。

【月掩填星】

即月食填星。亦作"月掩鎮星"，亦稱"月
掩土星"。填，通"鎮"，鎮守之意。此"食"
謂"食於"。此稱晋代已行用。《晋書·天文
志》："〔義熙元年七月己未〕月掩填星，在東
壁。"《魏書·天象志》："〔天賜二年七月己未〕
月掩鎮星。"《晋書·天文志》："〔義熙元年十月
丁巳〕月掩填星，在營室。"《魏書·天象志》：
"〔天賜二年十月丁巳〕月掩鎮星，在營室。"明
談遷《國榷》卷二四："〔正統四年正月乙酉〕

夜，月掩土星。"同書卷四三："〔弘治八年十二月丙辰〕昏刻，月掩土星。"

【月掩鎮星】

同"月掩填星"。此體南北朝時期已行用。見該文。

【月掩土星】

即月掩填星。此稱明代已行用。見該文。

【鎮星食月】

即月食填星。此"食"謂"食於"。此稱唐代已行用。《新唐書·天文志》："〔元和三年三月乙未〕鎮星食月在氏。"清道光《新會縣志》卷一四："〔萬曆二十年〕鎮星食月。"

【土星入月】

即月食填星。亦稱"土星穿月"。指的是五大行星之一的土星進入月影，被月影掩蓋的自然現象。此"食"謂"食於"。此稱清代已行用。清順治《饒陽縣志》："〔崇禎十六年正月初四〕土星入出月中。"清康熙《遷安縣志》："〔崇禎十七年正月癸巳〕土星穿角月。"

【土星穿月】

即土星入月。此稱清代已行用。見該文。

【太陰掩填星】

即月食填星。亦作"太陰掩鎮星"。太陰，指月亮。填，通"鎮"。填星，亦作"鎮星"，指的是五大行星之一的土星。太陰掩填星同日食原理相似，指的是五大行星之一的土星，同月球、地球排列在一條直綫時，土星被月球掩映侵蝕的自然現象，相當於土星的"食"。此稱元代已行用。《元史·天文志》："〔世祖至元二十七年十一月戊申〕太陰掩填星。"又《世祖紀》："太陰掩鎮星。"

【太陰掩鎮星】

即太陰掩填星。此稱元代已行用。見該文。

第四章　三垣及南極説

第一節　三垣考

　　我國古代天文研究的主體是天空中的各種現象。這些現象又以各種天體的位置、明暗、形狀等的變化爲主，稱之爲星象。星象極其繁複，難以辨識。於是，在天空中位置相對穩定的恒星就成爲必要的定位標識。天空中可見的恒星數以千計，簡單命名仍不便查找和定位，故古人又將全天空劃分爲若干層級的區域，將漫天雜亂無章而與恒星位置相近者予以組合并命名，這些組合的星群稱星宿。宿，即居處、居所之意。又因古人視天上諸星如人間職官，有大小尊卑之分，故又稱星官。因而就有了三垣二十八宿之説，成爲古天文學的第一層級。具體將哪些星組合爲星座，不同時代、不同文明背景的天文學家有不同的設計，但祇要有星座的定位，據所繪的星空圖，即可將屬於同一星座的星用綫系連，這樣既利於製圖的準確，也便於用來描述或查找。這本無規律的散點一經連起，所成圖形往往能引發各種聯想，故而許多星座的名字皆有很生動的象形，并逐漸被附上各種相關的神話傳説。

　　天空中的可見恒星數量巨大，而且不同的觀測地點、時間以及氣象條件都會對觀測結果起到制約作用，因此，一個成熟完備的星座體系不可能是一人一時完成的。地球上在同一時地所見的天空是一個半球面，基於現代宇宙空間概念可知，借助地球自轉和公轉的作用，在地球上同一觀測點連續觀測一年，可以看到的天空是大於半球面的。但如果缺乏科學的空間概念，往往會將一些觀測區域的變換理解爲星的位移或隱現。因此，繪製一幅準確的星圖的過程需要長期的拼接補綴，必然由粗漸細，由局部到整體。中國古代天文學者劃分星座的初始模型很可能是將天視爲人類社會的投影，因此，天空居中的部分，即觀察者正上方空域被影射爲人間的皇城及政治中心，這一區域被分爲三個部分，分別命名爲紫微垣、太微垣、天市垣，合稱三垣。

紫微垣是位置居中的星區，地位最高，象徵帝王的居所，故後世亦稱皇城爲紫禁城。紫微之名在《石氏星經》中即已出現，但通行得較晚，《史記》衹稱"紫宮"，索隱引《春秋元命苞》："紫之言此也，宮之言中也。言天神運動，陰陽開閉，皆在此中也。"緯書的釋義往往比較牽強，未可盡信，但也可以説明紫微垣起初多不用"微"字，唐人作《晋書·天文志》纔將"紫微"列爲別名，到《宋史·天文志》就成正名了。紫微垣取譬於帝居王座，故其中星座命名大多用人間皇宮中的宮名、設施爲主，而整個紫微垣也以北極爲中心，正與孔子"爲政以德，譬如北辰，居其所而衆星共之"的傳統政治理念相輔相成。可以説，紫微垣的設計，是將中國古代的權力形制移植到天文上的產物，這些天文術語融入語言、文化之後又經常反作用於人間的政治活動，產生了許多傳説、故事。唐朝還一度根據天文常識，將直屬皇帝的秘書機構中書省改名紫微省，其所屬官員也相應被稱爲紫微令、紫微郎。其官署中又有意無意種上紫薇花，於是行政機構、星座和植物之間形成獨特的文化關聯。由於紫微垣被定義爲最高的級別，所以其中大部分星座都有比較豐富的文化演繹，如著名的北斗七星就是紫微垣的成員，在古代文獻中時常被提及運用，有複雜的衍生義，早已不限於一個普通的星名了。

太微垣在紫微垣的東北，從其中的星名來看，它更側重於代表一個政治中心的行政版塊，它與紫微垣的差別，很像後世所説"宮中""府中"的不同。紫微垣和太微垣中許多星都用官名來命名，這些官名大多見諸《周禮》，也有一部分秦漢始有的，而且歷代文獻的記載中三垣各自所含的星名多有出入，可見三垣的體系并非短時間內形成，更非衆多星名皆標準化，與現代科學的命名原則是不一致的，因此，三垣之説產生於何時，其實没有精準答案，其框架至少在戰國時期已經成形，但具體內容一直在不斷的微調之中。三垣之中，太微垣稱上垣，紫微垣爲中垣，天市垣爲下垣。三者的位置關係基本呈鼎足狀而非綫性，故此上、中、下并非指位置而言，而是就其地位尊卑來區分，且以中爲尊。

　　天市垣，顧名思義，當指天上之市場、市肆而言，其中星座名有列肆、屠肆，均擬店鋪名，又有斗、斛等，皆屬交易工具，還有貫索，直接指向貨幣。但天市垣的左垣、右垣兩個星座，也叫東藩、西藩，共有二十餘顆星，全部都用戰國時地名如秦、晋、巴、蜀等，與其他星名極不相侔，也與“天市”的主題全不相干。《宋史・天文志》説其象諸侯朝王，王“率諸侯幸都市”。這種解釋實在缺乏可信度，天子舉行朝會接見各地諸侯的事歷來有之，但由此帶領諸侯去逛市場却是聞所未聞，其命名必當別有緣故。由於這一組星在星圖位置上與二十八宿比較接近，有可能與分野説的形成有一定關係。

三垣

　　亦作“三元”，亦稱“星垣”。星區名。古代曆學將天宇分爲紫微垣、太微垣、天市垣及二十八宿等共三十一個天區，紫微、太微、天市合稱“三垣”。三垣説約創立於戰國稍後。戰國時巫咸、甘德、石申等三家已記有屬於三垣範圍内之星，且天市垣東西兩藩皆以戰國時國名命名。“三垣”之稱，始見於隋丹元子《步天歌》，《通志・天文略》引其文作“三元”。唐王勃《晚秋游武擔山寺序》：“引星垣於沓嶂，下布金沙。”宋王應麟《小學紺珠・天道・三垣》：“上垣太微十星，中垣紫微十五星，下垣天市二十二星。三垣四十七星。”清曹寅《黄河看月示子猷》詩：“陰森浚九地，晃朗排三垣。”

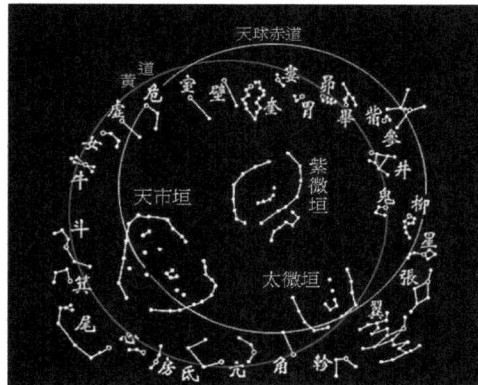

三垣二十八宿示意圖

【三元】[1]

　　同“三垣”。此體宋代已行用。見該文。

【星垣】

　　即三垣。此稱唐代已行用。見該文。

第二節　紫微垣考

　　紫微垣。天區名。古代三垣之中垣，位於北斗星之北，太微垣與天市垣之中，相當於今之小熊座、大熊座、天龍座、獵犬座、牧夫座、武仙座、仙王座、仙后座、英仙座、鹿豹座等。共有北極、四輔、天乙、太乙、左垣、右垣等三十九個星宮，兩個附座，凡正星一百六十三顆，增星一百八十一顆。按照隋丹元子《步天歌》的説法，主要由十五個星宮組成：分東西二區，以北極爲中樞，呈屏藩之狀，左垣八星爲東藩，右垣七星爲西藩，環抱成垣。

紫微垣

亦稱"紫微""紫宮垣""紫微宮""中垣"。古代三垣中的中垣。此稱宋代已行用。《晋書・天文志上》："紫宮垣十五星……一曰紫微，天帝之坐也，天子之常居也，主命主度也。"《宋史・天文志二》："紫微垣東蕃八星，西蕃七星。"又，"北極五星在紫微宮中。"宋王應麟《小學紺珠・天道》："三垣，上垣太微十星，中垣紫微十五星，下垣天市二十二星。"

【紫微】

即紫微垣。此稱晋代已行用。見該文。

【紫宮垣】

即紫微垣。此稱晋代已行用。見該文。

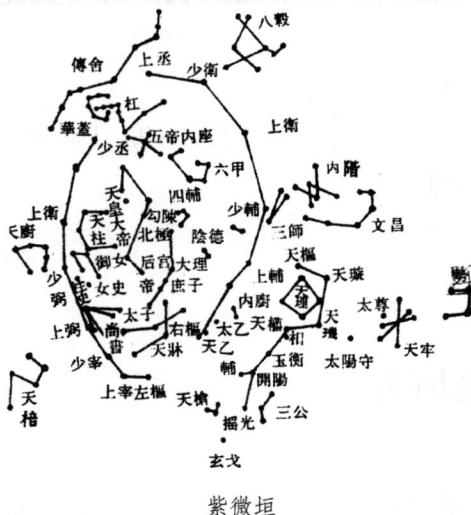

紫微垣

【紫微宮】

即紫微垣。此稱宋代已行用。見該文。

【中垣】

即紫微垣。此稱宋代已行用。見該文。

【中宮】

即紫微垣。此稱漢代已行用。《史記・天官書》："中宮天極星，其一明者，太一常居也。"《續古文苑・李播〈天文大象賦〉》："既以歷於中宮，乃回眸而自東。"苗爲注："中宮，紫微垣也。"

【帝垣】

即紫微垣。爲帝星所在。故稱。此稱宋代已行用。宋王安石《七星硯》詩："恍如起鴻蒙，俯仰帝垣側。"

【宸象】

即紫微垣。宸，北極星之所居。此稱唐代已行用。唐駱賓王《久戍邊城有懷京邑》詩："壁殿規宸象，金堤法斗樞。"唐劉禹錫《謝兵馬使朱鄭等官表》："宸象昭回，焕然下燭。"

【長垣】[1]

即紫微垣。亦稱"天營""旗星"。此稱晋代已行用。紫微垣東西藩十五星，其形長，圍如垣，故稱。《晋書・天文志上》："紫微……一曰長垣，一曰天營，一曰旗星。"唐楊炯《渾天賦》:"列長垣之百堵，啓閶闔之重闈。"

【天營】

即長垣。此稱晋代已行用。見該文。

【旗星】

即長垣。此稱晋代已行用。見該文。

紫微東蕃

紫微垣左垣八星之總稱。包括左樞、上宰、少宰、上弼、少弼、上衛、少衛、少丞諸星。此稱宋代已行用。《宋史・天文志二》:"紫微垣東蕃八星，西蕃七星，在北斗北，左右環列，翊衛之象也……東蕃近閶闔門第一星爲左樞，第二星爲上宰，三星曰少宰，四星曰上弼，五星爲少弼，六星爲上衛，七星爲少衛，八星爲少丞。"

左樞

星名。紫微垣東蕃八星之近閶闔門第一星。此稱宋代已行用。見"紫微東蕃"文。

上宰 [2]

星名。紫微垣東蕃八星之近閶闔門第二星。此稱宋代已行用。見"紫微東蕃"文。

少宰

星名。紫微垣東蕃八星之近閶闔門第三星。此稱宋代已行用。見"紫微東蕃"文。

上弼

星名。紫微垣東蕃八星之近閶闔門第四星。此稱宋代已行用。見"紫微東蕃"文。

少弼

星名。紫微垣東蕃八星之近閶闔門第五星。此稱宋代已行用。見"紫微東蕃"文。

上衛 [1]

星名。紫微垣東蕃八星之近閶闔門第六星。此稱宋代已行用。見"紫微東蕃"文。

少衛 [1]

星名。紫微垣東蕃八星之近閶闔門第七星。此稱宋代已行用。見"紫微東蕃"文。

少丞

星名。紫微垣東蕃八星之近閶闔門第八星。此稱宋代已行用。見"紫微東蕃"文。

紫微西蕃

紫微垣右垣七星的總稱。包括右樞、少尉、上輔、少輔、上衛、少衛、上丞諸星。西蕃近閶闔門之第七星。此稱宋代已行用。《宋史・天文志二》:"紫微垣東蕃八星，西蕃七星……其西蕃近閶闔門第一星爲右樞，第二星爲少尉，第三星爲上輔，第四星爲少輔，第五星爲上衛，第六星爲少衛，第七星爲上丞。"

右樞

星名。紫微垣西蕃七星之近閶闔門第一星。此稱宋代已行用。見"紫微西蕃"文。

少尉

星名。紫微垣西蕃七星之近閶闔門第二星。此稱宋代已行用。見"紫微西蕃"文。

上輔

星名。紫微垣西蕃七星之近閶闔門第三星。此稱宋代已行用。見"紫微西蕃"文。

少輔

星名。紫微垣西蕃七星之近閶闔門第四星。此稱宋代已行用。見"紫微西蕃"文。

上衛 [2]

星名。紫微垣西蕃七星之近閶闔門第五星。此稱宋代已行用。見"紫微西蕃"文。

少衛 [2]

星名。紫微垣西蕃七星之近閶闔門第六星。此稱宋代已行用。見"紫微西蕃"文。

上丞

星名。紫微垣西蕃七星之近閶闔門第七星。此稱宋代已行用。見"紫微西蕃"文。

閶闔

天門。特指紫微東蕃左樞星與紫微西蕃右樞星之間的天區。因似開闔之狀，故稱。此稱先秦時期已行用。《楚辭·離騷》："吾令帝閽開關兮，倚閶闔而望予。"王逸注："閶闔，天門也。"《宋史·天文志二》："（紫微垣）兩蕃正南開如門，曰閶闔。"

北極 [1]

星宿名。有星五顆，即帝、后、妃、太子、庶子，屬紫微垣。此稱晋代已行用。《晋書·天文志上》："北極五星，鈎陳六星，皆在紫宮中。"《宋史·天文志二》："北極五星在紫微宮中，北辰最尊者也，其紐星爲天樞。"注引洛下閎云："北極五星，初一曰帝，次二曰后，次三曰妃，次四曰太子，次五曰庶子。"

帝

星名。北極五星之一，屬紫微垣。此稱宋代已行用。見"北極 [1]"文。

后

星名。北極五星之一，屬紫微垣。此稱宋代已行用。見"北極 [1]"文。

妃

星名。北極五星之一，屬紫微垣。此稱宋代已行用。見"北極 [1]"文。

太子 [1]

星名。北極五星之一，屬紫微垣。此稱宋代已行用。見"北極 [1]"文。

庶子

星名。北極五星之一，屬紫微垣。此稱宋代已行用。見"北極 [1]"文。

【天極星】

即北極。亦稱"中極""帝極"。此稱漢代已行用。《史記·天官書》："中宮天極星，其一明者，太一常居也。"司馬貞索隱引《春秋合誠圖》云："北辰，其星五，在紫微中。"《續古文苑·李播〈天文大象賦〉》："垂萬象乎列星，仰四覽乎中極。"苗爲注："北極五星在紫微垣中……紫微宮爲中宮，故謂之中極。"明李夢陽《漢京篇》："漢京臨帝極，複道衆星羅。"

【中極】

即天極星。此稱唐代已行用。見該文。

【帝極】

即天極星。此稱明代已行用。見該文。

【天樞】 [1]

即北極 [1]。古以之爲天之中樞，故稱。此稱南北朝時期已行用。北周庾信《周祀宗廟歌·皇夏》："地紐崩還正，天樞落更追。"唐李淳風《觀象玩占》："北極五星在紫微宮中。一曰天樞，一曰北辰，天之最尊星也。其紐星，天之樞也。天運無窮，三光迭耀，而極星不移，故曰居其所而衆星拱之。"

北極星

星名。亦稱"北極""紫極""紐星""樞星"。北天之亮星，近北天極，幾乎正對地軸。從地球上看，其位置似不變動，古用以辨方向。由於地球自轉軸之進動，北天極也發生移動，故不同時代所見之北極星亦不相同。春秋指右樞星，漢代指帝星，宋代指天樞星，今指勾陳一。此稱元代已行用。漢揚雄《甘泉賦》："洪臺崛其獨出兮，撠北極之嶟嶟。"唐謝偃《明河賦》："亘紫極以斜轉，橫碧空而中分。"元郭鈺

《丙午元旦晴而復雨憶諸弟俱留于外情見乎辭》詩："洗兵不厭東風雨，戀闕長瞻北極星。"清王念孫《讀書雜志·餘篇·呂氏春秋》"極星與天俱游而天極不移"條："極星即北辰也。或言北辰，或言北極，或言極星，或言紐星，或言樞星，皆異名而同實。"清孫詒讓《周禮正義》卷八二："北極正中即天之中，古謂之天極，又謂之北極樞，後世謂之赤道極。然天中之極，無可識別，則就近極之星以紀之，謂之極星。沿襲既久，遂並稱星爲北極，又謂之北辰。然則北極者，以天體言也；北辰者，以近極之星言也。"

【北極】[2]

即北極星。此稱漢代已行用。見該文。

【紫極】[2]

即北極星。此稱唐代已行用。見該文。

【紐星】

即北極星。此稱清代已行用。見該文。

【樞星】[1]

即北極星。此稱清代已行用。見該文。

【天關】[1]

即北極星。此稱漢代已行用。《文選·揚雄〈長楊賦〉》："高祖奉命，順斗極，運天關。"李善注引《天官星占》曰："北辰一名天關。"一説指牽牛星。又李善注引《星經》曰："牽牛神一名天關。"北周庾信《齊王進白兔表》："伏惟陛下明明在上，翼翼居尊，德動天關，威移地軸。"

【北辰】

即北極星。亦稱"曜魄""北辰星"。辰，星。此稱先秦時期已行用。《爾雅·釋天》："北極謂之北辰。"《論語·爲政》："子曰：爲政以德，譬如北辰，居其所而衆星共（拱）之。"南朝梁何遜《閨怨》詩："思君無轉易，何異北辰星。"《北堂書鈔》卷一五〇引舊題西漢伏生《尚書大傳》曰："北辰謂之曜魄。"唐司空圖《成均諷》："元胎凝象，標器府以飛芒。曜魄諸神，閱環天而肆會。"

【曜魄】

即北辰。此稱漢代已行用。見該文。

【北辰星】

即北辰。此稱南北朝時期已行用。見該文。

【星宗】

即北極星。亦稱"天杠轂"。古以北極星爲天體中心，爲衆星所宗，故稱。此稱漢代已行用。《禮記·月令》"〔孟冬之月〕天子乃祈來年于天宗"孔穎達疏引漢蔡邕曰："日爲陽宗，月爲陰宗，北辰爲星宗也。"《隋書·天文志上》："今北極爲天杠轂，二十八宿爲橑輻。"元鄭元祐《擬古五首》之一："北辰衆星宗，列宿環共之。"

【天杠轂】

即星宗。車蓋之柄爲杠，車輻湊集之圓木爲轂。古以北極星爲天體之中心，二十八宿繞其運轉，如同轑輻圍繞杠軸，故稱。此稱隋代已行用。見該文。

【極】

即北極星。亦稱"辰"。古以北極星爲天體運行中心，故稱。此稱漢代已行用。《楚辭·劉向〈九嘆·遠逝〉》："引日月以指極兮，少須臾而釋思。"王逸注："極，中也，謂北辰星也。"漢揚雄《太玄·視》："日月相斛，星辰不相觸。"范望注："辰，北極也。"《文選·張衡〈西京賦〉》："譬衆星之環極。"薛綜注："極，北極也。"

【辰】[2]

即極。此稱漢代已行用。見該文。

【極星】

即北極星。因近北天極，故稱。此稱先秦時期已行用。《周禮・考工記・匠人》："晝參諸日中之景，夜考之極星，以正朝夕。"鄭玄注："極星，謂北辰。"《宋史・天文志一》："極星之在紫垣，爲七曜、三垣、二十八宿衆星所拱，是謂北極，爲天之正中。"宋孔文仲《天官顒面正朝》詩："極星安正寧，列宿儼群僚。"

【辰極】

即北極星。亦作"宸極""晨極"。此稱三國時期已行用。三國魏稽康《琴賦》："披重壤以誕載兮，參辰極而高驤。"晋葛洪《抱朴子・嘉遁》："夫群迷乎雲夢者，必須指南以知道；並乎滄海者，必仰辰極以得反。"又《勖學》："登閬風，捫晨極，然後知井谷之暗隘也。"《晋書・天文志上》："故辰極常居其所，而北斗不與衆星西没也。"又《律曆志中》："昔者聖人擬宸極以運璿璣，揆天行而序景曜。"唐張説《大衍曆序》："辰極恒居，斗運不息，晦朔相推而變月，寒暑往來而成歲。"

【宸極】

同"辰極"。宸，即北極星所在的紫微垣，故稱。此體晋代已行用。見該文。

【晨極】

同"辰極"。晨，通"辰"。此體晋代已行用。見該文。

回極

天極回旋之樞軸。古以爲天體運行之中心。此稱先秦時期已行用。《楚辭・九章・抽思》："悲秋風之動容兮，何回極之浮浮。"朱熹注："或疑回極指天極回旋之樞軸。"又《九嘆・遠游》："徵九神于回極兮，建虹采以招指。"王逸注："回，旋也；極，中也。謂會北辰之星於天之中也。"

北斗星

星宿名。亦稱"斗""北斗七星""北斗""斗星"。北天排列爲形如酒器"斗"之七顆亮星，屬大熊星座。其名依次爲天樞、天璇、天璣、天權、玉衡、開陽、瑤光。前四星爲斗魁，後三星爲斗柄。因其環繞天體北極點運行，斗柄所指爲古代定季節、計時辰之標識，也常用爲判別方向與識別它星之標識。將天璇與天樞連接，并延長約五倍，即爲北極星。此稱先秦時期已行用。《易・豐》："日中見斗。"唐孔穎達疏："處日中盛明之時而斗星顯見。"戰國甘德、石申《甘石星經》："北斗星謂之七政。"《史記・天官書》："北斗七星，所謂'旋、璣、玉衡，以齊七政'。"《晋書・天文志上》："北斗七星在太微北。"南朝梁沈約《夜夜曲》："河漢縱且橫，北斗橫復直。"宋黄庭堅《早行》詩："聞雞憑早晏，占斗辨西東。"清黄遵憲《早行》詩："東方欲明未明色，北斗三點兩點星。"清佚名《麟兒報》第四回："北斗七星映水連天十四點……西方五百燃燈照壁一千尊。"

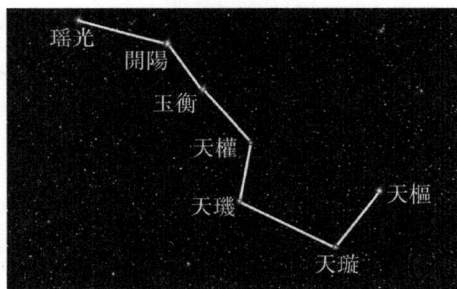

北斗星

【斗】¹

即北斗星。此稱先秦時期已行用。見該文。

【北斗七星】

即北斗星。此稱漢代已行用。見該文。

【北斗】¹

即北斗星。此稱南北朝時期已行用。見該文。

【斗星】¹

即北斗星。此稱唐代已行用。見該文。

【斗宿】¹

即北斗星。此稱宋代已行用。宋何薳《春渚紀聞·歙山斗星硯》："色正天碧，細羅文中涵金星七，布列如斗宿狀，輔星在焉。"

【七星】¹

即北斗星。亦稱"七政""七曜"。由七星組成，故稱。此稱漢代已行用。戰國甘德、石申《甘石星經》："北斗星謂之七政，天之諸侯，亦爲帝車。"《史記·天官書》："北斗七星，所謂'旋、璣、玉衡，以齊七政'。"裴駰集解引馬融《尚書注》："七政者，北斗七星，各有所主，第一曰主日；第二曰主月法；第三曰命火，謂熒惑也；第四曰煞土，謂填星也；第五曰伐水，謂辰星也；第六曰危木，謂歲星也；第七曰剽金，謂太白也。日、月、五星各異，故曰七政也。"晋常璩《華陽國志·蜀志》："長老傳言，李冰造七橋，上應七星。"唐王勃《益州夫子廟碑》："述夫帝車南指，遁七曜於中階。"唐楊炯《少室山少姨廟碑》："仰躔七星之野，俯鎮三河之曲。"清龔自珍《祭程大理於城西古寺而哭之》詩："掌故雖徂元氣在，仰窺七曜森光芒。"

【七政】¹

即七星。以北斗七星各主日、月與五大行星，故稱。此稱先秦時期已行用。見該文。

【七曜】¹

即七星。此稱唐代已行用。見該文。

【帝車】

即北斗星。亦稱"斗車"。北斗居於中央，運轉如車，故稱。此稱漢代已行用。《史記·天官書》："斗爲帝車，運於中央，臨制四鄉。"唐王勃《益州夫子廟碑》："述夫帝車南指，遁七曜於中階。"宋司馬光《春帖子詞·皇帝閣之一》："寒隨土牛盡，暖應斗車回。"清曹寅《小游仙》詩之三："玉勾枕月醉淋霞，幾度升天犯斗車。"清錢謙益《新阡八景·石城開障》詩："錯列垣墻天市近，縈回閣道帝車行。"

【斗車】

即帝車。此稱宋代已行用。見該文。

【維斗】

即北斗星。亦稱"高斗""星斗""北維斗"。古人視之爲衆星之綱維，故稱。此稱先秦時期已行用。《莊子·大宗師》："維斗得之，終古不忒。"成玄英疏："北斗爲衆星綱維，故曰維斗。"唐高適《信安王幕府》詩："夜壁衝高斗，寒空駐綵旃。"唐高蟾《秋思》詩："不堪星斗柄，猶把歲寒量。"宋劉敞《府公射堂飲酒輒陪尊丈侍郎兼揖諸孫拜獻拙詩》："煌煌南極星，粲粲北維斗。"宋陳亮《一叢花·溪堂玩月作》詞："烏鵲倦栖，魚龍驚起，星斗挂垂楊。"

【高斗】

即維斗。此稱唐代已行用。見該文。

【星斗】¹

即維斗。此稱唐代已行用。見該文。

【北維斗】

即維斗。此稱宋代已行用。見該文。

【斗躔】

即北斗星。亦稱"斗宮"。躔，日月星辰運行之軌迹。此稱明代已行用。明何景明《上李石樓方伯》詩："聲價隆方鎮，光芒動斗躔。"《鏡花緣》第一回："小仙向聞魁星專司下界人文，近來每見斗宮紅光四射，華彩騰霄……如此景象，下界人文，定卜其盛。"

【斗宮】

即斗躔。此稱清代已行用。見該文。

【璇樞】

即北斗星。亦作"璿樞"。北斗第一星爲天樞，第二星爲天璇，因以稱代。此稱唐代已行用。唐元稹《鎮圭賦》："映冕旒則璿樞星綴，間黼黻而瓊枝花擁。"唐李德裕《唐故左神策軍護軍中尉劉公神道碑銘》："宸極正位，運四時者璇樞。太微啓扉，分兩垣者上將。"宋柳永《送征衣》詞："過韶陽，璿樞電繞，華渚虹流，運應千載會昌。"

【璿樞】

同"璇樞"。此體唐代已行用。見該文。

【魁杓】

即北斗星。古以北斗前四星爲魁，後三星爲杓，遂以稱代。此稱漢代已行用。漢劉向《説苑·辨物》："〔北辰〕以其魁杓之所指二十八宿爲吉凶禍福。"宋韋驤《和潘通甫六月十二夜月》詩："魁杓俄轉北，箕尾漸回東。"

【衡紀】[1]

即北斗星。本指北斗第五星，借指北斗。此稱唐代已行用。唐司空圖《王縱追述碑》："雖荆州罷市，衡紀屢遷，而蜀郡奉祠，歌謠未息。"宋洪适《擬古十三首·明月皎夜光》："衡紀直西躔，雲章斜左界。"

【璇璣玉衡】

即北斗星。亦作"琁璣玉衡"。璇璣、玉衡之并稱。璇璣，北斗七星前四星斗魁。玉衡，北斗七星後三星斗柄。二者合稱以代指北斗星。此稱先秦已行用。《正字通·行部》："魁四星爲璇璣，杓三星爲玉衡。"《書·堯典》："在璇璣玉衡，以齊七政。"

【琁璣玉衡】

同"璇璣玉衡"。此體明代已行用。見該文。

【機衡】

即北斗星。亦作"璣衡"。北斗七星第三星曰天機（璣），第五星曰玉衡，合稱之以代指北斗星。此稱漢代已行用。漢王符《潛夫論·班禄》："機衡不傾，德氣流布而頌聲作也。"《後漢書·郅惲傳》："臣聞天地重其人，惜其物，故運機衡，垂日月。"李賢注："機衡，北斗也。"《宋書·天文志一》："夫琁玉，貴美之名，機衡，詳細之目，所以先儒以爲北斗七星。"宋王安石《謝賜曆日表》："恭惟皇帝陛下躬包曆數，政順璣衡，齊日月之照臨，體乾坤之闔闢。"明楊慎《柯玉井贈寶劍》詩："衝霄紫氣璣衡北，照夜清光奎壁東。"

【璣衡】

同"機衡"。此體宋代已行用。見該文。

【玉斗】

即北斗星。亦稱"珠斗""瑤斗"。其色明朗如珠玉，故稱。此稱南北朝時期已行用。北周庾信《燕射歌辭·宮調曲》："玉斗調元協，金沙富國租。"唐王維《同崔員外秋宵寓直》詩："月迥藏珠斗，雲消出絳河。"趙殿成箋注：

"〔珠斗〕謂斗星相貫如斗。"唐白居易《洛川晴望賦》:"金商應律,玉斗西建。"宋宋庠《五鼓度洛水謁九龍祠禱雨馬上作》詩:"銀河蕩漾斜垂地,瑤斗闌干倒倚城。"明沈一貫《日方升賦》:"玉繩罷繫,瑤斗已酌。"清黃景仁《醉春風·幽約》詞:"嬾步挑釭爐,珠斗斜還整。"

【珠斗】

即玉斗。因七星相貫如珠,故稱。此稱唐代已行用。見該文。

【瑤斗】

即玉斗。此稱宋代已行用。見該文。

【天車】[1]

即北斗星。此稱漢代已行用。《事物異名錄·乾象·星》:"《漢書·天文志》:'斗爲帝車。'又《晋書》作'天車'。運於中央,臨制四海,故名。"按,《晋書》無"天車"語。一說軫宿之異名。《事物異名錄·乾象·星》引漢劉叡《荊州占》:"軫爲天車。"

【琁璣】

即北斗星。亦作"璇璣",亦稱"璣璇""璣璿"。此稱漢代已行用。漢揚雄《甘泉賦》:"攀琁璣而下視兮,行游目乎三危。"三國魏曹丕《讓禪表》:"下咨四岳,上觀璇璣。"明倪元璐《皇極門頌曆作》詩:"六階齊度危,七政轉璣璇。"清黃鷟來《述德叙懷一百韻上撫軍范公》:"栖遲託清署,大力轉璣璿。"

【璇璣】

同"琁璣"。此稱三國時期已行用。見該文。

【璣璇】

即琁璣。此稱明代已行用。見該文。

【璣璿】

即琁璣。此稱清代已行用。見該文。

【魁】[1]

即北斗星。亦稱"斗魁""魁斗"。本爲羹匙,北斗形似,故以喻指。此稱南北朝時期已行用。《玉篇·鬼部》:"魁,北斗名。"唐韓偓《感事三十四韻》:"斗魁當北坼,地軸向西偏。"宋王安中《宣和七年九月二十三日睿謨殿賞橘曲燕》詩:"明河臨睥睨,魁斗下罘罳。"宋黃榦《栗山書社祭神文》:"操弧矢兮射魁斗,跨龍首兮登天庭。"清曹寅《送竹村北試》詩之二:"掌大懸香閣,文光射斗魁。"

【斗魁】

即魁。此稱唐代已行用。見該文。

【魁斗】

即魁。此稱宋代已行用。見該文。

【豁落】

即北斗星。此稱唐代已行用。唐李白《留別曹南群官之江南》詩:"身佩豁落圖,腰垂虎盤囊。"明楊慎《均藻》:"豁落,北斗名。"

【斗樞】

即北斗星。亦稱"樞斗"。北斗第一星名天樞,故借指北斗星。此稱唐代已行用。唐劉允濟《天賦》:"橫斗樞以旋運,廓星漢之昭迴。"唐高適《真定即事奉贈使君二十八韻》詩:"月換思鄉陌,星回記斗樞。"清姚鼐《復張君書》:"此所以振衣而趑趄,北望樞斗而俛而太息者也。"

【樞斗】

即斗樞。此稱清代已行用。見該文。

【斗機】

即北斗星。亦稱"瑤璣""玉機"。機(璣)爲北斗七星第三星天機,因代指北斗星。此稱漢代已行用。漢蔡邕《青衣賦》:"南瞻井柳,仰察斗機，非彼牛女，隔於河維。"《樂府詩集・舞曲歌辭五・齊鳳皇銜書伎辭》："皇齊啓運從瑤璣，靈鳳銜書集紫微。"晋夏侯湛《秋夕賦》："玉機兮環轉，四運兮驟遷。"

【瑤璣】

即斗機。此稱漢代已行用。見該文。

【玉機】

即斗機。此稱晋代已行用。見該文

天樞 [2]

星名。亦稱"星樞""金樞""玄樞"。北斗七星第一星。此稱先秦時期已行用。戰國甘德、石申《甘石星經》卷上："北斗星……第一名天樞，爲土星。"《宋書・明帝陳貴妃傳》："伏惟貴妃含和日暑，表淑星樞，徽音峻古，柔光照世。"《宋書・順帝紀》："朕襲運金樞，纂靈瑤極。"唐王勃《乾元殿頌序》："玄樞上運，十年開累聖之符。"《宋史・天文志二》："北斗七星……魁第一星曰天樞，正星，主天，又曰樞爲天，主陽德，天子象。"宋華鎮《栖雲閣》詩："户轉星樞直，窗移日脚低。"元陳旅《群玉内司華直題名記》："玄樞在天，星緯環列，而萬物順成于其下矣。"

【星樞】

即天樞 [2]。此稱南北朝時期已行用。見該文。

【金樞】

即天樞 [2]。或以之爲"猶北極"，誤。北斗樞星"主陽德，天子象"，故言"襲運金樞"。此稱南北朝時期已行用。見該文。

【玄樞】

即天樞 [2]。此稱唐代已行用。見該文。

【樞星】 [2]

即天樞 [2]。省稱"樞"。此稱先秦時期已行

用。《晏子春秋・雜篇下》："古之立國者，南望南斗，北戴樞星，彼安有朝夕哉！"《吕氏春秋・有始》："夏至日行近道，乃參於上，當樞之下，無晝夜。"《廣雅・釋天》："北斗七星，一爲樞，二爲旋。"《宋書・符瑞志》："黄帝軒轅氏母曰附寶，見大電光繞北斗樞星，照郊野，感而孕，二十五月而生黄帝於壽丘。"唐常袞《中書門下賀慶雲見表》："色涵流渚之虹，影雜繞樞之電。"

【樞】

"樞星"之省稱。此稱先秦時期已行用。見該文。

【天魁】

即天樞 [2]。此稱宋代已行用。宋沈括《夢溪筆談・象數一》："天魁者，斗魁第一星也，斗魁第一星抵於戌，故曰天魁。"

【宮星】 [2]

即天樞 [2]。亦稱"宮斗"。此稱漢代已行用。《開元占經》卷六七引《禮緯斗威儀》曰："宮星，北斗魁星。"《太平御覽》卷八七二引漢佚名《禮斗威儀》："宮星黄大，其餘六星耀光四起。"又引宋均注："宮斗，北斗魁星也。"《古微書》引《禮緯斗威儀》曰："宮斗端明。"唐劉禹錫《許給事見示哭工部劉尚書因命同作》詩："宮星徒列位，隙日不回輪。"

【宮斗】

即宮星。此稱漢代已行用。見該文。

【貪狼】

即天樞 [2]。此稱南北朝時期已行用。《南齊書・五行志》："〔永明十年〕七月庚申，陰角貪狼之日，時加午，風從東北丑上來，迅急浪津，至辛酉巳時漸微。"隋蕭吉《五行大義・論

七政》引《黄帝斗圖》："一名貪狼，子生人所屬。"宋郭祥正《君住》詩："小星隆隆怒且鳴，前驅貪狼後攙搶。"

旋

星名。亦作"琁""璿"，亦稱"琁星""璇星"。北斗七星之第二星。此稱漢代已行用。《書·堯典》："在璿、璣、玉衡，以齊七政。"《史記·天官書》引此"璿"作"旋"。司馬貞索隱："《春秋運斗樞》云：'斗，第一天樞，第二旋，第三璣……'《文耀鈎》云：'斗者，天之喉舌。玉衡屬杓，魁爲琁璣。'"《太平御覽》卷九六六引漢佚名《春秋運斗樞》曰："琁星散爲橘。"明孫瑴《古微書》輯録此條作"璇星"。

【琁】

同"旋"。此體漢代已行用。見該文。

【璿】

同"旋"。此體先秦時期已行用。見該文。

【琁星】

即旋。此稱漢代已行用。見該文。

【璇星】

即旋。此稱明代已行用。見該文。

【從魁】

即旋。因其緊隨第一星天魁，故稱。此稱宋代已行用。宋沈括《夢溪筆談·象數一》："天魁者，斗魁第一星也，斗魁第一星抵於戌，故曰天魁。從魁者，斗魁第二星也，斗魁第二星抵於酉，故曰從魁。"

【巨門】

即旋。此稱隋代已行用。隋蕭吉《五行大義·論七政》引《黄帝斗圖》："二名巨門，丑生人所屬。"

天璣

星名。省稱"璣"。北斗七星之第三星。此稱漢代已行用。《史記·天官書》："北斗七星，所謂'旋、璣、玉衡，以齊七政。'"司馬貞索隱引漢佚名《春秋運斗樞》云："斗，第一天樞，第二旋，第三璣……"《隋書·天文志上》："北斗第二星名琁，第三星名璣。"後通稱"天璣"。

【璣】

"天璣"之省稱。此稱漢代已行用。見該文。

【禄存】

即天璣。此稱隋代已行用。隋蕭吉《五行大義·論七政》引《黄帝斗圖》："三名禄存。寅戌生人所屬。"

天權

星名。省稱"權"。北斗七星之第四星。此稱漢代已行用。《史記·天官書》"北斗七星"，裴駰集解引漢佚名《春秋運斗樞》云："斗，第一天樞，第二旋，第三璣，第四權……"後通稱"天權"。

【權】[1]

"天權"之省稱。此稱漢代已行用。見該文。

【文曲】

即天權。此稱隋代已行用。隋蕭吉《五行大義·論七政》引《黄帝斗圖》："四名文曲，卯酉生人所屬。"

衡[1]

星名。亦稱"玉衡""衡星"。北斗七星之第五星。位於斗魁與斗柄之間，亦爲北斗之中央。此稱漢代已行用。《史記·天官書》"北斗七星"司馬貞索隱引漢佚名《春秋運斗樞》曰："斗，第一天樞，第二旋，第三璣，第四權，第五衡,第六開陽,第七搖光。"《漢書·天文志》:"衡殷南斗。"顏師古注引晉灼曰:"衡,斗之中央。殷,中也。"《文選·張衡〈東京賦〉》:"攝提運衡。"李善注引三國吳薛綜曰:"衡,玉衡,北斗中星,主運轉。"唐獨孤綬《蟠桃賦》:"結根於凌北之峰,稟氣乎衡星之耀。"

【玉衡】[1]

即衡。此稱三國時期已行用。見該文。

【衡星】[1]

即衡。此稱唐代已行用。見該文。

【廉貞】

即衡。此稱南北朝時期已行用。《南齊書·五行志》:"〔永明〕十一年二月庚寅,陽角廉貞之日,時加亥,風從西北亥上來,迅疾浪津,丑時漸微。"隋蕭吉《五行大義·論七政》引《黃帝斗圖》曰:"五名廉貞,辰申生人所屬。"

開陽

星名。亦作"闓陽"。北斗七星之第六星。此稱漢代已行用。《後漢書·張衡傳》:"據開陽而顐盻兮,臨舊鄉之暗藹。"李賢注:《春秋運斗樞》曰:'北斗第六星爲開陽。'"《宋史·天文志二》:"北斗七星……六曰闓陽,爲律,主木,爲危星,主天倉、五穀。"

【闓陽】[2]

同"開陽"。此體宋代已行用。見該文。

【武曲】

即開陽。此稱隋代已行用。隋蕭吉《五行大義·論七政》引《黃帝斗圖》曰:"六名武曲,巳未生人所屬。"一說武曲星主管軍武之事。宋王禹偁《授節度使左金吾衛上將軍制》:

"將門襲慶,武曲儲精。"《水滸傳》引首:"'文有文曲,武有武曲'。端的是玉帝差遣紫微宮中兩座星辰下來,輔佐這朝天子。"《天雨花》第一回:"朕查上界星官惟武曲星多謀足智,令其降生人間可也。"

瑤光

星名。亦作"搖光"。北斗第七星星名。在斗柄之末端,古以爲祥瑞之徵。此稱漢代已行用。《淮南子·本經訓》:"瑤光者,資糧萬物者也。"《漢書·司馬相如傳》:"悉徵靈圉而選之兮,部署衆神於瑤光。"《史記·天官書》"北斗七星"司馬貞索隱引漢佚名《春秋運斗樞》云:"〔斗〕第五衡,第六開陽,第七搖光。"宋岳珂《六月二日乙丑灅溪大雷雨》詩:"搖光一夕動北斗,濃霾五夜迷東望。"明王洪《瑞象賦》:"瑤光之精,至和之珍。彩霞之色,景星之文,茲其所謂瑞象,而特應於我聖君者乎。"

【搖光】

同"瑤光"。此體漢代已行用。見該文。

【部星】

即瑤光。亦稱"應星"。此稱晉代已行用。《晉書·天文志上》:"北斗七星在太微北……石氏云:'……七曰部星,亦曰應星,主兵。'"

【應星】[2]

即部星。此稱晉代已行用。見該文。

【破軍】

即瑤光。此稱隋代已行用。隋蕭吉《五行大義·論七政》引《黃帝斗圖》:"七名破軍,午生人所屬。"

【招搖】[1]

即瑤光。此稱先秦時期已行用。《禮記·曲禮上》:"招搖在上,急繕其怒。"鄭玄注:"招摇星在北斗杓端，主指者。"孔穎達疏："招摇，北斗七星也。"一説指北斗杓端另外一星。《史記·天官書》："杓端有兩星，一内爲矛，招摇。一外爲盾，天鋒。"漢劉向《九嘆·離世》："指日月使延照兮，撫招摇以質正。"唐儲光羲《秋次霸亭寄申大》詩："南聽鴻雁盡，西見招摇轉。"

斗柄

亦稱"斗杓""璇柄"。指北斗第五星至第七星（玉衡、開陽、摇光）。北斗前四星象羹斗之頭，後三星如羹斗之長柄，故稱。此稱先秦時期已行用。《國語·周語下》："日在析木之津，辰在斗柄。"《鶡冠子·環流》："斗柄東指，天下皆春。斗柄南指，天下皆夏。斗柄西指，天下皆秋。斗柄北指，天下皆冬。"宋王安石《作翰林時》詩："欲知四海春多少，先向天邊問斗杓。"宋范成大《夜行上沙見梅記東坡作詩招魂之句》詩："璇柄忽傾墮，曉嵐愁翠昏。"清納蘭性德《沁園春》詞："北轉河流，南横斗柄，略點微霜早衰。"

【斗杓】

即斗柄。此稱宋代已行用。見該文。

【璇柄】

即斗柄。此稱宋代已行用。見該文。

【杓】

即斗柄。亦作"標"。杓，本指匙柄，借指斗柄。此稱漢代已行用。《史記·天官書》："北斗七星……杓攜龍角，衡殷南斗，魁枕參首。"裴駰集解引孟康曰："杓，北斗杓也。"司馬貞索隱引漢佚名《春秋運斗樞》："第一至第四爲魁，第五至第七爲標，合而爲斗。"唐李商隱《送從翁從東川弘農尚書幕》詩："少減東城飲，

時看北斗杓。"宋沈括《賀年啓》："伏以杓見於寅，會三元而爲朔。陽來於泰，鼓萬物以回春。"

【標】

同"杓"。此體漢代已行用。見該文。

【天罡】[1]

即斗柄。亦稱"斗綱""斗剛"。此稱漢代已行用。漢魏伯陽《參同契》卷下："二月榆落，魁臨於卯。八月麥生，天罡據酉。"漢陳琳《武軍賦》："當天符之佐運，承斗剛而曜震。"《漢書·律曆志上》："斗綱之端連貫營室，織女之紀指牽牛之初，以紀日月，故曰星紀。"《後漢書·律曆志下》："景之長短，斗綱之建。"宋沈括《夢溪筆談·象數一》："天罡者，斗剛之所建也。"明劉璟《賦雲山圖》："過河鼓兮昭七襄，謁紫微兮正天罡。"

【斗綱】

即天罡。此稱漢代已行用。見該文。

【斗剛】

即天罡。此稱漢代已行用。見該文。

【罡】

即斗柄。亦作"剛"。此稱晋代已行用。晋葛洪《抱朴子·雜應》："又思作七星北斗，以魁覆其頭，以罡指前。"宋沈括《夢溪筆談·象數一》："天罡者，斗剛之所建也。"原注："斗杓謂之剛。"宋夏元鼎《水調歌頭》詞："北斗隨罡轉，天地正氤氳。"《水滸傳》第八九回："公孫勝在軍中仗劍作法，踏罡步斗，救起五雷。"

【剛】

同"罡"。此稱宋代已行用。見該文。

【小歲】

即斗柄。此稱漢代已行用。《淮南子・天文訓》："斗杓爲小歲。"高誘注："斗第一星至第四星爲魁，第五至第七星爲杓。"

【星杓】

指斗柄。亦稱"玉杓"。此稱宋代已行用。宋邵雍《旅中歲除》詩："星杓建丑晦將盡，歲箭射人春又來。"宋秦觀《陳令舉妙奴》詩："俊詞偉氣森開張，玉杓貫斗生怒芒。"明李東陽《燒丹竈賦》："龍集載戊，星杓指申。"清黃景仁《贈程生人中》詩："我昔三五日，壯氣干星杓。"

【玉杓】

即星杓。此稱宋代已行用。見該文。

【衡杓】

即斗柄。亦稱"杓衡"。此稱漢代已行用。《淮南子・俶真訓》："欃槍衡杓之氣，莫不彌靡。"宋王質《代李叔介挽楊參政》詩："杓衡方北指，江漢已東流。"明文徵明《秋夜懷昌國》詩之二："人生豈獨堅，坐閱衡杓度。"清顧炎武《哭李侍御灌溪先生模》詩："函丈天涯遠，杓衡歲序移。"

【杓衡】

即衡杓。此稱宋代已行用。見該文。

魁[2]

本指湯勺。借指北斗前四星，即樞璇璣權，形似羹匙，故稱。此稱漢代已行用。《史記・天官書》："北斗七星……魁枕參首。"司馬貞索隱引漢佚名《春秋運斗樞》云："第一至第四爲魁。"《淮南子・天文訓》"斗杓爲小歲"，高誘注："斗第一星至第四爲魁。"《老殘游記》第一二回："那北斗正斜倚在紫微垣的西邊上面，杓在上。魁在下。"一説，指北斗第一星。《史記・天官書》"魁枕參首"張守節正義："魁，斗第一星也。"又，"平旦建者魁。魁，海岱以東北也。"裴駰集解引孟康曰："《傳》曰：'斗第一星法於日，主齊也。'魁，斗之首。"

【璇璣】

即魁。亦作"琁璣"。北斗第二星天璇，第三星天璣，皆屬斗魁，因代稱斗魁四星。此稱先秦時期已行用。《楚辭・王逸〈九思・怨上〉》："謡吟兮中野，上察兮璇璣。"洪興祖補注："北斗魁四星爲琁璣。"《晋書・天文志上》："魁四星爲琁璣，杓三星爲玉衡。"

【琁璣】

同"璇璣"。此體晋已行用。見該文。

【會府】

即魁。此稱唐代已行用。《新唐書・天文志一》："斗魁謂之會府，陽精之所復也。"

衡[2]

亦稱"斗衡"。北斗第五星，代指斗柄或北斗。此稱漢代已行用。《史記・天官書》："衡殷南斗。"張守節正義："衡，斗衡也。言北斗夜半建用斗衡指寅。"《文選・鮑照〈玩月城西門廨中〉》："夜移衡漢落，徘徊帷户中。"李周翰注："衡，北斗也。"唐韓鄂《歲華紀麗・正月》："雁序南回，斗衡東指。"

【斗衡】

即衡。此稱唐代已行用。見該文。

【玉衡】[2]

即衡。亦稱"衡紀"。此稱漢代已行用。《文選・〈古詩十九首・明月皎夜光〉》："玉衡指孟冬，衆星何歷歷。"李善注引漢佚名《春秋運斗樞》曰："北斗七星，第五曰玉衡。"又《揚雄

〈長楊賦〉》："是以玉衡正而太階平也。"李善注引韋昭曰："玉衡，北斗也。"又南朝宋謝惠連《擣衣》詩："衡紀無淹度，晷運倐如催。"張銑注："衡紀，玉衡星也。"元傅若金《書南寧驛》詩："中天日月回金闕，南極星辰繞玉衡。"

【衡紀】[2]

即玉衡。此稱南北朝時期已行用。見該文。

斗口

北斗星天樞與天權間之天區。猶如斗之開口，故稱。此稱漢代已行用。《史記·天官書》："前列直斗口三星，隨北端兌，若見若不，曰陰德，或曰天一。"或以為北斗星之斗柄，誤。

北斗九星[1]

亦稱"九魁""九英""九紀"。指北斗七星及其輔佐二星。此稱漢代已行用。《楚辭·劉向〈九嘆·遠逝〉》："合五岳與八靈兮，訊九魁與六神。"漢王逸注："九魁，謂北斗九星也。"洪興祖補注："北斗七星，輔一星在第六星旁，又招搖一星在北斗杓端。"三國魏阮籍《清思賦》：

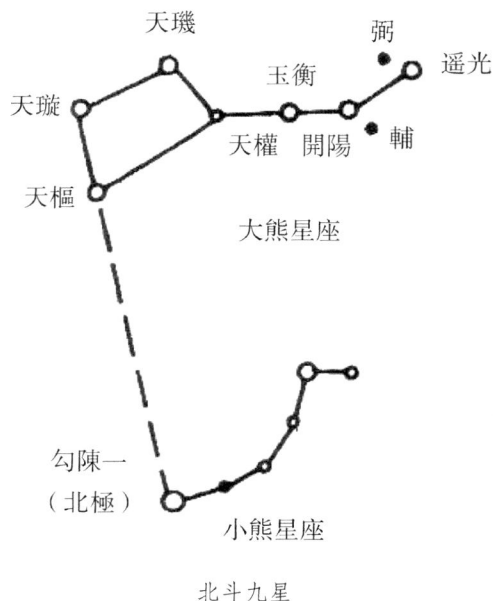

北斗九星

"襲九英之曜精兮，珮瑤光以發微。"《通雅》卷一一："九魁、九紀，皆北斗九星也……星家言北斗九星，以應九州。"一說，魁為魁之誤。參閱清錢大昕《十駕齋養新錄》卷一七"九魁"條。

【九魁】

即北斗九星。此稱漢代已行用。見該文。

【九英】

即北斗九星。此稱三國時已行用。見該文。

【九紀】

即北斗九星。此稱明代已行用。見該文。

輔星

星名。在北斗第六星旁。此稱漢代已行用。《史記·天官書》："輔星明近，輔臣親强；斥小，疏弱。"裴駰集解引孟康曰："在北斗第六星旁。"《晋書·天文志上》："輔星傅乎開陽，所以佐斗成功，丞相之象也。"《宋史·天文志二》："〔北斗〕第九星曰輔星，在第六星左，常見，《漢志》：主并州。"

弼星

星名。在北斗第七星旁。此稱宋代已行用。《宋史·天文志二》："〔北斗〕第八曰弼星，在第七星右，不見，《漢志》：主幽州。"

玉繩

星宿名。共兩星，在玉衡北。此稱漢代已行用。《文選·張衡〈西京賦〉》："上飛闥而仰眺，正睹瑤光與玉繩。"李善注引漢佚名《春秋元命苞》曰："玉衡北兩星為玉繩。"唐陸龜蒙《新秋月夕作吳體以贈》詩之二："清談白紵思悄悄，玉繩銀漢光離離。"《金瓶梅詞話》第二七回："祇見玉繩低度，朱戶無聲，此景堪羨。"

維星

星宿名。共三星，在北斗斗柄後。此稱漢代已行用。漢劉向《説苑・辨物》："昔吾見維星絶，樞星散，地其動。"《漢書・天文志》："維星散，句星信，則地動。"又："極後有四星，名曰句星。斗杓後有三星，名曰維星。散者，不相從也。"

勾陳

星宿名。亦作"鈎陳"。共六星，在五帝下。勾陳一即今之北極星。此稱先秦時期已行用。戰國甘德、石申《甘石星經》："勾陳六星在五帝下，爲後宫、大帝正妃。又主天子六軍將軍。"《晋書・天文志上》："北極五星，鈎陳六星，皆在紫宫中。"《樂府詩集・燕射歌辭三・隋元會大饗歌》："勾陳乍轉，華蓋徐移。"北周庾信《奉和法筵應詔》詩："鈎陳横複道，閶闔抵靈軒。"《宋史・天文志二》："勾陳六星，在紫宫中，五帝之後宫也，太帝之正妃也，大帝之帝居也。"

【鈎陳】

同"勾陳"。此稱晋代已行用。見該文。

元始

星名。勾陳六星首端之大星。此稱宋代已行用。《宋史・天文志二》："〔勾陳〕六星比陳，象六宫之化。其端大星曰元始，餘星乘之曰庶妾。"

大當

星名。亦稱"妃星"。勾陳六星末端之大星。此稱三國時期已行用。《廣雅・釋天》："妃星謂之大當。"《太平御覽》卷六引《樂汁圖》："鈎陳，後宫也。大當，正妃也。"注："大當，鈎陳末大星也。"宋趙明誠《金石録》卷二四引

唐《碧落碑》："大當叶曜，中闈以睦。"

【妃星】

即大當。此稱三國時已行用。見該文。

句星 [1]

星名。共四星，在北極後。此稱漢代已行用。《漢書・天文志》："極後有四星，名曰句星。"王先謙補注："句星即紫宫中之後句四星。"

天皇大帝

星宿名。鈎陳口中一星。此稱晋代已行用。《晋書・天文志上》："鈎陳口中一星曰天皇大帝，其神曰耀魄寶，主御群靈，執萬神圖。"

四輔 [1]

星宿名。亦稱"四弼"。共四星，在極星旁。此稱晋代已行用。《晋書・天文志上》："抱北極四星曰四輔，所以輔佐北極而出度授政也。"《宋史・天文志二》："四輔四星，又名四弼，在極星側，是曰帝之四鄰，所以輔佐北極，而出度授政也。去極星各四度。"

【四弼】

即四輔。此稱宋代已行用。見該文。

五帝内座

星宿名。亦作"五帝内坐"，亦稱"内座"。共五星，在華蓋下，以覆帝座位。此稱先秦時期已行用。戰國甘德、石申《甘石星經》卷上："五帝内座，在華蓋下，覆帝座也。"漢張衡《周天大象賦》："一人爲主，四輔爲翼，鈎陳分司，内座齊飾。"唐元積《奉和權相公行次臨關驛》詩："中台歸内座，太一直南都。"《宋史・天文志二》："五帝内坐五星，在華蓋下，設叙順，帝所居也。"

【五帝内坐】

同 "五帝内座"。此體宋代已行用。見該文。

【内座】

即五帝内座。此稱漢代已行用。見該文。

六甲

星宿名。共六星，在華蓋杠旁。此稱晋代已行用。《晋書·天文志上》："華蓋杠旁六星曰六甲，可以分陰陽而配節候。"唐沈佺期《則天門赦改年》詩："六甲迎黄氣，三元降紫泥。"《宋史·天文志二》："六甲六星，在華蓋杠旁，主分陰陽，配節候，故在帝旁，所以布政教，授農時也。"

【太甲】

即六甲。此稱唐代已行用。唐王勃《益州夫子廟碑》："華蓋西臨，藏五雲於太甲。"唐杜甫《大曆三年春將適江陵漂泊》詩："五雲高太甲，六月曠摶扶。"明梅鼎祚《玉合記·奏凱》："平鼠寢易如翻掌，雲高太甲映明堂。"按，太甲另有兩説：一説爲六甲之一星，宋王應麟《困學紀聞·評詩》："華蓋在旁六星曰六甲，分陰陽而配節候。太甲，恐是六甲一星之名。"一説指太乙。仇兆鰲注引嚴羽《滄浪詩話》曰："太甲，即太乙。甲乙相近而誤用也。"

柱史

星名。亦稱 "柱" "柱下史"。一星，北極東柱下。此稱晋代已行用。戰國甘德、石申《甘石星經》："女史一星在柱下。"《晋書·天文志上》："極東一星，曰柱下史，主記過，左右史，此之象也。"又："柱史北一星曰女史。"《宋史·天文志二》："柱史一星，在北極東，主記過，左右史之象。"宋趙汝騰《陪高計使柱史謝庚使刑郎登梅仙山丹青閣》詩之二："清姿照世郎官宿，勁操擎天柱史星。"

【柱】[1]

即柱史。此稱先秦時期已行用。見該文。

【柱下史】

即柱史。此稱晋代已行用。見該文。

女史

星名。在柱史北，一星。此稱先秦時期已行用。戰國甘德、石申《甘石星經》："女史一星在柱下。"《晋書·天文志上》："柱史北一星曰女史，婦人之微者，主傳漏，故漢有侍史。"

天柱[1]

星宿名。共五星，在東垣下。此稱先秦時期已行用。戰國甘德、石申《甘石星經》卷上："天柱五星在紫微垣内，近東垣，主建教等二十四氣也。"《晋書·天文志上》："東垣下五星曰天柱，建政教，懸圖法。"唐王勃《滕王閣序》："天柱高而北辰遠，地勢極而南溟深。"《宋史·天文志二》："天柱五星，在東垣下，一云在五帝左稍前，主建政教。一曰法五行，主晦朔、晝夜之職。"

御女[1]

星宿名。亦稱 "女御宫" "女御"。共四星，在鈎陳北。此稱先秦時期已行用。戰國甘德、石申《甘石星經》卷上："御女四星，在鈎陳北，主天子八十一御女妃也。"《晋書·天文志上》："（鈎陳）北四星曰女御官，八十一御妻之象也。"《宋史·天文志二》："女御四星，在大帝北，一云在勾陳腹，一云在帝坐東北，御妻之象也。"

【女御宫】

即御女。此稱晋代已行用。見該文。

【女御】[1]

即御女。此稱宋代已行用。見該文。

尚書[1]

星宿名。共五星，在紫微東蕃内，此稱晋代已行用。《晋書·天文志上》："門内東南維五星曰尚書，主納言，夙夜謀謀。龍作納言，此之象也。"《宋史·天文志二》："尚書五星，在紫微東蕃内，大理東北。"

大理[1]

星宿名。共二星。在宮門左星内。此稱先秦時期已行用。戰國甘德、石申《甘石星經》卷上："大理二星，在宮門内，主刑獄事也。"《晋書·天文志上》："宮門左星内二星曰大理，主平刑斷獄也。"《宋史·天文志二》："大理二星，在宮門左，一云在尚書前，主平刑斷獄。"

陰德

星宿名。共二星。在尚書西。一云此二星一名陰德，一名陽德。此稱晋代已行用。《晋書·天文志上》："尚書西二星曰陰德、陽德，主周急振無。"《宋史·天文志二》："陰德二星巫咸圖有之在尚書西。甘氏云：'陰德外坐在尚書右，陽德外坐在陰德右，太陰太陽入垣翊衛也。'"

陽德

陰德二星，其一名"陽德"。此稱晋代已行用。參見本卷《三垣及南極説·紫薇垣考》"陰德"文。

天牀

星宿名。亦稱"玉牀"。共六星，在紫微垣南門外。此稱晋代已行用。《晋書·天文志上》："門（宮門）外之星曰天牀，主寢舍，解息燕休。"又《后妃傳序》："若乃作配皇極，齊體紫

宸，象玉牀之連後星，喻金波之合義璧。"《新唐書·忠義傳上·夏侯端》："玉牀摇，帝座不安。"《宋史·天文志二》："天牀六星，在紫微垣南門外，主寢舍解息燕休。一曰在二樞之間，備幸之所也。"

【玉牀】

即天牀。此稱晋代已行用。見該文。

華蓋

星宿名。共七星，屬紫微垣。此稱先秦時期已行用。《楚辭·九懷·思忠》："登華蓋兮乘陽，聊逍遥兮播光。"王逸注："華蓋七星，其柢九星，合十六星，如蓋狀，在紫微宮中，臨勾陳上，以蔭帝座。"《宋史·天文志二》："華蓋七星，杠九星如蓋有柄下垂，以覆大帝之坐也，在紫微宮臨勾陳之上。"一説，共九星。《晋書·天文志上》："大帝上九星曰華蓋，所以蔽覆大帝之坐也。蓋下九星曰杠，蓋之柄也。"

杠

星宿名。共九星，華蓋之附座，乃華蓋之柄。此稱晋代已行用。詳見本卷《三垣及南極説·紫薇垣考》"華蓋"文。

傳舍

星宿名。共九星，在華蓋上。此稱晋代已行用。《晋書·天文志上》："傳舍九星在華蓋上，近河，賓客之館，主胡人入中國。"《宋史·天文志二》："傳舍九星，在華蓋上，近河，賓客之館，主北使入中國。"

八穀

星宿名。共八星，在華蓋西，主歲豐儉。此稱晋代已行用。《晋書·天文志上》："〔五車星〕其西八星曰八穀，主候歲。八穀一星亡，一穀不登。"《續古文苑·李播〈天文大象賦〉》：

"薦秋成於八穀，務春採於扶筐。"苗為注："八
穀八星，在紫微宮之外，五車之北。一主稻，
二主黍，三主大麥，四主小麥，五主大豆，六
主小豆，七主粟，八主麻。"《宋史・天文志
二》："八穀八星，在華蓋西，五車北，一曰在
諸王西。武密曰：'主候歲豐儉。一稻、二黍、
三大麥、四小麥、五大豆、六小豆、七粟、八
麻。'"

内階

星宿名。共六星。此稱晋代已行用。《晋
書・天文志上》："文昌北六星曰内階，天皇之
階也。"《宋史・天文志二》："内階六星，在文
昌東北，天皇之階也。一曰上帝幸文館之内階
也。"

文昌[1]

星宿名。亦稱"文星""文宿""文曜""文
曲星"。共六星，在斗魁之前，形成半月狀。此
稱漢代已行用。《史記・天官書》："斗魁戴匡六
星曰文昌宮：一曰上將，二曰次將，三曰貴相，
四曰司命，五曰司中，六曰司禄。"《宋史・天
文志二》："文昌六星，在北斗魁前，紫微垣西，
天之六府也，主集計天道。一曰上將、大將軍，
建威武；二曰次將、尚書，正左右；三曰貴相、
大常，理文緒；四曰司禄、司中、司隸，賞功
進；五曰司命、司怪、太史，主滅咎；六曰司
寇、大理，佐理寶。"舊又以文昌星或文昌六星
之第四星主文運。唐杜甫《衡州送李大夫七丈
勉赴廣州》詩："北風隨爽氣，南斗避文星。"
仇兆鰲注："文昌本在北斗宮，李自北至南，故
南斗應避之。"《水滸傳》引首："文曲星乃是南
衙開封府主龍圖閣大學士包拯。"明何景明《送
五清先生赴浙江提學歌》："天台文宿衝紫霄，

先生奉敕馳星軺。"明沈鯨《雙珠記・軍門優
恤》："料應文曜未舒芒，可憐雲翰不遂翺翔。"

【文星】[1]

即文昌。此稱唐代已行用。見該文。

【文宿】

即文昌。此稱明代已行用。見該文。

【文曜】

即文昌。此稱明代已行用。見該文。

【文曲星】[1]

即文昌。此稱明代已行用。見該文。

【才星】

即文昌。文昌星主文運，故稱。此稱清代
已行用。《平山冷燕》第一回回目："太平世才
星降瑞，聖明朝白燕呈祥。"

上將[1]

星名。文昌六星之第一星。此稱漢代已行
用。見"文昌"文。

大將軍

即上將。此稱宋代已行用。見"文昌"文。

次將[1]

星名。文昌六星之第二星。此稱漢代已行
用。見"文昌"文。

尚書[2]

即次將。此稱宋代已行用。見"文昌"文。

貴相

星名。文昌六星之第三星。此稱漢代已行
用。見"文昌"文。

大常

即貴相。大，通"太"。此稱宋代已行用。
見"文昌"文。

司命[1]

星名。文昌六星之第四星或第五星。此稱

漢代已行用。見"文昌"文。

司中 [1]

星名。文昌六星之第五星或第四星。此稱漢代已行用。見"文昌"文。

司禄 [1]

星名。文昌六星之第六星或第四星。此稱漢代已行用。見"文昌"文。

司隸

星名。文昌六星之第四星。此稱宋代已行用。見"文昌"文。

司怪 [1]

星名。文昌六星之第五星。此稱宋代已行用。見"文昌"文。

太史 [1]

即司怪。詳本類"文昌"。此稱宋代已行用。見"文昌"文。

司寇

星名。文昌六星之第六星。此稱宋代已行用。見"文昌"文。

大理 [2]

即司寇。此稱宋代已行用。見"文昌"文。

三公 [1]

星宿名。共三星，在北斗杓南。另有三星名三師，在北斗魁第一星西，亦屬紫微垣。舊籍所載方位和占驗完全相同，實誤。此稱漢代已行用。《史記・天官書》："中宮天極星，其一明者，太一常居也；旁三星三公。"張守節正義："三公三星在北斗杓東，又三公三星在北斗魁西，並爲太尉、司徒、司空之象，主變出陰陽，主佐機務。"《晋書・天文志上》："杓南三星及魁第一星西三星皆曰三公，主宣德化，調七政，和陰陽之官也。"《宋史・天文志二》：

"三公三星，在北斗杓南，及魁第一星西。一云在斗柄，爲太尉、司徒、司空之象。在魁西者名三師，占與三公同。"

三師

星宿名。共三星，在北斗魁第一星西。此稱宋代已行用。見"三公"文。

天牢 [1]

星宿名。共六星，在北斗魁下。此稱漢代已行用。《史記・天官書》："赤帝行德，天牢爲之空。"張守節正義："天牢六星，在北斗魁下。"《晋書・天文志上》："天牢六星，在北斗魁下，貴人之牢也。"

勢

星宿名。共四星，在太陽守西北，或在璣星北。此稱晋代已行用。《晋書・天文志上》："〔太陽守〕西北四星曰勢。勢，腐刑人也。"《宋史・天文志二》："勢四星，在太陽守西北，一曰在璣星北。勢，腐刑人也。主助宣王命，内常侍官也。以不明爲吉，明則閹人擅權。"

天理

星宿名。共四星，在北斗魁中。此稱晋代已行用。《晋書・天文志上》："魁中四星爲貴人之牢，天理也。"《宋史・天文志二》："天理四星，在北斗魁中，貴人之牢也。"

相星

星名。一星，在北斗南。古以爲總領百司，故稱。此稱先秦時期已行用。戰國甘德、石申《甘石星經》："相星在北極斗南，總領百司。"《晋書・天文志上》："相一星在北斗南。相者，總領百司而掌邦教，以佐帝王安邦國，集衆事也。其星明，吉。"唐李德裕《郊壇回輿輒書是詩兼呈二相公》："相星環日道，蒼馬近龍媒。"

太陽守

星宿名。有一星，在相西。此稱晉代已行用。《晉書·天文志上》："太陽守，一星，在相西，大將大臣之象也，主戒不虞，設武備。"

内厨

星宿名。共二星，在紫宮西南角外。此稱晉代已行用。《晉書·天文志上》："紫宮西南角外二星曰内厨，主六宮之内飲食，主后妃夫人與太子宴飲。"《宋史·天文志二》："内厨二星，在紫微垣西南外。"

天厨 [1]

星宿名。亦稱"光禄厨"。共六星，在紫微宮東北維，屬紫微垣。此稱先秦時期已行用。戰國甘德、石申《甘石星經》卷上："天厨六星，在紫微宮東北維，近傳舍北百官厨，今光禄厨像之。"漢張衡《周天大象賦》："天厨敞兮供百宰，傳舍開兮通四方。"《晉書·天文志上》："（紫宮）東北維外六星曰天厨，主盛饌。"《宋史·天文志二》："天厨六星在扶筐北，一曰在東北維外，主盛饌，今光禄厨也。"

【光禄厨】

即天厨。此稱先秦時期已行用。見該文。

天一 [2]

星宿名。亦稱"天乙"。一星，在紫宮門右星南。此稱漢代已行用。《史記·天官書》："前列直斗口三星，隨北端兑，若見若不，曰陰德，或曰天一。"張守節正義："天一一星，疆閶闔外，天帝之神，主戰鬥，知人吉凶。"《晉書·天文志上》："天一星在紫宮門右星南，天帝之神也。"隋丹元子《步天歌》："天乙、太乙當門路，左樞右樞夾南門。"

【天乙】

即天一。此稱隋代已行用。見該文。

太一

星宿名。亦作"大壹"，亦稱"太乙"。一星，在天一南相近一度。此稱漢代已行用。《史記·天官書》："中宮天極星，其一明者，太一常居也。"《漢書·司馬相如傳》："使五帝先導兮，反大壹而從陵陽。"顏師古注引三國魏如淳曰："天極大星，一明者，太乙常居也。"隋丹元子《步天歌》："天乙、太乙當門路，左樞右樞夾南門。"《宋史·天文志二》："太一一星，在天一南相近一度。"

【大壹】

同"太一"。此體漢代已行用。見該文。

【太乙】

即太一。此稱三國時期已行用。見該文。

天槍 [1]

星宿名。省稱"槍"，亦稱"天鉞"。共三星，在北斗杓東，屬紫微垣。此稱漢代已行用。《史記·天官書》："紫宮左三星曰天槍。"司馬貞索隱："《詩緯》曰：'槍三星，棓五星，在斗杓左右。'"《晉書·天文志上》："天槍三星，在北斗杓東，一曰天鉞，天之武備也。"元王逢《無題五首》之二："天槍幾夜直鈎陳，車駕高秋重北巡。"又《義鄧》詩："不見秦舞陽，悲風動天鉞。"

【槍】 [1]

"天槍"之省稱。此稱漢代已行用。見該文。

【天鉞】

即天槍。此稱晉代已行用。見該文。

天棓 [1]

星宿名。亦稱"棓"。共五星，在斗杓左

右。此稱先秦時期已行用。《史記・天官書》："紫宮左三星曰天槍，右五星曰天棓。"司馬貞索隱："《詩緯》曰：'槍三星，棓五星，在斗杓左右，主槍人、棓人。'《石氏星讚》：'槍、棓八星，備非常也。'"張守節正義："天棓五星在女牀東北，天子先驅，所以禦兵也。"一說共四星。《漢書・天文志》："紫宮左三星曰天槍，右四星曰天棓。"元王逢《聞吳門消息二首》之一："蓬星氣白干天棓，苕水烽青入露臺。"

【棓】

即天棓。此稱先秦時期已行用。見該文。

天戈

星宿名。亦稱"玄戈""臣戈""玄弋"。一星，在招搖北。此稱宋代已行用。戰國甘德、石申《甘石星經》："玄戈，一名臣戈，在招搖北。"《文選・張衡〈西京賦〉》："建玄弋，樹招搖。"李善注："玄弋，北斗第八星名……今鹵簿中畫之於旗，建樹之以前驅。"《宋史・天文志二》："天戈一星，又名玄戈，在招搖北，主北方。"

【玄戈】

即天戈。此稱先秦時期已行用。見該文。

【臣戈】

即天戈。此稱先秦時期已行用。見該文。

【玄弋】

即天戈。此稱漢代已行用。見該文。

【天鋒】[1]

即天戈。亦作"天鑽"，亦稱"盾"。一說在招搖南。此稱漢代已行用。《史記・天官書》："杓端有兩星：一內爲矛，招搖。一外爲盾，天鋒。"裴駰集解引晉灼曰："外，遠北斗也。在招搖南，一名玄戈。"《漢書・天文志》作"天鑽"。

【天鑽】

同"天鋒"。此體漢代已行用。見該文。

【盾】

即天鋒。此稱漢代已行用。見該文。

太尊

星宿名。一星，在中台北。此稱晉代已行用。《晉書・天文志上》："中台之北一星曰太尊，貴戚也。"《宋史・天文志二》："太尊一星，在中台北，貴戚也。不見爲憂。"

第三節　太微垣考

太微垣，天區名，古代三垣中的上垣。其星多以官職命名。位於北斗以南，相當於今之室女座、獅子座和后髮座之一部分。共二十個星宮，正星七十八顆，增星一百顆。按《步天歌》，主要由十個星宮組成，分東西兩區，以五帝座爲中樞，成屏藩之狀。

太微垣

天區名。亦稱"太微""大微""上垣"。此
稱宋代已行用。《楚辭·遠游》："召豐隆使先導
兮，問大微之所居。"王逸注："大，一作太。"
《史記·天官書》："衡，太微，三光之廷。匡衛
十二星，藩臣。"《宋史·天文志二》："太微垣
十星。"宋蘇頌《開府潞公太師得謝西歸謹賦七
言四韻詩五首拜送》之一："幾夕華星動紫躔，
少微光入太微垣。"宋王應麟《小學紺珠·天
道》："上垣太微十星。"清李光地《二月七日仲
弟生辰詩以祝之》："二月吉初春雨霽，上垣景
滿夜光長。"

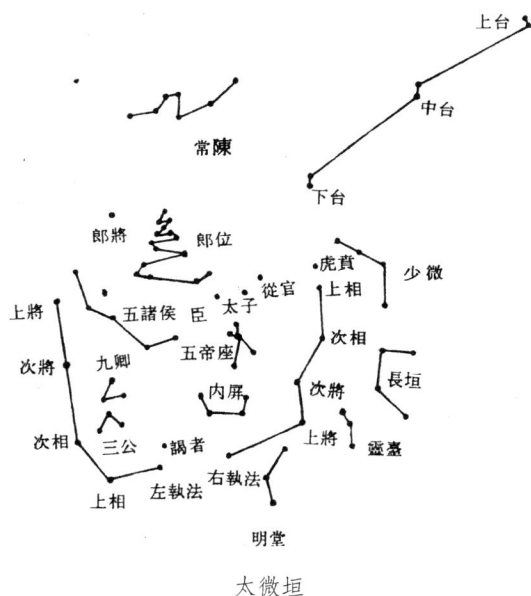
太微垣

【太微】

即太微垣。此稱漢代已行用。見該文。

【大微】

即太微垣。大，通"太"。此稱先秦時期已
行用。見該文。

【上垣】

即太微垣。此稱宋代已行用。見該文。

【帝宮】

即太微垣。此稱漢代已行用。《後漢書·蘇
竟傳》："太白、辰星自亡新之末，失行算度，
以至於今，或守東井，或没羽林，或裴回藩屏，
或躑躅帝宮。"《晉書·天文志下》："彗出太微，
社稷亡，天下易王；入北斗、紫微，帝宮空。"
清王念孫《讀書雜志·餘編·後漢書》以爲帝
宮即指太微宮。

執法 [2]

星宿名。共二星，位於太微垣南蕃，東爲
左執法，天區稱左掖門。西爲右執法，天區稱
右掖門，其間爲端門。此稱漢代已行用。《史
記·天官書》："南四星，執法；中，端門；門
左右，掖門。"《晉書·天文志二》："南蕃中二
星間曰端門。東曰左執法，廷尉之象也；西曰
右執法，御史大夫之象也。執法，所以舉刺凶
奸者也。"按，《史記·天官書》說法，執法有
四星。"左右執法各一星，在端門兩旁，左爲廷
尉之象，右爲御史大夫之象，主舉刺凶姦。君
臣有禮，則光明潤澤。"一說爲四星。

左執法

星名。位於太微垣南蕃，端門以東。此稱
晋代已行用。見"執法"文。

右執法

星名。位於太微垣南蕃，端門以西。此稱
晋代已行用。見"執法"文。

端門

天區名。指左、右執法二星間之間。此稱
漢代已行用。見"執法"文。

左掖門

天區名。在太微垣中，左執法以東之天區。
此稱晋代已行用。見"執法"文。

右掖門

天區名。在太微垣中，右執法以西之天區。此稱晋代已行用。見"執法"文。

四輔 [2]

星宿名。指太微垣東蕃四星或西蕃四星。此稱晋代已行用。《晋書·天文志上》："東蕃四星，南第一星曰上相，其北，東太陽門也。第二星曰次相，其北，中華東門也。第三星曰次將，其北，東太陰門也。第四星曰上將：所謂四輔也。西蕃四星，南第一星曰上將，其北，西太陽門也。第二星曰次將，其北，中華西門也。第三星曰次相，其北，西太陰門也。第四星曰上相：亦曰四輔也。"

上相

星名。太微垣東蕃南邊第一星或西蕃南邊第四星。此稱晋代已行用。見"四輔"文。

次相

星名。太微垣東蕃南邊第二星或西蕃南邊第三星。此稱晋代已行用。見"四輔"文。

次將 [2]

星名。太微垣東蕃南邊第三星或西蕃南邊第二星。此稱晋代已行用。見"四輔"文。

上將 [2]

星名。太微垣東蕃南邊第四星或西蕃南邊第一星。此稱晋代已行用。見"四輔"文。

五帝坐

星宿名。共五星，爲黄帝、蒼帝、赤帝、白帝、黑帝等五帝之星坐。此稱漢代已行用。《史記·天官書》："衡，太微，三光之廷……其内五星，五帝坐。"張守節正義："黄帝坐一星，在太微宫中，含樞紐之神。四星夾黄帝坐：蒼帝東方靈威仰之神，赤帝南方赤熛怒之神，白帝西方白昭矩之神，黑帝北方叶光紀之神。五帝并設，神靈集謀者也。"

黄帝坐

星名。五帝坐五星中央一星，名"黄帝坐"，四旁四星曰"四帝坐"。此稱晋代已行用。《晋書·天文志上》："黄帝坐在太微中，含樞紐之神也。"《宋史·天文志二》："五帝坐五星，内一星在太微中，黄帝坐，含樞紐之神也……四帝星夾黄帝坐，四方各去二度。東方，蒼帝靈威仰之神也。南方，赤帝赤熛怒之神也。西方，白帝白昭拒之神也。北方，黑帝叶光紀之神也。黄帝坐明，天子壽。威令行。小則反是，勢在臣下。若亡，大人當之。"

四帝坐

星名。五帝坐四旁之四星。此稱南北朝時期已行用。《北史·王劭傳》："又有天皇大帝、皇帝及四帝坐。"

太子 [2]

星名。一星，位在五帝坐之北。此稱晋代已行用。《晋書·天文志上》："五帝座北一星曰太子，帝儲也。"《宋史·天文志二》："太子一星，在帝坐北，帝儲也。儲有德，則星明潤。"

從官 [1]

星名。一星，位於太子星北。此稱晋代已行用。《晋書·天文志上》："太子北一星曰從官，侍臣也。"《宋史·天文志二》："從官一星，在太子北，侍臣也。以不見爲安。一曰不見則帝不安，如常則吉。"

内五諸侯

星宿名。共五星，位於九卿星以西。此稱晋代已行用。《晋書·天文志上》："九卿西五星曰内五諸侯，内侍天子，不之國也。"《宋史·天文志二》："内五諸侯五星，在九卿西。"

幸臣

星名。一星，位於帝坐星東北。此稱晋代已行用。《晋書·天文志上》："帝坐東北一星，幸臣。"《宋史·天文志二》："幸臣一星，在帝坐東北，常侍太子，以暗爲吉。"

屏四星

星宿名。亦稱"屏星""内屏"。共四星，在端門天區之内，靠近左執法星。此稱晋代已行用。《晋書·天文志上》："屏四星在端門之内，近右執法。屏，所以壅蔽帝庭也。"《南齊書·天文志上》："〔永元十一年九月〕乙巳，月行太微，當右掖門内，在屏星西南六寸，爲犯。"《宋史·天文志二》："内屏四星，在端門内，近右執法。屏者所以擁蔽帝庭也。"

【屏星】

即屏四星。此稱南北朝時期已行用。見該文。

【内屏】

即屏星。此稱宋代已行用。見該文。

郎位

星宿名。亦稱"依烏"。共十五星，位於五帝坐之後。此稱漢代已行用。《史記·天官書》："太微，三光之廷，……其内五星，五帝坐。後聚一十五星，蔚然，曰郎位。"《晋書·天文志上》："郎位十五星在帝坐東北，一曰依烏，郎府也。"《宋史·天文志二》："郎位十五星，在帝座東北，一曰依烏郎府也。"

【依烏】

即郎位。此稱晋代已行用。見該文。

郎將

星名。亦稱"將位"。一星，位在郎位星之北。此稱漢代已行用。《史記·天官書》："（太微）後聚一十五星，蔚然，曰郎位；傍一大星，將位也。"《晋書·天文志上》："郎將在郎位北，主閲具，所以爲武備也。"《宋史·天文志二》："郎將一星，在郎位北，主閲具，以爲武備也。"

【將位】

即郎將。此稱漢代已行用。見該文。

常陳

星宿名。共七星，位於帝坐星之北。此稱晋代已行用。《晋書·天文志上》："常陳七星，如畢狀，在帝坐北，天子宿衛武賁之七，以設强禦也。"

九卿

星宿名。共三星，在三公星以北。此稱晋代已行用。《晋書·天文志上》："三公北三星曰九卿内坐，主治萬事。"《宋史·天文志二》："九卿三星，在三公北，主治萬事，今九卿之象也。"

三公[2]

星宿名。共三星，在謁者星東北。此稱晋代已行用。《晋書·天文志上》："謁者東北三星曰三公内坐，朝會之所居也。"《宋史·天文志二》："三公三星，在謁者東北，内坐朝會之所居也。"

謁者

星名。一星，在左執法星東北。此稱晋代已行用。《晋書·天文志上》："左執法東北一星曰謁者，主贊賓客也。"《宋史·天文志二》："謁者一星，在左執法東北，主贊賓客，辨疑惑。《乾象新書》：'在太微垣門内，左執法北。明盛，則四夷朝貢。'"

三台

星宿名。亦作"三能",亦稱"天柱""三衡"。共六星,在魁星之下,兩兩并列。此稱漢代已行用。《史記·天官書》:"魁下六星,兩兩相比者,名曰三能。"《後漢書·劉玄傳》:"夫三公上應台宿,九卿下括河海。"李賢注引漢佚名《春秋漢含孳》曰:"三公在天爲三台,九卿爲北斗。"《晋書·天文志上》:"三台六星,兩兩而居,起文昌,列抵太微。一曰天柱,三公之位也。在人曰三公,在天曰三台,主開德宣符也。"唐王勃《七夕賦》:"循五緯而清黄道,正三衡而澄紫落。"《周禮·春官·大宗伯》"以實柴祀明星辰",唐賈公彦疏:"武陵太守《星傳》云:'三台六星,一曰天柱,三公之位也。'"清方文《送三兄仁植先生應召北上》詩之一:"燭燭三能光,左右勾陳側。"

【三能】

同"三台"。能,通"台"。此體漢代已行用。見該文。

【天柱】²

即三台。此稱晋代已行用。見該文。

【三衡】

即三台。此稱唐代已行用。見該文。

【太階】

即三台。亦作"泰階",亦稱"三階""天階"。此稱漢代已行用。漢王粲《荆州文學記官志》:"官不失守,民聽無悖,然後太階平焉。"《文選·揚雄〈長楊賦〉》:"是以玉衡正而太階平也。"李善注:"泰階者,天之三階也。"《漢書·東方朔傳》:"願陳泰階六符,以觀天變。"孟康注曰:"泰階,三台也。每台二星,凡六星。符,六星之符驗也。"《黄帝占》:"三台爲

天階,太乙躡以上下。"唐杜甫《建都十二韵》:"雖倚三階正,終愁萬國翻。"

【泰階】

同"太階"。此體漢代已行用。見該文。

【三階】

即太階。三台六星,兩兩并列斜上,如階梯,故稱。此稱唐代已行用。見該文。

【天階】

即太階。此稱唐代已行用。見該文。

【台星】

即三台。亦稱"台宿""台階"。舊以爲三公、宰輔之徵象。此稱唐代已行用。《後漢書·劉玄傳》:"夫三公上應台宿,九卿下括河海,故天工人其代之。"李賢注引漢佚名《春秋漢含孳》曰:"三公在天爲三台,九卿爲北斗。"又《後漢書·崔駰傳》:"不以此時攀台階,闚紫闥。"李賢注:"三台謂之三階,三公之象也。"唐李白《上崔相百憂章》:"台星再朗,天網重恢。"宋楊萬里《宿牧牛亭秦太師墳庵》詩:"天極八重心未死,台星三點坼方休。"清顧炎武《路舍人家見東武四先曆》詩:"龍馭杳安之,台星隕衡鼎。"

【台宿】

即台星。此稱漢代已行用。見該文。

【台階】

即台星。此稱漢代已行用。見該文。

上台

星宿名。亦稱"司命""上階""元台"。共二星,屬三台星。三台六星,兩兩相平列。西北二星曰上台,東南二星曰下台,中二星曰中台。此稱先秦時期已行用。《周禮·春官·大宗伯》:"以槱燎祀司中、司命、飌師、雨師。"賈

公彥疏引武陵太守《星傳》曰："上台司命爲大尉。"《晉書・天文志上》："三台之星，兩兩而居，起文昌，列抵太微……西近文昌二星曰上台，爲司命，主壽……上階，上星爲天子，下星爲女主。"唐陳子昂《大周受命頌》："符鳥之肇，開闢元台，女希氏姓，神功大哉！"《宋史・天文志二》："三台六星……司命星亡，春不得耕。司中不具，夏不得耨。司祿不具，秋不得穫。"

【司命】[2]

即上台。舊謂上台主壽，故稱。此稱先秦時期已行用。見該文。

【上階】

即上台。此稱晉代已行用。見該文。

【元台】

即上台。此稱唐代已行用。見該文。

中台

星宿名。亦稱"司中""中階"。共二星，屬三台星。此稱晉代已行用。《晉書・天文志上》："〔三台之星〕次二星曰中台，爲司中，主宗室……中階，上星爲諸侯三公，下星爲卿大夫。"南朝陳徐陵《司空韋昭達墓誌銘》："屬上將之韜光，逢中台之掩曜。"唐白居易《司徒令公分守東洛移鎮北都云云輒奉五言四十韻寄獻以抒下情》詩："天上中台正，人間一品高。"

【司中】[2]

即中台。此稱晉代已行用。見該文。

【中階】

即中台。此稱晉代已行用。見該文。

下台

星宿名。亦稱"司空""司祿""下階"。共二星，屬三台星。此稱晉代已行用。《周禮・春官・大宗伯》"以槱燎祀司中、司命、飌師、雨師"賈公彥疏引漢武陵太守《星傳》曰："下台司祿爲司空。"《晉書・天文志上》："〔三台之星〕東二星曰下台，爲司祿，主兵，所以昭德塞違也……下階，上星爲士，下星爲庶人。"

【司空】[1]

即下台。此稱漢代已行用。見該文。

【司祿】[2]

即下台。此稱晉代已行用。見該文。

【下階】

即下台。此稱晉代已行用。見該文。

長垣[2]

星宿名。在少微星之南，共四星。此稱晉代已行用。《晉書・天文志上》："〔少微〕南四星曰長垣，主界域及胡夷。"《宋史・天文志二》："長垣四星，在少微星南，主界域及北方。"

少微

星宿名。亦稱"處士""處士星"。在太微星以西，共四星。此稱晉代已行用。《晉書・天文志上》："少微四星在太微西，士大夫之位也。一名處士，亦天子副主，或曰博士官，一曰主衛掖門。南第一星處士，第二星議士，第三星博士，第四星大夫。明大而黃，則賢士舉也。"又同書《隱逸傳・謝敷》："初，月犯少微。少微一名處士星，占者以隱士當之。"一說共五星。《史記・天官書》："廷藩西有隋星五，曰少微，士大夫。"

【處士】

即少微。此稱晉代已行用。見該文。

【處士星】

即少微。此稱晉代已行用。見該文。

靈臺

星宿名。在明堂星以西，共三星。此稱晋代已行用。《晋書・天文志上》："明堂西三星曰靈臺，觀臺也，主觀雲物，察符瑞，候災變也。"《宋史・天文志二》："靈臺三星，在明堂西。神之精明曰靈，四方而高曰臺。主觀雲物，察符瑞，候災變也。"

虎賁

星名。亦稱"武賁"。在下台星以南，一星。此稱宋代已行用。《晋書・天文志上》："武賁（按，唐修《晋書》時爲避唐高祖李淵祖父李虎諱改'虎'爲'武'）一星，在太微西蕃北，下台南，静室旄頭之騎官也。"《宋史・天文志二》："虎賁一星，在下台星南。"

【武賁】

即虎賁。此稱唐代已行用。見該文。

明堂 [1]

星宿名。共三星，在太微星西南角外。此稱晋代已行用。《晋書・天文志上》："其（太微）西南角外三星曰明堂，天子布政之宫。"

第四節　天市垣考

天市垣，天區名。古代三垣之下垣。位於紫微垣下之東南角，相當今之武仙座、巴蛇座和蛇夫座之一部分。共二十二顆主星，包含十九個星宫，正星八十七顆，增星一百七十三顆。

天市垣

天區名。亦稱"天旗庭""天市"。古代三垣之下垣。此稱漢代已行用。《開元占經》卷八二《客星占六》引漢佚名《春秋文耀鉤》："客星入天市垣，兵大起。"《晋書・天文志二》："天市垣二十二星，在房心東北，主權衡，主聚衆。一曰天旗庭，主斬戮之事也。"宋王應麟《小學紺珠・天道》："下垣天市二十二星。"一説，天市二十三星。《史記・天官書》"旗中四星曰天市"唐張守節正義："天市二十三星，在房心東北。"宋程公許《雪峰道院》詩："喬雲晝護耀魄寶，玉繩夜低天市垣。"

【天旗庭】

即天市垣。此稱晋代已行用。見該文。

【天市】 [1]

即天市垣。此稱漢代已行用。見該文。

【天府】 [1]

即天市垣。亦稱"長城""下垣"。此稱唐代已行用。唐李淳風《觀象玩占・天市垣》："天市垣二十二星，在房心東北，一曰天府，一曰長城，一曰天旗庭。天子之市也，主權衡，主聚衆。"

【長城】

即天府。此稱唐代已行用。見該文。

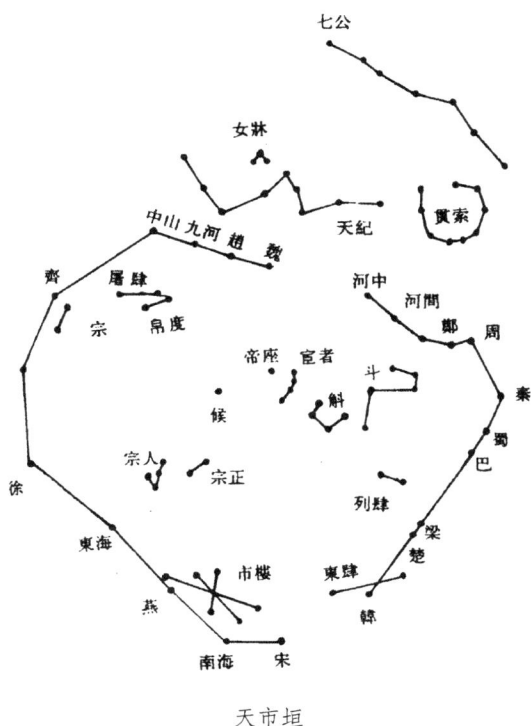

天市垣

【下垣】

即天府。此稱唐代已行用。見該文。

【市垣】

即天市垣。此稱南北朝時期已行用。《魏書·天象志》:"有流星徑數寸,起自天紀,字於市垣,光芒燭地。"《新唐書·禮樂志二》:"中官、市垣、帝座……十七座及二十八宿,差在前列。"

天市東蕃

星宿名。指天市左垣。共十一星,位在氐、房、心、尾、箕、斗內宮之中。此稱宋代已行用。《宋史·天文志二》:"天市垣二十二星在氐、房、心、尾、箕、斗內宮之內。東蕃十一星:南一曰宋,二曰南海,三曰燕,四曰東海,五曰徐,六曰吳越,七曰齊,八曰中山,九曰九河,十曰趙,十一曰魏。"

宋

星名。天市垣東蕃南邊第一星。此稱宋代已行用。見"天市東蕃"文。

南海

星名。天市垣東蕃南邊第二星。此稱宋代已行用。見"天市東蕃"文。

燕[1]

星名。天市垣東蕃南邊第三星。此稱宋代已行用。見"天市東蕃"文。

東海

星名。天市垣東蕃南邊第四星。此稱宋代已行用。見"天市東蕃"文。

徐

星名。天市垣東蕃南邊第五星。此稱宋代已行用。見"天市東蕃"文。

吳越

星名。天市垣東蕃南邊第六星。此稱宋代已行用。見"天市東蕃"文。

齊[1]

星名。天市垣東蕃南邊第七星。此稱宋代已行用。見"天市東蕃"文。

中山

星名。天市垣東蕃南邊第八星。此稱宋代已行用。見"天市東蕃"文。

九河[2]

星名。天市垣東蕃南邊第九星。此稱宋代已行用。見"天市東蕃"文。

趙[1]

星名。天市垣東蕃南邊第十星。此稱宋代已行用。見"天市東蕃"文。

魏[1]

星名。天市垣東蕃南邊第十一星。此稱宋

代已行用。見"天市東蕃"文。

天市西蕃

　　星宿名。指天市右垣。共十一星。此稱宋代已行用。《宋史·天文志二》："天市垣二十二星，……西蕃十一星：南一星曰韓，二曰楚，三曰梁，四曰巴，五曰蜀，六曰秦，七曰周，八曰鄭，九曰晋，十曰河間，十一曰河中，象天王在上，諸侯朝王，王出皋門大朝會，西方諸侯在應門左，東方諸侯在應門右。"

韓 [1]

　　星名。天市垣西蕃南邊第一星。此稱宋代已行用。見"天市西蕃"文。

楚 [1]

　　星名。天市垣西蕃南邊第二星。此稱宋代已行用。見"天市西蕃"文。

梁

　　星名。天市垣西蕃南邊第三星。此稱宋代已行用。見"天市西蕃"文。

巴

　　星名。天市垣西蕃南邊第四星。此稱宋代已行用。見"天市西蕃"文。

蜀

　　星名。天市垣西蕃南邊第五星。此稱宋代已行用。見"天市西蕃"文。

秦 [1]

　　星名。天市垣西蕃南邊第六星。此稱宋代已行用。見"天市西蕃"文。

周 [1]

　　星名。天市垣西蕃南邊第七星。此稱宋代已行用。見"天市西蕃"文。

鄭 [1]

　　星名。天市垣西蕃南邊第八星。此稱宋代已行用。見"天市西蕃"文。

晋 [1]

　　星名。天市垣西蕃南邊第九星。此稱宋代已行用。見"天市西蕃"文。

河間

　　星名。天市垣西蕃南邊第十星。此稱宋代已行用。見"天市西蕃"文。

河中

　　星名。天市垣西蕃南邊第十一星。此稱宋代已行用。見"天市西蕃"文。

帝坐

　　星名。一星，在候星西，天市星中。此稱晉代已行用。《晋書·天文志上》："帝坐一星，在天市中，候星西，天庭也。光而潤則天子吉，威令行。"《宋史·天文志二》："帝坐一星，在天市中，天皇大帝外座也。"

候星

　　星名。一星，在帝坐星東北。此稱晋代已行用。《晋書·天文志上》："候一星，在帝坐東北，主伺陰陽也。明大，輔臣强，四夷開；候細微，則國安；亡則主失位；移則不安。"

宦者

　　星宿名。亦稱"宦官""宦星"。在帝坐星西南，共四星。此稱漢代已行用。戰國甘德、石申《甘石星經》："宦官四星，在帝座西南，侍帝之傍，入尾十二度。"又："斗五星在宦星西南。"《後漢書·宦者傳》："宦者四星在皇位之側。"唐楊炯《渾天賦》："天皇對於攝提，皇極臨於宦者。"

【宦官】

　　即宦者。此稱先秦時期已行用。見該文。

【宦星】

即宦者。此稱先秦時期已行用。見該文。

斗 [2]

星宿名。在宦者星以南，有五星。其形如斗，故稱。此稱宋代已行用。《宋史·天文志二》："斗五星，在宦者南，主平量。《乾象新書》：'在帝坐西，覆則歲熟，仰則荒，客、彗犯爲饑。'"

斛星

星宿名。亦稱"天斛""斛"。在市樓星北，共四星。此稱宋代已行用。《隋書·天文志上》："（市樓）北四星曰天斛，主量者也。斛西北二星曰列肆。"《宋史·天文志二》："斛四星，在斗南，主度量、分銖、算數。其星不明，凶。亡，則年饑。一曰在市樓北，名天斛。"

【天斛】

即斛星。此稱隋代已行用。見該文。

【斛】

即斛星。此稱隋代已行用。見該文。

列肆

星宿名。共二星，在斛星西北。此稱先秦時期已行用。戰國甘德、石申《甘石星經》卷下："列肆二星，在斛西北，主貨，珍寶金玉等也。"《隋書·天文志上》："斛西北二星曰列肆，主寶玉之貨。"《宋史·天文志二》："列肆二星在斛西北，主貨金玉珠璣。"

屠肆

星宿名。共二星，在帛度星北。此稱先秦時期已行用。戰國甘德、石申《甘石星經》："屠肆二星，在帛度北，主屠煞之位也。"《宋史·天文志二》："屠肆二星，在帛度東北，主屠宰、烹殺。《乾象新書》：'在天市垣內十五度。'"

車肆

星宿名。共二星，位於天市垣南門偏東。此稱隋代已行用。《隋書·天文志上》："市門左星內二星曰車肆，主衆賈之區。"《宋史·天文志二》："車肆二星，在天市門中，主百貨。星不明，則車蓋盡行。明，則吉。客星、彗星守之，天下兵車盡發。《乾象新書》：'在天市垣南門偏東。'"

宗正

星宿名。共二星，在帝座星東南。此稱先秦時期已行用。戰國甘德、石申《甘石星經》卷上："宗正二星，在帝座東南。"《晋書·天文志上》："宗正二星，在帝座東南，宗大夫也。彗星守之，若失色，宗正有事。客星守之，更號令也。"《宋史·天文志二》："宗正二星，在帝坐東南，宗大夫也。"

宗人

星宿名。共四星，在宗正星東。此稱晋代已行用。《晋書·天文志上》："宗人四星，在宗正東，主録親疏享祀。"《宋史·天文志二》："宗人四星，在宗正東，主録親疏享祀。宗族有序，則星如綺文而明正。動，則天子親屬有變。客星守之，貴人死。"

宗星

星宿名。共二星，在候星之東。此稱晋代已行用。《晋書·天文志二》："宗星二，在候星東，宗室之象，帝輔血脉之臣也。客星守之，宗支不和。"《宋史·天文志二》引《乾象新書》："〔宗星〕在宗人北。客星守之，宗支不和。暗，則宗支弱。"宋王柏《薰風歌代壽節齋》詩："紫氣浮浮軫翼間，宗星炯炯銀潢上。"

帛度

星宿名。共二星，位於宗星東北。此稱先秦時期已行用。戰國甘德、石申《甘石星經》："帛度二星在宗星東北，主平量也。"《宋史・天文志二》："帛度二星，在宗星東北，主度量買賣平貨易者《乾象新書》：'在屠肆南。星明大，尺量平，商人不欺。客星、彗星守之，絲綿大貴。'"

天市 2

星宿名。共四星，位於旗星之中。此稱漢代已行用。《史記・天官書》："東北曲十二星曰旗，旗中四星曰天市，中六星曰市樓。"

市樓

星宿名。共六星，位於旗星之中。此稱漢代已行用。《史記・天官書》："旗中四星曰天市，中六星曰市樓。"《宋史・天文志二》："市樓之星，在天市中，臨箕星之上，市府也，主市買律度。"

七公

星宿名。亦稱"天紀"。共七星，在招搖星以東。此稱晋代已行用。《晋書・天文志上》："七公七星，在招搖東，天之相也，三公之相也，主七政。"唐《開元占經・石氏中官占上一・七公占九》："黄帝曰：'七公一名天紀。'"

【天紀】 1

即七公。此稱唐代已行用。見該文。

貫索

星宿名。亦稱"連索""連營""天受""天圍"。在七公星之前，共九星。因其連貫如索，故稱。此稱先秦時期已行用。戰國甘德、石申《甘石星經》卷上："貫索九星，在七公前。"《開元占經・石氏中官占上一・貫索占十》引先秦《黄帝占》曰："'天牢者，賊人之牢也，天下獄律也。'一名連索，一名天受，一名天圍。"《晋書・天文志上》："貫索九星在其（七公）前，賤人之牢也。一曰連索，一曰連營，一曰天牢，主法律，禁暴强也。"

【連索】

即貫索。此稱晋代已行用。見該文。

【連營】

即貫索。此稱晋代已行用。見該文。

【天受】

即貫索。此稱唐代已行用。見該文。

【天圍】

即貫索。此稱唐代已行用。見該文。

天牢 2

即貫索。亦稱"天囷"。此稱先秦時期已行用。唐《開元占經・石氏中官占上一・貫索占十》引先秦《黄帝占》曰："天牢者，賊人之牢也，天下獄律也。"《宋史・天文志二》："貫索九星，在七公星前，賤人之牢也。一曰連索，一曰連營，一曰天牢。"唐李淳風《觀象玩占》："貫索九星，在天市垣外，七公之前，即在七公之南，又稱連索、連營、天囷或天牢。"

【天囷】

即貫索。此稱唐代已行用。見該文。

天紀 2

星宿名。亦稱"紀星"。在貫索星以東，共九星。此稱漢代已行用。《漢書・天文志》："紀星散者山崩，不即有喪……天紀屬貫索。"《晋書・天文志上》："天紀九星，在貫索東，九卿也，主萬事之紀，理怨訟也。明則天下多辭訟，亡則政理壞，國紀亂，散絶則地絶山崩。"又，"女牀三星，在紀星北。"《宋史・天文志二》：

"天紀九星在貫索東，九卿之象，萬事綱紀，主獄訟。"

【紀星】 [2]

即天紀 [2]。此稱漢代已行用。見該文。

女牀

星宿名。共三星，在紀星北。此稱晋代已行用。《晋書·天文志上》："女牀三星，在紀星北，後宮御也，主女事。"《宋史·天文志二》："女牀三星，在天紀北，後宮御女侍從官也，主女事。"

第五節　近南天極星考

　　南天極附近的星象，由於北半球的人不甚留意，我國古代早期無專門命名和記載，但并非毫無觀察。漢武帝元鼎六年（前 111），西漢王朝滅南越國，在百越地區設置了日南等九個郡。日南郡名字的得來是因爲當地位於北回歸綫以南，一年中有近兩個月的時間太陽從北面照射，因而日影在南面，故稱"日南"。《漢書·地理志》顔師古注曰："言其在日之南，所謂開北户以向日者。"酈道元《水經注》則解釋道："區粟（日南被林邑佔領後的名字）建八尺表，日影度南八寸，自此影以南，在日之南，故以名郡。"從酈道元話中，可見當時居日南郡的漢人是很重視天文觀測的，應該能看到南天極附近的某些星象。再比如船底座 α 在中國被稱爲老人星，傳説看到這顆星的人就會長壽，這也恰恰説明北半球其實是不太容易看到南天星座的。由於地球自轉軸不間斷地進動，到了現代，這一部分星空已經移向南方，在北半球大部分地區再也不能看到。

　　南天極附近的南十字星座，在古希臘托勒密時代，地中海地區原可看到，被看作半人馬的脚。14 世紀航海家鄭和下西洋時，曾用這個星座來導航。古代中國人通過長期積纍的航海經驗，掌握了豐富的航海知識，利用天文航海的技術，觀測恒星的高度來定地理緯度，是當時一種利用天文狀況進行測位的航海技術，借以確定船隻所在的地理位置。特別是在深海中，地形水勢難以提供有效的識別，無所憑依，往往以天象來確定航位。《鄭和航海圖》中就附有《過洋牽星圖》，記録在印度洋地區的牽星航海。南天極附近的星象，大多都是 16～17 世紀由拉卡伊等人完成的，那時候人類已經發現了美洲并完成環球航行。明代末期徐光啓根據西方星表和近南極星區描繪的，在所編撰的《崇禎曆書》中，列有南天極附近的星象，并且加上專名和記述，共有二十三個星宿（徐光啓所列每宿的星數

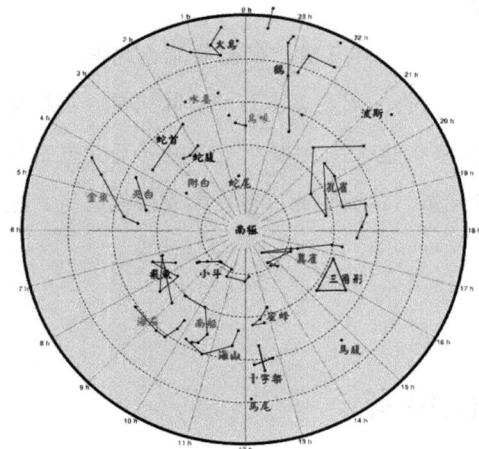

南天極星

爲正星，後人於每宿的星數有所增加，爲增星），至今都在使用，這也是我們早在明代就已經注重吸收西方天文學成就的表現。再比如南十字星座，明代末期的屈大均在《廣東新語》中記載在羅浮山觀星，描述了南門二、馬腹一、幾顆十字架等的星象，說明在古代中國人也有所觀察。徐光啓所編撰的《崇禎曆書》描述了近南極星二十三個星宿，再加上後來人們公認的南天極星，共有二十四個星宿。隨着我們向南極的開發和進行科考等活動，這些南天極星，和我們的關係也在逐步拉近，越來越被我們關注。

　　1928 年，國際天文聯合會的一個專門委員會認定了全部八十八個星座的名稱，劃定了這八十八個星座精確的邊界輪廓，將每一個恒星劃到它所屬的那個星座中去。其中二十九個在天球赤道以北，四十六個在天球赤道以南，跨在天球赤道上的有十三個。這裏介紹的是靠近南天極附近的且與中國明代以來的天文學關係比較密切的一些星宿。這些星宿的名稱和範圍，與國際天文聯合會專門委員會認定的四十六個在天球赤道以南星座雖然有某些聯係，但基本上可以說是兩個各自獨立的不同體系（這裏選用的《近南天極星圖》也是爲說明明末中國人對近南天極星象的認知）。

南極星

　　近現代定名。即南極座 σ，是最靠近南天極的肉眼可見的恒星。白色。它大約偏離南極 1 度。它的位置靠近南半球的天球南極附近，因此被當成目前的南極星。由於地球自轉軸的移動，將來的南極星會被另外一顆靠近南極點亮度比較大一點的星所代替。

海山

　　近現代定名。意謂海和山，屬於船底座、半人馬座、蒼蠅座和船帆座，有正星六顆，增星二顆。海山 [2]（EtaCarinae）星，西方稱爲船底座 η 星，是一個品質非常高的亮藍變星。

十字架

　　近現代定名。四星連接如十字架形，屬於南十字座，有正星四顆。座内的主要亮星十字架一（γ）、十字架二（α）、十字架三（β）及十字架四（δ）組成十字形。南天極附近沒有亮星，將這個"十"字形的一豎向下方一直

十字架星

劃下去，延伸到大約 4.5 倍處，就是南天極。

馬尾

近現代定名。意謂馬的尾巴，屬於半人馬座，有正星三顆。

馬腹

近現代定名。意謂馬的腹部，屬於半人馬座，有正星三顆。

蜜蜂

近現代定名。意謂蜜蜂，屬於蒼蠅座，有正星四顆，增星二顆。

三角形

近現代定名。正星三顆連接似三角形，屬於南三角座，有正星三顆，增星四顆。座內三顆星構成了一個大致的等腰三角形。這個三角形朝北頂角的角平分綫，正指向南天極。

三角形星

异雀

近現代定名。意謂奇异的禽鳥，屬於天燕座和南極座，有正星九顆。

孔雀

近現代定名。意謂美麗的禽鳥孔雀，屬於孔雀座，有正星十一顆，增星四顆。

波斯

現代定名。本爲地名，即今伊朗，本星宿屬於印第安座和望遠鏡座，有正星十一顆。

蛇尾

近現代定名。意謂蛇的尾巴，屬於南極座和水蛇座，有正星四顆。

蛇腹

近現代定名。意謂蛇身體的肚腹部分，屬於水蛇座，有正星四顆。

蛇首

近現代定名。意謂蛇的頭部，屬於水蛇座和網罟座，有正星二顆。

鳥喙

近現代定名。意謂鳥的嘴巴，屬於杜鵑座，有正星七顆，增星一顆。

鶴

近現代定名。意謂仙鶴，屬於天鶴座和杜鵑座，有正星十二顆，增星二顆。

火鳥

近現代定名。即鳳凰屬於鳳凰座和玉夫座，有正星十顆，增星一顆。

水委

近現代定名。意謂蜿蜒的流水，屬於鳳凰座和波江座，有正星三顆。水委 1 是一顆明亮的藍色恒星，水委 1 長期位於地平綫之下，北緯 33 度以北的地區無法觀測到它。

水委星

附白

近現代定名。白所指的就是麥哲倫雲，屬於水蛇座，有正星二顆。

夾白

近現代定名。白所指的就是麥哲倫雲，屬於劍魚座和網罟座，有正星二顆。

金魚

近現代定名。意謂金魚，屬於劍魚座，有正星五顆，增星一顆。

海石

近現代定名。意謂海上的石頭，屬於船底座，有正星五顆，增星三顆。

飛魚

近現代定名。意謂一種會飛的怪魚，屬於飛魚座，有正星六顆。

南船

近現代定名。意謂南天的船，屬於船底座，有正星五顆，增星一顆。船底座 α 在中國被稱爲老人星。

小斗

近現代定名。意謂小北斗星，屬於蝘蜓座，有正星九顆，增星一顆。

第五章　二十八宿說

　　二十八宿和三垣一樣，是中國古代天文學對全天空恒星分類定義的第一級綱目，三垣的位置居中，即以人類所見頭頂上方的天空爲主，二十八宿則分布於環繞四周的天空。二十八宿的系統，并非僅存在於中國古代天文學，印度、巴比倫、阿拉伯都有二十八宿，說明各早期文明之間有所交流借鑒。

　　由於天空中可見恒星的數量很大，所以，一個能够準確涵蓋全天星象的分類系統的建立也需要較長的時間，必定會經過由粗到精的過程。後世定型的三垣和二十八宿之總和，基本包括了所有北半球肉眼可見的恒星，故而可以說它們是中國古代天文學的星象分類系統中的兩個基礎版塊，向下細分，則三垣可分爲三，二十八宿可分爲二十八，以此類推，直至每一顆恒星各有歸屬。但是，要分析三垣—二十八宿系統形成的邏輯脉絡，就必須提及另一個概念"四象"，亦作"四項"。

　　四象是四分法，一分爲四，符合許多自然規律及人類的理解習慣，如四季、四方。因此，人們初次仰望天空并叙述所見時，以東、南、西、北爲定位，幾乎是本能的表達方式。在《書·堯典》等早期文獻中，天文學内容往往都是配合四季、四方，用四分法進行叙述的，後來逐漸演變爲四象，即蒼龍、玄武、白虎、朱雀。在天文學上，三垣、四象、二十八宿究竟以如何的順序生成，還没有一致的定論，甚至很難說它們是否是各自在一個較短的時間段内生成的。可以肯定的是，四象是將二十八宿分爲四組，因此它并不包含三垣中的星，所以也無法用來指稱全天空的恒星。對天文學而言，四象指的是部分恒星，又不如二十八宿細緻，所以直接使用的價值不大，但它祇要配上一個"中"即能與五行說相合，形成各種對應關係。實際上，四象的命名中已經隱含了這種對應，而在長期的使用過程中，天文學和其他學科的結合正以此爲基點，從占星術到軍事、醫學、建築、藝術等等，四象的出現反而遠多於二十八宿。

二十八宿中的東方七宿分別是角、亢、氐、房、心、尾、箕，在四象中爲蒼龍，共有四十六個星座，正星一百八十六顆，增星一百六十八顆。二十八宿的命名，與四象是有對應關係的，如東方七宿取象蒼龍，故首爲龍角，以下依次有亢（吭）、心、尾等均可理解爲龍身上的部位，但如房宿的名稱，與龍的關係就不夠明顯，因此很難說二十八宿是在四象生成定型之後再被細化加工出的產物。二十八宿在天空中的實際排布是首尾銜接呈環形的，在中國古代天文學中，東方七宿被定義爲起始，故角宿就成爲二十八宿第一宿，因此有相對重要的地位。此外，心宿也很受關注，除了"熒惑守心"之外，《書·堯典》中的"日永星火，以正仲夏"，《詩·召南·小星》中的"嘒彼小星，三五在東"，《禮記·月令》季夏之月的"昏火中"，都指心宿而言。

北方七宿分別是斗、牛、女、虛、危、室、壁，在四象中爲玄武，共有六十五個星座，正星四百零八顆，增星四百零七顆。玄爲黑色，五行屬水，故對應北方。玄武本義指龜或龜蛇合體，但與其他三者不同，"武"字本身并非動物名，玄武之名的來歷也有不同的說法，一說以爲龜有甲，故象武士。玄武以斗宿爲始，斗宿六星，連綴起來看，形似酒器斗，因而得名。在紫微垣中，又有更爲著名的七顆排列成斗形的星，也稱爲"斗"，這造成了一定名實上的混亂。通常情況下，對二者進行辨析，根據其相對位置，紫微垣的"斗"稱北斗，北方七宿的"斗"稱南斗。但是所謂南北祇是相對而言，斗宿本屬北方七宿，被稱爲"北斗"也是常事。《詩·小雅·大東》："維南有箕，不可以簸揚。維北有斗，不可以挹酒漿。"這是將東方箕宿與北方斗宿并舉，則斗宿相對在北。因此，在古代文獻中，遇到星名的"斗"，究竟是彼是此尚需具體辨別，而很多詩文本爲虛指，無從追究，也時有古人天文知識稍欠而張冠李戴的誤用現象。北方七宿中的牛、女二宿就是著名的牛郎織女故事的原型，不過故事里的銀河與二十八宿并不相干。

西方七宿分別是奎、婁、胃、昴、畢、觜、參，在四象中爲白虎，共有五十四個星座，正星二百九十七顆，增星四百十顆。二十八宿後來也衍生爲一個更複雜的體系，每宿配以一種動物。另外，五行加日、月合成七種符號，在四象的七個星宿間循環使用。最後，二十八宿各有一名，其格式爲星宿名加日月五行之一加動物名。如西方七宿中有奎木狼、昂日鷄，在《西游記》中都作爲配角不止一次出場。西方七宿中另一個著名的成員是參宿，它和別名商星的心宿在空間位置上正好東西對峙，此出彼没，永不相見，是以詩文中常用"參商"表示睽違離別的意思，而別離恰恰又是古代詩文中重要的題材，所以參商也就成了高頻出現的典故。

　　南方七宿分別是井、鬼、柳、星、張、翼、軫，在四象中爲朱雀，共有四十二個星座，正星二百四十五顆，增星三百三十一顆。這七個星宿的名字多是常用字，置於正常的詩文中每易使人不察，混爲普通辭藻，尤其是其中一宿名"星"，"星宿"二字便有了特指和泛指的區別。唐代王勃的《滕王閣序》開篇便有"星分翼軫，地接衡廬"句，這裏的翼和軫就是南方七宿中的後二宿，意謂滕王閣所在的南昌對應此二宿，這是用到了分野的概念。分野是占星術的主要依據，古人認爲天上和地上發生的事有對應關係，出於預測的需要，就必須將天上的區域與地上的區域作一一匹配，被稱爲分野。具體的作法是將地上的州郡與天上的星宿作關聯，州郡在同一時代是相對固定的，取天上哪些星宿來建立對應關係却各有不同，有用紫微垣之北斗七星的，也有用五大行星或十二次的，但最多的還是用二十八宿。王勃的文章即用《漢書·地理志》之説"楚地翼軫之分野也"，正是南昌所在的位置。後世的地方志也做成定例，在開始介紹當地所屬的分野。

二十八宿

　　亦稱"二十八星""二十八舍""二十八次""廿八躔"。古天文學家將太陽和月亮所經天區（黄道）的恒星分成的二十八個星座，用作觀測日月五星運行之座標，并據以定四時事農耕。此稱先秦已行用。湖北隨縣曾侯乙墓出土戰國初年（葬於公元前 433 年）之漆箱蓋上，已有二十八宿之名。《周禮·春官·馮相氏》："〔掌〕二十有八星之位。"孫詒讓正義："二十八星即二十八宿。"《淮南子·天文訓》：

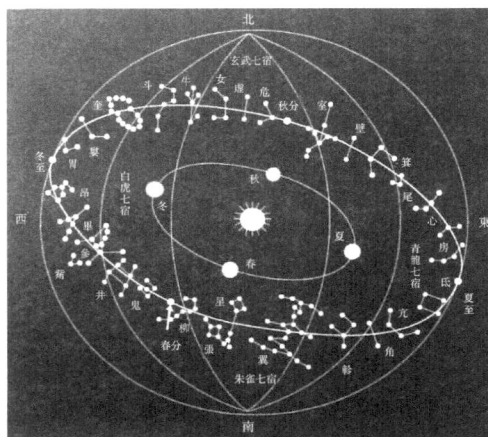

二十八宿

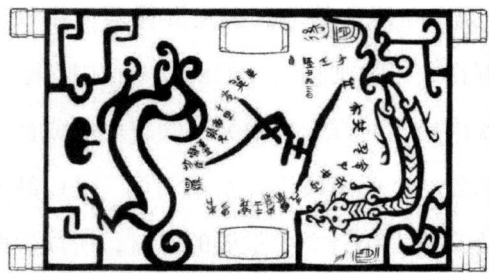

曾侯乙墓漆箱蓋《二十八宿星名圖》

"五星、八風、二十八宿。"高誘注："二十八宿，東方：角、亢、氐、房、心、尾、箕，北方：斗、牛、女、虛、危、室、壁，西方，奎、婁、胃、昴、畢、觜、參，南方：井、鬼、柳、星、張、翼、軫也。"《史記·律書》："七正，二十八舍。"唐司馬貞索隱："二十八宿，七正之所舍也。舍，止也，言日月五星運行，或舍於二十八次之分也。"北周庾信《賀平鄴都表》："二十八宿，止餘吳越一星；千二百國，裁漏麟洲小水。"唐楊炯《唐恒州刺史建昌公王公神道碑》："二十八舍尚有吳越之妖氛，一十三州猶積東南之殺氣。"宋馬永卿《嬾真子》卷三："二十八宿謂之二十八舍，又謂之二十八次。次也，舍也，皆有止宿之意。"宋徐元傑《贈談星葉生》詩："二十八星輪指掌，兩三年事印著龜。"清趙翼《蘇州玄妙觀登三層樓》詩："眼廓三千界，胸羅廿八躔。"

【二十八星】

即二十八宿。此稱先秦時期已行用。見該文。

【二十八舍】

即二十八宿。此稱漢代已行用。見該文。

【二十八次】

即二十八宿。此稱唐代已行用。見該文。

【廿八躔】

即二十八宿。躔，星次。此稱清代已行用。

見該文。

【四七】

即二十八宿。四乘七得二十八，故稱。此稱漢代已行用。《後漢書·劉瑜傳》："蓋諸侯之位，上法四七，垂文炳耀，關之盛衰者也。"李賢注："四七，二十八宿也。諸侯爲天子守四方，猶天之有二十八宿。《漢官儀》曰'天子建侯，上法四七'也。"前蜀杜光庭《蜀王葛仙化祈雨醮詞》："伏以四七在天，垂文定位。三八鎮地，設象分靈。"

四象 [1]

亦稱"四靈"。象，即星的形象。我國古代以四種動物表示天空東西南北四大組星象，謂之四象。約在殷代前後，把春天黃昏出現於南方之若干星想象爲鳥，東方若干星想象爲龍，西方若干星想象爲虎，北方若干星想象爲龜（或龜蛇）。二十八宿體系形成後，則按此四種動物一分爲四，每七宿爲一動物形象。春秋戰國時期，五行說盛行，四象也配以顏色，即爲東方蒼龍、西方白虎、南方朱鳥、北方玄武。漢張衡《靈憲》："蒼龍連蜷於左，白虎猛據於右，朱雀奮翼於前，靈龜圈首於後。"《三輔黃

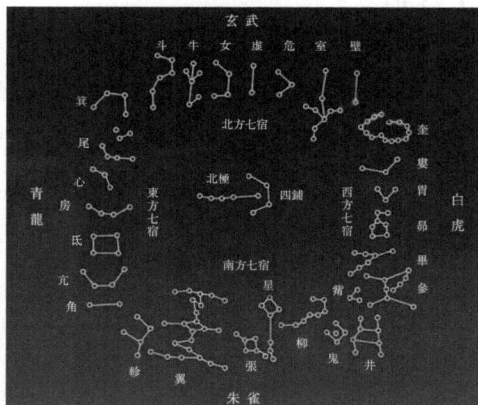

四象二十八星宿

圖》卷三：“蒼龍、白虎、朱雀、玄武，天之四靈，以正四方。”南朝齊謝超宗《齊南郊樂歌·武德宣烈樂》：“四靈晨炳，五緯宵明。”

【四靈】

即四象。此稱南北朝時期已行用。見該文。

【四星】

即四象。此稱漢代已行用。漢王充《論衡·物勢》：“東方木也，其星蒼龍也。西方金也，其星白虎也。南方火也，其星朱鳥也。北方水也，其星玄武也。天有四星之精，降生四獸之體。”

第一節　東方青龍七宿考

青龍，四象之一。古人於春分前後黄昏觀天，將東方七宿聯想爲龍，五色配五方，東方蒼，故名。由角、亢、氐、房、心、尾、箕等七宿組成。於守八卦爲震、巽，於五行主木，象徵四象中的少陽，四季中的春季。漢時讖緯之學興，其象徵含義又增生機、甲乙、仁德三義，漢後道家將其吸納爲護法神，稱爲“孟章神君”。龍乃華夏民族的圖騰，先民意爲皇帝受命於天，威澤四方，龍即成爲中國的象徵。自漢時始，龍又成爲皇帝的象徵。

青龍 [2]

省稱“龍”，亦稱“蒼龍”。此稱漢代已行用。《禮記·曲禮上》：“行，前朱鳥而後玄武，左青龍而右白虎。”孔穎達疏：“前南，後北，左東，右西。朱鳥、玄武、青龍、白虎，四方宿名也。”《左傳·桓公五年》：“龍見而雩。”孔穎達疏：“天官東方之星，盡爲蒼龍之宿。”《史記·天官書》：“東宮蒼龍。”清朱駿聲《説文通訓定聲·豐部》：“龍。按，東方七宿爲蒼龍。”

【龍】

“青龍”之省稱。此稱先秦時期已行用。見該文。

【蒼龍】

即青龍。此稱漢代已行用。見該文。

角宿

星宿名。省稱“角”，亦稱“角星”。東方蒼龍之第一宿，亦爲二十八宿之首。有星兩顆。在室女座。北星小，南星大，聯結起來，形如龍角，故稱。其分野爲鄭地，屬兗州。此稱先秦時期已行用。戰國甘德、石申《甘石星經》：“角爲蒼龍之首，實主春生之權，亦即蒼龍之角也。”《楚辭·天問》：“角宿未旦，曜靈安藏？”《南齊書·天文志上》：“〔永元〕六年正月戊戌，月在角星南，相去三寸。”宋馬永卿《嬾真子》卷一：“五角六張，謂五日遇角宿，六日遇張

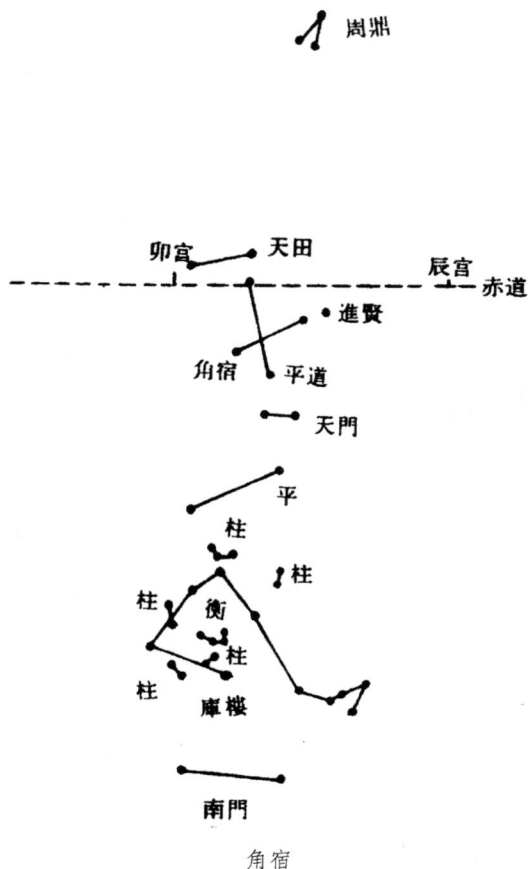

角宿

宿，此兩日作事多不成。"《宋史·天文志三》："按漢永元銅儀，以角爲十三度。而唐開元游儀，角二星十二度。舊經去極九十一度，今測九十三度半。距星正當赤道，其黃道在赤道南，不經角中。今測角在赤道南二度半，黃道復經角中，即與天象合。景祐測驗，角二星十二度，距南星去極九十七度，在赤道外六度，與《乾象新書》合，今從《新書》爲正。"亦爲天區名。按《步天歌》，除主體星座角宿外，尚有平道、天田、進賢、周鼎、天門、平星、庫樓、南門等星座以及庫樓之柱、衡兩個附座。原星四十五顆，增星五十顆。

【角】[1]

"角宿"之省稱。此稱先秦時期已行用。見

該文。

【角星】

即角宿。此稱南北朝時期已行用。見該文。

【龍角】[1]

即角宿。亦稱"辰角""蒼龍角"。因其二星如東方蒼龍之角，故稱。此稱漢代已行用。戰國甘德、石申《甘石星經》："角二星爲天門壽星……蒼龍角也。"《國語·周語中》："夫辰角見而雨畢。"韋昭注："辰角，大辰蒼龍之角。角，星名也。"《史記·天官書》："杓攜龍角。"裴駰集解引孟康曰："杓，北斗杓也。龍角，東方宿也。攜，連也。"清姚鼐《白河》詩："我來辰角見，征衣不挾笠。"

【辰角】

即龍角。此稱先秦時期已行用。見該文。

【蒼龍角】

即龍角。此稱先秦時期已行用。見該文。

【天關】[2]

即角宿。此稱晋代已行用。《晋書·天文志上》："二十八舍，東方，角二星爲天關，其間天門也，其內天庭也。"

【天田】[1]

即角宿。亦稱"天根""赤星""靈星""零星"。亦特指角宿之左角，即角宿一。此稱先秦時期已行用。《開元占經·東方七宿占一·角一》引戰國甘德、石申《甘石星經》曰："角，一名天田，一名天根，右角爲尉，左角爲獄。"《史記·封禪書》："其令郡國縣立靈星祠。"裴駰集解引張晏曰："龍星左角曰天田，則農祥也。晨見而祭。"按，龍星指東方蒼龍七宿，其角即角宿，左角即角宿一。又《孝武本紀》："薄忌泰一及三一、冥羊、馬行、赤星，五，寬舒之祠官以歲時致禮。”司馬貞索隱：“赤星即上靈星祠也。靈星，龍左角，其色赤，故曰赤星。”《後漢書·高句驪傳》：“好祠鬼神、社稷、零星。”李賢注引《前書音義》：“龍星左角曰天田，則農祥也。辰日祠以牛，號曰零星。”

【天根】[1]

即天田[1]。此稱先秦時期已行用。見該文。

【赤星】[2]

即天田[1]。其色赤，故稱。此稱漢代已行用。見該文。

【靈星】

即天田[1]。舊謂主稼穡，人祭之以爲神靈，故稱。此稱漢代已行用。見該文。

【零星】

即天田[1]。此稱漢代已行用。見該文。

庫樓

星宿名。省稱“庫”，亦稱“天庫樓”“天庫”。共十星，屬角宿。此稱漢代已行用。《史記·天官書》：“軫南衆星曰天庫樓，庫有五車。”唐張守節正義：“天庫一星，主太白，秦也，在五車中。”漢王褒《九懷》：“抽庫婁分酌醴。”洪興祖補注：“庫樓十星，六大星爲庫，南四星爲樓，在角南。一曰天庫，兵車之府也。”

【庫】

“庫樓”之省稱。此稱漢代已行用。見該文。

【天庫樓】

即庫樓。此稱漢代已行用。見該文。

【天庫】[1]

即庫樓。此稱唐代已行用。見該文。

南門

星宿名。共二星，在庫樓星南，屬角宿。南門二爲距地球最近之恒星。此稱漢代已行用。《史記·天官書》：“亢爲疏廟，主疾。其南北兩大星，曰南門。”張守節正義：“南門二星，在庫樓南，天之外門。”

柱[2]

星宿名。共十五星，屬角宿。三個一組，分作五組，散聚在庫樓星南北，如支撐天樓之柱，故稱。此稱晉代已行用。《晉書·天文志上》：“庫樓十星……旁十五星，三三而聚者，柱也。”

衡[3]

星宿名。共四星，在五柱中央，屬角宿。此稱晉代已行用。《晉書·天文志上》：“〔庫樓〕旁十五星三三而聚者，柱也。中央四小星，衡也，主陳兵。”參見“柱”。

平星

星宿名。共二星，在庫樓星北，屬角宿。此稱晉代已行用。《晉書·天文志上》：“平星二星，在庫樓北，一平天下之法獄事，廷尉之象也。”隋李播《天文大象賦》：“置平星以決獄，列騎官而衛闈。”

平道

星宿名。共二星，在左右角宿之間，屬角宿。此稱晉代已行用。《晉書·天文志上》：“左右角間二星曰平道之官。”《宋史·天文志三》：“平道二星，在角宿間，主平道之官。”

天田[2]

星宿名。共二星，在角宿北，屬角宿。此稱宋代已行用。《宋史·天文志三》：“天田二星，在角北，主畿內封域。”

天門[1]

星宿名。共二星，在平星以北，屬角宿。

此稱先秦時期已行用。戰國甘德、石申《甘石星經》："天門二星在左角南，主天門侍宴應對之所。"《晉書・天文志上》："天門二星，在平星北。"《宋史・天文志三》："天門二星，在平星北……星明，萬方歸化；暗，則外兵至。"

進賢

星名。在平道星以西，一星，屬角宿。此稱晉代已行用。《晉書・天文志上》："平道西一星曰進賢，主卿相舉逸才。"《宋史・天文志三》："進賢一星，在平道西，主卿相舉逸材。明，則賢人用；暗，則邪臣進。"

周鼎

星宿名。亦稱"鼎足星"。共三星，狀如鼎足，屬角宿。此稱先秦時期已行用。戰國甘德、石申《甘石星經》："周鼎三星，足狀，云鼎足星，在攝提大角西，主神鼎。"《宋史・天文志三》："周鼎三星，在角宿上，主流亡。星明，國安；不見，則運不昌；動搖，國將移。"

【鼎足星】

即周鼎。此稱先秦時期已行用。見該文。

天門 [2]

角宿二星間的天區。此稱漢代已行用。《史記・天官書》："蒼帝行德，天門爲之開。"司馬貞索隱："天門，即左右角間也。"《宋史・天文志三》："東方：角宿二星，爲天關，其間天門也，其內天庭也。"

亢宿

星宿名。省稱"亢"。東方蒼龍七宿之第二宿。亢，喉嚨。位於蒼龍之喉，故稱。有星四顆，在室女座。其分野爲鄭地，屬兗州。此稱宋代已行用。《史記・律書》："南至於亢。亢者，言萬物亢見也。"隋丹元子《步天歌》："亢，四星恰似彎弓狀，大角一星直向上。"《宋史・天文志三》："亢宿四星，爲天子內朝，總攝天下奏事。"又"亢宿四星，漢永元銅儀十度，唐開元游儀九度。舊去極八十九度，今九十一度半。景祐測驗，亢九度，距南第二星去極九十五度"。亦爲天區名。按《步天歌》，除主體星座亢宿外，尚有大角、折威、攝提、頓頑、陽門等。原星二十二顆，增星三十二顆。

【亢】

"亢宿"之省稱。此稱漢代已行用。見該文。

【疏廟】

即亢宿。亦稱"天府""天庭"。因亢四星排列如廟庭，故稱。此稱漢代已行用。戰國甘德、石申《甘石星經・亢宿》："亢四星，名天府，一名天庭，總領四海。"《史記・天官書》："亢爲疏廟，主疾。"司馬貞索隱："《元命苞》曰：'亢四星爲朝廷。'又《文耀鈎》'爲疏廟'，宋均以爲：'疏，外也；廟，或爲朝也。'"張守

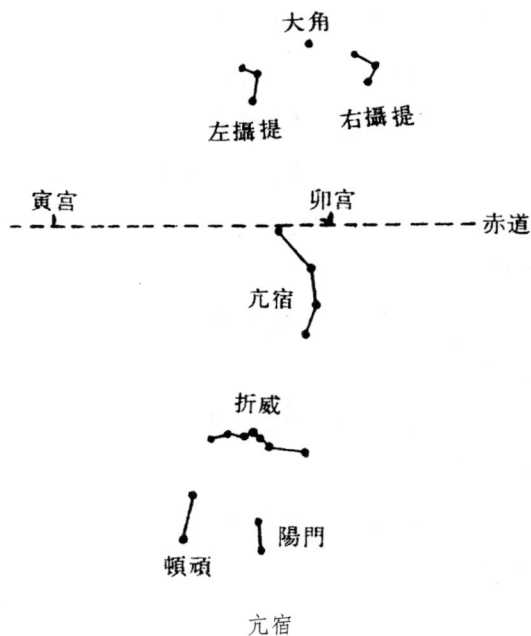

亢宿

節正義：“聽政之所也。”《宋史·天文志三》：“亢宿四星……一曰疏廟，主疾疫。”

【天府】 [2]

即疏廟。此稱先秦時期已行用。見該文。

【天庭】

即疏廟。此稱先秦時期已行用。見該文。

大角

星名。亦作“太角”，亦稱“天棟”“棟星”“格”“漢星”。一星，位於左右攝提間，屬亢宿。全天第四亮星，北天第一亮星。天上最亮之紅巨星。古法，角宿從大角算起，其與角宿二星形成牛首狀，因其甚亮，故列爲二十八宿之首。後因其入亢宿 2.5 度，遂將其列入亢宿。此稱先秦已行用。《開元占經·石氏中官占上一·大角占二》引戰國甘德、石申《甘石星經》曰：“大角一星在攝提間，一名格，一名漢星。”《史記·天官書》：“大角者，天王帝庭。”張守節正義：“大角一星，在兩攝提間，人君之象也。”漢劉向《說苑·辨物》：“星茀太角，太角以亡。”《晋書·天文志上》：“大角在攝提間。大角者，天王座也。又爲天棟，正經紀也。”《廣雅·釋天》：“大角謂之棟星。”

【太角】

同“大角”。此體漢代已行用。見該文。

【天棟】

即大角。此稱晋代已行用。見該文。

【棟星】

即大角。此稱三國時期已行用。見該文。

【格】

即大角。此稱先秦時期已行用。見該文。

【漢星】

即大角。此稱先秦時期已行用。見該文。

折威

星宿名。共七星，屬亢宿。此稱晋代已行用。《晋書·天文志上》：“亢南七星曰折威，主斬殺。”《宋史·天文志三》：“折威七星，在亢南，主斬殺，斷軍獄。”

攝提 [2]

星宿名。亦稱“環樞”“天樞”“闕丘”“致法”“三老”“天鈇”“天獄”“天楯”“天武”“天兵”“闕兵”。共六星，屬亢宿。分列大角兩旁，左三星爲左攝提，右三星爲右攝提。此稱先秦時期已行用。《開元占經·石氏中官占上一·攝提占一》引戰國甘德、石申《甘石星經》曰：“攝提六星夾大角。一名環樞，一名天樞，一名闕丘，一名致法，一名三老，一名天鈇，一名天獄，一名天楯，一名天武，一名天兵。”《史記·天官書》：“〔大角〕兩旁，各有三星，鼎足勾之，曰攝提。攝提者，直斗杓所指以建時節，故曰‘攝提格’。”司馬貞索隱：“攝提之言携提也。言提斗携角以接於下也。”《北堂書鈔》卷一五○引漢劉叡《荆州占》曰：“攝提，一名環樞，一名闕兵。”元郝經《緯元行》：“綱紀梁棟兩攝提，招搖玄弋動光輝。”明徐渭《春興》詩之三：“二月四日吾以降，攝提尚復指蒼龍。”

【環樞】

即攝提。此稱先秦時期已行用。見該文。

【天樞】 [3]

即攝提。此稱先秦時期已行用。見該文。

【闕丘】 [1]

即攝提。此稱先秦時期已行用。見該文。

【致法】

即攝提。此稱先秦時期已行用。見該文。

【三老】

　　即攝提。此稱先秦時期已行用。見該文。

【天鈇】

　　即攝提。此稱先秦時期已行用。見該文。

【天獄】[1]

　　即攝提。此稱先秦時期已行用。見該文。

【天楯】

　　即攝提。此稱先秦時期已行用。見該文。

【天武】

　　即攝提。此稱先秦時期已行用。見該文。

【天兵】

　　即攝提。此稱先秦時期已行用。見該文。

【闕兵】

　　即攝提。此稱漢代已行用。見該文。

陽門[1]

　　星宿名。共二星，在庫樓星東北，屬亢宿。此稱晋代已行用。《晋書・天文志上》："〔庫樓〕東北二星曰陽門，主守隘塞也。"《宋史・天文志三》："陽門二星，在庫樓東北，主守隘塞，禦外寇。"

頓頑[1]

　　星宿名。共二星，在折威星東南，屬亢宿。此稱晋代已行用。《晋書・天文志上》："頓頑二星，在折威東南，主考囚情狀，察詐僞也。"

氐宿

　　星宿名。亦稱"氐"。東方蒼龍七宿之第三宿。有星四顆，在天秤座。氐，胸也，位於蒼龍之胸，故稱。其分野爲宋，屬豫州。此稱漢代已行用。漢京房《京氏易傳》："五星從位起鎮星，氐宿從位戊辰。"《南齊書・天文上》："〔永明〕五年三月庚子，月在氐宿蝕。"《禮記・月令》"季冬之月，旦氐中。"戰國甘

德、石申《甘石星經》："氐，胸也；位於蒼龍之胸。"《史記・律書》："南至於氐。氐者，占萬物皆至也。"《宋史・天文志三》："氐宿四星，爲天子舍室，后妃之府，休解之房。"又，"按漢永元銅儀，唐開元游儀，氐宿十六度，去極九十四度。景祐測驗與《乾象新書》皆九十八度"。亦爲天區名。按《步天歌》除主體星座氐宿外，尚有天乳、招搖、梗河、帝席、亢池、騎官、陣車、車騎、天輻、騎陣將軍等星座。原星五十四顆，增星四十三顆。

【氐】

　　即氐宿。此稱先秦時期已行用。見該文。

【天根】[2]

　　即氐宿。亦稱"天符""本"。此稱先秦

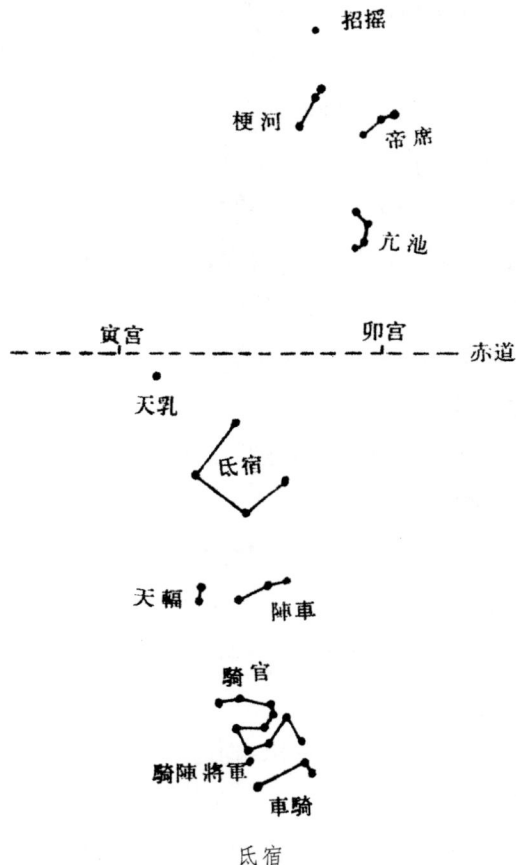

氐宿

時期已行用。戰國甘德、石申《甘石星經·氐宿》："氐四星爲天宿宫。一名天根，一名天符。"《爾雅·釋天》："天根，氐也。"郭璞注："角亢下繫於氐，若木之有根。"《史記·天官書》："氐爲天根，主疫。"唐皎然《同薛員外誼久旱感懷寄兼呈上楊使君》詩："秋郊天根見，我疆看稼穡。"亦指亢氐間之天區。《國語·周語中》："天根見而水涸，本見而草木節解。"韋昭注："天根，亢氐之間……本，氐也。"

【天符】

即天根。此稱先秦時期已行用。見該文。

【本】

即天根。此稱先秦時期已行用。見該文。

【天廟】[1]

即氐宿。亦稱"天府"。此稱先秦時期已行用。《開元占經·東方七宿占一·氐宿三》引戰國甘德、石申《甘石星經》曰："氐，天子行宫也。一名天廟，一名天府。"

【天府】[3]

即天廟。此稱先秦時期已行用。見該文。

天乳

星名。有一星，屬氐宿。此稱先秦時期已行用。戰國甘德、石申《甘石星經》："天乳一星，在氐東北。"隋李播《天文大象賦》："陳雷擊乎其南，天乳滋乎其北。"《宋史·天文志三》："天乳一星，在氐東北，當赤道中。明，則甘露降。"

騎陣將軍

星名。亦稱"將軍"。有一星，屬氐宿。此稱晉代已行用。《晉書·天文志上》："〔騎官〕東端一星騎陣將軍，騎將也。"《宋史·天文志三》："將軍一星，騎將也，在騎官東南，總領車騎軍將、部陣行列。"

【將軍】

即騎陣將軍。此稱宋代已行用。見該文。

招摇 [2]

星名。亦稱"矛""矛盾""天矛""矛楯""常陽"。有一星，屬氐宿。此稱漢代已行用。《史記·天官書》："杓端有兩星：一内爲矛，招摇；一外爲盾，天鋒。"裴駰集解引三國魏孟康曰："近北斗者招摇，招摇爲天矛。"《北堂書鈔》卷一五〇引《天官星占》曰："招摇者，常陽也，一名矛盾。"《晉書·天文志上》："其北一星曰招摇，一曰矛楯。"《宋史·天文志三》："招摇一星，在梗河北，主北兵。"

【矛】

即招摇。此稱漢代已行用。見該文。

【矛盾】

即招摇。此稱漢代已行用。見該文。

【天矛】[1]

即招摇。此稱三國時期已行用。見該文。

【矛楯】

即招摇。此稱晉代已行用。見該文。

【常陽】

即招摇。此稱漢代已行用。見該文。

帝席

星宿名。共三星，屬氐宿。此稱晉代已行用。《晉書·天文志上》："〔大角〕北三星曰帝席，主宴獻酬酢。"《宋史·天文志三》："帝席三星，在大角北，主宴獻酬酢。"

亢池

星宿名。共六星，屬氐宿。此稱先秦時期已行用。戰國甘德、石申《甘石星經》卷上："亢池六星，在亢北，主度送迎之事。"《宋史・天文志三》：“亢池六星，在亢宿北。亢，舟也；池，水也。主渡水，往來送迎。”

騎官

星宿名。亦稱“輕能”。共二十七星，屬氐宿。此稱先秦時期已行用。《開元占經・石氏外官・騎官星占四》引戰國甘德、石申《甘石星經》曰：“騎官一名輕能，星衆天下安，星少騎士畔。”《史記・天官書》：“房南衆星曰騎官。”《晋書・天文志上》：“騎官二十七星，在氐南，若天子武賁，主宿衞。”《魏書・張淵傳》：“庫樓炯炯以灼明，騎官騰驤而富足。”注：“騎官二十七星在氐南。騎官典乘，故曰騰驤也。”

【輕能】

即騎官。此稱先秦時期已行用。見該文。

梗河

星宿名。亦稱“天矛”“天鋒”“梗柯”。共三星。屬氐宿。此稱先秦時期已行用。戰國甘德、石申《甘石星經》卷上：“梗河三星。梗在大角帝座北，主天子鋒，又主胡兵及喪。訣曰：梗河，雲也。相去吉，相向兵起。”《晋書・天文志上》：“北三星曰梗河，天矛也。一曰天鋒，主胡兵。又爲喪，故其變動應以兵喪也。”《宋史・天文志三》：“梗河三星，在帝席北，天矛也，一曰天鋒。”清徐發《天元曆理》：“河當作柯，甲仗之屬。”

【天矛】[2]

即梗河。此稱晋代已行用。見該文。

【天鋒】[2]

即梗河。此稱晋代已行用。見該文。

【梗柯】

即梗河。此稱清代已行用。見該文。

車騎

星宿名。即亦稱“車騎將軍星”。共三星，屬氐宿。此稱先秦時期已行用。戰國甘德、石申《甘石星經》卷上：“車騎三星在騎官南，總領車騎行軍之事。”又，“車騎將軍星，在騎官東南，主車騎將軍之官”。漢張衡《周天大象賦》：“頓頑司於五聽，車騎參於八屯。”《晋書・天文志上》：“〔騎官〕南三星，車騎，車騎之將也。”

【車騎將軍星】

即車騎。此稱先秦已行用。見該文。

陣車

星宿名。共三星，屬氐宿。此稱先秦時期已行用。戰國甘德、石申《甘石星經》卷上：“陣車三星在氐南，主革車兵車。”《晋書・天文志上》：“陣車三星，在騎官東北，革車也。”

天輻

亦作“天福”。星宿名。共二星，屬氐宿。此稱宋代已行用。《隋書・天文志上》：“房西二星南北列，曰天福，主乘輿之官。”《宋史・天文志三》：“天輻二星，在房西斜列。主乘輿，若《周官》巾車官也。近尾，天下有福……一作天福。”

【天福】

同“天輻”。此體隋代已行用。見該文。

房宿

星宿名。省稱“房”，亦稱“房星”。東方蒼龍七宿之第四宿。有星四顆，在天蝎座。其分野爲宋，屬豫州。此稱宋代已行用。《史記・律書》：“南至於房。房者，言萬物門户也，至於門則出矣。”漢王逸注《楚辭・遠游》“奇傅説之託辰星兮”曰：“辰星，房星。東方之宿，蒼龍之體也。"《國語·周語上》"農祥晨正"三國吳韋昭注："農祥，房星也。"《晋書·天文志上》"房星明，則王者明。"《宋史·天文志三》："房宿四星爲明堂，天子布政之宫也。"又"按漢永元銅儀、唐開元游儀，房宿五度。舊去極百八度，今百十度半"。亦爲天區名。按《步天歌》，除主體星座房宿外，尚有鍵閉、罰星、東咸、西咸、日星、從官等星座以及房宿之附座鈎鈐星座。原星二十一顆，增星十五顆。

【房】

"房宿"之省稱。此稱漢代已行用。見該文。

【房星】

即房宿。此稱漢代已行用。見該文。

【農祥】

即房宿。早晨看到房宿正中於午，正是立春之日，爲農事之祥候，故稱。此稱先秦時期已行用。《國語·周語上》"農祥晨正"韋昭注："農祥，房星也。晨正，謂立春之日，晨中於午也。農事之候，故曰農祥也。"又《周語下》："月之年在辰馬，農祥也。"韋昭注："祥，猶象也。房星晨正，而農事起焉，故謂之農祥。"《文選·張衡〈東京賦〉》："及至農祥晨正，土

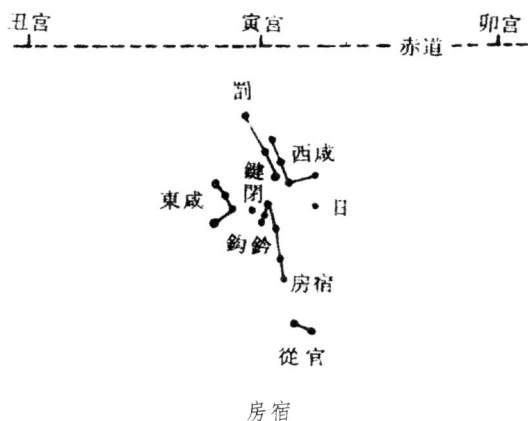

房宿

膏脉起。"張銑注："房星正月中，晨見南方，農之祥候也。"宋蘇軾《元祐三年春貼子詞皇帝閣》："蒼龍挂闕農祥正，父老相呼看耤田。"

【四輔】[3]

即房宿。房星四顆，如輔佐心宿，故稱。此稱漢代已行用。《史記·天官書》："犯四輔，輔臣誅。"司馬貞索隱："四輔，房四星也。所以輔心，故曰四輔。"

【辰星】[2]

即房宿。亦稱"辰明""辰精"。房宿爲大辰，故稱。此稱先秦時期已行用。《楚辭·遠游》："奇傅説之託辰星兮，羨韓衆之得一。"漢王逸注："辰星，房星。東方之宿，蒼龍之體也。"南朝宋顏延之《車駕幸京口侍游蒜山作詩》："宅道炳星緯，誕曜應辰明。"南朝齊王儉《褚淵碑文》："辰精感運，昂靈發祥。"

【辰明】

即辰星。此稱南北朝時期已行用。見該文。

【辰精】

即辰星。此稱南北朝時期已行用。見該文。

【小武星】

即房宿。亦名"天免""安周""細爽星""能星""鈎星""句星""鼎星""小霜""音黄""歲咸吳龍"。此稱漢代已行用。唐《開元占經·辰星占一·辰星名主一》引漢郗萌曰："辰星（房宿）七名：小武星、天免、安周、細爽星、能星、鈎星。"又引漢劉叡《荆州占》："辰星一曰句星，一曰鼎星，一曰小霜，一曰音黄，一曰歲咸吳龍。"

【天免】

即小武星。此稱漢代已行用。見該文。

【安周】

　　即小武星。此稱漢代已行用。見該文。

【細爽星】

　　即小武星。此稱漢代已行用。見該文。

【能星】[2]

　　即小武星。此稱漢代已行用。見該文。

【鈎星】[2]

　　即小武星。此稱漢代已行用。見該文。

【句星】[2]

　　即小武星。此稱漢代已行用。見該文。

【鼎星】

　　即小武星。此稱漢代已行用。見該文。

【小霜】

　　即小武星。此稱漢代已行用。見該文。

【音黄】

　　即小武星。此稱漢代已行用。見該文。

【歲咸吴龍】

　　即小武星。此稱漢代已行用。見該文。

【龍角】[2]

　　即房宿。此稱漢代已行用。《北堂書鈔》卷一五〇引漢佚名《春秋運斗樞》曰：“房爲龍角，月蝕則見於大辰。”

【天駟】[1]

　　即房宿。亦稱“駟”“天馬”“天旗”“天厩”“天市”“天街”“天燕”“天倉”“天表”“天龍”“房駟”。古以房宿爲天馬，故稱。此稱先秦已行用。《開元占經·東方七宿占一·房宿四》引戰國甘德、石申《甘石星經》：“房爲天府，一曰天馬，或曰天駟，一名天旗，一名天厩，一名天市，一名天街，一名天燕，一名天倉，一名天表，一名天龍。”《國語·周語中》：“駟見而隕霜。”韋昭注：“駟，天駟，房

星也。”《國語·周語下》：“昔武王伐殷，歲在鶉火，月在天駟。”韋昭注：“天駟，房星也。”《史記·天官書》：“房爲府，曰天駟。”宋范仲淹《天驥呈才賦》：“厥生也，足比乎房駟之異；其來也，寧憚乎渥洼之遠。”清錢謙益《以頂骨飲器勸酒次秀才韵》：“酒旗已分臨天駟，飲器休辭倒月氏。”

【駟】

　　即天駟。此稱先秦時期已行用。見該文。

【天馬】

　　即天駟。此稱先秦時期已行用。見該文。

【天旗】[1]

　　即天駟。此稱先秦時期已行用。見該文。

【天厩】[1]

　　即天駟。此稱先秦時期已行用。見該文。

【天市】[3]

　　即天駟。此稱先秦時期已行用。見該文。

【天街】[1]

　　即天駟。此稱先秦時期已行用。見該文。

【天燕】

　　即天駟。此稱先秦時期已行用。見該文。

【天倉】[1]

　　即天駟。此稱先秦時期已行用。見該文。

【天表】

　　即天駟。此稱先秦時期已行用。見該文。

【天龍】

　　即天駟。此稱先秦時期已行用。見該文。

【房駟】

　　即天駟。此稱宋代已行用。見該文。

【馬祖】

　　即房宿。亦稱“馬星”“龍馬”“馬王”。古以房星爲天馬之神，故稱。此稱先秦時期已行

用。《周禮·夏官·校人》：“春祭馬祖。”鄭玄注：“馬祖，天駟（房星）也。《孝經説》曰：‘房爲龍馬。’”晋干寶《搜神記》卷一四：“案《天官》，辰爲馬星。《蠶書》曰：‘月當大火，則浴其種。’是蠶與馬同氣也。《周禮》教人職掌‘禁原蠶者’，注云：‘物莫能兩大。禁原蠶者，爲其傷馬也。’”清富察敦崇《燕京歲時記·祭馬王》：“馬王者，房星也。凡營伍中及蓄養車馬人家，均於六月二十三日祭之。”

【馬星】

即馬祖。此稱晋代已行用。見該文。

【龍馬】

即馬祖。此稱先秦時期已行用。見該文。

【馬王】

即馬祖。此稱清代已行用。見該文。

鍵閉

星名。亦稱“害”。有一星，屬房宿。此稱先秦時期已行用。戰國甘德、石申《甘石星經》：“鍵閉星在房東北，主管籥。星不欲明，明則内亂，門扉不禁。”《史記·天官書》：“〔房宿〕旁有兩星曰衿；北一星曰舝。”唐張守節正義：“《説文解字》云：‘害，車軸耑鍵也，兩相穿背也。’《星經》云：‘鍵閉一星，在房東北，掌管籥也。’”《宋史·天文志三》：“鍵閉一星，在房東北，主關籥。明，吉；暗，則宮門不禁。”一説，有二星。參閱《星辰考源》。

【害】

即鍵閉。此稱漢代已行用。見該文。

鈎鈐

星宿名。省稱“衿”。有二星，房星之附座，屬房宿。此稱漢代已行用。《史記·天官書》：“〔房宿〕旁有兩星曰衿；北一星曰舝。”

司馬貞索隱引漢佚名《春秋元命包》云：“鈎鈐兩星，以閑防，神府闓舒，爲主鈎距，以備非常也。”《漢書·天文志》：“其後熒惑守房之鈎鈐。鈎鈐，天子之御也。”《晋書·天文志上》：“又北二小星曰鈎鈐，房之鈐鍵，天之管籥，主閉鍵天心也。明而近房，天下同心。房鈎鈐間有星及疏坼，則地動河清。”

【衿】

“鈎鈐”之省稱。此稱漢代已行用。見該文。

天建

星名。鈎鈐之一。屬房宿。此稱先秦時期已行用。戰國甘德、石申《甘石星經》：“鈎鈐二星主法，去房宿七寸。第一名天建，第二名天宫。”

天宫

星名。鈎鈐之一。屬房宿。此稱先秦時期已行用。見“天建”文。

兩咸

星宿名。亦稱“二咸”“大明”。東咸、西咸之合稱。東咸、西咸各有四星，屬房宿。此稱先秦已行用。戰國甘德、石申《甘石星經》：“東咸、西咸各有四星……兩咸爲日月五星之中道也。”南朝宋張鏡《觀象賦》：“二咸防奢，七公理獄。”《開元占經·石氏中官占上一·東西咸占二十一》引《黄帝占》曰：“東、西咸一名大明。”《宋史·天文志三》：“東咸、西咸各四星，東咸在心北，西咸在房西北，日、月、五星之道也……東咸近鈎鈐，有讒臣入。西咸近上及動，有知星者入。”

【二咸】

即兩咸。此稱南北朝時期已行用。見該文。

【大明】[3]

即兩咸。此稱先秦時期已行用。見該文。

東咸

星宿名。有四星，在心宿之北，屬房宿。此稱先秦時期已行用。見"兩咸"文。

西咸

星宿名。有四星，在房星西北，屬房宿。此稱先秦時期已行用。見"兩咸"文。

罰[2]

星宿名。共三星，屬房宿。此稱先秦時期已行用。戰國甘德、石申《甘石星經》卷上："罰三星，在東咸、西咸下西北而列。"《宋史・天文志三》："罰三星，在東、西咸正南，主受金罰贖。曲而斜列，則刑罰不中。"

日[2]

星名。在房宿之西、氐宿之東，一星，屬房宿。此稱先秦已行用。戰國甘德、石申《甘石星經》："日一星，在房之西，氐之東。日生於東，故於是在焉。"《宋史・天文志三》："日一星，在房宿南，太陽之精，主昭明令德。"

從官[2]

星宿名。有二星，屬房宿。此稱晉代已行用。《晉書・天文志上》："從官二星，在積卒西北。"《宋史・天文志三》："從官二星，在房宿西南，主疾病巫醫。"

心宿

星宿名。省稱"心"，亦稱"心星""鶉火""心火"。東方蒼龍七宿之第五宿。有星三顆，在天蝎座，中星極大而紅亮，爲夏夜之標志星。古據以測候，其分野爲宋，屬豫州。此稱宋代已行用。戰國甘德、石申《甘石星經》："心名鶉火，心星見於東方，爲夏令之首月，故

心宿

名之大火。"《史記・律書》："南至於心，言萬物始生有華心也。"南朝陳徐陵《廣州刺史歐陽頠德政碑》："若夫岳鎮龍蟠，星懸鶉火，衡山誕其高德，湘水降其清輝。"《晉書・孫惠傳》："夫心火傾移，喪亂可必。"宋范鎮《東齋記事》卷二："是冬，日食心宿。"宋許翰《因時立政疏》："然《堯典》所謂'日永星火，以正仲夏'，《豳詩》所謂'七月流火，九月授衣'，凡稱火者皆心星也。"《宋史・天文志三》："按漢永元銅儀，唐開元游儀，心三星皆五度，去極百八度。景祐測驗，心三星五度，距西第一星去極百十四度。"亦爲天區名。按《步天歌》，除主體星座心宿外，尚有積卒星座。原星十五顆，增星十一顆。

【心】

"心宿"之省稱。此稱先秦時期已行用。見該文。

【心星】

即心宿。此稱先秦時期已行用。見該文。

【鶉火】[1]

即心宿。此稱先秦時期已行用。見該文。

【心火】

即心宿。此稱晉代已行用。見該文。

【大蕊】

即心宿。蕊，花心，借指心宿。此稱先秦時期已行用。《管子·輕重己》：“秋至而禾熟，天子祀於大蕊。”

【商星】

即心宿。亦稱“商”“閼伯”。此稱先秦時期已行用。據《左傳·昭公元年》載，高辛氏二子閼伯、實沈不睦，堯因將其遷於兩地，使不相見。“遷閼伯於商丘，主辰，商人是因，故辰爲商星”。《漢書·五行志上》：“堯時有閼伯，民賴其德，死則以爲火祖，配祭火星。”《漢書·律曆志下》：“大火，閼伯之星也。”三國魏曹植《與吳季重書》：“面有逸景之速，別有參商之闊。”唐杜甫《贈衛八處士》詩：“人生不相見，動如參與商。”

【商】

即商星。此稱三國時期已行用。見該文。

【閼伯】

即商星。此稱漢代已行用。見該文。

【大火】[1]

即心宿。亦稱“龍火”“火曜”。此稱先秦時期已行用。戰國甘德、石申《甘石星經》：“心星見於東方，爲夏令之首月，故名之大火。”《爾雅·釋天》：“大火謂之大辰。”郭璞注：“大火，心也。在中最明，故時候主焉。”晋陸雲《喜霽賦》：“四時逝而代謝兮，大火忽其西流；年冉冉其易頹兮，時靡靡而難留。”《文選·張協〈七命〉》：“龍火西頹，喧氣初收。”劉良注：“龍火，火星，秋則西南見也。”南朝齊謝朓《七夕賦》：“金祇司矩，火曜方流。”唐駱賓王《秋日餞尹大往京》序：“于時兔華東上，龍火西流。”唐李白《酬張卿夜宿南陵見贈》詩：

“當君相思夜，火落金風高。”王琦注：“火，大火也，即心星。”

【龍火】

即大火。因其名火星，屬東方蒼龍七宿，故稱。此稱晋代已行用。見該文。

【火曜】

即大火。此稱南北朝時期已行用。見該文。

【大辰】[1]

即心宿。省稱“辰”，亦稱“天司空”“火辰”。此稱先秦時期已行用。《開元占經·東方七宿占一·心宿五》引戰國甘德、石申《甘石星經》：“心爲天相，一名大辰，一名大火，一名天司空。”《左傳·昭公元年》：“后帝不臧，遷閼伯於商丘，主辰。”杜預注：“辰，大火也。”《公羊傳·昭公十七年》：“大辰者何？大火也。大火爲大辰，伐爲大辰，北辰亦爲大辰。”《爾雅·釋天》：“大火謂之大辰。”郭璞注：“大火，心也。在中最明，故時候主焉。”《文選·陸機〈答賈謐〉詩》：“在漢之季，皇綱幅裂。火辰匿暉，金虎曜質。”呂延濟注：“火辰，心星也。明則天下和平，暗則天下喪亂。”《新唐書·曆志三上》：“自羲和以來，火辰見伏，三睹厥變。”

【辰】[3]

即大辰。此稱先秦時期已行用。見該文。

【天司空】[1]

即大辰。此稱先秦時期已行用。見該文。

【火辰】

即大辰。此稱晋代已行用。見該文。

【火星】[2]

即心宿。省稱“火”，亦稱“星火”。指心宿之第二星，亦借指心宿。因其紅亮如火，故稱。此稱唐代已行用。《書・堯典》：“日永星火，以正仲夏。”《詩・豳風・七月》：“七月流火，九月授衣。”《左傳・昭公四年》：“火出而畢賦。”唐高適《奉酬北海李太守丈人夏日平陰亭》詩：“春野變木德，夏天臨火星。”

【火】[3]

“火星[2]”之省稱。此稱先秦時期已行用。見該文。

【星火】

即火星[2]。此稱先秦時期已行用。見該文。

【明堂】[2]

即心宿。此稱漢代已行用。《史記・天官書》：“心爲明堂，大星天王。”

前星

星名。心宿三星中前面的一星（即心宿一）。此稱漢代已行用。《漢書・五行志》：“心，大星，天王也。其前星，太子；後星，庶子也。”南朝梁沈約《胤雅》：“前星比耀，克隆萬壽。”唐李白《商山四皓》詩：“陰虹濁太陽，前星遂淪匿。”

天王

星名。亦稱“明堂”“中耀”。心宿之第二星。因其大而明亮，故稱。此稱漢代已行用。《後漢書・襄楷傳》：“閏月庚辰，太白入房，犯心小星，震動中耀。中耀，天王也。傍小星者，天王子也。”《晉書・天文志》：“心三星，天王正位也。中星曰明堂，天子位……前星爲太子，後星爲庶子。”《隋書・天文志中》：“心三星，天王正位也。中星曰明堂，天子位，爲大辰，主天下之賞罰。”一說心宿爲明堂。見“明堂”。

【明堂】[3]

即天王。此稱漢代已行用。見該文。

【中耀】

即天王。此稱漢代已行用。見該文。

後星

星名。心宿三星中後面的一星（即心宿三）。此稱漢代已行用。《史記・天官書》：“心爲明堂，大星天王，前後星子屬。”司馬貞索隱引《鴻範五行傳》曰：“心之大星，天王也。前星，太子；後星，庶子。”《後漢書・五行志》：“心……其前星，太子；後星，庶子也。”《宋書・天文志》：“大明六年六月，月犯心後星。占曰：‘庶子惡之。’”《隋書・天文志中》：“前星爲太子，其星不明，太子不得代。後星爲庶子，後星明，庶子代。”

積卒

星宿名。亦稱“衛士”。共十二星，屬心宿。此稱先秦時期已行用。《開元占經・石氏外官・積卒星占五》引戰國甘德、石申《甘石星經》：“積卒一名衛士。”《晉書・天文志上》：“積卒十二星，在房心南，主爲衛也。”《宋史・天文志三》：“按《步天歌》，積卒十二星屬心，《晉志》在二十八宿之外，唐武密書與《步

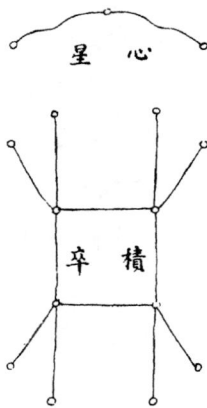

積卒（積卒十二星之圖）
（明章潢《圖書編》）

天歌》合。《乾象新書》乃以積卒屬房宿爲不同，今兩存其説。"

【衛士】

　　即積卒。此稱先秦時期已行用。見該文。

辰馬

　　指東方蒼龍七宿中之心宿與房宿。此稱先秦時期已行用。《國語·周語下》："月之所在，辰馬農祥也。"韋昭注："辰馬，謂房、心星也。心星，所在大辰之次爲天駟。駟，馬也，故曰辰馬。"宋呂祖謙《五鳳樓賦》："宅《禹貢》豫州之域，距天文辰馬之墟。"

尾宿

　　星宿名。省稱"尾"，亦稱"后族""天厠""天狗""天司空""天鷄"。東方蒼龍七宿之第六宿。有星九顆，在天蝎座，位於蒼龍之尾部，故稱。其分野爲燕，屬幽州。此稱宋代已行用。《開元占經·東方七宿占一·尾宿六》引戰國甘德、石申《甘石星經》："尾一名后族，一名天厠，一名天狗，一名天司空，一名天鷄。

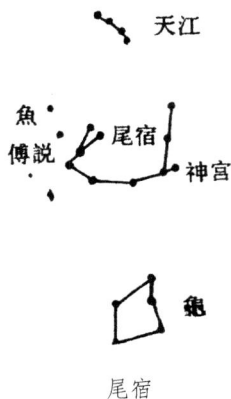

尾宿

尾者后宫之場也，妃后之府也。"《禮記·月令》："孟春之月，日在營室，昏參中，旦尾中。"《史記·律書》："南至於尾，言萬物始生如尾也。"《宋史·天文志三》："按漢永元銅儀，尾宿十八度，唐開元游儀同。舊去極百二十度，一云百四十度，今百二十四度。景祐測驗，亦十八度，距西行從西第二星去極百日二十八度，在赤道外二十二度。《乾象新書》二十七度。"亦爲天區名。按《步天歌》，除主體尾宿外，尚有龜星、天注、傅説、魚星等星座以及尾宿之附座神宫等。原星二十一顆，增星十五顆。

【尾】

　　即尾宿。此稱先秦時期已行用。見該文。

【后族】

　　即尾宿。此稱先秦時期已行用。見該文。

【天厠】[1]

　　即尾宿。此稱先秦時期已行用。見該文。

【天狗】[1]

　　即尾宿。此稱先秦時期已行用。見該文。

【天司空】[2]

　　即尾宿。此稱先秦時期已行用。見該文。

【天鷄】[1]

　　即尾宿。此稱先秦時期已行用。見該文。

【龍尾】[1]

　　即尾宿。亦稱"辰尾""龍尨"。此稱先秦時期已行用。《左傳·僖公五年》："丙之晨，龍尾伏辰。"又《昭公三十一年》："入郢必以庚辰，日月在辰尾。"杜預注："辰尾，龍尾也。周十二月今之十月，日月合朔於辰尾而食。"《國語·楚語下》："日月會於龍尨。"韋昭注："尨，龍尾也。謂周十二月，夏十月，日月合辰於尾上。"漢張衡《東京賦》："日月會於龍

狁，恤民事之勞疚。"清顧炎武《擬唐人五言
八韵·申包胥乞師》："辰尾垂天鏑，亡人甚寇
兵。"

【辰尾】

即龍尾[1]。此稱先秦時期已行用。見該文。

【龍狁】

即龍尾[1]。狁，龍尾也。此稱先秦時期已行
用。見該文。

【九子】

即尾宿。因其有星九顆，故稱。此稱漢代
已行用。《史記·天官書》："尾爲九子。"司馬
貞索隱引宋均云："屬后宮場，故得兼子。子
必九者，取尾有九星也。"《晋書·天文志上》：
"尾亦爲九子，星色欲均明，大小相承，則後宮
有叙，多子係。"

【九江】

即尾宿。因其在天河之九江口，故稱。此
稱先秦時期已行用。戰國甘德、石申《甘石星
經》："箕尾之間，謂之九江口，故尾亦名九
江。"

【析木】[2]

即尾宿。析木本爲十二星次之一，因尾宿
在其中，故借指尾宿。此稱唐代已行用。唐李
淳風《觀象玩占》："尾九星，蒼龍尾也。一曰
天雞一曰折木。"

神宮

星名。亦稱"天矢""天九江"。有一星，
尾之附座。此稱先秦時期已行用。《開元占
經·東方七宿占一·尾宿六》引戰國甘德、石
申《甘石星經》："上第一星，后也。第三星旁
一星相去一寸名神宮，解衣之内室，説虞之堂，
一曰天矢，一曰天九江。"《晋書·天文志上》：

"尾九星，后宮之場，妃后之府。上第一星，后
也；次三星，夫人；次星，嬪妾。第三星傍一
星名曰神宮。"《宋史·天文志三》："神宮一星，
在尾宿第三星旁，解衣之内室也。"

【天矢】[1]

即神宮。此稱先秦時期已行用。見該文。

【天九江】

即神宮。此稱先秦時期已行用。見該文。

天江[2]

星宿名。亦稱"江星"。有四星，屬尾宿。
此稱晋代已行用。《史記·天官書》："天潢旁，
江星。江星動，人涉水。"張守節正義："天江
四星，在尾北，主太陰也。不欲明，明而動，
水暴出；其星明大，水不禁也。"《晋書·天文
志上》："天江四星，在尾北，主太陰。江星不
具，天下津河關道不通。"

【江星】[1]

即天江。此稱漢代已行用。見該文。

傅説

星名。亦稱"天策"。有一星，屬尾宿。此
稱晋代已行用。《左傳·僖公五年》："鶉之賁賁，
天策焞焞。"晋杜預注："天策，傅説星。"孔穎達
疏："傅説，殷高宗之相。死而托神於此星，故
名。"《晋書·天文志上》："傅説一星，在尾後。
傅説主章祝，巫官也。"唐皎然《五言問天》：
"誰道賢人死，今爲傅説星。"

【天策】

即傅説。此稱先秦時期已行用。見該文。

魚星

星名。省稱"魚"，亦稱"天魚""據
星""蒙星"。有一星，屬尾宿。此稱先秦時期
已行用。戰國甘德、石申《甘石星經》："天魚

一星，在尾後河中，主雲雨，理陰陽。"《開元占經·石氏外官·魚星占八》引先秦《黃帝占》："魚星一名據星，一名蒙星。"《漢書·五行志中之下》："其在天文，魚星中河而處，車騎滿野。"《晋書·天文志上》："魚一星，在尾後河中，主陰事，知雲雨之期也。"

【魚】

"魚星"之省稱。此稱晋代已行用。見該文。

【天魚】

即魚星。此稱先秦時期已行用。見該文。

【據星】

即魚星。此稱先秦時期已行用。見該文。

【蒙星】

即魚星。此稱先秦時期已行用。見該文。

龜星

星宿名。省稱"龜"，亦稱"天龜""連珠"。共五星，屬尾宿。此稱先秦時期已行用。《開元占經·石氏外官·龜星占六》引先秦《黃帝占》："龜星一名連珠。"《晋書·天文志中》："龜五星，在尾南，主卜以占吉凶。"《清會典圖·天文·恒星》："龜五星。"一説有六星。戰國甘德、石申《甘石星經》卷下："天龜六星，在尾南漢中，主卜吉凶。"

【龜】[1]

"龜星"之省稱。此稱晋代已行用。見該文。

【天龜】

即龜星。此稱先秦時期已行用。見該文。

【連珠】

即龜星。此稱先秦時期已行用。見該文。

箕宿

星宿名。省稱"箕"，亦稱"簸箕星"。因

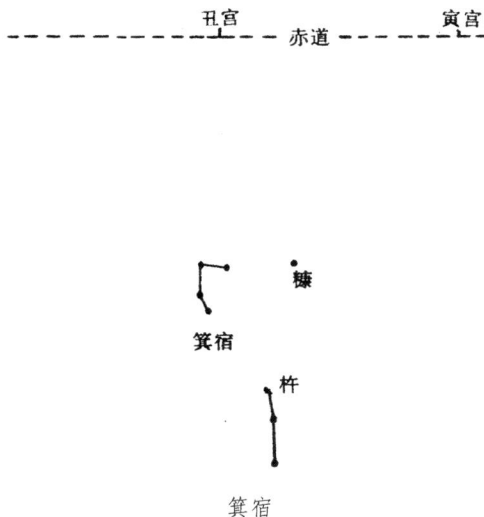

箕宿

其形如簸箕，故稱。東方蒼龍七宿之第七宿。有星四顆，在人馬座。其分野爲燕，屬幽州。此稱宋代已行用。《莊子·大宗師》："傅説得之，以相武丁，奄有天下，乘東維，騎箕尾，而比於列星。"《史記·律書》："南至於箕。箕者，言萬物根棋，故曰箕。"《宋史·天文志三》："按漢永元銅儀，箕宿十度，唐開元游儀十一度。舊去極百十八度，今百二十度。"宋普濟《五燈會元》卷一一："問：'古人道，見色便見心。露柱是色，那箇是心？'師曰：'晝見簸箕星。'"元關漢卿《調風月》第三折："終身無，簸箕星……咽咽哽哽，覷著你個拖漢精。"亦爲天區名。按《步天歌》，除主體星座箕宿外，尚有糠皮、木杵等星座。原星八顆，增星兩顆。

【箕】

"箕宿"之省稱。此稱先秦時期已行用。見該文。

【簸箕星】[1]

即箕宿。此稱宋代已行用。見該文。

【龍尾】[2]

即箕宿。因在東方蒼龍七宿之尾，故稱。

此稱晉代已行用。《爾雅·釋天》："箕斗之間，漢津也。"晉郭璞注："箕，龍尾。"邢昺疏："箕，蒼龍之末，故云龍尾。"

【敖客】

即箕宿。亦作"傲客"，亦稱"口舌"。撥弄是非爲敖。此稱漢代已行用。《史記·天官書》："箕爲敖客，曰口舌。"司馬貞索隱引宋均云："敖，諷弄也。箕以簸揚，調弄象也。箕又受物，有去去來來，客之象也。"《漢書·天文志》："箕爲敖客，后妃之府，曰口舌。"唐楊炯《渾天賦》："箕爲傲客，房爲駟馬。"明王偁《守默》詩："礪石鼓天讒，敖客司南箕。昭茲捲舌戒，可喻緘口辭。"

【傲客】

同"敖客"。此體唐代已行用。見該文。

【口舌】

即敖客。此稱漢代已行用。見該文。

【天口】

即箕宿。箕前有開口，故稱。此稱先秦時期已行用。《太平御覽》卷五引先秦《詩紀曆樞》曰："箕爲天口，主出氣。"或以爲指畢宿，殆誤。

【南箕】

即箕宿。亦稱"南星"。箕宿斗宿俱現南天，箕南而斗北，故稱。此稱先秦時期已行用。《詩·小雅·巷伯》："哆兮侈兮，成是南箕。"漢應瑒《正情賦》："南星晃而電隕，偏雄肅而特飛。"晉陸雲《南征賦》："振南箕以鼓物，冒慶雲而崇蔭。"《南齊書·天文志》："〔永元九年〕九月乙丑，月掩牽牛，南星。"明胡翰《南箕長好風》詩："南箕長好風，東畢復好雨。"

【南星】

即南箕。此稱漢代已行用。見該文。

【天津】[2]

即箕宿。亦稱"天雞"。此稱晉代已行用。《晉書·天文志上》："箕四星，亦後宮妃后之府。亦曰天津，一曰天雞，主八風。"《宋史·天文志三》："箕宿四星，爲後宮妃后之府，亦曰天津，一曰天雞，主八風，又主口舌，主蠻夷。"

【天雞】[2]

即天津[2]。此稱晉代已行用。見該文。

【風師】

即箕宿。亦作"飆師"，亦稱"風伯"。古以爲箕能興風，故稱。此稱漢代已行用。《周禮·春官·大宗伯》："以槱燎祀司中、司命、飆師、雨師。"漢鄭玄注："風師，箕也。"《淮南子·原道訓》："令雨師灑道，使風伯掃塵。"高誘注："風伯，箕也。"漢蔡邕《獨斷》卷上："風伯神，箕星也。其象在天，能興風。"《新唐書·禮樂志五》："立春後丑日祀風師。"

【飆師】

同"風師"。此體先秦時期已行用。見該文。

【風伯】

即風師。此稱漢代已行用。見該文。

【風星】

即箕宿。亦稱"天陣""狐星""風口""天后"。此稱先秦時期已行用。《開元占經·東方七宿占一·箕宿七》引戰國甘德、石申《甘石星經》："箕星一名風星，月宿之必大風。一名天陣，一名狐星，主狐貉。一名風口，一名天后也。"

【天陣】

　　即風星。此稱先秦時期已行用。見該文。

【狐星】

　　即風星。此稱先秦時期已行用。見該文。

【風口】[1]

　　即風星。此稱先秦時期已行用。見該文。

【天后】

　　即風星。此稱先秦時期已行用。見該文。

【卷舌】[1]

　　即箕宿。此稱漢代已行用。《藝文類聚》卷一引漢劉叡《荆州星占》曰：“箕星一名卷舌，動則大風至。”

天府[4]

　　星名。箕宿四星之一。此稱漢代已行用。《北堂書鈔》卷一五〇引漢劉叡《荆州星占》云：“箕宿四星，一名天府，一名天女，一名臨宮。”

天女[1]

　　星名。箕宿四星之一。此稱漢代已行用。見“天府[4]”文。

臨宮[1]

　　星名。箕宿四星之一。此稱漢代已行用。見“天府[4]”文。

糠星

　　星名。亦作“穅星”。一星，屬箕宿。此稱先秦時期已行用。戰國甘德、石申《甘石星經》卷下：“箕前亦名糠星，大明歲豐，小微天下饑荒。”《晉書·天文志上》：“穅星在箕舌前，杵西北。”《宋史·天文志三》：“糠一星，在箕舌前，杵西北。明，則豐熟；暗，則民饑，流亡。”

【穅星】

　　同“糠星”。此體晉代已行用。見該文。

杵[1]

　　星宿名。有三星，屬箕宿。此稱先秦時期已行用。戰國甘德、石申《甘石星經》卷下：“杵三星，在箕南，主杵臼舂米事。”《晉書·天文志上》：“杵三星，在箕南，杵給庖舂。客星入杵臼，天下有急。”

第二節　北方玄武七宿考

　　玄武，四象之一。由二十八宿中之斗、牛、女、虛、危、室、壁七宿組成。位在北方，五行説與黑色相配，故稱玄；形如龜，或龜蛇合體，身有鱗甲，故稱武。於八卦爲坎，於五行主水，象徵四象中的老陰，四季中的冬季。漢時讖緯之學興，又象徵性增幽冥、壬癸、智德三義。漢後道家又將其吸納爲護法神，稱“執冥神君”，終成“真武大帝”。

玄武

　　亦稱"蛇""龜""真武""元武"。此稱漢代已行用。《禮記·曲禮上》："行，前朱鳥而後玄武，左青龍而右白虎。"孔穎達疏："前南，後北，左東，右西。朱鳥、玄武、青龍、白虎，四方宿名也。"《左傳·襄公二十八年》："蛇乘龍。"杜預注："蛇，玄武之宿，虛危之星。"《史記·天官書》："北宮玄武。"漢張衡《靈憲》："朱雀奮翼於前，靈龜圈首於後。"唐杜甫《魏將軍歌》："酒闌插劍肝膽露，勾陳蒼蒼玄武暮。"宋趙彥衛《雲麓漫鈔》卷九："朱雀、玄武、青龍、白虎爲四方之神，祥符間避聖祖諱，始改玄武爲真武。"清蔣士銓《香祖樓·懷驛》："三十登壇衆所尊，驅除元武避鈎陳。"

【蛇】

　　即玄武。此稱先秦時期已行用。見該文。

【龜】[2]

　　即玄武。此稱漢代已行用。見該文。

【真武】

　　即玄武。北宋祥符年間避聖祖諱改。此稱宋代已行用。見該文。

【元武】

　　即玄武。宋避聖祖趙玄朗諱、清代避康熙諱改。此稱宋代已行用。見該文。

【北宮】

　　即玄武。亦稱"北宿""水宿"。此稱漢代已行用。《史記·天官書》："北宮玄武，虛、危。"張守節正義："南斗六星，牽牛六星，並北宮玄武之宿。"《漢書·郊祀志下》："北方帝顓頊黑靈玄冥時及月廟、雨師廟、辰星、北宿北宮于北郊兆。"《後漢書·崔駰傳》："陰事終而水宿臧。"李賢注："水宿謂北方七宿，斗、牛、女、虛、危、室、壁也。"《國語·周語下》"及析木者有建星及牽牛焉"三國吳韋昭注："至析木之分，歷建星及牽牛，皆水宿，言得水類也。"

【北宿】

　　即北宮。此稱漢代已行用。見該文。

【水宿】[2]

　　即北宮。此稱漢代已行用。見該文。

斗宿[2]

　　星宿名。亦稱"斗""鈇鉞""天庫""斗星"。北方玄武七宿之第一宿。有星六顆。如古酒器斗形，故稱。古人認爲斗宿主壽命爵禄。其分野爲吳越之地，屬揚州。此稱南北朝已行用。戰國甘德、石申《甘石星經》："斗六星赤，狀如北斗。在天市垣南，半在河中。"《開元占經·北方七宿占二·南斗占一》引先秦《黃帝占》："南斗一名鈇鉞。"又引漢郗萌："南斗六星一名天庫，知之使人不妄。"《晉書·天文志上》："斗星盛明，王道平和，爵禄行。"北周

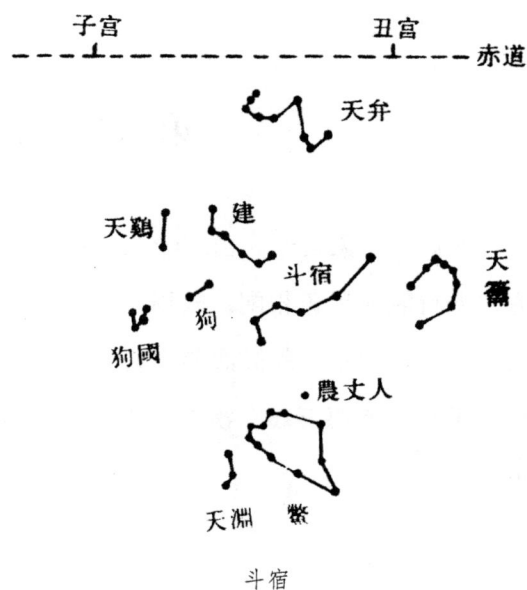

斗宿

庾信《周柱國大將軍長孫儉神道碑》："身圖斗宿，面繞樞星。"《宋史·天文志三》："按漢永元銅儀，斗二十四度四分度之一；唐開元游儀，二十六度。去極百十六度，今百十九度。"亦爲天區名。按《步天歌》，除主體星座斗宿外，尚有建星、天辨、鼈星、天雞、天籥、狗國、天淵、狗星、農丈人等星座。原星六十二顆，增星四十一顆。

【斗】[3]

即斗宿[2]。此稱先秦時期已行用。見該文。

【鈇鉞】[1]

即斗宿[2]。此稱先秦時期已行用。見該文。

【天庫】[2]

即斗宿[2]。此稱漢代已行用。見該文。

【斗星】[2]

即斗宿[2]。此稱晉代已行用。見該文。

【南斗】

即斗宿[2]。有星六顆，形似古代酒器斗，位於南天，稱南斗以區別北斗。此稱先秦時期已行用。《開元占經·北方七宿占二·南斗占一》引先秦《黃帝占》："南斗一名鈇鉞。"《史記·天官書》："南斗爲廟，其北建星。"晉左思《吳都賦》："仰南斗以斟酌，兼二儀之優渥。"楊炯《渾天賦》："南斗主爵禄，東壁主文。"清袁枚《新齊諧·飛星入南斗》："君輩不知天文者，雖見飛星入南斗亦無害。"

【北斗】[2]

即斗宿[2]。箕斗二宿俱現南天，箕南而斗北，故稱。此稱先秦時期已行用。《詩·小雅·大東》："維南有箕，不可以簸揚；維北有斗，不可以挹酒漿。"孔穎達疏："箕斗在南方之時，箕在南而斗在北，故言南箕北斗。"朱熹

集傳："箕斗二星，以夏秋之間見於南方。云北斗者，以其在箕之北也。"宋孫奕《履齋示兒編·正誤二》："二十八宿以四方爲名者，唯井壁箕斗四星而已……箕斗是人日用之器，相對而言，箕在南而斗在北，故曰南箕北斗也。"

【天機】

即斗宿[2]。亦稱"天斧""天關""天府天關""天同"。此稱先秦時期已行用。戰國甘德、石申《甘石星經》："斗宿……一名天斧，二名天關，三名天機。"《開元占經·北方七宿占二·南斗占一》引先秦《北官候》："南斗一名天府天關，一名天機，一名天同，天子旗也。"《晋書·天文志上》："南斗六星，天廟也……又主兵，一曰天機。"唐司空圖《太尉瑯琊王公河中生祠碑》："掃氛沴於靈旗，碎鮮罍於天斧。"

【天斧】

即天機。此稱先秦時期已行用。見該文。

【天關】[1]

即天機。此稱先秦時期已行用。見該文。

【天府天關】

即天機。此稱先秦時期已行用。見該文。

【天同】

即天機。此稱先秦時期已行用。見該文。

鼈

星宿名。亦稱"天鼈"。共十四星，屬斗宿。此稱晉代已行用。《晉書·天文志上》："鼈十四星，在南斗南。鼈爲水蟲，歸太陰。"《宋史·天文志三》："鼈十四星，在南斗南，主水族。"一說有十五星。戰國甘德、石申《甘石星經》："天鼈十五星，在斗南，主太陰水蟲。"

【天鼈】

即鼈。此稱先秦時期已行用。見該文。

天池 [1]

星宿名。亦稱"三池""天海""天泉"。有十星,屬斗宿。此稱晋代已行用。《晋書・天文志上》:"九坎間十星曰天池,一曰三池,一曰天海,主灌溉田疇事。"《宋史・天文志三》:"天淵十星,一曰天池,一曰天泉,一曰天海,在鼈星東南九坎間,又名太陰,主灌溉溝渠。"

【三池】

即天池。此稱晋代已行用。見該文。

【天海】 [2]

即天池。此稱晋代已行用。見該文。

【天泉】

即天池。此稱宋代已行用。見該文。

【天淵】 [1]

即天池。亦稱"三淵""太陰"。此稱先秦時期已行用。《廣雅・釋天》:"天淵謂之三淵。"王念孫疏證:"《開元占經》'巫咸中外官占'引巫咸云:'天淵十星,在鼈星東九間,一名三淵。'"《宋史・天文志三》:"天淵十星,一曰天池,一曰天泉,一曰天海,在鼈星東南九坎間,又名太陰,主灌溉溝渠。"

【三淵】

即天淵。此稱先秦時期已行用。見該文。

【太陰】 [3]

即天淵。此稱宋代已行用。見該文。

狗

星宿名。有二星,屬斗宿。此稱晋代已行用。《晋書・天文志上》:"狗二星,在南斗魁前,主吠守。"

建星

星宿名。亦稱"天旗""建""天關"。共六星,屬斗宿。此稱先秦時期已行用。《國語・周語下》:"我姬氏出自天黿,及析木者,有建星及牽牛焉。"《史記・天官書》:"南斗爲廟,其北建星。建星者,旗也。"《開元占經・石氏中官占上一・建星占二十三》引先秦《黄帝占》:"建星一名天旗,一名天關。"《晋書・天文志上》:"建星六星在南斗北,亦曰天旗,天之都關也。爲謀事,爲天鼓,爲天馬。"《宋史・天文志三》:"建六星,在南斗魁東北,臨黄道,一曰天旗。"

【天旗】 [2]

即建星。此稱先秦時期已行用。見該文。

【建】

即建星。此稱宋代已行用。見該文。

【天關】 [3]

即建星。此稱先秦時期已行用。見該文。

天弁

星宿名。亦作"天辨"。共九星,屬斗宿。此稱晋代已行用。《晋書・天文志上》:"天弁九星,在建星北,市官之長也,以知市珍也。"《宋史・天文志三》:"天弁九星,在建星北。"注:"弁,一作辨。"

【天辨】

同"天弁"。此稱宋代已行用。見該文。

天雞 [3]

星宿名。共二星,屬斗宿。此稱先秦時期已行用。戰國甘德、石申《甘石星經》:"天雞二星在狗國北,主異鳥。"《晋書・天文志上》:"狗國北二星曰天雞,主候時。"《宋史・天文志三》:"天雞二星,在牛西,一在狗國北,主異鳥,一曰主候時。"宋汪藻《庚午歲屛居零陵七月二十日以門掩候蟲秋爲韵賦》之五:"如何天雞星,不照湘南州?"

狗國

星宿名。共四星，屬斗宿。此稱晋代已行用。《晋書·天文志上》："東南四星曰狗國，主鮮卑、烏丸、沃且。"《宋史·天文志三》："狗國四星，在建星東南，主三韓、鮮卑、烏桓、玁狁、沃且之屬。"

天籥

星宿名。亦作"天鑰"。共八星，屬斗宿。此稱先秦時期已行用。《晋書·天文志上》："天籥八星在南斗柄西，主關閉。"隋李播《天文大象賦》："天鑰司其啓閉，丈人存其播種。"《宋史·天文志三》："天籥八星，在南斗杓第二星西。主開閉門户。"一説共七星。戰國甘德、石申《甘石星經》："天籥七星在斗杓第二星西，主關籥開閉。"

【天鑰】

同"天籥"。此體隋代已行用。見該文。

農丈人

星名。亦稱"農星"。有一星，屬斗宿。此稱晋代已行用。《晋書·天文志上》："農丈人一星，在南斗西南，老農主稼也。"《玉海·祥瑞·星瑞》："祥符四年正月……己丑，司天言農丈人星見，主歲豐。"元王禎《農書·農桑通訣一》："農丈人一星，在斗西南，老農主稼穑也，與箕宿邊杵星相近。蓋人事作乎下，天道應乎上，農星其殆始於此也。"元楊維楨《送司農丞杭公還京》詩："十年農星晦無光，太史昨夜占五潢。"

【農星】

即農丈人。此稱元代已行用。見該文。

牛宿

星宿名。亦稱"牛""牽牛"。北方玄武七

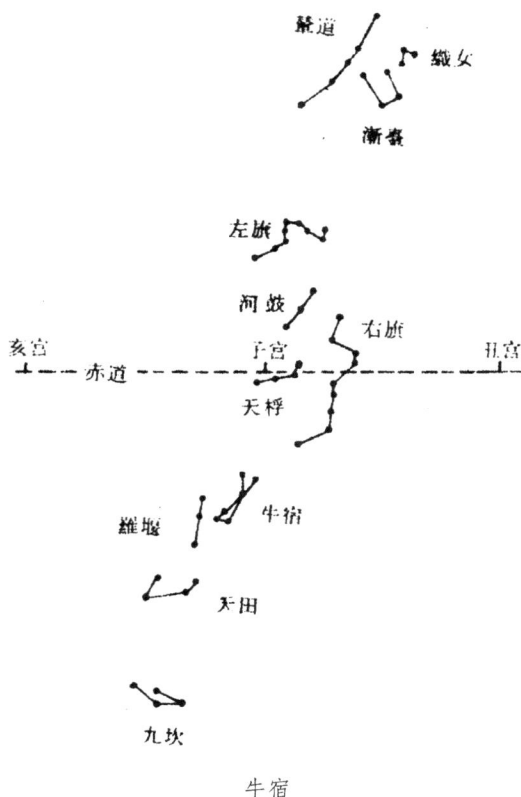

牛宿

宿之第二宿。有星六顆，在摩羯座。古曆以牛上星爲距星，《太初曆》改用中星。其分野爲吳、越，屬揚州。此稱宋代已行用。《禮記·月令》："季春之月，旦牽牛中；仲秋之月，昏牽牛中。"《史記·律書》："東至牽牛。牽牛者，言陽氣牽引萬物出之也。牛者，冒也，言地雖凍，能冒而生也。牛者，耕植種萬物也。"隋丹元子《步天歌》："牛六星近在河岸頭，頭上雖然有兩角，腹下從來欠一脚。"《宋史·天文志三》："牛宿六星，天之關梁，主犧牲事。"又，"按漢永元銅儀，以牽牛爲七度；唐開元游儀，八度。舊去極百六度，今百四度。"亦爲天區名。按《步天歌》，除主體座牛宿外，尚有天田、九坎、河鼓、織女、左旗、右旗、天桴、羅堰、輦道、漸臺等星座。原星六十四顆，增星八十八顆。

【牛】

即牛宿。此稱漢代已行用。見該文。

【牽牛】[1]

即牛宿。此稱漢代已行用。見該文。

天田[3]

星宿名。共九星，屬牛宿。此稱先秦時期已行用。戰國甘德、石申《甘石星經》卷下："天田九星在牛東南，主幾內田苗之職。"《晉書·天文志上》："天田九星，在牛南。"

牽牛[2]

星宿名。亦稱"何鼓""擔鼓""檐鼓""黃姑""扁擔"。共三星，屬牛宿。古傳說牽牛織女夫婦，每年七夕始得一會，遂以名星。此稱先秦時期已行用。《詩·小雅·大東》："睆彼牽牛，不以服箱。"毛傳："河鼓謂之牽牛也。"《爾雅·釋天》："何鼓謂之牽牛。"晉郭璞注：

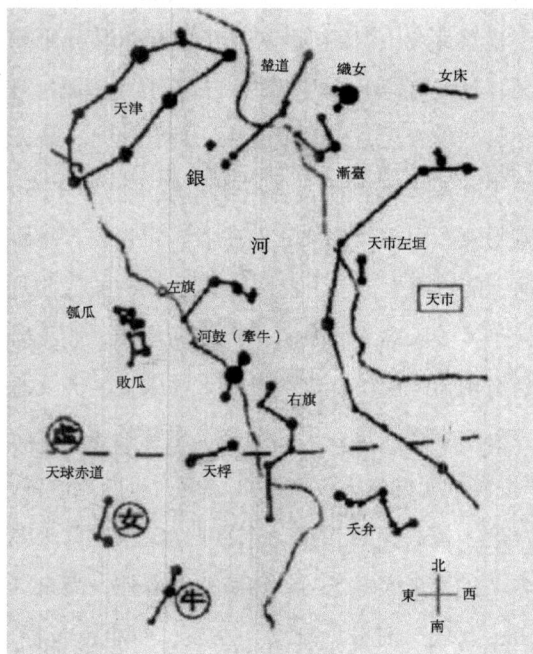

牽牛、織女位置圖

"今荊楚人呼牽牛星為擔鼓。擔者，荷也。""擔鼓"，一本作"檐鼓"。郝懿行義疏："何鼓亦名黃姑，聲相轉耳……今南方農語猶呼此星為扁擔。"南朝梁武帝《東飛伯勞歌》："東飛伯勞西飛燕，黃姑織女時相見。"

【何鼓】

即牽牛。此稱秦漢時期已行用。見該文。

【擔鼓】

即牽牛。此稱晉代已行用。見該文。

【檐鼓】

即牽牛。檐，通"擔"。此稱晉代已行用。見該文。

【黃姑】[1]

即牽牛。此稱南北朝時期已行用。見該文。

【扁擔】

即牽牛。此稱清代已行用。見該文。

【河鼓】

即牽牛。亦稱"三武""牛郎"。此稱漢代已行用。《史記·天官書》："河鼓大星，上將；左右，左右將。"《北堂書鈔》卷一五〇引漢劉叡《荊州占》："河鼓一名三武。"《晉書·天文志上》："河鼓三星……一曰三武，主天子三將軍。"唐胡曾《咏史》詩："沿流欲共牛郎語，祇待靈槎送上天。"

【三武】

即河鼓。因其三星主三將軍，故稱。此稱漢代已行用。見該文。

【牛郎】

即河鼓。此稱唐代已行用。見該文。

【天鼓】[1]

即河鼓。亦稱"天關""提鼓""天董""天厩""即路""聚火"。此稱先秦時期已行用。

《開元占經·北方七宿占二·牽牛占二》引先秦《北官候》："牽牛一名天鼓，一名天關。牛第一兩星如連李，名即路，一名聚火。"《開元占經·石氏中官占上一·河鼓占二十五》引漢郗萌："河鼓一名提鼓，一名天董，一名天厩。"《北堂書鈔》卷一五〇引漢劉叡《荆州占》云："河鼓一名三武，一名天鼓。"

【天關】⁴

即天鼓。此稱先秦時期已行用。見該文。

【提鼓】

即天鼓。此稱漢代已行用。見該文。

【天董】

即天鼓。此稱漢代已行用。見該文。

【天厩】²

即天鼓。此稱漢代已行用。見該文。

【即路】

即天鼓。此稱先秦時期已行用。見該文。

【聚火】

即天鼓。此稱先秦時期已行用。見該文。

兩旗

亦稱"旗"。左旗與右旗之合稱。屬牛宿。此稱唐代已行用。《史記·天官書》："東北曲十二星曰旗。"唐張守節正義："兩旗者，左旗九星，在河鼓左也；右旗九星，在河鼓右也。皆天之鼓旗。所以爲旌表。"《晋書·天文志上》："旗即天鼓之旗，所以爲旌表也。左旗九星，在鼓左旁……旗星差戾，亂相陵。"《宋史·天文志三》："左旗九星，在河鼓左旁；右旗九星，在牽牛北、河鼓西南，天之鼓旗旌表也。主聲音、設險、知敵謀。"

【旗】

即兩旗。此稱漢代已行用。見該文。

左旗

星宿名。共九星，屬牛宿。此稱晋代已行用。見"兩旗"文。

右旗

星宿名。共九星，屬牛宿。此稱宋代已行用。見"兩旗"文。

織女

星宿名。亦稱"河漢女""河女""織室"。共三星，成等邊三角形，屬牛宿。在天河西，與天河東牛郎星相對。民間相傳牽牛織女爲夫婦，每年七夕始得一會。"織女一"爲全天第五亮星，呈藍白色。由於地轉軸移動，一萬二千年後，織女一將成爲北極星。此稱先秦時期已行用。《詩·小雅·大東》："跂彼織女，終日七襄。"《史記·天官書》："婺女，其北織女。"《古詩十九首·迢迢牽牛星》："迢迢牽牛星，皎皎河漢女。"三國魏阮籍《清思賦》："麾常儀使先好兮，命河女以脊歸。"唐盧照鄰《七夕泛舟》詩："水疑通織室，舟似泛仙潢。"

【河漢女】

即織女。因在天河邊，故稱。此稱漢代已行用。見該文。

【河女】

即織女。此稱三國時期已行用。見該文。

【織室】

即織女。此稱唐代已行用。見該文。

【星妃】

即織女。亦稱"星娥""女星"。此稱唐代已行用。唐李商隱《燕臺·夏》詩："直教銀漢墮懷中，未遣星妃鎮來去。"又《聖女祠》詩："星娥一去後，月姊更來無？"馮浩箋注："星娥，織女。"元伊世珍《嫏嬛記》卷下引《實庵紀聞》:"女星傍一小星,名始影。"

【星娥】

　　即星妃。此稱唐代已行用。見該文。

【女星】

　　即星妃。此稱元代已行用。見該文。

【天孫】[1]

　　即織女。亦稱"天女""帝孫"。相傳爲天帝之女兒或孫女,工織造,故稱。此稱唐代已行用。《史記·天官書》:"婺女,其北織女。織女,天女孫也。"司馬貞索隱:"織女,天孫也。案,《荆州占》云:'織女,一名天女,天子女也。'"唐柳宗元《乞巧文》:"竊聞天孫專巧於天。"清洪昇《長生殿·密誓》:"今乃七夕之期,陳設瓜果,特向天孫乞巧。"《紅樓夢》第七六回:"犯牛邀牛女,乘槎訪帝孫。"

【天女】[2]

　　即天孫。此稱漢代已行用。見該文。

【帝孫】

　　即天孫。此稱清代已行用。見該文。

【七襄】

　　即織女。本指織女星白晝移位七次,借指織女星。此稱唐代已行用。唐杜審言《七夕》詩:"天街七襄轉,閣道二神過。"明高濂《玉簪記·重效》:"燈輝月朗,鵲度星橋會七襄,鸞笙鳳管吹悠揚。"參閱《詩·小雅·大東》鄭玄箋。

【司巧】

　　即織女。民間謂織女爲巧於織作之婦,遂稱司巧,七夕因有乞巧之俗。此稱唐代已行用。唐沈亞之《爲人撰乞巧文》:"恭聞司巧之多方,妾修馨香以奉具。"

【黄姑】[2]

　　即織女。亦稱"黄姑女"。此稱南北朝時期已行用。南朝梁梁武帝《東飛伯勞歌》:"東飛伯勞西飛燕,黄姑織女時相見。"南唐李煜逸名詩:"迢迢牽牛星,杳在河之陽。粲粲黄姑女,耿耿遥相望。"

【黄姑女】

　　即黄姑。此稱五代時期已行用。見該文。

【支機女】

　　即織女。傳説織女有支撐織機之石,因以名星。此稱元代已行用。元薩都剌《補闕歌》:"玉橋素練懸銀河,支機女兒飛鳳梭。"明徐渭《四聲猿·漁陽弄》:"校書郎侍玉京香案,支機女倚銀漢仙槎。"參閱《太平御覽》卷八引南朝宋劉義慶《集林》、宋周密《癸辛雜識前集》引南朝梁宗懍《荆楚歲時記》。

織女足

　　星宿名。指"織女二""織女三"。爲織女星宿之二足,"織女二"爲"西足",共五星;"織女三"爲"東足",共四星。此稱宋代已行用。《宋史·天文志三》:"織女足常向扶筐,則吉;不向,則絲綿大貴。"

織女西足

　　亦稱"輦道"。指織女足其中西側星宿,共五星。此稱晋代已行用。《晋書·天文志上》:"〔織女〕西足五星曰輦道,王者嬉游之道也,漢輦道通南北宮,其象也。"《宋史·天文志三》:"輦道五星,在織女西。"詳"織女足"條。

【輦道】

　　即織女西足。此稱晋代已行用。見該文。

織女東足

亦稱"漸臺"。指織女足其中東側星宿，共四星。此稱晋代已行用。《晋書‧天文志上》："〔織女〕東足四星曰漸臺，臨水之臺也。主晷漏律吕之事。"《宋史‧天文志三》："漸臺四星，在織女東南，臨水之臺也。"詳"織女足"條。

【漸臺】

即織女東足。此稱晋代已行用。見該文。

牛女

亦稱"女牛"。即牽牛、織女二星。各在天河一邊，古代神話以之爲夫婦，每年七夕渡天河相會。此稱晋代已行用。晋潘岳《西征賦》："儀景星於天漢，列牛女以雙峙。"明黎民表《旅感》詩之二："人間幻夢唯蕉鹿，天上閑情有女牛。"清黄景仁《秋夕》詩："羨爾女牛逢隔歲，爲誰風露立多時。"

【女牛】

即牛女。此稱明代已行用。見該文。

【靈匹】

即牛女。靈匹猶言仙侶，牽牛、織女爲佳偶，故稱。此稱南北朝時期已行用。《文選‧謝惠連〈七月七日夜咏牛女詩〉》："雲漢有靈匹，彌年闕相從。"張銑注："靈匹，謂牛女相匹耦也。"唐李嶠《七夕應制》詩："靈匹三秋會，仙期七夕過。"

【二星】

即牛女。亦稱"二靈""雙星"。此稱唐代已行用。唐劉憲《奉和七夕宴兩儀殿應制》詩："秋吹過雙闕，星仙動二靈。"唐劉長卿《哭張員外繼》詩："慟哭鍾陵下，東流與別離。二星來不返，雙劍没相隨。"題注："公及夫人相次没於洪州。"元李俊民《七夕》詩："雲漢雙星聚散頻，一年一度事還新。"元馬祖常《擬唐宫詞》："銀河七夕度雙星，桐樹逢秋葉未零。"

【二靈】

即二星。此稱唐代已行用。見該文。

【雙星】

即二星。此稱元代已行用。見該文。

始影

星名。有一星，在織女星旁，屬牛宿。此稱五代時期已行用。南唐張泌《妝樓記‧始影》："女星傍一小星，名始影，婦女於夏至夜候而祭之，得好顔色。"

琯朗

星名。有一星，在織女星旁，屬牛宿。此稱元代已行用。元伊世珍《瑯嬛記》卷下引《實庵紀聞》曰："始影南并肩一星，名琯朗。男子於冬至夜候而祭之，得好智慧。"

九坎

星宿名。共九星，屬牛宿。此稱先秦時期已行用。戰國甘德、石申《甘石星經》："九坎九星在天田南。"《晋書‧天文志上》："九坎九星，在牽牛南。坎，溝渠也。所以導達泉源，疏盈瀉溢，通溝洫也。"

羅堰

星宿名。共三星，屬牛宿。此稱先秦已行用。《宋史‧天文志三》："羅堰三星，在牽牛東。"一説共二星。戰國甘德、石申《甘石星經》："羅堰二星在牛東。"一説共九星。《晋書‧天文志上》："羅堰九星，在牽牛東，岠馬也，以壅蓄水潦，灌溉溝渠也。"隋李播《天文大象賦》："天田臨於九坎，羅堰逼於天桴。"

女宿

星宿名。省稱"女"。北方玄武七宿之第

三宿。有四顆星，四星相聯成方形或箕形。屬寶瓶座。其分野爲齊，屬青州。此稱唐代已行用。唐羅隱《暇日投錢尚父》詩：“斗牛星邊女宿間，棟梁虛敞麗江關。”清黃鼎《管窺輯要》：“女四星，距西南星，去極一百零四度半，赤道十一度三十五分，黃道十一度十二分。”亦爲天區名。按《步天歌》，除主體女宿星官外，還有十二國（越、周、秦、代、晋、韓、魏、楚、燕、齊、趙、鄭）、離珠、敗瓜、瓠瓜、天津、奚仲、扶筐等星官，凡八個星座，原星五十五顆，增星七十顆。

【女】

“女宿”之省稱。此稱清代已行用。見該文。

【婺女】

即女宿。亦稱“務女”“須女”“寶婺”“天少府”“天女”“臨官女”。此稱先秦時期已行用。《禮記·月令》：“孟夏之月，口在畢，昏翼

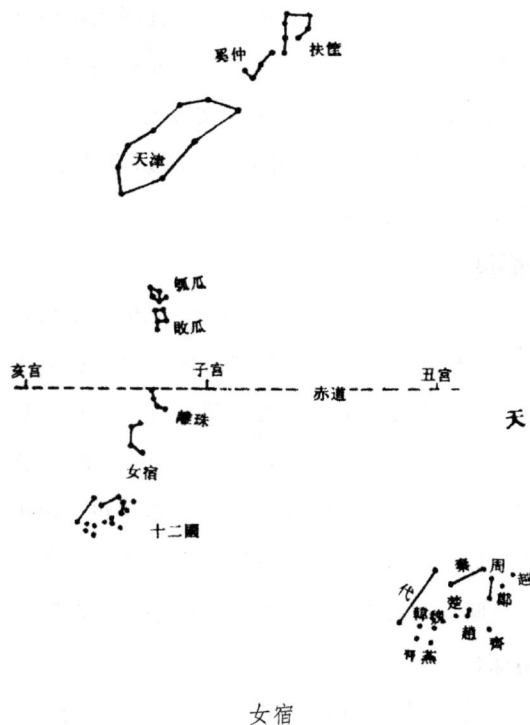

女宿

中，旦婺女中。”《史記·天官書》：“婺女，其北織女。”司馬貞索隱：“務女。《廣雅》云‘須女謂之務女’是也。”《開元占經·北方七宿占二·須女占三》引先秦《北官候》：“須女一名天少府，一名天女，一名務女，一名臨官女。”《晋書·天文志上》：“須女四星，天少府也。須，賤妾之稱，婦職之卑者也，主布帛裁製嫁娶。”唐李商隱《七夕偶題》詩：“寶婺搖珠佩，常娥照玉輪。”《宋史·天文志三》：“按漢永元銅儀，以須女爲十一度。景祐測驗，十二度，距西南星去極百五度，在赤道外十四度。”明劉基《次韻和王文明絶句漫興》：“天邊雲氣來須女，湖上輕雷起少男。”

【務女】

即婺女。此稱先秦時期已行用。見該文。

【須女】

即婺女。此稱先秦時期已行用。見該文。

【寶婺】

即婺女。此稱唐代已行用。見該文。

【天少府】

即婺女。此稱先秦時期已行用。見該文。

【天女】[3]

即婺女。此稱先秦時期已行用。見該文。

【臨官女】

即婺女。此稱先秦時期已行用。見該文。

【維首】

即女宿。維即星次，女宿爲玄枵星次之首，故稱。此稱先秦時期已行用。《左傳·昭公十年》：“十年春王正月，有星出於婺女。鄭裨竈言於子產曰：七月戊子，晋君將死。今兹歲在顓頊之虛，姜氏、任氏實守其地，居其維首，而有妖星焉，告邑姜也。”孔穎達疏：“維者，

綱也。玄枵次有三宿，女爲其初，女是次之綱維也。居其維首，謂星居之也；其玄枵維首而有妖異之星焉，以將死之妖告邑姜也。"楊伯峻注："二十八宿分爲十二次，維即星次。古有分野之説，玄枵爲齊之分野，而婺女（女宿）又爲玄枵三宿之首也。"或以爲維首即角宿，似不妥。

十二國

星宿名。共十六星，屬女宿。此稱宋代已行用。《宋史·天文志三》："十二國十六星，在牛女南，近九坎，各分土居列國之象。九坎之東一星曰齊，齊北二星曰趙，趙北一星曰鄭，鄭北一星曰越，越東二星曰周，周東南北列二星曰秦，秦南二星曰代，代西一星曰晉，晉北一星曰韓，韓北一星曰魏，魏西一星曰楚，楚南一星曰燕，有變動各以其國占之。陶隱居曰：'越星在婺女南，鄭一星在越北，趙二星在鄭南，周二星在越東，楚一星在魏西南，燕一星在楚南，韓一星在晉北，晉一星在代北，代二星在秦南，齊一星在燕東。'"

齊[2]

星名。有一星，"十二國"之一。屬女宿。此稱宋代已行用。見"十二國"文。

趙[2]

星名。共二星，"十二國"之一。屬女宿。此稱宋代已行用。見"十二國"文。

鄭[2]

星名。有一星，"十二國"之一。屬女宿。此稱宋代已行用。見"十二國"文。

越

星名。有一星，"十二國"之一。屬女宿。此稱宋代已行用。見"十二國"文。

周[2]

星名。共二星，"十二國"之一。屬女宿。此稱宋代已行用。見"十二國"文。

秦[2]

星名。共二星，"十二國"之一。屬女宿。此稱宋代已行用。見"十二國"文。

代

星名。共二星，"十二國"之一。屬女宿。此稱宋代已行用。見"十二國"文。

晉[2]

星名。有一星，"十二國"之一。屬女宿。此稱宋代已行用。見"十二國"文。

韓[2]

星名。有一星，"十二國"之一。屬女宿。此稱宋代已行用。見"十二國"文。

魏[2]

星名。有一星，"十二國"之一。屬女宿。此稱宋代已行用。見"十二國"文。

楚[2]

星名。有一星，"十二國"之一。屬女宿。此稱宋代已行用。見"十二國"文。

燕[2]

星名。有一星，"十二國"之一。屬女宿。此稱宋代已行用。見"十二國"文。

離珠

星宿名。共五星，屬女宿。此稱晉代已行用《晉書·天文志上》："離珠五星，在須女北，須女之藏府，女子之星也。"

奚仲

星宿名。共四星，屬女宿。此稱先秦時期已行用。戰國甘德、石申《甘石星經》卷下："奚仲四星，在天津北。"隋李播《天文大象賦》："天津橫漢以摛光，奚仲臨津而泛影。"《宋史·天文志三》："奚仲四星，在天津北，主帝車之官。"

天津³

星宿名。亦稱"天潢""潢中""巨潢""江星""水玉柱""格星""潢星""天橫""潢""天漢""天江"。共九星，屬女宿。此稱先秦已行用。《開元占經·石氏中官占上一·天津星占二十八》引先秦《黃帝占》："天津者，一名天潢，一名潢中，一名巨潢，一名江星，一名水玉柱，一名格星，一名潢星，一名天津。"《史記·天官書》："王良策馬，車騎滿野。旁有八星，絕漢，曰天潢。"司馬貞索隱："《元命包》曰：'潢主河渠，所以度神，通四方。'宋均云：'天潢，天津也。津，湊也，故主計度也。'"《漢書·天文志》："王梁策馬，車騎滿野。旁有八星，絕漢，曰天橫。"《晉書·天文志上》："天津九星，橫河中，一曰天漢，一曰天江，主四瀆津梁，所以度神通四方也。一星不備，津關道不通。"《宋史·天文志三》："天津九星，在虛宿北，橫河中，一曰天漢，一曰天江。"

【天潢】²

即天津³。此稱先秦時期已行用。見該文。

【潢中】

即天津³。此稱先秦時期已行用。見該文。

【巨潢】

即天津³。此稱先秦時期已行用。見該文。

【江星】²

即天津³。此稱先秦時期已行用。見該文。

【水玉柱】

即天津³。此稱先秦時期已行用。見該文。

【格星】

即天津³。此稱先秦時期已行用。見該文。

【潢星】

即天津³。此稱先秦時期已行用。見該文。

【天橫】

即天津³。同"天潢"。此稱漢代已行用。見該文。

【潢】

即天津³。此稱漢代已行用。見該文。

【天漢】²

即天津³。此稱晉代已行用。見該文。

【天江】³

即天津³。此稱晉代已行用。見該文。

匏瓜

星宿名。亦稱"瓜瓠""天鷄""天鳥""天匏""瓠瓜"。共五星，屬女宿。此稱先秦時期已行用。戰國甘德、石申《甘石星經》："瓜瓠五星，在離珠北。"《史記·天官書》："匏瓜，有青黑星守之，魚鹽貴。"司馬貞索隱引漢劉叡《荊州占》云："匏瓜，一名天鷄，在河鼓東。"《開元占經·石氏中官占上一·瓠瓜星二十七》引先秦《黃帝占》："匏瓜一名天鳥，一名天鷄。"又引戰國甘德、石申《甘石星經》曰："匏瓜者一名天匏，一名天鷄。"三國魏曹植《洛神賦》："嘆匏瓜之無匹兮，咏牽牛之獨處。"《隋書·天文志上》："瓠瓜五星，在離珠北。"宋晁冲之《古樂府》："大星何歷歷，小星爛如石……崢嶸北斗著地垂，手去瓠瓜不盈尺。"參閱《宋史·天文志三》。

【瓜瓠】

即匏瓜。此稱先秦時期已行用。見該文。

【天鷄】[4]

　　即匏瓜。此稱先秦時期已行用。見該文。

【天鳥】

　　即匏瓜。此稱先秦時期已行用。見該文。

【天匏】

　　即匏瓜。此稱先秦時期已行用。見該文。

【瓠瓜】

　　即匏瓜。此稱隋代已行用。見該文。

敗瓜

　　星宿名。共五星，屬女宿。此稱隋代已行用。《隋書·天文志上》："〔瓠瓜〕旁五星曰敗瓜，主種。"《宋史·天文志三》："敗瓜五星，在匏瓜星南，主修瓜果之職。"

扶筐

　　星宿名。共七星，屬女宿。此稱先秦時期已行用。戰國甘德、石申《甘石星經》："扶筐七星，在天柱東，主桑蠶之事。"《宋史·天文志三》："扶筐七星，爲盛桑之器，主勸蠶也。一曰供奉后與夫人之親蠶。"

虛宿

　　星宿名。省稱"虛"，亦稱"星虛""虛星"。北方玄武七宿之第四宿。有星兩顆，在寶瓶座和小馬座。古曾以之爲玄枵星次之標志星。其分野爲齊，屬青州。此稱宋代已行用。《書·堯典》："宵中星虛，以殷仲秋。"《史記·天官書》："虛爲哭泣之事。"《太平御覽》卷二四引漢佚名《尚書考靈曜》曰："虛星爲秋候，昴星爲冬期。"《宋史·天文志三》："虛宿二星，爲虛堂，冢宰之官也，主死喪哭泣。"又"按漢永元銅儀，以虛爲十度，唐開元游儀同。舊去極百四度，今百一度。景祐測驗，距南星去極百三度，在赤道外十二度。"亦爲天區名。

　　按《步天歌》，除主體星座虛宿外，尚有司命、司禄、司危、司非、哭星、泣星、天壘城、敗臼、離瑜等星座。原星三十四顆，增星二十三顆。

【虛】[2]

　　"虛宿"之省稱。此稱漢代已行用。見該文。

【星虛】

　　即虛宿。此稱先秦時期已行用。見該文。

【虛星】

　　即虛宿。此稱漢代已行用。見該文。

【玄枵】[1]

　　即虛宿。亦稱"顓頊""大卿""臨宮""天節"。本十二星次名之一，虛宿居玄枵三宿之中，故借指虛宿。《爾雅·釋天》："玄枵，虛也；顓頊之虛，虛也；北陸，虛也。"郭璞注："虛在正北，北方色黑，枵之言耗，耗亦虛意……顓頊，水德，位在北方。"此稱先秦時期已行用。戰國甘德、石申《甘石星經》卷下："虛二星，主廟堂哭泣。……一名玄枵，二名顓頊，

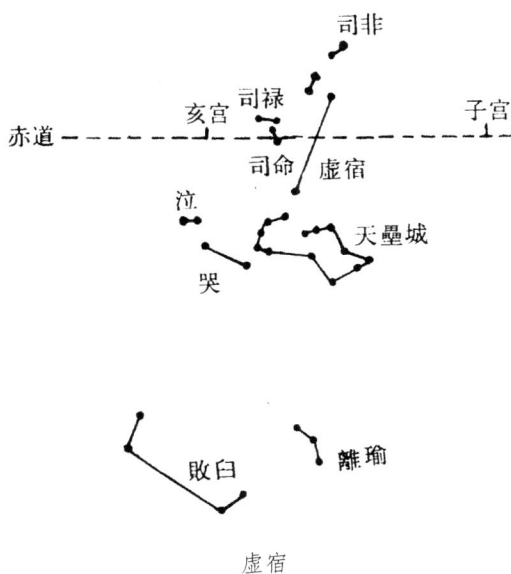

虛宿

三名大卿，亦名臨宮。”又同書載，虛又名“天節”，上下二星如連珠，在女宿東南。參閱陳遵嬀《中國天文學史》第二册第三編第五章。

【顓頊】

即玄枵。此稱先秦時期已行用。見該文。

【大卿】

即玄枵。此稱先秦時期已行用。見該文。

【臨宮】 ²

即玄枵。此稱先秦時期已行用。見該文。

【天節】 ¹

即玄枵。此稱先秦時期已行用。見該文。

【北陸】

即虛宿。《爾雅·釋天》：“玄枵，虛也；顓頊之虛，虛也；北陸，虛也。”此稱先秦時期已行用。《左傳·昭公四年》：“古者日在北陸而藏冰。”孔穎達疏：“日在北陸，爲夏之十二月也。十二月，日在玄枵之次……於是之時，寒極冰厚，故取而藏之也。”《漢書·律曆志下》：“是故日行北陸謂之冬。”

【天軍市】

即虛宿。亦稱“天府”“鄉中”“兌宮”“申宮”。此稱先秦時期已行用。《開元占經·北方七宿占二·虛宿占四》引先秦《北官候》：“虛主哭泣諒暗之事，一名天軍市，一名臨宮，一名天府，一名鄉中，黃鍾宮也，一名兌宮，一名申宮。”

【天府】 ⁵

即天軍市。此稱先秦時期已行用。見該文。

【鄉中】

即天軍市。此稱先秦時期已行用。見該文。

【兌宮】

即天軍市。此稱先秦時期已行用。見該文。

【申宮】

即天軍市。此稱先秦時期已行用。見該文。

司命 ³

星宿名。共二星，屬虛宿。此稱隋代已行用。《隋書·天文志上》：“虛北二星曰司命……司命主舉過行罰，滅不祥。”《宋史·天文志三》：“司命二星，在虛北。”

司禄 ³

星宿名。共二星，屬虛宿。此稱先秦時期已行用。戰國甘德、石申《甘石星經》：“虛北二星曰司禄。”《隋書·天文志上》：“〔司命〕北二星曰司禄……司禄增年延德。”《宋史·天文志三》：“司禄二星，在司命北，主增年延德，又主掌功賞、食料、官爵。”

司危

星宿名。共二星，屬虛宿。此稱隋代已行用。《隋書·天文志上》：“〔司命〕又北二星曰司危……犯司危，主驕佚亡下。”《宋史·天文志三》：“司危二星，在司禄北。”

司非

星宿名。共二星，屬虛宿。此稱隋代已行用。《隋書·天文志上》：“〔司命〕又北二星曰司非……司非以法多就私。”《宋史·天文志三》：“司非二星，在司危北。”

哭

星宿名。共二星，屬虛宿。此稱晉代已行用。《晉書·天文志上》：“虛南二星曰哭。”《宋史·天文志三》：“哭二星，在虛南，主哭泣、死喪。”

泣

星宿名。共二星，屬虛宿。此稱晉代已行用。《晉書·天文志上》：“哭東二星曰泣。泣、哭皆近墳墓。"《宋史·天文志三》："泣二星在哭星東。"

天壘城

星宿名。省稱"天壘"。共十三星，屬虛宿。此稱宋代已行用。戰國甘德、石申《甘石星經》："天壘十三星如貫索狀，在哭泣之南，主北夷丁零、匈奴之事也。"隋李播《天文大象賦》："敗臼察災而揚輝，天壘守夷而駢照。"《宋史·天文志三》："天壘城十三星，在泣南，圜如大錢，形若貫索。"

【天壘】

"天壘城"之省稱。此稱先秦時期已行用。見該文。

離瑜

星宿名。共三星，屬虛宿。此稱先秦時期已行用。戰國甘德、石申《甘石星經》："離瑜三星在秦、代東，南北列，主王侯衣服。"《宋史·天文志三》："離瑜三星，在十二國東。《乾象新書》在天壘城南。離，圭衣也；瑜，玉飾，皆婦人見舅姑衣服也。"

敗臼

星宿名。共四星，屬虛宿。此稱先秦時期已行用。戰國甘德、石申《甘石星經》："敗臼四星在虛危南，主政治。"《隋書·天文志中》："敗臼四星在虛、危南，知凶災。"《宋史·天文志三》："敗臼四星，在虛、危南，兩兩相對，主敗亡、災害。"

危宿

星宿名。省稱"危"，亦稱"天府""天市"。北方玄武之第五宿，有星三顆，在寶瓶座和飛馬座。危，本義爲屋脊。三星形如屋脊，故稱。其分野爲齊，屬青州。此稱宋代已行用。

《禮記·月令》："仲夏之月，旦危中；孟冬之月，昏危中。"《史記·天官書》："北宮玄武，虛、危。危爲蓋屋。"《開元占經·北方七宿占二·危宿占五》引先秦《北官候》："危一名天府，一名天市。"《宋史·天文志三》："危宿三星，在天津東南。"又"按漢永元銅儀，以危爲十六度；唐開元游儀，十七度。舊去極九十七度，距南星去極九十八度，在赤道外七度"。亦爲天區名。按《步天歌》，除主體星座危宿外，尚有人星、杵星、臼星、車府、天鈎、造父、蓋屋、虛梁、天錢等，及危宿之附座墳墓。原星二十一顆，增星十五顆。

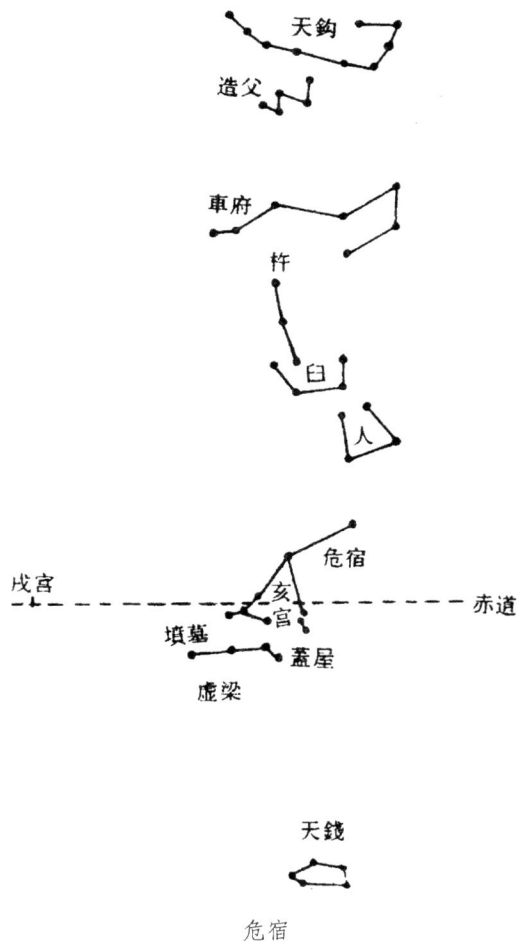

危宿

【危】

"危宿"之省稱。此稱先秦時期已行用。見該文。

【天府】[6]

即危宿。此稱先秦時期已行用。見該文。

【天市】[4]

即危宿。此稱先秦時期已行用。見該文。

蓋屋

星宿名。共二星，屬危宿。此稱先秦時期已行用。戰國甘德、石申《甘石星經》："蓋屋二星，在危宿之南。"《晉書・天文志上》："南二星曰蓋屋，治宮室之官也。"《宋史・天文志三》："蓋屋二星，在危宿南九度，主治宮室。"

虛梁

星宿名。共四星，屬危宿。此稱晋代已行用。《晉書・天文上》："〔蓋屋〕南四星曰虛梁，園陵寢廟之所也。"

天錢

星宿名。共十星，屬危宿。此稱晋代已行用。《晉書・天文志上》："〔北落師門〕西北有十星，曰天錢。"《宋史・天文志三》："天錢十星，在北落師門西北，主錢帛所聚，爲軍府藏。"

墳墓

星宿名。共四星，危宿之附座。此稱先秦時期已行用。戰國甘德、石申《甘石星經》："墳墓如墳形。"《晉書・天文志上》："墳墓四星，屬危之下，主死喪哭泣，爲墳墓也。"《宋史・天文志三》："墳墓四星，在危南，主山陵、悲慘、死喪、哭泣。大曰墳，小曰墓。五星守犯，爲人主哭泣之事。"

杵 [2]

星宿名。共三星，屬危宿。此稱漢代已行用。《史記・天官書》："杵、臼四星，在危南。"張守節正義："杵、臼三星，在丈人星旁，主軍糧。"《宋史・天文志三》："杵三星，在人星東，一云臼星北，主舂軍糧。"

臼

星宿名。共四星，屬危宿。此稱漢代已行用。《史記・天官書》："杵、臼四星，在危南。"《宋史・天文志三》："臼四星。在杵星下，一云危東。杵、臼不明，則民饑。"

造父

星宿名。亦稱"伯樂""司馬"。共五星，屬危宿。舊謂主典天馬，故稱。此稱晋代已行用。《莊子・馬蹄》"及至伯樂"陸德明釋文引戰國甘德、石申《甘石星經》："伯樂，天星名，主典天馬。孫陽善馭，故以爲名。"《晉書・天文志上》："傳舍南河中五星曰造父，御官也。一曰司馬，或曰伯樂。"隋李播《天文大象賦》："軍府息雷轂之聲，造父曳風鷥之響。"《宋史・天文志三》："造父五星，在傳舍南，一曰在騰蛇北，御官也。一曰司馬，或曰伯樂，主御營馬厩、馬乘、轡勒。"

【伯樂】[1]

即造父。本爲善相馬者之名，舊謂此宿主典天馬，故稱。此稱先秦時期已行用。見該文。

【司馬】

即造父。此稱晋代已行用。見該文。

人星 [1]

星宿名。省稱"人"，亦稱"臥星"。共五星，屬危宿。此稱隋代已行用。《隋書・天文志上》："軍府東南五星曰人星，主靜衆庶，柔遠能邇。一曰臥星，主防淫。"《宋史·天文志三》："人五星，在虛北，車府東，如人形，一曰主萬民，柔遠能邇；又曰臥星，主夜行，以防淫人。"又"杵三星，在人星東"。

【人】

"人星"之省稱。此稱宋代已行用。見該文。

【臥星】

即人星。此稱隋代已行用。見該文。

車府

星宿名。共七星，屬危宿。此稱先秦時期已行用。戰國甘德、石申《甘石星經》卷下："車府七星，在天津東，近河，主官車之府也。"隋李播《天文大象賦》："車府息雷鼓之聲，造父曳風鑾之響。"《宋史·天文志三》："車府七星，在天津東，近河，東西列，主車府之官，又主賓客之館。"

鈞星 [3]

星宿名。亦稱"天鈞"。共九星，屬危宿。形如鈞，故稱。此稱晋代已行用。《晋書·天文志上》："其西河中九星如鈞狀，曰鈞星，直則地動。"《宋史·天文志三》："鈞九星，在造父西河中，如鈞狀。星直，則地動。"清徐發《天元曆理》："天鈞大星入危初度。"

【天鈞】

即鈞星。此稱宋代已行用。見該文。

鞠

星名。鞠，本義爲彎曲，故假借爲鈞。或以爲指天鈞星，或以爲指柳宿，或以爲指虛宿，或以爲指北落師門。此稱先秦時期已行用。《大戴禮·夏小正》："鞠則見。鞠者何也？星名也。"參閱朱駿聲《説文通訓定聲》。

室宿

星宿名。省稱"室"，亦稱"營室""休官""鮭鮞""天庫""舌俞角"。北方玄武第六宿。有星兩顆，在飛馬座。夏曆十月黄昏，室宿位於南天正中，古人認爲其時正可營造宮室，故稱。其分野爲衛，屬并州。此稱隋代已行用。戰國甘德、石申《甘石星經》："室名營室。"《國語·周語中》："營室之中，土功其始。"《開元占經·北方七宿占二·營室占六》引三國魏皇甫謐《年曆》："營室一名休官。"又引先秦《地軸占》："營室一名鮭鮞。"又引先秦巫咸："營室爲天庫。"又引漢宋均："營室爲舌俞角。"《隋書·天文志中》："天巉星生室宿中，天社星生危宿中。"《宋史·天文志三》："按漢永元

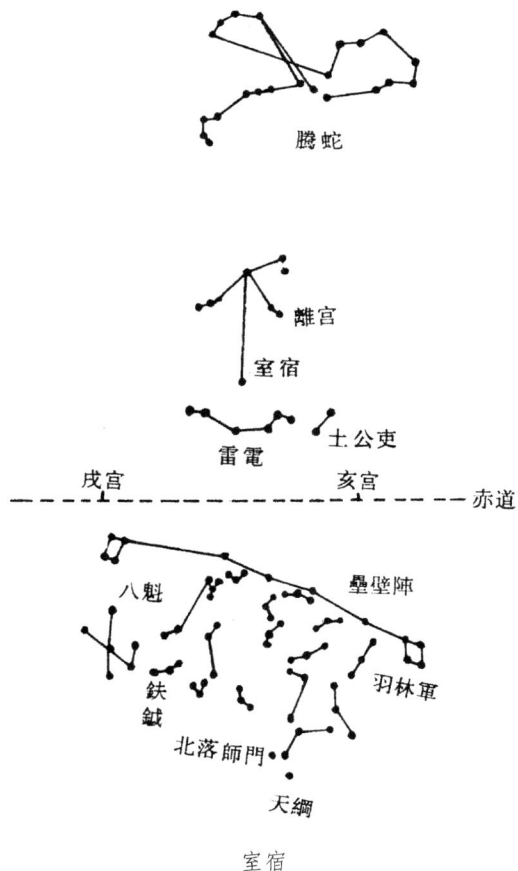

室宿

銅儀，營室十八度；唐開元游儀，十六度。舊去極八十五度。景祐測驗，室十六度，距南星去極八十五度。在赤道外六度。”亦爲天區名。按《步天歌》，除主體星座室宿外，尚有雷電、壘壁陣、羽林軍、鈇鉞、北落師門、八魁、天綱、土功吏、騰蛇等，及室宿之附座離宮。原星一百零九顆，增星五十三顆。

【室】

“室宿”之省稱。此稱先秦時期已行用。見該文。

【營室】

即室宿。此稱先秦時期已行用。見該文。

【休官】

即室宿。此稱三國時期已行用。見該文。

【鮭鮛】

即室宿。此稱先秦時期已行用。見該文。

【天庫】[3]

即室宿。此稱先秦時期已行用。見該文。

【舌俞角】

即室宿。此稱漢代已行用。見該文。

【定星】

即室宿。省稱“定”。此稱宋代已行用。《詩・鄘風・定之方中》：“定之方中，作于楚宮。”朱熹集傳：“定，北方之宿，營室也。定星昏而正中，夏正十月也。是時可營造宮室，故謂之營室。”《國語・周語中》：“營室之中，土功其始。”《爾雅・釋天》：“營室謂之定。”郭璞注：“定，正也，作宮室皆以營室中爲正。”宋王禹偁《火星中而寒暑退賦》：“日取逐魯陽之戈，再懸碧落；定星示楚宮之役，迥挂長空。”

【定】

“定星”之省稱。此稱先秦時期已行用。見該文。

【西縈】

即室宿。此稱先秦時期已行用。曾侯乙墓二十八宿圖中稱室宿爲西縈。

【大水】

即室宿。省稱“水”，亦稱“水星”。室爲北方之宿，按五行爲水，故稱。此稱先秦時期已行用。《左傳・莊公二十九年》：“火見而致用，水昏正而栽。”唐孔穎達疏：“五行北方水，故北方之宿爲水星。”又《昭公十七年》：“衛，顓頊之虛也。故爲帝丘，其星爲大水。”杜預注：“衛星營室；營室，水也。”

【水】[2]

“大水”之省稱。此稱先秦時期已行用。見該文。

【水星】[2]

即大水。此稱唐代已行用。見該文。

【豕韋】

即室宿。本爲古國名，即春秋時衛。衛爲室宿之分野，故稱。此稱先秦時期已行用。《左傳・昭公十一年》：“歲在豕韋。”《廣雅・釋天》：“營室謂之豕韋。”王念孫疏證：“今衛輝府滑縣，古豕韋氏國。春秋時衛地也。衛爲營室之分野，故營室謂之豕韋，猶實沈主參，因而謂參爲實沈也。”

【天廟】[2]

即室宿。亦稱“玄冥”“玄宮”“清廟”“結蝓之宿”“天官大人之宮”。此稱先秦時期已行用。戰國甘德、石申《甘石星經》：“室名玄冥。”《國語・周語上》：“日月底于天廟，土乃脉發。"韋昭注:"天廟,營室也。"《史記·天官書》:"營室爲清廟。"《開元占經·北方七宿占二·營室占六》引先秦《北官候》:"營室一名玄冥,一名天官大人之宮。"《晋書·天文志上》:"營室二星,天子之宮也。一曰玄宮,一曰清廟。"明楊慎《丹鉛摘録》卷四:"營室星一名結蜦之宿,月暈謂之逡巡,他書亦不見,併識于此。"明孫毂《古微書》卷二四引《詩推度災》:"鄁國爲結蜦之宿,營室之精也。"

【玄冥】

即天廟[2]。此稱先秦時期已行用。見該文。

【玄宮】

即天廟[2]。此稱晋代已行用。見該文。

【清廟】

即天廟[2]。此稱漢代已行用。見該文。

【結蜦之宿】

即天廟[2]。此稱明代已行用。見該文。

【天官大人之宮】

即天廟[2]。此稱先秦時期已行用。見該文。

雷電

星宿名。共六星,屬室宿。此稱先秦時期已行用。戰國甘德、石申《甘石星經》:"雷電六星在室西南,主興雷電也。"《宋史·天文志三》:"雷電六星,在室南,明動,則雷電作。"

離宮

星宿名。共六星,屬室宿,室之附座。此稱晋代已行用。《晋書·天文志上》:"離宮六星,天子之別宮,主隱藏休息之所。"《宋史·天文志三》:"離宮六星,兩兩相對爲一坐,夾附室宿上星,天子之別宮也。"

壘壁陣

星宿名。省稱"壘",亦稱"壁壘""鈇"。共十二星,屬室宿。此稱晋代已行用。《史記·天官書》:"北宮玄武、虛、危……其南有衆星,曰羽林天軍。軍西爲壘,或曰鈇。"張守節正義:"壘壁陣十二星,橫列在營室南,天軍之垣壘。"漢張衡《思玄賦》:"觀壁壘於北落兮,代河鼓之磅硠。"《晋書·天文志上》:"壘壁陣十二星,在羽林北,羽林之垣壘也,主軍衛爲營壅也。"《宋史·天文志二》:"壘壁陣十二星,在羽林北。"注:"一作壁壘。"

【壘】

"壘壁陣"之省稱。此稱漢代已行用。見該文。

【壁壘】

即壘壁陣。此稱漢代已行用。見該文。

【鈇】[1]

即壘壁陣。此稱漢代已行用。見該文。

騰蛇

星宿名。共二十二星,屬室宿。此稱漢代已行用。漢黄香《九宮賦》:"左青龍而右觜觽,前七星而後騰蛇。"《晋書·天文志上》:"騰蛇二十二星,在營室北,天蛇也,主水蟲。"

土功吏

星宿名。共二星,屬室宿。此稱隋代已行用。《隋書·天文志中》:"室西南二星曰土功吏,主司過度。"《宋史·天文志三》:"土功吏二星,在壁宿南,一曰在危東北,主營造宮室,起土之官。"

北落師門

星名。省稱"北落"。有一星,屬室宿。此稱晋代已行用。《史記·天官書》:"〔羽林天軍〕旁爲一大星爲北落。"張守節正義:"北落師門一星,在羽林西南,天軍之門也。"《晋書·天文志上》："北落師門一星，在羽林西南。北者，宿在北方也；落，天之藩落也；師，衆也；師門，猶軍門也。長安城北門曰北落門，以象此也。"唐李白《司馬將軍歌》："北落明星動光彩，南征猛將如雲雷。"

【北落】

即北落師門。此稱漢代已行用。見該文。

八魁

星宿名。共九星，屬室宿。此稱先秦時期已行用。戰國甘德、石申《甘石星經》卷下："八魁九星，在北落東南，主獸之官。"《晋書·天文志上》："北落東南九星曰八魁，主張禽獸。"

天綱

星名。有一星，屬室宿。此稱晋代已行用。《晋書·天文志上》："北落西南一星曰天綱，主武帳。"《宋史·天文志三》："天綱一星，在北落西南，一曰在危南，主武帳宮舍，天子游獵所會。"

羽林軍

星宿名。亦稱"羽林""材官""天南庫""單于軍""軍""羽林天軍""天軍"。共四十五星，屬室宿。此稱宋代已行用。《史記·天官書》："北宮玄武，虚、危……其南有衆星，曰羽林天軍。軍西爲壘。"《開元占經·石氏外官·羽林星占十三》引漢郗萌："羽林一名材官，一名天南庫，一名單于軍，又主翌王。"《晋書·天文志上》："羽林四十五星，在營室南，一曰天軍，主軍騎，又主翼王也。……五星有在天軍中者，皆爲兵起。"《宋史·天文志三》："羽林軍四十五星，三三而聚散，出壘壁之南，一曰在營室之南。"

【羽林】

即羽林軍。此稱漢代已行用。見該文。

【材官】

即羽林軍。此稱漢代已行用。見該文。

【天南庫】

即羽林軍。此稱漢代已行用。見該文。

【單于軍】

即羽林軍。此稱漢代已行用。見該文。

【軍】

即羽林軍。此稱漢代已行用。見該文。

【羽林天軍】

即羽林軍。此稱漢代已行用。見該文。

【天軍】

即羽林軍。此稱晋代已行用。見該文。

鈇鉞 [2]

星宿名。亦作"斧鉞"，亦稱"鈇質"。共三星，屬室宿。此稱隋代已行用。《隋書·天文志中》："八魁西北三星曰鈇質，一曰鈇鉞。有星入之，皆爲大臣誅。"《宋史·天文志三》："斧鉞三星，在北落師門東，芟刈之具也，主斬芻藁以飼牛馬。"

【斧鉞】 [1]

同"鈇鉞"。此體宋已行用。見該文。

【鈇質】 [1]

即鈇鉞。此稱隋代已行用。見該文。

壁宿

星宿名。省稱"壁"。北方玄武七宿之第七宿。有星二顆，與室宿二星組成大方形，相連如室之壁，故稱。其二星在飛馬座和仙女座。古人以爲主文章圖書。其分野爲衛，屬并州。此稱宋代已行用。《孫子·火攻》："日者，月在箕、壁、翼、軫也。凡此四宿，風起之日也。"梅堯臣注:"壁,東壁。"《宋史·天文志三》:"壁宿二星,主文章,天下圖書之秘府。"又"按漢永元銅儀,東壁二星九度。舊去極八十六度。景祐測驗,壁二星九度,距南星去極八十五度。"亦爲天區名。按《步天歌》,除主體星座壁宿外,尚有霹靂、雲雨、天厩、鐵鑕、土功等。原星二十八顆,增星五十四顆。

【壁】

"壁宿"之省稱。此稱先秦時期已行用。見該文。

【東壁】

即壁宿。亦稱"東縈""娵觜""天池""天術""天梁""文府"。壁宿位於室宿東,故稱。曾侯乙墓二十八宿圖中稱壁宿爲"東縈"。此稱先秦時期已行用。戰國甘德、石申《甘石星經》:"壁名東壁,又名娵觜。"《開元占經·北方七宿占二·東壁占七》引先秦《北官候》:"東壁一名天池,一名天術。"又引先秦巫咸:"東壁爲天梁。"《爾雅·釋天》:"營室謂之定。

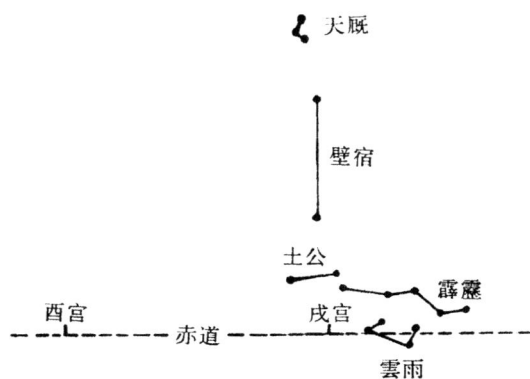

壁宿

娵觜之口,營室東壁也。"郭璞注:"室壁二宿,四方似口,故名娵觜。娵,魚也;觜,口也。謂啞魚之口也。"《晋書·天文志》:"東壁二星,主文章,天下圖書之秘府也。"宋陳祥道《禮書·天文》:"東壁爲文府。"明高明《琵琶記·孝婦題真》:"休誇東壁圖書府,賽過西苑翰墨林。"

【東縈】

即東壁。此稱先秦時期已行用。見該文。

【娵觜】[1]

即東壁。此稱先秦時期已行用。見該文。

【天池】[2]

即東壁。此稱先秦時期已行用。見該文。

【天術】

即東壁。此稱先秦時期已行用。見該文。

【天梁】

即東壁。此稱先秦時期已行用。見該文。

【文府】

即東壁。古以壁宿主文章圖書,故稱。此稱宋代已行用。見該文。

天厩[3]

星宿名。共十星,屬壁宿。此稱晋代已行用。《晋書·天文志上》:"東壁北十星曰天厩,主馬之官,若今驛亭也,主傳令置驛,逐漏馳鶩。"《宋史·天文志三》:"天厩十星,在東壁之北。"

霹靂

星宿名。亦作"礔礰"。共五星,屬壁宿。此稱先秦時期已行用。戰國甘德、石申《甘石星經》卷下:"霹靂五星在雲雨北。主天威擊劈萬物。"《隋書·天文志中》:"土公西南五星曰礔礰。"《宋史·天文志三》:"霹靂五星,在雲雨北,一曰在雷電南,一曰在土功西,主陽氣大盛,擊碎萬物。與五星合,有霹靂之應。"

【礔礰】

同"霹靂"。此稱隋代已行用。見該文。

雲雨

星宿名。共四星,屬壁宿。此稱宋代已行用。《宋史·天文志三》:"雲雨四星在雷電東,一云在霹靂南,主雨澤,成萬物。"

鈇鑕[1]

星宿名。共五星,屬壁宿。此稱宋代已行用。《宋史·天文志三》:"鈇鑕五星,在天倉西南,刈具也,主斬芻飼牛馬。"又,"按《步天歌》,壁宿下爲鈇鑕五星,《晋》《隋志》皆不載。《隋志》八魁西北三星曰鈇鑕,又曰鈇鉞,

其占與《步天歌》室宿內斧鉞略同,恐即是此誤重出之"。按,室宿內有"鈇鑕"(又名鈇鉞,共三星),壁宿內有"鈇鑕"(共五星),實乃二宿,非重出。參見"鈇鉞"條。參閱《隋書·天文志中》。

土公

星宿名。亦作"土功"。共二星,屬壁宿。此稱先秦已行用。戰國甘德、石申《甘石星經》:"土公二星在壁南,主營造宮室。"《隋書·天文志中》:"壁南二星曰土公,土公西南五星曰礔礰。"《宋史·天文志三》:"霹靂五星……一曰在土功西。"

【土功】

同"土公"。此體宋代已行用。見該文。

第三節　西方白虎七宿考

白虎,四象之一,由奎、婁、胃、昴、畢、觜、參七宿組成。春分前後黃昏觀察天象,此七宿位於西天。古將其聯想爲虎,按五行相配律,西方屬白,故名。於八卦爲乾、兑,於五行主金,象徵四相中的少陰,四季中的秋季。漢時讖緯之學興,其象徵性含義又增加軍兵、庚卒、義德三義,漢後道家將其吸納爲護法神,稱爲"監兵神君"。古時多主爲凶神,見之則多灾難。

白虎

亦稱"毛獸""西宫""庚虎"。此稱先秦時期已行用。《管子·幼官》:"君服赤色,味苦味,聽羽聲,治陽氣,用七數,飲於赤后之井,以毛獸之火爨。"尹知章注:"毛獸,西方白虎。用西方之火,故曰毛獸之火。"《禮記·曲禮上》:"行前朱鳥而後玄武,左青龍而右白虎。"孔穎達疏:"前南後北,左東右西,朱鳥、玄武、青龍、白虎,四方宿名也。"《史記·天官書》:"西宫咸池,曰天五潢。"司馬

貞索隱：《文耀鈎》云：‘西宮白帝，其精白虎。’”《書·堯典》“日短星昴，以正仲冬”孔傳：“昴，白虎之中星。”唐吕巖《七言》詩：“庚虎循環餐絳雪，甲龍天喬迸靈泉。”

【毛獸】

即白虎。此稱先秦時期已行用。見該文。

【西宮】

即白虎。此稱漢代已行用。見該文。

【庚虎】

即白虎。庚在五方中屬西，故稱。此稱唐代已行用。見該文。

奎宿

星宿名。省稱“奎”，亦稱“圭”“天庫”“天邊偏將軍”“奎星”。西方白虎七宿之第一宿。有星十六顆，在仙女座和雙魚座。奎，胯也。奎宿十六星形如胯，故稱。其分野爲魯，屬徐州。此稱漢代已行用。《禮記·月令》：“季夏之月，旦奎中。”戰國甘德、石申《甘石星經》：“奎十六星，形如破鞋底，在紫微垣後，傳舍下。”《開元占經·西方七宿占三·奎宿一》引先秦《西官候》：“奎一名天庫，一名天邊偏將軍，武庫，軍庫也。”《初學記》卷二一引《孝經援神契》：“奎主文章。”漢宋均注：“奎星屈曲相鈎，似文字之畫。”宋王安石《送鄆州知府宋諫議》詩：“地靈奎宿照，野沃汶河漸。”清段玉裁《説文解字注·大部》：“奎與胯雙聲，奎宿十六星以像似得名。”曾侯乙墓二十八宿圖，奎作“圭”。參閲陳遵嬀《中國天文學史》第二册。亦爲天區名。按《步天歌》，除主體星座奎宿外，尚有外屏、天溷、土司空、軍南門、閣道、附路、王良等，及王良之附座策星，凡九。原星四十五顆，增星六十三顆。

【奎】

即奎宿。此稱先秦時期已行用。見該文。

【圭】

即奎宿。此稱先秦時期已行用。見該文。

【天庫】[4]

即奎宿。此稱先秦時期已行用。見該文。

【天邊偏將軍】

即奎宿。此稱先秦時期已行用。見該文。

【奎星】

即奎宿。此稱漢代已行用。見該文。

【西奎】

即奎宿。因其屬西方七宿，故稱。此稱元代已行用。元馬祖常《試院雜題》詩：“奏章三千方朔健，天章爛漫象西奎。”明廖道南《太祀圜丘賦》：“南箕北斗而魄寶華，西奎東壁而瑶樞麗。”

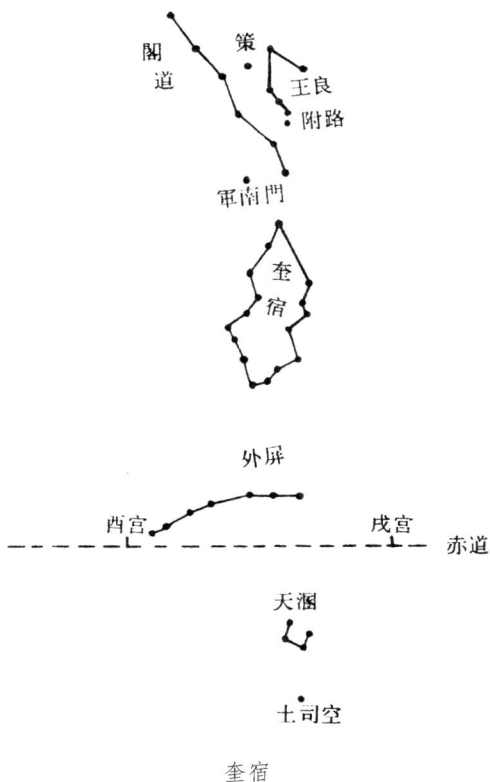

奎宿

【璧奎】

即奎宿。古以奎宿主文章和文運，故美稱之。此稱明代已行用。明鄭真《送楊德貞》詩："學省煌煌映璧奎，諸生冠佩雁行齊。"明唐順之《題張學士仰宸樓樓藏賜書》詩："秘典自驚《墳》《索》上，祥光遙映璧奎餘。"

【天豕】

即奎宿。亦稱"封豕""封豨"。因其形似大猪，故稱。《史記·天官書》："奎曰封豕，爲溝瀆。"唐張守節正義："奎，天之府庫，一曰天豕，亦曰封豕，主溝瀆。"《漢書·天文志》豕作"豨"。此稱漢代已行用。《太平御覽》卷六引《樂汁圖》曰："奎，天豕也。"元趙景長《甲戌客臨安》："天豕星沈狼有影，海鰌風緊鶴無聲。"

【封豕】

即天豕。此稱漢代已行用。見該文。

【封豨】

即天豕。此稱漢代已行用。見該文。

【天關】[5]

即奎宿。指冬季之奎宿。此稱先秦時期已行用。先秦《太公金匱》："冬月奎星爲天關。"

天溷

星宿名。共七星，屬奎宿。此稱隋代已行用。《隋書·天文志中》："外屏南七星曰天溷，厠也。"《宋史·天文志四》："天溷七星，在外屏南，主天厠養猪之所，一曰天之厠溷也。"

土司空[1]

星名。亦稱"天倉"。一星，屬奎宿。此稱隋代已行用。《隋書·天文志中》："天溷南一星曰土司空，主水土之事故，又知禍殃也。"《宋史·天文志四》："土司空一星，在奎南，一曰天倉。主土事。"

【天倉】[2]

即土司空。此稱宋代已行用。見該文。

策星

星名。省稱"策"。一星，屬奎宿。此稱晋代已行用。《晋書·天文志上》："〔騰蛇〕前一星曰策星，王良之御策也，主天子之僕，在王良旁。"《宋史·天文志四》："策一星，在王良北，天子僕也，主執策御。"

【策】

"策星"之省稱。此稱宋代已行用。見該文。

附路

星名。亦作"傅路"，亦稱"太僕""王濟之太僕""伯樂""就父"。一星，屬奎宿。此稱漢代已行用。《史記·天官書上》："傅路一星，在閣道南，旁別道也。"《開元占經·石氏中官·附路星占三十二》引漢郗萌："附路一名王濟之太僕，一名伯樂，一名就父。"《隋書·天文志上》："傅路一星……一曰太僕，主禦風雨，亦游從之義也。"《宋史·天文志四》："附路一星（'附'一作'傅'），在閣道南旁，別道也。一曰在王良東。"

【傅路】

同"附路"。此體漢代已行用。見該文。

【太僕】

即附路。此稱隋代已行用。見該文。

【王濟之太僕】

即附路。此稱漢代已行用。見該文。

【伯樂】[2]

即附路。此稱漢代已行用。見該文。

【就父】

即附路。此稱漢代已行用。見該文。

閣道

　　星宿名。亦稱"高閣""王良旗""紫宫旗"。共六星，屬奎宿。此稱漢代已行用。《史記·天官書》："〔紫宫〕後六星絶漢抵營室，曰閣道。"張守節正義："閣道六星在王良北，飛閣之道。"《文選·張衡〈思玄賦〉》："命王良掌策駟兮，逾高閣之將將。"吕延濟注："高閣，星名。"《隋書·天文志上》："〔閣道〕一曰王良旗，一曰紫宫旗，亦所以爲旌表，而不欲其動摇。"《宋史·天文志四》："閣道六星，在王良前，飛道也。"

【高閣】

　　即閣道。此稱漢代已行用。見該文。

【王良旗】

　　即閣道。此稱隋代已行用。見該文。

【紫宫旗】

　　即閣道。此稱隋代已行用。見該文。

王良

　　星宿名。亦作"王梁"，亦稱"天津""王濟""天馬星""天橋""王良梁"。共五星，屬奎宿。王良本爲春秋時善馭者。王良五星，古時四星爲天駟，一星爲王良，後則五星皆名王良。此稱漢代已行用。《史記·天官書》："漢（銀河）中四星曰天駟，旁一星曰王良。王良策馬，車騎滿野。"《漢書·天文志》："漢中四星，曰天駟，旁一星，曰王梁。"《開元占經·石氏中官占上一·王良星占三十》引漢郗萌："王良一名天津，一名王濟。"《晉書·天文志上》："王良五星，在奎北，居河中，天子奉車御官也。其四星曰天駟，旁一星曰王良，亦曰天馬。"《隋書·天文志上》："〔王良〕亦曰王良梁，爲天橋，主禳風雨水道，故或占津梁。"

《宋史·天文志四》："王良五星，在奎北，居河中……其四星曰天駟，旁一星曰王良，亦曰天馬星，動則車騎滿野。一曰爲天橋，主禳風雨、水道。"

【王梁】

　　同"王良"。此體漢代已行用。見該文。

【天津】[4]

　　即王良。此稱漢代已行用。見該文。

【王濟】

　　即王良。此稱漢代已行用。見該文。

【天馬星】

　　即王良。此稱晋代已行用。見該文。

【天橋】

　　即王良。此稱隋代已行用。見該文。

【王良梁】

　　即王良。此稱隋代已行用。見該文。

天駟[2]

　　星宿名。古以王良五星之四星爲"天駟"。此稱漢代已行用。見"王良"文。

外屏

　　星宿名。共七星，屬奎宿。此稱隋代已行用。《隋書·天文志中》："奎南七星曰外屏。"《宋史·天文志四》："外屏七星，在奎南，主障蔽臭穢。"

軍南門

　　星名。一星，屬奎宿。此稱晋代已行用。《晉書·天文志上》："天將軍十二星……南一星曰軍南門，主誰何出入。"《宋史·天文志四》："軍南門，在天大將軍南，天大將軍之南門也。主誰何出入。"

婁宿

　　星宿名。省稱"婁"。西方白虎之第二宿，

有星三顆。在白羊座中。此稱宋代已行用。《禮記·月令》："季冬之月,昏婁中。"《史記·律書》："北至於婁。婁者,呼萬物且内之也。"《宋史·天文志四》："按漢永元銅儀,以婁爲十二度;唐開元游儀,十三度。舊去極八十度。景祐測驗,婁宿十二度,距中央大星去極八十度,在赤道内十一度。"亦爲天區名。按《步天歌》,除主體婁宿星官外,尚有左更、右更、天倉、天庾、天大將軍,凡六。原星三十三顆,增星六十九顆。

【婁】

"婁宿"之省稱。此稱先秦時期已行用。見該文。

【聚衆】

即婁宿。亦稱"衆聚"。此稱漢代已行用。

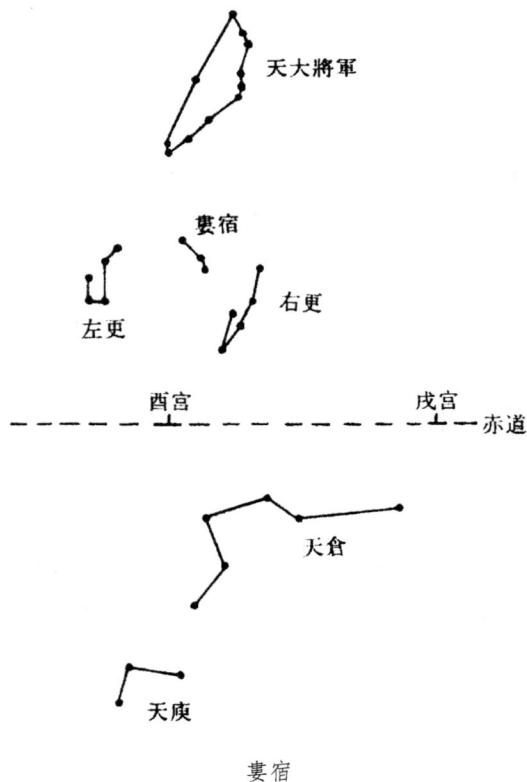

婁宿

《史記·天官書》："婁爲聚衆。"張守節正義："婁三星爲苑,收養犧牲以共祭祀,亦曰聚衆。占,動摇,則衆兵聚;金、火守之,兵起也。"唐楊炯《渾天賦》："胃爲天倉,婁爲衆聚。"

【衆聚】

即聚衆。此稱唐代已行用。見該文。

【天獄】[2]

即婁宿。亦稱"密官""國市""天廟庫"。此稱隋代已行用。《開元占經·西方七宿占三·婁宿二》引先秦《西官候》："婁一名密官,一名國市。一名天廟庫。"唐李淳風《觀象玩占·婁宿》："婁三星曰天獄,一曰密官,一曰國市,一曰天廟庫,土星也。"

【密官】[1]

即天獄。此稱先秦時期已行用。見該文。

【國市】

即天獄。此稱先秦時期已行用。見該文。

【天廟庫】

即天獄。此稱先秦時期已行用。見該文。

右更

星宿名。共五星,屬婁宿。此稱隋代已行用。《隋書·天文志中》："婁西五星曰右更,牧師也,主養牛馬之屬,亦主禮義。"《宋史·天文志四》："右更五星,在婁西,秦爵名,主牧師官,亦主禮義。"

左更

星宿名。共五星,屬婁宿。此稱隋代已行用。《隋書·天文志中》："婁東五星曰左更,山虞也,主澤藪竹木之屬,亦主仁智。"《宋史·天文志四》："左更五星,在婁東。"

天倉 [3]

星宿名。共六星,屬婁宿。此稱晋代已行

用。《晉書·天文志上》：“天倉六星，在婁南，倉穀所藏也。”

天庾

星宿名。共四星，屬婁宿。此稱漢代已行用。漢張衡《周天大象賦》：“天庾積粟以示稔。”《晉書·天文志上》：“〔天倉〕南四星曰天庾，積廚粟之所也。”《宋史·天文志四》：“天庾四星，在天倉東南，主露積。”

天大將軍[1]

星宿名。省稱“天將軍”。共十二星，屬婁宿。此稱先秦時期已行用。戰國甘德、石申《甘石星經》：“天大將軍十二星，在婁宿之北。”《晉書·天文志上》：“天將軍十二星，在婁北，主武兵。中央大星，天之大將也。”一説共十一星。《宋史·天文志四》：“天大將軍十一星，在婁北。”

【天將軍】

“天大將軍”之省稱。此稱晉代已行用。見該文。

胃宿

星宿名。省稱“胃”，亦稱“天中府”“密官”“天倉”。西方白虎之第三宿。有星三顆，在白羊座，鼎足立於銀河下。其分野爲趙，屬冀州。此稱漢代已行用。《禮記·月令》：“〔季春之月〕日在胃。”《史記·天官書》：“胃爲天倉。”張守節正義：“胃主倉廩，五穀之府也。”《開元占經·西方七宿占三·胃宿三》引先秦《西官候》：“胃一名天中府，一名密官，爲兵爲喪。”唐楊炯《渾天賦》：“胃爲天倉，婁爲衆聚。”《宋史·天文志四》：“按漢永元銅儀，胃宿十五度；景祐測驗，十四度。”亦爲天區名。按《步天歌》，除主體星座胃宿外，尚有天廩、

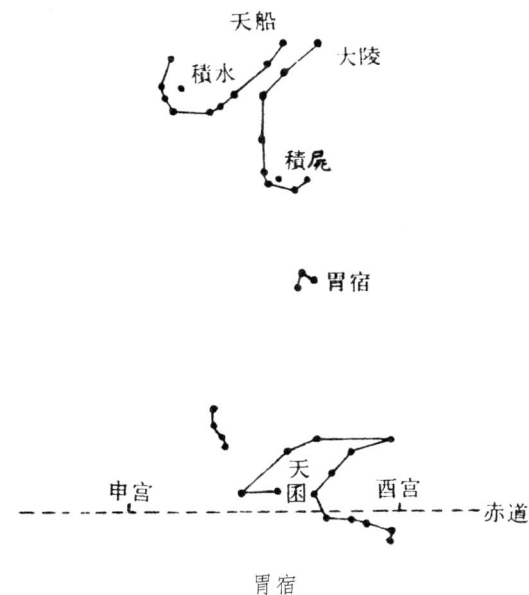

天囷、大陵、天船、積屍、積水，凡七。原星三十九顆，增星六十二顆。唐歐陽詹《二公亭記》：“日臨胃次，斗建辰位，和氣將徂，畏景方至。”

【胃】

“胃宿”之省稱。此稱先秦時期已行用。見該文。

【天中府】

即胃宿。此稱先秦時期已行用。見該文。

【密官】[2]

即胃宿。此稱先秦時期已行用。見該文。

【天倉】[4]

即胃宿。此稱漢代已行用。見該文。

天囷

星宿名。共十三星，屬胃宿。此稱晉代已行用。《晉書·天文志上》：“天囷十三星，在胃南。囷，倉廩之屬也，主給御糧也。”《宋史·天文志四》：“天囷十三星，如乙形，在胃南。”

太陵

星宿名。亦作"大陵",亦稱"積京"。共八星,屬胃宿。此稱晋代已行用。《晋書・天文志上》:"太陵八星在胃北,亦曰積京,主大喪也。"《宋史・天文志四》:"大陵八星在胃北,亦曰積京。"

【大陵】

同"太陵"。此體宋代已行用。見該文。

【積京】[1]

即太陵。此稱晋代已行用。見該文。

積屍[1]

星名。一星,位於太陵之中,屬胃宿。此稱晋代已行用。《晋書・天文志上》:"太陵中一星曰積屍,明則死人如山。"《宋史・天文志四》:"積屍一星,在大陵中,明,則有大喪。"

天船

星宿名。亦稱"王船""天更""舟星"。共九星。在天河中,屬胃宿。此稱先秦時期已行用。《開元占經・石氏中官・天船星占三十五》引漢郗萌:"天船九星一名王船。"又引戰國甘德、石申《甘石星經》:"天船主水旱之事,一名天更。"《晋書・天文志上》:"〔太陵〕北九星曰天船,一曰舟星,所以濟不通也。"《宋史・天文志四》:"天船九星,在太陵北,河之中,天之船也,主通濟利涉。"

【王船】

即天船。此稱漢代已行用。見該文。

【天更】

即天船。此稱先秦時期已行用。見該文。

【舟星】

即天船。此稱晋代已行用。見該文。

天廩

星宿名。亦稱"天㑿"。共四星,屬胃宿。此稱漢代已行用。漢張衡《周天大象賦》:"天廩備積以祈歆。"《晋書・天文志上》:"天廩四星在昴南,一曰天㑿,主蓄黍稷以供饗祀。"《宋史・天文志四》:"天廩四星,在昴宿南,一曰天㑿。"

【天㑿】

即天廩。此稱晋代已行用。見該文。

積水[1]

星名。一星,在天船中,屬胃宿。此稱晋代已行用。《晋書・天文志上》:"〔天船〕中一星曰積水,候水災。"《宋史・天文志四》:"積水一星,在天船中,候水災也。明動上行,舟船用。"

昴宿

星宿名。省稱"昴",亦稱"星昴""昴星"。西方白虎之第四宿,有亮星七顆。現已知由一千四百顆星組成,疏散星團,稱"昴星團",俗亦稱"七姊妹星團"。位於金牛座。其分野爲趙,屬冀州。此稱先秦已行用。《書・堯典》:"日短星昴,以正仲冬。"戰國甘德、石申《甘石星經》:"昴七星,在胃東稍南。"《宋史・天文志四》:"按漢永元銅儀,昴宿十二度;唐開元游儀,十一度。舊去極七十四度。景祐測驗昴宿十一度,距西南星去極七十一度。"清譚嗣同《以太説》:"一昴星,何以能攝天河圈內所有諸恒星?"亦爲天區名。按《步天歌》,除主體星座星宿外,尚有天阿、月星、天陰、芻藁、天苑、卷舌、天讒、礪石,凡九。原星四十七顆,增星五十顆。一説有亮星五顆,故有昴星精化爲五老之説。參閲《步天歌》。

【昴】

"昴宿"之省稱。此稱先秦時期已行用。見該文。

【星昴】

即昴宿。此稱先秦時期已行用。見該文。

【昴星】

即昴宿。此稱唐代已行用。見該文。

【旄頭】

即昴宿。亦作"髦頭",亦稱"旄星"。此稱唐代已行用。《史記·天官書》:"昴曰髦頭,胡星也。"唐武元衡《送徐員外還京》詩:"旄頭星未落,分手轆轤鳴。"唐儲光羲《觀范陽遞俘》詩:"北河旄星隕,鬼方獼林胡。"清孔尚任《桃花扇·誓師》:"月升鴟尾城吹角,星散旄頭帳點兵。"

【髦頭】

同"旄頭"。此體漢代已行用。見該文。

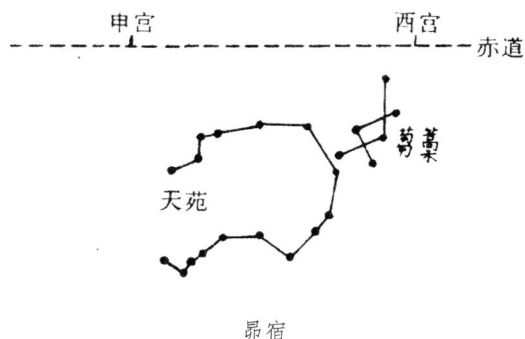

昴宿

昴星圖

【旄星】

即旄頭。此稱唐代已行用。見該文。

【留】

即昴宿。亦稱"武""天厨""天路胡星"。此稱漢代已行用。《史記·律書》:"〔涼風〕北至于留。留者,言陽氣之稽留也,故曰留。"《開元占經·西方七宿占三·昴宿四》引先秦《西官候》:"昴一名武,一名天厨,一名天路胡星。"《詩·召南·小星》:"嘒彼小星,維參與昴。"鄭玄箋:"參,星名也,一名伐;昴,一名留。二星皆西方宿也。"清朱珔《説文假借義證》:"《詩正義》引《元命苞》曰:昴六星。昴之爲言留也,言物成就繫留也。是以留爲昴之假借。"參閲陳遵嬀《中國天文學史》第二册。

【武】

即留。此稱先秦時期已行用。見該文。

【天厨】[2]

即留。此稱先秦時期已行用。見該文。

【天路胡星】

即留。此稱先秦時期已行用。見該文。

【胡星】

即昴宿。古以昴宿象徵胡人,故稱。此稱漢代已行用。《史記·天官書》:"昴曰髦頭,胡星也,爲白衣會。"張守節正義:"摇動若跳躍者，胡兵大起。”

【西陸】

即昴宿。以所在方位代指。《爾雅・釋天》：“大梁，昴也；西陸，昴也。”此稱先秦時期已行用。《左傳・昭公四年》：“古者日在北陸而藏冰；西陸，朝覿而出之。”杜預注：“謂夏二月，日在昴畢。”《後漢書・律曆志下》：“是故日行北陸謂之冬，西陸謂之春，南陸謂之夏，東陸謂之秋。”另有指秋代日之“西陸”，與此説當非一事。

【兆昴】

即昴宿。傳説漢代的蕭何爲昴星降世，故稱昴星爲“兆昴”。此稱漢代已行用。參見《初學記》卷一引漢佚名《春秋佐助期》。元馬祖常《秋谷平章生日》詩：“鄭侯生兆昴，周翰降維嵩。”鄭侯，指蕭何。

芻藁

星宿名。亦稱“廥積”“天積”。共六星，屬昴宿。此稱南北朝時期已行用。《史記・天官書》：“胃爲天倉，其南衆星曰廥積。”裴駰集解引三國魏如淳曰：“芻藁積爲廥也。”張守節正義：“芻藁六星，在天苑西，主積藁草者。”《隋書・天文志中》：“苑（天苑）西六星曰芻藁，以供牛馬之食也。一曰天積，天子之藏府也。星盛則歲豐穰，希則貨財散。”

【廥積】

即芻藁。此稱漢代已行用。見該文。

【天積】

即芻藁。此稱隋代已行用。見該文。

天陰 [1]

星宿名。共五星，屬昴宿。此稱宋代已行用。《宋史・天文志四》：“天陰五星，主從天子弋獵之臣。”

天河 [2]

星名。亦作“天阿”。一星，屬昴宿。此稱晋代已行用。《晋書・天文志上》：“天高西一星曰天河，主察山林妖變。”《宋史・天文志四》：“天河一星，在天廩星北。”原注：“一作天阿。”

【天阿】

即天河。此稱宋代已行用。見該文。

卷舌 [2]

星宿名。亦稱“卷星”“勝舌”“左舌”“積京”“積薪”。共二星，屬昴宿。此稱漢代已行用。《漢書・天文志》：“〔元帝〕二年五月，客星見昴分，居卷舌東可五尺。”《開元占經・石氏中官・卷舌占三十六》引先秦《黃帝占》：“卷星一名勝舌，一名左舌，一名積京，一名積薪。”《晋書・天文志上》：“卷舌六星，在昴北，主口語，以知佞讒也。曲吉，直而動，天下有口舌之害。”《宋史・天文志四》：“卷舌六星，在昴北，主樞機智謀，一曰主口語，以知讒佞。”明王偁《守默》詩：“昭兹捲舌戒，可喻緘口辭。”

【卷星】

即卷舌。此稱先秦時期已行用。見該文。

【勝舌】

即卷舌。此稱先秦時期已行用。見該文。

【左舌】

即卷舌。此稱先秦時期已行用。見該文。

【積京】 [2]

即卷舌。此稱先秦時期已行用。見該文。

【積薪】 [1]

即卷舌。此稱先秦時期已行用。見該文。

天苑[1]

星宿名。亦作"天菀"。共十六星，屬昴宿。此稱漢代已行用。《史記·天官書》："其西有句曲九星，三處羅：一曰天旗，二曰天苑，三曰九游。"張守節正義："天苑十六星，如環狀，在畢南，天子養禽獸所。"《後漢書·天文志中》："〔孝安永初三年〕十二月，彗星起天苑南。"《晉書·天文志上》："天苑十六星，在昴畢南，天子之苑囿，養獸之所也。"

【天菀】

同"天苑"。此體漢代已行用。見該文。

天讒[1]

星名。一星，屬昴宿。此稱晉代已行用。《晉書·天文志上》："〔卷舌〕中一星曰天讒，主巫醫。"《宋史·天文志四》："天讒一星，在卷舌中，主巫醫。"

月[2]

星名。一星，屬昴宿。此稱晉代已行用。《隋書·天文志上》："天街西一星曰月。"《宋史·天文志四》："月一星，在昴宿東南，蟾蜍也，主日月之應，女主臣下之象，又主死喪之事。"

礪石

星宿名。亦作"厲石"。共四星，屬昴宿。此稱宋代已行用。《宋史·天文志四》："礪石四星，在五車星西，主百工磨礪鋒刃，亦主候伺。"一說五星。《隋書·天文志上》："〔諸王〕西。五星曰厲石，若客星守之，兵動。"明王偁《守默》詩："礪石鼓天讒，敖客司南箕。"

【厲石】

同"礪石"。此稱隋代已行用。見該文。

畢宿

星宿名。省稱"畢"，亦稱"天畢""天罼"。西方白虎之第五宿。有星八顆，在金牛座。畢，捕兔網。形似之，故稱。其分野爲趙，屬冀州。此稱先秦已行用。《詩·小雅·大東》："有捄天畢，載施之行。"朱熹集傳："天畢，畢星也，狀如掩兔之畢。"《禮記·月令》："孟秋之月，旦畢中。"漢王逸《九思·守志》："舉天罼兮掩邪，毂天弧兮躲奸。"《宋史·天文志四》："畢宿八星，主邊兵弋獵。"又，"按漢永元銅儀，畢十六度。舊去極七十八度。景祐測驗，畢宿十七度。距畢口北星去極七十七度"。亦爲天區名。按《步天歌》，除主體星座畢宿外，尚有天街、天節、諸王、天高、九州殊口、

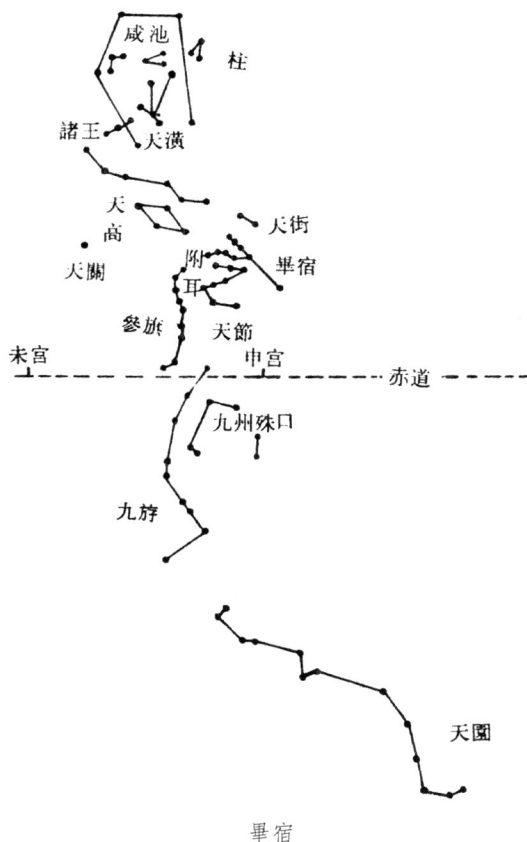

畢宿

五車、柱星、天潢、咸池、天關、參旗、九游、天圓，及畢宿之附座附耳。原星九十二顆，增星九十七顆。宋劉放《雜咏四首》之二："迢迢河漢章，天畢前南箕。"

【畢】

"畢宿"之省稱。此稱先秦時期已行用。見該文。

【天畢】

即畢宿。此稱先秦時期已行用。見該文。

【天罼】

即畢宿。此體漢代已行用。見該文。

【畢星】

即畢宿。亦稱"星畢"。此稱漢代已行用。漢蔡邕《獨斷》卷上："雨師神，畢星也。其象在天，能興雨。"晉左思《蜀都賦》："雖星畢之滂沱，尚未齊其膏液。"

【星畢】

即畢星。此稱晉代已行用。見該文。

【繹】

即畢宿。此稱先秦時期已行用。曾侯乙墓二十八宿圖"畢"作"繹"。

【東畢】

即畢宿。箕星主風，畢星好雨。此稱明代已行用。明胡翰《南箕長好風》詩："南箕長好風，東畢復好雨。"

【濁】

即畢宿。亦稱"天罼""天都尉"。濁，猶"畢"，捕獵之網，故稱。《爾雅·釋天》："濁謂之畢。"郭璞注："掩兔之畢，或呼爲濁，因星形以名。"此稱先秦時期已行用。《開元占經·西方七宿占三·畢宿五》引先秦《西官候》："畢一名濁，一名天罼，一名天都尉，主制候四

方。"《史記·律書》："北至於濁。濁者，觸也，言萬物皆觸死也，故曰濁。"《宋史·天文志十》："慶曆元年八月癸未，〔隕〕星出天船，如太白，東北速行入濁。"《續資治通鑑·元順帝至正十六年》："丁亥，流星……東南行，沒於近濁，有聲如雷。"

【天罼】[2]

即濁。此稱先秦時期已行用。見該文。

【天都尉】

即濁。此稱先秦時期已行用。見該文。

【罕車】

即畢宿。罕，猶"畢"。此稱漢代已行用。《史記·天官書》："畢曰罕車，爲邊兵，主弋獵。"張守節正義："畢八星，曰罕車，爲邊兵，主弋獵。"參閱陳遵媯《中國天文學史》第二册第三編第二章。

【天網】

即畢宿。此稱漢代已行用。《後漢書·蘇竟傳》："是時月入於畢，畢爲天網，主網羅無道之君。"

【雨師】

即畢宿。亦稱"雲師"。古謂月近於畢，主雨，故有此異稱。此稱漢代已行用。《淮南子·原道訓》："令雨師灑道，使風伯掃塵。"高誘注："雨師，畢星也。《詩》云：'月麗于畢，俾滂沱矣。'"漢張衡《西京賦》："睹宛虹之長鬐，察雲師之所憑。"薛綜注："雲師，畢星也。"

【雲師】

即雨師。此稱漢代已行用。見該文。

【天耳】

即畢宿。亦稱"天目""風口"。此稱三國

時已行用。《開元占經·西方七宿占三·畢宿五》引三國魏皇甫謐：“一名天耳，一名天目，一名風口。”

【天目】

即天耳。此稱三國時期已行用。見該文。

【風口】[2]

即天耳。此稱三國時期已行用。見該文。

天高[1]

星名。亦稱“邊將”。畢宿第五星。此稱晉代已行用。《晉書·天文志上》：“畢八星，主邊兵，主弋獵。其大星曰天高，一曰邊將，主四夷之尉也。”

【邊將】

即天高。此稱晉代已行用。見該文。

星街

星區名。昴、畢兩宿分別在黃道南北，日月五星皆出入其間，故稱兩宿間之區域爲“星街”。此稱南北朝時期已行用。南朝齊謝朓《酬德賦》：“歷星街之熠耀，浮天潢之瀁溟。”

天節[2]

星宿名。共八星，屬畢宿。此稱晉代已行用。《晉書·天文志上》：“畢附耳南八星曰天節，主使臣之所持者也。”隋李播《天文大象賦》：“天節宣威於邦域。”《宋史·天文志四》：“天節八星，在畢、附耳南，主使臣持節宣威四方。”

九州殊口

星宿名。共九星，屬畢宿。此稱晉代已行用。《晉書·天文志上》：“天節下九星曰九州殊口，曉方俗之官，通重譯者也。”《宋史·天文志四》：“九州殊口九星，在天節南下。”元滕安上《焦仲安爲雲南省郎中張侯乞詩勉爲賦此》詩：“五經撐腸飾吏事，九州殊口垂文星。”

附耳

星名。一星，畢之附座。此稱漢代已行用。《史記·天官書》：“其（畢宿）大星旁小星爲附耳，附耳搖動，有讒亂臣在側。”張守節正義：“附耳一星，屬畢大星之下，次天高東南隅，主爲人主聽得失，伺愆過。”《晉書·天文志上》：“附耳一星，在畢下，主聽得失，伺愆邪，察不祥。”

九斿

星宿名。亦作“九游”。共九星，屬畢宿。此稱漢代已行用。《史記·天官書》：“其（參宿）西有句曲九星，三處羅：一曰天旗，二曰三苑，三曰九游。”一本作“九斿”。張守節正義：“九游九星，在玉井西南，天子之兵旗。”《晉書·天文志上》：“西南九星曰九游，天子之旗也。”《宋史·天文志四》：“九斿九星，在玉井西南，一曰在九州殊口東，南北列，主天下兵旗，又曰天子之旗也。”宋張擴《展旗峰》詩：“何年隕石化蚩尤，仿佛光芒動九斿。”

【九游】[1]

同“九斿”。此體漢代已行用。見該文。

天街[2]

星宿名。共二星，屬畢宿。此稱漢代已行用。《史記·天官書》：“昴畢間爲天街。”張守節正義：“天街二星，在昴畢間，主國界也。街南爲華夏之國，街北爲夷狄之國。”《晉書·天文志上》：“昴西二星曰天街，三光之道，主伺候關梁中外之境。”《宋史·天文志四》：“天街二星，在昴畢間。一曰在畢宿北，爲陰陽之所分。”

天高[2]

星宿名。共四星，屬畢宿。此稱晉代已行

用。《晉書·天文志上》：“坐旗西四星曰天高，臺榭之高，主遠望氣象。”《宋史·天文志四》：“天高四星，在坐旗西。《乾象新書》：‘在畢口東北。’”

諸王

星宿名。共六星，屬畢宿。此稱晉代已行用。《晉書·天文志上》：“五車南六星曰諸王，察諸侯存亡。”《宋史·天文志四》：“諸王六星，在五車南，主察諸侯存亡。”

五車

星宿名。亦稱“天庫”“天倉”“重華”“倉庫”“車星”“五潢”“咸池”“天五潢”。共五星，屬畢宿。此稱先秦時期已行用。《史記·天官書》：“軫南衆星曰天庫樓；庫有五車。車星角若益衆，及不具，無處車馬。”《開元占經·石氏中官·五車星占三十七》引戰國甘德、石申《甘石星經》：“五車一名天庫，一名天倉。”又引漢郗萌：“五車一名咸池，一名爲五潢，一名爲重華，居豐隆也。”《北堂書鈔》卷一五〇引漢劉叡《荊州占》云：“五車一名倉庫。”《史記·天官書》：“西官咸池，曰天五潢。五潢，五帝車舍。”司馬貞索隱引漢佚名《春秋元命苞》曰：“咸池主五穀，其星五者各有所職。咸池，言穀生於水，含秀含實，主秋垂，故一名‘五帝車舍’，以車載穀而販也。”《晉書·天文志上》：“五車五星，三柱九星，在畢北，五車者，五帝車舍也，五帝坐也。主天子五兵。一曰主五穀豐耗。西北大星曰天庫，主太白，主秦。次東北星曰獄，主辰星，主燕趙。次東星曰天倉，主歲星，主魯衛。次東南星曰司空，主填星，主楚。次西南星曰卿星，主熒惑，主魏。”南朝陳徐陵《丹陽上庸路碑》：“在

天成象，咸池屬於五潢；在地成形，滄海環於四瀆。”唐張説《王公神道碑》：“公門總四岳之靈，帝子分五潢之氣。”《宋史·天文志四》：“五車五星、三柱九星，在畢宿北。五帝坐也，又五帝車舍也。”又，“西北大星曰天庫”。又，“東北一星曰天獄”。又，“東南一星曰天倉”。又，“次東南一星曰司空”。又，“次西南一星曰卿”。參閲朱文鑫《〈史記·天官書〉恒星圖考》。

【天庫】[5]

即五車。此稱先秦時期已行用。見該文。

【天倉】[5]

即五車。此稱先秦時期已行用。見該文。

【重華】[2]

即五車。此稱漢代已行用。見該文。

【倉庫】

即五車。此稱漢代已行用。見該文。

【車星】

即五車。此稱漢代已行用。見該文。

【五潢】

即五車。此稱漢代已行用。見該文。

【咸池】[1]

即五車。此稱漢代已行用。見該文。

【天五潢】

即五車。此稱漢代已行用。見該文。

【五括】

即五車。此稱先秦時期已行用。《韓非子·飾邪》：“此非豐隆、五行、太一、王相、攝提、六神、五括、天河、殷搶、歲星非數年在西也。”梁啓雄注：“尹曰：五括，即五車。”

天庫[6]

星名。五車之一，在其西北。此稱晉代已

行用。《晉書·天文志上》：“五車五星，三柱九星，在畢北。五車者，五帝車舍也，五帝坐也。主天子五兵。一曰主五穀豐耗。西北大星曰天庫，主太白，主秦。”《宋史·天文志四》：“五車五星、三柱九星，在畢宿北。五帝坐也，又五帝車舍也。”又，“西北大星曰天庫”。

天獄 [3]

星名。亦稱“獄”。五車之一，在其東北。此稱宋代已行用。《晉書·天文志上》：“五車者，五帝車舍也……次東北星曰獄，主辰星，主燕趙。”《宋史·天文志四》：“五車五星……東北一星曰天獄。”

【獄】

即天獄。此稱晉代已行用。見該文。

天倉 [6]

星名。五車之一，在其東方。此稱晉代已行用。《晉書·天文志上》：“五車者，五帝車舍也……次車星曰天倉，主歲星，主魯、衛。”《宋史·天文志四》：“五車五星……東南一星曰天倉。”

司空 [2]

星名。五車之一，在其東南。此稱晉代已行用。《晉書·天文志上》：“五車者，五帝車舍也……次東南星曰司空，主填星，主楚。”《宋史·天文志四》：“五車五星……次東南一星曰司空。”

卿

星名。五車之一，在其西南。此稱晉代已行用。《晉書·天文志上》：“五車者，五帝車舍也……次西南曰卿星，主熒惑，主魏。”《宋史·天文志四》：“五車五星……次西南一星曰卿。”

三柱

星宿名。亦稱“三淵”“三泉”。共九星，屬畢宿。三星一組，第一組名天淵，在五車右外；第二組名天休，在五車内左上方；第三組名天旂，在五車左下方（其一星在五車内，二星在五車外）。此稱漢代已行用。《漢書·天文志》：“有星守三淵，天下大水，地動，海魚出……三淵，蓋五車之三柱也。”《晉書·天文志上》：“五車五星，三柱九星，在畢北……三柱一曰三泉。”唐楊烱《渾天賦》：“西宮則天潢、咸池、五車、三柱。”《宋史·天文志四》：“三柱，一曰天淵，一曰天休，一曰天旂，欲其均明闊狹有常，星繁，則兵大起……天旂星不見，則大風折木；天休動，則四國叛；一柱出，或不見，兵半出；三柱盡出，及不見，兵亦盡出。柱外出一月，穀貴三倍。”

【三淵】

即三柱。此稱漢代已行用。見該文。

【三泉】

即三淵。唐人避高祖李淵諱改。此稱唐代已行用。見該文。

天淵 [2]

星宿名。三柱第一組星。共三星，於五車右外。此稱宋代已行用。見“三柱”文。

天休

星宿名。三住第一組星。共三星，於五車内左上方。此稱宋代已行用。見“三柱”文。

天旂

星宿名。三柱第三組星。共三星，於五車左下方。其一星於五車内，二星於五車外。此稱宋代已行用。見“三柱”文。

天潢[3]

星宿名。共五星，於五車中，屬畢宿。此稱晋代已行用。《晋書·天文志上》："五車五星……其中五星曰天潢。"《宋史·天文志上》："天潢五星，在五車中，主河渠津渡。"

咸池[2]

星宿名。亦稱"潢池"。共三星，屬畢宿。此稱晋代已行用。《晋書·天文志上》："天潢南三星曰咸池，魚圃也。"《宋史·天文志四》："咸池三星，在天潢南，主陂澤池沼魚鼈蟁蜂。"唐李淳風《觀象玩占》："咸池三星在五車中天潢南，一曰潢池。"

【潢池】

即咸池。此稱晋代已行用。見該文。

參旗

星宿名。亦作"參棋"，亦稱"天旗""天弓""天府""天苑""九游""星旗"。共九星，屬畢宿。此稱漢代已行用。《開元占經·石氏外官·參旗星占二十》引漢郗萌："天弓九星不具，天下大赦。爲兵赦，非無故自赦也。一名參旗，一曰天府。"又引漢佚名《春秋緯》："參旗在參西勾曲九星三處，一曰天旗，二曰天苑，三曰九游，以宣威明開緒。"《晋書·天文志上》："參旗九星在參西，一曰天旗，一曰天弓，主司弓弩之張，候變禦難。"南朝陳徐陵《關山月》詩："星旗映疏勒，雲陣上祁連。戰氣今如此，從軍復幾年。"唐楊炯《渾天賦》："天陵積屍之蕭殺，參旗九旄之部伍。"清李紱《驛南鋪不寐》詩："沈沈戍鼓樓頭動，宛宛參棋天半橫。"

【參棋】

同"參旗"。此體清代已行用。見該文。

【天旗】[3]

即參旗。此稱漢代已行用。見該文。

【天弓】[1]

即參旗。此稱漢代已行用。見該文。

【天府】[7]

即參旗。此稱漢代已行用。見該文。

【天苑】[2]

即參旗。此稱漢代已行用。見該文。

【九游】[2]

即參旗。此稱漢代已行用。見該文。

【星旗】[2]

即參旗。此稱南北朝時期已行用。見該文。

天關[6]

星名。亦稱"天門"。一星，屬畢宿。此稱晋代已行用。《晋書·天文志上》："天關一星，在五車南，亦曰天門。日月之所行也。主邊事，主關閉。"《宋史·天文志四》："天關一星，在五車南，亦曰天門。"

【天門】[3]

即天關[6]。此稱晋代已行用。見該文。

天園

星宿名。共十三星，屬畢宿。此稱晋代已行用。《晋書·天文志上》："苑南十三星曰天園，植果菜之所也。"隋李播《天文大象賦》："天園曲列兮儲芳樹，天苑圓開兮畜異禽。"《宋史·天文志四》："天園十三星，在天苑南，植菜果之處。曲而鈎，菜果熟。"

觜宿

星宿名。省稱"觜"，亦稱"觜觿"。西方白虎之第六宿。有星三顆，於參宿右肩，如鼎足形。屬獵户座。觜，禽獸頭上的毛角，西方七宿形如白虎，參宿如虎首，觜宿如虎頭之毛

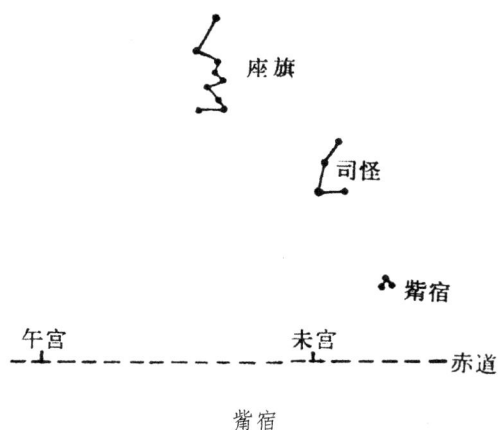

觜宿

角。此稱漢代已行用。《禮記·月令》："仲秋之月，日在角……旦上觜觿中。"《説文·角部》："觜，觜觿也。"王筠釋例："蓋謂經星之觜，又名觜觿也。"《宋史·天文志四》："按漢永元銅儀，唐開元游儀，皆以觜觿爲三度。舊去極八十四度。景祐測驗，觜宿三星一度，距西南星去極八十四度，在赤道內七度。"一説參爲白虎，觜觿爲虎首。《史記·天官書》："參爲白虎……小三星隅置，曰觜觿，爲虎首，主葆旅事。"另説參觜爲虎首。參閲宋馬永卿《嬾真子》。亦爲天區名。按《步天歌》，除主體星座觜宿外，尚有司怪、座旗二星座。原星十六顆，增星十七顆。宋謝翱《覓紫芝》詩："少微昏見觜觿中，山深夜氣光流虹。"

【觜】

"觜宿"之省稱。此稱漢代已行用。見該文。

【觜觿】

即觜宿。此稱先秦時期已行用。見該文。

司怪 [2]

星宿名。共四星，屬觜宿。此稱晉代已行用。《晋書·天文志上》："東井鉞前四星曰司怪。主候天地日月星辰變異及鳥獸草木之妖。"《宋史·天文志四》："司怪四星，在井鉞星前，主候天地、日月、星辰變異，鳥獸草木之妖。明主聞災，修德保福。"

坐旗

星宿名。共九星，屬觜宿。此稱晋代已行用。《晋書·天文志上》："司怪西北九星曰坐旗，君臣設位之表也。"隋李播《天文大象賦》："坐旗肅穆以昭禮，司怪幽求而發冥。"《宋史·天文志四》："坐旗九星，在司怪西北。"

白虎將

即觜宿。亦稱"天將""斧鉞""白虎首"。此稱先秦時期已行用。《開元占經·西方七宿占三·觜宿六》引先秦《西官候》："觜觿主斬刈左足，一名白虎將，一名天將、斧鉞、白虎首。"

【天將】

即白虎將。此稱先秦時期已行用。見該文。

【斧鉞】 [2]

即白虎將。此稱先秦時期已行用。見該文。

【白虎首】

即白虎將。此稱先秦時期已行用。見該文。

參宿

星宿名。省稱"參"，亦稱"參星""參兒"。西方白虎之第七宿。有星七顆（連其中央三顆小伐星，亦曰十顆），屬獵戶座。曾爲實沈星次之標志星，亦爲冬夜觀星之標志星。其分野爲魏晋之地，屬益州。此稱宋代已行用。《禮記·月令》："孟春之月，昏參中。"《晋書·天文志上》："參星失色，軍散敗。"《宋史·天文志四》："按漢水元銅儀，參八度。舊去極九十四度。景祐測驗，參宿十星十度，右足入畢十三度。"明湯顯祖《還魂記·權撓》："隔紗窗，怎守的到參兒趐。"亦爲天區名。按《步天歌》，除主體星座參宿外，尚有玉井、屏星、軍井、厠星、屎星，及參宿之附座伐星。原星二十五顆，增星五十四顆。唐楊炯《大唐益州大都督府新都縣學先聖廟堂碑文》：“爾其邑居重複，原野平蕪，出江干之萬里，入參星之七度。”

【參】

“參宿”之省稱。此稱先秦時期已行用。見該文。

【參星】

即參宿。此稱晋代已行用。見該文。

【參兒】

即參宿。此稱明代已行用。見該文。

【大辰】 2

即參宿。亦稱“參伐”“天市”“鈇鉞”。此稱晋代已行用。《晋書·天文志上》：“參十星，一曰參伐，一曰大辰，一曰天市，一曰鈇鉞，主斬刈。”《宋史·天文志四》：“參宿十星，一曰參伐，一曰天市、一曰大辰、一曰鈇鉞，主斬刈萬物，以助陰氣。”

【參伐】

即大辰。此稱晋代已行用。見該文。

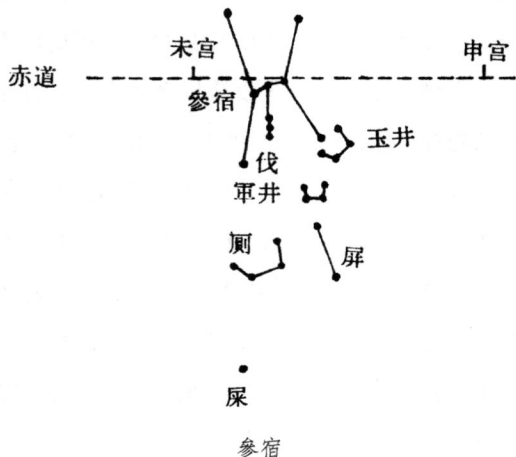

參宿

【天市】 5

即大辰。此稱晋代已行用。見該文。

【鈇鉞】 3

即大辰。此稱晋代已行用。見該文。

【參虎】

即參宿。參宿形若虎，故稱。此稱南北朝時期已行用。南朝陳徐陵《爲貞陽侯與太尉王僧辨書》：“昔自天狼炳曜，非無戰陣之風；參虎揚芒，便有干戈之務。”參閱《史記·天官書》。

【晋星】

即參宿。亦稱“實沈”。此稱先秦時期已行用。《左傳·昭公元年》載，相傳高辛氏有二子，長曰閼伯，次曰實沈。二子不睦，日動干戈。後被堯遷於兩地。閼伯遷商丘，“主辰，商人是因，故辰爲商星。遷實沈於大夏，主參，唐人是因……故參爲晋星……實沈，參神也。”亦因以實沈指參宿。

【實沈】 1

即晋星。此稱先秦時期已行用。見該文。

【犁星】

即參宿。因其中間三星橫斜如犁，故稱。此稱漢代已行用。漢崔寔《四民月令》：“河射角，堪夜作：犁星没，水生骨。”清焦循《北湖小志》：“以參中三星橫斜若犁，名曰犁星。諺云：犁星落地水成冰。謂十二月夜半，參宿西流也。”

【三星】

即參宿。凡三顆，故稱。此稱先秦時期已行用。《詩·唐風·綢繆》：“綢繆束薪，三星在天。”毛傳：“三星，參也。”孔穎達疏：“參有三星，故言三星，參也。”南朝宋鮑照《代白紵

舞歌詞四首》之三："三星參差露霑濕，絃悲管
清月將入。"唐李賀《惱公》詩："玉漏三星曙，
銅街五馬逢。"明梅鼎祚《玉合記·義妁》："吉
日良宵，試看三星帶月。"一説，指心宿三星。
上《綢繆》鄭玄箋："三星謂心宿也。"孔穎達
疏："心亦三星也。"又説，《綢繆》三章所言三
星，指一夜之間順次出現之三個星座。首章所
言指參宿三星，次章所言指心宿三星，末章所
言指河鼓三星。參閲朱文鑫《天文考古録》。

參伐

亦作"參罰"。指參宿及附座伐星。古合
稱爲"參十星"。此稱漢代已行用。《史記·秦
始皇本紀》："據狼弧，蹈參伐。"張守節正義：
"狼弧主弓矢星。《天官書》云：參伐主斬艾事。"
漢王充《論衡·遭虎》："參伐以冬出，心尾以
夏見。"《漢書·天文志》："《太初》在參罰。"
清顧炎武《河上作》詩："狼弧動箭鏃，參伐揚
斿麾。"

【參罰】

同"參伐"。此體漢代已行用。見該文。

伐

星宿名。亦作"罰"，亦稱"鍾龍""伐
星"。參宿中央之三顆小星，爲參宿之附座。古
人認爲與殺伐有關，故稱。此稱先秦時期已行
用。《史記·天官書》："參爲白虎。三星直者，
是爲衡石。下有三星，兑，曰罰，爲斬艾事。"
張守節正義："罰亦作伐。"《開元占經·西方
七宿占三·參宿七》引戰國甘德、石申《甘石
星經》："參伐一名鍾龍。"《晉書·天文志上》：
"〔參宿〕中央三小星曰伐，天之都尉也，主胡、
鮮卑、戎、狄之國，故不欲明。"《宋史·天文
志四》："參應七將，中央三小星曰伐，天之都

尉，主鮮卑外國，不欲其明……伐星明與參等，
大臣有謀，兵起。"《天元曆理》："伐三星，在
參兩足間。"

【罰】[3]

同"伐"。此體漢代已行用。見該文。

【鍾龍】

即伐。此稱先秦時期已行用。見該文。

【伐星】

即伐。此稱宋代已行用。見該文。

玉井

星宿名。亦稱"瑶井"。共四星，屬參宿。
在參宿西左足下。因其形如井，故稱。此稱漢
代已行用。《後漢書·郎顗傳》："臣竊見去年
閏月十七日己丑夜，有白氣從西方天苑趨左足，
入玉井，數日乃滅。"李賢注："參星下四小星
爲玉井。"《晉書·天文志上》："玉井四星，在
參左足下，主水漿以給厨。"南朝宋鮑照《陽
岐守風》詩："差池玉繩高，掩藹瑶井没。"唐
李白《明堂賦》："目瑶井之熒熒，拖玉繩之離
離。"宋司馬光《華星篇時視役河上寄郡中諸同
舍》詩："瑶井迥臨丹闕外，玉繩斜挂瑣窗中。"

【瑶井】

即玉井。此稱南北朝時期已行用。見該文。

屏

星宿名。亦稱"天屏"。共二星，屬參宿。
此稱晋代已行用。《晉書·天文志四》："屏二星，
一作天屏，在玉井南，一云在參右足。"《隋
書·天文志中》："屏二星在玉井南，屏爲屏風。
客星入之，四足蟲大疾。"

【天屏】

即屏。此稱晋代已行用。見該文。

軍井

星宿名。共四星，屬參宿。此稱晋代已行用。《晋書·天文志上》："玉井東南四星曰軍井，行軍之井也。軍井未達，將不言渴，名取此也。"《宋史·天文志四》："軍井四星，在玉井東南，軍營之井，主給師，濟疲乏。"

厠

星宿名。亦稱"天""陷厠""天厠""厠星"。共四星，屬參宿。此稱漢代已行用。《史記·天官書》："其〔參宿〕南有四星，曰天厠，厠下一星，曰天矢。"《開元占經·石氏外官·厠星占二十三》引戰國甘德、石申《甘石星經》："厠星不具，貴人多病，一曰天，一曰陷厠。"《宋史·天文志四》："厠四星，在屏星東，一曰在參右脚南，主溷。"

【天】

即厠。此稱先秦時期已行用。見該文。

【陷厠】

即厠。此稱先秦時期已行用。見該文。

【天厠】 ²

即厠。此稱漢代已行用。見該文。

【厠星】

即厠。此稱先秦時期已行用。見該文。

天屎

星名。亦作"天矢"，省稱"矢""屎"。一星，屬參宿。此稱漢代已行用。《史記·天官書》："其（參宿）南有四星，曰天厠。厠下一星，曰天矢。矢黃則吉。"漢張衡《周天大象賦》："亦有天屎，質黃效靈。"《隋書·天文志中》："天矢一星在厠南，色黃則吉，他色皆凶。"《宋史·天文志四》："天屎一星，在天厠南。色黃則年豐。凡變色，爲蝗，爲水旱，爲霜殺物。"又，"《隋志》：厠在屏東，屎在厠南"。

【天矢】 ²

同"天屎"。此體漢代已行用。見該文。

【矢】 ¹

"天屎"之省稱。此稱漢代已行用。見該文。

【屎】

即天屎。此稱隋代已行用。見該文。

第四節　南方朱雀七宿考

朱雀，四象之一。由井、鬼、柳、星、張、翼、軫七宿組成。春分前後黃昏觀察天象，此七宿位於南方天空。古人將其聯想爲鳥，按五行相配律，南方屬紅，故名。於八卦爲離，於五行主火，象徵四相中的老陽，四季中的夏季，先秦時認爲可以接引死者靈魂升天，後世認爲可使人長生。漢時讖緯學興，又增典藏、丙丁、禮德三義，漢后道家將其吸納爲護法神，稱爲"陵光神君"。

朱雀

亦稱"鳥""鶉""朱鳥""南宫"。此稱先秦時期已行用。《書·堯典》："日中星鳥。"孫星衍疏："經言星鳥者，鳥謂朱雀，南方之宿……鄭康成之意，南方七宿，總爲鳥星。"《國語·周語下》："自鶉及駟七列也。"韋昭注："鶉，鶉火之分，張十三度。"《史記·天官書》："南宫朱鳥。"張守節正義："柳八星爲朱鳥咮，天之厨宰，主尚食，和滋味。"司馬貞索隱引漢佚名《春秋文耀鈎》曰："南宫赤帝，其精爲朱鳥。"唐楊炯《渾天賦》："南宫則黄龍賦象，朱鳥成形，五帝之座，三光之庭。"宋沈括《夢溪筆談·象數》："天文家朱鳥乃取象於鶉。故南方朱鳥七宿曰鶉首、鶉火、鶉尾是也。"

【鳥】

即朱雀。此稱先秦已行用。見該文。

【鶉】

即朱雀。此稱先秦已行用。見該文。

【朱鳥】

即朱雀。此稱漢代已行用。見該文。

【南宫】[1]

即朱雀。此稱漢代已行用。見該文。

井宿

星宿名。省稱"井"，亦稱"井星"。井宿八星形似"井"字，故稱。南方朱雀之第一宿。有星八顆，在雙子座。其分野爲秦，屬雍州。此稱漢代已行用。《史記·天官書》："禍成井，誅成質。"裴駰集解引晉灼曰："東井主水事，火入一星居其旁，天子且以火敗，故曰禍也。"《晉書·天文志上》："王者用法平，則井星明而端列。"《宋史·天文志四》："按漢永元銅儀井宿三十度；唐開元游儀，三十三度，去極七十度。景祐測驗，亦三十三度，距西北星去極六十七度。"亦爲天區名。按《步天歌》，除主體星座井宿外，尚有南河、北河、天樽、五諸侯、積水、積薪、水府、水位、四瀆、軍市、野鷄、孫星、子星、丈人、闕丘、天狼、弧矢、老人等，及井宿之附座鉞星。原星七十顆，增星一百四十顆。

【井】

"井宿"之省稱。此稱漢代已行用。見該文。

【井星】

即井宿。此稱晉代已行用。見該文。

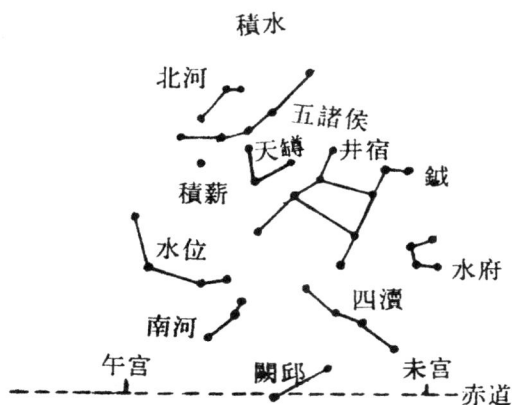

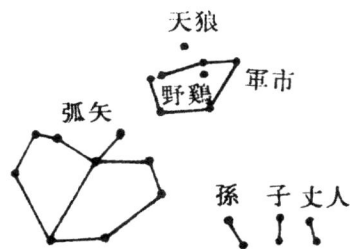

井宿

【東井】

即井宿。亦稱“天關”“天闕”“東陵”“天井”“闕五色”“水衡”“井冠”。位於參宿東，故稱。此稱先秦時期已行用。《禮記・月令》：“仲夏之月，日在東井。”《史記・張耳陳餘列傳》：“漢王入關，五星聚東井。東井者，秦分也，先至必霸。”《魏書・張淵傳》：“執法刺舉於南端，五侯議疑於水衡。”注：“東井爲水衡。”《北堂書鈔》卷一五〇引漢劉叡《荆州占》曰：“東井一星名東陵，一名天井，一名闕五色。”《開元占經・南方七宿占四・東井占一》引先秦《黄帝占》：“東井，天府法令也，天讒也。一名東陵，一名天井，一名東井，一名天關，一名天闕。”唐董思恭《咏星》詩：“歷歷東井舍，昭昭右掖垣。”唐盧仝《月蝕》詩：“南方火鳥赤潑血，項長尾短飛跋躠，頭戴井冠高逵枿。月蝕鳥宫十三度，鳥爲居停主人不覺察，貪向何人家。”清顧炎武《長安》詩：“東井應天文，西京自炎漢。”

【天關】[7]

即東井。此稱先秦時期已行用。見該文。

【天闕】[2]

即東井。此稱先秦時期已行用。見該文。

【東陵】[1]

即東井。此稱先秦時期已行用。見該文。

【天井】

即東井。此稱先秦時期已行用。見該文。

【闕五色】

即東井。此稱漢代已行用。見該文。

【水衡】

即東井。此稱南北朝時期已行用。見該文。

【井冠】

即東井。位於南方朱雀之首，故稱。此稱唐代已行用。見該文。

鉞[2]

星名。亦作“戉”。一星，井之附座。此稱先秦時期已行用。戰國甘德、石申《甘石星經》：“鉞一星，附井口。”《史記・天官書》：“東井爲水事。其西曲星曰鉞。”《漢書・天文志》：“東井西曲曰戉。”《晋書・天文志上》：“鉞二星，附井之前，主伺淫奔而斬之。”《南齊書・天文志上》：“〔永元十一年十一月〕辛酉，月行在東井鉞星南八寸。”

【戉】

同“鉞”。此體漢代已行用。見該文。

五諸侯

星宿名。共五星，屬井宿。此稱先秦時期已行用。戰國甘德、石申《甘石星經》：“五諸侯五星，在井北，近北河。”《晋書・天文志上》：“五諸侯五星，在東井北，主刺舉，戒不虞……一曰帝師，二曰帝友，三曰三公，四曰博士，五曰太史。”

帝師

星名。五諸侯五星之第一星。此稱晋代已行用。見“五諸侯”文。

帝友

星名。五諸侯五星之第二星。此稱晋代已行用。見“五諸侯”文。

三公[3]

星名。五諸侯五星之第三星。此稱晋代已行用。見“五諸侯”文。

博士

星名。五諸侯五星之第四星。此稱晋代已

行用。見"五諸侯"文。

太史 [2]

星名。五諸侯五星之第五星。此稱晋代已行用。見"五諸侯"文。

積水 [2]

星名。亦稱"聚水"。一星,屬井宿。此稱先秦時期已行用。《漢書·李尋傳》:"月、太白入東井,犯積水。"顏師古注引孟康曰:"積水一星,在北河北。"《開元占經·石氏中官·積水星占四十》引戰國甘德、石申《甘石星經》:"積水一星,一名聚水,積聚美水以給酒官之旗。"《晋書·天文志上》:"積水一星,在北河西北,水河也,所以供酒食之正也。"

【聚水】

即積水。此稱先秦時期已行用。見該文。

積薪 [2]

星名。一星,屬井宿。此稱晋代已行用。《晋書·天文志上》:"積薪一星在積水東北,供庖厨之正也。"《宋史·天文志四》:"積薪一星,在積水東北。"

兩河

南河、北河之并稱。此稱晋代已行用。《晋書·天文志上》:"兩河戍間,日月五星之常道也。"《宋史·天文志四》:"月出入兩河間中道,民安,歲美,無兵。""熒惑犯兩河,爲兵。"參見本卷《二十八宿説·南方朱雀七宿考》"南河""北河"文。

南河

星宿名。亦稱"南河戍""南戍""南宫""陽門""越門""南藏""南紀""南高""南關""權星"。共三星,屬井宿。位於天河之南,故稱。此稱漢代已行用。《開元占經·石氏中官·南北河戍占三十九》引漢郗萌曰:"南河戍一名南藏,北河戍一名北藏,一名天門。"又曰:"南河戍名曰南紀、陽門、南宫、南高、南關、越門。"《晋書·天文志上》:"南河、北河各三星,夾東井。一曰天高,天之關門也,主門梁。南河曰南戍,一曰南宫,一曰陽門,一曰越門,一曰權星,主火。"《宋史·天文志四》:"南河三星,與北河夾東井……南河曰南戍,一曰南宫,一曰陽門,一曰越門,一曰權星,主火。"

【南河戍】

即南河。此稱漢代已行用。見該文。

【南戍】

即南河。此稱晋代已行用。見該文。

【南宫】 [2]

即南河。此稱漢代已行用。見該文。

【陽門】 [2]

即南河。此稱漢代已行用。見該文。

【越門】

即南河。此稱漢代已行用。見該文。

【南藏】

即南河。此稱漢代已行用。見該文。

【南紀】

即南河。此稱漢代已行用。見該文。

【南高】

即南河。此稱漢代已行用。見該文。

【南關】

即南河。此稱漢代已行用。見該文。

【權星】 [1]

即南河。此稱晋代已行用。見該文。

北河

亦稱"北河戍""北戍""北宫""陰門""胡

門""衡星""北藏""天門"。星宿名。共三星,屬井宿。位於天河之北,故稱。此稱漢代已行用。《開元占經・石氏中官・南北河戌占三十九》引漢郗萌:"北河戌一名北藏,一名天門。"《晉書・天文志上》:"南河,北河各三星,夾東井……北河曰北戌,一曰北宮,一曰陰門,一曰胡門,一曰衡星,主水。"《宋史・天文志四》:"北河亦三星,北河曰北戌,一曰北宮,一曰陰門,一曰胡門,一曰衡星,主水。"

【北河戌】

即北河。此稱漢代已行用。見該文。

【北戌】

即北河。此稱晉代已行用。見該文。

【北宮】

即北河。此稱晉代已行用。見該文。

【陰門】

即北河。此稱晉代已行用。見該文。

【胡門】

即北河。此稱晉代已行用。見該文。

【衡星】²

即北河。此稱晉代已行用。見該文。

【北藏】

即北河。此稱漢代已行用。見該文。

【天門】⁴

即北河。此稱漢代已行用。見該文。

南北河戌

亦稱"天高""天亭"。南河、北河之合稱。此稱先秦時期已行用。《開元占經・石氏中官・南北河戌占三十九》引先秦《黃帝占》:"南北河戌一名天高,一名天亭,兩河戌間爲天道。"

【天高】³

即南北河戌。此稱漢代已行用。見該文。

【天亭】

即南北河戌。此稱漢代已行用。見該文。

四瀆

星宿名。共四星,屬井宿。其本義指江河淮洛。此稱晉代已行用。《晉書・天文志上》:"東井南垣之東四星曰四瀆,江、河、淮、濟之精也。"《宋史・天文志四》:"四瀆四星,在東井南垣之東,江、河、淮、濟之精也。明大,則百川決。"

水位

星宿名。共四星,屬井宿。此稱晉代已行用。《晉書・天文志上》:"水位四星,在積薪東,主水衡。"《宋史・天文志四》:"水位四星,在積薪東,一曰在東井東北,主水衡。"

天樽

星宿名。亦作"天罇"。共三星,屬井宿。此稱晉代已行用。《晉書・天文志上》:"五諸侯南三星曰天樽,主盛饘粥以給貧餒。"《宋史・天文志四》:"天罇三星,在五諸侯南,一曰在東井北,罇器也,主盛饘粥以給貧餒。"

【天罇】

同"天樽"。此體宋代已行用。見該文。

闕丘 ²

星宿名。亦稱"天闕"。共二星,屬井宿。此稱唐代已行用。《史記・天官書》:"兩河,天闕間爲關梁。"唐張守節正義:"闕丘二星在南河南。"《宋史・天文志四》:"闕丘二星,在南河南,天子雙闕,諸侯兩觀也。"

【天闕】³

即闕丘。此稱漢代已行用。見該文。

軍市

星宿名。共十三星。屬井宿。此稱晋代已行用。《晋書·天文志上》：“軍市十三星在參東南，天軍貿易之市，使有無通也。”唐楊炯《渾天賦》：“天弧直而狼顧，軍市曉而鷄鳴。”《宋史·天文志四》：“軍市十三星，狀如天錢，天軍貿易之市，有無相通也。”

野鷄

星名。有一星，屬井宿。此稱漢代已行用。《漢書·天文志》：“野鷄一星，在軍市中。”《晋書·天文志上》：“野鷄一星，主變怪，在軍市中。”隋李播《天文大象賦》：“野鷄俟兵而據市，天狗吠盜而映漣。”

天狼 [1]

星宿名。省稱“狼”，亦稱“狼星”“夷將”“候”“天紀”“天陵”“封狼”。屬井宿，爲目視雙星。主星爲全天最亮之恒星。伴星爲最早發現之著名白矮星，習稱“天狼伴星”。此稱先秦時期已行用。《楚辭·九歌·東君》：“青雲衣兮白霓裳，舉長矢兮射天狼。”王逸注：“天狼，星名。以喻貪殘。”《史記·天官書》：“秦之疆也，候在太白，占於狼、弧。”張守節正義：“太白、狼、弧、皆西方之星，故秦占候也。”《開元占經·石氏外官·狼星占二十七》引先秦《黄帝占》：“狼星一名夷將。”又引漢劉叡《荆州占》：“狼星秦南夷也，名曰候，一名天紀，一曰天陵。”《文選·張衡〈思玄賦〉》：“彎威弧之拔刺兮，射嶓冢之封狼。”李善注：“封，大也；狼，星名。《河圖》曰：‘嶓冢之精，上爲狼星。’”唐杜牧《賀平党項表》：“箕宿褫牙，狼星斂角。”《宋史·天文志四》：“狼一星，在東井東南，爲野將，主侵掠。”

【狼】

“天狼”之省稱。此稱漢代已行用。見該文。

【狼星】

即天狼。此稱先秦時期已行用。見該文。

【夷將】

即天狼。此稱先秦時期已行用。見該文。

【候】

即天狼。此稱漢代已行用。見該文。

【天紀】 [3]

即天狼。此稱漢代已行用。見該文。

【天陵】

即天狼。此稱漢代已行用。見該文。

【封狼】

即天狼。封，大也。此稱漢代已行用。見該文。

狼角

星名。天狼尾之芒角。此稱漢代已行用。《史記·天官書》：“狼角變色，多盜賊。”元王逢《帖侯歌》：“天南弧矢夜掩光，狼角赭赤雲玄黄。”

弧矢

星宿名。亦稱“弧”“天弓”。共九星，屬井宿。在天狼星東南，八星形如弓，外一星象矢。此稱唐代已行用。《楚辭·九歌·東君》：“操余弧兮反淪降，援北斗兮酌桂漿。”《史記·天官書》：“其東有大星曰狼。狼角變色，多盜賊。下有四星曰弧，直狼。”唐張守節正義：“弧九星，在狼東南，天之弓也。以伐叛懷遠，又主備賊盜之知姦邪者。”唐盧仝《月》詩：“弧矢引滿反射人，天狼呀啄明煌煌。”《宋史·天文志四》：“弧矢九星在狼星東南，天弓也，主行陰謀以備盜，常屬矢以向狼。武密曰：

'天弓張，則北兵起。'"清陳夢雷《擬古詩十九首·明月何皎皎》詩："天狼耀其精，弧矢不敢張。"

【弧】

即弧矢。此稱先秦時期已行用。見該文。

【天弓】 [2]

即弧矢。其八星形似弓，故稱。此稱宋代已行用。見該文。

【威弧】

即弧矢。亦稱"弧精""天弧"。此稱漢代已行用。《漢書·揚雄傳上》："掉犗星之流旃，覆天狼之威弧。"南朝陳張鏡《觀象賦》："弧精引弓以持滿，狼星搖動於霄端。"明劉基《感興》詩："天弧不解射封狼，戰鼓縱橫滿路旁。"

【弧精】

即威弧。精，指星。此稱南北朝時期已行用。見該文。

【天弧】

即威弧。此稱明代已行用。見該文。

矢 [2]

星名。弧矢九星，八星爲弧，外一星爲矢。此稱宋代已行用。《宋史·天文志四》："弧矢九星……常屬矢以向狼。"又，"矢不直狼，爲多盜"。

南極老人

星名。省稱"老人"，亦稱"南極""老人星""壽星""南真""南極壽星"，一星，屬井宿。舊謂主壽。此稱漢代已行用。《史記·天官書》："狼比地有大星，曰南極老人。老人見，治安；不見，兵起。"唐張守節正義："老人一星，在弧南，一曰南極，爲人主占壽命延長之應。"唐趙蕃《老人星》詩："太史占南極，秋

分見壽星。"宋晏殊《殢人嬌》詞："南真寶籙，賜玉京千歲。"明何景明《壽西涯相公》詩："南極壽星朝北斗，靈芝仙草映長春。"清錢謙益《莆陽陳氏壽讌四首》之一："老人星下多芒翼，還是陳家舊聚星。"

【老人】

即南極老人。此稱唐代已行用。見該文。

【南極】

即南極老人。此稱唐代已行用。見該文。

【老人星】

即南極老人。此稱唐代已行用。見該文。

【壽星】 [1]

即南極老人。此稱唐代已行用。見該文。

【南真】

即南極老人。真，真人。此稱宋代已行用。見該文。

【南極壽星】

即南極老人。此稱明代已行用。見該文。

丈人

星宿名。共二星，屬井宿。此稱晋代已行用。《晋書·天文志上》："軍市西南二星曰丈人。"《宋史·天文志四》："丈人二星，在軍市西南，主壽考，悼耄矜寡，以哀窮人。"

子星

星宿名。省稱"子"。共兩星，屬井宿。此稱晋代已行用。《晋書·天文志上》："丈人東二星曰子。"唐沈佺期《歲夜安樂公主滿月侍宴》詩："除夜子星回，天孫滿月杯。"《宋史·天文志四》："子二星，在丈人東，主侍丈人側。不見爲災。"

【子】

"子星"之省稱。此稱宋代已行用。見該文。

孫

星宿名。亦稱"天孫"。共二星，屬井宿。此稱晉代已行用。《晉書·天文志上》："子東二星曰孫。"《宋史·天文志四》："孫二星，在子星東，以天孫侍丈人側，相扶而居以孝愛。"

【天孫】[2]

即孫。此稱宋代已行用。見該文。

水府

星宿名。共四星，屬井宿。此稱晉代已行用。《晉書·天文志上》："東井西南，四星曰水府，主水之官也。"《宋史·天文志四》："水府四星，在東井西南，水官也，主隄塘、道路、梁溝，以設隄防之備。"

鬼宿

星宿名。省稱"鬼"，亦稱"輿鬼""天鈇鑕""天訟""與鬼"。南方朱雀之第二宿。有星四顆，在巨蟹座。其分野爲秦，屬雍州。此稱先秦已行用。戰國甘德、石申《甘石星經》："鬼宿四星在井東。"《史記·天官書》："輿鬼，鬼祠事。中白者爲質。"《開元占經·南方七宿占四·輿鬼占二》引先秦《南官候》："輿鬼一名天鈇鑕，一名天訟，主察奸，天目也。"《晉書·天文志上》："鬼星明，大穀成；不明，百姓散。"《宋史·天文志四》："按漢永元銅儀，輿鬼四度。舊去極六十八度。景祐測驗，輿鬼三度。距西南星去極六十八度。"曾侯乙墓二十八宿圖"輿鬼"作"與鬼"。亦爲天區名。按《步天歌》除主體星座鬼宿外，尚有爟星、天狗、外廚、天社、天記等星座，原星二十九顆，增星五十七顆。鬼宿中有一著名的疏散星團，稱"積屍氣"。宋洪咨夔《崔文昌書翰跋》："蜀輿鬼分野，多鬼術。"

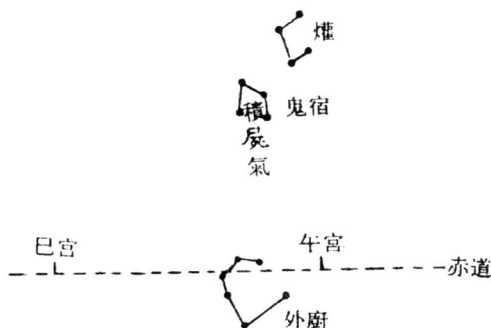

鬼宿

【鬼】

"鬼宿"之省稱。此稱晉代已行用。見該文。

【輿鬼】

即鬼宿。此稱先秦時期已行用。見該文。

【天鈇鑕】

即鬼宿。此稱先秦時期已行用。見該文。

【天訟】

即鬼宿。此稱先秦時期已行用。見該文。

【與鬼】

即鬼宿。此稱先秦時期已行用。見該文。

爟

星宿名。亦稱"烽爟"。共四星，屬鬼宿。此稱先秦時期已行用。戰國甘德、石申《甘石星經》："爟亦曰烽爟。"《晉書·天文志上》："軒轅西四星曰爟。爟者，烽火之爟也，邊亭之警候。”《宋史・天文志四》：“燉四星，在鬼宿西北，一曰在軒轅西，主烽火，備邊亭之警急。”參閱《山海經》晋郭璞注。

【烽燉】

即燉。此稱先秦時期已行用。見該文。

天狗²

星宿名。共七星，屬鬼宿。此稱晋代已行用。《晋書・天文志上》：“〔狼星〕北七星曰天狗，主守財。”《宋史・天文志四》：“天狗七星，在狼星北，主守財。”

外厨

星宿名。亦稱“厨”。共六星，屬鬼宿。此稱晋代已行用。《晋書・天文志上》：“柳南六星曰外厨，厨南一星曰天紀。”《宋史・天文志四》：“外厨六星，爲天子之外厨，主享宰，以供宗廟。”

【厨】

即外厨。此稱晋代已行用。見該文。

積屍氣

亦稱“質”“積屍”“鑕”。即今“鬼星團”“蜂巢星團”。由三百餘顆星組成之疏散星團。在鬼宿中。《史記・天官書》：“輿鬼，鬼祠事；中白者爲質。”《晋書・天文志上》：“輿鬼……中央星爲積屍，主死喪祠祀。”又，“鑕欲其忽忽不明，明則兵起”。此稱宋代已行用。《宋史・天文志四》：“積屍氣一星，在鬼宿中，孛孛然入鬼一度半，去極六十九度，在赤道内二十二度，主死喪祠祀。”

【質】

即積屍氣。此稱漢代已行用。見該文。

【積屍】²

即積屍氣。此稱晋代已行用。見該文。

【鑕】

即積屍氣。“鑕”同“質”。此稱晋代已行用。見該文。

鈇鑕²

即積屍氣。亦作“鈇質”，亦稱“天屍”“鬼質”“鬼鑕”。此稱晋代已行用。《晋書・天文志上》：“輿鬼……中央星爲積屍，主死喪祠祀。一曰鈇鑕，主誅斬。”《隋書・天文志中》：“〔輿鬼〕中央爲積屍……一曰鈇質，主誅斬。”又，“鬼質欲其忽忽不明則安，明則兵起”。唐李淳風《觀象玩占》：“鬼中央白色如紛絮者，謂之積屍，一曰天屍，如雲非雲，如星非星，見氣而已。”《宋史・天文志四》：“犯鬼鑕，執法臣誅。”

【鈇質】²

同“鈇鑕”。此體隋代已行用。見該文。

【天屍】

即鈇鑕。此稱唐代已行用。見該文。

【鬼質】

即鈇鑕。此稱隋代已行用。見該文。

【鬼鑕】

即鈇鑕。此稱宋代已行用。見該文。

天紀⁴

星名。一星，屬鬼宿。此稱晋代已行用。《晋書・天文志上》：“厨南一星曰天紀，主禽獸之齒。”《宋史・天文志四》：“天紀一星，在外厨南，主禽獸之齒。”

天社

星宿名。共六星，屬鬼宿。此稱晋代已行用。《晋書・天文志上》：“弧南六星爲天社。昔共工氏之子句龍，能平水土。故祀以配社，其精爲星。”《宋史・天文志四》：“天社六星，在弧矢南。”

柳宿

　　星宿名。省稱“柳”，亦稱“柳星”“天厨”。南方朱雀之第三宿。有星八顆，位於長蛇座。爲鶉火次之標志星。其形曲垂似柳，故稱。其分野爲周，屬三河。此稱宋代已行用。戰國甘德、石申《甘石星經》：“柳八星，在鬼東南，曲垂似柳。”《北堂書鈔》卷一五〇引漢劉叡《荆州占》：“柳爲天厨。”《晋書·天文志上》：“柳八星，天之厨宰也，主尚食，和滋味，又主雷雨。”唐劉禹錫《贈別約師》詩：“話舊還惆悵，天南望柳星。”《宋史·天文志四》：“柳宿八星，天之厨宰也。”又，“按漢永元銅儀，以柳爲十四度；唐開元游儀十五度。舊去極七十七度。景祐測驗，柳八星一十五度，距西頭第三星去極八十三度”。曾侯乙墓二十八宿圖“柳”作“酉”。參閱陳遵嬀《中國天文學史》第二册。亦爲天區名。按《步天歌》，除主體星座柳宿外，尚有酒旗星座。原星十一顆，增星一十八顆。

【柳】

　　即柳宿。此稱先秦時期已行用。見該文。

【柳星】

　　即柳宿。此稱唐代已行用。見該文。

【天厨】[3]

　　即柳宿。此稱漢代已行用。見該文。

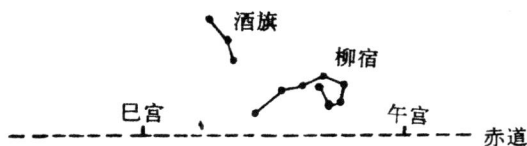

柳宿

【酉】

　　即柳宿。此稱先秦時期已行用。曾侯乙墓二十八宿圖柳作“酉”。

【咮】

　　即柳宿。亦作“噣”“注”。咮，本爲禽鳥之嘴，柳宿位於朱雀嘴部，故稱。此稱先秦時期已行用。《左傳·襄公九年》：“古之火正，或食於心，或食於咮，以出内火。是故咮爲鶉火，心爲大火。”《詩·召南·小星》：“嘒彼小星，三五在東。”漢毛公傳：“三心五噣，四時更見。”孔穎達疏：“噣者，《元命苞》云柳五星。”《史記·律書》：“西至于注。”司馬貞索隱：“注，咮也。《天官書》云：‘柳爲鳥咮。’則注，柳星也。”《公羊傳·莊公七年》“何以書，記異也”何休注：“周之四月，夏之二月，昏參、伐、狼、注之宿當見。”

【噣】

　　同“咮”。此體漢代已行用。見該文。

【注】

　　同“咮”。此體漢代已行用。見該文。

【鳥咮】

　　即柳宿。亦作“鳥注”，亦稱“鳥喙”“鳥衡”。此稱唐代已行用。《詩·召南·小星》：“嘒彼小星，三五在東。”孔穎達疏：“《天文志》曰：‘柳爲鳥喙。’則喙者柳星也。以其爲鳥星之口，故謂之喙。”《史記·天官書》：“柳爲鳥注，主草木。”又《律書》“西至于注”唐司馬貞索隱引《天官書》云：“柳爲鳥咮。”又《天官書》：“吴、楚之疆，候在熒惑，占於鳥衡。”張守節正義：“熒惑、鳥衡，皆南方之星，故吴、楚之占候也。鳥衡，柳星也。”

【鳥注】

同"鳥咮"。此體漢代已行用。見該文。

【鳥喙】

即鳥咮。此稱漢代已行用。見該文。

【鳥衡】

即鳥咮。此稱漢代已行用。見該文。

【天相】[2]

即柳宿。亦稱"天大將軍"。此稱先秦時期已行用。《開元占經·南方七宿占四·柳占三》引先秦《南官候》:"柳天府也,一名天相,一名天大將軍。"

【天大將軍】[2]

即天相。此稱先秦時期已行用。見該文。

酒旗

星宿名。亦稱"酒星"。共三星,屬柳宿。此稱晉代已行用。漢孔融《與曹操論酒禁書》:"故天垂酒星之耀,地列酒泉之郡。"《晉書·天文志上》:"軒轅右角南三星曰酒旗,酒官之旗也,主宴饗飲食。"唐李白《月下獨酌》詩:"天若不愛酒,酒星不在天。"《宋史·天文志四》:"酒旗三星,在軒轅右角南,酒官之旗也。主宴享飲食。"

【酒星】

即酒旗。此稱漢代已行用。見該文。

星宿[1]

星宿名。省稱"星",亦稱"星鳥"。南方朱雀之第四宿。有星七顆。位於柳宿東南,屬長蛇座。形狀如鈎。其分野爲周,屬三河。《書·堯典》:"日中星鳥。"孔穎達疏:"則初昏之時,井、鬼在午,柳、星、張在巳,軫、翼在辰。"《淮南子·天文訓》"五星、八風、二十八宿"高誘注:"南方:井、鬼、柳、星、張、翼、軫也。"晉成公綏《天地賦》:"玄龜匿首於女虛,朱鳥奮翼於星張。"唐權德輿《奉和聖製中和節百官宴集因示所懷》詩:"曉聞蓂葉初,景麗星鳥春。"《宋史·天文志四》:"武密曰:'彗星出七星,狀如杵,爲兵。'星孛于星,有亂兵起宮殿。"亦爲天區名。按《步天歌》,除主體星座星宿外,尚有天相、天稷、軒轅、内平等,凡五。原星三十六顆,增星九十六顆。

【星】[2]

即星宿。此稱漢代已行用。見該文。

【星鳥】

即星宿。屬南方朱雀(鳥)之中,故稱。此稱先秦時期已行用。見該文。

【七星】[2]

即星宿。亦稱"天庫""天御府""延頸""天員""天都""天河""津橋"。因有星七顆,故稱。此稱先秦時期已行用。《禮記·月令》:"季春之月,月在胃,昏七星中。"孫希旦集解:"七星,南方朱鳥之第四宿。"《史記·律書》:"西至於七星。七星者,陽數成於七,故

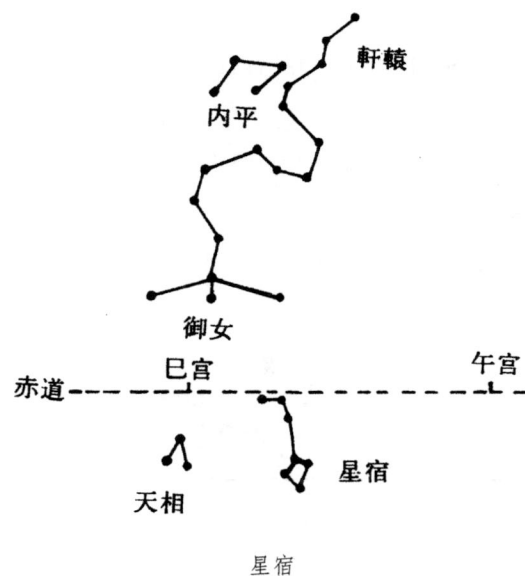

星宿

曰七星。"《開元占經·南方七宿占四·七星占四》引先秦《黄帝占》："七星赤帝也，一名天庫，一名天御府。"又引三國皇甫謐："七星一名延頸。"又引先秦《南官候》："七星一名天員，天府也，主保葆旅之事。"又引《玉曆》："七星一名天河。"又引《百二十占》："七星爲員官，一名津橋。"《晋書·天文志上》："七星……一名天都，主衣裳文繡。"《宋史·天文志四》："按景祐測驗，七星七度，距大星去極九十七度。"

【天庫】[7]

　　即七星。此稱先秦時期已行用。見該文。

【天御府】

　　即七星。此稱先秦時期已行用。見該文。

【延頸】

　　即七星。此稱三國時期已行用。見該文。

【天員】

　　即七星。此稱先秦時期已行用。見該文。

【天都】

　　即七星。此稱晋代已行用。見該文。

【天河】[3]

　　即七星。此稱唐代已行用。見該文。

【津橋】

　　即七星。此稱唐代已行用。見該文。

【員官】

　　即星宿。本義爲喉嚨。位於朱雀之喉，故稱。此稱漢代已行用。《史記·天官書》："七星，頸，爲員官，主急事。"司馬貞索隱引宋均曰："頸，朱鳥頸也。員官，喉也。物在喉嚨，終不久留，故主急事也。"

軒轅

　　星宿名。亦稱"權""路寢""權星""東陵"。共十七星，屬星宿。"軒轅十四"爲大星，名女主；"軒轅十五"名大民；"軒轅十六"名少民，因在其左，故亦稱"左民"；"軒轅十七"名女御，又名御女。此稱漢代已行用。《史記·天官書》："權，軒轅。軒轅，黄龍體。前大星，女主象；旁小星，御者後官屬。"《廣雅·釋天》："軒轅謂之路寢。"王念孫疏證："《開元占經》又云：'軒轅星，王后以下所居宫也。一曰帝南宫。'《淮南子·天文訓》云：'軒轅者，帝妃之舍也。'《莊三十二年·公羊傳》云：'路寢者何？正寢也。'"《晋書·天文志上》："軒轅十七星，在七星北……一曰東陵，一曰權星，主雷雨之神。南大星，女主也……女主南小星，女御也。左一星少民，后宗也。右一星大民，太后宗也。"《南齊書·天文志上》："〔永明〕九年八月，月在軒轅左民東八寸，爲犯。"又，"〔十一月〕丙子，月入在軒轅左民星東北七寸，爲犯。"《宋史·天文志四》："軒轅十七星……中犯乘守大民，爲饑，太后宗有罪；守少民，小有饑，女主失勢；守御女，有憂。"

【權】[2]

　　即軒轅。此稱漢代已行用。見該文。

【路寢】

　　即軒轅。此稱先秦時期已行用。見該文。

【權星】[2]

　　即軒轅。此稱晋代已行用。見該文。

【東陵】[2]

　　即軒轅。此稱晋代已行用。見該文。

【軒宫】

　　即軒轅。亦稱"軒曜"。此稱漢代已行用。漢張衡《周天大象賦》："廣邦徹而斯留，復軒宫而載出。"《文選·謝莊〈月賦〉》："增華臺室，揚采軒宮。"李善注："軒宮，軒轅之宮……《淮南子》曰：'軒轅者，帝妃之舍。'高誘注：軒轅，星名。"又《顏延之〈宋齊敬皇后哀策文〉》："軒曜懷光，素舒佇德。"李善注："軒曜，謂軒轅星。"

【軒曜】

即軒宮。此稱南北朝時期已行用。見該文。

女主

星名。即軒轅十四。此稱晉代已行用。見"軒轅"文。

大民

星名。即軒轅十五。此稱晉代已行用。見"軒轅"文。

少民

星名。亦稱"左民"。即軒轅十六。此稱晉代已行用。見"軒轅"文。

【左民】

即少民。此稱南北朝時期已行用。見該文。

御女 2

星名。亦稱"女御"。即軒轅十七。此稱晉代已行用。見"軒轅"文。

【女御】2

即御女。此稱晉代已行用。見"軒轅"文。

天稷

星宿名。亦稱"稷""農正"。共五星，屬星宿。此稱漢代已行用。漢張衡《周天大象賦》："天稷播五稼之勤，東甌表三夷之類。"《晉書・天文志上》："稷五星，在七星南。稷，農正也，取乎百穀之長以爲者也。"《宋史・天文志四》："天稷五星，在七星南，農正也。"

【稷】

即天稷。此稱晉代已行用。見該文。

【農正】

即天稷。此稱晉代已行用。見該文。

天相 3

星宿名。共三星，屬星宿。此稱晉代已行用。《晉書・天文志上》："酒旗南三星曰天相，丞相之象也。"《宋史・天文志四》："天相三星，在七星北，一曰在酒旗南，丞相大臣之象。"

内平

星宿名。共四星，屬星宿。此稱晉代已行用。《晉書・天文志上》："爟北四星曰内平，平罪之官，明刑罰。"《宋史・天文志四》："内平四星，在三台南，一曰在中台南，執法平罪之官。明，則刑罰平。"

張宿

星宿名。亦稱"張""御府""天玉""天倡"。古人認爲此星宿主"萬物皆張"，故稱。南方朱雀七宿之第五宿，有星六顆，在長蛇座内。其分野爲周，屬三河。《史記・律書》："西至於張。張者，言萬物皆張也。"《開元占經・南方七宿占四・張宿占五》引先秦《南官候》："張爲天府也，一名御府，寶文玉神之藏也。一名天玉，被服也。一名天倡，其星明即天子昌。"《晉書・天文志上》："張六星，主珍寶、宗廟所用及衣服，又主天厨飲食賞賣之事。"隋丹元子《步天歌》："張六星似軫在星傍，張下祇有天廟光。"《宋史・天文志四》：

張宿

"按漢永元銅儀，張宿十七度，唐開元游儀，十八度。舊去極九十七度，景祐測驗，張十八度，距西第二星去極一百三度。"亦爲天區名。按《步天歌》，除主體星座張宿外，尚有天廟星座。原星二十顆，增星五顆。

【張】

　　即張宿。此稱先秦時期已行用。見該文。

【御府】

　　即張宿。此稱先秦時期已行用。見該文。

【天玉】

　　即張宿。此稱先秦時期已行用。見該文。

【天倡】[1]

　　即張宿。此稱先秦時期已行用。見該文。

【嗉】

　　即張宿。亦作"素"，亦稱"鳥嗉"。嗉，禽鳥喉下盛食之囊。張宿位於朱雀嗉囊部，故稱。此稱漢代已行用。《史記·天官書》："張，素，爲厨，主觴客。"司馬貞索隱："素，嗉也。"張守節正義："張六星，六爲嗉，主天厨食飲賞賚觴客。"《漢書·天文志》："張，嗉，爲厨，主觴客。"《舊唐書·天文上》："張六星，中央四星爲朱鳥嗉，外二星爲翼。"宋馬永卿《嬾真子》卷四："張爲鳥嗉，翼爲鳥翼。"

【素】

　　同"嗉"。此體漢代已行用。見該文。

【鳥嗉】

　　即嗉。此稱唐代已行用。見該文。

天廟[3]

　　星宿名。共十四星，屬張宿。此稱晋代已行用。《晋書·天文志上》："張南十四星曰天廟，天子之祖廟也。"《宋史·天文志四》："天廟十四星，在張宿南，天子祖廟也。"

翼宿

　　星宿名。省稱"翼"，"天倡""化宮""天都市""天徐"。南方朱雀之第六宿。如朱雀之羽翼，故稱。有星二十二顆，爲二十八宿中星數最多者，位於太微垣以南，大部屬巨爵座、長蛇座。其分野爲楚，屬荆州。此稱南北朝時期已行用。《禮記·月令》："孟夏之月，昏翼中。"《史記·天官書》："翼爲羽翮，主遠客。"《北堂書鈔》卷一五〇引漢佚名《春秋合誠圖》："翼爲天倡。"《開元占經·南方七宿占四·翼宿占六》引先秦《南官候》："翼主天昌五樂八佾也，一名化宮，一名天都市，一名天徐，以和五音。"《宋書·符瑞志上》："面鋭上豐下，足履翼宿。"《宋史·天文志四》："翼宿二十二星，天之樂府，主俳倡戲樂，又主外夷遠客、負海之賓。"又，"按漢永元銅儀，翼宿十九度；唐開元游儀，十八度。舊去極九十七度。景祐測驗，翼宿一十八度，距中行西第二星去極百四度"。亦爲天區名。按《步天歌》，除主體星座翼宿外，尚有東甌座。原星二十七顆，增星七顆。

【翼】

　　"翼宿"之省稱。此稱先秦時期已行用。見

辰宮　　巳宮　赤道

翼宿

翼宿

該文。

【天倡】 [2]

　　即翼宿。此稱漢代已行用。見該文。

【化宮】

　　即翼宿。此稱先秦時期已行用。見該文。

【天都市】

　　即翼宿。此稱先秦時期已行用。見該文。

【天徐】

　　即翼宿。此稱先秦時期已行用。見該文。

東甌

　　星宿名。亦作"東區"。共五星，屬翼宿。此稱宋代已行用。《晉書・天文志上》："翼南五星曰東甌，蠻夷星也。"《宋史・天文志四》："東甌五星，在翼南，蠻夷星也。"

【東區】

　　同"東甌"。此體晉代已行用。見該文。

軫宿

　　星宿名。省稱"軫"，亦稱"天志""天車"。南方朱雀七宿之第七宿。軫，車。其形如車，故稱。有星四顆，屬烏鴉座。分野爲楚地。此稱先秦已行用。《禮記・月令》："仲冬之月，旦軫中。"戰國甘德、石申《甘石星經》："軫四星居中，又有二星爲左右轄，車文象也。"《史

軫宿

記・天官書》："軫爲車，主風。"《北堂書鈔》卷一五〇引漢劉叡《荊州占》："軫爲天車。"《開元占經・南方七宿占四・烏帑占七》引先秦《南官候》："軫一名天志，主風死喪。"《宋史・天文志四》："軫宿四星，主冢宰、輔臣，主車騎，主載任。"又，"按漢永元銅儀，以軫宿爲十八度。舊去極九十八度。景祐測驗，亦十八度，去極一百度"。亦爲天區名。按《步天歌》，除主體星座軫宿外，尚有青丘、軍門、土司空、器府等星座及軫宿星座附座長沙、左轄、右轄等星座。原星五十二顆，增星八顆。

【軫】

　　"軫宿"之省稱。此稱先秦時期已行用。見該文。

【天志】

　　即軫宿。此稱先秦已行用。見該文。

【天車】 [2]

　　即軫宿。此稱漢代已行用。見該文。

【車】

　　即軫宿。此稱先秦時期已行用。曾侯乙墓二十八宿圖"軫"作"車"。

【鳥帑】

　　即軫宿。亦作"鳥孥"。帑，通"孥"，鳥尾，其位於朱雀七宿之尾部，故稱。此稱先秦時期已行用。《左傳・襄公二十八年》："歲棄其次，而旅於明年之次，以害鳥帑。"杜預注："鳥尾曰帑。"孔穎達疏："妻子爲人之後，鳥尾亦鳥之後，故俱以帑爲言也。"《廣雅・釋天》："軫謂之鳥孥。"亦有兼指翼、軫二宿者。宋劉敞《罪歲賦》："自去年而歲旅于鳥帑，及今期焉。鳥帑曰翼軫，翼軫楚也。"

【烏帑】

同"烏帑"。此體三國時期已行用。見該文。

轄星

星宿名。省稱"轄"，亦稱"車轄"。共二星，屬軫宿。位於軫兩側。左邊者稱"左轄"，右邊者稱"右轄"。此稱晉代已行用。漢張衡《周天大象賦》："長沙明而獻壽，車轄朗而陳兵。"《晋書·天文志上》："轄星傅軫兩旁，主王侯，左轄爲王者同姓，右轄爲異姓。"《宋史·天文志四》："遠軫，凶；轄舉，南蠻侵；車無轄，國有憂。"

【轄】

"轄星"之省稱。此稱宋代已行用。見該文。

【車轄】

即轄星。此稱漢代已行用。見該文。

左轄

星名。一星，爲軫之附座。此稱晉代已行用。見"轄星"文。

右轄

星名。一星，爲軫之附座。此稱晉代已行用。見"轄星"文。

長沙

星名。一星，屬軫宿。此稱晉代已行用。《晋書·天文志上》："長沙一星，在軫之中，主壽命。"《宋史·天文志四》："長沙一星，在軫宿中，入軫二度，去極百五度。"

青丘

星宿名。共七星，屬軫宿。此稱晉代已行用。《晋書·天文志上》："青丘七星，在軫東南，蠻夷之國號也。"

軍門

星宿名。共二星，屬軫宿。此稱晉代已行用。《晋書·天文志上》："上司空北二星曰軍門，主營候彪尾威旗。"《宋史·天文志四》："軍門二星，在青丘西，一曰在土司空北，天子六宮之門，主營候，設豹尾旗，與南門同占。"

器府

星宿名。共三十二星，屬軫宿。此稱晉代已行用。《晋書·天文志上》："軫南三十二星曰器府，樂器之府也。"《宋史·天文志四》："器府三十二星，在軫宿南，樂器之府也。明，則八音和，君臣平；不明，則反是。"清咸豐四年（1854年）測定之星圖及星表，無器府之記載。

土司空 [2]

星宿名。亦稱"司徒"。共四星，屬軫宿。此稱晉代已行用。《晋書·天文志上》："青丘西四星曰土司空，主界域，亦曰司徒。"《宋史·天文志四》："土司空四星，在青丘西，主界域，亦曰司徒。均明，則天下豐；微暗，則稼穡不登。"

【司徒】

即土司空。此稱晉代已行用。見該文。

第六章　黑子新星說

第一節　太陽黑子考

　　太陽黑子是太陽光球層上發生的氣體活動，機理近似於地球上的風暴，由於黑子自身具有强磁場，所以它的溫度會比周圍低一千餘度，在地球上看來，猶如太陽表面出現了黑斑，因而得名。由於生成在太陽表面，黑子是不宜用肉眼直接觀看的，由于望遠鏡的發現，西方人從 17 世紀正式開始觀測太陽黑子并加以研究。中國在西漢時期就有了黑子觀測記錄，但因爲没有現代科學的理論基礎，中國的黑子記錄往往過於簡單且與其他類似現象混雜一處，或稱"黑子"，或稱"黑氣""黑雲""黑光"乃至"黑景"等等，如《晋書·天文志中》有"日中有黑子、黑氣、黑雲，乍三乍五"的記述。甚或因日中有烏的傳說而附會爲太陽上出現三足烏等等，不一而足。這些記錄中哪些真正屬於現代意義上的太陽黑子，還需逐一甄別考量。

　　漢代文獻已見太陽黑子的記載。《漢書·五行志下》："有黑氣大如錢，居日中央。京房《易傳》曰：'祭天不順兹謂逆，厥異日赤，其中黑。'"而對於黑子的解讀，古人却多想象揣測，且常與人事相附會，使之充滿神秘色彩。如《晋書·天文志中》："升平三年十月丙午，日中有黑子，大如鷄卵。少時而帝崩。”唐代李淳風《乙巳占·日占》：“日中有黑子、黑雲，若青若黄赤，乍二乍三，天子崩。按《晋中興書》云：升平三年十月丙午，日中有黑子，大如鷄子，俄而孝宗崩。晋太和四年十月乙未，日中有黑子如李。至八年十一月己酉，天子廢爲海西公。”

　　對太陽黑子出現的周期性規律的總結，是相關研究中的首要内容。現代科學證實，太陽黑子高發的周期大約爲十一年，這個數據也大體能在中國古代天文記録中得到驗證。但太陽黑子活動的具體規律十分複雜，并非這樣一個簡單的數字所能涵蓋，這些古代記録仍有進一步分析研究的空間。同時，太陽黑子活動會對地球的氣象、氣候産生較爲明顯的影響，這也是一個很具實用意義的研究課題，中國古代黑子記録往往保存在歷代天文、灾异的志書中，正可與其他自然灾害信息進行比對分析。

黑子

　　太陽表面的氣渦低於周邊千餘度，影響太陽的光亮度，由地球看來，猶如太陽出現各式黑斑，今通稱“太陽黑子”。太陽黑子現象已見載於《漢書·五行志下》。古時又以“黑氣”或“黑雲”稱之。而“黑子”一稱始見於《晋書·天文志中》：“日中有黑子、黑氣、黑雲。”《魏書·天象志》：“日赤無光，中有黑子一。”《宋史·太祖紀》：“日有二黑子。”《宋史·天文志五》：“〔德祐二年二月丁酉朔〕日中有黑子，如鵝卵相蕩。”《遼史·道宗紀》：“〔大康三年五月〕癸亥，日中有黑子。”《明史·天文志三》：“〔洪武二年十二月甲子〕日中有黑子。”又，“〔天啓四年正月癸未〕日赤無光，有黑子二三蕩於旁，漸至百許，凡四日”。《英烈傳》第四三回：“前者軍師劉基在豫州別我時，曾言日中有黑子相蕩，主損東南方大將之象。”古人

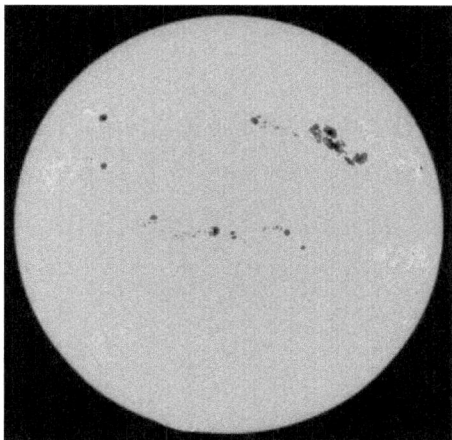

太陽黑子（一）

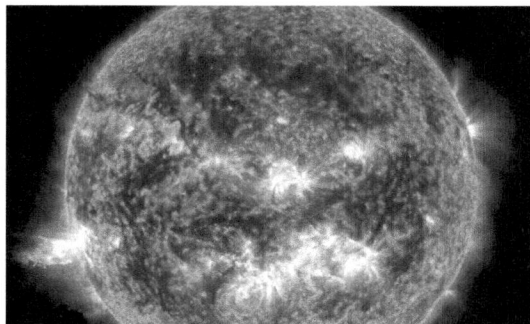

太陽黑子（二）

迷信，認爲太陽黑子出現，不吉。唐代李淳風《乙巳占・日占》：“日中有黑子、黑雲，若青若黄赤，午二午三，天子崩。”

【日中黑】

亦稱“日中星”。此稱明代已行用。明談遷《國榷》卷七：〔洪武十四年二月乙酉〕自壬午至是日，日中黑。”清孫之騄《二申野錄》卷四：〔嘉靖四十三年七月〕日正中有星。”嘉慶《長山縣志》卷四：〔崇禎三年六月二十七日〕日中星見。”

【日中星】

即日中黑。此稱明代已行用。見該文。

【黑日】

即黑子。此稱清代已行用。清計六奇《明季北略》卷二：〔天啓四年二月二十八日〕見日旁有黑日蕩磨。”萬曆《嘉善縣志》卷一二：〔嘉靖十八年九月十五日〕大霧，日高丈許，有黑日摩蕩。”

【黑光】

即黑子。此稱明代已行用。明祁彪佳《祁忠敏公日記・感慕錄》：〔崇禎十三年二月二十三日〕見日中有黑光摩蕩之異。”清康熙《平陽縣志》卷一二：〔崇禎十六年正月〕日黑光摩蕩。”清乾隆《潮州府志》卷一一：〔康熙四年正月〕黑光蔽日摩盪不息，數日方復。”民國《太倉州志》卷二六：〔崇禎十一年八月〕又有黑光摩蕩日旁。”

黑餅[1]

狀如黑色餅形的黑子。此稱明代已行用。《明史・天文志三》：〔萬曆二十五年五月辛卯朔〕日光轉蕩，旋爲黑餅。”《續文獻通考・象緯考・天變》亦載萬曆二十五年“日光轉盪，

旋爲黑餅”之天象，謂事見《明神宗實錄》。

黑斑

太陽表面狀如黑色斑壘的太陽黑子。此稱清代已行用。清宣統《甘肅新通志》卷二：“〔咸豐元年十一月初四日〕日面有黑斑。”十一月二十九日同。

【日面斑壘】

即黑斑。此稱清代已行用。宣統《甘肅新通志》卷二：“〔道光二十年〕是年，日面有衆斑聚，歷八周而滅。”清光緒《江陰縣志》卷八：“〔道光二十八年夏〕日有壘裂紋。”

日中黑鬥

亦作“黑子相鬥”。黑色塊點活動如爭鬥狀的太陽黑子。此稱明代已行用。《明史・董應舉傳》：“〔萬曆四十六年閏四月〕日中黑子相鬥。”明談遷《國榷》卷八三：“〔萬曆四十六年〕閏四月二十八、二十九日，人傳日中黑鬥，五月朔未刻，臣於宅用水盆仰照，見日旁黑氣。”崇禎《松江府志》卷四七：“〔天啓二年三月己未〕晡時，有黑氣如日數顆，掩日相蕩，如相鬥狀。”

【黑子相鬥】

即日中黑鬥。此稱明代已行用。見該文。

【青黑氣若戰】

即日中黑鬥。此稱清代已行用。清孫之騄《二申野錄》卷八：“日旁青黑氣若戰。”清葉夢珠《閱世編・天象》：“〔崇禎〕十二年己卯正月三日，日光摩蕩，自旦及暮。五日，日旁有青黑氣若戰。”

日中見星

太陽表面狀如星辰的太陽黑子。此稱漢代已行用。《漢書・王莽傳中》：“〔天鳳〕二年二

月，置酒王路堂，公卿、大夫皆佐酒。大赦天下。是時，日中見星。"清康熙《溧陽縣志》卷三："〔天啓五年夏〕日中見星，日無光，旁有黑子如日者十數。"此天象亦被世人認爲是前景幽昧難明。民國佚名《易經證釋·明夷卦》："日中見星斗爲幽昧不明。即明夷也。"

日中見斗

太陽表面狀如北斗七星的太陽黑子。此稱先秦時期已行用。《易·豐》："豐其蔀，日中見斗，遇其夷主，吉。"《六爻精華薈萃·六十四卦卦象》："豐者大也。日中見斗，幽而不明，此事適大，隱映其形。"《新唐書·天文志》："日中見北斗。"清乾隆《襄垣縣志》卷八："〔天啓六年六月六日〕日中見斗。"清雍正《山西通志》卷一六三："〔天啓六年六月〕日中見斗。"清順治《潞安府志》卷一五："〔天啓六年夏〕日中見斗。"清乾隆《長沙府志》卷三七："〔康熙二十三年二月初一至初三〕日中見斗星。"

黑子相蕩

亦稱"黑光相蕩"。日中黑色氣體快速往來運動的太陽黑子。古人認爲是不吉利天象。此稱宋代已行用。《宋史·度宗紀附瀛國公二王傳》："〔德祐二年〕二月丁酉朔，日中有黑子相蕩，如鵝卵。辛丑，率百官拜表祥曦殿，詔諭郡縣使降。大元使者入臨安府。"明徐應秋《玉芝堂談薈·事有巧合》："周顯德七年正月癸卯日黑光相蕩，宋德祐二年二月朔日中黑子相蕩，其變亦類。"清乾隆《六安州志》卷二四："〔康熙四年春〕有黑子往來如梭，與日相蕩。"《英烈傳》第四三回："前者軍師劉基在豫州別我時，曾言日中有黑子相蕩，主損東南方大將之

象。"

【黑光相蕩】

即黑子相蕩。此稱明代已行用。見該文。

黑景

亦作"黑影"。狀如黑色影子的太陽黑子。此稱清代已行用。清同治《上海縣志》卷三〇："〔正德七年〕是歲，日下復有黑景，或三或四，隱見不常。"清光緒《武陽志餘》卷五："〔同治四年閏五月己丑〕日中有影，旁有一星，歷五六日隱。"清宣統《湖北通志》卷七六："〔咸豐三年正月〕日中見赤黑二影，互相搏擊。"

【黑影】

同"黑景"。此體清代已行用。見該文。

日中字形黑子

太陽表面狀如文字字形的太陽黑子。此稱清代已行用。清道光《新會縣志》卷一四："〔嘉慶二十四年七月〕以水照日，中有井字者凡數月。"《古微書》卷一一："漢文帝時日中有王字。"

人形黑子

狀如人形的太陽黑子。此稱金代已行用。《金史·天文志》："〔正隆五年八月庚午〕日中有黑子，狀如人。"清乾隆《曲沃縣志》卷三七乾隆三年五月庚午同。清光緒《武昌縣志》卷一〇："〔嘉慶四年正月朔〕旭日中有三人。"光緒《湖南通志》卷二四四："〔同治四年三月〕日中有三人影。"

三足烏[2]

狀如三足烏形的太陽黑子。此稱晉代已行用。《晉書·天文志中》："〔晉穆帝永和八年〕日暴赤如火，中有三足烏，形見分明，五日乃止。"

烏 [2]

太陽表面狀如烏鴉的太陽黑子。亦作"日烏"。此稱南北朝時期已行用。《周書・武帝紀上》："〔天和元年二月〕庚午,日鬥,光遂微,日裏烏見。"《北史・周紀下》:"〔天和元年二月〕庚午,日鬥,光遂微,日裏見烏。"《隋書・天文志下》:"〔陳文帝天嘉〕七年二月庚午,日無光,烏見。"清光緒《廣安州志》卷一三:"〔同治十一年正月〕日烏出,其光如環,中間黑色,遂隱。"

【日烏】 [2]

即日中烏。此稱清代已行用。見該文。

飛鵲

狀如飛鵲形的太陽黑子。此稱漢代已行用。《後漢書・五行志》中平五年正月《通志・災祥》:"光和三年正月,日中色黃,中有黑氣如飛鵲,數月乃銷。"

飛燕

狀如飛燕形的太陽黑子。此稱晋代已行用。《晋書・天文志》:"〔晋懷帝永嘉〕五年三月庚申,日散光,如血下流……日中有若飛燕者。"《宋書・五行志》:"晋惠帝元康九年正月,日中有若飛燕者,數日乃消。"《新唐書・天文志》:"〔乾符二年〕日中有若飛燕者。"

飛鳥

太陽表面狀如飛鳥形的太陽黑子。按古人認爲飛鳥不吉。《易・小過》:"初六,飛鳥以凶。"故稱日中有飛鳥,亦不吉。此稱清代已行用。清同治《桐城縣志》卷一〇:"〔咸豐二年十一月十九日〕日中見飛鳥。"

黑子如鷄卵

亦稱"黑子如卵"。狀如鷄蛋形的太陽黑子。鷄卵,即鷄蛋。此稱晋代已行用。清湯球、黃奭輯《九家舊晋書輯本》收法盛《晋中興書》卷二:"穆宗升平三年十月丙午,日中有黑子如卵。""孝武帝寧康元年十月己酉,日中有黑子如李。二年三月庚寅,日又有黑子如鷄卵二枚。是年十一月己巳日,又有黑子大如鷄子。"《晋書・天文志中》:"〔永和十年十月庚辰〕日中有黑子,大如鷄卵。"寧康二年十一月己巳同。《周書・宣帝紀》:"〔大象元年二月癸未〕日初出及將入時,其中並有烏色,大如鷄卵,經四日滅。"《新唐書・天文志》:"〔咸通六年正月〕白虹貫日,中有黑氣如鷄卵。"《文獻通考・象緯七》:"〔天成二年二月己酉〕日中有黑氣,狀如鷄卵。"《舊五代史・高祖紀》:"〔天福十二年十月壬辰〕日有黑子如鷄卵。"康熙《吳川縣志》卷四:"〔嘉靖四十五年正月初十〕日中有黑子,大如卵,五日乃滅。"

【黑子如卵】

即黑子如鷄卵。此稱晋代已行用。見該文。

黑子如鴨卵

狀如鴨蛋形的太陽黑子。鴨卵,鴨蛋,指比鷄卵形黑子要大一些的黑子。此稱晋代已行用。《晋書・天文志中》:"〔寧康二年三月庚寅〕日中有黑子二枚,大如鴨卵。"

黑子如鵝子

比鴨卵形黑子更大之黑子。此稱南北朝時期已行用。"鵝子"亦作"鵝卵"。《魏書・天象志》:"〔景明三年正月乙巳〕日中有黑氣如鵝子,申酉復見。"又,"〔景明三年二月辛卯〕日中有黑氣,大如鵝子"。《宋史・瀛國公紀》:"〔德祐二年二月丁酉朔〕日中有黑子相蕩,如鵝卵。"

【黑子如鵝卵】

即黑子如鵝子。此稱宋代已行用。見該文。

日中黑丸

狀如黑色圓丸形的太陽黑子。此稱清代已行用。清光緒《鄆城縣志》卷九："〔咸豐六年正月初三〕日中有黑丸。"

日中黑子如桃

狀如桃子形的太陽黑子。此稱晋代已行用。《晋書·天文志中》："〔永和十一年三月戊申〕日中有黑子，大如桃，二枚。"《通志·災祥》："〔北魏宣武帝正始四年十一月癸卯〕日中有黑氣二，大如桃。"《魏書·天象志》永平四年十一月癸卯同。

黑子如李

狀如李形的太陽黑子。此稱晋代已行用。清湯球、黃奭輯《九家舊晋書輯本》收法盛《晋中興書》卷二："孝武帝寧康元年十月己酉，日中有黑子如李。"《晋書·天文志》："〔太和五年二月辛酉〕日中有黑子，大如李。"寧康元年十一月己酉同。《通志·災祥》北魏孝文帝太和十三年二月庚子同。《晋書·天文志中》："〔太元十三年二月庚子〕日中有黑子二，大如李。"舊題唐李淳風《觀象玩占》卷二："〔太和四年十月乙未〕日中有黑子如李。"

黑子如棗

狀如棗形的太陽黑子。此稱宋代已行用。《宋史·天文志》："〔崇寧三年十月壬辰〕日中有黑子如棗大。"宣和二年五月己酉同。《文獻通考·象緯七》："〔紹興八年二月辛酉〕日中有黑子，大如棗。"

黑子如粒

狀如穀粒米粒形的太陽黑子。清道光《福建通志》卷一七七："〔紹興七年二月庚子〕日中有黑子如粒，辛丑芘日。"

刀形黑子

狀如刀形的太陽黑子。此稱民國時期已行用。民國《岑溪縣志》卷一："〔順治四年四月〕日中有形如刀。"

黑子如杯

狀如杯具形的太陽黑子。此稱南北朝時期已行用。《周書·武帝紀》："〔天和二年十月辛卯〕日出入時，有黑氣一，大如杯，在日中。"《隋書·天文志》："〔建德六年十一月甲辰〕晡時，日中有黑子，大如杯。"《新唐書·天文志》："〔寶曆二年三月甲午〕日中有黑氣如杯。"

黑氣如盤

狀如盤子形的太陽黑子。此稱明代已行用。明田藝蘅《留青日札摘抄·日光摩蕩》："嘉靖二十四年十二月二十至二十五六日，日光外時有黑氣如盤往來，與日摩蕩。嘉靖三十四年十二月二十九日未申時，日光忽暗，有青黑紫色日影如盤數十相摩。"清乾隆《陝西府志》卷五二："〔乾符元年〕日有黑氣如盤。"清康熙《樂平府志》卷六："日旁黑氣如盤，與日相蕩，七日乃滅。"

繡球形黑子

太陽表面狀如繡球的太陽黑子。此稱清代已行用。清光緒《屯留縣志》卷一："〔咸豐三年七月〕日中有繡球形，芒刺四散。"

第二節　新星超新星諸考

　　恒星的亮度有的會發生變化，稱變星。一些突然變亮之星，意味着由肉眼難見至可見、不明顯至明顯，猶如突然造訪或剛剛生成。恒星亮度變化的原因甚多，其中一些是因爲恒星在演化末期經歷劇烈爆炸所致，這種爆炸往往使恒星產生巨大的亮度變化。古時稱"客星"，今被稱爲新星、超新星。

　　古代天文學受觀測技術條件限制，不僅無法瞭解新星、超新星生成的原理，甚至無法準確辨別新星、超新星與其他相似天文現象之間的差別，以至於對新星、超新星的記錄缺乏標準、統一的術語，往往行文簡略，用語隨意，今人利用這些資料時需加以審慎判別。一般來說，古人常將其與彗星相混，而真正的新星、超新星的位置不會大幅移動，視覺效應上也不會有光尾。例如《續漢書・天文志》載："〔永明九年正月戊申〕客星出牽牛，長八尺，歷建星至房南。""長八尺"則屬有光尾；牽牛、建星屬斗宿，位移至房宿之南，亦屬明顯的彗星特徵，稱之爲客星并不準確。許多彗星有已知的固定運行軌道，可以推算其在歷史上出現的時間，但新星、超新星的出現却無從推算，因此祇能根據記錄的時間來比對其時是否有彗星出現，從而推測是否將彗星誤記爲新星、超新星。還有些記錄借用占星術觀念，直接判定吉凶，形成"景星見""瑞星見"的簡單文字，其初衷重在其祥瑞，但今人更關注的則是其"見"（即"現"）的事實。

新星

　　指偶然出現在天空的明亮星星，今人稱爲新星。屬於變星中的一個類別，曾經由於其突然出現而被認爲是剛剛誕生的恒星，所以取名叫"新星"。其發光原理是恒星步入老年時，其中心向內收縮，而外殼却朝外膨脹，拋掉外殼時會釋放大量能量，在釋放能量時，致使自身的光度增加很多倍。在銀河系中已發現超過兩百顆新星。

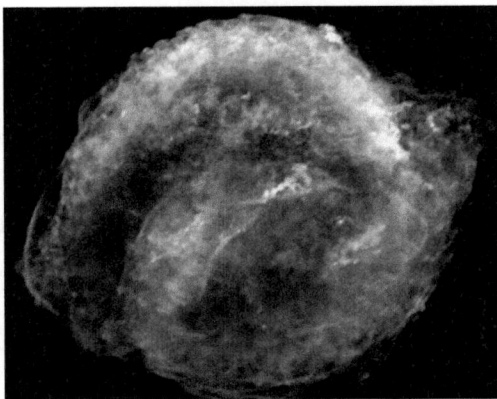

新星

超新星

某些恒星在演化接近末期劇烈爆炸所産生的形象。這種爆炸度極其明亮，所突發電磁輻射經常能够照亮其所在的整個星系，并可持續幾周至幾個月（一般最多是兩個月）總會逐漸衰減變爲不可見。一顆超新星所輻射的能量可等於或大於太陽一生中輻射能量的總和。恒星通過爆炸會將其大部分甚至幾乎所有物質以可高至十分之一光速的速度向外抛散，并向周圍的星際物質輻射激波。這種激波會導致形成一個膨脹的氣體和塵埃構成的殼狀結構，被稱作超新星遺迹。

超新星

客星 [1]

我國古代對天空中新出現星象之統稱。主要指新星、超新星、彗星及極光、流星等天象。部分星原來亮度較弱，肉眼難以看到，有時亮度突增，引人注目。一段時間後，又漸暗下來，直至"消失"，猶如到星空中作客，故稱。我國古代關於客星之記載開始很早，《史記·天官書》："三能、三衡者天廷也。客星出，天廷有奇令。"唐張守節正義："言若有客星出三台三衡之廷，必有奇異教令也。"按，能，通"台"，音tái，通假字。《晋書·天文志下》："永興元年五月，客星守畢。占曰：'天子絶嗣。'一曰：'大臣有誅。'"《宋史·天文志二》："客星入爲兵喪，彗星出爲易位，流星入，兵起地動。"《漢書·天文志》："元光元年五月，客星見於房。"即公元前134年在現在天蝎座爆發之新星。是歷史上第一個有時間、有位置的記錄，至17世紀末，我國歷史上新星紀録中可靠者有六十餘項，其中約十個屬超新星記録，以北宋至和元年（1054）五月出現於天關星附近之超新星爆發記録爲最著名。舊題唐李淳風《觀象玩占》："客星，非常之星，其出也無恒時，其居也無定所，忽見忽没，或行或止，不可推算，寓於星辰之間，如客，故謂之客星。"參閱《宋會要輯稿·瑞異》。《續漢書·天文志》："〔永初元年八月戊申〕客星在東井弧星西南。"《續漢書·天文志》："〔延光四年十一月〕客星見天市。"唐張説《送梁知微渡海東》詩："天上客星回，知君渡東海。"

小客星

視覺中形體較小的客星。此稱漢代已行用。《續漢書·天文志》："〔永元十三年十一月乙丑〕軒轅第四星間有小客星，色青黄。"《宋史·天文志》："〔乾道二年三月癸酉〕客星出太微垣内五帝座大星西，微小，色青白。"

南門客星

公元185年（漢靈帝中平二年），東漢天文學家觀測到一次超新星爆發過程并對此做了記録。此稱漢代已行用。《後漢書·天文志》："十月癸亥，一客星出於南門，其大如斗笠，鮮艷繽紛，後漸衰萎，於次年六月没。"20世紀60年代，科學家們經過研究後確認，這是人類歷史上最早的超新星爆發紀録。

天關客星

公元 1054 年（宋仁宗至和元年）3 月，北宋天文學家楊惟德觀察到在天空東方“天關”附近一次超新星爆發過程并對此做了記録。《宋會要輯稿·瑞異一》：“〔嘉祐元年三月〕司天監言：客星没，客去之兆也。初至和元年五月晨出東方，守天關。晝見如太白，芒角四出，色赤白，凡見二十三日。”《宋史·仁宗紀》：“〔嘉祐元年三月辛未〕司天監言：自至和元年五月，客星晨出東方守天關。”楊惟德對這顆“天關客星”用肉眼連續觀察了兩年之久，直到看不見爲止。19 世紀，人們用望遠鏡發現此處有一個“蟹狀星雲”。20 世紀初發現這團星雲在膨脹，從而確認就是這顆天關客星的遺迹。

王蓬絮

星名。客星之類。亦稱“蓬絮”。舊謂主凶。此稱漢代已行用。《晋書·天文志中》引漢張衡曰：“老子四星及周伯、王蓬絮、芮各一，錯乎五緯之間，其見無期，其行無度。”又引漢劉叡《荆州占》曰：“蓬絮星色青而熒熒然，所至之國風雨不節，焦旱，物不生，五穀不登，多蝗蟲。”《隋書·天文志中》：“客星……王蓬絮，狀如粉絮，拂拂然。見則其國兵起，若有喪，白衣之會，其邦饑亡。”

【蓬絮】

即王蓬絮。此稱漢代已行用。見該文。

王蓬芮

星名。客星之類。此稱漢代已行用。《駢雅·釋天》“瑞星也”魏茂林訓纂引《中興天文志》曰：“瑞星有十二：一曰景星，二曰周伯，三曰含譽，四曰王蓬芮……”參見本章“王蓬絮”文。

芮

星名。客星之類。此稱漢代已行用。參見“王蓬絮”文。

天醒

星名。客星之類。主祥瑞，爲瑞星之一種。此稱明代已行用。《駢雅·釋天》：“天醒，瑞星也。”《庶物異名疏·天部》：“天醒，景星也。孫氏《瑞應圖》云：狀如半月，生於晦朔，助月爲明，王者不私人則見。”

句星 [3]

星名。客星之類。亦作“鈎星”。此稱漢代已行用。《淮南子·道應訓》：“昔吾見句星在房、心之間，其地動乎？”高誘注：“句星，客星也。”漢王充《論衡·變虛》：“昔吾見鈎星在房心之間，地其動乎？”

【鈎星】 [4]

同“句星”。此體漢代已行用。見該文。

老子

星名。客星之類。此稱漢代已行用。《晋書·天文志中》引漢張衡曰：“老子四星及周伯、王蓬絮、芮各一，錯乎五緯之間。其見無期，其行無度。”又引漢劉叡《荆州占》云：“老子星色淳白，然所見之國爲饑爲凶，爲善爲惡，爲喜爲怒。”

盜星

星名。客星之類。舊謂主大盜，故稱。此稱漢代已行用。《晋書·天文志中》引漢劉叡《荆州占》云：“東南有三星出，名曰盜星，出則天下有大盜。西南有三大星出，名曰種陵，出則天下穀貴十倍。”《宋史·天文志五》：“又四隅各有三星：東南曰盜星，主大盜；西南曰種陵，出則穀貴；西北曰天狗，見則天下大飢；

東北曰女帛，主有大喪。”明劉基《次韻和天童
良上人見寄》：“不辭塵匣掩青萍，願見天邊隕
盜星。”

溫星

星名。客星之類。舊謂主凶。此稱隋代已
行用。《隋書・天文志中》：“客星者，周伯、老
子、王蓬絮、國皇、溫星，凡五星，皆客星
也。……溫星，色白而大，狀如風動搖，常出
四隅。”

景星 [1]

星名。客星之類。亦稱“德星”“瑞星”。
祥瑞吉祥之星，古謂現於有道之國。此稱先秦
時期已行用。《竹書紀年》卷上：堯四十二年
“景星見於翼”。《竹書紀年》卷上：舜元年己未
“景星出於房”。宋僧文瑩《玉壺野史》卷一：
“景德三年，有巨星見於天氐之西，光芒如金
丸，無有識者。春官正周克明言，按《天文錄
荆州占》，其星名周伯。語曰：其色金黃，其光
煌煌；所見之國，太平而昌。又按《元命苞》，
此星一曰德星，不時而出。”清嘉慶《黃平州
志》卷一二：〔天啓七年十二月朔〕景星見。”
清《滕縣續志稿》卷一：〔乾隆十四年五月〕
瑞星見，大如鷄子，其色黃白，光瑩潤澤。”

【德星】 [2]

即景星。此稱宋代已行用。見該文。

【瑞星】 [1]

即景星。此稱清代已行用。見該文。

周伯星 [1]

星名。客星之類。亦稱“周伯”。古人以爲
象徵太平昌盛祥瑞的客星。此稱晉代已行用。
《晉書・天文志中》引漢張衡：“老子四星及周
伯、王蓬絮、芮各一。”又同書：“瑞星：二曰
周伯星。黃色煌煌然，所見之國大昌。”《宋
史・真宗紀》：“〔景德三年五月壬寅朔〕周伯
星見。”《續資治通鑑長編・宋真宗景德三年》：
“司天奏：周伯星見。”《明史・天文志》：“永樂
二年十月庚辰，輦道東南有星如盞，黃色，光
潤而不行。”所言議者以爲蓋周伯德星云。

【周伯】 [1]

即周伯星。此稱漢代已行用。見該文。

含譽

星名。客星之類。古人以爲象徵吉祥喜瑞
的客星。亦稱“含譽星”。此稱晉代已行用。《晉
書・天文志中》：“瑞星……三曰含譽，光耀似
彗，喜則含譽射。”《明宣宗實錄》卷七三：“昏
刻，有含譽星見，如彈丸大，色黃白光潤。”同
書卷七四：〔宣德五年閏十二月戊戌〕欽天監
奏：含譽星見九牛星傍，如彈丸大，今候至十
夕，其色愈黃白光潤。”《清史稿・天文志》：
“〔康熙十六年三月癸卯〕東北方有異星見於婁，
體色光明潤澤，尾長尺餘，指西南，占曰含
譽。”清陳康祺《燕下鄉脞錄》卷四：“康熙甲
辰，有星孛於翼軫，抵降婁。占驗者以爲含譽
星。”

【含譽星】

即含譽。此稱明代已行用。見該文。

妖星 [1]

星名。客星之類。亦作“祆星”。客星因爲
突然出現，古人或以爲不祥，故稱。此稱晉代
已行用。《晉書・惠帝紀》：“〔永康元年三月〕
妖星見南方。”《新唐書・天文志》：“〔乾寧元年
七月〕妖星見，非彗非孛，不知其名，時人謂
之妖星，或曰惡星。”《元史・天文志》：“〔大德
元年八月丁巳〕祆星出奎。九月辛酉朔，祆星

復犯奎。”明萬曆《儀封縣志》卷四：“〔隆慶六年十月〕每夜半後，有妖星見東北方，光耀如月。”

【祅星】[1]

同“妖星”。此體元代已行用。見該文。

异星[1]

星名。客星之類。亦稱“惡星”。客星因爲突然出現，古人或以爲怪异不祥，故稱。此稱唐代已行用。《新唐書・天文志》：“〔乾寧元年七月〕妖星見……時人謂之妖星，或曰惡星。”《新唐書・天文志》：“〔中和元年〕有異星出於輿鬼，占者以爲惡星。”《新唐書・天文志》：“〔中和元年〕有異星出於輿鬼，占者以爲惡星。”《清史稿・天文志》：“〔康熙十五年正月戊子〕異星見於天苑東北，色白。”《清史稿・天文志》：“〔康熙二十七年十月己酉〕異星見奎，色白，凡三夜。”

【惡星】

即异星。此稱唐代已行用。見該文。

孛星[1]

中國古代對天空中新出現的怪异不祥、灾厄之星的統稱，主要是指新星、超新星和彗星等。這裏主要指新星和超新星。此稱漢代已行用。《釋名・釋天》：“孛星，星旁氣孛孛然也。”《漢書・成帝紀》：“今孛星見於東井，朕甚懼然。”《舊唐書・太宗紀下》：“〔貞觀十五年〕秋七月甲戌，孛星滅。”《宋會要輯稿・瑞異二》：“〔淳熙二年七月二十三日〕夜，孛星見於西方，二十七日夜消伏。”

燭星

星名。客星之類。大小形狀、明亮程度如燈燭般的客星。此稱漢代已行用。《漢書・天文志》：“〔元鳳五年四月〕燭星見奎、婁間。”

赤星[3]

光色赤紅的客星。此稱晉代已行用。《晉書・苻堅載記上》：“又有赤星見於西南。太史令魏延言於堅曰：‘於占，西南國亡，明年必當平蜀漢。’”《明史・天文志》：“〔天啓元年四月癸酉〕赤星見於東南方。”

大赤星[1]

視覺中形體較大的光色赤紅的客星。此稱唐代已行用。《唐開元占經・客星犯畢五》：“又曰大赤星入畢口，天下大赦。”清光緒《大荔縣續志》卷一：光緒三年四月“近天漢有大赤星，光芒四射”。

黃色客星

光色發黃的客星。《魏書・天象志》：“〔太延三年正月壬午〕有星晡前晝見東北，在井左右，色黃，大如橘。”《隋書・天文志中》：“凡客星……星黃色，得地。”《宋會要輯稿・瑞異一》：“〔景德三年四月二日〕五月一日司天監言：先四月二日夜初更，見大星，色黃，出庫樓東，騎官西，漸漸光明，測在氐三度。”

白色客星

光色發白的客星。此稱清代已行用。《清史稿・天文志十四》：“〔康熙十五年正月戊子〕異星見於天苑東北，色白。”又，“〔康熙二十七年十月己酉〕異星見奎，色白，凡三夜”。

青白色客星

光色青白相間的客星。此稱漢代已行用。《漢書・天文志》：“〔初元元年四月〕客星大如瓜，色青白，在南斗第二星東，可四尺。”《宋史・天文志九》：“〔嘉泰三年六月乙卯〕客星出東南尾宿間，色青白，大如填星，甲子，守尾。"清雍正《四川通志》卷三八：永樂六年八月丙申"夜，有星大如盞，色青白有光，出西方"。

赤白色客星

光色赤白相間的客星，實是一顆超新星。此稱宋代已行用。《宋會要輯稿·瑞異一》："〔嘉祐元年三月〕司天監言：客星没，客去之兆也。初至和元年五月晨出東方，守天關。晝見如太白，芒角四出，色赤白，凡見二十三日。"參見本卷《黑子新星説·新星超新星諸考》"天關客星"文。

黄白色客星

光色黄白相間的客星。此稱明代已行用。《明史·天文志三》："〔宣德五年十二月丁亥〕有星如彈丸，見九斿旁，黄白光潤，旬有五日而隱。宣德六年三月壬午又見。"

青黄色客星

光色青黄相間的客星。此稱漢代已行用。《後漢書·天文志中》："〔永元十三年十一月乙丑〕軒轅第四星間有小客星，色青黄。"

紫赤色客星

光色紫赤相間的客星。此稱清代已行用。清康熙《臨縣志》卷一："西北隅有大星如月，未及申時，即出光芒紫赤，侵入井度。"

青黑色客星

光色青黑相間的客星。此稱明代已行用。《明宣宗實録》："〔宣德五年八月庚寅〕夜，客星現南河旁，如彈丸大，色青黑，凡二十有六日滅。"又，"〔八月甲申〕夜，客星見南河東北尺餘，色青黑"。

月亮狀客星

大小形狀、明亮程度如月亮般的客星。此稱明代已行用。明萬曆《儀封縣志》卷四："〔隆慶六年十月〕每夜半後，有妖星見東北方，光耀如月。"清康熙《臨縣志》卷一："西北隅有大星如月，未及申時，即出光芒紫赤，侵入井度。"清嘉慶《嘉興府志》卷三五："太微垣有星大如月，磨蕩不定。"清道光《雲南通志稿》卷四："〔嘉慶三年七月〕有星現於大火之次，光如皎月，衆小星環之。"

小月狀客星

視覺中如同形體較小的月亮般的客星。此稱清代已行用。清光緒《饒平縣志》卷一三："〔同治六年七月二十八日〕寅刻，東方出景星如小月，次辰不見。"

半月狀客星

大小形狀如半個月亮般的客星。此稱宋代已行用。《宋史·天文志九》："〔景德三年四月戊寅〕周伯星見，出氐南騎官西一度，狀如半月，有芒角，煌煌然可以鑒物，歷庫樓東。八月，隨天輸入濁。十一月復見在氐。自是常以十一月辰見東方，八月西南入濁。"

太白狀客星

亦稱"啓明狀客星"。大小形狀、明亮程度如金星般的客星。此稱宋代已行用。《宋會要輯稿·瑞異一》："〔嘉祐元年三月〕司天監言：'客星没，客去之兆也。'初，至和元年五月晨出東方，守天關。晝見如太白，芒角四出，色赤白，凡見二十三日。"明萬曆《宣府鎮志》卷五："〔淳祐四年四月丙子〕有星出尾宿，大如太白。"明萬曆《紹興府志》卷一三："〔淳祐八年〕星出河鼓，大如太白。"太白，亦稱"啓明"。民國《續遵義府志》卷一三："〔光緒二年五月初二三〕兩夜，仁懷縣有星自東出，若啓明，明滅不常，夜半始大明。"《宋會要輯稿》所記，應是一顆超新星，參見本卷《黑子新星說·新星超新星諸考》"天關客星"文。

【啓明狀客星】

即太白狀客星。此稱民國時期已行用。見該文。

熒惑狀客星

大小形狀、明亮程度如火星般的客星。熒惑，指五大行星的火星。此稱宋代已行用。《宋史·天文志》："〔淳熙二年七月辛丑〕有星孛於西北方，當紫微垣外七公之上，小如熒惑，森然蓬孛，至丙午始消。"

填星狀客星

亦作"填星狀客星"。大小形狀、明亮程度如木星般的客星。填星，指五大行星的木星。此稱宋代已行用。《宋史·天文志九》："〔嘉泰三年六月乙卯〕客星出東南尾宿間，色青白，大如填星，甲子，守尾。"明萬曆《宣鎮府志》卷五："〔嘉泰三年六月乙卯〕東南有客星出於尾宿，青白色，無芒彗，大如鎮星，甲子守尾。"

【鎮星狀客星】

同"填星狀客星"。此稱明代已行用。見該文。

半筵狀客星

大小形狀如半個席墊般的客星。筵，古時鋪在地上供人坐的墊底的竹席。此稱漢代已行用。《續漢書·天文志》："〔中平二年十月癸亥〕客星出南門中，大如半筵，五色喜怒稍小，至後年六月消。"

馬鐙狀客星

大小形狀如馬鐙般的客星。鐙，挂在馬鞍兩旁的鐵製腳踏。此稱民國時期已行用。民國《灌縣志》卷一八："〔咸豐十一年七月下旬〕紫宮內有星如鐙。"

斗笠狀客星

大小形狀如斗笠般的客星。此稱漢代已行用。《後漢書·天文志下》："〔中平二年〕十月癸亥，客星出於南門，其大如斗笠，鮮艷繽紛，後漸衰萎，於次年六月没。"這就是公元185年東漢天文學家觀察并做了記録的南門客星，現代已經證明是顆超新星。參見本卷《黑子新星說·新星超新星諸考》"南門客星"文。

金圓狀客星

金黃色扁圓狀般的客星。此稱宋代已行用。宋文瑩《玉壺清話》卷一："景德三年，有巨星見於天氐之西，光芒如金圓，無有識者。春官正周克明言：'按《天文録荆州占》，其星名周伯。語曰：其色金黃，其光煌煌；所見之國，太平而昌。'"

金丸狀客星

金黃色圓丸狀般的客星。此稱宋代已行用。《玉壺野史》卷一："景德三年，有巨星見於天氐之西，光芒如金丸，無有識者。春官正周克明言：'按《天文録荆州占》，其星名周伯。語曰：其色金黃，其光煌煌；所見之國，太平而昌。'又按《元命苞》，此星一曰德星，不時而出。"

鷄子狀客星

大小形狀如鷄蛋般的客星。鷄子，鷄蛋。此稱清代已行用。清刊《滕縣續志稿》卷一："〔乾隆十四年五月〕瑞星見，大如鷄子，其色黃白，光瑩潤澤。"

瓜狀客星

大小形狀如甜瓜般的客星。此稱漢代已行用。《漢書·天文志六》："〔初元元年四月〕客星大如瓜，色青白，在南斗第二星東，可四尺。"《契丹國志》卷九："〔咸雍二十三年六月〕有星如瓜，出文昌。"

橘狀客星

大小形狀如橘子般的客星。此稱南北朝已行用。《魏書·天象志》："〔太延三年正月壬午〕有星晡前晝見東北，在井左右，色黃，大如橘。"

桃狀客星

大小形狀如桃子般的客星。此稱唐代已行用。《新唐書·天文志二》："〔光化三年正月〕客星出於中垣宦者旁，大如桃，光炎射宦者，宦者不見。"

盞狀客星

大小形狀如盤盞般的客星。此稱明代已行用。《明史·天文志三》："輦道東南有星如盞，黃色，光潤而不行。"清雍正《四川通志》卷三八："〔永樂六年八月丙申〕夜，有星大如盞，色青白有光，出西方。"

彈丸狀客星

大小形狀如彈丸般的客星。彈丸，彈弓用的鐵、石或泥製的圓丸。此稱明代已行用。《明宣宗實錄》："〔宣德五年八月庚寅〕夜，客星現南河旁，如彈丸大，色青黑，凡二十有六日滅。"《明史·天文志三》："〔宣德五年十二月丁亥〕有星如彈丸，見九斿旁，黃白光潤，旬有五日而隱。宣德六年三月壬午又見。"《明宣宗實錄》卷七三："昏刻，有含譽星見，如彈丸大，色黃白光潤。"《明宣宗實錄》："〔宣德五年閏十二月戊戌〕欽天監奏：含譽星見九牛星傍，如彈丸大，今候至十夕，其色愈黃白光潤。"

第七章　流彗隕石説

第一節　流星考

在太陽系的行星際空間，分布着大量的細小物質和塵粒，稱宇宙塵，又稱流星體。其通常在太陽引力作用下沿固定軌道運行，其軌道或與地球軌道有交點或臨近點，當地球恰好與之在該點相遇時，其便會在地球引力作用下脱離自己原先軌道進入大氣層，這就是流星。流星進入大氣層後的速度可高達每秒數十公里，與空氣摩擦産生高熱，流星體隨即燃燒氣化，因此人類看到的流星通常是天際高速劃過的一道亮光。

流星在特定運行軌道上往往以群組的形式存在，當它們共同進入地球大氣層後，會分散燃燒，各自形成光帶，這就是流星雨。在地球視角看來，流星雨總是從某個星座的位置發生，縱橫散射，故而流星雨通常以其生成位置所屬星座命名，如著名的獅子座流星雨。由於流星雨發生取決於地球和流星在各自運行軌道上的相對位置，所以特定的流星雨一般會有周期性的規律，獅子座流星雨大約每三十三年就會出現一次高峰期。在中國古代文獻中，《春秋》所載魯莊公七年（前 587）的"夜中星隕如雨"是早期流星雨記録中最爲著名的。

大部分流星在進入大氣層後即開始燃燒，在空中完成氣化分解，不會到達地面。但也有一小部分個體較大，或其成分能耐高溫，會有實體殘骸落到地面，即隕星，也稱隕石。現今發現的隕石，大者重可達數十噸，按其組成成分，一般分爲鐵隕石和石隕石。鐵隕石的主要成分是鐵，同時可能含有少量的鎳、銅、硫等其他成分。石隕石的主要成分多爲二氧化硅、氧化鐵、氧化鎂等。《春秋》記載魯僖公十六年（前644）正月戊申朔"隕石於宋五"，是中國現存最早的明確的隕石記録。因現實中隕石墜落時的情況未必被人所見并記録，所以許多隕石祇是事後被發現，即便當場得見其墜地，由於其速度極高，或没入土中無從尋覓。北宋的沈括是古代士大夫中少數具有較強科學意識的科學家，他在《夢溪筆談》卷二〇中記載了治平元年（1064）一次隕石墜落事件，從空中所見，到墜落過程，再到落地後的挖掘經過，都有生動詳細的描述，是隕石研究的寶貴資料。

要之流星、隕石本是一物，一以在天空中燃燒發光之象爲言，一以其落地後如石之實物而言。而單一個體爲流星，爲隕石，如一時成群出現，則稱流星雨、隕石雨。

流星中特別明亮的又稱爲火流星。造成流星現象的微粒和微小的固體塊被稱爲流星體。流星包括單個流星（偶發流星）、火流星和流星雨三種，比綠豆大一點的流星體進入大氣層就能形成肉眼可見亮度的流星。《楚辭·九辯》："願寄言夫流星兮，羌儵忽而難當。"《史記·樂書》："漢家常以正月上辛祠太一甘泉……常有流星經于祠壇上。"《漢書·天文志》："〔建始元年九月戊子〕有流星出文昌，色白，光燭地，長可四丈，大一圍，動搖如龍蛇行。有頃，長可五六丈，大四圍所，詘折委曲，貫紫宮西，在斗西北子亥間。後詘如環，北方不合，留一刻所。"《續漢書·天文志》："〔永元元年正月辛卯〕有流星起，參長四丈。"三國魏曹植《七啓》："華閣緣雲，飛陛陵虛，俯眺流星，仰觀八隅。"《舊唐書·天文志》："〔咸亨三年二月三日〕有流星如雷。"清雍正《山西通志》卷一六三："〔順治十一年正月〕太平、長治、陽曲見流星貫月。"近代小説中亦有有關流星知識的描寫。《海上塵天影》第二九回："知三道：'流星的説法，我中國以爲不祥，到底若何？'南公道：'……流星形如石屑，自然生成的，倘近地球，則被地球裏面的吸力吸下，在空中磨熱，發電焚燒，遂生光亮。'"

流星 [1]

星際間分布的細小物體落入地球大氣層，與大氣層摩擦而燃燒發光所形成的狀如飛行之星。此稱先秦時期已行用。《楚辭・九辯》："願寄言夫流星兮，羌儵忽而難當。"陳第音義："歲月急邃，譬若流星。"《晋書・天文志中》："星之體，有瑞星，有妖星，有客星，有流星。"又，"流星，天使也。自上而降曰流，自下而升曰飛，大者曰奔，奔亦流星也……聲隆隆者，怒之象也"。《宋史・欽宗紀》："丙辰，有二流星，一出張宿，入濁没，一出北河，入軫。"

【奔星】

即流星 [1]。亦稱"奔精"。此稱漢代已行用。《漢書・司馬相如傳上》："奔星更於閨闥，宛虹拖於楯軒。"顏師古注："奔星，流星也。"《晋書・天文志》："〔太元六年十月乙卯〕有奔星東南經翼軫，聲如雷。"《魏書・天象志》："〔永熙三年三月癸巳〕有奔星如三斛甕，起匏瓜，西流入市垣，有光燭地，迸流如珠，尾迹數丈，廣且三尺，凝著天，狀如蒼白雲，須臾屈曲蛇行。"《元史・順帝紀》："〔至元四年九月癸酉〕奔星如杯大，色白，起自右旗之下，西南行，没於近濁。"《文選・顏延之〈宋郊祀歌〉》："奔精昭夜，高燎煬晨。"李善注："奔精，星流也。

流星

《史記》曰：漢家常以正月上辛祠甘泉，昏時夜祠，到明而終。常有流星經於祠壇。"北齊顏之推《和陽納言聽鳴蟬篇》："劍影奔星落，馬色浮雲起。"《樂府詩集・郊廟歌辭四・隋圜丘歌昭夏》："奔精驅，長離耀。"

【奔精】

即奔星。精，指星。此稱漢代已行用。見該文。

【石星】

即流星 [1]。流星隕落，多爲石質，故稱。此稱明代已行用。明高道素《上元賦》："絆千輪之冰月，散萬點之石星。"

火流星

亦稱"流火星"。流星中形體較大而又特別明亮者，被稱爲火流星。此稱漢代已行用。《前漢紀》卷一："〔漢高祖三年十有二月〕枉矢西流，如火流星蛇行，若有首尾，廣長如一匹布著天，枉矢星墜至地即石也。"明天啓《淮安府志》卷二五："〔萬曆十年三月〕有流火星，光芒燭地，自西亘東南。"

【流火星】 [1]

即火流星。此稱明代已行用。見該文。

大流星

亦稱"大星流"。人們視覺中形體、亮度都較大的流星。此稱漢代已行用。《續漢書・天文志》："〔建武十年十二月己亥〕大流星如缶，出柳，西南行入軫，且滅時分爲十餘，如遺火狀，須臾有聲，隱隱如雷。"《續漢書・天文志》注引晋崔豹《古今注》："〔建武十二年十月丁卯〕大星流有光發東井，西行，聲隆隆。"《魏書・天象志》："〔景明元年四月壬辰〕有大流星起軒轅左角，東南流，色黃赤，破爲三段，狀如連珠，相隨至翼。"《隋書·天文志》："〔大業十二年八月癸丑〕大流星如甕，出羽林。"《舊五代史·天文志》："〔顯德元年三月〕高平之役，戰之前夕，有大流星如日，流行數丈，墜於賊營之所。"

【大星流】

即大流星。此稱晋代已行用。見該文。

飛星

人們視覺中形體、亮度、速度都較大的流星。流星進入大氣層的速度極快，介於 11 千米/秒到 72 千米/秒之間，人們視覺中的流星如飛，故稱。此稱漢代已行用。《漢書·天文志》："〔陽朔四年閏月庚午〕飛星大如缶，出西南，入斗下。"《南齊書·天文志》："〔建元元年十月癸酉〕有流星大如三升堰，色白，尾長五丈，從南河東北二尺出，北行歷輿鬼西過，未至軒轅後星而沒，沒後餘中央，曲如車輪，俄頃化為白雲，久乃滅。流星自下而升名曰飛星。"《宋史·天文志》："〔隆興元年十一月丁未〕飛星出天船，急流向紫微垣外坐内厨西北沒，炸出二小星，青白色，有尾迹，照地，大如木星。"《明神宗實錄》卷二六九："〔萬曆二十二年正月戊戌〕保定青山口飛星甚大，餘光若彗，長二十餘丈。"元薩都刺《坐清風樓》詩："歸鳥如雲飛，飛星拂瓦流。"按，流星、飛星，析言有別，渾言則不分。據《晋書·天文志》曰："流星，自上而降曰流，自下而升曰飛。"

大飛星

人們視覺中形體、亮度、速度都較大的飛星。此稱明代已行用。《明史·天文志》："保定青山口有大飛星，餘光若彗，長二十餘丈。"參見本卷《流彗隕石説·流星考》"飛星"文。

大奔星

亦稱"奔"。人們視覺中形體、亮度、速度都較大的流星。此稱南北朝時期已行用。《晋書·天文志中》："流星，天使也。自上而降曰流，自下而升曰飛，大者曰奔，奔亦流星也。"《魏書·天象志》："〔延昌三年閏月〕有大犇星起七星，南流，色正赤，光明燭地，尾長丈餘，歷南河，至東井。"參見本卷《流彗隕石説·流星考》"奔星"文。

【奔】

即大犇星。此稱晋代已行用。參見本卷《流彗隕石説·流星考》"流星 [1]"文。

枉矢星

亦稱"枉矢"。枉矢，不直之箭。枉矢星就是火流星，枉矢出現被古人認作是昭示動亂。此稱漢代已行用。《史記·天官書》："枉矢，類大流星，蛇行而倉黑，望之如有毛羽焉。"《書·帝命驗》："天鼓動，玉弩發，驚天下。"漢鄭玄注："秦野有枉矢星，形如弩。其星西流，天下見之而驚呼。"《史記·天官書》："〔秦二世三年十一月〕項羽救鉅鹿，枉矢西流。"《漢書·翟方進傳》："〔綏和元年正月〕枉矢從東南入北斗攝提與北斗杓，建寅貫攝提中是也。"《前漢紀》卷一："〔漢高祖三年十有二月〕枉矢西流，如火流星蛇行，若有首尾，廣長如一匹布著天，枉矢星墜至地即石也。"清康熙《餘干縣志》卷三："〔至正二十三年二月〕星隕康郎湖中，曳焰曲折。袁準曰：此枉矢星也。"

【枉矢】

即枉矢星。此稱漢代已行用。見該文。

玉弩

亦稱"矢星""星箭""天矢星"。連發驚天光芒的流星。故人認作災禍之徵。因其連發似弩，故稱。此稱南北朝時期已行用。南朝梁簡文帝《述羈賦》："逢玉弩之相驚，頓天羅於八表。"南朝陳徐陵《梁禪陳璽書》："且自攝提無紀，孟陬殄滅，枉矢宵飛，天弧曉映久矣。"南朝陳江總《梁故度支尚書陸君誄》："金城失險，玉弩流災。"隋薛道衡《隋高祖頌序》："玉弩驚天，金鋌照野。"唐李世民《秋日即目》詩："落野飛星箭，弦虛半月弓。"清光緒《松江府續志》卷三九："天矢星見於西北，五夜而滅。"

【矢星】

即玉弩。此稱南北朝時期已行用。見該文。

【星箭】

即玉弩。此稱唐代已行用。見該文。

【天矢星】[1]

即玉弩。此稱清代已行用。見該文。

箭矢狀流星

此稱清代已行用。清光緒《嶧縣志》卷八："〔咸豐八年七月十五〕夜，星流如矢，由西北而東南，數以千計，自戌至丑乃息。"清光緒《平定州志》卷五："〔咸豐九年七月十五日〕夜，星隕如箭。"

天狼[2]

此處指一種大而亮的、古人認爲是一種兆示禍灾的流星。此稱清代已行用。清乾隆《福寧府志》卷四三："〔嘉靖三十八年四月己未〕流星如瓜，從東南墜西北，其焰竟天，識者知爲天狼、旄頭。"

旄頭星[1]

此處指一種大而亮的、古人認爲是一種兆示禍灾的流星。此稱清代已行用。清乾隆《福寧府志》卷四三："〔嘉靖三十八年四月己未〕流星如瓜，從東南墜西北，其焰竟天，識者知爲天狼、旄頭。"

天狗[3]

響聲如雷，形狀有些像狗的流星，是一種大流星。此稱漢代已行用。《史記·天官書》："天狗，狀如大奔星，有聲，其下止地，類狗。所墮及，望之如火光炎炎衝天。其下圓如數頃田處，上兌者則有黃色，千里破軍殺將。"裴駰集解引孟康曰："星有尾，旁有短彗，下有如狗形者，亦太白之精。"《前漢紀》卷八："〔文帝後元二年八月庚午〕有天狗下梁野，天狗如大流星，有聲，在其地類狗，光炎如火，照數頃地。"《漢書·天文志》："〔建平元年正月丁未〕日出時，有著天白氣，廣如一匹布，長十餘丈，西南行，讙如雷，西南行一刻而止，名曰天狗。"《太平御覽》卷七引《漢書》："獻帝初平四年，有流星八九丈，西北行，有聲如雷，望如火照地，是曰天狗。"《後漢書·獻帝紀》："〔四年〕六月辛丑，天狗西北行。"李賢注引《前書音義》曰："有聲爲天狗，無聲爲枉矢。"《隋書·長孫晟傳》："晟遣降虜覘候雍閭，知其牙內屢有災變，夜見赤虹，光照數百里，天狗隕，雨血三日，流星墜其營內，有聲如雷。"

長星[1]

形體比較長大的星，此處指流星。此稱漢代已行用。《漢書·文帝紀》："八年夏……有長星出於東方。"顏師古注引文穎曰："長星光芒有一直指，或竟天，或十丈。"《魏書·天象志》："〔太安三年十一月〕長星出於奎，色白，蛇行，有尾迹，既滅，變爲白雲。"清乾隆《郴州縣志》卷二九："〔康熙九年〕長星見西方，倏變草篆一行，西墜。"

天鼓 [2]

指一種伴有響聲如雷，古人以之爲天鼓鳴的流星。此稱先秦時期已行用。《開元占經·流星占一·流星名狀一》引先秦《海中占》："流星有聲如雷，其音止地，野雞盡晌，名曰天鼓。"《震澤長語》卷上："〔成化二十三年正月朔〕申時，中天有白如練，仰觀之，宛轉如一白蛇，漸升漸消，消且盡，忽有聲如雷，蓋天鼓也。"《明孝宗實錄》卷一七七："〔弘治十四年閏七月辛巳〕山東壽光縣有星大如輪，紅光燭天，從東南隕於西北，天鼓鳴。"《明史·天文志》："山東有星大如車輪，赤光燭天，自東南往西北隕於壽光，天鼓鳴。"

天銃

亦稱"天炮"。指一種伴有響聲如雷，古人以之爲如銃炮響鳴的流星。銃，指響聲如槍炮一類的火器。此稱清代已行用。清順治《華亭縣志》："五更，天震一聲如銃，火光迸裂。"清乾隆《和平縣志》卷二："〔順治元年七月〕有大星墜，聲響如雷，時人謂之天銃。"清康熙《漳州府志》卷三三："〔順治十六年十月十日〕申刻，天炮大鳴，旋有大星如火，隕於寧洋邑西南。"清康熙《清水縣志》卷一〇："〔康熙十年十一月〕晝，有星隕於西北，空中有聲如砲。"清乾隆《石屏州志》卷一："〔康熙三十四年正月二十二日〕黎明，空中響似炮，形如火，飛光閃爍，自東而西，起落若不出境外，鄰郡邑皆見。"清光緒《增修渠縣志》卷一四："〔乾隆三十五年秋〕夜，天炮響，有綠光火藥氣，百鳥皆鳴。"民國《寧洋縣志》卷一二："〔咸

豐九年七月初七〕申刻，有天炮鳴，由西而東，又有青光一道。"

【天炮】

即天銃。此稱清代已行用。見該文。

天鳴

指一種伴有響聲如雷，古人以之爲天宇響鳴的流星。此稱明代已行用。《明武宗實錄》卷七五："〔正德六年五月庚戌朔〕山東泰安州有星流空中，天鳴如雷。"明談遷《國榷》卷四八："〔正德七年六月壬子〕大星隕漢中，隨天鳴。"

大滑

流星之一種。此稱晉代已行用。《晉書·天文志中》："飛星大如缶若甕，其後晈然白，長數丈，星滅後，白者化爲雲流下，名曰大滑，所下有流血積骨。"

天刑

亦稱"天飾"。流星之一種。此稱隋代已行用。《隋書·天文志中》："有飛星大如缶若甕，後晈白，縵縵然長可十餘丈而委曲，名曰天刑，一曰天飾。將軍均封疆。"《宋史·天文志五》："飛星化而爲天刑則祥。"

【天飾】

即天刑。此稱隋代已行用。見該文。

天使

流星之异名。亦爲流星之一種。古人認爲流星爲天帝之使者，故稱。此稱晉代已行用。《晉書·天文志中》："流星，天使也。……星大者使大，星小者使小。"《宋史·天文志五》："流星有八，曰天使，曰天暉，曰天雁，曰天保，曰地雁，曰梁星，曰天狗。流星之爲天使者，有祥有妖。"

天保

流星之一種。主吉。此稱晉代已行用。《晉書・天文志中》："流星之類，有音如炬火下地，野雉鳴，天保也；所墜國安，有喜。"《宋史・天文志五》："流星有八，曰天使、曰天暉，曰天雁，曰天保……夜隕而爲天保，則祥。"

天暉

流星之一種。流星墜而發光暉，故稱。此稱宋代已行用。《宋史・天文志五》："流星有八，曰天使，曰天暉……"

地雁

流星之一種。此稱漢代已行用。《晉書・天文志中》："流星之類……若小流星，色青赤，名曰地雁，其所墜者起兵。流星有光青赤，長二三丈，名曰天雁，軍中之精華也。"《宋史・天文志五》："流星有八，曰天使，曰天暉，曰天雁，曰天保，曰地雁，曰梁星，曰營頭，曰天狗。"明王志堅《表異録・象緯》："流星色赤，名曰地雁，其所墜者起兵。"一説地雁又名"天雁"。《書・考靈曜》："流星名地雁，墜處兵起，又曰天雁。"

天雁

流星之一種。此稱漢代已行用。參見本卷《流彗隕石説・流星考》"地雁"文。

彴約

亦作"彴約"，省稱"彴""彴"。指流星。此稱秦漢時期已行用。《爾雅・釋天》："奔星爲彴約。"邢昺疏："奔星即流星也。一名彴約。"《玉篇・人部》引《爾雅》作"彴約"，并曰："即流星也。"《説文・人部》："彴，約也。"段玉裁注："疊韵爲訓。《釋天》曰：'奔星爲彴約'。舊作'彴約'。《佩觿辨證》曰，字從人，

不從彳。或云許本作'彴約也'，三字爲句。"《集韵・藥韵》："彴，流星名。"宋魏了翁《許侍郎奕生日》："更山連睥睨，長蛇隱霧，紅移彴約，睢蜺橫空。"

【彴約】

同"彴約"。此體南北朝時期已行用。見該文。

【彴】

"彴約"之省稱。此稱宋代已行用。見該文。

【彴】

即彴約。此稱漢代已行用。見該文。

降石

流星之一種。此稱隋代已行用。《隋書・天文志五》："有飛星大如缶若甕，後皎然白，前卑後高。搖頭，乍上乍下，此謂降石，所下民食不足。"《宋史・天文志五》："飛星化而爲天刑則祥；爲降石，爲頓頑，爲解銜，爲大滑，則爲妖。"

梁星 [2]

流星之一種。此稱宋代已行用。《宋史・天文志五》："流星有八……曰梁星，曰營頭，曰天狗……若夜隕而爲地雁、梁星，晝隕而爲營頭，則妖。"

頓頑 [2]

流星之一種。此稱晉代已行用。《晉書・天文志中》："飛星大如缶若甕，後皎然白，前卑後高，此謂頓頑，其所從者多死亡。"

浩滑

流星之一種。此稱漢代已行用。《開元占經・流星占一・流星名狀一》引漢劉叡《荆州占》："長數丈，其星滅，化爲雲，周流天下，名曰浩滑。"

浩亢

流星之一種。此稱漢代已行用。《開元占經·流星占一·流星名狀一》引漢劉叡《荊州占》：“如缶若甕，其後皎然白，前卑後高，名曰浩亢。”

否顛

流星之一種。此稱先秦時期已行用。《開元占經·流星占一·流星名狀一》引先秦《海中占》：“名曰否顛，見則其國必有大戰。”

隕石雨

大量隕星碎塊隕落密集如雨之現象。此稱漢代已行用。《史記·天官書》：“宋襄公時星隕如雨。”

解銜

流星之一種。此稱晉代已行用。《晉書·天文志中》：“飛星大如缶若甕，後皎然白，星滅後，白者曲環如車輪，此謂解銜，其國人相斬爲爵禄。”

營頭

亦稱“營首”。流星之一種。此稱漢代已行用。《後漢書·天文志上》：“晝有雲氣如壞山，墮軍上，軍人皆厭，所謂營頭之星也。占曰：營頭之所墮，其下覆軍，流血三千里。”《晉書·天文志下》：“有星晝隕中天北下，光變白，有聲如雷。案占，名曰營首。營首所在，下有大兵，流血。”又《天文志中》：“營頭，有雲如壞山墮，所謂營頭之星……亦曰流星晝隕，名營頭。”《新唐書·天文志二》：“孫儒攻楊行密於宣州，有黑雲如山，漸下，墜於儒營上，狀如破屋，占曰：‘營頭星也。’”宋薛季宣《八陣圖贊》：“營頭下墜，蒼蒼叵測。心服奇才，漢興勍敵。”

【營首】

即營頭。此稱晉代已行用。見該文。

火星 [3]

省稱“火”。流星的一種。處於天空而形如火焰的星，故稱。此稱唐代已行用。唐陳羽《長安臥病秋夜言懷》詩：“紫陌夜深槐露滴，碧空雲盡火星流。”明沈德符《萬曆野獲編·機祥·赤眚黑眚》：“正德八年二月，有二火星隕於浙江之常山縣官舍中，大如鵝卵。”《明神宗實録》卷二七八：〔萬曆二十二年十月壬戌〕是夜，馬城堡火星如斗，落地，天鼓鳴。”《明世宗實録》卷二七三：〔嘉靖二十二年四月丁亥〕有火星如斗墜地。”《明孝宗實録》卷二八：“〔弘治二年七月戊辰〕遼東都司，夜，有火星光如電，起東北，墜西北，有聲如雷。”《明武宗實録》卷五三：“〔正德四年八月丙戌〕夜，火星見山東益都、臨淄、樂安等縣，紅光如虹，起西南向東北而散。又天鼓鳴，自西北往東南，聲如雷。”《明神宗實録》卷二四二：“〔萬曆十九年十一月丁丑〕夜，火星隕於永昌古城堡。”明末查繼左《罪惟録》卷一：“〔正德六年八月六日〕臨江府見火星交流。”《明史·五行志》：“〔弘治十六年三月庚午〕遼寧鐵嶺衛墜火如斗。”《明史·五行志》：“夜，太原有火如斗大，墜寧化王殿前。”清康熙《盛京通志》卷七：“〔嘉靖六年春〕開原空中有火，大如車輪。”嘉慶《松江府志》卷八〇：“〔萬曆二十年六月〕有火流於西北，有聲。”

【火】 [4]

“火星”之省稱。此稱明代已行用。見該文。

【流火】

即火星。因爲能快速流動而形如火焰，故

稱。此稱清代已行用。清康熙《儀真縣志》卷
一八：“〔嘉靖五年五月〕有流火自東北向南，
光若迅電。”

【流火星】[2]

即火星。此稱明代已行用。天啓《淮安府
志》卷二五：“〔萬曆十年三月〕有流火星，光
芒燭地，自西亘東南。”

【天火】

即火星。因爲處於天空流動而形如火焰，
故稱。此稱明代已行用。明嘉靖《太原縣志》
卷三：“〔嘉靖三十二年九月二十七日〕夜，東
北有天火一塊，墜地，照耀如白日，須臾而
滅。”清康熙《太平府志》卷三：“〔正德四年
八月內〕晚，有天火一塊，自西北東流，忽散
作三段，天鼓隨之。”清康熙《儀真縣志》卷
一八：“〔嘉靖十一年秋〕有天火大如斗，墜於
城南，燔民居及柴舟，大風吹舟帶火過河，兩
岸燔數十百家。”清光緒《貴縣志》卷六：“〔咸
豐四年六月初十〕午，天火紛紛墮衢，至地無
迹。”

大火星

形體較大，明亮度較高的火星。此稱清代
已行用。清光緒《光化縣志》卷八：“〔同治
十一年初三、四、五〕戌刻，大火星自東而西，
墜地有聲。”

大火塊狀流星

亦稱“火塊狀流星”“光塊狀流星”。形體
塊頭較大，明亮度較高的流星。此稱清代已行
用。清康熙《天台縣志》卷一五：“〔崇禎十六
年七月初三〕夜，大火塊大如車輪，自東角屋
上流入西門，餘光如錢，長數丈，經時方滅。”
清乾隆《蕭州新志》：“〔嘉靖九年十月〕夜，空

中有火塊，大如車輪，落城中不見。”清孫之騄
《二申野錄》卷五：“〔萬曆二十八年正月十八〕
卯時，天陰黑如夜，迅雷怪鳴二次，西北方天
落火塊，形如碌軸，三尺餘，光照四方，又兩
時分，墜地。”清光緒《黃梅縣志》卷三七：
“〔同治八年十月〕天見光塊，自北而南，聲光
赫然。”

【火塊狀流星】

即大火塊狀流星。此稱清代已行用。見
該文。

【光塊狀流星】

即大火塊狀流星。此稱清代已行用。見
該文。

芒星

群出而發射出光芒的流星。此稱清代已行
用。清康熙《詔安縣志》卷二：“〔崇禎十四年
冬〕有芒星數十，擁一大星，自東行墜於西，
有聲震響如雷。”

飛火

飛奔的如同火焰的流星。此稱清代已行用。
清道光《江油縣志》卷四：“〔嘉慶四年六月
二十三日〕有飛火大如席，自西而東，照地如
月，草木畢見。”

猛火狀流星

光焰如烈火狀的流星。此稱清代已行用。
清乾隆《海鹽縣圖經》卷一六：“〔至正二十年
九月晦〕初曉，西南天裂數十百丈，光焰如猛
火，照徹原野，一時村犬吠，宿鳥飛鳴，裂處
蠕動，中復大明，若金融於冶，少時合。”

弧光形流星

光亮有些像圓弧形狀的流星。此稱清代已
行用。清康熙《瓊山縣志》卷一二：“〔康熙

十六年九月十九日〕初昏，弧光團圓如升，橫飛過天。"

炬彗

炬，點燃的火把，火炬。古人指那種有火炬般尾巴的流星。此稱宋代已行用。《宋史·天文志十》："〔景德三年七月庚申〕有星出靈臺，有炬彗，聲如雷，至南北没，赤光照地。"

炬火狀流星

亦稱"炬狀流星"。點燃的火把狀流星。此稱唐代已行用。《新唐書·天文志二十二》："〔會昌四年八月丙午〕有大星如炬火，光燭天地，自奎婁塌西方七宿而隕。"《文獻通考》卷二九一、《續通志》卷一七一同。《新唐書·天文志》："〔乾符三年〕晝，有星如炬火，大如五斗器，出東北，徐行，隕於西北。"清康熙《睢寧縣志》卷九："〔康熙七年六月〕是月，星隕如炬，暗室皆明，同時天鼓鳴，有聲良久不止。"清康熙《長垣縣志》卷九："〔康熙七年七月〕有星隕如炬。"清咸豐《大名府志》卷四："長垣星隕，光如炬，聲如雷，自申至戌始滅。"

【炬狀流星】

即炬火狀流星。此稱清代已行用。見該文。

妖星[2]

亦稱"白祥""鼓妖""祲"。古人以之指那種形狀怪异，會給人們帶來灾禍的流星。此稱唐代已行用。《舊唐書·懿宗紀》："〔咸通九年十一月丁酉〕戌時，妖星初出，如匹練亘空，化爲雲，没在楚分。"《新唐書·天文志二》："〔廣德二年六月丁卯〕有妖星隕於汾州。"清道光《南宫縣志》卷七："〔雍正十年閏五月二十七日〕夜，東北白氣一道，南行有聲，蓋白祥也，亦鼓妖也。"清同治《武岡縣志》卷

三二："〔同治九年四月十四日〕夜半，天光如晝，有祲降天，如虹數仞，飛過有聲如怒濤。"

【白祥】

即妖星。此稱清代已行用。見該文。

【鼓妖】

即妖星。此稱清代已行用。見該文。

【祲】

即妖星。此稱清代已行用。見該文。

【怪星】

即妖星。亦稱"异星"。指那種形狀怪异，會給人們帶來灾禍的流星。此稱清代已行用。清乾隆《崇明縣志》卷一三："〔順治十六年三月二十六日〕夜，有怪星，頭紅身白，自西北流於東南。"清光緒《雲南通志》卷四："〔咸豐六年七月〕富民有異星，自東流西，色暗綠，映地閃爍有光。"清孟錦城《東甌軼事隨筆》卷下："〔道光十九年六月十九日〕夜，異星見，星巨如燈，傍有蒼雲二片，如門開闔，移時，西流而滅。"

【异星】[2]

見怪星。此稱清代已行用。見該文。

賊星[1]

流星在閃爍的繁星中間常常劃過一道白光，稍現即逝，我國民間稱之爲"賊星"。此稱先秦時期已行用。《吕氏春秋·明理》："有天干，有賊星，有斗星，有賓星。"唐張碧《鴻溝》詩："須臾垓下賊星起，歌聲繚繞淒人耳。"清李寶嘉《南亭筆記》卷七："當官至極品，以武員受文封，但現行部位，賊星顯露，宜先入緑林以待時機。"

落將星

古人以之指那種會兆示將帥死亡的流

星。此稱清代已行用。清光緒《廬江縣志》卷一六："〔道光二十二年四月〕戌刻，天鼓鳴，落將星。"《三國演義》第一〇四回：司馬懿夜觀天文，見一大星，赤色，光芒有角，自東北方流於西南方，墜於蜀營內，三投再起，隱隱有聲。司馬懿驚喜曰："孔明死矣！"描述的即落將星。

血光星

古人以之指那種會給人們帶來血光之災的流星。此稱清代已行用。清孫之騄《二申野錄》卷六："〔萬曆四十七年七月乙酉〕戌時，有血光星，長數十寸，照地如晝，自淮南流入西北墜地。"

火麒麟

古人以之指那種紅色而有些像麒麟形狀的流星。此稱清代已行用。清道光《義寧州志》卷一："〔嘉靖三十六年六月〕一夕酉戌時，有赤光如火，自東南至西北而散，人皆驚異，謂之火麒麟云。"

紅焰火團

古人以之指那種像紅色火焰而聚集成團的流星。此稱明代已行用。《明世宗實錄》："〔正德十六年六月己丑〕貴州思州府見天上有紅焰火團，自南飛過北而去，天鼓鳴，良久方息。"

曳尾流星

亦稱"曳焰流星"。古人以之指那種拖曳着火焰般尾巴的流星。此稱明代已行用。《明太祖實錄》："〔洪武十年八月丁卯〕夜，有星赤白，曳尾而芒，自閣道經大將軍，至游氣没。"又洪武十二年："〔五月丙子〕初昏，有星赤而曳尾，自柳宿西行，至游氣中没"。又，"〔七月丙申〕夜，有星如鷄子，赤色，曳尾，起自王良，西北行，入紫微東上宰没"。清康熙《餘干縣志》卷三："〔至正二十三年二月〕星隕康郎湖中，曳焰曲折。袁準曰：此枉矢星也。"清光緒《湘潭縣志》卷九："〔順治五年五月二十九日〕申初刻，有星黃赤，圓如大匏，尾曳如繩，長約丈，曲折旋繞，自西南墜。"

【曳焰流星】

即曳尾流星。此稱清代已行用。見該文。

日狀流星

大小形狀有些像太陽的流星。此稱晋代已行用。《晋書・懷帝紀》："〔永嘉元年九月辛亥〕有大星如日，小者如斗，自西方流於東北，天盡赤，俄有聲如雷。"《明武宗實錄》："〔正德十五年四月丙戌〕陝西鞏昌府有星如日，色赤，自東北流西南而隕，天鼓鳴。"《明史・天文志》同。明隆慶《楚雄縣志》卷一："〔嘉靖九年九月晦日〕酉刻，郡有星大如日，自東流於西南。"明萬曆《嘉定縣志》卷一七："〔嘉靖三十三年四月二十三日〕夜漏二鼓，有如日西出，高丈餘，有頃方墜。"

月狀流星

大小形狀有些像月亮的流星。此稱南北朝時期已行用。《南齊書・天文志》："〔建元三年十月丙午〕有流星大如月，赤白色，尾長七丈，西北行入紫宮中，光照墻垣。"《新唐書・天文志》："〔天復三年二月〕帝至自鳳翔，其明日，有大星如月，自東濁際西流，有聲如雷，尾迹橫貫中天，三夕乃滅。"元至正《金陵新志》卷三："〔大觀四年〕有星如月，徐徐南行而落，光照人物，與月無異。"民國《建陽縣志》卷二："〔乾隆五十年四月初三〕夜，有飛星，狀如月，自南而北，所過處盡見紅光。"

斗星狀流星

亦稱七星狀流星。大小形狀光亮度有些像北斗七星的流星。此稱晋代已行用。《晋書·懷帝紀》：〔永嘉元年九月辛亥〕有大星如日，小者如斗，自西方流於東北，天盡赤，俄有聲如雷。"《新唐書·天文志二》："〔長慶元年〕閏十月丙申，有流星大如斗，抵中台上星。"《明孝宗實録》："〔弘治十一年十月壬申〕是日曉刻，東方流星大如盤，色赤，起東北，行丈餘，發光如斗，燭地，東南行，小星數十隨之。"清康熙《濟南府志》卷一○："〔康熙十一年正月二十一日〕戌時，星大如斗，其赤如日，自西而東，散作七星，光芒燭天。"清康熙《單縣志》卷一："戌時，有星大如斗，赤如日，自西而南，散作七星，光耀燭天。"

【七星狀流星】

即斗星狀流星。此稱清代已行用。見該文。

太白狀流星

亦稱"金星狀流星"。大小形狀和光亮有些像太白金星的流星。此稱宋代已行用。《宋史·天文志四》："〔慶曆元年九月戊辰〕星出壁壘陣，如太白，赤黃，有尾迹，西南入濁，明燭地"。又，"〔慶曆二年四月丙申〕星出貫索，如太白，赤黃色，西北速行，没於中台側，明燭地"。又，"〔慶曆二年九月辛亥〕星出天船，如太白，東行入濁，青白色，有尾迹"。《宋史·天文志四》："〔崇寧元年十二月己卯〕星出婁，如金星，西南慢流，至外屏没，赤黃，有尾迹，明燭地。"《宋史·天文志十一》："〔崇寧二年正月戊申〕星出未位，如金星，急流至北河没，青白，有尾迹，明燭地。"《宋史·天文志十一》："〔崇寧二年正月戊午〕星出亢，如金

星，西南急流，入濁没，赤黃，有尾迹，明燭地。"

【金星狀流星】

即太白狀流星。此稱宋代已行用。見該文。

歲星狀流星

亦稱"木星狀流星"。大小形狀和光亮有些像木星的流星。此稱宋代已行用。《宋史·天文志十一》："〔熙寧元年六月戊午〕星出閣道北，如歲星，東北緩行入濁没，青白。"又，"〔熙寧元年七月乙亥〕星出虛南，如歲星，西急行至天市垣西牆没，赤黃色，有尾迹"。又，"〔熙寧元年七月丙戌〕星出天大將軍北如歲星，東北慢行，入濁没，青白"。《宋史·天文志十一》："〔隆興元年十一月庚寅〕星出軫宿，急流向東南騎官星没，赤黃色，有尾迹，大如木星。"又，"〔隆興元年十一月丁未〕飛星出天船，急流向紫微垣外坐內廚西北没，炸出二小星，青白色，有尾迹，照地，大如木星"。

【木星狀流星】

即歲星狀流星。此稱宋代已行用。見該文。

填星狀流星

大小形狀和光亮有些像土星的流星。此稱宋代已行用。《宋史·天文志十三》："〔隆興元年七月丙午〕又出天市垣，慢流至氐宿没，青白色，微有尾迹，小如填星。"又，"〔隆興元年七月丙辰〕星出輦道，急流入天棓西南没，赤黃色，有尾迹，小如土星"。又，"〔隆興元年八月戊子〕星出羽林軍門東南，慢流至濁没，青白色，有尾迹，大如土星。又星一，青白色，出天倉，向東南急流，有尾迹，小如木星，至濁没"。又，"〔隆興二年六月己卯〕飛星出造父，急流入紫微垣內鈎陳大星東南没，青白色，

大如填星"。又,"〔隆興二年十月丙辰〕星出趙
國,向西南慢流,犯趙東星没,有尾迹,大如
填星,赤黄色"。

【土星狀流星】

即填星狀流星。此稱宋代已行用。見該文。

熒惑狀流星

大小形狀和光亮有些像火星的流星。此稱
宋代已行用。《宋史・天文志十三》:"〔景定三
年六月己酉〕星出,大如熒惑。"

大星狀流星

人們視覺中形體、亮度都相對較大的流星。
此稱唐代已行用。《舊唐書・天文志下》:"〔長
慶四年七月丁卯〕夜,有大星出於天船,流
犯斗魁樞第一星,西南滅。"明談遷《國榷》:
"〔永樂六年七月庚午〕夜,大星出天苑,行入
近濁,三小星隨之。"《國榷》:"〔永樂七年六
月丁未〕夜,大星光燭地,出鼈星,南行至近
濁。"《國榷》:"〔永樂八年七月辛卯〕夜,大星
出北落師門,行至近濁。"

小星狀流星

人們視覺中形體、亮度都相對較小的流星。
此稱明代已行用。《明英宗實錄》:"〔景泰三年
八月丁丑〕夜,有流星大如彈,色赤有光,出
紫微西藩,東北行至北斗魁,二小星隨之。"
《國榷》:"〔永樂六年七月庚午〕夜,大星出天
苑,行入近濁,三小星隨之。"

有硫磺氣味流星

含有硫磺氣味的流星,或與流星中含有某
些硫磺成分有關。此稱清代已行用。清嘉慶
《山陽縣志》卷一一:"〔乾隆三十五年十一月
二十六日〕初更,有斗大火珠,自東而西,烈
烈有聲,烏鵲飛鳴,入鼻中有硫磺之氣。"

有火藥氣味流星

含有火藥氣味的流星,或與流星中含有某
些火藥氣味的成分有關。此稱清代已行用。清
光緒《增修渠縣志》卷一四:"〔乾隆三十五年
秋〕夜,天炮響,有綠光火藥氣,百鳥皆鳴。"

色如鶴練狀流星

顏色有些像潔白的紡織物一樣的流星。鶴
練,柔軟潔白的織物。此稱唐代已行用。《新唐
書・天文志》:"〔乾寧三年六月〕有星大如椀,
起西南墜於東北,色如鶴練,聲如群鴨飛。"

赤星 [4]

亦稱"赤色流星"。赤紅顏色的流星。此
稱明代已行用。《元史・天文志》:"〔至正十九
年正月癸丑〕流星如酒杯大,色赤,尾迹約長
五尺餘,起自南河,没於騰蛇,其星將没,迸
散隨落處有聲如雷。"《明太祖實錄》:"〔洪武
十二年七月丙申〕夜,有星如鶏子,赤色,曳
尾,起自王良,西北行,入紫微東上宰没。"
又,"〔七月丙午〕黎明,有星赤色,曳尾,起
自土司空,東南行,至鈇鑕没"。又,"〔十一月
乙未〕夜,有大星而赤色,起自天苑,西北行,
至外屏没"。《明太祖實錄》:"〔洪武十五年九
月己巳〕夜,有大星,赤色,有光,起自井宿
天樽,東行一丈餘没。"明談遷《國榷》:"〔正
德元年六月丙寅〕戌刻,沂州有赤星如斗,流
西北,後小星一隨之。"清順治《絳縣志》卷
上:"〔萬曆二十四年六月二十日〕夜,赤星如
斗,自西南飛流東北。"民國《安邱縣志》卷
一:"〔乾隆三十七年二月四日〕天鼓鳴,有赤
星大如盞,自西北流東南,光明如晝。"《清世
祖實錄》:"〔順治五年十二月癸巳〕卯刻,有流
星大如彈丸,赤色,起自中天,西北行至近濁,

入天廩。"

【赤色流星】

即赤星。此稱元代已行用。見該文。

大赤星 [2]

赤紅顏色的大流星。此稱明代已行用。明談遷《國榷》卷六:"夜,有大赤星,自王良行入紫微上宰没。"清道光《通江縣志》卷一二:"〔道光二十六年七月十三日〕巳時,天無雲而雷,西南方降一大赤星。"

絳色流星

大紅顏色的流星。絳,大紅色,深紅色。此稱南北朝時期已行用。《南齊書·天文志》:"〔永元三年〕夜,天開黃色明照,須臾有物絳色如小甕,漸漸大如倉廩,聲隆隆如雷,墜太湖中,野雉皆雊。"

赤炬狀流星

紅顏色火把狀的流星。此稱清代已行用。清同治《江夏縣志》卷八:"〔洪武十八年七月十四日〕夜,流星如甕,白色,少頃,大如屋,赤如炬,尾有芒角,有聲,没於西方。"

紅光狀流星

亦稱"赤光狀流星""赤火狀流星"。發出紅色光亮的流星。此稱明代已行用。《明武宗實錄》:"〔正德元年十二月庚午〕陝西鞏昌府有流星紅光如火,自東北往西南,聲響如雷,數小星隨之。"《明史·天文志》:"有星如椀,隕寧夏中衛,空中有紅光,大二畝。"《明武宗實錄》:"〔正德二年八月己亥〕夜,寧夏衛有大星自正南起,流往西南而墜,後有赤光一道,闊三尺,長五丈。"清康熙《冀縣志》卷一:"〔正德六年秋〕天北晝有星赤光長丈許,西流良久而没。"清道光《榮城縣志》卷一:"〔嘉慶六

年四月〕有星見於北方,色赤如火狀,西折如龍。"

【赤光狀流星】

即紅光狀流星。此稱明代已行用。見該文。

【赤火狀流星】

即紅光狀流星。此稱明代已行用。見該文。

綠焰狀流星

亦稱"綠光狀流星"。發出綠色光焰的流星。此稱明代已行用。《明史·天文志》:"〔正德六年八月癸卯〕有星形如箕,尾長四五丈,紅光燭天,自西北轉東南,三首一尾,墜四川崇寧衛,色化爲白,復起綠焰,高二丈餘,聲如雷震。"清光緒《增修渠縣志》卷一四:"〔乾隆三十五年秋〕夜,天炮響,有綠光火藥氣,百鳥皆鳴。"

【綠光狀流星】

即綠焰狀流星。此稱清代已行用。見該文。

青色流星

發出青色光亮的流星。此稱元代已行用。《元史·順帝紀》:"〔至正十七年閏九月癸卯〕有飛星如盂,青色,光燭地,尾約長丈餘,起自王良,没於勾陳。"

暗綠色流星

發出深綠色光亮的流星。暗綠色,深綠色。此稱清代已行用。清光緒《雲南通志》卷四:"〔咸豐六年七月〕富民有異星,自東流西,色暗綠,映地閃爍有光。"

白色流星

發出白色光亮的流星。此稱南北朝時期已行用。《南齊書·天文志》:"建元元年十月癸酉,有流星大如三升甌,色白,尾長五丈,從南河東北二尺出,北行歷輿鬼西過,未至軒轅後星

而没，没後餘中央，曲如車輪，俄頃化爲白雲，久乃滅。流星自下而升，名曰飛星。"清同治《江夏縣志》卷八："〔洪武十八年七月十四日〕夜，流星如甕，白色，少頃，大如屋，赤如炬，尾有芒角，有聲，没於西方。"

青赤色流星

發出青紅色光亮的流星。此稱晋代已行用。《晋書·天文志下》："永昌元年七月甲午，有流星大如甕，長百餘丈，青赤色，從西方來，尾分爲百餘歧，或散。"《明太祖實錄》："〔洪武元年六月壬戌〕夜，有流星大如鷄卵，青赤色，起自紫微西藩，北行，至雲中没。"《明太宗實錄》："〔建文四年十一月辛丑〕夜，有星如彈丸大，青赤色，出文昌西約丈餘，發光如盞大，光燭地，至紫微西藩外。"

蒼白色流星

亦稱"青白色流星"。發出青白色光亮的流星。蒼白，指白而微青的顏色。此稱南北朝時期已行用。《魏書·天象志》："〔永熙三年三月癸巳〕有奔星如三斛甕，起匏瓜，西流入市垣，有光燭地，迸流如珠，尾迹數丈，廣且三尺，凝著天，狀如蒼白雲，須臾屈曲蛇行。"《新唐書·天文志》："〔天祐二年三月乙丑〕夜中，有大星出中天，如五斗器，流至西北，去地十丈許而止，上有星芒，炎如火，赤而黄，長丈五許，而蛇行，小星皆動而東南，其隕如雨，少頃没，後有蒼白氣如竹叢，上衝天中，色薈薈，占曰：亦枉矢也。"《宋史·天文志》："〔崇寧二年十一月甲辰〕星出參，如金星，西南急流，至濁没，青白，有尾迹，明燭地。"《元史·順帝紀》："〔至正十六年十一月丁亥〕流星大如酒杯，色青白，尾迹約長五尺餘，光燭地，起自

西北，東南行，没於近濁，有聲如雷。"明談遷《國榷》："〔永樂六年九月甲寅〕夜，有星大如鷄子，青白色，光出入屏北，西北行，入騰蛇旁。"

【青白色流星】

即蒼白色流星。此稱宋代已行用。見該文。

赤黄色流星

亦稱"紅黄色流星"。發出紅黄色光亮的流星。此稱宋代已行用。《宋史·天文志十一》："〔熙寧元年九月丙申〕星出天津北，如歲星，西北急流，至女牀没，赤黄。"又，"〔崇寧二年十二月丁未〕星出大陵，如金星，至騰蛇没，赤黄，有尾迹，明燭地。"又，"〔崇寧三年六月丙午〕星出氐，如金星，東北慢流，入天市垣，赤黄，有尾迹，明燭地。"《明太祖實錄》："〔洪武三年五月辛亥〕夜，三鼓，有星大如盤，赤黄色，尾迹有光，起文昌，東行，至天船没。"清同治《綦江縣志》卷一〇："〔道光二十八年八月二十一日〕夜二更，西北天半劃然有聲，如葫蘆下垂，旋復變爲巨臼向上，大逾車輪，紅黄射目，一時許方没。"

【紅黄色流星】

即赤黄色流星。此稱清代已行用。見該文。

赤白色流星

發出紅白色光亮的流星。此稱明代已行用。《明太祖實錄》卷一一四："〔洪武十年八月丁卯〕夜，有星赤白，曳尾而芒，自閣道經大將軍，至游氣没。"

黄白色流星

發出黄白色光亮的流星。此稱南北朝時期已行用。《南齊書·天文志》："〔永明五年十二月甲子〕西北有流星大如鴨卵，黄白色，尾長

六尺，西南行一丈餘没。"

粉紫色流星

發出紫白色光亮的流星。此稱清代已行用。清孫之騄《二申野録》卷三："〔弘治戊午六月〕泰順縣左忽有物横空，狀如箕，尾如帚，色雜粉紫，長數丈，無首，吼若沈雷，從東北去。"

紅緑色流星

發出紅緑色光亮的流星。此稱清代已行用。清康熙《合浦縣志》："〔康熙十九年十一月二十九日〕夜，妖星頭紅尾緑，自南飛過西北，墜下，大響一聲，人皆聞之。"清乾隆《廉州府志》卷五："妖星見，紅首緑尾，自東南度西北，墜地有聲。"

緑赭色流星

發出緑褐色光亮的流星。赭，紅褐色。此稱清代已行用。清孫之騄《二申野録》卷四："〔嘉靖二十四年五月二十二日〕有星大如斗，首緑尾赭，自北流入南，熒然有聲。"

虹狀流星

亦稱"長虹狀流星"。形體、光亮如虹霓的流星。此稱清代已行用。清順治《臨潼縣志》："〔嘉靖三十五年十二月丙戌〕晨，有形如虹，聲如驚雷，移時乃止。"清康熙《福建通志》卷六三："有流星如虹，光芒亘天。"康熙《延平府志》卷二一："〔天啓六年八月二十日〕戌時，有流星如虹，光芒亘天，照墻壁紅如血色，起東南，飛入西北，落時隱隱有聲如雷。"清道光《涪州志》卷一二："〔道光六年二月二十八日〕涪州申時有光勢如長虹，具首尾，自西徂東，其行有聲，蜿蜒逶邐而去。"清黄芝《粤小記》卷四："〔嘉慶十九年七月〕亥時，天忽開朗，劃然而啓，燦若長虹，横於南北，長丈餘，

中有一大星，兩旁列小星數十，如貫珠然，大星投東而去，小星隨隱，衆目所睹。"

【長虹狀流星】

即虹狀流星。此稱清代已行用。見該文。

白雲狀流星

亦作"蒼白雲狀流星""紅雲狀流星""雲狀流星"。形體、光亮如白雲的流星。此稱南北朝時期已行用。《南齊書·天文志》："建元元年十月癸酉，有流星大如三升甌，色白，尾長五丈，從南河東北二尺出，北行歷輿鬼西過，未至軒轅後星而没，没後餘中央，曲如車輪，俄頃化爲白雲，久乃滅。流星自下而升，名曰飛星。"《魏書·天象志》："〔永熙三年三月癸巳〕有奔星如三斛甕，起匏瓜，西流入市垣，有光燭地，迸流如珠，尾迹數丈，廣且三尺，凝著天，狀如蒼白雲，須臾屈曲蛇行。"《明憲宗實録》："〔成化十三年十一月甲戌〕山西永和縣有紅雲狀如火，自東南隕於西北，繼自東北震聲如炮，鳥獸皆驚。"清張園真《烏青文獻》卷三："〔康熙九年十一月二十一日〕黄昏後，有星如雲，火焰衝天，推擁而下，其聲如雷。"

【蒼白雲狀流星】

即白雲狀流星。此稱南北朝時期已行用。見該文。

【紅雲狀流星】

即白雲狀流星。此稱明代已行用。見該文。

【雲狀流星】

即白雲狀流星。此稱清代已行用。見該文。

白氣狀流星

形體、光亮如白色氣體的流星。此稱明代已行用。《明憲宗實録》："〔成化二十一年正月甲申朔〕申刻，有火光自中天少西下墜，化白

氣，復曲折上騰，聲如雷，逾時，西方復有流
星大如碗，赤色，自中天西行至近濁，尾迹化
白氣，曲曲如蛇形，良久，正西轟轟如雷震地，
須臾止。"清康熙《魯山縣全志》卷八："〔康
熙七年七月十九日〕東南落火如斗，隆隆有聲，
見白氣如龍。"清乾隆《崖州志》卷九："〔順
治十六年四月朔〕夜半，白氣自海邊起，漫衍
蔽空，直抵於北，其光如，射入雲霄，聲震如
雷，頃之乃定。"

火樹銀花狀流星

謂流星散落，如同大放焰火般的燦爛。此
稱明代已行用。明錢希言《獪園》卷一五：
"〔萬曆庚戌七月初四〕夜更餘，蘇城內外咸見
有數大星經天，或從東亙西，或從南絡北，光
明如晝者。移時，爛如火樹銀花，久之乃滅。
乘涼人於光中無所不燭，細及豆花棚上絡緯、
蟋蟀，皆能見之。"

匹練狀流星

指像成匹的熟絹一般靚麗的流星。練，熟
絹。此稱唐代已行用。《舊唐書・懿宗紀》："〔咸
通九年十一月丁酉〕戌時，妖星初出，如匹練
亙空，化爲雲，沒在楚分。"

白練狀流星

指像潔白的熟絹一般的流星。練，熟絹。
此稱明代已行用。明王鏊《震澤長語》卷上：
"〔成化二十三年正月朔〕申時，中天有白氣如
練，仰觀之，宛轉如一白蛇，漸升漸消，消且
盡，忽有聲如雷，蓋天鼓也。"

匹帛狀流星

指像成匹的絹帛一般靚麗的流星。此稱清
代已行用。清康熙《海鹽縣志補遺》："〔順治三
年六月二十六日〕將暝，有星自北流西南，墜

地，白光亙天，如匹帛，數刻方滅。"

匹布狀流星

指像成匹的白布一般潔白的流星。此稱漢
代已行用。《漢書・天文志》："〔建平元年正月
丁未〕日出時，有著天白氣，廣如一匹布，長
十餘丈，西南行，讙如雷，西南行一刻而止，
名曰天狗。"《魏書・天象志》："〔永平元年十一
月丙子〕流星起羽林南，大如椀，色赤，有黑
雲東南引，如一匹布，橫北轢星。"

旌旗狀流星

指形狀像旌旗的流星。此稱唐代已行用。
《新唐書・天文志三》："〔咸通十三年春〕有
二星從天際而上，相從至中天，狀如旌旗，乃
隕。"

田畝狀流星

指形狀大小像田畝一樣廣大寬平的流星。
此稱明代已行用。明崇禎《內邱縣志》卷六：
"〔萬曆十八年三月〕夜，有星自天中而墜，光
大如畝。"

倉廩狀流星

指形狀大小像倉庫一樣廣寬的流星。此稱
南北朝時期已行用。《南齊書・天文志》："〔永
元三年〕夜，天開黃色明照，須臾有物絳色如
小甕，漸漸大如倉廩，聲隆隆如雷，墜太湖中，
野雉皆雊。"

房狀流星

亦稱"室狀流星"。指形狀大小像房屋一樣
廣寬的流星。此稱明代已行用。《明孝宗實錄》：
"〔弘治十一年正月癸亥〕陝西肅州有流星火如
房，響如雷，良久滅。"《明史・天文志三》：
"有流星隕於肅州，大如房，響如雷，良久滅。"
清同治《江夏縣志》卷八："〔洪武十八年七月

十四日〕夜，流星如甕，白色，少頃，大如屋，赤如炬，尾有芒角，有聲，沒於西方。"《明神宗實錄》卷二八九："〔萬曆二十四年九月癸巳〕永寧堡夜墜大星如房。"明談遷《國榷》卷四三："肅州流星大如室，聲如雷，良久滅。"

【室狀流星】

即房狀流星。此稱明代已行用。見該文。

首如懸帆狀流星

指頭部形狀大小像船上的風帆房屋一樣寬廣的流星。此稱清代已行用。清同治《當陽縣志》卷三："〔道光六年二月晦〕有物首如懸帆，光赤，尾長丈餘，自東而西，旋沒。"

大船狀流星

指形狀大小像大船一樣寬闊的流星。此稱南北朝時期已行用。《魏書·天象志》："流星首如甕，長二十餘丈，大如數十斛船，色正赤，光燭人面，自天船及河，抵奎大星，及於壁。"清光緒《姚州志》卷三二："咸豐六年四月初七〕有星如船，光芒丈餘，自東而西，落地有聲。"

竹叢狀流星

指形狀大小像成叢的竹林一樣的流星。此稱唐代已行用。《新唐書·天文志三》："〔天祐二年三月乙丑〕夜中，有大星出中天，如五斗器，流至西北，去地十丈許而止，上有星芒，炎如火，赤而黃，長丈五許，而蛇行，小星皆動而東南，其隕如雨，少頃沒，後有蒼白氣如竹叢，上衝天中，色瞢瞢，占曰：亦枉矢也。"

捲蓬狀流星

指像風捲飛蓬有威力的流星。捲蓬，風捲飛蓬。形容極輕快。此稱清代已行用。清孟錦城《東甌軼事隨筆》卷下："〔道光二十年十月

十九日〕更初，大星流於東北，橫亙如捲蓬，火光似燭，移時光沒，餘焰如小星，自相衝擊。"

碾盤狀流星

指形狀大小像碾子底盤一樣圓闊厚實的流星。此稱清代已行用。清嘉慶《東昌府志》卷三："〔順治九年正月〕三更，自西南有赤光，大如碾盤，聲如水鴨飛狀，往東北而去。"

車輪狀流星

亦稱"輪狀流星"。指形狀大小像大車輪子一樣堅厚的流星。此稱元代已行用。《元史·武宗紀》："〔至大元年七月庚申〕流星起自勾陳，南行，圓若車輪，微有銳，經貫索滅。"《元史·天文志一》："〔武宗至大元年七月庚申〕流星起自勾陳，南至於大角傍，尾迹約三尺，化爲白氣，聚於七公，南行，圓若車輪，微有銳，經貫索滅。"《明孝宗實錄》卷九九："〔弘治八年四月辛未〕江西鉛山縣夜有星如輪，流至西北而隕，其聲如雷。"《明史·天文志三》："有星如輪，流至西北，隕於鉛山縣，其聲如雷。"明嘉靖《江西通志》卷一六："〔弘治十六年十一月二十五日〕夜四更，廣昌縣有星大如輪，自天中流抵東方，天如開裂，紅光燭地。"清康熙《天台縣志》卷一五："〔崇禎十六年七月初三〕夜，大火塊大如車輪，自東角屋上流入西門，餘光如錢，長數丈，經時方滅。"清同治《綦江縣志》卷一〇："〔道光二十八年八月二十一日〕夜二更，西北天半，劃然有聲，如葫蘆下垂，旋復變爲巨臼向上，大逾車輪，紅黃射目，一時許方沒。"

【輪狀流星】

即車輪狀流星。此稱明代已行用。見該文。

火輪狀流星

指形狀大小像着火的大車輪子一樣的流星。此稱明代已行用。《明武宗實錄》卷一〇七："〔正德八年十二月丁酉〕四川越巂衛，有火輪見空中，聲如雷，次日地震。"

轆軸狀流星

亦稱"碌軸狀流星"。指形狀大小像碾場石滾一樣的流星。轆軸，農具名。用以平場圃或碾稻麥的石磙。此稱明代已行用。《明史・天文志三》："〔成化十二年十一月乙丑〕延綏波羅堡有星二，形如轆軸，一墜樊家溝，一墜本堡，紅光燭天。"《明孝宗實錄》："〔弘治十四年四月辛丑〕直隸阜平縣空中有火光一道，其長八九尺，大如轆軸，隱隱有聲，來自東南，至西南而墜。"清孫之騄《二申野錄》卷五："〔萬曆二十八年正月十八〕卯時，天陰黑如夜，迅雷怪鳴二次，西北方天落火塊，形如碌軸，三尺餘，光照四方，又兩時分，墜地。"

【碌軸狀流星】

即轆軸狀流星。此稱清代已行用。見該文。

柱狀流星

指形狀大小像木頭柱子一樣的流星。此稱清代已行用。清光緒《邵陽縣志》卷一〇："〔同治九年四月十三〕夜，東南有流星動蕩，頃刻，長大如柱，色白，直貫西北，形愈大，光如月。"

梢筒狀流星

梢筒，竹筒，竹管。指形狀大小像竹筒一樣的流星。此稱民國時已行用。民國《晋縣志》卷五："白晝流星亂墜，大如梢筒。"

梭狀流星

形狀大小像織布梭一樣的流星。此稱清代已行用。清同治《綏寧縣志》卷三八："〔乾隆四十七年五月〕初更時有流星如梭，約五六尺長，自東南角起，至北，響一聲而沒。"

席狀流星

大小、形狀有些像席子一樣的流星。此稱清代已行用。清道光《江油縣志》卷四："〔嘉慶四年六月二十三日〕有飛火大如席，自西而東，照地如月，草木畢見。"

彎弓狀流星

亦稱"弓曲狀流星"。大小、形狀有些像彎弓一樣的流星。此稱明代已行用。《明武宗實錄》："〔正德元年三月戊申〕是夜，太原府有火光大如斗，墜寧化王府殿前，空中見紅光如彎弓，長六七尺，旋變黃，又變白，漸長至二十餘丈，光芒亙天，移時而滅。"清乾隆《甘肅通志》卷二四："夜五鼓，天震一聲如炮，火光迸裂，落華亭縣，如弓曲狀，移時方沒。"

【弓曲狀流星】

即彎弓狀流星。此稱清代已行用。見該文。

劍狀流星

大小、形狀有些像寶劍一樣的流星。此稱清代已行用。清乾隆《潮州府志》卷一一："〔嘉靖三十九年十一月〕有星如劍，橫亙西北，赤如血，聲如火，氣如烟。"

火箭狀流星

發出的光芒有些像火箭的流星。火箭，用引火物附在弓箭頭上，然後射到對方或敵人身上引起焚燒的一種箭矢。此稱清代已行用。清光緒《饒平縣志》卷一三："〔道光三十年七月〕忘記其日，約申刻，天星一粒，自東斜西始墜，其墜時，聲如炮響，遠近皆聞。初由一粒，散出無數火光，形似火箭，射至西方而沒。"民國

《崇慶縣志》卷一二："〔咸豐十年正月〕夜，有大星南飛，芒如火箭，激越有聲。"

火彈狀流星

大小、形狀有些像燃燒着的火彈一樣的流星。此稱清代已行用。清光緒《安邑縣志》卷六："〔道光二十七年十二月初五〕夜，復有大星如火彈，自南而北，天鼓鳴。"火彈，舊時作戰用的一種爆炸物，燃燒時發光發聲。清魏源《聖武記》卷七："我兵步步立柵，以次進逼，擲火彈入木城。"

彈丸狀流星

大小、形狀有些像彈弓發射的圓丸一樣的流星。此稱明代已行用。《明太宗實錄》："〔建文四年七月丙申〕夜，有星如彈丸大，青白色，尾迹有光，出宗正南，北行，光發如鷄子大，至游氣，有一小星隨之。"又，"〔十月辛亥朔〕夜，有二星，其一如鷄子大，青白色，光燭地，出八穀，東北行至上台。其一如彈丸大，青白色，有尾，出天厨，東北行丈餘，發光如鷄子大，至游氣中"。《明太宗實錄》："〔永樂三年七月甲午〕夜，有星如彈丸大，流五尺許，發光，如鷄子大，赤色，有尾，光燭地，出勾陳旁，西北行，至紫微西蕃外。"《清世祖實錄》："〔順治五年十二月癸巳〕卯刻，有流星大如彈丸，赤色，起自中天，西北行至近濁，入天廩。"

丸狀流星

大小、形狀有些像小圓球的流星。此稱明代已行用。《明神宗實錄》卷四三三："〔萬曆三十五年五月乙酉〕夜，有流星如丸，尾迹有光，起自牛宿，東南行近濁。"

頭如甕狀流星

亦稱"首如甕狀流星"。頭部大小、形狀

像甕一樣的流星，足見這種流星是多麼大。此稱南北朝時期已行用。《宋書・天文志》："〔元嘉十年十月〕有流星頭如甕，尾長二十餘丈。"又，"〔元嘉七年十二月丙戌〕有流星頭如甕，尾長二十餘丈，大如數十斛船，赤色，有光照人面，從西行，經奎北大星南過，至東壁止"。《魏書・天象志》："流星首如甕，長二十餘丈，大如數十斛船，色正赤，光燭人面，自天船及河，抵奎大星，及於壁。"《新唐書・天文志二》："〔元和〕十二年九月己亥甲夜，有流星起中天，首如甕，尾如二百斛舡，長十餘丈，聲如群鴨飛，明若火炬，過月下西流，須臾，有聲轟轟，墜地，有大聲如壞屋者三，在陳、蔡間。"清康熙《溫州府志》卷三〇："〔順治元年八月十四〕酉時，瑞安有物如虹，首若巨甕，半天飛曳，而尾各長數丈，自西南流入北方，墜聲如雷。"

【首如甕狀流星】

即頭如甕狀流星。此稱南北朝時期已行用。見該文。

甕狀流星

大小、形狀像甕一樣的流星。此稱晋代已行用。《晋書・天文志》："〔永昌元年七月甲午〕有流星大如瓮，長百餘丈，青赤色，從西方來，尾分爲百餘歧，或散。"《魏書・天象志》："〔永熙三年三月癸巳〕有奔星如三斛甕，起匏瓜，西流入市垣，有光燭地，迸流如珠，尾迹數丈，廣且三尺，凝著天，狀如蒼白雲，須臾屈曲蛇行。"清光緒《德安府志》卷二〇："〔嘉慶十二年四月十三日〕有星大如數石甕，自東北起，忽炸爲十餘，猶大如茶盞，光燭天，墜西南没。"

小甕狀流星

大小、形狀像小甕一樣的流星。此稱南北朝時期已行用。《南齊書・天文志》："〔永元三年〕夜，天開黃色明照，須臾有物絳色如小甕，漸漸大如倉廩，聲隆隆如雷，墜太湖中，野雉皆雛。"

箕狀流星

大小、形狀有些像簸箕一樣的流星。箕，簸箕。此稱清代已行用。清孫之騄《二申野錄》卷三："〔弘治戊午六月〕泰順縣左忽有物橫空，狀如箕，尾如帚，色雜粉紫，長數丈，無首，吼若沈雷，從東北去。"清姚之駰《元明事類鈔》卷一："元世祖十五年，有星隕於廣南，色紅，大如箕，中裂爲五，墜地時聲如鼓焉。"清康熙《石埭縣志》卷二："〔康熙六年七月二十一日〕亥時，飛星大如箕，赤如火，聲如雷，尾撒火焰，西北來，飛南去。"

頭如箕狀流星

頭部大小、形狀有些像簸箕一樣的流星。此稱清代已行用。清咸豐《棗陽縣志》卷一五："〔道光五年〕有大星，頭如箕，身如龍，長十餘丈，自東而西，白光燭地。"

盆狀流星

大小、形狀有些像盆子一樣的流星。此稱金代已行用。《金史・天文志》："〔大安二年正月庚戌朔〕日中有流星出，大如盆，其色碧，西行，漸如車輪，尾長數丈，沒於濁中，至地復起，光散如火，移刻滅。"清咸豐《同州府志》卷上："〔康熙七年八月十九日〕戌時，有大火如盆，自北而南，燭地輒明。"

盆口狀流星

大小、形狀有些像盆子口一樣的流星。此稱清代已行用。清雍正《陝西通志》卷四七："〔萬曆十九年四月初七〕夜子時，忽從虛空降火一塊，如盆口大，後生兩尾，落西北方。"

盞狀流星

亦作"醆狀流星"。大小、形狀有些像淺盆一樣的流星。盞，指盛油、茶、水的淺盆或小杯子。此稱宋代已行用。《宋史・天文志十三》："〔景定三年四月甲辰〕星出，大如盞。"《宋史・天文志十》："〔慶曆五年八月己卯〕星出文昌，大如醆，直北速行入濁，有尾迹，明燭地。"又，"〔治平元年九月癸亥〕星出北斗魁，大如醆，東北速行，至濁沒，尾迹赤黃"。又，"〔治平二年八月己未〕星出河鼓，大如醆，色赤黃，速行至天市垣內宗星沒"。《明孝宗實錄》卷四："〔成化二十三年十月乙亥〕夜，西北流星大如盞，色青白，光燭地，自中天畢宿行長丈餘，發光如碗，東行至河北，尾迹化白雲氣，曲曲如蛇形。"民國《安邱縣志》卷一："〔乾隆三十七年二月四日〕天鼓鳴，有赤星大如盞，自西北流東南，光明如晝。"

【醆狀流星】

同"盞狀流星"。此體宋代已行用。見該文。

盞口狀流星

大小、形狀有些像淺盆口一樣的流星。盞，盛油、茶、水的淺盆或小杯子。此稱宋代已行用。《宋史・天文志十三》："〔淳熙六年八月壬辰〕星出紫微垣鈎陳大星，慢流至濁沒，有尾迹，大如盞口，青白色。"又，"〔淳熙七年五月乙亥〕星出天市垣內東海星，慢流，炸作三小星，有尾迹，照地，大如盞口，青白色"。又，"〔淳熙十五年二月辛未〕星出天樽，大如盞口，急流至濁沒，色青白"。

茶盞狀流星

　　大小、形狀有些像茶盞一樣的流星。茶盞，用以盛茶的盞子。此稱清代已行用。清道光《雲夢縣志》卷末："〔嘉慶十一年四月十三日〕有星大如數石甕，自東北起，至近月，炸爲十餘，猶大如茶盞，火燭天，有聲隆隆然，墜於西南而没。"

碗狀流星

　　大小、形狀有些像飯碗一樣的流星。此稱漢代已行用。《續漢書·天文志》："〔中平五年六月丁卯〕客星如三升碗，出貫索，西南行入天市，至尾而消。"《南齊書·天文志》："〔永明二年三月庚辰〕有流星如二升碗，從天市中出，南行在心後。"《魏書·天象志》："〔永平元年十一月丙子〕流星起羽林南，大如碗，色赤，有黑雲東南引，如一匹布，横北轢星。"《明憲宗實錄》卷二六〇："〔成化二十一年正月甲申朔〕申刻，有火光自中天少西下墜，化白氣，復曲折上騰，聲如雷，逾時，西方復有流星大如碗，赤色，自中天西行至近濁，尾迹化白氣，曲曲如蛇形，良久，正西轟轟如雷震地，須臾止。"

杯狀流星

　　大小、形狀有些像杯子一樣的流星。杯，盛酒、水、茶等的器皿，多爲圓筒狀或喇叭狀。此稱漢代已行用。《續漢書·天文志》："〔永平七年正月戊子〕流星大如杯，從織女西行，光照地。"《宋史·天文志十》："〔大中祥符七年三月丙戌〕有星出南河，大如杯，至玉井没。"《宋史·天文志》："〔天聖八年二月丁酉〕星出軒轅大星側，如杯，速行至器府没。"《元史·順帝紀》："〔至元四年九月癸酉〕奔星如杯大，色白，起自右旗之下，西南行，没於近濁。"

杯口狀流星

　　大小、形狀有些像杯子口一樣的流星。此稱宋代已行用。《宋史·天文志十》："〔熙寧元年八月乙巳〕星出女牀東，如杯口，西北急流至天市垣墻河中北没，赤黄，有尾迹，照地明。又星出參北，如太白，東速行，入濁没，赤黄，有尾迹，照地明。又星出王良南，如太白，西南急行，至天津没，赤黄，有尾迹，照地明。"又，"〔熙寧元年八月丁未〕星出牽牛，如杯口，東南緩行，入濁没，青白，有尾迹"。又，"〔熙寧二年五月己丑〕星出太微垣内五帝坐，如杯口，東行至角宿没，青白，有尾迹，照地明"。又，"〔熙寧二年四月庚戌〕星出軒轅東，如杯口，北慢行至北斗没，赤黄，有尾迹"。

杯碗狀流星[1]

　　大小、形狀有些像杯子或飯碗一樣的流星。此稱唐代已行用。《新唐書·天文志二》："中和元年……八月己丑夜，星隕如雨，或如杯碗者，交流如織。庚寅夜亦如之，至丁酉止。"星如雨交織，顯然是流星。宋錢儼《吳越備史·武肅王上》亦載此事："改元中和。……秋八月己丑，夜星大如杯碗，交流如織，至丁酉乃止。"

飲鍾狀流星

　　大小、形狀有些像盛酒水的器皿一樣的流星。此稱清代已行用。《清史稿·天文志》："〔康熙八年九月乙卯〕巳時，流星如飲鍾，出午位，色赤黄，入巳位，不著光，尾迹。"飲鍾，盛酒水的器皿。

盂狀流星

　　大小、形狀有些像盛液體的器皿一樣的流

星。盂，一種盛液體的器皿，多爲圓口。此稱
唐代已行用。《新唐書・天文志二》："〔乾符四
年七月〕有大流星如盂，自虛危，歷天市，入
羽林滅。"《宋史・天文志十》："〔熙寧三年二
月己丑〕星出太微西扇上將南，如盂，西急行，
入濁沒，赤黃，有尾迹，明燭地。又星出文昌
中，如杯，西北急行，入濁沒，赤黃，有尾迹，
明燭地。又星出北斗魁南，如盂，西北急行，
入濁沒，赤黃，有尾迹，明燭地。"《宋史・天
文志十》："〔熙寧六年三月庚午〕星出氐東，如
盂，西慢行，入濁沒，赤黃，照地明。"

盎狀流星

　　形狀腹大口小，有些像盎的流星。盎，腹
大口小的盛物洗物的瓦盆。此稱清代已行用。
清光緒《續掖縣志》卷三："〔嘉慶四年七月
三十日〕夜，有星大如盎，旁有二星如盞，自
北而南。"

酒杯狀流星

　　大小、形狀有些像酒杯一樣的流星。此稱
元代已行用。《元史・順帝紀》："〔元統二年七
月己酉〕夜有流星大如酒杯，色赤，長五尺餘，
光明燭地，起自天津，沒於離宮之南。"《元
史・天文志》："夜流星如酒杯大，色赤，尾迹
約長五尺餘，光明燭地，起自天津之側，沒於
離宮之南。"

缶狀流星

　　大小、形狀有些像盛酒漿的器皿缶一樣的
流星。缶，大腹小口的瓦器，古人多用以盛酒
漿。此稱宋代已行用。《宋史・天文志》："〔建
隆元年九月甲子〕有星如缶，出昴，光明燭
地。"《金史・天文志》："〔天會十四年九月癸
未〕有星大如缶，起西南，流於正西。"清康熙

《贛州府志》卷一八："〔崇禎十七年十一月十一
日〕申時，有流星大如缶，尾如炬，烟青白色，
起東南，沒西北，聲隱隱如雷。"

頭如缶狀流星

　　頭部大小、形狀有些像盛酒漿的器皿缶一
樣的流星。缶，大腹小口的瓦器，古人多用以
盛酒漿。此稱清代已行用。清同治《直隸澧州
志》卷一九："〔道光七年五月某日〕夜，有白
光一道，頭大如缶，尾拖十數丈，自東方起，
流至西南方落地。"

盆盅狀流星

　　大小、形狀有些像盆子、盅子一樣的流星。
盅，沒有把的小杯子。此稱清代已行用。《清朝
續文獻通考》卷三〇三："〔道光二十七年七月〕
飛塵蔽天，忽紅光一團，大如盆盅，向南面沒，
識者以爲星隕。"

杯碗狀流星 [2]

　　形狀有些像杯子、飯碗狀的流星。此稱唐
代已行用。

甌狀流星

　　大小、形狀有些像甌盆一樣的流星。甌，
小盆，有的帶有尾巴，方便用手執拿。此稱南
北朝時期已行用。《宋書・天文志》："〔大明
五年六月〕有流星白色，大如甌，出王良，西
南行沒天市中，尾長數十丈，沒後餘光良久。"
又，"〔大明八年六月〕有流星大如五斗甌，赤
色有光，照見人面，尾長一丈餘，從參北東行
直下，經東井，過南河沒"《南齊書・天文志》：
"〔建元元年十月癸酉〕有流星大如三升甌，色
白，尾長五丈，從南河東北二尺出，北行歷輿
鬼西過，未至軒轅後星而沒，沒後餘中央，曲
如車輪，俄頃化爲白雲，久乃滅。流星自下而

升，名曰飛星。"

甌尾狀流星

大小、形狀有些像帶有尾巴的甌盆一樣的流星。甌尾，帶有尾巴的小盆，方便用手執拿。此稱南北朝時期已行用。《宋書·天文志》："〔大明六年五月〕有星前赤後白，大如甌尾，長十餘丈，出東壁北，西行没天市，啾啾有聲。"

斛狀流星

大小、形狀有些像量器斛一樣的流星。斛，中國舊量器名，一斛本爲十斗，後來改爲五斗。此稱明代已行用。《明史·五行志二》："〔崇禎十三年六月壬申〕鎮安火光如斛，自西墜地，土木皆焦。"

斗狀流星

大小、形狀有些像量器斗一樣的流星。斗，盛糧食的器具；酒器。此稱漢代已行用。《續漢書·天文志》："〔永平元年四月丁酉〕流星大如斗，起天市樓，西南行，光照地。"《續漢書·天文志》："〔永和三年二月辛丑〕有流星大如斗，從西北東行，長八九尺，色赤黃，有聲隆隆如雷。"《晋書·天文志一》："〔永和十年四月癸未〕流星大如斗，色赤黃，出織女，没造父，有聲如雷。"《宋書·天文志》："〔咸康六年二月庚午朔〕流星大如斗，光耀地，出天市，西行入太微。"《魏書·天象志一》："〔神麚四年九月丙寅〕有流星大如斗，赤色，發太微，至北斗而滅。"《新唐書·天文志二》："〔天祐二年三月乙丑〕夜中，有大星出中天，如五斗器，流至西北，去地十丈許而止，上有星芒，炎如火，赤而黃，長丈五許，而蛇行，小星皆動而東南，其隕如雨，少頃没，後有蒼白氣如竹簀簀，占曰：亦枉矢也。"

升器狀流星

大小、形狀有些像容器升一樣的流星。升，容器名，一斗的十分之一。此稱唐代已行用。《新唐書·天文志二》："〔大曆〕八年六月戊辰，有流星大如一升器，有尾，長三丈餘，入太微。十二月壬申，有流星大如一升器，有尾長二丈餘，出紫微入濁。十年三月戊戌，有流星出於西方，如二升器，有尾，長二丈，入濁。"清康熙《瓊山縣志》卷一二："〔康熙十六年九月十九日〕初昏，弧光團圓，如升，橫飛過天。"

升口狀流星

大小、形狀有些像容器升開口處一樣的流星。升口，容器升開口處，一般爲正方形。此稱清代已行用。清雍正《永年縣志》卷一八："〔雍正八年六月十七日〕有流星自東南而西北，大如升口，紅光如炬，肅肅有聲。"

酒鍾狀流星

大小、形狀有些像酒盅一樣的流星。此稱清代已行用。清道光《重纂福建通志》卷二七二："〔順治二年〕有星大如酒鍾，光甚，倏散爲白氣兩道，有聲如雷。"

燈籠狀流星

大小、形狀有些像燈籠一樣的流星。此稱明代已行用。明萬曆《四川總志》卷二七："〔萬曆三十三年七月二十八日〕戌時，南方有星如燈籠墜下，向西而没。"清道光《安州志》卷六："〔乾隆五十年〕有大紅星似燈籠明朗，有聲如雷，自西北而東南去。"

圓燈狀流星

亦稱"燈狀流星"。大小、形狀像圓燈籠的流星。此稱清代已行用。清道光《羅源縣志》卷二九："〔康熙五十五年正月初三〕夏夜，有星由西北流東南，狀若圓燈，四面有流蘇，光彩燭天，聲若鳴鼓，人以爲天鼓。”光緒《保定新志》：“〔乾隆五十九年〕有星，其光似燈，有聲如雷，自西北起，曳至東南。”清光緒《高密縣志》卷一〇：“〔嘉慶十二年七月〕星隕如燈，天鼓鳴。”清孟錦城《東甌軼事隨筆》卷下：“〔道光十九年六月十九日〕夜，異星見，星巨如燈，傍有蒼雲二片，如門開闔，移時，西流而滅。”

【燈狀流星】

即圓燈狀流星。此稱清代已行用。見該文。

風燈狀流星

大小、形狀有些像風燈一樣的流星。風燈，有罩能防風的燈。此稱唐代已行用。唐杜甫《漫成一絕》：“江月去人只數尺，風燈照夜欲三更。”清道光《重纂福建通志》卷二七二：“〔順治三年六月十五日〕有流星如風燈長大，自東而北。”

鞠狀流星

大小、形狀有些像皮球一樣的流星。鞠，古代的一種皮球；蹴球，似今之足球。此稱清代已行用。清康熙《桂林府志》卷五：“〔嘉靖四十三年二月二十三日〕酉時，流星如鞠，從東北射西北，轟然有聲，光照檐宇。”

火球狀流星

亦稱“球狀流星”“赤球狀流星”。大小、形狀有些像火球一樣的流星。火球，古代用於火攻的一種裝有火藥的燃燒性球形火器。此稱明代已行用。《明史·五行志》：“〔嘉靖五年七月甲申〕有火球三，大五六尺，從北墜於東，其光燭天。”明嘉靖《安化縣志》卷五：“〔嘉靖二十二年十月十九日〕初昏，赤光流西北，如

球，有聲如雷。”《清史稿·災異志》：“〔乾隆五十年冬〕棗陽有火球如斗，飛半里外。”《清史稿·災異志》：“〔嘉慶十二年四月〕黃安有火大如球，自東而西，落於泮池。”清光緒《江西通志》卷九八：“〔道光二十九年八月二十日〕夜，見空中赤球大小五，綿亘不斷，墜而復上。”民國《麻城縣志》卷一三：“〔光緒三十一年五月十九日〕夜，火球墜地有聲。”民國《荏平縣志》卷一一：“〔光緒三十四年六月杪〕晚，九句鍾，見正北方有火球，光耀照人見影，自天墜地，俄頃始滅。”

【球狀流星】

即火球狀流星。此稱明代已行用。見該文。

【赤球狀流星】

即火球狀流星。此稱清代已行用。見該文。

火團狀流星

大小、形狀有些像火團一樣的流星。此稱清代已行用。清同治《會理州志》卷一二：“〔咸豐三年五月〕黃昏時，乾方有火團，晶徹透亮，自空而墜，俄有白氣一股，自墜處直衝霄漢。”

圓球狀流星

大小、形狀有些像圓球一樣的流星。此稱清代已行用。清乾隆《江南通志》卷一九七：“〔康熙四十四年二月二十五日〕天霽，巳刻，忽聲響如雷，牆壁俱震，有白光如圓球，下墜東北方。”

秤權狀流星

大小、形狀有些像秤砣一樣的流星。秤權，秤砣。此稱宋代已行用。《宋史·天文志》：“〔太平興國八年七月辛巳〕有星如秤權，沒於婁。”

散珠狀流星

亦稱"珠狀流星"。大小、形狀有些像散亂珍珠一樣的流星。此稱南北朝時期已行用。《南齊書・天文志》："〔永明九年九月戊子〕有流星大如鷄卵，白色，從少微星北頭出，東行入太微，抵帝座星而過，未至東蕃次相一尺没，如散珠。"《魏書・天象志》："〔永熙三年三月癸巳〕有奔星如三斛甕，起匏瓜，西流入市垣，有光燭地，迸流如珠，尾迹數丈，廣且三尺，凝著天，狀如蒼白雲，須臾屈曲蛇行。"《新唐書・天文志二》："元和二年十二月己巳，西北有流星亘天，尾散如珠。"清同治《寧鄉縣志》卷二："〔咸豐二年七月〕夜，有白光，長丈餘，自西流至東，閃火如散珠，有聲。"

【珠狀流星】

即散珠狀流星。此稱南北朝時期已行用。見該文。

連珠狀流星

大小、形狀有些像結聯成串的珍珠一樣的流星。此稱南北朝時期已行用。《魏書・天象志》："〔景明元年四月壬辰〕有大流星起軒轅左角，東南流，色黃赤，破爲三段，狀如連珠，相隨至翼。"《南齊書・天文志》："〔永明六年十月戊寅〕南面有流星大如鷄卵，赤色，在東南行没，没後如連珠。"

火珠狀流星

大小、形狀有些像火齊珠一樣的流星。火珠，即火齊珠。《舊唐書・南蠻西南蠻傳・林邑》："〔貞觀〕四年，其王范頭黎遣使獻火珠，大如鷄卵，圓白皎潔，光照數尺，狀如水精，正午向日，以艾承之，即火燃。"此稱清代已行用。清嘉慶《湖北通志》卷一〇〇："〔嘉慶九年〕，見一星，自東南飛至西北，如世之火珠狀，其光數丈長。"

喇叭狀流星

形狀上細下粗，有些像喇叭的流星。喇叭，管樂器，上細下粗，最下端的口部向四周張開，可以放大聲音。此稱近代已行用。民國《紫陽縣志》卷五："〔光緒二十五年五月二十四日〕申刻，有流星狀如喇叭，自西如東，有聲。"

金圈狀流星

形狀有些像金黃色圓圈的流星。此稱清代已行用。清同治《會理州志》卷一二："〔道光三十年十二月二十三日〕夜二鼓，天黑如漆，忽隆隆有聲，天際有十數金圈，勾連纏繞，西南角涌一紅珠，照地光明如晝，約數刻倏然不見，依舊昏黑如漆。"

草篆字體狀流星

形狀有些像草書篆書字體的流星。此稱清代已行用。清乾隆《郴州縣志》卷二九："〔康熙九年〕長星見西方，倏變草篆一行，西墜。"

葫蘆形流星

大小、形狀有些像葫蘆形的流星。此稱清代已行用。清同治《會理州志》卷一二："〔道光十八年十月二十日〕昏時，有星頭大丈餘，以次遞減，如葫蘆連珠形，從東流墜西方。"又，"〔道光十九年正月初七〕初昏，葫蘆星仍從西流東"。

匏狀流星

大小、形狀有些像匏瓜一樣的流星。匏，一種球形的葫蘆。此稱清代已行用。清光緒《福安縣志》卷三七："〔道光元年六月〕夜，有星自西北流墜東南，色通明，形圓如匏，其光射人。"清光緒《湘潭縣志》卷九："〔順治五年

五月二十九日〕申初刻，有星黃赤，圓如大瓟，
尾曳如繩，長約丈，曲折旋繞，自西南墜。"

瓜狀流星

　　大小、形狀有些像甜瓜一樣的流星。此稱
漢代已行用。《續漢書·天文志》："〔永元二年
二月四月丙辰〕有流星大如瓜，起文昌東北，
西南行至少微西滅。有頃，音如雷聲。"又，
"〔永元十一年五月丙午〕流星大如瓜，起氐，
西南行，稍有光，白色"。明崇禎《福安縣志》
卷九："〔嘉靖三十四年春〕流星如瓜，嘎嘎然
從東南飛墜西北，長焰竟天。"清乾隆《福寧府
志》卷四三："〔嘉靖三十八年四月己未〕流星
如瓜，從東南墜西北，其焰竟天，識者知爲天
狼旄頭。"

桃狀流星

　　大小、形狀有些像桃子一樣的流星。此稱
晋代已行用。晋司馬彪《續漢書·天文志》注
引晋崔豹《古今注》："〔永元元年正月癸亥〕
又流星大如桃，色赤，起太微東蕃。"《續漢
書·天文志》："〔永元二年二月丁酉〕有流星大
如桃，起紫宮東藩，西北行五丈稍滅。"《新唐
書·天文志二》："〔大曆〕十二年二月辛亥，有
流星如桃，尾長十丈，出苑瓜，入太微。"

柿子狀流星

　　大小、形狀有些像柿子一樣的流星。此稱
清代已行用。清康熙《潁州志》卷一九："〔萬
曆十四年二月戊寅〕有星大如柿，自西南落東
北。"

李子狀流星

　　省稱"李狀流星"。大小、形狀有些像李子
一樣的流星。此稱南北朝時期已行用。《南齊
書·天文志》："〔永明九年五月丁未〕流星如李

子，白色無尾，從奎東北大星東二尺出，東北
行至天將軍而没。"《清史稿·天文志》："〔康
熙八年十月己丑〕流星如李，出伐星，色青白，
入天狼。"又，"〔康熙九年六月庚戌〕流星如
李，出離宮，入虛，不著色，有光，有尾迹"。
又，"〔康熙十年九月戊寅〕流星如李者，出室
宿，入羽林軍，俱不著色，有光，有尾迹"。

【李狀流星】

　　"李子狀流星"之省稱。此稱清代已行用。
見該文。

栗子狀流星

　　大小、形狀有些像栗子一樣的流星。此稱
清代已行用。《清史稿·天文志十四》："〔康熙
十一年五月壬子〕流星如栗者，出天厩，入奎，
有光，有尾迹。"

龍狀流星

　　大小、形狀有些像傳説中龍的流星。此稱
清代已行用。清康熙《扶溝縣志》卷四："〔嘉
靖七年閏十月十四日〕五更，有星自天流觸於
地，嘎然有聲，火光如晝，其形似龍，有頭
角屈伸，少頃，自地復起，結爲大圈，闌參星
於内，其旁小星皆隕，有光亦結小圈，至曙
方滅。"清乾隆《慶陽府志》卷三七："〔嘉靖
三十六年九月〕大星隕西北，光芒四射，仿佛
龍形。"清道光《榮城縣志》卷一："〔嘉慶六
年四月〕有星見於北方，色赤如火狀，西折如
龍。"清咸豐《棗陽縣志》卷一五："〔道光五
年〕有大星，頭如箕，身如龍，長十餘丈，自
東而西，白光燭地。"

赤龍狀流星

　　亦稱"火龍狀流星"。大小、形狀有些像
傳説中紅色龍的流星。此稱金代已行用。《金

史·天文志一》："〔大安元年正月辛丑〕飛星如火，起天市垣内，尾迹若赤龍之狀，移刻散。"又，"〔大安二年二月〕客星入紫微中，其光散如赤龍之狀"。《明武宗實錄》卷八九："〔正德七年六月丁卯〕山東招遠縣，夜，有赤龍懸空，光如火，自西北轉東南，盤旋而上，天鼓隨鳴。"《明史·五行志四》："夜，招遠有赤龍懸空，光如火，盤旋而上，天鼓隨鳴。"明談遷《國榷》卷四八："山東招遠縣，赤龍如火，騰於天，隨天鳴。"清光緒《德安府志》卷二○："〔道光十二年春〕隨州有火龍自北而南，火光燭地。"民國《封邱縣續志》卷二八："〔光緒三十三年七月十一日〕酉刻，有大星南方來，貫中天，長三丈許，望之，如火龍然，移時方滅。"

【火龍狀流星】

即赤龍狀流星。此稱清代已行用。見該文。

龍蛇狀流星

形狀有些像蛇或龍的流星。此稱清代已行用。清孫之騄《二申野錄》卷二："〔成化二十三年十月丙子〕五更，有大星飛流，起西北，亘東南，光芒燭地，蜿蜒如龍蛇。"

虹龍狀流星

形狀有些像傳說中無角小龍的流星。虹，古代神話傳說中無角的小龍，王逸注《離騷》《天問》皆言有角曰龍，無角曰虹。高誘注《淮南子》亦同。此稱近代已行用。民國《重修蒙城縣志》卷一二："〔光緒二十三年十一月二十五日〕夕，有火自東北流向西南，轟然有聲，隨有白烟一道，屈曲如虹龍，久而後滅。"

蛇虺狀流星

形狀有些像虺那種毒蛇的流星。虺，古代

中國傳說中的一種毒蛇。《述異記》："虺五百年化爲蛟，蛟千年化爲龍，龍五百年爲角龍，千年爲應龍。"此稱清代已行用。清同治《定南廳志》卷六："〔道光二十一年秋〕有赤光長三尺許，狀如蛇虺，現於天半，自城西流向東南，逾晷始没。"

蛇行狀流星

亦稱"蛇曲狀流星"。形狀有些像蜿蜒曲折爬行的蛇的流星。此稱漢代已行用。《續漢書·天文志》："〔熹平二年四月〕有星出文昌，入紫宮，蛇行，有首尾，無身，赤色有光，焀垣墻。"《魏書·天象志》："〔太安三年十一月〕長星出於奎，色白，蛇行，有尾迹，既滅，變爲白雲。"《魏書·天象志》："〔永熙三年三月癸巳〕有奔星如三斛甕，起匏瓜，西流入市垣，有光燭地，迸流如珠，尾迹數丈，廣且三尺，凝著天，狀如蒼白雲，須臾屈曲蛇行。"《隋書·天文志》："〔建德六年十二月癸丑〕流星大如月，西流有聲，蛇行屈曲，光照地。"明談遷《國榷》卷三二："〔天順三年九月甲申〕夜，大星赤光，曲曲如蛇，流危宿。"又卷四一："夜，大星自畢宿流北河，光燭地，尾迹化白氣，如蛇曲。"《明孝宗實錄》卷四："〔成化二十三年十月乙亥〕夜，西北流星大如盞，色青白，光燭地，自中天畢宿行丈餘，發光如碗，東行至河北，尾迹化白雲氣，曲曲如蛇形。"

【蛇曲狀流星】

即蛇行狀流星。此稱明代已行用。見該文。

象狀流星

大小、形狀有些像大象的流星。此稱晉代已行用。《晉書·石勒載記》："〔建平四年〕有流星大如象，尾足蛇形，自北極西南流五十餘丈，光明燭地，墜於河，聲聞九百餘里。"

獸狀流星

大小、形狀有些像野獸的流星。此稱清代已行用。清道光《安岳縣志》卷一五："〔道光十六年二月初四〕夜，二更，空中有火光，形如獸，墜入東方，隨有霹靂聲如雷震。"

飛鳥狀流星

大小、形狀有些像飛鳥的流星。此稱清代已行用。清乾隆《福安縣志》卷二五："〔乾隆四十五年十二月十九日〕夜，初更，天鳴，頃有物如鳥展翅，墜下，有赤光。"

人形狀流星

大小、形狀有些像人的流星。此稱清代已行用。清乾隆《寧州志》卷二："〔康熙十四年九月初三〕有赤光如人形，有帶自北流注南方，聲若響雷，雉鳥驚飛。"

拳狀流星

大小、形狀有些像人的拳頭的流星。此稱晉代已行用。晉司馬彪《續漢書・天文志》注引晉崔豹《古今注》："〔建初六年七月丁酉〕夜，有流星起軒轅，大如拳，起文昌，餘氣正白，句曲西如文昌，久久乃滅。"《續漢書・天文志》："〔永元二年十一月辛酉〕有流星大如拳，起紫宮，西行到胃消。"《續漢書・天文志》注引《古今注》："〔永元十四年十一月丁丑〕有流星大如拳，起北斗魁中，北至閣道，稍有光，色赤黃，須臾西北有雷聲。"清宣統《彭浦里志》卷八："〔康熙六十一年七月〕夜，有流星大如拳，自東南至西北。"

掌狀流星

大小、形狀有些像人的手掌的流星。此稱清代已行用。清同治《淡水廳志》卷一四："〔咸豐三年四月〕有星自東北入東南，大如掌，光如月。"

鵝卵狀流星

大小、形狀有些像鵝蛋的流星。此稱南北朝時期已行用。《南齊書・天文志》："〔建元四年九月壬子〕流星如鵝卵，從柳北出，入軒轅。又一枚如瓜大，出西行，沒空中。"清嘉慶《嘉善縣志》卷二〇："〔乾隆五十二年六月十二日〕申時，東方有大星如鵝卵，移至西北，遂不見。"

鴨卵狀流星

亦稱"鴨子狀流星"。大小、形狀有些像鴨蛋的流星。此稱南北朝時期已行用。《宋書・天文志》："〔元嘉二十四年正月〕天星並西流，多細，大不過如鴨子，尾有長短，當有數百，至旦日光定乃止，有入北斗紫宮者。"《南齊書・天文志》："〔永明四年六月丙戌〕有流星大如鴨卵，從匏瓜南出，至虛西入。"又，"〔永明五年十二月甲子〕西北有流星大如鴨卵，黃白色，尾長六尺，西南行一丈餘沒"。又，"〔永明六年三月癸酉〕有流星大如鴨卵，赤色無尾"。《魏書・天象志》："〔太延四年十月壬戌〕流星大如鴨子，出文昌，入紫宮，聲如雷。"

【鴨子狀流星】

即鴨卵狀流星。此稱南北朝時期已行用。見該文。

鷄子狀流星

亦稱"鷄卵狀流星""鷄蛋狀流星""鷄彈狀流星"。大小、形狀有些像鷄蛋的流星。此稱晉代已行用。晉司馬彪《續漢書・天文志》："〔永元三年九月丁卯〕有流星大如鷄子，起紫宮，西南至北斗柄間消。"《南齊書・天文志》：

"〔永明九年五月庚子〕有流星如雞子，白色無尾，從紫宮裏黄帝座星西二尺出，南行一丈，没空中。"《南齊書·天文志》："〔永明六年十月戊寅〕南面有流星大如雞卵，赤色，在東南行没，没後如連珠。"又，"〔永明九年九月戊子〕有流星大如雞卵，白色，從少微星北頭出，東行入太微，抵帝座星而過，未至東蕃次相一尺没，如散珠"。又，"〔永明十年三月癸未〕有流星如雞卵，青白色，尾長四尺，從牽牛南八寸出，南行一丈没空中"。《隋書·天文志》："〔大象元年六月丁卯〕有流星一，大如雞子，出氐中，西北流，有尾迹，長一丈所，入月中，即滅。"《明宣宗實録》："〔洪熙元年七月己巳〕夜，有流星大如雞彈，色青白，尾迹有光，出五車，東北行至雲中。"又，"〔七月庚午〕夜，有流星大如雞彈，色赤，尾迹有光，出閣道，東南行入壁"。又，"〔七月己卯〕夜，有流星大如雞彈，色赤，尾迹有光，出勾陳，西南行入紫微東藩"。又，"〔七月庚辰〕夜，有流星大如雞彈，色青白有光，出勾陳，西北行至近濁"。又，"〔七月乙酉〕夜，有流星大如雞彈，色赤，尾迹有光，出天津，東北行至雲中"。又，"〔七月癸巳〕夜，有流星大如雞彈，色赤，尾迹有光，起天倉，西北行至雲中"。又，"〔閏七月辛丑〕夜，有流星大如雞彈，色青白有光，起羽林軍，西行至壘壁陣"。《明世宗實録》："〔正德十六年九月壬戌〕夜一更，流星如雞彈大，青白色，起自壁宿，西南行至斗宿，尾迹炸散。"

【雞卵狀流星】

即雞子狀流星。此稱南北朝時期已行用。見該文。

【雞蛋狀流星】

即雞子狀流星。此稱明代已行用。見該文。

【雞彈狀流星】

即雞子狀流星。此稱明代已行用。見該文。

【彈狀流星】

即雞狀流星。亦稱"卵狀流星""蛋狀流星"。大小、形狀有些像雞蛋的流星。不特別指明，言"彈""卵""蛋"，都是指的雞蛋。此稱明代已行用。《明英宗實録》："〔正統十三年三月辛亥〕晝，有流星大如彈，色赤有光，出正西，西行至游氣。"《明英宗實録》："〔景泰元年五月甲辰朔〕夜，有流星大如彈，色赤，出奎宿，東行至外屏。"又，"〔七月丁未〕夜，有流星大如彈，色赤，出參宿，西南行至天園"。又，"〔十月丙申〕夜，有流星大如彈，色青白有光，出文昌，東北行至軒轅"《明英宗實録》："〔景泰三年八月丁丑〕夜，有流星大如彈，色赤有光，出紫微西藩，東北行至北斗魁，二小星隨之。"《明神宗實録》："〔萬曆二十二年六月己巳〕夜，有飛星如彈，赤色有光，後有二小星隨之。"《明神宗實録》："〔萬曆二十八年九月壬子〕昏刻，東北方有星大如卵，赤色而光，經東南方行。"明崇禎《靖江縣志》卷一一："〔天啓四年二月十一日〕大星如蛋，自北移東没。"

【卵狀流星】

即彈狀流星。此稱明代已行用。見該文。

【蛋狀流星】

即彈狀流星。此稱明代已行用。見該文。

火雷流星

帶有火光和雷聲的流星。此物明代已見記載。《明憲宗實録》："〔成化二十一年正月甲申朔〕申刻，有火光自中天少西下墜，化白氣，復曲折上騰，聲如雷，逾時，西方復有流星大如碗，赤色，自中天西行至近濁，尾迹化白氣，曲曲如蛇形，良久，正西轟轟如雷震地，須臾止。"民國《清流縣志》卷四："〔康熙十二年九月十八日〕寅初，東方火綫一條，自空而下，聲如雷。"

【震雷閃電狀流星】

即火雷流星。此物清代已見記載。清同治《會理州志》卷一二："〔道光三十年十二月初九〕日方出時，忽如閃電，轟然有聲，空際有物，上尖下圓而色紅，向西飛去，響若迅雷。"民國《姚安縣志》卷六六："〔宣統二年二月初二〕戌時，有火球大如車輪，自南而北，戞然有聲，星火噴發，流光四射眩目。"

【流星尾氣】

即火雷流星。此物清代已見記載。清光緒《井陘縣志》卷三："〔同治六年七月十五日〕巳末午初，有流星，其聲如雷，火光若電，尾帶白氣尺餘寬，自東而西，縣境無不聞見。"

橫飛流星

從天空中做平行方向飛奔的流星。此稱清代已行用。清康熙《山西通志》卷三〇："〔天啓七年三月〕初昏，有巨星自北來，逾五臺山，橫飛有聲，忽作霹靂而散。"清乾隆《太平縣志》卷八："〔天啓七年春〕太平縣有巨星橫飛，肅肅有聲，自歙界逾黃山至西鄉，忽作霹靂聲響而沒。"

升騰流星

在天空中自下而升飛行的流星。此稱南北朝時期已行用。《南齊書·天文志》："〔建元元年十月癸酉〕有流星大如三升甌，色白，尾長

五丈，從南河東北二尺出，北行歷輿鬼西過，未至軒轅後星而沒，沒後餘中央，曲如車輪，俄頃化爲白雲，久乃滅。流星自下而升名曰飛星。"《新唐書·天文志》："〔咸通十三年春〕有二星從天際而上，相從至中天，狀如旌旗乃隕。"《明憲宗實錄》："〔成化二十一年正月甲申朔〕申刻，有火光自中天少西下墜，化白氣，復曲折上騰，聲如雷，逾時，西方復有流星大如碗，赤色，自中天西行至近濁，尾迹化白氣，曲曲如蛇形，良久，正西轟轟如雷震地，須臾止。"《明武宗實錄》："〔正德七年六月丁卯〕山東招遠縣，夜有赤龍懸空，光如火，自西北轉東南，盤旋而上，天鼓隨鳴。"清光緒《江西通志》卷九八："〔道光二十九年八月二十日〕夜，見空中赤球大小五，綿亘不斷，墜而復上。"

散曜流星

散發光芒的流星。此稱清代已行用。清《臺灣采訪冊》："〔乾隆三十七年七月〕某夜，有星散曜，自西北而東南，入於銀河，光芒萬丈，河內大小星斗半在曜內，其色倍明。"清康熙《瓊山縣志》卷一二："〔崇禎十一年十一月初九〕天將曉，有紅光一圍，大如斗半，天北流而南，散爲長芒者三，炬光影射，聲如洪濤。"

迸裂流星

裂開而往外飛濺的流星。此稱清代已行用。清乾隆《吳縣志》卷二六："〔康熙六十一年七月初三〕黃昏，有白光迸裂，自東南至西北，長幾亘天，闊數里，內有星無數，光照暗室，壁上細字皆清朗可誦，轟然作聲，逾時乃止。"

雷鳴流星

指一種伴有響聲如雷的流星。此稱南北朝

時期已行用。《宋書·天文志》:"〔太安二年十一月辛巳〕有星晝隕中天,北下,有聲如雷。"《南齊書·天文志下》:"永元三年夜,天開黃色明照,須臾有物絳色如小甕,漸漸大如倉廩,聲隆隆如雷,墜太湖中,野雉皆雊。"《元史·天文志二》:"〔至正十九年正月癸丑〕流星如酒盂大,色赤,尾迹約長五尺餘,起自南河,沒於騰蛇,其星將沒,迸散隨落處有聲如雷。"清同治《會理州志》卷一二:"〔道光三十年十二月初九〕日方出時,忽如閃電,轟然有聲,空際有物,上尖下圓而色紅,向西飛去,響若迅雷。"

聲響流星

指一種伴有各種響聲的流星。此稱明代已行用。《明史·五行志二》:"〔弘治十三年七月甲寅〕南城縣空中有火,乍分乍合,流光下墜十餘丈,隱隱有聲,毀軍民廬舍。"《明孝宗實錄》卷一二四:"〔弘治十四年四月辛丑〕直隸阜平縣空中有火光一道,其長八九尺,大如輨軸,隱隱有聲,來自東南,至西南而墜。"崇禎《福安縣志》卷九:"〔嘉靖三十四年春〕流星如瓜,嘎嘎然從東南飛墜西北,長焰竟天。"清康熙《扶溝縣志》卷四:"〔嘉靖七年閏十月十四日〕五更,有星自天流觸於地,嘎然有聲,火光如晝,其形似龍,有頭角屈伸,少頃,自地復起,結爲大圈,闌參星於內,其旁小星皆隕,有光亦結小圈,至曙方滅。"清乾隆《潮州府志》卷一一:"〔嘉靖三十九年十一月〕有星如劍,橫亙西北,赤如血,聲如火,氣如烟。"清嘉慶《東昌府志》卷三:"〔順治九年正月〕三更,自西南有赤光,大如碾盤,聲如水鴨飛狀,往東北而去。"清孫之騄《二申野錄》卷三:

"〔弘治戊午六月〕泰順縣左忽有物橫空,狀如箕,尾如帚,色雜粉紫,長數丈,無首,吼若沈雷,從東北去。"嘉慶《松江府志》卷八〇:"〔萬曆二十年六月〕有火流於西北,有聲。"明陳槐《聞見漫錄》卷上:"〔嘉靖十二年十月丁亥〕泛海舟人云,三更後星墜如雨,繼而一紅火如斗大,有嚇喇聲。"《楓涇小志》卷一〇:"夜,流星滿天,自北至東南,唧唧有聲,終夜不息。"民國《高郵縣志·補遺》:"〔光緒十一年十月二十一〕日落後,流星滿天,俱自西南向東北。"民國《姚安縣志》卷六六:"〔宣統二年二月初二〕戌時,有火球大如車輪,自南而北,戛然有聲,星火噴發,流光四射眩目。"

電閃流星

墜落時像閃電一樣發出光亮的流星。此稱清代已行用。清康熙《山西通志》卷三〇:"〔順治元年五月八日〕天鼓鳴,自東南入西北,光如電。"清嘉慶《安仁縣志》卷一三:"〔嘉靖十四年十月甲寅〕夜,星明天淨,忽電光四閃。二鼓時,有大星起自天東,迅飛而西,尾有光焰,長百餘丈。"清道光《安岳縣志》卷一五:"〔道光十六年二月初四〕夜,二更,空中有火光,形如獸,墜入東方。"清同治《會理州志》卷一二:"〔道光三十年十二月初九〕日方出時,忽如閃電,轟然有聲,空際有物,上尖下圓而色紅,向西飛去。"清光緒《丹徒縣志》卷五八:"〔咸豐二年十二月〕初昏,有光如電,遙見火塊自空而下。"

流星頭

亦稱"流星首"。流星的頭部。此稱南北朝時期已行用。《宋書·天文志》:"〔元嘉七年十二月丙戌〕有流星頭如甕,尾長二十餘丈,大如數十斛船，赤色，有光照人面，從西行，經奎北大星南過，至東壁止。”又，“〔元嘉十年十月〕有流星頭如甕，尾長二十餘丈”。《魏書・天象志一》：“流星首如甕，長二十餘丈，大如數十斛船，色正赤，光燭人面，自天船及河，抵奎大星，及於壁。”清咸豐《棗陽縣志》卷一五：“〔道光五年〕有大星，頭如箕，身如龍，長十餘丈，自東而西，白光燭地。”清同治《當陽縣志》卷三：“〔道光六年二月晦〕有物首如懸帆，光赤，尾長丈餘，自東而西，旋没。”

【流星首】

即流星頭。此稱南北朝時期已行用。見該文。

流星頭角

長有犄角的流星的頭部。此稱清代已行用。清康熙《扶溝縣志》卷四：“〔嘉靖七年閏十月十四日〕五更，有星自天流觸於地，嘎然有聲，火光如晝，其形似龍，有頭角屈伸，少頃，自地復起，結爲大圈，闌參星於内，其旁小星皆隕，有光亦結小圈，至曙方滅。”

流星身

流星的身體部位。此稱清代已行用。清咸豐《棗陽縣志》卷一五：“〔道光五年〕有大星，頭如箕，身如龍，長十餘丈，自東而西，白光燭地。”

流星柄

流星身體的上方部位。此稱清代已行用。清乾隆《莊浪志略》卷一九：“〔嘉靖四十四年九月二十一日〕大星有柄，自東北飛隕西南，光如燃炬，須臾空中有聲。”清宣統《甘肅新通志》卷二：“〔光緒二十四年四月十三日〕夜，莊浪大星有柄，自東北飛隕西南，光如燃炬。”

流星光

亦稱“流星芒”“流星焰”。流星發射出的光芒。此稱明代已行用。《明太宗實錄》卷四四：“〔永樂三年七月甲午〕夜，有星如彈丸大，流五尺許，發光，如鷄子大，赤色，有尾，光燭地，出勾陳旁，西北行，至紫微西蕃外。”明崇禎《淮安府實錄備草》卷一八：“〔天啓六年七月十六日〕夜，火星芒長者丈餘，燭地，自東南亘西南。”崇禎《福安縣志》卷九：“〔嘉靖三十四年春〕流星如瓜，嘎嘎然從東南飛墜西北，長焰竟天。”

【流星芒】

即流星光。此稱明代已行用。見該文。

【流星焰】

即流星光。此稱明代已行用。見該文。

流星芒角

流星發出如同犄角般的光芒。此稱清代已行用。清康熙《錢塘縣志》卷一二：“〔康熙十年四月〕大星隕，星形如車輪，芒角四射，下帶數十小星，由西北趨東南，直過桐江，時天已黎明。”清同治《江夏縣志》卷八：“〔洪武十八年七月十四日〕夜，流星如甕，白色，少頃，大如屋，赤如炬，尾有芒角，有聲，没於西方。”

流星尾

流星的尾部。此稱南北朝時期已行用。《宋書・天文志》：“〔大明五年六月〕有流星白色，大如甌，出王良，西南行没天市中，尾長數十丈，没後餘光良久。”《南齊書・天文志》：“〔建元元年十月癸酉〕有流星大如三升甌，色白，尾長五丈，從南河東北二尺出，北行歷輿鬼西過，未至軒轅後星而没，没後餘中央，曲如車輪，俄頃化爲白雲，久乃滅。"清孫之騄《二申野録》卷三："〔弘治戊午六月〕泰順縣左忽有物横空，狀如箕，尾如帚，色雜粉紫，長數丈，無首，吼若沈雷，從東北去。"清康熙《贛州府志》卷一八："〔崇禎十七年十一月十一日〕申時，有流星大如缶，尾如炬，烟青白色，起東南，没西北，聲隱隱如雷。"清同治《當陽縣志》卷三："〔道光六年二月晦〕有物首如懸帆，光赤，尾長丈餘，自東而西，旋没。"

流星尾歧

流星如同枝杈般的尾部。此稱晉代已行用。《晉書·天文志》："〔永昌元年七月甲午〕有流星大如瓮，長百餘丈，青赤色，從西方來，尾分爲百餘歧，或散。"

流星尾焰

流星尾部的光焰。此稱清代已行用。清嘉慶《安仁縣志》卷一三："〔嘉靖十四年十月甲寅〕夜，星明天净，忽電光四閃。二鼓時，有大星起自天東，迅飛而西，尾有光焰，長百餘丈，聲如雷。"

流星尾迹

流星尾部消失後殘留的痕迹。此稱南北朝時期已行用。《魏書·天象志一》："〔永熙三年三月癸巳〕有奔星如三斛甕，起匏瓜，西流入市垣，有光燭地，迸流如珠，尾迹數丈，廣且三尺，凝著天，狀如蒼白雲，須臾屈曲蛇行。"《宋史·天文志十》："〔崇寧二年正月戊申〕星出未位，如金星，急流，至北河没，青白，有尾迹，明燭地。"《金史·天文志一》："〔大安元年正月辛丑〕飛星如火，起天市垣有，尾迹若赤龍之狀，移刻散。"《元史·天文志一》："流星起自勾陳，南至於大角傍，尾迹約三尺，化

爲白氣，聚於七公，南行，圓若車輪，微有鋭，經貫索滅。"《清史稿·天文志十四》："〔康熙八年九月乙卯〕流星如飲鍾。……出午位，色赤黄，入巳位，不著光，尾迹。"

天開

亦稱"天裂""天門開""天開眼""天睜眼"。流星出現時發出耀眼的光芒，天幕如同開裂。《舊五代史·湘陰公贇傳》："〔乾祐三年十一月〕嘗一日，天有白光一道自西來，照城中如晝，有聲如雷，時人謂之天裂。又有巨星墜於徐野，殷然有聲，或謂之天狗。"明談遷《棗林雜俎》卷四："〔萬曆戊子九月二十五日〕夜漏且盡，天門開，有火龍自東向北，又一龍相接掉尾，落數小星。"清康熙《沁州志》卷一："〔嘉靖三十六年二月十六〕夜二更，天鼓鳴，天開數丈，逾時乃合。"清康熙《清流縣志》卷一〇："〔崇禎十年六月二十四日〕夜，五更，天開眼，自西往東，光照人如明月，少頃，如電焰搖晃，一瞥即合。"清雍正《山西通志》卷一六三："沁州天鼓鳴，天裂數丈，光燭地，逾時乃合。"清嘉慶《廣西通志》卷一九七："〔嘉靖十六年九月二十三〕戌時，天開，光明奪目，少頃，有聲如雷者三。"民國《榮河縣志》卷一四："〔光緒十六年七月〕夜半，天有聲，自東北至西南，開一縫，寬二三尺，長數十丈，内有燈如電，形大如斗，忽縫合，映紅綫一條，俗稱呼爲天睜眼。"

【天裂】

即天開。此稱五代時期已行用。見該文。

【天門開】

即天開。此稱明代已行用。見該文。

【天開眼】

　　即天開。此稱清代已行用。見該文。

【天睜眼】

　　即天開。此稱近代已行用。見該文。

第二節　彗星考

　　彗星，是太陽系的一種特殊天體，由冰凍物質和塵埃組成，多運行以太陽爲焦點的拋物綫軌道或橢圓形軌道，當接近太陽時，會形成光尾，形似掃帚，故又稱"掃帚星"。橢圓軌道的彗星又叫周期彗星，拋物綫軌道的又叫非周期彗星。周期彗星又分爲短周期彗星和長周期彗星。一般彗星由彗頭和彗尾組成。彗頭包括彗核和彗髮兩部分，有的還有彗雲，彗尾多是稀薄的散漫形態。

　　我國古代對於彗星的形態已有研究，在長沙馬王堆西漢古墓出土的帛書上就畫有29幅彗星圖。在《晋書·天文志》上清楚地説明彗星不會發光，因反射太陽光而爲我們所見，且彗尾的方向背向太陽。彗星的體形龐大，但其質量却極小，就連大彗星的質量也不到地球的萬分之一。

　　今已經計算出600多顆彗星的軌道。彗星的軌道可能會受到行星的影響，産生變化。當彗星受行星影響而加速時，它的軌道將變扁，甚至成爲拋物綫或雙曲綫，從而使這顆彗星脱離太陽系；當彗星減速時，軌道的偏心率將變小，從而使長周期彗星變爲短周期彗星，

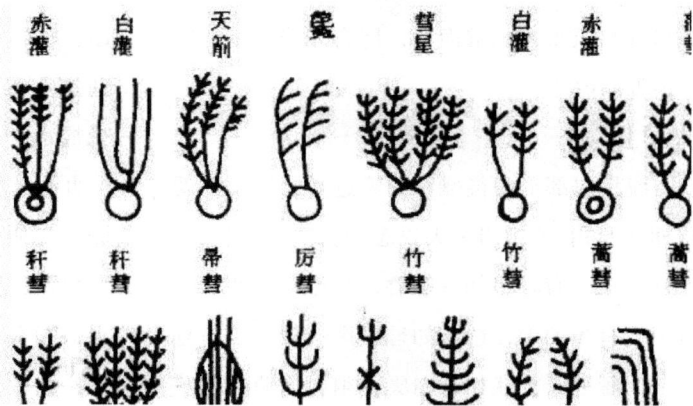

長沙馬王堆漢墓帛書彗星圖

甚至從非周期彗星變成周期彗星而被"捕獲"。彗星中知名度最高的當屬哈雷彗星，因英國物理學家愛德蒙·哈雷（1656—1742）首先測定其軌道數據并成功預言回歸時間而得名。哈雷彗星的運行周期約爲76年，在中國、古巴比倫和中世紀的歐洲都有這顆彗星出現的清楚記録，但是當時不知道這是同一顆彗星的再出現。據朱文鑫考證，我國古代對哈

雷彗星的記録，自秦始皇七年（前240）至清宣統二年（1910）共有29次，符合計算結果。古代受觀測條件限制，彗星被冠以各種各樣的名字。其突然在天空中出現，古人經常將其和新星、超新星混淆，因爲古人并不清楚是否有尾及是否在空中長距離移動是區分彗星與其他天文現象的重要標志。

本名及相關名稱辨析

彗星

彗，本是象形字。甲骨文象埽竹之形，基本字義爲埽帚。彗星是太陽系中小天體之一類。由冰凍物質和塵埃組成。當它靠近太陽時即爲可見。太陽的熱量使彗星物質蒸發，在冰核周圍形成朦朧的彗髮和一條稀薄物質流構成的彗尾，形狀絶大多數像掃帚，故稱之爲“彗”，俗稱“掃帚星”。彗星是進入太陽系內亮度和形狀會隨日距變化而變化的繞日運動天體，呈雲霧狀的獨特外貌。彗星的運行軌道多爲抛物綫或雙曲綫，少數爲橢圓。目前人們已發現繞太陽運行的彗星有1700多顆。著名的哈雷彗星繞太陽一周的時間約爲76年。此稱先秦時期已行用。《楚辭·少司命》：“登九天兮撫彗星，慫長劍兮擁幼艾。”《史記·十二諸侯年表》：“〔魯文公十四年〕彗星入北斗。”《淮南子·兵略訓》：“武王伐紂，東面而迎歲，至汜而水，至共頭而墜，彗星出而授殷人其柄。”注：“時有彗星柄在東方，可以掃西人也。”《論衡·異虛》：“晋文公將與楚成王戰於城濮，彗星出楚，楚操其柄。”《新唐書·則天皇后紀》：“有彗星出於西方。”宋丁謂《談録》：“真宗即位，有彗星見於東方，真宗恐懼。”明王鏊《震澤長語·象緯》：“正德初，彗星掃文昌。臺官曰：應在内閣。”

【彗】

即彗星。爲彗星最初稱謂。此名商代甲骨文已見之。郭沫若主編《甲骨文合集》32565：“且（祖）乙一牛。彗又（有）求（咎）。”《左傳·昭公十七年》：“彗所以除舊布新也。”孔穎達疏：“彗，埽篲也。篲所以埽去塵，彗星象之。”《宋書·天文志》：“〔永康元年十二月〕彗出牽牛之西，指天市。”《舊唐書·天文志下》：“齊景公時有彗星。晏子對曰：‘公穿池畏不深，築臺恐不高，行刑恐不重，是以彗爲誡耳。’景公懼而修德，十六日而星滅。”《舊唐書·天文志下》：“〔文明元年七月二十二日〕西方有彗，長丈餘，凡四十九日滅。”《舊唐書·文宗紀》：“〔開成二年二月丙午〕夜，彗出東方，長七尺，在危初，西指。”《宋會要輯稿》：“〔咸平元年正月十三〕彗出營室北，光芒尺餘。”“二十六日

彗星

彗星滅。"《宋史·天文志九》:"〔治平三年三月己未〕彗出營室,晨見東方,長七尺許,西南指危泊墳墓,漸東速行近日而伏。至辛巳,夕見西南,北有星無芒彗,益東方,別有白氣,一闊三尺許,貫紫微極星并房宿,首尾入濁,益東行,歷文昌、北斗貫尾。至壬午,星復有芒彗長丈餘,闊三尺餘,東北指,歷五車,白氣爲歧橫天,貫北河、五諸侯、軒轅、太極五帝坐內五諸侯及角、亢、氐、房宿。癸未,彗長丈五尺,星有彗氣如一升器,歷營宿至張,凡一十四舍,積六十七日,星氣孛皆滅。"

【天欃】[2]

即彗星。亦作"天攙""天毚",亦稱"欃槍""毚""攙槍""攙星""斬星"。古人認爲是凶星,主不吉。因"白氣光灼如槍",故稱。此稱先秦時期已行用。《爾雅·釋天》:"彗星爲欃槍。"《吕氏春秋·明理》:"其星有熒惑。有彗星,有天棓,有天欃……"陳奇猷校釋引范耕研曰:"按彗星、天棓、天欃……皆彗星也。"成書於戰國時期的馬王堆帛書《天文氣雜占》:"毚出,一邦亡。"漢劉安《淮南子·俶真訓》:"古人之處混冥之中……攙槍、衡杓之氣莫不彌靡,而不能爲害。"漢劉向《說苑·辨物》:"攙搶、彗孛、旬始、枉矢、蚩尤之旗,皆五星盈縮之所生也。"《史記·天官書》:"三月生天欃,長四丈,末兌。"張守節正義:"在西南,長四丈,銳。"三國魏曹植《武帝誄》:"攙搶北掃,舉不浹辰,紹遂奔北,河朔是賓。"《晋書·天文志中》:"妖星……五曰天欃。石氏曰:雲如牛狀。甘氏:本類星,末銳。巫咸曰:彗星出西方,長可二三丈,主捕制。"《隋書·天文志中》:"熒惑之精,流爲析旦……天攙……五曰

天攙,其狀白小,數動,是謂攙星,一名斬星。天攙主殺罰。"又,"天毚星在室宿中"。《新唐書·天文志二》:"〔景福元年十二月丙子〕天攙出於西南。己卯,化爲雲而没。"唐儲光羲《同張侍御宴北樓》詩:"軒后青丘埋獩貐,周王白羽掃攙槍。"宋文天祥《有感》詩:"夜凉看星斗,何處是欃槍。"明夏完淳《哀燕京》詩:"一出乾清翠華列,仰視欃槍大如月。"清康熙《江夏縣志》卷二二:"〔康熙二十年春〕天攙星見。"清道光《萬州志》卷七:"〔康熙七年正月二十四日〕昏,白氣見西方,蓋欃槍星也。白氣光灼如槍,以其末曲,不大害。""夕,白氣見西方,鄭俊曰:初昏,白氣光灼,尖直如槍,久而末勾乃漸化,連見三夕,蓋欃槍星也,惟末勾,故不爲害。"清同治《寧鄉縣志》卷二:"〔道光二十三年六月〕欃槍自西掃東,長竟天,月餘没。"清同治《崇仁縣志》卷一〇:"〔嘉慶十七年七月下旬〕欃槍星見於西方,由北而南,數月始没。"

【天攙】

　　同"天欃[2]"。此體隋代已行用。見該文。

【天毚】

　　同"天欃[2]"。此體隋代已行用。見該文。

【欃槍】

　　即天欃[2]。此稱秦漢時期已行用。見該文。

【毚】[2]

　　即天欃[2]。此稱先秦時期已行用。見該文。

【攙槍】

　　即天欃[2]。此稱三國時期已行用。見該文。

【攙星】

　　即天欃[2]。此稱隋代已行用。見該文。

【斬星】

即天欃[2]。此稱隋代已行用。見該文。

【欃星】

即天欃[2]。省稱"欃",亦稱"欃""天欃"。此稱先秦時期已行用。《管子·輕重丁》:"國有欃星,其君必辱。"《漢書·天文志》:"《石氏》:'欃、欃、棓、彗,異狀,其殃一也,必有破國亂君,伏死其辜,餘殃不盡。'"《晋書·天文志中》:"歲星之精,流爲天棓、天欃、天猾……"《隋書·天文志中》:"天欃,主捕制……或曰,如槍,左右鋭,長數丈。"元王逢《無題五首》之二:"天欃幾夜直鈎陳,車駕高秋重北巡。"清康熙《江山縣志》卷一〇:"〔康熙七年正月甲子〕酉時,天欃出西南,指東北,初長二丈,後至五六丈,數日始滅。"《清史稿·災異志四》:"〔康熙七年二月〕廣州有白氣如欃,長十餘丈,四十日乃滅。武邑夜白氣亘天,夜半始散。唐山見白氣亘天。"清同治《宜春縣志》卷一〇:"〔咸豐三年八月〕天欃星見西方,長丈許,十餘日始滅。"清光緒《黔江縣志》卷五:"〔光緒十一年夏〕天欃見東南,尾長丈餘。"清光緒《東光縣志》卷一一:"天欃見西南隅。"

【欃】[2]

"欃星"之省稱。此稱先秦時期已行用。見該文。

【欃】

即欃星。此稱先秦時期已行用。見該文。

【天欃】[2]

即欃星。此稱晋代已行用。見該文。

【長星】[2]

即彗星。人們視覺中的彗星,一般整個形象非常長大,故稱。此稱漢代已行用。《史記·孝景本紀》:"〔景帝三年正月乙巳〕長星出西方。"《漢書·文帝紀》:"〔文帝八年〕有長星出於東方。"《魏書·天象志》:"〔和平五年十一月〕長星出織女,色正白,彗之象也。"《隋書·煬帝紀》:"〔大業三年正月丙子〕長星竟天,出於東壁,二旬而止。"明談遷《國榷》卷八三:"〔天命三年九月二十九日〕夜,有長星見翼軫,色白,形如匹布,衡尺餘,長可二丈,凡十九日滅。"民國《德清縣新志》卷一三:"〔光緒九年八月〕長星見東南,形如匹練。"南朝宋劉義慶《世説新語·雅量》:"太元末,長星見。孝武心甚惡之。夜華林園中飲酒,舉杯屬星云:'長星,勸爾一杯酒,自古何時有萬歲天子!'"但據劉孝標等注,此處"長星"當爲"蓬星"之誤。參閲余嘉錫《世説新語箋疏》。

【帚星】

即彗星。亦稱"帚彗""掃星""埽星""埽帚星""埽把星"。因其尾曳光似掃帚,故稱。此稱晋代已行用。長沙馬王堆漢墓帛書《彗星占》:"帚彗,有内兵,年大熟。"《晋書·天文志中》:"妖星,一曰彗星,所謂掃星。本類星,末類彗,小者數寸,長或竟天,見則兵起,大水,主掃除,除舊布新……彗體無光,傅日而爲光,故夕見則東指,晨見則西指。"一本作"埽星"。又,"若星,帚星,若彗,竹彗,墻星,棜星,白蘿,皆太白之所生也"。明黄溥《閑中今古録摘抄》卷一:"景泰七年七月間,晝漏當申刻之末,彗星如洗帚狀,微見於西方,至酉刻以後,漸長如埽帚,人呼曰埽帚星,日既没,其長竟半天,如此兩月而滅。"清康熙《榆社縣志》卷一〇:"〔萬曆四十六年六月二十六日〕東南有帚星。"清乾隆《陳州府

志》卷三〇："〔天啓三年十二月〕彗星如埽帚，
每夜丑時，自東北向天中，兩月方退。"清同
治《金溪縣志》卷三五："〔咸豐十年六月〕彗
星見，白光一道如帚。又有星如環，西南角微
缺。"民國《續修安順府志初稿》："〔光緒七年〕
復見帚星，現於北方，月餘乃止。"民國《瀘水
志》卷二："〔宣統元年十月十八日〕午後七點
鐘，在西方出掃帚星，又名彗星。"民國合信
《天文略論·彗星論》："彗星爲怪異之星，有首
有尾，俗象其形而名之曰埽把星。"

【帚彗】

即帚星。此稱先秦時期已行用。見該文。

【掃星】

即帚星。此體晉代已行用。見該文。

【埽星】

即帚星。此體晉代已行用。見該文。

【埽帚星】

即帚星。此稱明代已行用。見該文。

【埽把星】

即帚星。此稱近代已行用。見該文。

【獸鳴星】

即彗星。因傳說其星見，獸皆鳴，故稱。
此稱漢代已行用。漢郭憲《洞冥記》卷三：
"〔漢〕武帝常見彗星……星出之夜，野獸皆鳴。
別說謂之獸鳴星。"

【天鋒星】

即彗星。省稱"天鋒"。因"彗象矛鋒"，
故稱。此稱晉代已行用。《晉書·天文志中》：
"妖星……十六曰天鋒。彗象矛鋒。天下從橫，
則天鋒星見。"清同治《瀏陽縣志》卷一四：
"〔咸豐十一年五月十六日既望〕妖星出北斗一
旁，指天市垣，或云天鋒星，蓋彗之象矛鋒者，

長十餘丈，六月初旬漸沒。"

【天鋒】[3]

"天鋒星"之省稱。此稱晉代已行用。見
該文。

【妖彗】

即彗星。古人認爲彗星預兆灾禍，如同妖
孽，故稱。常以喻敵寇。此稱唐代已行用。唐
穆員《驃騎大將軍劉公墓志銘》："偉哉段公，
與我同德，將滅妖彗，載清宸極。"明陳子龍
《平陵東》詩："炎精中爁妖彗紅，平陵松柏生
秋風。"清黃景仁《冬青樹引和謝皋羽別唐珏
韵》："杜宇啼碧千年枝，西來妖彗曳長尾。"

【披頭星】

即彗星。亦稱"髮星"。狀如披頭散髮的彗
星。彗星的形狀模模糊糊，輪廓不清晰，還拖
着一個不甚分明的尾巴，這尾巴很像一個哭泣
婦女的散亂頭髮。拉丁文的"彗星"一詞就是
從"頭髮"變來的。此稱唐代已潛用，明代已
行用。《新唐書·天文志》："〔景福元年五月〕
蚩尤旗見，初出有白彗，形如髮，長二尺許，
經數日，乃從中天下，如匹布，至地如蛇。"明
萬曆《開平縣志》卷二二："〔嘉靖七年六月〕
披頭星見。"清康熙《石城縣志》卷五："〔成化
三年〕披頭星出乾方，如芒帚。"清道光《崑山
新陽二縣志》卷三九："彗星見北斗旁，後漸移
向南，長而細，散如髮，經三月乃滅，或謂之
髮星。"

【髮星】

即披頭星。此稱清代已行用。見該文。

【毛頭星】

即彗星。因其頭有彗髮如毛頭，故稱。此
稱宋代已行用。《宣和遺事》前集："臣昨夜觀

察乾象，見毛頭星現於東方。"明沈鍊《莫割平人首》詩："毛頭星明太白高，朝來又報羌兵入。"

【簸箕星】[2]

即彗星。元高文秀《黑旋風》第一折："若有人將哥哥廝欺負，我和他兩白日便見那簸箕星。"

【火星】[4]

即彗星。因其光亮如火，故稱。此稱明代已行用。明天啓《淮安府志》卷二四："〔萬曆二年十二月〕火星守奎宿，有尾，光芒長丈餘，如彗星，一月乃散。"

【天矢星】[2]

即彗星。因該星如矢，故稱。此稱清代已行用。清光緒《松江府續志》卷三九："天矢星見於西北，五夜而滅。"清光緒《青浦縣志》卷二九："〔道光二十二年四月〕天矢星見於西南。"清光緒《奉賢縣志》卷二〇："〔道光二十七年六月〕每日晡後，有星如矢，高四五丈，至戍後没，凡三十餘日。"

【長尾星】

即彗星。彗星因爲有一個很長的尾巴（彗尾），故稱。此稱近代已行用。民國《藍山縣志》卷七："〔光緒二十九年六月〕某夕，彗星見，俗謂長尾星，約二丈，紅首綠身，由南向北，直射而下。"

孛星[2]

亦稱"星孛""水孛"。古指光芒强盛而尾短的芒氣四出的彗星。此稱先秦時期已行用。《開元占經》卷一八引戰國石申《石氏星表》曰："凡彗星有四名：一曰孛星，二曰拂星，三曰掃星，四名彗星，其狀不同。"《漢書·文帝紀》："孛星光芒短，其光四出蓬蓬孛孛也。"《漢書·成帝紀》："今孛星出於東井，朕甚懼焉。"又《文帝紀》"有長星出於東方"顔師古注引文穎曰："孛、彗、長三星，其占略同，然其形象小異。孛星光芒短，其光四出，蓬蓬孛孛也。彗星光芒長，參參如埽彗。長星光芒有一直指，或竟天，或十丈，或三丈，或二丈，無常也。"《漢書·五行志下》："北斗，人君象；孛星，亂臣類，篡殺之表也。"《漢書·五行志》："〔魯文公十四年七月〕有星孛，入於北斗。"《晋書·天文志中》："二曰孛星，彗之屬也。偏指曰彗，芒氣四出曰孛……晏子曰：'君若不改，孛星將出，彗星何懼乎！'由是言之，災甚於彗。"清康熙《詔安縣志》卷二："〔萬曆四年八月〕孛星見。"清乾隆《華亭縣志》卷一六："〔乾隆二年十一月二十八日〕星孛見於西方，月餘始滅。"清光緒《祥符縣志》卷二三："〔咸豐三年六月〕孛星見於西北，旬餘始滅。"清光緒《饒平縣志》卷一三："〔咸豐十一年五月二十七日〕有星孛於壬癸方，其色黯淡，烟長丈餘，自北斗前直射紫微垣，亥初落山。嗣後每夜必見，漸而短小，至六月二十八夜没。"民國《棗陽縣志》卷三三："〔光緒十五年四月〕有水孛見於翼軫之北，光白如練，長數丈，旬餘始滅。"

【星孛】

即孛星。此稱漢代已行用。見該文。

【水孛】

即孛星。此稱近代已行用。見該文。

【孛】[1]

"孛星"之省稱。此稱先秦時期已行用。《公羊傳·文公十四年》："孛者何？彗星也。"《晋書·文苑傳·伏滔》："昔妖星出於東南而弱楚以亡，飛孛横于天漢而劉安誅絶。"清乾隆《惠民縣志》卷三："〔乾隆十三年正月望〕孛犯太陰。"清同治《祁門縣志》卷三六："〔道光三十年〕孛見於南方。"

【孛星】

即孛星。亦稱"星孛""大孛"。孛，同"孛"。此體漢代已行用。《史記·齊太公世家》："孛星將出，彗星何懼乎？"又《天官書》："朝鮮之拔，星孛于河戍；兵征大宛，星孛招摇。"司馬貞索隱："即孛星也。"《文選·揚雄〈劇秦美新〉》："大孛經實，巨狄鬼信之妖發。"李善注："孛，彗星也。"《漢書·谷永傳》："山崩川潰，水泉踊出，妖孽並見，孛星耀光，饑饉薦臻，百姓短折，萬物夭傷。"顏師古注："孛，與孛同。"

【星孛】

即孛星。此稱漢代已行用。見該文。

【大孛】

即孛星。此稱漢代已行用。見該文。

小孛星

人們視覺中整個形體一般較小的彗星。此稱唐代已行用。《舊唐書·懿宗紀》："〔咸通十年十二月〕有小孛星氣經歷分野。"

白眚

省稱"眚"。舊時迷信，認爲白色鳥獸等突然出現是不祥之兆，古人常把彗星視爲不祥之物，故把白色彗星稱之爲"白眚""眚"。此稱漢代已行用。《漢書·五行志中之上》："金色白，故有白眚、白祥。"清咸豐《鄧川州志》卷五："《清史稿·災異志四》：凡恒暘、詩妖、毛蟲之孽，犬禍、金石之妖、白眚、白祥皆屬之于

金。"民國《潛山縣志》卷二九："〔道光二十三年三月〕有眚見於西南，形如白雲，闊如虹，長數丈，昏見於西南，凡十餘日没。"

【眚】[1]

"白眚"之省稱。此稱清代已行用。見該文。

哈雷彗星

亦稱"哈雷大彗星"。特指短周期彗星。因英國物理學家愛德蒙·哈雷（1656—1742）首先測定其軌道數據并成功預言回歸時間而得名。哈雷彗星的軌道周期爲 76.1 年，是唯一能用裸眼直接從地球看見的首顆有記録的短周期彗星，其他能以裸眼看見的彗星可能會更壯觀和更美麗，但那些都是數百、千年纔會出現一次的彗星。最遲在公元前 240 年，或公元前 466 年，在中國、古巴比倫和中世紀的歐洲都有這顆彗星出現的清楚紀録，但是當時不知道這是同一顆彗星的再出現。據朱文鑫考證：自秦始皇七年（前 240）至清宣統二年（1910），共有 29 次哈雷彗星記録，符合計算結果。中國人對哈雷彗星的記載，最早可上溯到殷商時代。《淮南子·兵略訓》："武王伐紂，東面而迎歲，至汜而水，至共頭而墜。彗星出，而授殷人其柄。時有彗星，柄在東方，可以掃西人也！"據張鈺哲推算，這是公元前 1057 年的哈雷彗星回歸的記録。更爲確切的哈雷彗星記録是公元前 613 年的"秋七月，有星孛入於北斗"（《春秋左傳·魯文公十四年》），這是世界上第一次關於哈雷彗星的確切記録。民國《德清縣新志》卷一三："〔宣統二年秋徂冬〕有長星見東南，西人名曰哈雷彗星。"此稱近代已行用。民國《華陰縣續志》卷八："〔宣統二年十月〕彗星夜見於西北者旬餘日，長丈餘，首南尾北，色紅如

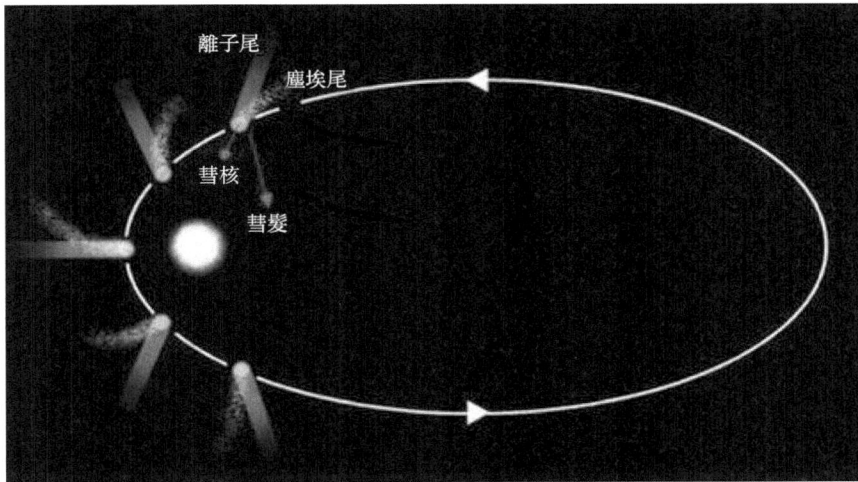

哈雷彗星繞日運行周期示意圖

火，其時報館考爲哈雷彗星云。"民國《横山縣志》卷二："〔宣統二年八月〕哈雷大彗星現於西北，狀如帚形，光亮丈餘，半月不没。"

【哈雷大彗星】

即哈雷彗星。此稱近現代已行用。見該文。

彗光

彗星的亮光。我國早在晋代就認識到彗星本身并不發光，慧光是因爲反射日光而成。此稱晋代已潜用。《晋書・天文志中》："史臣案：彗體無光，傅日而爲光，故夕見則東指，晨見則西指。在日南北，皆隨日光而指。"宋代已有記載。《宋會要輯稿・瑞異二》："〔端拱二年六月十八日〕彗見積水西，光芒長五尺，行拂右攝提星，至今月十九日隱大西方，計見四十日。"此稱明代已行用。明萬曆《秀水縣志》："〔洪武二十二年六月辛巳〕彗星見紫微側，在牛度九十分，色白，光約長丈餘，東南指，西北行。戊子，彗光埽上宰。七月乙卯滅。"明笪繼良《鉛書》卷一："〔嘉靖三十四年春〕彗光燭於北斗。"清康熙《靖州志》卷五："〔萬曆四十六年〕彗星見，狀如偃月刀，長三四丈，

見於東隅，自丑時出至日出没，其光燭天。"清光緒《福安縣志》卷三五："〔萬曆五年十月朔〕彗星見西南，形如雲氣，根開丈餘，中徑二三丈，長十餘丈，光拂東北，十一月望後始没。"

【彗芒】

即彗光。亦稱"芒彗""星芒"。彗星明亮的光芒。此稱五代時期已行用。《舊五代史・天文志》："〔顯德三年正月壬戌〕夜，有彗孛於參角，其芒指於東南。"《宋史・天文志九》："〔端拱二年七月丁亥〕客星出北河星西北，稍暗，微有芒彗，指西南。"《明英宗實録》卷一八六："〔正統十四年十二月壬子〕曉刻，彗星見於天市垣市樓星旁。癸丑曉刻，彗星見於尾十二度，色蒼白，芒長尺餘，埽正西。乙卯曉刻，彗星見於尾十一度，長二尺餘。丙辰曉刻，彗星見尾宿十一度，西行，至乙亥夜不見。"清葉夢珠《閲世編》卷一："〔康熙三年十一月初五〕夜半，彗星出東南，上指數丈，光芒如帚，至十四日辛丑，彗芒下指東北，直至月終，漸縮而光淡。"清光緒《崑新兩縣續修合志》卷五一："〔同治十三年秋〕有星芒起自西北方，

光衝北斗。"

【芒彗】

即彗芒。此稱宋代已行用。見該文。

【星芒】

即彗芒。此稱清代已行用。見該文。

【芒氣】

即彗光。亦作"芒烟"。彗星的光芒呈雲霧狀，如氣如烟，故言。此稱宋代已行用。《宋史・天文志》："〔景祐元年十二月己未〕夜，有星出外屏，有芒氣。"清康熙《漳浦縣志》卷四："〔康熙十四年三月〕彗星屢見。夜昏有白氣見東南，芒烟射斗。"

【芒烟】

即芒氣。此稱清代已行用。見該文。

【芒炎】

即彗光。亦作"芒焰"。彗星的光芒如同炎熱的光焰，故言。此稱漢代已行用。《漢書・天文志九》："〔地節元年六月丙寅〕又有客星見貫索東北，南行，至七月癸酉夜入天市，芒炎東南指，其色白。"明崔嘉祥《崔鳴吾紀事》："彗星見於尾箕，長十餘丈，光蔽南斗，芒焰如旗旆然，凡四十餘日而滅。……此星色赤而特長，殆非彗字，乃拖練星也。"

【芒焰】

即芒炎。此稱明代已行用。見該文。

【芒角】[1]

即彗光。亦稱"鋒芒""鋒焰"。彗光强烈刺眼，如有鋒角。此稱宋代已行用。《宋史・天文志》："〔景定五年七月甲戌〕彗星見于柳，芒角燭天，長十餘丈，日高方斂，凡月餘。己卯，退行見于輿鬼。辛巳，在井。丙申見于參。戊戌在參宿度内。八月末，光芒稍减，凡四月

乃滅。"明天啓《平湖縣志》卷一八："〔萬曆四十六年十月〕三鼓後，東北方有白光一道，直衝西南，亘數十丈，形如刀劍，鋒芒可畏，天明方隱，如是者經月。"《明宣宗實録》："〔宣德六年四月戊戌〕昏刻，彗出東井，芒角蓬勃，長五尺餘。"清同治《續蕭縣志》卷一八："〔同治十三年五月十六日〕夕，彗星見紫微内六甲星之左，十九日侵左垣上衛星東偏，光長三度，色淡白，首鋭末散。其行斜對上台，每日行不足二度，光漸長至五度，鋒焰掃内階、三師、文昌、軒轅，十餘日後入地平下，光滅不見。"

【鋒芒】

即芒角。此稱明代已行用。見該文。

【鋒焰】

即芒角。此稱清代已行用。見該文。

彗體

彗星的形體，分爲彗核、彗髮、彗尾三部分，有的還有彗雲。其中彗核和彗髮兩部分構成了彗頭，一條稀薄的物質流構成了彗尾。此稱清代已行用。《清朝文獻通考》卷二六七："〔康熙三年十月己未朔〕彗星見東南方，其體微小，在軫宿右轄星旁，丁卯，見東方，尾迹長七寸餘，蒼色，指西南。丁亥，逆行西南，其體漸大，尾迹長三尺餘，指西北，在翼宿。十一月戊戌，尾迹長五尺餘，指北，在張宿。庚子，在井宿。癸卯，逆行西北，在昴宿。乙巳，尾指東，在胃宿。庚戌在婁宿。""十二月壬戌，彗星移奎宿，其體漸小。四年正月癸巳，不復見。二月己巳，復見東南方，其體微小，在女宿。甲戌，見東北，尾迹長七寸餘，蒼白色，指西南。丁丑，尾迹長一尺餘，在虛宿。辛巳，其體漸大，尾迹長八尺餘，在室宿。乙

酉，尾迹長五尺餘，在壁宿。"《清朝通志·災祥略》："〔乾隆二十四年三月甲午〕彗星見於虛宿之次，其色蒼白，尾迹長尺餘，指西南，每夜順行，十餘日伏不見。四月戊辰，復出西南方，在張宿第二星之上，體勢甚微，向東順行，至五月初仍隱伏。"又，"彗星見奎壁之中，距奎宿第二星二度，體如彈丸，其色黄，尾迹長尺餘，每夜向西逆行，由戌宮至亥宮"。清康熙《武鄉縣志》卷四："〔康熙十九年十一月丙辰朔〕自酉至戌白氣如彗，其長竟天，狀如大帶，自西南起直抵銀漢，漸西流至北而化。初四日，根粗梢細，有黄光，中有青氣一道。初五，根連一小昏星。初九，色淡白，梢又上星。至十五日更細小，將至天中，星却明亮。其後隱現不時，短長迭變，歷五十餘日而化。"

彗首

亦稱"彗頭"。彗星是由彗核、彗髮、彗尾三大部分組成。其中彗核和彗髮兩部分構成了彗首。此稱清代已行用。清順治《六合縣志》卷八："〔泰昌元年〕蚩尤旗見，圓削而長二十餘丈，首巨尾細，白光凝雲若縣刃然，逾半月始隱。"清康熙《諸城縣志》卷九："彗星見，

首東尾西，半月後東西亘天者數夜，光芒燭地，約四五十日後方没。"清合信《天文略論·彗星論》："彗星爲怪異之星，有首有尾，俗象其形而名之曰埽把星。"清乾隆《潮州府志》卷一一："彗星見西南，倏變白虹，長數丈，兩頭皆鋭。十三、十四等日又一星吐白芒，橫亘天中，久而不滅。"民國《順寧縣志初稿》卷三："〔宣統三年二月〕彗星見，月初午後六時，即現於西方，或三顆，白霞如鵝毛。中旬後，夜半見一顆星，頭東南，大如月，尾則直射西北，彌空碎瓊，光耀黑夜如白晝，漸向西北移，七夜後始不見。"

【彗頭】

即彗首。此稱清代已行用。見該文。

彗柄

彗尾以上的部分。此稱漢代已行用。《淮南子·兵略訓》："武王伐紂，東面而迎歲，至氾而水，至共頭而墜，彗星出而授殷人其柄。"注："時有彗星柄在東方，可以掃西人也。"《論衡·異虛》："晉文公將與楚成王戰於城濮，彗星出楚，楚操其柄。"清乾隆《長治縣志》卷二一："〔康熙十五年十月〕彗星四鼓時柄，在

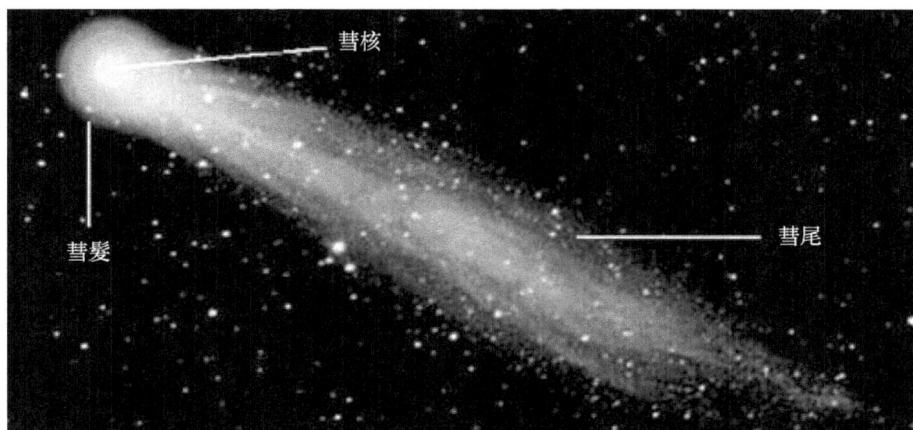

彗星彗體示意圖

東南。"

彗柄首

彗尾以上直至彗首。此稱清代已行用。清康熙《臨川縣志》卷三〇："〔萬曆四十六年秋〕夜半，有星如靈谷之東，柄首一星大與金木同體，尾噴小星數萬如帚。"

彗中

彗星中間的部分。此稱清代已行用。清光緒《福安縣志》卷三五："〔萬曆五年十月朔〕彗星見西南，形如雲氣，根開丈餘，中徑二三丈，長十餘丈，光拂東北，十一月望後始没。"

彗根

彗星根部，彗尾上端的部分。此稱清代已行用。清康熙《武鄉縣志》卷四："〔康熙十九年十一月丙辰朔〕自酉至戌白氣如彗，其長竟天，狀如大帶，自西南起直抵銀漢，漸西流至北而化。初四日，根粗梢細，有黃光，中有青氣一道。初五，根連一小昏星。初九，色淡白，梢又上星。至十五日更細小，將至天中，星却明亮。其後隱現不時，短長迭變，歷五十餘日而化。"清嘉慶《直隸太倉州志》卷五八："〔康熙十九年十一月初二日〕西方白氣亘天，長數丈，根有一星，一更盡始散。"

根芒

彗尾上端部分的光芒。根，即彗星根部。此稱清代已行用。清毛祥麟《對山書屋墨餘錄》卷八："〔咸豐十一年五月二十六日〕定更時，斗杓東有白氣亘天，形如匹練，南衝天河，東折若旗，疑即所謂蚩尤旗者。越夕，天無纖雲，見一星如卵，起紫微垣斗筐下，與杓相直，三鼓後，斗轉西旋，此星亦隨之而落。後夜移前丈許，根芒蓬勃，其梢微銳，直至六月二十後

始滅。"

彗髮

指彗核之後彗尾之前狀如散髮的部分。此稱唐代已行用。《新唐書·天文志》："〔景福元年五月〕蚩尤旗見，初出有白彗，形如髮，長二尺許，經數日，乃從中天下，如匹布，至地如蛇。"參見"髮星"文。

彗尾

亦稱"彗末""彗梢"。彗星的尾部。當彗星接近恒星時，彗星物質升華，在冰核周圍形成一條由稀薄物質流構成的尾巴。由於太陽風的壓力，這尾巴總是指向背離太陽的方向，形成一條很長的彗尾。此稱五代時期已行用。《舊五代史·天文志》："〔天福八年十月庚戌〕夜，有彗見於東方，西指，尾長一丈，在角九度。"《明神宗實錄》："〔萬曆四十七年正月杪〕彗星見東方，長數百尺，月下射射，末曲而銳，未幾而見於東北方，又未幾見於西。"清順治《六合縣志》卷八："〔泰昌元年〕蚩尤旗見，圓削而長二十餘丈，首巨尾細，白光凝雲若縣刃然，逾半月始隱。"清康熙《徐聞縣志》卷一："〔康熙七年二月二十四日〕白氣見西方。初昏白氣光灼，尖直如槍，久而不幻，乃漸化。連見三昏，蓋欃槍是也，末曲。"清康熙《武鄉縣志》卷四："〔康熙十九年十一月丙辰朔〕自酉至戌白氣如彗，其長竟天，狀如大帶，自西南起直抵銀漢，漸西流至北而化。初四日，根粗梢細，有黃光，中有青氣一道。初五，根連一小昏星。初九，色淡白，梢又上星。至十五日更細小，將至天中，星却明亮。其後隱現不時，短長迭變，歷五十餘日而化。"清康熙《諸城縣志》卷九："彗星見，首東尾西，半月後東西亘天者數

夜，光芒燭地，約四五十日後方没。”清康熙
《臨川縣志》卷三〇：“〔萬曆四十六年秋〕夜
半，有星如靈谷之東，柄首一星大與金、木同，
體尾噴小星數萬如帚。”

【彗末】

即彗尾。此稱明代已行用。見該文。

【彗梢】

即彗尾。此稱清代已行用。見該文。

多彗同出

多數量、多方位的彗星同時出現，光亮如
同白日。此稱清代已行用。清康熙《臨川縣志》
卷三〇：“〔萬曆四十六年秋〕夜半，有星如靈
谷之東，柄首一星大與金、木同，體尾噴小星
數萬如帚。”清光緒《銅仁府志》卷一：“〔光緒
七年七月〕彗星二，一見西北，一見天中。”清
光緒《黃岡縣志》卷二四：“〔光緒七年夏〕彗
星兩見，一酉刻見北方，一亥刻見東北方。”光
緒《嶧縣志》卷一五：“〔咸豐九年〕彗星見南
方，彗星見火上，大小數十。”民國《順寧縣志
初稿》卷三：“〔宣統三年二月〕彗星見，月初
午後六時，即現於西方，或二顆，或三顆，白
霞如鵝毛。中旬後，夜半見一顆星，頭東南，
大如月，尾則直射西北，彌空碎瓊，光耀黑夜
如白晝，漸向西北移，七夜後始不見。”民國
《續修陝西省通志稿》卷一九九：“〔宣統三年〕
三彗並出。”

妖星[3]

亦作“祅星”，亦稱“孽星”“妖精”。古代
占星術對預兆災禍之星的統稱。種類、名稱有
幾十種之多。多爲彗星、客星、流星之類，如
彗星、孛星、天棓等。此稱先秦時期已行用。
《左傳·昭公十年》：“居其維首，而有妖星焉。”

《晏子春秋·諫上二十一》：“是以列舍無次，變
星有芒，熒惑回逆，孽星在旁，有賢不用，安
得不亡？”張純一校注：“孽星，猶《太平御
覽·天部七》之言祅星。”《漢書·天文志》：
“祅星，不出三年，其下有軍，及失地，若國君
喪。”北周庾信《哀江南賦》：“沴氣朝浮，妖精
夜殞。”倪璠注引《南史·梁元帝紀》：“及魏軍
至柵，是夜有流星墜城中。”

【祅星】[2]

同“妖星[3]”。此體漢代已行用。見該文。

【孽星】

即妖星[3]。此稱先秦時期已行用。見該文。

【妖精】

即妖星[3]。精，指星。此稱南北朝時期已行
用。見該文。

【賊星】[2]

即妖星[3]。今俗指流星。此稱先秦時期已
行用。《呂氏春秋·明理》：“其星有熒惑，有彗
星……有賊星。”《淮南子·原道訓》：“虹蜺不
出，賊星不行，今德之所致也。”高誘注：“賊
星，妖星也。”

客星[2]

古代對天空中所有新出現的星的統稱。多指
新星、超新星與彗星，偶亦包括流星、激光等有
關天象。這類物體如同客人一樣，出現於其他星
辰之間，故有此稱。此稱漢代已行用。《史記·天
官書》：“客星出天廷，有奇令。”舊題唐李淳
風《觀象玩占》：“客星，非常之星，其出也無恒
時，其居也無定所，忽見忽沒，或行或止，不
可推算，寓於星辰之間如客，故謂之客星。”《遼
史·道宗紀》：“咸雍元年……八月丙申，客星犯
天廟，詔諸路備盜賊，嚴火禁。”

异星[3]

怪異之星。古人認爲是凶星，主不吉。此稱明代已行用。《明英宗實錄》："〔天順五年六月壬辰〕夜，天市垣宗正星旁有異星見，色粉白，至乙未夜，化爲白氣而消。"清康熙《懷來縣志》卷二："異星見西南，歷尾箕而進，光芒長亘天，狀若練氣。"

概稱通覽

旬始

彗星、客星之類。舊謂主凶。此稱先秦時期已行用。《楚辭・遠游》："集重陽入帝宫兮，造旬始而觀清都。"《史記・天官書》："旬始，出於北斗旁，狀如雄鷄。其怒，青黑，象伏鼈。"《晋書・天文志中》："妖星……十五旬始。"又，"黄彗分爲旬始，爲立主之題，主亂，主招横。見則臣亂兵作，諸侯虐"。南朝梁江淹《爲蕭驃騎讓太尉增封第二表》："實賴藩伯鞠旅，侯甸入守，櫼檜、旬始，烟袪霧卷。"

赤矛

彗星、客星之類。舊謂主吉。爲瑞星之一種。此稱先秦時期已行用。《太平御覽》卷七引先秦佚名《尚書帝命驗》："有人雄起，戴玉英，履赤矛。"又引鄭玄注："赤矛，瑞星名。"

周伯星[2]

亦稱"周伯"。彗星、客星之類。舊説主吉，亦説主凶。此稱先秦時期已行用。先秦佚名《大乙占》："王者製禮作樂，内外得宜，群上壽考，國祚大昌，則周伯星出。"《晋書・天文志中》："瑞星……二曰周伯星，黄色，煌煌然，所見之國大昌。"《宋史・天文志五》："客星有五……周伯，大而黄，煌煌然，所見之國兵喪，飢饉，民庶流亡。"明桑悦《客星亭記》："客星有曰周伯……凡有所犯，無不菑凶。"

【周伯】[2]

即周伯星。此稱宋代已行用。見該文。

景星[2]

亦稱"瑞星""德星"。彗星、流星之類。舊謂主吉祥瑞德，故稱。此稱先秦時期已行用。《文子・精誠》："故精誠而内形氣動於天，景星見，黄龍下。"《史記・天官書》："天精而見景星。景星者，德星也。其狀無常，常出於有道之國。"南朝梁江淹《爲蕭重讓尚書敦勸表》："故琴瑟徒鳴，不傳廣樂之響；燈爐空舉，焉續景星之耀。"《宋史・天文志五》："景星，德星也，一曰瑞星，如半月，生於晦朔，大而中空，其名各異。"

【瑞星】[2]

即景星[2]。此稱宋代已行用。見該文。

【德星】[3]

即景星[2]。此稱漢代已行用。見該文。

天翟

亦稱"翟星"。彗星、客星之類。此稱漢代已行用。先秦成書之馬王堆帛書《天文氣象雜占》："翟星，出日（春），見熟孰夏。"顧鐵符注："翟，山雉尾之長者。京房《風角書》作天翟。"參見本卷《流彗隕石説・彗星考》"天上"文。

【翟星】

即天翟。此稱先秦時期已行用。見該文。

五殘星

亦稱“五殘”“五鋒”“五鑦”。彗星、客星
之類。舊謂主凶。此稱漢代已行用。《史記·天
官書》：“五殘星，出正東東方之野。其星狀類
辰星，去地可六丈。”唐張守節正義：“五殘，
一名五鋒，出正東東方之分野……見則五分毀
敗之徵，大臣誅亡之象。”《晋書·天文志中》：
“妖星……十二曰五殘，一名五鑦，出正東東方
之星。”

【五殘】

即五殘星。此稱晋代已行用。見該文。

【五鋒】

即五殘星。此稱唐代已行用。見該文。

【五鑦】

即五殘星。此稱晋代已行用。見該文。

四填星

省稱“四填”。填，通“鎮”。彗星、客星
之類。此稱漢代已行用。《史記·天官書》：“四
填星，所出四隅，去地可四丈。”《晋書·天
文志中》：“妖星……二十曰四填，星出四隅，去
地六丈餘，或曰可四丈。或曰星大而赤，去地
二丈，常以夜半時出。見，十月而兵起，皆爲
兵起其下。”

【四填】

“四填星”之省稱。此稱晋代已行用。見
該文。

司危星

省稱“司危”，亦稱“司詭星”。彗星、客
星之類。此稱漢代已行用。《史記·天官書》：
“司危星，出正西西方之野。星去地可六丈，大

而白，類太白。”《漢書·天文志》作“司詭
星”。《晋書·天文志中》：“妖星……十曰司危，
如太白，有目。或曰，出正西，西方之野星，
去地可六丈，大而白。或曰，大而有毛，兩
角。”

【司詭】

“司詭星”之省稱。此稱晋代已行用。見
該文。

【司詭星】

即司危星。此稱漢代已行用。見該文。

地維咸光

亦稱“地維臧光”“地維藏光”。彗星、客
星之類。此稱漢代已行用。《史記·天官書》：
“地維咸光，亦出四隅，去地可三丈，若月始
出。所見，下有亂；亂者亡，有德者昌。”《漢
書·天文志》作“地維臧光”，《晋書·天文志
中》作“地維藏光”。《隋書·天文志中》：“雜
妖……六曰地維咸光。地維臧光者，五行之氣，
出於四季土之氣也。”

【地維臧光】

即地維咸光。此稱漢代已行用。見該文。

【地維藏光】

即地維咸光。此稱晋代已行用。見該文。

若彗

彗星、客星之類。此稱先秦時期已行用。
馬王堆帛書《天文氣象雜占》顧鐵符注疑爲
“苦慧”之誤。參見本卷《流彗隕石説·彗星
考》“若星”文。

彗孛

亦稱“孛彗”“彗勃”。彗星、孛星之類。
古代以爲彗、孛不同，彗有一長尾，孛則光芒
四射。此稱漢代已行用。《漢書·天文志》：“彗

孛飛流，日月薄食。"漢黃香《九宮賦》："彗勃佛仿以梢擊。"三國蜀諸葛亮《心書》："日月清明，五星合度，孛彗不殃，風氣調和。"《舊唐書·方技傳·孫思邈》："故五緯盈縮，星辰錯行，日月薄蝕，孛彗飛流，此天地之危診也。"唐楊炯《唐上騎都尉高君神道碑》："若夫皇天失紀，彗孛飛流，后土不綱，山河崩竭。"宋張擴《聽宣麻》詩："謾說星辰猶孛彗，不妨豪傑會風雲。"

【孛彗】

即彗孛。此稱三國時期已行用。見該文。

【彗勃】

即彗孛。此體漢代已行用。見該文。

國皇

彗星、流星之類。此稱漢代已行用。《史記·天官書》："國皇星，大而赤，狀類南極。所出，其下起兵，兵強。"《晉書·天文志中》："妖星……八曰國皇，大而赤，類南極老人星。或曰，去地一二丈，如炬火，主內寇內難。或曰，其下起兵，兵強。"

賁星

亦作"濆星"。彗星、流星之類。賁，同"奔"。此稱漢代已行用。《淮南子·天文訓》："蠲珥絲而商弦絕，賁星墜而勃海決。"高誘注："賁星，客星也。又作孛星。"劉文典集解引陶方琦云："孛，即奔字之誤。奔、賁古字通。"馬王堆帛書《天文氣象雜占》："濆星出，天下興兵。"顧鐵符注："濆、賁，音同通假。"

【濆星】

同"賁星"。此體先秦時期已行用。見該文。

墙星

亦作"瘤星"。彗星、流星之類。此稱漢代已行用。馬王堆漢墓帛書《天文氣象雜占》："瘤星，小戰三，大戰七。"顧鐵符注："瘤，疑讀爲蔣，圖形似之。京房《風角書》作墙星。"

【瘤星】

同"墙星"。此體先秦時期已行用。見該文。

獄漢星

省稱"獄漢"，亦稱"咸漢"。彗星、流星之類。舊謂主凶。此稱漢代已行用。《史記·天官書》："獄漢星，出正北北方之野，星去地可六丈，大而赤，數動，察之中青。"《漢書·天文志》作"咸漢"。《晉書·天文志中》："妖星……十四曰獄漢，一名咸漢。主逐王，主刺王。出則陰精橫，兵起其下。又爲喪，動則諸侯驚。"

【獄漢】

"獄漢星"之省稱。此稱晉代已行用。見該文。

【咸漢】

即獄漢星。此稱漢代已行用。見該文。

天上

彗星、客星之類。此稱晉代已行用。《晉書·天文志中》："天上、天伐、從星、天樞、天翟、天沸、荆彗，皆填星所生也。出在戊寅日，有兩黃方在其旁。"《隋書·天文志中》同此。

天伐

彗星、客星之類。此稱晉代已行用。見"天上"文。

天沸

彗星、客星之類。此稱晉代已行用。見"天上"文。

天樞[4]

　　彗星、客星之類。此稱晉代已行用。見"天上"文。

荆彗

　　星名。彗星、客星之類。此稱晉代已行用。見"天上"文。

從星

　　彗星、客星之類。此稱晉代已行用。見"天上"文。

天美

　　彗星、客星之類。此稱晉代已行用。《晉書・天文志中》："天美、天欃、天杜、天麻、天林、天蒿、端下，皆辰星之所生也。出以壬寅日，有兩黑方在其旁。"《隋書・天文志中》："天美星生壁宿中，天欒星生室宿中，天杜星生危宿中，天麻星生虚宿中，天林星生女宿中，天高星生牛宿中，端下星生斗星中，皆辰星之所生也。"

天杜

　　彗星、客星之類。此稱晉代已行用。見"天美"文。

天林

　　彗星、客星之類。此稱晉代已行用。見"天美"文。

天麻

　　彗星、客星之類。此稱晉代已行用。見"天美"文。

端下

　　彗星、客星之類。此稱晉代已行用。見"天美"文。

天蒿

　　亦作"天高"，亦稱"蒿彗"。彗星、客

星之類。此稱漢代已行用。先秦成書之馬王堆帛書《天文氣象雜占》："蒿彗，兵起，軍几（飢）。"顧鐵符注："蒿彗，京房《風角書》作天蒿。蒿，青蒿，菊科植物。"《隋書・天文志中》："天高星生牛宿中。"

【天高】[4]

　　同"天蒿"。此體隋代已行用。見該文。

【蒿彗】

　　即天蒿。此稱先秦時期已行用。見該文。

天根[3]

　　彗星、客星之類。此稱晉代已行用。《晉書・天文志中》："天槍、天根、天荆、真若、天榱、天樓、天垣，皆歲星所生也。見以甲寅，其星咸有兩青方在其旁。"《隋書・天文志中》："天槍星生箕宿中，天根星生尾宿中，天荆星生心宿中，真若星生房宿中，天榱星生氐宿中，天樓星生亢宿中，天垣星生左角宿中。皆歲星所生也。"

天垣

　　彗星、客星之類。此稱晉代已行用。見"天根"文。

天荆

　　彗星、客星之類。此稱晉代已行用。見"天根"文。

天榱

　　彗星、客星之類。此稱晉代已行用。見"天根"文。

天樓

　　彗星、客星之類。此稱晉代已行用。見"天根"文。

真若

　　彗星、客星之類。此稱晉代已行用。見

"天根"文。

天陰 [2]

彗星、客星之類。此稱晉代已行用。《晉書・天文志中》："天陰、晉若、官張、天惑、天崔、赤若、蚩尤，皆熒惑之所生也。出在丙寅日，有兩赤方在其旁。"《隋書・天文志中》："天陰星生軫宿中，晉若星生翼宿中，官張星生張宿中，天惑星生七宿中，天雀星生柳宿中，赤若星生鬼宿中，蚩尤星生井宿中，皆熒惑之所生也。"

天惑

彗星、客星之類。此稱晉代已行用。見"天陰"文。

天崔

亦稱"天雀"。彗星、客星之類。此稱晉代已行用。見"天陰"文。

【天雀】

即天崔。此稱隋代已行用。見該文。

赤若

彗星、客星之類。此稱晉代已行用。見"天陰"文。

官張

彗星、客星之類。此稱晉代已行用。見"天陰"文。

晉若

彗星、客星之類。此稱晉代已行用。見"天陰"文。

白星

彗星、客星之類。舊謂主凶。此稱隋代已行用。《隋書・天文志中》："雜妖……十三曰白星。有如星非星，狀如削瓜，有勝兵，名曰白星。白星出，爲男喪。"

若星

彗星、客星之類。此稱晉代已行用。《晉書・天文志中》："若星、帚星、若彗、竹彗、墻星、樣星、白蘿，皆太白之所生也。出在庚寅日，有兩白方在其旁。"《隋書・天文志中》："若星生參宿中，帚星生觜宿中，若彗星生畢宿中，竹彗星生昴宿中，墻星生胃宿中，樣星生婁宿中，白蘿星生奎宿中，皆太白之所生也。出在庚寅日，有兩白方在其旁。"

樣星

彗星、客星之類。此稱晉代已行用。見"若星"文。

昏昌

彗星、客星之類。舊謂主凶。此稱隋代已行用。《隋書・天文志中》："雜妖……十一曰昏昌。有星出西北，氣青赤以環之，中赤外青，名曰昏昌，見則天下之兵起，國易政。"

莘星

彗星、客星之類。舊謂主凶。此稱隋代已行用。《隋書・天文志中》："雜妖……十二曰莘星。有星出西北，狀如有環二，名山勤。一星見則諸侯有失地，西北國。"

菀昌

彗星、流星之類。舊謂主凶。此稱隋代已行用。《隋書・天文志中》："雜妖……十四曰菀昌。西北菀昌之星，有赤青環之，有殃，有青爲水。此星見，則天下改易。"

端星

彗星、流星之類。舊謂主凶。此稱隋代已行用。《隋書・天文志中》："雜妖……十曰端星。端星者，五星氣合之變，出與金木水火合於四隅。又四隅有星，大而赤，察之中黃，數動，長可四丈。此土之氣，效於四季，名曰四隅端星，所出，兵大起。”元袁桷《海潮圖》詩：“銀潢清淺瑞星輝，的的秋光下紫微。”

積陵

彗星、流星之類。舊謂主凶。此稱隋代已行用。《隋書·天文志中》：“雜妖……九曰積陵。積陵者，五星氣合之變，出西北，金水氣合也。又曰，西南有星，長三丈，名曰積陵，見則天下隕霜，兵大起，五穀不成，人飢。”

濛星

亦稱“刀星”。彗星、流星之類。舊謂主凶。此稱隋代已行用。《隋書·天文志中》：“雜妖……十七曰濛星，夜有赤氣如牙旗，長短四面，西南最多。又曰刀星，亂之象。又曰，遍天薄雲，四方生赤黃氣，長三尺，乍見乍没，尋皆消滅。又曰，刀星見，天下有兵，戰鬥流血。”

【刀星】[1]

即濛星。此稱隋代已行用。見該文。

種類總述

天杵

彗星之一種。此稱先秦時期已行用。《晉書·天文志中》引先秦佚名《河圖》曰：“太白散爲天杵、天附、伏靈、大敗、司奸、天狗、天殘、卒起、白彗。”《隋書·天文志中》：“一曰天杵，主牂羊。”

白彗

彗星之一種。其色白亮，故稱。此稱先秦已行用。見“天杵”文。

天猾

彗星之一種。言其凶猾。此稱先秦時期已行用。《晉書·天文志中》引先秦佚名《河圖》曰：“歲星之精，流爲天棓、天槍、天猾、天衝、國皇、反登、蒼彗。”《隋書·天文志中》：“天猾，主招亂，又曰，人主自恣，逆天暴物，則天猾起。”

蒼彗

彗星之一種。其色青蒼，故稱。此稱先秦時期已行用。見“天猾”文。

天竹

彗星之一種。因狀似降竹，故稱。此稱先秦時期已行用。《吕氏春秋·明理》：“其星有熒惑，有彗星，有天棓，有天欃，有天竹，有天英，有天干，有賊星，有鬥星，有賓星。”陳奇猷校釋引范耕研曰：“按彗星、天棓、天欃、天竹、天英、天干、賊星、賓星諸名，皆彗星也。以其狀不同，各賦以異名也。”

天干

彗星之一種。此稱先秦時期已行用。見“天竹”文。

天英

彗星之一種。此稱先秦時期已行用。見“天竹”文。

鬥星

彗星之一種。此稱先秦時期已行用。見“天竹”文。

天棓[2]

彗星之一種。亦稱“覺星”“天格”。因

形似農具連枷，故稱。桲，即連枷。此稱先秦時期已行用。《呂氏春秋・明理》：“其星有熒惑，有彗星，有天桲。”《漢書・天文志》：“歲星……贏東北，《石氏》‘見覺星’，《甘氏》‘不出三月乃生天桲，本類星，末銳，長四尺。’”《晋書・天文志中》：“妖星……三曰天桲，一名覺星。本類星，末銳，長四丈，或出東北方西方，主奮争。”《隋書・天文志中》：“歲星之精，流爲天桲……天桲，一名覺星，或曰天格。”

【覺星】

即天桲。此稱先秦時期已行用。見該文。

【天格】

即天桲。此稱隋代已行用。見該文。

昭旦

亦稱“析旦”。彗星之一種。此稱先秦時期已行用。《晋書・天文志中》引先秦佚名《河圖》曰：“熒惑散爲昭旦、蚩尤之旗、昭明、司危、天欃、赤彗。”《隋書・天文志中》：“熒惑之精流爲析旦，蚩尤旗……析旦，或曰昭旦，主弱之符。又曰：析旦横出，參擢百尺，爲相誅滅。”

【析旦】

即昭旦。此稱隋代已行用。見該文。

赤彗 [1]

彗星之一種。其色朱赤，故稱。此稱先秦時期已行用。見“昭旦”文。

破女

彗星之一種。此稱先秦時期已行用。《晋書・天文志中》引先秦佚名《河圖》云：“辰星故爲枉矢、破女、拂樞、滅寶、繞緹、驚理、大奮祀、黑彗。”《隋書・天文志中》：“二曰破女。破女若見，君臣皆誅，主勝之符。”

黑彗

彗星之一種。其色青黑，故稱。此稱先秦時期已行用。見“破女”文。

熒惑 [2]

彗星之一種。此稱先秦時期已行用。《呂氏春秋・明理》：“其星有熒惑，有彗星，有天桲，有天欃，有天竹，有天英，有天干，有賊星，有鬥星，有賓星。”高誘注：“熒惑，火精。”陳奇猷校釋：“熒惑，妖星，非五星之一的火星。”

干彗

彗星之一種。疑干爲‘秆’省筆。此稱先秦時期已行用。先秦成書之馬王堆帛書《天文氣象雜占》：“名曰干彗，兵也。”顧鐵符注：“干，疑秆省。”參見本卷《流彗隕石説・彗星考》“秆彗”文。亦或與“天干”同。

天箭

彗星之一種。箭，通“籥”。此稱先秦時期已行用。先秦成書之馬王堆帛書《天文氣象雜占》：“天箭出，天下柔，小人負子姚（逃）。”顧鐵符注：“前是鳳籥，星形似之。”

五車水星

彗星之一種。五車，星名，屬畢宿，共有五星，因出現在五車星旁，故稱。漢代已見記載。《史記・天官書》：“軫南衆星曰天庫樓，庫有五車。”張守節正義：“天庫一星，主太白，秦也，在五車中。”《明史・天文志》：“〔萬曆十年四月丙辰〕彗星見西北，形如匹練，尾指五車，歷二十餘日滅。”

【昭明星】 [1]

即五車水星。因其昭明光亮，故稱。一種比較明亮的彗星。此稱唐代已行用。《新唐書・天文志二》：“〔元祐二年四月庚子〕夕，西

北隅有星類太白，上有光似彗，長三四丈，色
如赭，辛丑夕，色如縞，或曰五車之水星也，
一曰昭明星也。”

六賊星

省稱“六賊”，亦稱“大賊星”。彗星之一
種。古以爲主凶。此稱漢代已行用。《史記·天
官書》：“大賊星，出正南南方之野。星去地可
六丈，大而赤，數動，有光。”裴駰集解引徐
廣曰：“大，一作‘六’。”張守節正義：“大賊
星者，一名六賊。”《晋書·天文志中》：“妖
星……十三曰六賊，見出正南，南方之星。去
地可六丈，大而赤，動有光。或曰，形如彗。
五殘、六賊出，禍合天下，逆侵關樞。”

【六賊】

“六賊星”之省稱。此稱晋代已行用。見
該文。

【大賊星】

即六賊星。此稱漢代已行用。見該文。

白蘿

亦作“白灌”。彗星之一種。此稱漢代已行
用。先秦成書之馬王堆帛書《天文氣象雜占》：
“白灌見五日，邦有反者。”顧鐵符注：“《晋
書·天文志中》引京房《風角書》所載妖星作
白蘿。《神農本草》下經有蘿菌，蓋星形似之。”
參見本卷《流彗隕石說·彗星考》“若星”文。

【白灌】

同“白蘿”。此體先秦時期已行用。見該文。

竹彗

彗星之一種，其形似降竹，故稱。此稱先
秦時期已行用。先秦成書之馬王堆帛書《天文
氣象雜占》：“是是竹彗，人主有死者。”又，
“竹彗，同占。北宫”。參見本卷《流彗隕石
說·彗星考》“若星”文。按，疑即“天竹”。

扱星

彗星之一種。此稱先秦時期已行用。先秦
成書之馬王堆帛書《天文氣象雜占》：“扱星，
兵口也，大戰。”顧鐵符注：“扱星，疑即芮
星。”

長庚 [2]

彗星之一種。舊謂主兵亂。此稱漢代已
行用。《史記·天官書》：“長庚，如一匹布著
天。此星見，兵起。”《晋書·天文志中》：“妖
星……十九曰長庚。”《隋書·天文志中》：“雜
妖……四曰長庚。”

苦茇彗

彗星之一種。此稱先秦時期已行用。先秦
成書之馬王堆帛書《天文氣象雜占》：“苦茇彗，
兵起，几（飢）。”顧鐵符注：“茇，《説文》：
‘草根也。一曰草之白華爲茇。’此效蓋指白花
言。”

苦彗

彗星之一種。此稱先秦時期已行用。先秦
成書之馬王堆帛書《天文氣象雜占》：“苦彗，
天下起兵，若在外歸。”顧鐵符注：“苦，苦菜，
即荼。京房《風角書》有若彗，疑即苦彗之
誤。”又，“苦彗，天下兵起，軍在外罷”。

秆彗

彗星之一種。此稱先秦時期已行用。先秦
成書之馬王堆帛書《天文氣象雜占》：“是胃
（謂）秆彗，兵起，有年。”顧鐵符注：“秆，即
稈，棗也。”又，“同占，秆彗。北宫”。

天覺

彗星之一種。疑即覺星。此稱先秦時期已
行用。先秦成書之馬王堆帛書《天文氣象雜占》：

"天覺出，天下起兵，而無戰，十歲乃已。"顧鐵符注："天覺，疑即天棓。《晋書·天文志中》妖星類：'天棓，一名覺星。'"參見本類"天棓"文。

蚩尤旗

亦稱"赤尤之旗""蚩尤之旗""蚩尤旗星"。彗星的一種。蚩尤旗，是上赤闊而下窄，或上白下黃，常二三丈的光亮氣體，故以爲喻。此稱漢代已行用。《史記·天官書》："赤尤之旗，類彗而後曲，象旗，見則王征伐四方。"《後漢書·獻帝紀》："〔初平二年九月〕蚩尤旗見於角亢。"晋司馬彪《續漢書·天文志》："蚩尤旗見，長十餘丈，色白，出角亢之南。"《宋書·天文志一》："〔咸寧四年四月〕蚩尤旗見。案星傳，蚩尤旗類彗，而後曲象旗。"《晋書·天文志下》："蚩尤旗見於東井。"《宋書·天文志》："〔正元元年十一月〕有白氣出斗側，廣數丈，長竟天。〔三國魏〕王肅曰：蚩尤之旗也。"清毛祥麟《對山書屋墨餘錄》卷八："〔咸豐十一年五月二十六日〕定更時，斗杓東有白氣亘天，形如匹練，南衝天河，東折若旗，疑即所謂蚩尤旗者。越夕，天無纖雲，見一星如卵，起紫微垣斗筐下，與杓相直，三鼓後，斗轉西旋，此星亦隨之而落。後夜移前丈許，根芒蓬勃，其梢微銳，直至六月二十後始滅。"民國《長樂縣志》卷三："〔光緒十年七月〕蚩尤旗星見東方，光長約二丈，大數尺。"

【赤尤之旗】

即蚩尤旗。此稱漢代已行用。見該文。

【蚩尤之旗】

即蚩尤旗。此稱三國時期已行用。見該文。

【蚩尤旗星】

即蚩尤旗。此稱近現代已行用。見該文。

筆星

亦稱"昭明星""昭明"。彗星之一種。因其尾部銳尖如筆頭，故稱。此稱漢代已行用。《釋名·釋天》："筆星，星氣有一枝，末銳似筆也。"《史記·天官書》："昭明星，大而白，無角，乍上乍下。"司馬貞索隱："《釋名》爲筆星，氣有一枝，末銳似筆。"《晋書·天文志中》："妖星……九曰昭明，象如太白，光芒不行。或曰，大而白，無角，乍上乍下。"《隋書·天文志中》："熒惑之精，流爲析旦、蚩尤旗、昭明……昭明者，五星變出於西方，名曰昭明，金之氣也。又曰，赤彗分爲昭明。"

【昭明星】[2]

即筆星。此稱漢代已行用。見該文。

【昭明】

即筆星。此稱晋代已行用。見該文。

蓬星

亦稱"王星"。彗星之一種。此稱漢代已行用。《漢書·天文志》："〔孝景中元〕六月壬戌，蓬星見西南，在房南，去房可二丈，大如二斗器，色白；癸亥，在心東北，可長丈所；甲子，在尾北，可六丈；丁卯，在箕北，近漢，稍小，旦去時，大如桃。"《晋書·天文志中》："妖星……十八曰蓬星，大如二斗器，色白，一名王星，狀如夜火之光，多至四五，少一二。"《隋書·天文志中》："雜妖……三曰蓬星，一名王星……蓬星在西南，修數丈，左右銳，出而易處。又曰有星，其色黃白，方不過三尺，名曰蓬星。又曰，蓬星狀如粉絮，見則天下道術士當有出者，布衣之士貴，天下太平，五穀成。"

【王星】

即蓬星。此稱晋代已行用。見該文。

蒲彗

彗星之一種。形狀如蒲，故稱。此稱先秦時期已行用。先秦成書之馬王堆帛書《天文氣象雜占》：“蒲彗，天下疾。”顧鐵符注：“蒲，水草，可以製席。香蒲科植物。”又，“蒲彗草，邦疢，多死者。”

歸邪

彗星之一種。一説雲氣名。舊謂皆主祥瑞，見此必有歸國者，故稱。此稱漢代已行用。《史記·天官書》：“如星非星，如雲非雲，命曰歸邪。歸邪出，必有歸國者。”《晋書·天文志中》：“瑞氣……二曰歸邪。如星非星，如雲非雲。或曰，星有兩赤彗上向，有蓋下連星。見，必有歸國者。”

大賁

彗星之一種。此稱晋代已行用。《晋書·天文志中》：“填星散爲五殘、獄漢、大賁、昭星、紬流、旬始、蚩尤、虹蜺、擊咎、黄彗。”《隋書·天文志中》：“四曰大賁，主暴衝。”

天衝

彗星之一種。狀如人，古以爲妖星。此稱晋代已行用。《晋書·天文志中》：“妖星……七曰天衝，出如人，蒼衣赤頭，不動。見則臣謀主，武卒發，天子亡。”

天攙[2]

彗星之一種。此稱晋代已行用。《晋書·天文志中》：“妖星……十一曰天攙，彗出西北，狀如劍，長四五丈。或曰，如鈎，長四丈。或曰，狀白小，數動，主殺罰。出則其國内亂，其下相讒，爲饑兵，赤地千里，枯骨藉藉。”參

見本卷《流彗隕石説·彗星考》“天攙[2]”文。

昭星

亦作“炤星”。彗星之一種。此稱晋代已行用。《晋書·天文志中》：“填星散爲五殘、獄漢、大賁、昭星……”《隋書·天文志中》：“填星之精，流爲五殘、六賊……炤星。”又，“五曰炤星。主滅邦”。

【炤星】

同“昭星”。此體隋代已行用。見該文。

黄彗

彗星之一種，其色黄，故稱。此稱晋代已行用。詳見本卷《流彗隕石説·彗星考》“大賁”文。

大敗

星名。彗星之一種。此稱隋代已行用。《隋書·天文志中》：“太白之精，散爲天杵、天柎、伏靈、大敗……四曰大敗，主鬥衝。或曰，大敗出，擊咎謀。”

伏靈

彗星之一種。此稱隋代已行用。《隋書·天文志中》：“太白之精，散爲天杵、天柎、伏靈……三曰伏靈，主領讒。伏靈出，天下亂復人。”

卒起

彗星之一種。此稱隋代已行用。《隋書·天文志中》：“太白之精，散爲天杵、天柎……卒起。”又，“八曰卒起。卒起見，禍無時，諸變有萌，臣運柄”。

天柎

彗星之一種。此稱隋代已行用。《隋書·天文志中》：“太白之精，散爲天杵、天柎……二曰天柎，主擊殃。”

天殘

彗星之一種。此稱隋代已行用。《隋書・天文志中》：“太白之精，散爲天杵……天殘、卒起。”又，“七曰天殘，主貪殘”。

司奸

彗星之一種。此稱隋代已行用。《隋書・天文志中》：“太白之精，散爲天杵……司奸、天狗、天賤、卒起。”又，“五曰司奸，主見妖”。

大奮祀

星名。彗星之一種。此稱隋代已行用。《隋書・天文志中》：“辰星之精，散爲枉矢……驚理、大奮祀。”又，“七曰大奮祀。大奮祀主招邪。或曰，大奮祀出，主安之”。

拂樞

彗星之一種。此稱隋代已行用。《隋書・天文志中》：“辰星之精，散爲枉矢、破女、拂樞……”又，“三曰拂樞。拂樞動亂，駭擾無調時。又曰，拂樞主制時”。

驚理

彗星之一種。此稱隋代已行用。《隋書・天文志中》：“辰星之精，散爲枉矢……驚理，大奮祀。”又，“六曰驚理。驚理主相署”。

粉絮狀彗星

彗星的一種。因模糊粉亂，狀如粉絮，故稱。此稱隋代已行用。《隋書・天文志》：“〔天統四年七月〕見房心，白如粉絮，大如斗，東行。八月，入天市，漸長四丈，犯瓠瓜，歷虛危，入室，犯離宮。九月，入奎，至婁而滅。”《宋史・天文志》：“〔天禧五年四月丙辰〕有星出軒轅星前，大如桃，狀若粉絮，犯次將，入太微垣，歷屏星，凡七十五日，入濁没。”又，“〔宋真宗景德二年八月甲辰〕客星出紫微天棓側，孛孛然如粉絮，稍入垣内，歷御女、華蓋，凡十一日没”。

旄頭星 [2]

彗星的一種。指昴星。是個疏散星團，也有模糊粉亂的蓬絮特點。此稱清代已行用。清康熙《香山縣志》卷一〇：隆慶三年九月三十“夜，旄頭星見西方，長五六尺”。又，“〔萬曆四十六年八月〕旄頭星貫太白”。

碎瓊

彗星的一種。指如同散瓊亂玉的彗光。此稱近代已行用。近代《順寧縣志初稿》卷三：“〔宣統三年二月〕彗星見，月初午後六時，即現於西方，或二顆，或三顆，白霞如鵝毛。中旬後，夜半見一顆星，頭東南，大如月，尾則直射西北，彌空碎瓊，光耀黑夜如白晝，漸向西北移，七夜後始不見。”

形色綜觀

桃狀彗星

指像大小形狀像桃子的彗星。此稱漢代已行用。《漢書・天文志》：“〔景帝中元二年六月壬戌〕蓬星見西南，在房南，去房可二丈，大如二斗器，色白。癸亥，在心東北，可長丈所。甲子，在尾北，可六丈。丁卯，在箕北，近漢，稍小，且去時，大如桃。壬申去，凡十日。”《宋史・天文志十》：“〔天禧五年四月丙辰〕有星出軒轅星前，星大如桃，狀若粉絮，犯次將，入太微垣，歷屏星，凡七十五日，入濁没。"

扁桃狀彗星

指大小形狀像扁桃的彗星。扁桃，扁形的桃子，又名蟠桃。此稱清代已行用。清乾隆《海澄縣志》卷一八："〔康熙三十四年九月朔〕晨，有星見於東南方，吐芒形如扁桃，經旬漸滅。"

蒼白氣狀彗星[1]

在彗星冰核周圍形成由朦朧彗髮和稀薄物質流構成的彗尾，如蒼白色的霧氣。此稱晋代已行用。晋司馬彪《續漢書·天文志》："〔永元十二年十一月癸酉〕夜有蒼白氣，長三丈，起天園，東北指軍市，見積十日。"

白雲狀彗星

在彗星冰核周圍形成由朦朧彗髮和稀薄物質流構成的彗尾，如白茫茫的雲霧。此稱清代已行用。清康熙《長泰縣志》卷一〇："有白氣如雲，起東方，大若石柱，長半天。"清乾隆《大庾縣志》卷一："彗星見西方，形如白雲，勢若拖練，根五丈餘，闊三丈餘，長約十丈，由尾歷箕，越牛渡斗，至十一月二十九日乃止。"民國《潛山縣志》卷二九："〔道光二十三年三月〕有彗見於西南，形如白雲，闊如虹，長數丈，昏見於西南，凡十餘日没。"

白虹狀彗星

在彗星冰核周圍形成由朦朧彗髮和稀薄物質流構成的彗尾，如白茫茫的虹霓。此稱清代已行用。清康熙《廣靈縣志》卷一："〔萬曆五年〕白虹晝見，百日方止。"康熙《蘇州府志》卷二："〔康熙七年正月二十六日〕西方白氣如虹，從乾至坤，末鋭而昂，十餘日始滅。"清光緒《增修灌縣志》卷一四："光緒七年六月

十九〕夜，有星起白芒，在華蓋星東、四輔之上。"

白霞狀彗星

在彗星冰核周圍形成由朦朧彗髮和稀薄物質流構成的彗尾，如白茫茫的雲霞。此稱清代已行用。清光緒《呈貢縣志》卷五："〔道光二十一年〕出白霞，自西搭東，數月方散。"光緒《騰越廳志》卷一："彗星見，白霞見西南，由卯入酉，橫亘天半。"

銀河狀彗星

亦稱"天河狀彗星"。指像天上的銀河一般，體型闊大、明亮而壯觀的彗星。此稱清代已行用。清康熙《内丘縣志》卷三："白氣如銀河，見於西南方，五六日始滅。"清康熙《任縣志》卷八："夜，有白氣如天河，見南方，五六日方滅。"《清史稿·災異志》："〔康熙七年正月〕廣平見白氣亘天，西出指東，越二十日方滅。内丘夜見白氣如銀河，經五六日方滅。温江有白氣，自西直亘數十丈，下鋭上闊，光如銀，形如竹，經四晝夜方散。威縣見白氣亘天。"

【天河狀彗星】

即銀河狀彗星。此稱清代已行用。見該文。

月亮狀彗星

指像天上的月亮一般，大而明亮又美麗的彗星。此稱明代已潛用。明夏完淳《哀燕京》詩："一出乾清翠華列，仰視欂櫨大如月。"民國《續修大竹縣志》卷一五："〔光緒八年七月〕彗星見，大如杯，彗指東，連成一片，光如月形，肖關刀。"民國《順寧縣志初稿》卷三："〔宣統三年二月〕彗星見，月初午後六時，即現於西方，或二顆，或三顆，白霞如鵝毛。中

旬後，夜半見一顆星，頭東南，大如月，尾則直射西北，彌空碎瓊，光耀黑夜如白晝，漸向西北移，七夜後始不見。”

填星狀彗星

像五大行星之土星散發青白色光芒（實則影射日光）的彗星。此稱宋代已行用。《宋史·天文志九》：“〔熙寧八年十月乙未〕星出軫度中，如填，青白。丙申，西北生光芒，長三尺，斜指軫，若彗。丁酉，光芒長五尺，戊戌，長七尺，斜指左轄，至丁未入濁不見。”

雲氣狀彗星

在彗星冰核周圍形成由朦朧彗髮和稀薄物質流構成的彗尾，如茫茫的雲霧彌漫。此稱清代已行用。清光緒《福安縣志》卷三五：“〔萬曆五年十月朔〕彗星見西南，形如雲氣，根開丈餘，中徑二三丈，長十餘丈，光拂東北，十一月望後始没。”

瀑布狀彗星

指像江河的瀑布一般，體型闊大、明亮而又壯觀的彗星。此稱清代已行用。清光緒《蒲城新志》卷一三：“〔咸豐十一年五月二十三日〕彗星見西北，形如瀑布，直插霄漢。”

匹布狀彗星

指像成匹的白布一般體型廣大而又明亮的彗星。匹布，成匹的白布。此稱唐代已行用。《新唐書·天文志中》：“〔景福元年五月〕蚩尤旗見，初出有白彗，形如髮，長二尺許，經數日，乃從中天下，如匹布，至地如蛇。”《明神宗實錄》：“〔萬曆四十六年九月乙卯〕有長星見於東南，其星白氣一道，形如匹布，闊尺餘，長二丈餘，東至軫，西入翼，凡一十九日而滅。”明萬曆《四川總志》卷二七：“〔萬曆

四十六年十月一日〕白氣見於東方，形如匹布，彎曲如刀，其長亙天，月餘乃没。”清康熙《黃縣志》卷七：“〔康熙七年正月末旬〕有彗星如匹布著天，見於軫宿，閱三月餘，歷十五宿而始没。”《清史稿·災異志》：“〔康熙七年七月〕高邑夜見白氣如匹布，亙西方。”

匹練狀彗星

指像成匹的白色熟絹一般靚麗的彗星。練，熟絹。此稱明代已行用。《明史·天文志三》：“〔萬曆十年四月丙辰〕彗星見西北，形如匹練，尾指五車，歷二十餘日滅。”清毛祥麟《對山書屋墨餘錄》卷八：“〔咸豐十一年五月二十六日〕定更時，斗杓東有白氣亙天，形如匹練，南衝天河，東折若旗，疑即所謂蚩尤旗者。越夕，天無纖雲，見一星如卵，起紫微垣斗筐下，與杓相直，三鼓後，斗轉西旋，此星亦隨之而落。後夜移前丈許，根芒蓬勃，其梢微鋭，直至六月二十後始滅。”清乾隆《廣元縣志》卷八：“〔康熙十九年七月〕白氣出西方，從地至天如匹練者二，每夜即現，月餘始息。”

白練狀彗星

亦稱“素練狀彗星”。指像白色熟絹一般亮麗的彗星。白練，白色熟絹。此稱明代已行用。明萬曆《寧津縣志》卷四：“〔萬曆五年冬〕彗星見於西南，白氣如練，至春始滅。”清康熙《徐聞縣志·災祥》：“〔萬曆四十六年九月〕白色如練，長竟天，起於東北，直指西南，形如大刀，長數十丈，自九月，越十月始没。”清康熙《遂昌縣志》卷一〇：“〔康熙二十三年五月甲申〕西方彗星見，白氣如練，長數十丈，至五更散。”清康熙《棗強縣志》卷一：“有星昏見西方，本光尺餘，上漸闊如素練，二更没於

西北，色赤燭天，長幾數丈。"

【素練狀彗星】

即白練狀彗星。此稱清代已行用。見該文。

練氣狀彗星

指像白色熟絹一般輕盈亮麗的彗星。此稱清代已行用。清康熙《懷來縣志》卷二："異星見西南，歷尾箕而進，光芒長亙天，狀若練氣。"

拖練狀彗星

指像特長練絹一般的彗星。拖練，表示練絹特長，需拖曳方能展開。此稱明代已行用。明崔嘉祥《崔鳴吾紀事》："彗星見於尾箕，長十餘丈，光蔽南斗，芒焰如旗斾然，凡四十餘日而滅。……此星色赤而特長……乃拖練星也。"清乾隆《大庾縣志》卷一："彗星見西方，形如白雲，勢若拖練，根五丈餘，闊三丈餘，長約十丈，由尾歷箕，越牛渡斗，至十一月二十九日乃止。"

帛狀彗星

指像帛一般靚麗的彗星。此稱清代已行用。清乾隆《新化縣志》卷二五："有星見西方，形色如帛，直指東北，約長數十丈，月餘方隱。"

白布狀彗星

指像白布一般白亮的彗星。此稱清代已行用。清康熙《寧遠縣志》卷三："〔康熙十九年〕西南有氣似白布，亙橫列，直至北方。"

白帶狀彗星

指像白色布帶一般長條狀的彗星。此稱清代已行用。清同治《興安縣志》卷一六："〔咸豐十一年四月〕黃昏時，即有白光如帶，自東而北，三更後移射西方，達旦乃沒，四十餘日始不見。"

海屋狀彗星

指像高大而闊廣的海上仙屋一般形狀的彗星。海屋，傳說中的海上仙屋。高闊而廣大。此稱近代已行用。民國《綿陽縣志》卷一〇："〔光緒八年八月二十一日〕有星氣橫東西，其形如柱，而尾較闊，首端一星大如海屋，旁列十餘小星，皆赤色，數夜始滅。"

車輪狀彗星

指像大而圓的大車輪子形狀的彗星。此稱明代已行用。明范濂《雲間據目抄》卷三："〔萬曆五年十月〕彗星見西方，大如車輪，氣焰上衝如噴狀，甚可畏……逾年不散，後芒漸微，而長竟天，且移入吳、越分井。"明崇禎《松江府志》卷四七："彗星見西方，大如車輪。"民國《創修臨澤縣志》卷四："〔同治十年十月〕彗星見，大如車輪，長三尺許。"

柱狀彗星

指像高大的柱子形狀的彗星。此稱清代已行用。清康熙《長泰縣志》卷一〇："有白氣如雲，起東方，大若石柱，長半天。"民國《綿陽縣志》卷一〇："〔光緒八年八月二十一日〕有星氣橫東西，其形如柱，而尾較闊，首端一星大如海屋，旁列十餘小星，皆赤色，數夜始滅。"

二斗器狀彗星

指像能容納二斗東西的容器形狀的彗星。此稱漢代已行用。《漢書·天文志》："〔景帝中元二年六月壬戌〕蓬星見西南，在房南，去房可二丈，大如二斗器，色白。癸亥，在心東北，可長丈所。甲子，在尾北，可六丈。丁卯，在箕北，近漢，稍小，且去時，大如桃。壬申去，凡十日。"

刀星 [2]

亦稱"刀狀彗星""大刀狀彗星""腰刀狀彗星"。指像刀子形狀的彗星。此稱清代已行用。清順治《靈臺縣志》卷四："〔萬曆八年十一月〕東方有白氣，形如大刀，鷄鳴後見之，經數月不見。"清康熙《詔安縣志》卷二："〔萬曆四十六年七月〕白氣見東方，或云刀星，至十一月杪方没。"清康熙《徐聞縣志・災祥》："〔萬曆四十六年九月〕白色如練，長竟天，起於東北，直指西南，形如大刀，長數十丈，自九月，越十月始没。"清康熙《漳州府志》卷三三："有白氣起於海上東方，狀如腰刀，至仲冬乃止。"清乾隆《重纂福建通志》卷六五："〔萬曆四十六年秋分〕夜，東方有雲赤白色，形如刀，長丈餘，累月方消。"清乾隆《長沙府志》卷三七："〔萬曆十五年六月〕東北彗星晝見，白氣亘天，若大刀狀。"

【刀狀彗星】

即刀星。此稱清代已行用。見該文。

【大刀狀彗星】

即刀星。此稱清代已行用。見該文。

【腰刀狀彗星】

即刀星。此稱清代已行用。見該文。

【縣刀狀彗星】

即刀星。縣，通"懸"。此稱清代已行用。清順治《六合縣志》卷八："〔泰昌元年〕蚩尤旗見，圓削而長二十餘丈，首巨尾細，白光凝雲若縣刃然，逾半月始隱。"

【偃月刀狀彗星】

即刀星。偃月，即半月的意思。偃月刀，《三國演義》中爲蜀漢著名將領關羽使用的武器，故亦稱"關刀"。此稱清代已行用。清康熙《靖州志》卷五："〔萬曆四十六年〕彗星見，狀如偃月刀，長三四丈，見於東隅，自丑時出至日出没，其光燭天。"清康熙《會同縣志》卷一："有彗星狀如偃月刀，長三四丈，見於東隅，自丑時初出，至日出後始没，其光燭地。"民國《續修大竹縣志》卷一五："〔光緒八年七月〕彗星見，大如杯，彗指東，連成一片，光如月形，肖關刀。"

【關刀狀彗星】

即偃月刀狀彗星。此稱近代已行用。見該文。

刀劍狀彗星

像刀劍形狀的彗星。此稱清代已行用。清康熙《嘉興縣志》卷一："〔萬曆四十六年十月〕夜，東北方衝白光一道，西南亘數十丈，形如刀劍，天明方隱，如是者經月。"清康熙《漳州府志》卷三三："〔康熙七年五月〕有星見於東方，形如劍。"清康熙《羅源縣志》卷一〇："〔康熙十二年秋〕白氣見西方，形如長劍。"清同治《上饒縣志》卷二三："〔康熙二十年七月初七〕西方酉位一星光焰衝天，其焰白，光若劍，插入北斗之形如是。申酉月，每夜光焰驚人。"

斧狀彗星

指像斧子形狀的彗星。此稱清代已行用。清雍正《邵縣志》卷七："有白氣從東南衝天，長數丈，如斧形。又天中一星，下起白氣如帚，夜分至昧爽，月餘方滅。"

箭狀彗星

指像箭矢形狀的彗星。此稱清代已行用。清康熙《三水縣志》卷一："〔萬曆四十六年九月癸丑〕彗星見於東方，出辰分角亢度，其尾衝指奎婁壁度。長數丈，狀如箭。"清乾隆《鎮海縣志》卷四："有白氣見於東方，狀如箭脊，長竟天，彌月爲隱。"清同治《弋陽縣志》卷一四："〔咸豐二年〕有星直如箭，光芒遠射。"

鐮刀狀彗星

指像鐮刀形狀的彗星。此稱近代已行用。民國《禄勸縣志》卷一："〔宣統二年四月〕午後，彗星見西南，形如鐮。"

彈丸狀彗星

指像彈弓使用圓丸形狀的彗星。此稱清代已行用。《清朝文獻通考》卷二六七："〔乾隆八年十一月己亥〕彗星見，距奎宿第二星二度，大如彈丸，黄色，尾迹長尺餘，每夜逆行指東。"《清朝通志·災祥略》："彗星見奎壁之中，距奎宿第二星二度，體如彈丸，其色黄，尾迹長尺餘，每夜向西逆行，由戌宮至亥宮。"

箕狀彗星

指像簸箕形狀的彗星。此稱清代已行用。清康熙《重修襄垣縣志》卷六："〔萬曆四十五年五月〕彗星見，其形如箕。"

杯狀彗星

指像杯子形狀的彗星。此稱近代已行用。民國《續修大竹縣志》卷一五："〔光緒八年七月〕彗星見，大如杯，彗指東，連成一片，光如月形，肖關刀。"

盞狀彗星

指像盞器形狀的彗星。此稱明代已行用。明萬曆《建寧府志》卷四七："〔萬曆五年九月二十七〕彗星見西方，大如盞，尾長竟天，末大如旗，寒焰射人，月餘滅。"

穿珠狀彗星

指像串珠形狀的彗星。穿珠，用綫把珠子穿成一串。此稱清代已行用。清道光《高要縣志》卷一〇："〔萬曆六年十月〕彗星見於西方，狀如穿珠，白氣從内噴出，漸亘天之半，經月始滅。"

竹筮狀彗星

指像筮形竹笛的彗星。竹筮，一種類似笛子竹制樂器。此稱清代已行用。清同治《海豐縣志》卷一："〔雍正三年〕東方出一星，如竹筮狀，自昏至晨，流行數夕。"

竹狀彗星

指像竹子形狀的彗星。此稱清代已行用。《清史稿·災異志》："〔康熙七年正月〕廣平見白氣亘天，西出指東，越二十日方滅。内丘夜見白氣如銀河，經五六日方滅。温江有白氣，自西直亘數十丈，下鋭上闊，光如銀，形如竹，經四晝夜方散。威縣見白氣亘天。"

鵝毛狀彗星

指白色而又輕軟形狀像鵝毛的彗星。此稱近代已行用。民國《順寧縣志初稿》卷三："〔宣統三年二月〕彗星見，月初午後六時，即現於西方，或二顆，或三顆，白霞如鵝毛。中旬後，夜半見一顆星，頭東南，大如月，尾則直射西北，彌空碎瓊，光耀黑夜如白晝，漸向西北移，七夜後始不見。"

卵狀彗星

指大小形狀像雞蛋的彗星。卵，不特別指明，一般情況下都是指的雞蛋。此稱清代已行用。清毛祥麟《對山書屋墨餘録》卷八："〔咸豐十一年五月二十六日〕定更時，斗杓東有白氣亘天，形如匹練，南衝天河，東折若旗，疑即所謂蚩尤旗者。越夕，天無纖雲，見一星如卵，起紫微垣斗筐下，與杓相直，三鼓後，斗轉西旋，此星亦隨之而落。後夜移前丈許，根芒蓬勃，其梢微鋭，直至六月二十後始滅。"

芒鬚狀彗星

指像鬚髯形狀的彗星。此稱近代已行用。民國《陸川縣志》卷二："〔光緒二十六年六月〕彗星出東方，光芒有鬚。"

雁翅狀彗星

指大小形狀像大雁翅膀的彗星。此稱清代已行用。清康熙《夏邑縣志》卷一〇："〔萬曆四十四年〕彗星見形如雁翅，起自東北，直射中天，每夜見，三月方泯。"清乾隆《杞縣志》卷一二："〔萬曆四十四年十月〕彗星見，形如雁翅，起自東北，直射中天，每夜見，三日方滅。"

牛尾狀彗星

指大小形狀像牛尾巴的彗星。此稱清代已行用。清乾隆《雞澤縣志》卷一八："〔乾隆八年正月〕有星光如牛尾，下垂數尺，兩旬方滅。"

吼狀彗星

指大小形狀像望天吼模樣的彗星。望天吼，古代中國傳説中龍生九子之一。其有守望習慣，故置於望柱（即華表柱）之上，作對天咆哮狀（被視爲上傳天意，下達民情）。此稱清代已行用。清姚廷遴《歷年紀》卷下："是夜起，西天有一星，放白光如吼，直指東南，數日後，此星漸明亮，離舊位，在半天，經月而滅。"

三芒彗星

有三枝芒焰的彗星。此稱清代已行用。清乾隆《寧鄉縣志》卷八："〔乾隆十一年八月〕大星見西方，三芒。"彗星尾巴的形狀并非千篇一律，1744年出現的歇索彗星，就有六條尾巴，

1976年3月初我國東部地區見到的一顆彗星，尾巴就像白孔雀開屏，從海南島到黑龍江地區都能看到。

白氣狀彗星

彗星是由冰凍物質和塵埃組成的小天體，當它靠近太陽時太陽的光熱使彗星物質蒸發，在冰核周圍形成由朦朧的彗髮和一條稀薄物質流構成的彗尾，如白雲如霧氣。此稱漢代已行用。《漢書・天文志》："〔建平元年十二月〕白氣出西南，從地上至天，出參下，貫天廁，廣如一匹布，長十餘丈，十餘日去。"《宋史・天文志》："〔慶曆元年八月庚辰〕夜，東方有白氣，長十尺許，在星宿度中，至十日，長丈餘，衝天相，居星宿大星南，九十餘日没。"《宋史・天文志》："〔治平三年三月己未〕彗出營室，晨見東方，長七尺許，西南指危洎墳墓，漸東速行近日而伏。至辛巳，夕見西南，北有星無芒彗，益東方，別有白氣，一闊三尺許，貫紫微極星并房宿，首尾入濁，益東行，歷文昌、北斗貫尾。至壬午，星復有芒彗長丈餘，闊三尺餘，東北指，歷五車，白氣爲岐橫天，貫北河、五諸侯、軒轅、太極五帝坐内五諸侯及角、亢、氐、房宿。癸未，彗長丈五尺，星有彗氣如一升器，歷營宿至張，凡一十四舍，積六十七日，星氣孛皆滅。"《後漢書・郎顗傳》："〔陽嘉元年閏月十七日己丑〕夜有白氣從西方天苑趨左足，入玉井，數日乃滅。"晋司馬彪《續漢書・天文志》："〔永元十六年四月丁未〕紫宮中生白氣如粉絮。戊午，客星從紫宮西行至昴，五月壬申滅。"清雍正《邵縣志》卷七："有白氣從東南衝天，長數丈，如斧形。又天中一星，下起白氣如帚，夜分至昧爽，月餘

方滅。"清乾隆《長沙府志》卷三七："〔萬曆十五年六月〕東北彗星晝見，白氣亙天，若大刀狀。"

【白光彗星】

即白氣狀彗星。此稱明代已行用。"〔萬曆四十六年九月二十五〕東南天際起白光如虹，長四五丈，廣四五尺。"清康熙《嘉興縣志》卷一："〔萬曆四十六年十月〕夜，東北方衝白光一道，西南亙數十丈，形如刀劍，天明方隱，如是者經月。"康熙《玉田縣志》卷八："〔康熙十九年十一月〕白氣自西南衝貫斗牛，氣尾有星。"康熙《海陽縣志》："白氣長數丈，見西南，兩頭皆鋭。"清光緒《嘉善縣志》卷三四："〔光緒八年秋〕東方起大星，有白光一道，長丈餘，二更始見，天明隱，半月而滅。"

【白芒彗星】

即白氣狀彗星。此稱清代已行用。清乾隆《潮州府志》卷一一："彗星見西南，倏變白虹，長數丈，兩頭皆鋭。十三、十四等日又一星吐白芒，橫亙天中，久而不滅。"清光緒《增修灌縣志》卷一四："〔光緒七年六月十九〕夜，有星起白芒，在華蓋星東、四輔之上。"

【白毫】

即白氣狀彗星。毫毛，如毫毛一樣四射的光綫。此稱清代已行用。清乾隆《營山縣志》卷三："〔康熙十九年冬〕彗星見東北，高數丈許，又見白毫數丈。"民國《樂山縣志》卷一二："〔光緒八年八九月間〕彗星見於東南，白毫直上，長約二丈，數夜乃已。"

蒼白氣狀彗星 [2]

在彗星冰核周圍形成由朦朧彗髮和稀薄物質流構成的彗尾，如蒼白色的霧氣。此稱晋代已行用。晋司馬彪《續漢書·天文志》："〔永元十二年十一月癸酉〕夜有蒼白氣，長三丈，起天園，東北指軍市，見積十日。"

赤彗 [2]

顏色赤紅的彗星。此稱清代已行用。清光緒《洮州廳志》卷一八："〔同治元年〕赤彗竟天。"民國《上思縣志》卷五："〔光緒三十三年〕彗星見於東方，其色赤。"

中國文獻關於哈雷彗星的記載

星孛入

魯文公十四年，公元前 613 年。《春秋·魯文公十四年》："秋七月有星孛入於北斗。"

彗星見 [1]

秦厲共公十年，公元前 467 年。《史記·六國年表》："秦厲共公十年，彗星見。"

彗星出 [1]

秦始皇七年，公元前 240 年 5 月 15 日。《史記·秦始皇本紀》："秦始皇七年，彗星先出東方，見北方。"

天欃夕出

漢文帝后二年，公元前 163 年 5 月 12 日。《漢書·天文志》："漢文帝后二年正月壬寅，天欃夕出西南。"

蓬星出

漢昭帝始元二年，公元前 87 年 7 月 10 日。《漢書·天文志》："孝昭始元中，漢宦者梁成恢及燕王候星者吳莫如，見蓬星出西方天市東門，行過河鼓，入營室中。"

星孛於東井

漢成帝元延元年，公元前 12 年 10 月 9 日。《漢書 · 五行志》："元延元年七月辛未，有星孛於東井，踐五諸侯，出河戌北，率行軒轅、太微，後六日度有餘，晨出東方。十三日，夕見西方，犯次妃、長秋、斗、填，蟚炎再貫紫宮中。大火當後，達天河，除於妃后之域。南逝度，犯大角、攝提，至天市而按節徐行，炎入市中，旬而後西去，五十六日與蒼龍俱伏。"

長星出

漢明帝永平八年，公元 66 年 2 月 20 日。《後漢書 · 天文志》："〔永平〕八年六月壬午，長星出柳、張三十七度，犯軒轅，刺天船，陵太微，氣至上階，凡見五十六日去。"

彗星見 [2]

漢順帝永和六年，公元 141 年 4 月 10 日。《後漢書 · 天文志》："〔永和〕六年二月丁巳，彗星見東方，長六七尺，色青白，西南指營室及墳墓星。丁丑，彗星在奎一度，長六尺，癸未昏見，西北歷畢、昴。甲申，在東井，遂歷輿鬼、柳、七星、張，光炎及三台，至軒轅中滅。"

孛星見

漢獻帝建安二十三年，公元 218 年 5 月 28 日。《後漢書 · 天文志》："建安二十三年三月，孛星見東方二十餘日，夕出西方，犯歷五車、東井、五諸侯、文昌、軒轅、后妃、太微，鋒炎指帝座。"

星孛於奎

晋武帝元康五年，公元 295 年 4 月 23 日。《晋書 · 天文志》："惠帝元康五年四月，有星孛於奎，至軒轅、太微，經三台、太陵。"

星孛於女虛

晋孝武帝寧康二年，公元 374 年 2 月 13 日。《晋書 · 天文志》："孝武寧康二年正月丁巳，有星孛於女虛，經氐、亢、角、軫、翼、張，至三月丙戌，彗星見於氐。"

彗星見 [3]

南朝宋文帝元嘉二十八年，公元 451 年 6 月 26 日。《宋書 · 天文志》："元嘉二十八年五月，彗星見捲舌，入太微，逼帝座，犯上相，拂屏，出端門，滅翼軫。"

彗星晨見

北魏莊帝永安三年，公元 530 年 9 月 27 日。《魏書 · 天象志》："〔永安三年〕七月甲午，有彗星晨見東北方，在中台東一丈，長六尺，色正白，東北行，西南指。丁酉，距下台上星西北一尺，而晨伏。庚子，夕見西北方，長尺，東南指，漸移入氐。至八月己未漸見，癸亥滅。"

長星見

隋煬帝大業三年，公元 607 年 3 月 18 日。《隋書 · 天文志》："大業三年三月辛亥，長星見西方，竟天，干歷奎、婁、角、亢而沒；至九月辛未，轉見南方，亦竟天，又干角、亢，頻掃太微、帝座，干犯列宿，唯不及參、井。經歲乃滅。"

如半月星見

唐武后光宅元年，公元 684 年 10 月 7 日。《新唐書 · 天文志》："光宅元年九月丁丑，有星如半月，見於西方。"

彗星見 [4]

唐肅宗乾元三年，公元 760 年 5 月 22 日。

《新唐書·天文志》："乾元三年四月丁巳，有彗星於東方，在婁、胃間，色白，長四尺，東方疾行，歷昴、畢、觜觿、參、東井、輿鬼、柳、軒轅，至右執法西，凡五旬餘不見。"

彗出 [1]

五代梁太祖乾化二年，公元 912 年 7 月 17 日。《新五代史·司天考》："乾化二年四月壬申，彗出於張，甲戌彗出靈臺。"

彗出 [2]

宋太宗端拱二年，公元 989 年 9 月 3 日。《宋史·天文志》："端拱二年七月戊子，〔彗〕又出東井、積水西，青白色，光芒漸長，辰見東北，旬日，夕見西北，歷右攝提，凡三十日，至亢没。"

彗見

宋英宗治平三年，公元 1066 年 3 月 20 日。《宋史·天文志》："治平三年三月己未，彗出營室，晨見東方，長七尺許，西南指危泊墳墓，漸東速行，近日而伏。至辛巳夕見西南，北有星無芒彗。益東方，別有白氣一，闊三尺許，貫紫微極星并房宿，首尾入濁。益東行，歷文昌、北斗，貫尾。至壬午，星復有芒彗，長丈餘，闊三尺餘，東北指，歷五車，白氣爲歧橫天，貫北河、五諸侯、軒轅、太微五帝坐内五諸侯，及角、亢、氐、房宿。癸未，彗長丈五尺，星有彗氣，如一升器，歷營宿至張，凡一十四舍，積六十七日，星氣孛皆滅。"

彗星見 [5]

宋高宗紹興十五年，公元 1145 年 4 月 18 日。《宋史·天文志》："紹興十五年四月戊寅，彗星見東方。丙申，復見於參度。五月丁巳，化爲客星，其色青白。壬戌，留守張，至六月丁亥乃消。"

彗星出 [2]

宋寧宗嘉定十五年，公元 1222 年 9 月 29 日。《文獻通考》卷二八六《象緯考》："嘉定十五年八月甲午，彗星出右攝提，光芒約三丈以上，其體小如木星，凡兩月，行歷氐、房、心乃没。"

彗出 [3]

元成宗大德五年，公元 1301 年 10 月 27 日。《元史·天文志》："自〔大德五年〕八月庚辰，彗出井二十四度四十分，如南河大星，色白，長五尺，直西北，後經文昌、斗魁，南掃太陽，又掃北斗、天機、紫微垣、三公、貫索，星長丈餘，至天市垣巴蜀之東，梁楚之南，宋星上，長盈尺，凡四十六日而滅。"

客星見

明太祖洪武十一年，公元 1378 年 11 月 11 日。《明史·天文志》："〔洪武〕十一年九月甲戌，有星見於五車東北，發芒丈餘，掃内階，入紫微宮，掃北極五星，犯東垣少宰，入天市垣，犯天市，至十月己未陰雲不見。"

彗星見 [6]

明景宗景泰七年，公元 1456 年 6 月 9 日。《明史·天文志》："〔景泰〕七年四月壬戌，彗星東北見於胃，長二尺，指西南。五月癸酉漸長丈餘，戊子西北見於柳，長九尺餘，掃犯軒轅星。甲午見於張，長七尺餘，掃太微北，西南行。六月壬寅，入太微垣，長尺餘。十二月甲寅，彗星復見於畢，長五寸，東南行，漸長，至癸亥而没。"

彗星見 [7]

明世宗嘉靖十年，公元 1531 年 8 月 26 日。

《明史・天文志》："〔嘉靖〕十年閏六月乙巳，彗星見於東井，長尺餘，掃軒轅第一星，芒漸長，至翼長七尺餘，東北掃天罇，入太微垣，掃郎位，行角度，東南掃亢北第二星，漸斂，積三十四日而没。"

彗星見 [8]

明神宗萬曆三十五年，公元 1607 年 10 月 27 日。《明史・天文志》："〔萬曆〕三十五年八月辛酉朔，彗星見東井，指西南，漸往西北。壬午自房歷心滅。"

彗星見 [9]

清乾隆二十四年，公元 1759 年 3 月 13 日。《清朝文獻通考》："〔乾隆〕二十四年三月甲午，彗星見於虛宿之次，色蒼白，尾迹長尺餘，指西南，每夜順行，十餘日伏不見。四月戊辰復出，在張宿第二星上，體勢甚微，向東順行，至五月初仍隱伏。"

彗星見 [10]

清道光十五年，公元 1835 年 11 月 16 日。《清朝續文獻通考》："道光十五年閏六月十一日彗星見。"

彗星出見

清宣統二年，公元 1910 年 4 月 20 日。《清朝續文獻通考》："宣統二年四月初二日寅初初刻，東北方雲中彗星出見，尾指西南方。因在雲中，未能考測，初五日寅初一刻，東北方見彗星，在外屏之北，尾指西南危宿土公吏之間，測得彗星高四度，正東偏北十五度，嗣於十六日不見。"又，"四月十八日戌正三刻，正西偏南柳宿間彗星出見，尾指東南，翼宿、明堂之間，測得彗星高二十六度，正西偏南十二度。日漸微，至五月三十日不見"。

第三節　隕石考

隕石，是地球以外脱離原有運行軌道的宇宙流星或碎塊散落到地球表面的未燃盡的石質、鐵質或是石鐵混合的物質。還有一種隕石被稱爲"玻璃隕石"，呈黑色或墨綠色，是一種很特別的没有結晶的玻璃狀物質。大多數隕石來自火星和木星間的小行星帶，小部分來自月球和火星。有關隕石形成的知識，詳見本章第一節"流星考"。

隕石

古書關於隕石的記載甚早，也甚多，原因在於古人視此天象爲人之吉凶所繫。如《春秋・僖公十六年》："春王正月，戊申朔，隕石于宋，五。"杜預注："隕，落也。聞其隕，視之石，數之五，各隨其聞見先後而記之。莊七年星隕如雨，見星之隕而墜於四遠，若山若水，不見在地之驗。此則見在地之驗，而不見始隕之星。史各據事而書。”“不見在地之驗”指流星，“見在地之驗”則爲隕石。隕石蘊含吉凶，故《左傳·僖公十六年》曰：“隕石于宋，五，隕星也。……周内史叔興聘于宋，宋襄公問焉，曰：‘是何祥也？吉凶焉在？’”然亦有認爲此爲自然現象，不與人事相瓜葛者。前引《左傳》文又載，周内史“退而告人曰：‘君失問，是陰陽之事，非吉凶所生也。’”有關隕石形成的科學知識，主要是在近代由西方傳入，故當時小説亦有描述。《海上塵天影》第二九回：“隕石乃星球相擊，石破而墜，空中電火不能燒盡，故墜於地上。”

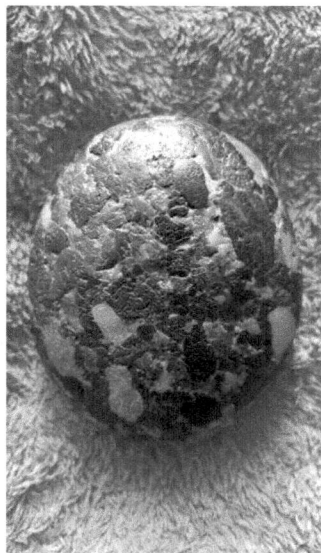

隕石

隕石

亦稱“隕星”。此稱先秦時期已行用。《春秋·僖公十六年》：“正月戊申朔，隕石于宋，五。”左丘明：“隕星也。”《舊唐書·五行志》：“永徽四年八月二十日，隕石十八於同州馮翊縣，光曜，有聲如雷。”

【隕星】

即隕石。此稱先秦時期已行用。見該文。

【石隕】

即隕石。此稱明代已行用。明談遷《國榷》：〔正德十三年正月己未〕鄰水縣天鳴，石隕。”明嘉靖《池州府志》：“〔成化十九年〕六峰石隕。”

【星隕】

即隕石。此稱明代已行用。明嘉靖《南宮縣志》卷四：“〔嘉靖十年七月〕星隕如雷，火光燭地，化爲石。”

【星隕石】

即隕石。亦稱“隕星石”。此稱清代已行用。清康熙《萬載縣志》卷一二：“〔萬曆五年九月〕演武場午後隱隱有雷聲，須臾自天墜下一斜角石，入土尺餘，掘之，初指甲可破，俄遂堅，人訝爲星隕石，今猶存。”清光緒《定陶縣志》卷八：“〔嘉靖三十一年秋〕隕星石墜於城北七里，其大如斗，其聲如雷。”民國《寧晉縣志》卷一：“隕星石，石黑色，長三尺許，人云隕石所化，承以石盆，前存在後濱書院，今存學署。”

【隕星石】

即星隕石。此稱清代已行用。見該文。

【落星石】

即隕石。亦稱“墜星石”“墜星”“墜石”。此稱清代已行用。《史記·秦始皇本紀》：“〔秦始皇三十六年〕有墜星下東郡，至地爲石，黔首或刻其石曰‘始皇帝死而地分’。始皇聞之，遣御史逐問，莫服，盡取石旁居人誅之，因燔銷其石。"清道光《直隷定州志》卷四："州治西二里許，道左有石，橫斜三四尺，厚一尺七寸，其質渾樸堅潔，其色赤黃如璞玉然。相傳有星墜於此，化爲石，故俗呼爲落星石。天津總鎮某過此，題'太乙真精'四字，刻於鄰壁，今壁已傾圮，字無存。"清康熙《青州府志》卷九："落星石，在城西南，色白如粉，散碎成堆，傳爲落星所化。"清姚東升《恒象紀聞》卷首："落星石，《樵書》云，應天府有落星石，凡三段，色青黑，好事者擊取之，試投烘爐中，則熔而流如金鐵焉，蓋似石而非石也。"明洪武《蘇州府志》卷二："墜星石，雄山南有大石，古爲墜星。"清侯登岸《掖乘》卷五："墜星石，城北六十里三山西。縣志云，去海水里許處沙磧中，形類盂，而棱角巉峭，方圓可數尺。"

【墜星石】

即落星石。此稱明代已行用。見該文。

【墜星】

即落星石。此稱漢代已行用。見該文。

【墜石】

即落星石。此物漢代已見記載。見該文。

【德星石】

即隕石。當地人以爲祥瑞有德，故稱。此稱清代已行用。清康熙《西江志》卷一二："德星石（原注：舊名落星石），在府城南五里湖中，高五丈，相傳星隕所化。"

【落石】

即隕石。此稱清代已行用。清康熙《浙江通志》卷六："落石山，在安吉州西三里，高二百五十丈，廣五里，其下有李衛公廟，中有隕石，因名落石山。"

【星石】

即隕石。此稱清代已行用。清康熙《涉縣志》卷八："星石，邑治大門内有星石，質赤黑而紋紫，上有刻文，石尖肖人面目，相傳甚古，不知其隕之年。"清乾隆《霍山縣志》卷八："星石，霍山南岳祠，百年前有星隕殿下，質堅如石，好事者取供神座，凹凸斑斕，摩挲可喜。"清同治《潁上縣志》卷一二："星石，縣庫墻中有石長二尺餘，闊二尺，其屑可醫心疾。相傳明時隕星貯庫後砌入壁者。"

【星星石】

即隕石。此稱清代已行用。清方希孟《西征續録》："星星石，早行峽口（安西至哈密間）關神武廟案前，星星石高二尺，精光爍爍。道人云，不如何年所隕。或云石乃山麓所産也。"清道光《哈密志》卷一二："星星石，哈密東門外迤南有大石從天而降，其上有方印迹。"

【星精石】

即隕石。隕石神秘難測，人有敬畏之心，故謂之"星精"。此稱清代已行用。清道光《通江縣志》卷二："星精石，玄廟觀在治西半里，觀右星精石，唐人刻篆甚多，民間琢毀大半。"

【神星石】

即隕石。隕石神秘難測，人有敬畏有如神靈，故稱"神星"。此稱清代已行用。清康熙《滿城縣志》卷七："神星石，在縣北二十里。相傳有星隕落爲石，至今二石相持河邊，上有延祐間所書字，字尚存。"

【天星】[1]

即隕石。古人以爲隕石乃星星所化，故稱。此稱清代已行用。清乾隆《無爲州志》卷二："有星隕於西鄉華張橋側之櫰木岡，落地化石，石上有孔，至今土人不敢動移。相傳其地爲天星巖。”

【月巖】

即隕石。相傳該隕石從月下飛來，故曰月巖。隕石大多數來自於火星和木星間的小行星帶，小部分來自月球和火星。當時并無嚴格的檢測手段。此稱清代已行用。清乾隆《酉陽州志》卷二：“月巖，縣西二里曰壺頭山，頂上有巨石，相傳石從月下飛來，曰月巖。郡守冉木震爲銘。今移置縣署，爲八景之一。”

【飛來石】

即隕石。亦稱“飛星石”“飛石”。謂流星墜地變作隕石，如同天外飛來一般，故稱。此稱清代已行用。清嘉慶《井研縣志》：“〔成化十三年〕縣南空中隕石一，高六丈餘。後胡榮刻有‘飛來石’三字於上。”清乾隆《平湖縣志》卷一：“飛星石，在陳山觀首殿，相傳兩石從半山斗墜，一從殿後墜，滾入大士座，一墜殿之西屋，瓦不損，不知何由得入。”道光《蓬溪縣志》卷二：“飛來石，縣西一百八里，近大堰場。明洪武間有巨石夜墜至地，莫識所自來，土人因名其地曰飛石壩。”民國《嵩明縣志》卷三八：“〔光緒十三年三月八日〕一區觀音山忽由空中飛來一石，百人方能舁入寺内，名曰飛來石，並未損傷房屋。”民國《晋縣志料》卷上：“飛來石，舊志云，元初狂風一夜，石自飛來，因名曰飛來石。其形玲瓏可愛，宛如太湖石，因創修一寺，名曰磐石寺，置石寺内以祀之。寺址在城西門内。現寺已廢，故址猶存，碑尚峙立，前修一理教公所，石存其内。”

【飛星石】

即飛來石。此稱清代已行用。見該文。

【飛石】

即飛來石。此稱清代已行用。見該文。

大飛石

謂天外飛來的大塊隕石。此稱清代已行用。清光緒《崇慶州志》卷二：“大飛石在懷遠鎮北八里，石高四尺餘，厚尺許，光怪嶙峋，相傳自天飛下，不知何代物也。”

謫星石

謂流星墜地變作隕石，如同天外降落一般，故稱。謫，這里指下凡降落人間。此稱清代已行用。《滇黔志略》卷二：“謫星石，鷄足山放光寺左側，大石高九尺四，周五十七圍。”“左右相去百步間，大石數十，高者百尺，小者丈餘。”“總題之曰謫星石。聞之星隕爲石。是石獨秀在多奇，其殆星偶謫者歟？”

流星 [2]

隕石是起源於外太空，進入大氣層時，與空氣摩擦生熱發光，這就是所謂的流星。但人們有時也把隕石稱作其前身流星。此稱明代已行用。明成化《中都志》卷三：“流星園，在縣東天静宫南。碑云：有星突流於園，老子因而降誕，即此。元有聖母殿，遺址尚存。”清雍正《畿輔通志》卷五三：“流星臺，在雄縣西三里。”

天星矢

一種似黑色箭頭的隕石，古人以爲天公射出，故稱。此稱清代已行用。清光緒《電白縣志》卷二九：“玻璃隕石，曠野中人時拾圓石，如蛋大，黑色，敲破之，中似黑水晶，土人稱天星矢，又曰雷公矢，云夜中自天而下墜，然未有傷人者。《德州志》云：正德八年，日中雨石，小者如卵，其色赤而黑。豈即此物歟？”

雷公矢

古人據隕石形色等特徵所作描述的一種。似黑色箭頭的隕石，古人以爲雷神射出，故稱。此稱清代已行用。清光緒《電白縣志》卷二九："玻璃隕石，曠野中人時拾圓石，如蛋大，黑色，敲破之，中似黑水晶，土人稱天星矢，又曰雷公矢，云夜中自天而下墜，然未有傷人者。《德州志》云：正德八年，日中雨石，小者如卵，其色赤而黑。豈即此物歟？"

太乙真精

古人據隕石形色等特徵所作描述的一種。太乙，即太乙真人。古謂總御萬類，具有無限神權，能超度亡魂，尤爲信衆所敬。謂此隕石爲太乙真人下凡。此稱清代已行用。清道光《直隸定州志》卷四："州治西二里許，道左有石，橫斜三四尺，厚一尺七寸，其質渾樸堅潔，其色赤黃如璞玉然。相傳有星墜於此，化爲石，故俗呼爲落星石。天津總鎮某過此，題'太乙真精'四字，刻於鄰壁，今壁已傾圮，字無存。"

斗牛星石

古人據隕石形色等特徵所作描述的一種。斗牛，指二十八宿中的斗宿和牛宿。謂此隕石爲斗宿和牛宿降落人間。此稱近代已行用。民國《滑縣志》卷四："星落寺，在城東南星落村，創建未詳。漢成帝時有斗牛星落此。寺北地名牛星丘，寺因以爲名。"

天涯石

亦稱"地角石"。古人據隕石形色等特徵所作描述的一種。古人難明隕石來自何處，或謂來自天涯、地角，故稱之爲天涯石、地角石。此稱清代已行用。清嘉慶《華陽縣志》卷一三："天涯石在成都中興寺。父老傳云，人坐其上則腳腫不能行，至今人不敢踐及坐其上。又天涯石在大東門對昭覺寺，高六七尺，有廟。今在市人湯家園地。地角石在羅城內西北角，高三尺餘，王均之亂，爲守城者所壞，今不復存矣。又朱秉器《漫記》，石在蜀城東隅，高二尺許，厚僅半尺，槎根土中，曳之若搖動，可引撼之，則根不可窮。"

【地角石】

即天涯石。此稱清代已行用。見該文。

天牙石

古人據隕石形色等特徵所作描述的一種。形狀奇峭，尖突似牙的隕石。此稱清代已行用。清道光《榮縣志》卷五："天牙石，城隍廟後殿右，石質堅白，狀亦古峭。"清宣統《溫江縣鄉土志》卷九："天牙石，在金烏池西北，其石入地不知幾何，高六尺許，周圍五尺餘。明末兵燹後無存。葛運際詩：'何處飛來物，靈奇奪化工，可憐兵燹後，無復辨西東。'"

支機石

古人據隕石形色等特徵所作描述的一種。據傳漢代張騫奉命尋找河源，乘槎經月亮至天河，在月亮見一織女，又見一丈夫牽牛飲河，織女取支機石與騫。此稱南北朝已行用。見宋周密《癸辛雜識前集》引南朝梁宗懍《荊楚歲時記》。清宣統《成都通覽》卷一："支機石，巨石也，在內城中，傳爲張騫入天河帶回。余按，支機石亦當年之隕石也。"

紅珠

古人據隕石形色等特徵所作描述的一種。紅色似珠的隕石。此稱清代已行用。清乾隆《富順縣志》卷五："紅珠，紅珠山在縣東二十五里，相傳明正德時天墜紅珠於上，因名。"

瑞星石

古人據隕石形色等特徵所作描述的一種。古人認爲能給人們帶來吉祥福瑞的隕石，應爲天上的祥瑞流星化作，古人往往供若神靈。此稱清代已行用。清乾隆《霍山縣志》卷八："星石，霍山南岳祠，百年前有星隕殿下，質堅如石，好事者取供神座，凹凸斑斕，摩挲可喜。"清嘉慶《荊門州志》卷三四："景明觀，在東門外，世傳唐時有景星墜其地，立觀以鎮之，或曰舊爲老君宮。"清同治《潁上縣志》卷一二："星石，縣庫墻中有石長二尺餘，闊二尺，其屑可醫心疾。相傳明時隕星貯庫後砌入壁者。"民國《海康縣志》卷二："瑞星池，寇萊公故宅，在桂華坊。瑞星池在海康縣南，即寇萊公之故居。宋天聖間，有星隕於此。"民國《醴泉縣志》卷一四："隕星，應夢寺有石，相傳以爲隕星，不可動。萬曆甲戌年歲有胡僧見之，曰此文星也，宜置寺前，人疑其言。明年乙亥二月二日，里諸生祭而掘之，入地四尺果動，遂徙之寺前，歲歲祭享。後里人郭玉柱於東鄉得一石，亦曰文星，聚書院。"

靈石

古人據隕石形色等特徵所作描述的一種。古人認爲有靈驗的隕石。此稱近代已行用。民國《靈石縣志》卷一〇："靈石，今永固門外不半里，高將及尋，周倍之，石本入土，莫測丈尺。其形則河朔之林慮、太湖之彈窩也。其聲則太末之思溪、泗上之靈壁也。其文不可復見。"靈石縣即因爲由此靈石而得名。

定官石

古人據隕石形色等特徵所作描述的一種。古人認爲的有靈驗的隕石。此稱清代已行用。清康熙《鄂縣志》卷一〇："定官石，隋唐間，星隕於鄂縣人家園中，化爲巨石，後移府城九耀街。唐時舉人就試，以鐵釘釘之，驗其否。後復置藩署以卜官，曰官清者釘入之，又曰官大者釘入之，否則弗入，因號定官石。督學陳公有頌載碑記。"

天雨石

亦稱"雨石"。古人據隕石形色等特徵所作描述的一種。石質隕石（或泛指各種材質的隕石）如同下雨墜落，故稱。此稱南北朝時期已行用。《南齊書·祥瑞志》："〔昇明三年四月〕滎陽人尹午於山東南澗見天雨石，墜地石開，有璽在其中，方三寸。"南朝梁任昉《述異記》卷下："〔魏武帝末年〕鄴中雨五色石。"《隋書·高祖紀》："〔開皇七年五月己卯〕雨石于武安滏陽間十餘里。"清同治《廣豐縣志》卷一三："〔咸豐七年〕四十一都天雨石塊。"宋劉恕《資治通鑑外紀》卷三："〔商紂末年〕天雨石，大如甕。"

【雨石】

即天雨石。此稱隋代已行用。見該文。

天雨金

亦稱"雨金"。古人據隕石形色等特徵所作描述的一種。金屬隕石如同下雨墜落，故稱。此稱先秦時期已行用。《竹書紀年》卷上："〔夏禹八年夏六月〕雨金于夏邑。"《竹書紀年》卷下："〔周襄王三年〕雨金於晉。"宋劉恕《資治通鑑外紀》卷二："〔夏禹時〕天雨金三日。"同書卷三："〔周成王時〕咸陽雨金。"

【雨金】

　　即天雨金。此稱先秦時期已行用。見該文。

天落雨鐵

　　亦稱"雨鐵""鐵雨"。古人據隕石形色等特徵所作描述的一種。天空似鐵質隕石如同下雨墜落，故稱。此稱清代已行用。清康熙《雲南府志》："〔至正二年〕晉寧雨鐵，傷禾苗，人物觸之多斃。"清乾隆《大理府志》："〔至治中〕洱河東雨鐵，民舍山石皆穿，人物值之多斃，號曰鐵雨。"《滇志》卷三一："〔至正二十一年〕昆明縣天落鐵雨，傷禾稼。"《滇載記》："〔至治元年〕雨鐵，民舍山石皆穿，人物值之多斃，謠俗號曰鐵雨。"清光緒《雲南通志》卷一四："鐵雨崖，在太和縣東，洱海東岸，由雞額而南至鐵雨崖，云是羅刹欲背盟逃逝，大士雨鐵以止之，是其迹也。"

【雨鐵】

　　即天雨鐵。此稱清代已行用。見該文。

【鐵雨】

　　即天雨鐵。此稱清代已行用。見該文。

雨碧

　　古人據隕石形色等特徵所作描述的一種。謂流星墜地呈碧綠色的隕石（呈黑色或墨綠色，是一種非結晶的玻璃狀物質）。此稱先秦時期已行用。《竹書紀年》卷下："〔周顯王五年〕雨碧於郢。"清康熙《蒙城縣志》卷二："〔隆慶三年十二月初七〕晝，星隕蔣瞳集西，光芒，有聲，入地，農人掘之深尺餘，得一石，大如杵，其色碧，上有金星。"

【碧石】

　　即雨碧。古人據隕石形色等特徵所作描述的一種。此稱清代已行用。清乾隆《天鎮縣志》

卷四："〔順治八年〕上下陰陽山界，有赤光從天入地，兩村以爲奇寶，互相爭訟。啓視之，乃碧石一塊，形如紗帽，文如蝌蚪，人莫能識。今存上陰山龍王廟。"

綠石

　　古人據隕石形色等特徵所作描述的一種。謂流星墜地後呈碧綠色的隕石，呈黑色或墨綠色，是一種非結晶的玻璃狀物質。此稱元代已潛用。《元史·五行志一》："〔大德二年六月〕撫州崇仁縣辛陂村有星隕於地，爲綠色隕石。邑人張椿以狀聞。"此稱明代已行用。明談遷《國榷》卷四六："〔正德元年八月壬戌〕夜，火光墜即墨民家，化爲綠石，圓高尺餘。"明天啓《荊門州志》卷六："〔泰昌元年十月二十三日〕天鼓震地，黑雲擁石，隕於荊門鍾祥界泉口，其石綠豆色，硫磺氣。"《續通志·災祥》："崇仁縣星隕爲綠石。"

玻璃隕石

　　古人據隕石形色等特徵所作描述的一種。玻璃，古代或指琉璃。謂流星墜地呈琉璃色狀的隕石。此稱清代已行用。清光緒《電白縣志》卷二九："玻璃隕石，曠野中人時拾圓石，如蛋大，黑色，敲破之，中似黑水晶，土人稱天星矢，又曰雷公矢，云夜中自天而下墜，然未有傷人者。《德州志》云：正德八年，日中雨石，小者如卵，其色赤而黑。豈即此物歟？"

黑石

　　古人據隕石形色等特徵所作描述的一種。謂流星墜地後呈黑色的隕石。此稱清代已行用。清康熙《山西通志》卷三〇："〔隆慶二年七月〕靜樂隕石。樓煩碣石村，晝星落入地，掘出黑石重千斤。"清光緒《雲南通志》卷二三六：

"黑石，在嘉治西一里黑初山。相傳元太定間有星隕化爲石，狀類瓜，有如點星，擊之鏗然。人不言舉之則動，言則弗動。明嘉靖間知縣楊永江移置土地祠。"清孫之騄《二申野録》卷五："〔隆慶二年〕静樂樓煩碣石村，晝星落入地，掘出黑石數千斤。"

磐石

古人據隕石形色等特徵所作描述的一種。磐，美石黑色。謂流星墜地後呈黑色玉石狀的隕石。此物漢代已見記載。漢荀悦《前漢紀》卷一五："〔征和四年二月丁酉〕有隕石於雍，二時天晴，晏然無雲，有紅氣、蒼黄色若飛鳥集成陽宮南。隕星於雍，聲聞四百餘里，墜而爲石，其色黑如磐。"

黑金

古人據隕石形色等特徵所作描述的一種。鐵色隕石，猶如黑色的金塊，故稱。此稱清代已行用。嘉慶《慈利縣志》卷六："〔嘉慶六年七月〕有星如鵝卵，尾拖白光數十丈，自北而南，落地有聲如雷，三都民見白光遺田中，掘之得黑金。"

烏鷄星隕石

古人據隕石形色等特徵所作描述的一種。烏鷄星，傳説星名。謂此隕石爲烏鷄星所屬。此稱清代已行用。清康熙《清豐縣志》卷二："〔萬曆四十二年四月〕星隕，火光閃爍，空中聲震如雷，自西而東，落於邑西南小崔村井旁，入地尺餘，色如墨，形如杵。知縣顧師曾考之，屬烏鷄星，申府院。"

紅石

古人據隕石形色等特徵所作描述的一種。謂流星墜地後呈紅色的隕石。其物隋代已見

記載。《隋書·五行志上》："〔禎明二年五月〕東冶鐵鑄，有物赤色，大如斗，自天墜鎔所，隆隆有聲，鐵飛破屋而四散，燒人家。"《宋史·五行志十三》："端平二年春，天狗墜懷安金堂縣，聲如雷，三州之人皆聞之，化爲碎石，其色紅。"此稱清代已行用。《清史稿·災異志一》："〔康熙十三年五月〕寧遠墜二星，化爲紅石。"民國《遼陽縣志》卷六："城西七十五里大落虎莊前有水泡約百畝，泡之南有紅石一方，徑三尺餘。"

金銀石

古人據隕石形色等特徵所作描述的一種。謂流星墜地後呈金黄和銀白色相間的隕石。此稱清代已行用。清光緒《資州直隸州志》卷二："金銀石，在縣西南水心壩江濱。"

五色石

古人據隕石形色等特徵所作描述的一種。此稱南北朝已行用。南朝梁任昉《述異記》卷下："〔魏武帝末年〕鄴中雨五色石。"明萬曆《汝南志》："〔永樂六年〕信陽平昌關北三里許，有大星墜地，化爲石，其聲轟轟，光芒射人，外則純黑，中具五色，置之州治，至今尚存。"清康熙《南陽府志》卷一："落星石，在小東關，五色陸離，不知何年所隕。"

七星石

古人據隕石形色等特徵所作描述的一種。謂流星墜地後呈七塊形如北斗七星的隕石。此稱明代已行用。明嘉靖《章邱縣志》卷一："邑城北一里，山曰女郎，上有七星石。""相傳星隕爲石，故名七星石也。"清江忠儔《新安景略》："七星石，郡東城上湛甘泉講學處，本落星化爲石七枚，旁有斗山書院。"清康熙《西江

志》卷一一："七星山，在弋陽縣北三十里，舊傳七星墜此，因名。"

五星石

古人據隕石形色等特徵所作描述的一種。謂流星墜地後呈五塊或五科星辰的隕石。此稱清代已行用。清康熙《商邱縣志》卷一："隕石河，在城北，一名漆溝。春秋時隕石於宋五，即此。相傳水涸時五石宛然。"清乾隆《韓城縣志》卷一五："五星石，在縣東北十五里化石村。石凡五，一在觀音堂中，四在田野，色赤綠各異，掘至五丈，不得其根。村在河壖間，去山甚遠而石見，人以爲五星之精也，或又謂異物所化，故村名化石。"

水銀花

亦稱"水銀"。古人據隕石形色等特徵所作描述的一種。此稱宋代已行用。謂流星墜地後呈水銀花狀的隕石。《通志·災祥》："〔仁壽二年〕宮中再雨水銀花。"《續通志·災祥》："〔紹興二十六年七月辛酉〕夜，天雨水銀。"

【水銀】[2]

即水銀花。此稱宋代已行用。見該文。

銀石

古人據隕石形色等特徵所作描述的一種。謂流星墜地後呈銀白色的隕石。此稱清代已行用。清嘉慶《平樂府志》卷三："銀石，在昭平縣里山下，土名銀崆，頑石層列，惟此石如錠，質白而堅，重約萬鎰餘。"

生鐵磁石色隕石

古人據隕石形色等特徵所作描述的一種。謂流星墜地後呈生鐵磁石色的隕石。此稱清代已行用。清康熙《青州府志》卷四："落星石，在今察院門內一處，色如生鐵。"清乾隆《徐

州府志》卷三〇："〔萬曆二十六年〕有星隕徐河東，光耀數畝，色如磁石。知州曹士毅藏於庫。"

羊肝色隕石

古人據隕石形色等特徵所作描述的一種。謂流星墜地後呈羊肝色的隕石。此稱清代已行用。清康熙《靖邊縣志·災祲》："〔康熙癸丑三月二十五日〕未時，有星隕於定邊，大徑尺，色如羊肝。"清咸豐《龍門縣志》卷五："〔道光十四年四月十六日〕申初，隕石三，隕星也。一隕馬斯水口許姓邨前芋田。未隕之先，聲若震雷，仰見一物色甚黑，從天而下，大如斛，旋轉入田土，人急掘之，約二尺許得一石，色類羊肝，通身皆凸，重數斤，嗅之腥。一隕油田黃坑，石方而長，重二十餘斤。"

黃紫色隕石

古人據隕石形色等特徵所作描述的一種。謂流星墜地後呈黃紫色的隕石。此稱清代已行用。清乾隆《三河縣志》卷二："此石色黃而紫，長四尺，廣一尺五寸，厚二尺餘，相傳某年落地所化。"

紫色隕石

古人據隕石形色等特徵所作描述的一種。謂流星墜地後呈紫色的隕石。此稱清代已行用。清諸聯《明齋小識》卷二："星石，舊有星隕於沙瀝浜，形如茄，其色紫，長二尺，闊一尺，初有光，繼同頑石，至今尚在，半陷於泥。"

卵黃色隕石

古人據隕石形色等特徵所作描述的一種。謂流星墜地後呈蛋黃色的隕石。卵黃，蛋黃。此稱清代已行用。清光緒《正安州志》卷一："〔咸豐六年四月〕江里蓮子壩空鳴若雷，落物

如車輪，色似卵黃，腥不可近。"

淡赭色隕石

古人據隕石形色等特徵所作描述的一種。謂流星墜地後呈淡赭色的隕石。此稱清代已行用。清嘉慶《彭山縣志》卷六："縣治南有星石一顆，高長一尺餘寸，形如淡赭色，通體紋緻嶙峋斑駁，不知何代物。相傳有人於秋夜見一星自南墜落，及尋其處，獲之乃一石，陸離光怪，若古玩器。按之星隕地則化爲石，理或然也。係雍正年間事。"

赤白色隕石

古人據隕石形色等特徵所作描述的一種。謂流星墜地後呈赤白色的隕石。此稱清代已行用。清光緒《興文縣志》卷一："飛來石。火石山在落亥保，傳昔人互爭此地，一夜忽飛巨石壓之，色赤白，人以爲異。"

白粉狀隕石

古人據隕石形色等特徵所作描述的一種。謂流星墜地後呈白色粉末狀的隕石。此稱清代已行用。清康熙《青州府志》卷九："落星石，在城西南，色白如粉，散碎成堆，傳爲落星所化。"

曳練狀隕石

古人據隕石形色等特徵所作描述的一種。謂流星墜地呈絹帛狀的隕石。曳練，鋪開的白絹。此稱清代已行用。清康熙《仁化縣志》卷二："白星山，在縣西南五十里，接大庾嶺。舊經云，唐武德中有星墜山頂，光如曳練，故名。"

腥味隕石

古人據隕石形色等特徵所作描述的一種。謂流星墜地後有腥味的隕石。此稱清代已行用。

清咸豐《龍門縣志》卷五："〔道光十四年四月十六日〕申初，隕石三，隕星也。一隕馬斯水口許姓邨前芋田。未隕之先，聲若震雷，仰見一物色甚黑，從天而下，大如斛，旋轉入田土，人急掘之，約二尺許得一石，色類羊肝，通身皆凸，重數斤，嗅之腥。一隕油田黃坑，石方而長，重二十餘斤。"

硫磺氣味隕石

古人據隕石形色等特徵所作描述的一種。謂流星墜地後有硫磺氣味的隕石。此稱清代已行用。清乾隆《長寧縣志》卷三："〔康熙五十八年十二月朔〕長畲黃昏後，聞有烈炮聲自東方，少焉近南，從空墜一物，閃閃有光，大如鵝卵，鐵質，甚熱，作硫磺氣。"清光緒《惠州府志》卷一八："〔道光二十五年七月〕舊善矮陂各鄉隕石，大者十餘兩，小者數兩，其色赤，味如硫磺。"清光緒《長寧縣志》卷首："〔光緒五年十月〕黃鄉雨石，大如斗，小如拳，損民舍甚多，石黑色如礦，有硫磺氣。"

炮石

古人據隕石形色等特徵所作描述的一種。謂流星散落時響聲如炮的隕石。此稱明代已行用。明張鳳翔《撫畿疏草·災異疏》："〔萬曆二十七年閏四月〕據廣平府永年縣申，據本縣趙王固村保長劉折桂、地方馮思義呈稱，本月初二日未時，本村東南天落一星，聲如炮響，墜地化爲石，如碗大，破碎不全等因。又據南圈子村居民許展生在園內澆麥，見一星落地，化作石，破碎不全。"清道光《分宜縣志》卷二七："〔乾隆五十八年四月晦〕二十都隕石於田，聲如炮，其色黑。"清光緒《雲南通志》卷四："〔道光二十八年四月〕大姚仁和鄉東南有

炮聲，空中落炮石三，農人撿存諸葛廟。”民國
《寧洋縣志》卷一二：“〔咸豐九年九月二十九
日〕申刻，又有天炮一聲，墜落兩個，其色如
石，青色，重有六七斤，在於蛟潭地方。”

雷石

古人據隕石形色等特徵所作描述的一種。
謂流星散落時響聲如雷的隕石。此稱明代已行
用。明談遷《國榷》卷六〇：“〔嘉靖三十年
正月辛卯〕大風霾，晝晦，連江雨石，有聲如
雷。”清康熙《城武縣志》卷一〇：“〔崇禎十三
年元旦〕汶上集天上有聲如雷，薄昏星墜，形
類石滾，或鐵擊之，隨火光而散。”清嘉慶《慈
利縣志》卷六：“〔嘉慶六年七月〕有星如鵝
卵，尾拖白光數十丈，自北而南，落地有聲如
雷，三都民見白光遺田中，掘之得黑金。”清
道光《福建通志》卷二七二：“〔道光九年十月
十三日〕臺灣北礁四更初有星大如斗，光芒自
南而北，墜於北礁外海中，聲響如雷，有餘音。
又據漁民云，親睹墜及海面，裂爲兩星，聲響
如炮，旋碎海中，流光四散，聲猶虓虓，片刻
方止。”清咸豐《龍門縣志》卷五：“〔道光十四
年四月十六日〕申初，隕石三，隕星也。一隕
馬斯水口許姓邨前芋田。未隕之先，聲若震雷，
仰見一物色甚黑，從天而下，大如斛，旋轉入
田土，人急掘之，約二尺許得一石，色類羊肝，
通身皆凸，重數斤，嗅之腥。一隕油田黃坑，
石方而長，重二十餘斤。”

天鼓石

古人據隕石形色等特徵所作描述的一種。
謂流星散落時響聲如天鼓的隕石。此稱明代已
行用。《明武宗實錄》卷一一二：“〔正德九年五
月己卯〕山東濟南府濱州天鼓鳴，隕石。”明談

遷《國榷》卷五七：“〔嘉靖十九年五月辛丑〕
棗强天鼓鳴，夜，隕星化爲石四。”清光緒《浪
穹縣志略》卷一三：“天鼓石，在城西數步，舊
傳自天下墜，時有鼓聲，蓋隕星石也，形如浮
圖，高五尺許，半陷地中，村人立廟於上。”

聲如裂山之隕星

古人據隕石形色等特徵所作描述的一種。
謂流星散落時響聲如山峰崩裂的隕石。此稱近
代已行用。民國《寧化縣志》卷三：“相傳星隕
之夕，聲如裂山，旦起視之，頓陷爲湖，其廣
數畝，水亦不涸，其地因名星湖坊。”

霹靂車

古人據隕石形色等特徵所作描述的一種。
謂流星散落時響聲很大的一種隕石。霹靂車，
響聲光亮都如霹靂閃電的戰車。此稱南北朝已
行用。《宋書·五行志》：“〔元徽四年〕義熙、
晉陵二郡並有霹靂車墜地，如青石，草木燋
死。”

狀如人形隕石

古人據隕石形色等特徵所作描述的一種。
謂流星墜地後呈人形的隕石。此稱清代已行用。
清光緒《湖南考古略》卷二：“化石，昔淮南王
兵敗，被逐至此，化爲石，其狀如人。”

隱有人形圖案隕石

古人據隕石形色等特徵所作描述的一種。
謂隕石上隱隱有人形圖案。此稱近代已行用。
民國《建水縣志》卷一六：“飛來石，郡城北聖
母祠有一石，相傳一夜雷雨中飛來，隱隱有人
形。”

人首狀隕石

古人據隕石形色等特徵所作描述的一種。
謂流星墜地後呈人頭狀隕石。此稱清代已行用。

清董含《三岡識略》卷七："〔康熙十六年十月初七〕更餘，京師人見大星自東南流入西北，大如斗，白氣環繞，從上屬下，墮順天府懷柔縣内，狀類人首，上有星斗篆籀之文，人莫能辨。"

肖人面目隕石

古人據隕石形色等特徵所作描述的一種。謂狀如人面目的隕石。此稱清代已行用。清康熙《涉縣志》卷八："星石，邑治大門内有星石，質赤黑而紋紫，上有刻文，石尖肖人面目，相傳甚古，不知其隕之年。"

螺髻狀隕石

古人據隕石形色等特徵所作描述的一種。螺髻是古代婦女，形似螺殼的髮式。此稱清代已行用。清康熙《保安州志》卷二："星巖，萬曆間有星隕於城東，火光燭天宮，使民發掘其處，得石方廣八尺，黑赤色，蹊隧如螺髻，扛置州衙前，鑿二字曰'介石'。"

拳狀隕石

古人據隕石形色等特徵所作描述的一種。謂流星墜地後呈拳頭狀的隕石。此稱宋代已行用。宋沈括《夢溪筆談·神奇》："治平元年，常州日昳時，天有大聲如雷，乃一大星幾如月，見于東南。少時而又震一聲，移著西南。又一震而墜在宜興縣民許氏園中，遠近皆見，火光赫然照天，許氏藩籬皆爲所焚。是時火息，視地中祇有一竅如杯大，極深，下視之，星在其中熒熒然，良久漸暗，尚熱不可近。又久之，發其竅，深三尺餘，乃得一圓石，猶熱，其大如拳，二頭微銳，色如鐵，重亦如之。州守鄭伸得之，送潤州金山寺，至今匣藏，游人到則發視，王無咎爲之傳甚詳。"明嘉靖《德慶州志》卷二："〔正德八年五月〕日中隕石。其日倏然天變，南方一條青烟之氣自下騰空，震動有聲，天略陰曀，頃間落石城之内外，大如拳，小如卵，其色赤而黑，人皆拾之。"明萬曆《太原府志》卷二六："〔嘉靖十二年五月〕祁縣空中有聲如雷，落一石，如拳。"明田藝蘅《留青日札》卷九："〔隆慶二年三月〕直隸新城縣空中迅響三次，其聲如雷。二聖廟前天鼓鳴三次，南面六十餘步，天下火光一塊，陷地一尺，刨出黑石一塊，如碗大。許家莊亦落一星，天鼓鳴三次，如火光落地，陷一孔，如拳大，出黑石一塊，重二斤十四兩。"

掌指狀墜石

古人據隕石形色等特徵所作描述的一種。謂流星墜地後呈手掌指頭狀的隕石。此稱清代已行用。清咸豐《盛京通志》卷一三："首山，城西南十五里，一作手山，山頂石有掌指狀，泉出其中，挹之不竭。晋司馬懿圍公孫淵於襄平，有星墜首山。"

龍首狀隕石

古人據隕石形色等特徵所作描述的一種。謂流星墜地後呈龍頭狀的隕石。此稱清代已行用。清光緒《歸順直隸州志》卷五："〔道光二十二年〕有石長三尺餘，自龍神廟後山飛下，穿廟東廂一穴，入止檐下，廟宇仍完固不壞。石今尚存，似龍首形，以香火供之。"

駿馬狀隕石

古人據隕石形色等特徵所作描述的一種。謂流星墜地後呈駿馬狀的隕石。龍馬，像龍一樣威武雄壯的馬。此稱明代已行用。《廣西通志》卷九七："飛來石，柳山在州北二里。魏柳卿云，嘉靖壬寅四月七日，柳山應泉池有巨石乘風雨飛入井中，昂首低尾如龍馬，石高三尺，長六尺，闊亦不下二尺有奇，重可數千斤。”

鳳凰狀隕石

古人據隕石形色等特徵所作描述的一種。謂流星墜地後呈鳳凰狀的隕石。此稱清代已行用。清康熙《崑山縣志》卷一：“鳳凰石，在山北，天星墜爲鳳。”清嘉慶《永興縣志》卷六：“鐵鳳，華蓋山在縣治後城中高處，一名梧桐山，上有娘娘廟，前有鐵鳳埋地間。”

猛獸蹲伏狀隕石

古人據隕石形色等特徵所作描述的一種。謂流星墜地後呈猛獸蹲伏狀的隕石。此稱清代已行用。清乾隆《陽湖縣志》卷一：“落星石，在忠義祠內池旁，狀如猛獸蹲伏，相傳星隕於此。”

牛形隕石

古人據隕石形色等特徵所作描述的一種。謂流星墜地後呈像牛狀的隕石。此稱宋代已行用。宋邵博《邵氏聞見後錄》卷三〇：“星隕石，長安乾明寺，唐太廟也。庭中有星隕石狀如伏牛，有手迹四，足迹二，如印泥然。故老云，武氏革命日隕。”清光緒《零陵縣志》卷一二：“〔咸豐十一年十二月〕北鄉大木口月夜有物自天而下，色白，狀如牛而大，墜田中激水高丈許，趨視之，陷一穴，深不可測。”

鐵牛石

古人據隕石形色等特徵所作描述的一種。謂流星墜地後呈像鐵牛狀的隕石。此稱明代已行用。明陶宗儀《説郛》卷二三：“鐵牛，陝州城南有鐵牛出，長數尺，大如五六斗，鐵上有兩穴，世人稱是鐵牛鼻。又河北道觀中有一干出，云是鐵牛尾，俗傳此牛盤泊地下，其河北

出，以爲陝州，凡臨大河，無此牛，即城不復立。河東楊諫立碑以頌之。上中衞伯玉爲陝州刺史，發卒掘以觀牛之勢，才深二丈許，其鐵即絶，更無根系，遂却於舊處以土掩之。”清嘉慶《湖南通志》卷末：“鐵牛石，縣南二十里下瀟司鎮江中有巨石，儼然牛臥，其形類鐵，水涸則見。”民國《六合縣志》卷一：“鐵牛墩石，史云六合縣南門桃家塢有鐵牛墩突起地上，色如明鐵，狀如牛，故名。脊露尺餘，曾掘之，甚巨不可測。原志，鐵牛墩在縣東南三里，當河形第一曲，有鐵牛脊露地上。世傳張果老煉丹遺迹，一名果老灘。有古梅爲百年物，明知縣米萬鍾建拜梅庵，土名老梅庵。又鐵牛墩在縣東三十五里，有巨鐵如牛形，伏河濱出地數尺。人謂鑄以鎮水，理或然也，今以名堡。”

金牛石

古人據隕石形色等特徵所作描述的一種。古人認爲天上金牛星隕落人間，即爲金牛石。此稱清代已行用。清乾隆《潯州府志》卷三八：“金牛石，貴縣治之北，距百步許，曰北山三侯廟。蓋古昔相傳，周穆王時有金牛星降，當北山之神物，漸化爲石，一墜山之陽，一墜山之陰，一墜於潭。邑人驚異之，立廟以祀，曰石牛廟。”清光緒《貴縣志》卷七：“金牛石，在縣北十里龍山口，相傳周穆王時天上金牛星飛墜。”

魁犀石

古人據隕石形色等特徵所作描述的一種。謂流星墜地後呈大犀牛狀的隕石。此稱清代已行用。清乾隆《嚴州府志》卷三：“魁犀石，在縣東北五十里，相傳星隕所化。”

龜石

古人據隕石形色等特徵所作描述的一種。謂流星墜地後呈烏龜狀的隕石。此稱清代已行用。清光緒《資州直隸州志》卷二：“金龜石，在縣河東金像寺側。”民國《德陽縣志》卷一：“飛來龜石在縣西三十里，《通志》謂在安家營，地近石寧江，水漲屢衝民田，居民患之。順治間忽有石龜形大如豕，飛鎮江心，水避而西去若不敢犯者然，今石存。”

小狗狀隕石

古人據隕石形色等特徵所作描述的一種。謂流星墜地後呈小狗狀的隕石。此稱清代已行用。清康熙《延平府志》卷二一：“〔順治十三年八月十三日〕午時，永安縣益口畬村前，數樵牧在坐，空中墜一物，有聲，形如小狗。角尾鱗爪悉具，滾地立成一窟，中有黃泥水，三日水清，莫測其底。”

狗頭狀隕石

亦稱“狗首狀隕石”“犬首狀隕石”“犬頭狀隕石”。古人據隕石形色等特徵所作描述的一種。謂流星墜地後呈狗頭狀隕石。此稱元代已行用。《元史·五行志》：“〔至正十六年十一月〕大名路大名縣有星如火，自東南流，尾如曳彗，墜入於地，化為石，青黑光瑩，狀如狗頭，其斷處類新割者。有司以進，太史驗視云天狗也。命藏於庫。”明萬曆《四川總志》卷二七：“〔嘉靖四十四年四月〕有星隕於大足縣之東野，入地三尺，聲如雷，色黑，形如狗頭，火氣逼人，經宿方散。”清康熙《蕭縣志》卷五：“〔崇禎二年〕龍山墜一星，形如狗首，落地尚熱。”清康熙《安平縣志》卷一〇：“〔崇禎十二年〕星隕。滿子村天焰忽明，隕一物如石，有聲，狀

如犬首，黑紫色，寄庫，今無存。”清乾隆《徐州府志》卷三〇：“〔崇禎二年二月〕蕭縣隕星，如狗首，落地尚熱。”清同治《榮昌縣志》卷一九：“〔咸豐元年五月十六日〕未刻，天上隱隱似雷聲，頃間墜一石於城東北三十里昌陽壩長衝田內，水躍起丈餘，突起青烟一股騰空而去。居民竭水掘石，其色青黑，狀如犬首，堅似生鐵，重九斤餘兩。”民國《西平縣志》卷三四：“〔光緒三十一年八月十五日〕未刻，雲保偉子營星隕。初聞天空霹靂，有電光一道自高處直墜於地，入土深三尺餘，訇然有聲。土人奔至其處，掘得一物，形似火鍊石，紫黑色，狀類犬頭，隕於偉子營東南里許，石今尚存。”

【狗首狀隕石】

即狗頭狀隕石。此稱清代已行用。見該文。

【犬首狀隕石】

即狗頭狀隕石。此稱清代已行用。見該文。

【犬頭狀隕石】

即狗頭狀隕石。此稱清代已行用。見該文。

羊首狀隕石

古人據隕石形色等特徵所作描述的一種。謂流星墜地後呈羊頭狀隕石。此稱明代已行用。《明史·五行志》：“〔弘治十年二月丙申〕修武黑氣入地，化為石，狀如羊首。”

鵝卵狀隕石

古人據隕石形色等特徵所作描述的一種。謂流星墜地後呈鵝蛋狀的隕石。此稱清代已行用。清查繼佐《罪惟錄·天文志》：“〔弘治三年三月〕慶陽府雨石無數，大者如鵝卵，小亦如芡實，初墜有聲如人言。”清乾隆《長寧縣志》卷三：“〔康熙五十八年十二月朔〕長畬黃昏後，聞有烈炮聲自東方，少焉近南，從空墜一

物，閃閃有光，大如鵝卵，鐵質，甚熱，作硫磺氣。”清嘉慶《慈利縣志》卷六：“〔嘉慶六年七月〕有星如鵝卵，尾拖白光數十丈，自北而南，落地有聲如雷，三都民見白光遺田中，掘之得黑金。”

鷄卵狀隕石

古人據隕石形色等特徵所作描述的一種。謂流星墜地後呈鷄蛋狀的隕石，比鵝卵狀隕石要小一些。此稱明代已行用。《明憲宗實錄》卷二九〇：“〔成化二十三年五月壬寅〕保定府束鹿縣昏刻天地昏黑，空中聲響如雷，尋有青氣墜地，掘之得黑石二，一大如碗，一大如鷄卵。”《明史·五行志》：“束鹿空中響如雷，青氣墜地，掘之得黑石二，一如碗，一如鷄卵。”明嘉靖《蘭陽縣志》：“〔成化十一年〕有車行夜過蘭陽道者，有星墜於車中，化爲石，大如鷄卵。”

【卵狀隕石】

即“鷄卵狀隕石”。亦稱“蛋狀隕石”。古人據隕石形色等特徵所作描述的一種。指鷄蛋狀隕石。此稱明代已行用。明嘉靖《德慶州志》卷二：“〔正德八年五月〕日中隕石。其日倏然天變，南方一條青烟之氣自下騰空，震動有聲，天略陰曀，頃間落石城之內外，大如拳，小如卵，其色赤而黑，人皆拾之。”清嘉慶《邛州志》卷五：“落星石，州城南岳廟中，石形如卵，有紋如雲篆，周圍數尺，堅重異常。”清光緒《電白縣志》卷二九：“玻璃隕石，曠野中人時拾圓石，如蛋大，黑色，敲破之，中似黑水晶，土人稱天星矢，又曰雷公矢，云夜中自天而下墜，然未有傷人者。德州志云：正德八年，日中雨石，小者如卵，其色赤而黑。豈即此物歟？”民國《甘肅通志稿》卷一〇〇：“隕石，

在張掖縣西來寺，形如卵，直徑約五寸許，相傳隕落之年已久，無可稽考云。”

【蛋狀隕石】

即卵狀隕石。此稱清代已行用。見該文。

芡實狀隕石

古人據隕石形色等特徵所作描述的一種。芡實，睡蓮科植物，又名“鷄頭米”“雁喙實”“刺蓮蓬實”。謂流星墜地後呈鷄頭米狀的隕石。此稱清代已行用。清查繼佐《罪惟錄·天文志》：“〔弘治三年三月〕慶陽府雨石無數，大者如鵝卵，小亦如芡實，初墜有聲如人言。”

瓜狀隕石

古人據隕石形色等特徵所作描述的一種。謂流星墜地後呈瓜狀的隕石。此稱明代已行用。《續文獻通考·象緯考》：“〔泰定四年十月〕有大星隕於嘉縣之虛初山，爲黑石，狀如東瓜，上有點如星，擊之鏦然有聲。人不言舉之則動，言則弗動。”清光緒《雲南通志》卷二三六：“黑石，在嘉治西一里黑初山。相傳元太定間有星隕化爲石，狀類瓜，有如點星，擊之鏗然。人不言舉之則動，言則弗動。明嘉靖間知縣楊永江移置土地祠。”

茄狀隕石

古人據隕石形色等特徵所作描述的一種。謂流星墜地後呈茄子狀的隕石。此稱清代已行用。清諸聯《明齋小識》卷二：“星石，舊有星隕於沙瀝浜，形如茄，其色紫，長二尺，闊一尺，初有光，繼同頑石，至今尚在，半陷於泥。”

蓬炭狀隕石

古人據隕石形色等特徵所作描述的一種。

蓬炭，即蓮房炭，中藥名，蓮房的炮製品。蓮房炭表面焦黑色，內部棕褐色。謂流星墜地後呈蓮房炭狀的隕石。此稱清代已行用。清光緒《武陽志》卷三："〔同治十二年六月十四日〕馬成龍川一帶天晴，停午，忽乾方有巨聲三響如炮，聞數十里。須臾，如吹如鼓如鍾，又如琴若管，繁音疊作，不可名狀。稍間，光三道橫出如天河，色如虹，彩色斑爛。復巨聲三作，移時始没。墜石三塊，二石在龍川，一在北堡西壕邊場内，入土深三尺許，居民掘之以祀。十五日傳觀至西堡，高可尺四五寸，大僅盈拱，青白色，酷似靖遠產蓬炭狀。"

炭圓狀隕石

古人據隕石形色等特徵所作描述的一種。炭圓，圓球形的烤火用的木炭。謂流星墜地後呈圓球木炭狀的隕石。此稱清代已行用。清同治《彰明縣志》卷五四："〔道光十八年正月初六〕辰刻，東北角空中如雷聲響，聞二三百里。劍州、武連等處有紅物大小墮落，入土尺許，即時掘取，如炭圓，尚熱。"

碎炭狀隕石

古人據隕石形色等特徵所作描述的一種。謂流星墜地後呈破碎煤炭狀的隕石。此稱南北朝時期已行用。《陳書·周文育傳》："文育之據三陂，有流星墜地，其聲如雷，地陷方一丈，中有碎炭數斗。"

嵌樹生紋隕石

古人據隕石形色等特徵所作描述的一種。謂流星降落化一石嵌楓樹上，石紋生成字形的隕石。此稱近代已行用。民國《遵義府志》卷七："大羅天石，在桐城西香坪，一石嵌楓樹上，石紋生成大羅天三字，土人相傳是飛來石。"

杵棒狀隕石

古人據隕石形色等特徵所作描述的一種。原指一頭粗一頭細的圓木棒，後也指一種兩端粗中間細的兵器。謂流星墜地後呈杵棒狀的隕石。此稱清代已行用。清康熙《祁州志》："〔成化二十二年六月〕隕二星爲石，上圓下平，狀如杵，削之有屑，貯於庫。"清康熙《蒙城縣志》卷二："〔隆慶三年十二月初七〕晝，星隕蔣疃集西，光芒，有聲，入地，農人掘之深尺餘，得一石，大如杵，其色碧，上有金星。"清康熙《清豐縣志》卷二："〔萬曆四十二年四月〕星隕，火光閃爍，空中聲震如雷，自西而東，落於邑西南小崔村井旁，入地尺餘，色如墨，形如杵。知縣顧師曾考之，屬烏鷄星，申府院。"清咸豐《大名府志》卷四："〔隆慶六年九月十七日〕午時，南樂縣屬羅疃村火光入地，掘之得石，如杵形，紅色，擊爲三，色轉黑，研之轉白。"

轆軸狀隕石

古人據隕石形色等特徵所作描述的一種。謂流星墜地後呈轆軸狀的隕石。轆軸，轆轤的軸心，圓直的黑色木棍。此稱明代已行用。《明史·天文志三》："〔成化十二年十一月乙丑〕延綏波羅堡有星二，形如轆軸，一墜樊家溝，一墜本堡，紅光燭天。"

大屋狀隕石

古人據隕石形色等特徵所作描述的一種。謂流星墜地後呈高大房屋形狀的隕石。此稱清代已行用。清乾隆《將樂縣志》卷二："星窟，舊志誤在蛟窟右，今在水南忠愛祠之左，相傳一夕忽震如雷，起視之，有一星大如屋，黎明陷而爲窟，今水也不涸。"清光緒《邵武府志》

卷三："凌雲山在二十二都北漈下，其陰有星槎嶺，又名星窟，昔有星隕於此爲三穴，其大如屋，其光如玉。"

八仙桌狀隕石

古人據隕石形色等特徵所作描述的一種。謂流星墜地後呈八仙桌狀的隕石。其物三國時已見，此稱清代已行用。清張紫琳《紅藍逸乘》卷一："落星石，樂橋之南大石頭巷，不知大石所在，一日值其巷口人家葺屋，始見石在屋中，正方如八仙桌，其石質砂石耳，俗傳孫吳時墜下者也。"

圭狀隕石

亦作"珪狀隕石"。古人據隕石形色等特徵所作描述的一種。珪，同圭。上端作三角形，下端作正方形的長條形古玉器名。謂流星墜地後呈圭狀的隕石。此稱清代已行用。清康熙《鶴慶府志》卷二三："星隕石，形狀如圭，方平如削，出土四尺許，上有紅紋，察之無纖毫斧鑿之痕。在府治西白馬廟殿中央。"康熙《長山縣志》卷一："古石，在城隍廟二門外東南隅，高四尺許，青黑色，光潤，上銳如珪，相傳星隕所化。"

【珪狀隕石】

同"圭狀隕石"。此體清代已行用。見該文。

銀錠狀隕石

古人據隕石形色等特徵所作描述的一種。銀錠，銀元寶。謂流星墜地後呈銀元寶狀的隕石。此稱清代已行用。清康熙《寧陵縣志》卷一二："〔順治十三年二月己未〕午時星隕，初，白氣自東北來，如雷聲，墜於縣治之西南城隅郭甫明家屋墻内，形如大銀錠，非石非鐵，重五十四兩，體熱經宿。申報具題，貯庫。"

銀劍狀隕石

古人據隕石形色等特徵所作描述的一種。謂流星墜地後呈銀劍狀的隕石。此稱清代已行用。清光緒《湖南通志》卷末："銀劍，縣西二十都有山高千仞，石壁如削，上挂銀劍長約二丈，谷風搖動，攀鎖叮噹。"

鐵棺狀隕石

古人據隕石形色等特徵所作描述的一種。謂流星墜地後呈鐵棺材狀的隕石。此稱明代已行用。明談遷《棗林雜俎》中集："鐵棺垛，在興化縣南華廢寺西，長九尺二寸，前闊後狹，宛然棺狀。相傳宋建炎間薛慶嘗遣其徒搖動，中有物相觸聲，以鐵槌擊數百，略無少損，又鼓韝熔之，其故如初，乃止。"

鐵船狀隕石

古人據隕石形色等特徵所作描述的一種。謂流星墜地後呈鐵船狀的隕石。此稱唐代已行用。《新唐書·五行志二》："垂拱三年七月，魏州地出鐵如船，數十丈。"

鐵爐石狀隕石

古人據隕石形色等特徵所作描述的一種。謂流星墜地後呈鐵爐狀的隕石。此稱近代已行用。民國《犍爲縣志》卷一四："鐵爐石，縣南六十里有鐵爐場，有廟曰巖泉寺，寺側一石色似鐵，形如爐，徑約五尺，露有五尺於土面，即呼其寺爲鐵爐寺，而又以名其場。"

鐵槍狀隕石

古人據隕石形色等特徵所作描述的一種。謂流星墜地後呈鐵槍狀的隕石。此稱清代已行用。清嘉慶《平樂府志》卷三一："鐵槍，在荔浦縣小木巖後紅山上，楊文廣所遺。"

鎖狀隕石

古人據隕石形色等特徵所作描述的一種。謂流星墜地後呈鐵鎖狀的隕石。此稱清代已行用。清光緒《乾州廳志》卷二：“落星石，在城東十五里鎮溪潭中，其形如鎖。”

鐵帽狀隕石

古人據隕石形色等特徵所作描述的一種。謂流星墜地後呈鐵帽狀的隕石。此稱清代已行用。清嘉慶《平樂府志》卷三一：“鐵帽，在荔浦縣小木巖旁，約重二百餘斤，俗傳楊文廣征蠻遺此，雖年遠，光彩如新。”民國《三台縣志》卷五：“鐵頂，在縣東净光寺廟中，鍛煉晝夜不化，仍置寺側，形如帽盒，經風雨愈光潔，皆知爲神物云。”

洪鍾狀隕石

古人據隕石形色等特徵所作描述的一種。洪鍾，敲擊聲音響亮的大鍾。謂流星墜地後呈洪鍾狀的隕石。此稱清代已行用。清康熙《永和縣志》卷一二：“洪鍾，在龍巖寺上之饅頭山，高八尺餘，圍丈五尺六寸，人傳先世偶然墜於此地。”

鐵卵狀隕石

古人據隕石形色等特徵所作描述的一種。鐵卵，鐵蛋。謂流星墜地後呈鐵蛋狀的隕石。此稱清代已行用。清宣統《甘肅新通志》卷二：“〔光緒二十年正月二十二日〕申刻，有大星如火球，隕於皋蘭縣北山東境，白光蜿蜒空際，有頃而没，土人識其處，掘之，一鐵卵也。”

鐵袈裟狀隕石

古人據隕石形色等特徵所作描述的一種。謂流星墜地後呈袈裟狀的隕石。袈裟，僧衆所穿着的法衣，多由衆家施捨的布塊縫製而成，多褶皺，亦稱故稱“百衲衣”。此稱清代已行用。《長清縣志》卷二：“鐵袈裟，在靈巖寺，高五尺。山石黑如鐵，覆地如袈裟披摺之狀。”

鐵鞋狀隕石

亦稱“鐵屐狀隕石”。古人據隕石形色等特徵所作描述的一種。謂流星墜地後呈鞋狀的隕石。此稱清代已行用。清乾隆《雅州府志》卷三：“鐵鞋，在榮經縣光相寺，重三十斤，長尺有五寸。”清光緒《湖南通志》卷二八：“鐵屐，黃門巖在縣西舜峰之麓，四山環抱，一水濚回，上有仙遺鐵屐。”

【鐵屐狀隕石】

即鐵鞋狀隕石。此稱清代已行用。見該文。

卧鐵狀隕石

古人據隕石形色等特徵所作描述的一種。謂流星墜地後成深埋土中的鐵板塊狀隕石。此稱明代已行用。《明一統志》卷二三：“大利冶山，在沂州西南一十里，路傍有巨鐵二塊，在地中。”清道光《樂至縣志》卷一六：“卧鐵板，治東北龍王廟側城壕有卧鐵板，長五尺，前廣四尺許，後廣三尺餘，出土二寸，其深埋土中者厚薄不可測。詢耆老，云是百年前物，莫敢發視，亦莫知其何所用也。”

火煉石狀隕石

亦稱“火石狀隕石”。古人據隕石形色等特徵所作描述的一種。謂流星墜地後呈火山石狀的隕石。火煉石又叫火石、火山石，放在水上會浮，是火山噴發時高溫所致。此稱清代已行用。清康熙《山海關志》卷一：“〔萬曆二十三年八月二十七日〕夜半，雷震異常。詰旦，鎮東樓向北一柱烟裊，掘之，其下得火石，大如球。”民國《西平縣志》卷三四：“〔光緒三十一年八月十五日〕未刻，雲保儲子營星隕。初聞天空霹靂，有電光一道自高處直墜於地，入土深三尺餘，訇然有聲。土人奔至其處，掘得一物，形似火鍊石，紫黑色，狀類犬頭，隕於儲子營東南里許，石今尚存。"

【火石狀隕石】

即火煉石狀隕石。此稱清代已行用。見該文。

磬狀隕石

古人據隕石形色等特徵所作描述的一種。謂流星墜地後如磬狀的隕石。磬，是一種中國古代石製的打擊樂器，是擊奏體鳴樂器，爲"八音"中的"石"音。此稱清代已行用。清嘉慶《蜀典》卷五："蜀路星墜：李綽曾於僧處得落星石一片。僧於蜀路早行，見星墜於前，遂圍數尺掘之，片石如斷磬，其一端有雕刻駿騏之首，亦如磬，有孔穿條處尚光滑，豈天上樂器毀而墜歟？此石後流轉至安邑李甫宅中。"

柱狀隕石

古人據隕石形色等特徵所作描述的一種。謂流星墜地後呈柱狀的隕石。此稱宋代已行用。宋邵博《邵氏聞見後錄》卷三〇："星隕石，興平一道觀中有星隕石如半柱滿，其上皆繫痕，豈果繫乎空中邪？殆不可知也。旁有石，記西晉時隕。"清光緒《資州直隸州志》卷二："鐵柱，鐵釘山在州西一百里，地有鐵釘如柱。"民國《南溪縣志》卷一："鐵柱，龍船寺在宋家場南十七里，居巖腰，寺後有鐵柱一，相傳爲仙所留。"

車輪狀隕石

亦稱"輪狀隕石"。古人據隕石形色等特徵所作描述的一種。謂流星墜地後呈車輪狀隕石。此稱宋代已行用。《宋史・五行志一》："〔乾道

五年七月乙亥〕武寧縣龍鬥於復塘村，大雷雨，二龍奔逃，珠墜，大如車輪，牧童得之。"明嘉靖《山西通志》卷三一："〔弘治十二年五月二十日〕朔州城北馬圈頭空中有聲如雷，白氣亘天，火光迸裂，落一石大如小車輪，入地七尺餘，隨有碎石迸出二三十里外，色青黑，氣如硫磺，質甚堅膩。"明談遷《國榷》卷四四："〔弘治十二年五月戊寅〕朔州天鳴，白氣上騰，隕石如輪，入地七尺，隨有碎石迸出，色青黑，質堅膩。"清光緒《正安州志》卷一："〔咸豐六年四月〕江里蓮子壩空鳴若雷，落物如車輪，色似卵黃，腥不可近。"

石碾狀隕石

古人據隕石形色等特徵所作描述的一種。謂流星墜地後呈石碾狀的隕石。此稱清代已行用。清康熙《壽陽縣志》卷八："〔萬曆二年二月〕縣西南五十里，星隕如碾，觸石盡碎，其色玄黑，明星熒熒。"

磐狀隕石

古人據隕石形色等特徵所作描述的一種。謂流星墜地後呈層疊山石狀的隕石。磐，紆回層迭的山石。此稱清代已行用。清光緒《永平府志》卷三一："〔道光二十九年三月癸酉〕地震有聲，星隕於遷安白塔寺山東，其黑如磐。"

盤狀隕石

古人據隕石形色等特徵所作描述的一種。謂流星墜地呈盤狀的隕石。此稱清代已行用。清康熙《寧波府志》卷三〇："〔萬曆三十七年八月〕夜，天隕星如球，在靈門內鹵塘匯陳姓家，時天炎，浮橋上乘涼者共見之。次早入城往渠家相視，見大石如盤，光色閃爍，人爭碎之，各取一塊以歸。"

石臼狀隕石

古人據隕石形色等特徵所作描述的一種。謂流星墜地後呈石臼狀的隕石。臼，春米的器具，中間凹下，木石做成的搗米器具。此稱近代已行用。民國《壽光縣志》卷一六："星落石臼爲邑八景之一。舊志云，石臼在縣正西四十里星落村，魏青龍三年所隕，斑駁有古致，今無遺迹。而寇家塢東灣有石，其形若臼，色淡黃，高二尺餘，村人相傳爲星石，殊不可考矣。"

碓狀隕石

古人據隕石形色等特徵所作描述的一種。謂流星墜地後呈碓狀的隕石。碓，用於去掉稻殼的脚踏驅動的傾斜的錘子，落下時砸在石臼中，去掉稻穀的皮。此稱唐代已行用。唐釋道世《法苑珠林·星宿部》："〔貞觀十八年十月丙申〕汾州、并州文水縣兩界天大雷震，空中雲内落一石下，大如碓嘴，脊高腹平。其文水縣丞張孝静共汾州官同奏。"

甕狀隕石

古人據隕石形色等特徵所作描述的一種。謂流星墜地後呈甕狀的隕石。此稱隋代已行用。隋王通《元經》卷五："〔升平元年春正月丁丑〕隕石於槐里一。"宋劉恕《資治通鑑外紀》卷三："〔商紂末年〕天雨石，大如甕。"清雍正《陝西通志》卷七三："形如甕，高五尺。唐韓琮爲興平令，野中得落星石，移置縣齋。"清宣統《武緣縣圖經》卷七："〔光緒四年十月十九日〕晡，有火球一，大如甕，自大明山南飛過山北龍母岜荒村，有老松一株被其灼槁。"

缸狀隕石

古人據隕石形色等特徵所作描述的一種。謂流星墜地後呈缸狀的隕石。此稱清代已行用。《吳氏見聞記》卷三："〔光緒十二年仲冬之月六日〕忽於杲杲赤日中聞霹靂一聲，余不以爲異。越數日，朱受之夫子來云，是日有物墮於平望鎮某家，其色白，長四尺而形如缸，入於内宅庭中。又有白光一道，乃冉冉騰空而上，不知何物。或曰天狗下地，其聲如雷，墮者蓋天狗也。"

杯狀隕石

古人據隕石形色等特徵所作描述的一種。謂流星墜地後呈杯狀的隕石。此稱清代已行用。清光緒《高州府志》卷五四："〔光緒六年夏〕有石二隕於化州北之莞塘，時兼雨雹，聲挾風雷，墜田中，水噴如淬鐵，遂成一潭。有農夫得其一，初熟而軟，少頃凍硬，形如杯，重約十餘斤，寶而藏之。其家適有官訟，以爲不祥，遂棄於野。"

酒注狀隕石

古人據隕石形色等特徵所作描述的一種。謂流星墜地後呈酒注狀的隕石。此稱清代已行用。清康熙《蒲圻縣志》卷一四："縣南團村天晴將午，空中聲如轟雷，驚二三里。居民見田野中水騰沸，久之乃止。往視之，見一竅約四五尺，掘之，得一石，大如酒注，色青黑，狀類狗頭，蓋星隕所化。"

盂狀隕石

古人據隕石形色等特徵所作描述的一種。謂流星墜地後呈盤盂狀的隕石。此稱清代已行用。清侯登岸《披乘》卷五："墜星石，城北六十里三山西。縣志云，去海水里許處沙磧中，形類盂，而棱角巉峭，方圓可數尺。"

錦石

古人據隕石形色等特徵所作描述的一種。謂流星墜地後呈錦狀的隕石。此稱清代已行用。清嘉慶《湖南通志》卷一一："錦石，在衡山縣東江邊有數片，傳是區星遺錦於此，化爲石。"

磚狀隕石

古人據隕石形色等特徵所作描述的一種。謂流星墜地後呈磚狀的隕石。此稱元代已行用。《元史·五行志》："〔至正二十三年六月庚戌〕益都臨朐縣龍山有星墜入於地，掘之深五尺，得石如磚，褐色，上有星如銀，破碎不完。"民國《遂寧縣志》卷八："橫山鄉忽聞西南有聲如雷，旋見波烟一股天半飛來，隕下一石，墜于龍潭溝賈姓田中，形如土磚，色如火石。"

斧狀隕石

古人據隕石形色等特徵所作描述的一種。謂流星墜地後呈斧狀的隕石。此稱元代已行用。《元史·五行志二》："〔至正十年十一月冬至〕夜，陝西耀州有星墜於西原，光耀燭地，聲如雷鳴者三，化爲石，形如斧，一面如鐵，一面如錫，削之有屑，擊之有聲。"

斛狀隕石

古人據隕石形色等特徵所作描述的一種。謂流星墜地後呈斛狀的隕石。此稱隋代已行用。《隋書·天文志》："〔大業十一年十二月戊寅〕大流星如斛，墜賊盧明月營，破其衝輣，壓殺十餘人。"清咸豐《龍門縣志》卷五："〔道光十四年四月十六日〕申初，隕石三，隕星也。一隕馬斯水口許姓邨前芋田。未隕之先，聲若震雷，仰見一物色甚黑，從天而下，大如斛，旋轉入田土，人急掘之，約二尺許得一石，色類羊肝，通身皆凸，重數斤，嗅之腥。"

碗狀隕石

古人據隕石形色等特徵所作描述的一種。謂流星墜地後呈碗狀的隕石。此稱明代已行用。《明憲宗實錄》卷二九〇："〔成化二十三年五月壬寅〕保定府束鹿縣昏刻，天地昏黑，空中聲響如雷，尋有青氣墜地，掘之得黑石二，一大如碗，一大如鷄卵。"《明史·五行志》："束鹿空中響如雷，青氣墜地，掘之得黑石二，一如碗，一如鷄卵。"明田藝蘅《留青日札》卷九："〔隆慶二年三月〕直隸新城縣空中迅響三次，其聲如雷。二聖廟前天鼓鳴三次，南面六十餘步，天下火光一塊，陷地一尺，刨出黑石一塊，如碗大。許家莊亦落一星，天鼓鳴三次，如火光落地，陷一孔，如拳大，出黑石一塊，重二斤十四兩。"明張鳳翔《撫畿疏草·災異疏》："〔萬曆二十七年閏四月〕據廣平府永年縣申，據本縣趙王固村保長劉折桂、地方馮思義呈稱，本月初二日未時，本村東南天落一星，聲如炮響，墜地化爲石，如碗大，破碎不全等因。又據南圈子村居民許展生在園內澆麥，見一星墜地，化爲石，破碎不全。"清同治《盛湖志》卷三："〔嘉慶八年十二月庚寅〕有黑星降於地，大如碗。"

石滾狀隕石

古人據隕石形色等特徵所作描述的一種。石滾，石製滾壓農具，呈圓柱形。謂流星墜地後呈石滾狀的隕石。此稱清代已行用。清康熙《城武縣志》卷一〇："〔崇禎十三年元旦〕汶上集天上有聲如雷，薄昏星墜，形類石滾，或鐵擊之，隨火光而散。"

石扁擔狀隕石

古人據隕石形色等特徵所作描述的一種。

謂流星墜地後呈石扁擔狀的隕石。此稱清代已行用。清乾隆《諸暨縣志》卷五："落星石，在六十七都落星湖，漢時星隕化爲石。又一在十七都，相傳星墮於此，俗呼石扁擔，石傍築净舍，名星石庵。"

斗狀隕石

古人據隕石形色等特徵所作描述的一種。謂流星墜地後呈量斗狀的隕石。此稱清代已行用。清董含《三岡識略》卷二："〔順治八年五月初一日〕辰刻東長安門外隕青石一塊，大如斗。"《清史稿·災異志》："〔順治十年四月〕瀘州星隕，化爲石，大如斗。"清順治《廬江縣志》卷一〇："〔順治十年四月〕黃泥岡星隕爲石，大如斗，衆駭而碎之。"

升狀隕石

古人據隕石形色等特徵所作描述的一種。謂流星墜地後呈量升狀的隕石。此稱清代已行用。清順治《汜志》卷四："〔天啓三年〕滎陽隕星三，化爲石，形類升而長，收貯縣庫。"

球狀隕石

亦稱"圓狀隕石"。古人據隕石形色等特徵所作描述的一種。謂流星墜地後呈圓球狀的隕石。此稱清代已行用。清康熙《山海關志》卷一："〔萬曆二十三年八月二十七日〕夜半，雷震異常。詰旦，鎮東樓向北一柱烟裊，掘之，其下得火石，大如球。"清乾隆《什邡縣志》卷一八："圓石，治西十七里，巨石列孔道中，徑四尺六寸，周圓面微突，細緻渾如琢磨物。查石四旁周數十里皆無巨石，此獨盤踞途間，不惟奇形，所處之地亦甚奇。意者，亦如《春秋綱目》隕石之類歟？"清道光《贛州府志》卷一八："落星石，金盆山東一峰有僧寮，爲普明

僧修静處，門前有二球，非磚非鐵，或疑爲落星石云。"清同治《淡水廳志》卷一四："〔嘉慶二十二年十二月〕大星隕關渡，隕聲如雷，化爲石，入地中，掘視之，形圓，質堅而色黑。"清宣統《甘肅新通志》卷二："〔光緒二十年正月二十二日〕申刻，有大星如火球，隕於皋蘭縣北山東境，白光蜿蜒空際，有頃而没，土人識其處，掘之，一鐵卵也。"

【圓狀隕石】

即球狀隕石。此稱清代已行用。見該文。

橢圓形隕石

古人據隕石形色等特徵所作描述的一種。謂流星墜地後呈橢圓狀的隕石。橢圓，這裏指一種長而圓的球體。此稱近代已行用。民國《棗强縣史料》卷二："在縣西門内迤南，橢圓形，長六尺，寬三尺餘，凸凹奇古，孔穴玲瓏，土人謂此石從天降下，其年月已不可考。"

三角狀隕石

古人據隕石形色等特徵所作描述的一種。謂流星墜地後呈立體三角狀的隕石。三角，這裏指一種立體的三角形狀。此稱清代已行用。清乾隆《海豐縣志》卷一〇："〔康熙二十年正月二十日〕午刻，陰雲密佈，空中忽震三聲，又恍如鍾鼓之音，有片雲南方飛至陳塘村墜下，入地尺餘，鄉人掘之得一石，其形三角，色如鐵，有硫磺味，重九斤，繳縣報聞。"清光緒《葭州志》卷二："〔同治八年六月二十二日〕南鄉樓底隕赤石數塊，形如三角。"

棱角形隕石

古人據隕石形色等特徵所作描述的一種。謂流星墜地後呈棱角狀的隕石。棱角，這裏指一種有棱有角的立體形狀。此稱近代已行用。

民國《館陶縣志》卷五："〔光緒二十一年五月初〕黃昏後，隕星於城南安堤。次早，村民尋之，得石，作棱角形，其色黝灰，其質不甚堅凝。"

多角形隕石

古人據隕石形色等特徵所作描述的一種。謂流星墜地後呈三角狀的隕石。此稱近代已行用。民國《泰州志初稿》："〔光緒二十四年七月〕有星隕於姜堰陸姓家，光奪目，落地成石，多角形。"

三尖形隕石

古人據隕石形色等特徵所作描述的一種。謂流星墜地後呈三尖角狀的隕石。此稱近代已行用。民國《甕安縣志》卷八："〔光緒四年九月初五〕甕里中槽忽有三尖形石一塊從天墜落，空中如鼓樂聲，經時始散。其石爲居民羅五所得，人言沸騰，縣令聞之，搜入衙內，後此石不知所終。"

枕狀隕石

古人據隕石形色等特徵所作描述的一種。謂流星墜地後呈枕頭狀的隕石。此稱明代已行用。明萬曆《太原府志》卷二六："〔萬曆十六年九月〕岢嵐州天鼓鳴三日，至四日隕星，其聲如雷，化爲石，青黑色，長三尺餘，形如枕。"

紗帽狀隕石

古人據隕石形色等特徵所作描述的一種。謂流星墜地後呈紗帽狀的隕石。此稱清代已行用。清乾隆《天鎮縣志》卷四："〔順治八年〕上下陰陽山界，有赤光從天入地，兩村以爲奇寶，互相爭訟。啓視之，乃碧石一塊，形如紗帽，文如蝌蚪，人莫能識。今存上陰山龍王廟。"

有孔隕石

古人據隕石形色等特徵所作描述的一種。謂流星墜地後呈孔洞狀隕石。此稱清代已行用。《清史稿・災異志》："〔乾隆四十七年八月〕滕縣星隕忠三保楊氏院中，化爲石，色青白，重約百餘斤，孔數百，大可容拳，小容栗。"清乾隆《無爲州志》卷二："有星隕於西鄉華張橋側之槿木岡。落地化石，石上有孔，至今土人不敢動移。相傳其地爲天星巖。"民國《棗强縣史料》卷二："在縣西門内迤南，橢圓形，長六尺，寬三尺餘，凸凹奇古，孔穴玲瓏，土人謂此石從天降下，其年月已不可考。"

古文字隕石

古人據隕石形色等特徵所作描述的一種。謂流星墜地後上有類似古文字的隕石。此稱清代已行用。清乾隆《天鎮縣志》卷四："〔順治八年〕上下陰陽山界，有赤光從天入地，兩村以爲奇寶，互相爭訟。啓視之，乃碧石一塊，形如紗帽，文如蝌蚪，人莫能識。今存上陰山龍王廟。"清董含《三岡識略》卷七："〔康熙十六年十月初七〕更餘，京師人見大星自東南流入西北，大如斗，白氣環繞，從上屬下，墮順天府懷柔縣内，狀類人首，上有星斗篆籀之文，人莫能辨。"清嘉慶《邛州志》卷五："落星石，州城南岳廟中，石形如卵，有紋如雲篆，周圍數尺，堅重異常。"

第四節　流星雨、隕石雨考

流星雨，是彗星分裂的碎片與地球大氣層相摩擦而產生的光亮物體，如同降雨一樣，今世稱爲流星雨。大部分的流星體都比沙礫小，因此幾乎所有的流星體都會在大氣層內被燒毀，另一些能夠撞擊到地球表面的碎片稱爲隕石。此稱南北朝時期已行用。北周庾季才所著《靈臺秘苑》卷一五中已有記載。

隕石雨，隕星以極大的速度衝進大氣層，由於衝擊波的巨大壓縮作用，它在一定的高空便發生大爆炸，整個隕星爆裂成許多大小不一的隕石。這些隕石像雨點似的降落下來，今世稱爲隕石雨。此稱明代已行用。明沈德符《萬曆野獲編·譏祥》："〔弘治三年二月〕陝西守臣奏：陝西慶陽縣隕石如雨，大者四五斤，小者二三斤，擊死人數萬。"民國《阜寧縣新志》卷一："〔光緒三十年春〕衛灘白晝隕石粒如雨。"陳時江《金堂采訪錄》："〔宣統三年春〕見西南隕石如雨。"

星隕如雨

亦稱"星流如雨""星墜如雨""星落如雨"。古人據隕石形色等特徵所作描述的一種。謂隕落的星體像下雨一樣，形成的流星雨或隕石雨。此稱先秦已行用。《竹書紀年》卷上："〔夏癸十年〕夜中，星隕如雨。"《春秋·魯莊公七年》："四月辛卯夜，恒星不見。夜中星隕如雨。"《漢書·五行志》："〔永始二年二月癸未〕夜過中，星隕如雨，長一二丈，繹繹未至地滅，至雞鳴止。"《舊唐書·天文志》："夜，星流如雨，自亥及曉。"《新唐書·天文志》："〔廣德二年十二月丙寅〕自乙夜至曙，星流如雨。"《通志·災祥略》："星隕如雨，皆西流。"清康熙《靈石縣志·祥異》："〔嘉靖十一年十一月〕夜，星隕如雨。"民國《藍田縣志》卷三："〔光緒十七年三月八日〕亥時，星隕如雨，霎然有聲，天乍

昏黑，經數刻復開朗如故。"《聞見漫錄》卷上："〔嘉靖十二年十月丁亥〕泛海舟人云，三更後星墜如雨，繼而一紅火如斗大，有嚇喇聲。"民國《古田縣志》卷三："〔光緒十年閏五月初六〕夜，星落如雨。"

【星流如雨】

即星隕如雨。此稱唐代已行用。見該文。

【星墜如雨】

即星隕如雨。此稱唐代已行用。見該文。

【星落如雨】

即星隕如雨。此稱近代已行用。見該文。

【隕星如雨】

即星隕如雨。此稱近代已行用。民國《乾縣新志》卷八："〔宣統二年〕西北方隕星如雨，時餘如故。"

星流如織

亦稱"星移無數""星移如織""星如梭織"。古人據隕石形色等特徵所作描述的一種。謂星體來回運行如同穿梭織布一般，形成了流星雨或隕石雨。此稱明代已行用。《明史・天文志》："〔崇禎十五年夏〕星流如織。"清孫之騄《二申野錄》卷八："〔崇禎壬午五月〕星流如織。"清道光《鄢陵縣志》卷一七："〔嘉慶三年十月二十七日〕夜，星移無數。"民國《蒙城縣志》卷一二："〔光緒二十四年七月十六日〕夜，枉矢星如梭織。"民國《鄢陵縣志》卷二九："夜，星移如織。"

【星移無數】

即星流如織。此稱清代已行用。見該文。

【星如梭織】

即星流如織。此稱近代已行用。見該文。

【星移如織】

即星流如織。此稱近代已行用。見該文。

【流星如織】

即星流交織。亦稱"流星交織"。古人據隕石形色等特徵所作描述的一種。謂流星來回流動如同穿梭織布一般，形成了流星雨或隕石雨。此稱清代已行用。清康熙《灤州直隸府志》卷三一："流星如織，自乾趨巽。"清嘉慶《灤縣志》卷一："〔嘉慶三年十月二十九日晦〕亥刻，流星如織，經時乃已。"清光緒《丹徒縣志》卷五八："〔道光二十一年除夕〕流星如織。"清光緒《霑益州志》卷四："〔同治三年九月〕流星交織。"

【流星交織】

即流星如織。此稱清代已行用。見該文。

衆星交流如織

古人據隕石形色等特徵所作描述的一種。謂流星交互流動如同穿梭織布一般，形成了流星雨或隕石雨。此稱唐代已潛用，清代已行用。《新唐書・天文志》："〔中和元年八月己丑〕夜，星隕如雨，或如杯碗者，交流如織。庚寅夜亦如之，至丁酉止。"《清仁宗實錄》："〔嘉慶三年十月二十八九日〕夜間，衆星交流如織。"

衆星交流

亦稱"衆星交隕"。古人據隕石形色等特徵所作描述的一種。謂衆流星交錯流動，形成了流星雨或隕石雨。此稱五代時已行用。《新五代史・司天考》："〔同光二年六月甲申〕衆星交流。"《新五代史・司天考》："〔長興二年九月丙戌〕衆星交流。"《新五代史・司天考》："〔長興四年六月庚午〕衆星交流。"《新五代史・司天考》："〔長興四年七月乙亥朔〕衆星交流。"《新五代史・司天考》："〔清泰元年九月辛丑〕衆星交流。"清光緒《登州府志》卷二三："〔同治元年七月十六日〕初昏，衆星交隕，多趨西南，縱橫如織，夜分始息。"

【衆星交隕】

即衆星交流。此稱清代已行用。見該文。

星流如矢

亦稱"星隕如箭"。古人據隕石形色等特徵所作描述的一種。謂星體快速流動如同箭矢一般，形成了流星雨或隕石雨。此稱清代已行用。清光緒《崞縣志》卷八："〔咸豐八年七月十五〕夜，星流如矢，由西北而東南，數以千計，自戌至丑乃息。"光緒《平定州志》卷五："〔咸豐九年七月十五日〕夜，星隕如箭。"

【星隕如箭】

即星流如矢。此稱清代已行用。見該文。

流星滿天

亦稱"流星蔽天""流星彌天""流火滿天"。古人據隕石形色等特徵所作描述的一種。謂流星滿天流動，形成了流星雨或隕石雨。此稱近代已行用。民國《邱縣志》卷九："〔同治元年七月〕流星滿天，起西南方。"民國《高郵縣志·補遺》："〔光緒十一年十月二十一〕日落後，流星滿天，俱自西南向東北。"清《楓涇小志》卷一〇："夜，流星滿天，自北至東南，唧唧有聲，終夜不息。"民國《新城縣志》卷二二："〔同治二年七月十五日〕流星蔽天如織，向東南流，至天明始熄。"清光緒《南陽縣志》卷一二："〔光緒九年十一月〕夜，流星彌天，四面墜落。"民國《信陽縣志》卷三一："〔光緒十一年十一月〕夜間星流，流火滿天，大小不一甚多，無數縱橫亂竄，徹夜不息，次日晚間，尚有見者。"

【流星蔽天】

即流星滿天。此稱近現代已行用。見該文。

【流星彌天】

即流星滿天。此稱近現代已行用。見該文。

【流火滿天】

即流星滿天。此稱近現代已行用。見該文。

滿天星隕

亦稱"滿天星移"。古人據隕石形色等特徵所作描述的一種。謂滿天流星隕落，形成了流星雨或隕石雨。此稱近代已行用。民國《姚安縣志》卷六六："〔光緒十七年三月〕滿天星隕，至空際忽隱。"民國《姚安縣志》卷六六："〔宣統元年正月初十〕滿天星移，方向無定。"

【滿天星移】

即滿天星隕。此稱近現代已行用。見該文。

星流震散

古人據隕石形色等特徵所作描述的一種。謂星體震動奔流散落，形成了流星雨或隕石雨。此稱晋代已行用。《晋書·天文志》："〔永嘉元年十二月丁亥〕星流震散。"

游星遍飛

古人據隕石形色等特徵所作描述的一種。謂星體到處游動飛奔，形成了流星雨或隕石雨。此稱清代已行用。清乾隆《永北府志》卷二四："〔雍正十三年四月〕游星遍飛。"

天星亂落

亦稱"天星亂流""流星亂隕""群星亂墜""滿天星亂"。古人據隕石形色等特徵所作描述的一種。謂衆流星紛亂隕落，形成了流星雨或隕石雨。此稱明代已行用。明嘉靖《威縣志》卷一："〔嘉靖十五年十月〕夜分，天星亂落如雨。"清康熙《增補盧龍縣志》卷二："〔康熙五年六月辛未〕夜，天星亂流如織。"民國《館陶縣志》卷五："〔光緒十一年十月二十二日〕戍刻，流星亂隕，已而黑氣蔽天，移時乃銷。"清光緒《騰越廳志》卷一："〔咸豐六年十月朔三日〕夜，群星亂墜。"清光緒《騰越廳志》卷一："〔同治十一年十一月二十七日〕夜，群星亂墜。"民國《陸川縣志》卷二："〔光緒十一年八月〕滿天星亂。"

【天星亂流】

即天星亂落。此稱清代已行用。見該文。

【流星亂隕】

即天星亂落。此稱近現代已行用。見該文。

【群星亂墜】

即天星亂落。此稱清代已行用。見該文。

【滿天星亂】

見天星亂落。此稱近代已行用。見該文。

流星縱橫旁舞

古人據隕石形色等特徵所作描述的一種。謂衆流星來回流動如同跳躍舞蹈一般，形成了流星雨或隕石雨。此稱唐代已行用。《舊唐書·天文志下》："〔太和九年六月丁酉〕夜一更至四更，流星縱橫旁午，約二十餘處，多近天漢。"

衆星流散

古人據隕石形色等特徵所作描述的一種。謂衆流星交錯流動散布，形成了流星雨或隕石雨。此稱唐代已行用。《舊唐書·武帝紀》："〔會昌元年六月庚子〕夜五更，小流星五十餘，旁午流散。"《舊唐書·天文志下》："〔會昌元年六月二十九日〕從一鼓至五鼓，小流星五十餘，交橫流散。"

流星縱橫

古人據隕石形色等特徵所作描述的一種。謂衆流星橫豎交錯來回流動，形成了流星雨或隕石雨。此稱唐代已行用。《新唐書·天文志二》："自昏至戌夜，小星數十，縱橫流散。"清光緒《登州府志》卷二三："〔同治元年七月十六日〕初昏，衆星交隕，多趨西南，縱橫如織，夜分始息。"民國《上杭縣志》卷一："〔同治三年九月十五日〕夜，流星縱橫交織。"民國《信陽縣志》卷三一："〔光緒十一年十一月〕夜間星流，流火滿天，大小不一甚多，無數縱橫亂竄，徹夜不息，次日晚間，尚有見者。"

火星交流

亦稱"天火紛墮"。古人據隕石形色等特徵所作描述的一種。謂衆流星交互流動，形成了流星雨或隕石雨。此稱明代已行用。明末查繼左《罪惟錄》卷一："〔正德六年八月六日〕臨江府見火星交流。"清光緒《貴縣志》卷六："〔咸豐四年六月初十〕午，天火紛紛墮衢，至地無迹。"

【天火紛墮】

即火星交流。此稱清代已行用。見該文。

衆星飛流

亦稱"星斗亂飛"。古人據隕石形色等特徵所作描述的一種。謂衆流星飛奔流動，形成了流星雨或隕石雨。此稱清代已行用。清光緒《貴縣志》卷六："〔光緒十二年十月二十一〕夜，見衆星飛流，皆西而東。"民國《欽州志》卷首："〔光緒十一年十月〕滿天星斗，縱橫亂飛。"

【星斗亂飛】

即衆星飛流。此稱近代已行用。見該文。

流星多向飛行

古人據隕石形色等特徵所作描述的一種。謂流星向某個或多個方向，形成了流星雨或隕石雨。衆星西行。此稱漢代已行用。《漢書·昭帝紀》："〔元平元年二月甲申〕晨，有流星大如月，衆星皆隨西行。"《漢書·天文志》："晨，有大星如月，有衆星隨而西行。"《通志·災祥略》："〔秦始皇二年三月乙未〕有流星大小西行，不可勝數，至晚乃息。"《晋書·武帝紀》："〔泰始四年七月〕衆星西流。"《通志·災祥略》："星隕如雨，皆西流。"《宋書·天文志》："〔元嘉二十四年正月〕天星並西流，多細，大不過如雞子，尾有長短，當有數百，至旦日光定乃止，有入北斗紫宮者。"衆星北行。此稱唐代已行用。《新唐書・天文志二》："〔咸通六年七月乙酉〕甲夜，有大流星長數丈，光爍如電，群小星隨之，自南徂北。"衆星南行。此稱清代已行用。清光緒《閿鄉縣志》卷末："〔光緒十四年七月十五日〕星隕如雨，自北而南。"衆星東行。此稱清代已行用。清光緒《貴縣志》卷六："〔光緒十二年十月二十一〕夜，見衆星飛流，皆西而東。"衆星西北行。此稱南北朝已行用。《魏書・天象志》："〔永安三年二月壬申〕有大流星相隨西北，尾迹不絶，以千計。"衆星三向行。此稱晉代已行用。晉司馬彪《續漢書・天文志》："〔建武十二年正月己未〕小流星百枚以上，或西北，或正北，或東北，二夜止。"衆星四向行。此稱漢代已行用。《續漢書・天文志》："〔建武十二年六月戊戌〕晨，小流星百枚以上，四面行。"唐《開元占經》卷七一："〔大寶二年六月丙戌〕夜，小流星四面交流極多，不可勝記。"清光緒《井研志》卷三二："〔光緒元年五月六日〕傍晚，天鼓鳴，流星四溢。"清光緒《南陽縣志》卷一二："〔光緒九年十一月〕夜，流星彌天，四面墜落。"滿天星移方向無定。此稱民國時已行用。民國《姚安縣志》卷六六："〔光緒七年三月〕滿天星移，方向無定。"

第八章　天宇稱謂說

第一節　專題名類與普通名類考

　　本節所考多是可以專題解析的專業術語，或難以歸類的天宇名物。茲以黃道、赤道爲例，黃道，指的是地球環繞太陽公轉軌道平面與天球相交的大圓，相應的赤道則指天赤道，即地球赤道在天球上截得的圓。這兩個概念實際是專爲天文學研究建立的座標體系，有其名而并不存在實物。黃道、赤道是中外天文學共同使用的概念，但中國古代的使用有其自身特色，使用赤道坐標并不用赤經、赤緯，而是用入宿度和去極度。入宿度是借助二十八宿定位，指某天體和二十八宿距星的赤經差。去極度則是天體距北極的角距，即赤緯的餘角。閱讀中國古代天文學著作時，必須要在現代習慣基礎上稍作換算。其他，如"大包"指宇宙，"乾象""乾文""乾圖"指天象，"玄象""元象""玄儀"指日、月、星辰在天之象，"屑金""玉沙""白榆"爲星之異名，"司過星""長短星""使臣星""桃花星"又各有所司，各有所主，古人賦予了不同使命觀念，不同的感情色彩。另一些名物詞，如"黃道""朱道""白道""黑道"等，在古代并非專業術語，但今人已感到陌生，故亦列入本考中。

此外，還有一些完全基於想象的名稱，并無實物對應，如以天上主管人事之星爲人星，稱預示天將下雨的星"照泥星"等，因無從歸類，也姑置於此。

大包

指宇宙。此稱唐代已行用。唐韓愈《苦寒》詩："芒碭大包內，生類恐盡殲。"錢仲聯集釋引方松卿曰："大包，以宇宙言也。"

乾象

亦稱"乾文""乾圖"。指天象。乾，指天。此稱漢代已行用。《後漢書·皇后紀上·和熹鄧皇后》："仰觀乾象，參之人譽。"三國魏曹植《漢二祖優劣論》："握乾圖之休徵，應五百之顯期。"《三國志·蜀書·郤正傳》："俯憲坤典，仰式乾文。"北齊顏之推《顏氏家訓·歸心》："乾象之大，列星之夥。"《舊唐書·禮儀志二》："所以仰則乾圖，上符景宿，考編珠而紀度，觀列宿以迎時。"宋秦觀《浮山堰賦》："敦阜寇冥大川屯，精氣扶輿變乾文。"元關漢卿《雙赴夢》第二折："早晨間占易理，夜後觀乾象。"

【乾文】

即乾象。此稱三國時期已行用。見該文。

【乾圖】

即乾象。此稱三國時期已行用。見該文。

玄宿

指天上之星宿。玄，指蒼天。此稱唐代已行用。唐皮日休《魯望讀〈襄陽耆舊傳〉見贈五百言次韵》："斑斑生造士，一一應玄宿。"

玄象

亦稱"天象""玄儀""元象"。指日月星辰在天所成之象。此稱明代已行用。《後漢書·郅惲傳》："惲乃仰占天象。"《北齊書·文宣帝紀》："然則日月躔於天次，王公國於地野，皆所以上叶玄儀，下符川嶽。"唐吳筠《高士咏·嚴君平》："閉關動元象，何必游紫庭。"宋孔平仲《續世說·術解》："〔薛頤〕上表請爲道士。太宗爲置紫府觀，觀中置一清臺，以考元象。"《醒世恒言·隋煬帝逸游召譴》："帝深識玄象，常夜起觀星。"

【天象】

即玄象。此稱漢代已行用。見該文。

【玄儀】

即玄象。此稱南北朝時期已行用。見該文。

【元象】

即玄象。此稱唐代已行用。見該文。

笪却日

亦稱"笪日"。古契丹語，指日蝕。此稱宋代已行用。宋錢易《南部新書·癸集》："〔盧文進〕嘗云：陷契丹中，屢入絕塞，正晝方獵，忽天色晦黑，衆星燦然。問蕃人，云：所謂笪却日也。"按，宋陸游《南唐書·盧文進傳》作"笪日"。明楊繼盛《墓祠碑記》："號孚以爲厲，鳩壯決也；笪日以爲明，斗沫晰也。"

【笪日】

即笪却日。此稱宋代已行用。見該文。

黑餅[2]

日全食之象。此稱宋代已行用。宋王邁《甲戌九月日有食之紀異三十韵》："食之至於既，當空懸黑餅。”《明史·天文志》：“萬曆二十五年五月辛卯朔，日光轉蕩，旋爲黑餅。”

眚[2]

日月蝕。此稱先秦時期已行用。《左傳·莊公二十五年》：“非日月之眚不鼓。”杜預注：“眚，猶災也。月侵日爲眚。”《説文繫傳·目部》：“眚，《春秋左傳》曰‘日月之眚’，謂日月有蝕若目有瞖也。”

鬥麟

指日月之蝕。古人認爲麒麟相争鬥，預兆日月相蝕，故稱。此稱漢代已行用。《淮南子·天文訓》：“麒麟鬥，則日月食。”南朝梁戴嵩《月重輪行》：“從來看顧菟，不曾聞鬥麟。”

二蝕

指日蝕與月蝕。此稱南北朝時期已行用。《南齊書·天文志上》：“向論二蝕之體，周衝不同，經與不經，自由星遲疾，難蝕引經，恐未得也。”《新唐書·曆志下三》：“若因開元二蝕，曲變交限而從之，則差者益多。”

星[3]

亦作“曐”，亦稱“天星”。泛指宇宙間能發光或反射光的天體。包括恒星（如太陽）、行星（如地球）、衛星（如月球）、彗星、流星、客星等。通常指夜空閃亮之天體。《説文·晶部》：“曐，萬物之精，上爲列星，從晶，生聲，一曰象形……曐，古文星。星，曐或省。”此稱先秦已行用。按商代甲骨文中有“星”字，常作“晴”解。郭沫若主編《甲骨文合集》11498：“乙子（巳）明雨；伐，既雨；咸伐，亦雨；椎卯，鳥星（晴）。”此爲引申義，以夜空星現，故指晴朗。後世很少使用此義，而專指星空之星。《詩·召南·小星》：“嘒彼小星，

三五在東。”《周禮·春官·保章氏》：“保章氏，掌天星，以志星辰日月之變動。”漢揚雄《羽獵賦》：“焕若天星之羅，浩如濤水之波。”

【曐】

同“星”。此體先秦時期已行用。見該文。

【天星】[2]

即星。此稱先秦時期已行用。見該文。

【星球】

即星。宇宙間能發光或反光的球形天體。如太陽、月亮、地球等。此稱明代已行用。中國在西方天文學傳入後始用此稱。明代傳教士利瑪竇《乾坤體義》卷中：“欲量日辰星球之大，先推天各重遠近厚薄，而度各球徑也。”自注：“日月辰星視之如輪，而實爲球，是故以後通謂曰球。”《海上塵天影》第二九回：“隕石乃星球相擊，石破而墜，空中電火不能燒盡，故墜於地上。”清譚嗣同《仁學》三十九：“總之，佛教能治無量無邊不可説不可説之日球、星球，盡虛空界無量無邊不可説不可説之微塵世界。”

【星辰】

即星。亦稱“星曆”“星宿”“星斗”“星絡”“星緯”“星星”“星珠”。此稱先秦已行用。《書·堯典》：“曆象日月星辰。”《管子·五行》：“通乎陰氣所以事地也，經緯星曆以視其離。”《列子·天瑞》：“天果積氣，日月星宿，不當墜邪？”《淮南子·原道訓》：“日月以之明，星曆以之行。”《晉書·武帝紀論》：“星斗呈祥，金陵表慶。”南朝宋鮑照《瓜步山揭文》：“西睨天宮，窮耀星絡。”《南齊書·武帝紀》：“星緯失序，陰陽愆度。”唐李賀《感諷五首》之五：“桂露對仙娥，星星下雲逗。”唐李紳《憶登栖霞寺》詩：“星珠錯落耀，月宇參差虛。”

【星曆】

即星辰。此稱先秦時期已行用。見該文。

【星宿】[2]

即星辰。此稱先秦時期已行用。見該文。

【星斗】[2]

即星辰。此稱晉代已行用。見該文。

【星絡】

即星辰。此稱南北朝時期已行用。見該文。

【星緯】

即星辰。此稱南北朝時期已行用。見該文。

【星星】

即星辰。此稱唐代已行用。見該文。

【星珠】

即星辰。此稱唐代已行用。見該文。

【屑金】

即星。因其細小似屑，閃亮如金，故稱。此稱宋代已行用。宋陶穀《清異錄·天文》："屑金，星；秋明大老，天河。"

【玉沙】

即星。如同白沙鋪撒，故稱。此稱清代已行用。清劉獻廷《洞庭秋月》詩："纖雲不動金波浮，玉沙萬里開清秋。"

【白榆】

即星。省稱"榆"，亦稱"天榆""星榆"。此稱漢代已行用。漢佚名《樂府詩集·相和歌辭·隴西行》："天上何所有？歷歷種白榆。"唐張仲素《賦得玉繩低建章》詩："天榆隨影没，宮樹與光攢。"唐王初《即夕》詩："風幌凉生白袷衣，星榆纏亂絳河低。"唐高宗《大唐紀功頌》："月弓宵而空桂，則蝕屢金波；星箭夕而奔榆，則妖飛玉弩。"

【榆】

"白榆"之省稱。此稱唐代已行用。見該文。

【天榆】

即白榆。此稱唐代已行用。見該文。

【星榆】

即白榆。此稱唐代已行用。見該文。

明體

即星。因其明亮，故稱。此稱清代已行用。清唐甄《潛書·性才》："又如星之戾氣，散爲彗孛，亦爲明體，亦爲懸象。"

【明珠】

即星。此稱南北朝時期已行用。南朝梁元帝《玄覽賦》："乍浮圓鏡，時泛明珠。"

星官

我國古代稱指天上一個或幾個臨近的恒星，如人之官曹列位。如大角、北斗、文昌、織女等。此稱唐代已行用。唐司馬貞《〈史記·天官書〉題解》："天文有五官。官者，星官也。星座有尊卑，若人之官曹列位，故曰天官。"唐萬齊融《仗劍行》："昨夜星官動紫微，今年天子用武威。"

星座

古人爲表示恒星在天球上大體方位及命名的便利，依照其自然分布，分天球爲若干區域，每一區域即一星座，如三垣、二十八宿等座。此稱唐代已行用。唐杜牧《自言志》詩："星座通霄狼鬣暗，戍樓吹笛虎牙閑。"

恒星

亦稱"經星""常星""常宿"。指目視位置不變之星，故稱。實際并非恒定不動，祇是短時間内，不能覺察其位置變化。其本身能發光、發熱。肉眼能見之恒星約六千五百顆，如用天文望遠鏡看，則多得難以計其數。此稱先秦時期已行用。《春秋・莊公七年》："夏四月辛卯，夜，恒星不見。"杜預注："恒，常也。謂常見之星。"《穀梁傳・莊公七年》："夏四月辛卯，昔恒星不見。恒星者，經星也。"《史記・天官書》："夫常星之變希見，而三光之占亟用。"《漢書・天文志》："凡天文在圖籍昭昭可知者，經星常宿中外官，凡百一十八名，積數七百八十三星。"唐張說《請八月五日爲千秋節表並敕旨》："惟仲秋日在端五，恒星不見之夜，祥光照室之朝，群臣相賀誕聖之辰也，焉可不以爲嘉節乎。"唐盧全《月蝕》詩："當時常星沒，殞雨如迸漿。"

【經星】[2]

即恒星。因其相對位置不變，猶經之於緯，故稱。行星則稱緯星。此稱先秦時期已行用。見該文。

【常星】

即恒星。此稱漢代已行用。見該文。

【常宿】

即恒星。此稱漢代已行用。見該文。

列星

亦稱"列宿""列曜"。指羅布天空、定時出現之恒星。有時專指二十八宿。此稱先秦時期已行用。《公羊傳・莊公七年》："恒星者何？列星也。"何休注："恒，常也，常以時列見。"《楚辭・劉向〈九嘆・遠逝〉》："指列宿以白情兮，訴五帝以置詞。"王逸注："言己願復指語二十八宿，以列己清白之情，告訴五方之帝，令受我詞而聽之也。"《淮南子・天文訓》："熒惑常以十月入太微，受制而出行列宿。"《宋書・律曆志下》："臣以爲辰極居中，而列曜貞

觀；群像殊體，而陰陽區別。"明何景明《織女賦》："步列星之文履兮，纚素霞以爲裳。"清富察敦崇《燕京歲時記・妙峰山》："夜間燈火之繁，燦如列宿。"參見本卷《天宇稱謂說・專題名類與通名類考》"恒星"文。

【列宿】

即列星。此稱漢代已行用。見該文。

【列曜】

即列星。此稱南北朝時期已行用。見該文。

行星

亦稱"緯"。指環繞太陽運行的五大行星（今知有八大行星）。行星本身不發光，以表面反射日光而發亮，在星空背景上有明顯的相對移動，且皆沿黃道進行。此稱宋代已行用。《史記・天官書》："水、火、金、木、填星，此五星者，天之五佐，爲緯。"《後漢書・張衡傳》："察二紀、五緯之綱繆通皇。"李賢注："五緯，五星也。"宋沈括《夢溪筆談・象數一》："辰星，日之近輔，遠乎日不過一辰，故爲行星之長。"宋陸游《賀施知院啓》："堪輿清夷，星緯明潤。"

【緯】

行星之古稱。恒星相對位置不變，故稱"經"。行星在空中移動不止，故稱"緯"。此稱漢代已行用。見該文。

角[2]

亦稱"芒角"。指星光。此稱漢代已行用。《史記・天官書》："天一、槍、棓、矛、盾動搖，角大，兵起。"南朝宋裴駰集解引漢李奇曰："角，芒角。"又《天官書》："赤角犯我城，黃角地之爭，白角哭泣之聲，青角有兵憂，黑角則水。"《廣韻・覺韻》："角，芒也。"宋蘇軾

《夜泛西湖》詩：“蒼龍已没牛斗横，東方芒角升長庚。”

【芒角】[2]

即角。此稱漢代已行用。見該文。

人星[2]

舊謂主人事之星。此稱晉代已行用。《晋書·天文志上》：“天漢起東方……又分夾匏瓜，絡人星、杵、造父、騰蛇。”宋葉廷珪《海録碎事》卷一：“俗傳識人星不患瘧。”

司過星

星名。司過，官名。掌糾察群臣之過失。此稱宋代已行用。宋葉廷珪《海録碎事》卷一曰：“天有司過之星，朝有敢諫之鼓。”

長短星

海上用以占測潮候之星。此稱明代已行用。明楊慎《丹鉛總録·天文》：“《寰宇記》云：瓊州潮候不同。凡江浙欽廉之潮，皆有定候。瓊海之潮，半月東流，半月西流。潮之大小，隨長短星，不係月之盛衰，此又不可曉也。然則曆家之著長短星，蓋海中占潮候也。”

使星

亦稱“使臣星”。舊謂天上星宿分掌人間諸事，此星代表帝王使者，故稱。此稱漢代已行用。《後漢書·方術傳·李郃》：“和帝即位，分遣使者，皆微服單行，各至州縣觀采風謡，使者二人當到益部，投郃候舍。時夏夕露坐，郃因仰觀，問曰：‘二君發京師時，寧知朝廷遣二使邪？’二人默然，驚相視曰：‘不聞也。’問何以知之。郃指星示云：‘有二使星向益州分野，故知之耳。’”唐王維《送邢桂州》詩：“明珠歸合浦，應逐使臣星。”唐杜甫《秦州》詩之九：“稠疊多幽事，喧呼閲使星。”宋王禹偁

《送羅著作奉使湖湘》詩：“使星躔次入長沙，曉別延英去路賒。”

【使臣星】

即使星。此稱唐代已行用。見該文。

桃花星

舊謂主淫蕩之凶星。是看相占卜中的名目。此稱明代已行用。清李寶嘉《文明小史》第四回：“逢之的母親央一位合婚的先生占了占，批的是女八字極好，也没有桃花星、掃帚星諸般惡煞。”《九尾狐》第二九回：“馬永貞……想到寶玉頻頻顧盼，定是我的時運來了，不但桃花星進命，而且財星高照。”

照泥星

星名，預示天將雨。此稱唐代已行用。唐王建《聽雨》詩：“半夜思家睡裏愁，雨聲落落屋檐頭。照泥星出依前黑，淹爛庭花不肯休。”元宋褧《四月晦日即事》：“連綿送月雨，歷落照泥星。”

禽星

古代用各種禽獸與五行、二十八宿相配，稱作“禽星”。即：角木蛟、亢金龍、氐土貉、房日兔、心月狐、尾火虎、箕水豹、斗木獬、牛金牛、女土蝠、虚日鼠、危月燕、室火猪、壁水貐、奎木狼、婁金狗、胃土雉、昂日鶏、畢月烏、觜火猴、參水猿、井木犴、鬼金羊、柳土獐、星日馬、張月鹿、翼火蛇、軫水蚓。我國古代神話小説如《西游記》，以各禽爲諸宿之神。舊時術數家用以占卜吉凶，舊曆書亦載之，以定日辰方位之吉凶。此稱明代已行用。明胡應麟《少室山房筆叢·九流緒論上》：“術主蓍龜曆算，而禽星宅相諸技附之。”《四庫全書總目·術數類一·禽星易見》：“禽星之

用不一，此專取七元甲子局，用翻禽倒將之法，推時日吉凶，以利於用。"

羅睺

梵語。星命家所謂十一曜之一。與 "計都" 相對（計都，梵語。星命家所謂十一曜之一。與 "羅睺" 相對，十八日行一度，十八年一周天。常隱不現。遇日月行次即蝕）。十八日行一度，十八年一周天。常隱不現，遇日月行次即蝕。宋沈括《夢溪筆談 · 象數一》："〔黃道、月道〕交道每月退一度餘，凡二百四十九交而一期。故西天法，羅睺、計都皆逆步之，乃今之交道也。交初謂之羅睺，交中謂之計都。"

分星

與地上分野相對應之星宿或星次。此稱先秦時期已行用。《周禮 · 春官 · 保章氏》："以星土辨九州之地，所封封域皆有分星，以觀妖祥。"《漢書 · 地理志》："而保章氏掌天文，以星土辨九州之地，所封封域皆有分星，以視吉凶。"明張鳳翼《紅拂記 · 同調相憐》："且是那太原呵，祥光繞，紫氣昭，分星耀，個中定有連城寶。"

長星 [3]

巨星，大星。此稱南北朝時期已行用。北周庾信《擬咏懷二十七首》之十一："直虹朝映壘，長星夜落營。"《三國演義》第八九回："孔明妙算勝孫龐，耿若長星照一方。"

孤星

拂曉時之殘星。此時能見之星甚少，故稱。此稱唐代已行用。唐王損之《曙觀秋河賦》："孤星迴泛，狀清淺之沈珠；殘月斜臨，似滄浪之垂釣。"唐陳元光《候夜行師七唱》其五："娟娟萬里江河爛，耽耽孤星大火流。"元周文質《青杏子 · 思憶》："秦樓何夕彩雲回，瑤琴昨日冰弦斷，碧天今夜孤星耿。"

十二辰	丑	子	亥	戌	酉	申	未	午	巳	辰	卯	寅
十二星次	星紀	玄枵	娵訾	降婁	大梁	實沈	鶉首	鶉火	鶉尾	壽星	大火	析木
太歲年名	赤奮若	困敦	大淵獻	閹茂	作噩	涒灘	協洽	敦牂	大荒落	執徐	單閼	攝提格
黃道十二宮	摩羯宮	寶瓶宮	雙魚宮	白羊宮	金牛宮	雙子宮	巨蟹宮	獅子宮	室女宮	天秤宮	天蝎宮	人馬宮
二十八宿	斗牛女△△	女虛危△△△	危室壁奎△△	奎婁胃△△	胃昴畢△△△	畢觜參井△△	井鬼柳△△	柳星張△△	張翼軫△△	軫角亢氐△△	氐房心尾△△△	尾箕斗△△
分野（國）	吳越	齊	衛	魯	趙	魏	秦	周	楚	鄭	宋	燕
分野（州）	揚州	青州	并州	徐州	冀州	益州	雍州	三河	荊州	兗州	豫州	幽州
二十四節氣	大雪 冬至	小寒 大寒	立春 驚蟄	雨水 春分	谷雨 清明	立夏 小滿	芒種 夏至	小暑 大暑	立秋 處暑	白露 秋分	寒露 霜降	立冬 小雪

①十二星次、十二宮是等分的，而二十八宿的廣狹不同，所以有些宿是屬於兩次或兩宮的，帶三角號的是所屬星次的主要星宿。

②二十四節氣是根據太陽在黃道上的不同視位置而確定的，太陽運行到某次就交某某節氣。此表即以《漢書 · 律曆志》所載天象爲例，太陽運行到星紀初點交大雪，運行到中央交冬至，運行到玄枵初點交小寒，運行到玄枵中央交大寒，等等。

③《漢書 · 律曆志》中的 "雨水" 和 "驚蟄" 的順序和現在不同。

分星與分野對應表

格澤

　　瑞星名。亦作"格擇"。一説指雲氣，主凶。此稱漢代已行用。漢司馬相如《大人賦》："建格澤之長竿兮。"《史記·天官書》："格澤星者，如炎火之狀。黄白，起地而上。下大，上兑。其見也，不種而穫；不有土功，必有大害。"司馬貞索隱："一音鶴鐸，又音格宅。"《晉書·天文志中》："瑞星……四曰格澤。"唐杜甫《封西岳賦》："辯格澤之修竿，決河漢之淋灕。"唐崔元明《大唐平陽郡龍角山慶唐觀大聖祖玄元皇帝宫金籙齋頌》："滅格擇，興昌光。"唐儲光羲《雜詩》："格澤爲君駕，虹蜺爲君衣。"《白孔六帖·星》："格擇如炎光之狀，見則不種而穫，不有土功，必有大害。"清梁紹壬《兩般秋雨盦隨筆·尋常音誤》："格澤，星名。妖氣自地屬天也。音霍鐸，誤作本音。"

【格擇】

　　同"格澤"。此體唐代已行用。見該文。

瑶星

　　瑶，玉。美如玉，故稱。此稱南北朝時期已行用。南朝陳江總《皇太子太學講碑》："我大陳之御天下也，若水涣其長瀾，瑶星踵其永曆。"宋蘇頌《女童致語》："妾聞瑶星虹渚，啓皇王載誕之符；金鏡露囊，有臣庶交歡之禮。"《天雨花》第一回："夜來忽夢一瑶星赤色有光，從天而墜，夫人仰面吞之，是以受胎。"

隋星

　　亦作"隨星""隨"。隨，通隋。指南北排列之星。此稱漢代已行用。《史記·天官書》："廷藩西有隋星五，曰少微。"司馬貞索隱引漢宋均云："南北爲隋。"《漢書·天文志》："廷藩西有隨星四，名曰少微。"一説，隋，通"墮"，下垂之星。《史記·天官書》司馬貞索隱又云："〔隋〕他果反，隋爲垂下。"

【隨星】

　　同"隋星"。此體晉代已行用。見該文。

【隨】

　　即隋星。此稱漢代已行用。見該文。

赤道

　　指天球赤道。即地球赤道平面延伸與天球相交之大圓。是天球赤道坐標系中之基圈。天赤道與黄道相交，兩交點是春分點和秋分點。古亦以二十八宿之位置爲亦道，日所行爲黄道，月所行爲白道。自漢至唐，皆以赤道爲測儀，至唐李淳風、僧一行始改用黄道。此稱晉代已行用。《晉書·天文志上》："至順帝時，張衡又製渾象，具内外規、南北極、黄赤道。"又，"黄道，日之所行也，半在赤道外，半在赤道内，與赤道東交於角五少弱。"《宋史·天文志一》："南北去極各九十有一度有奇，南低而北昂，去地各三十有六度，一定不易者，名之曰赤道。"又，"夫赤道終古不移，則星舍宜無盈

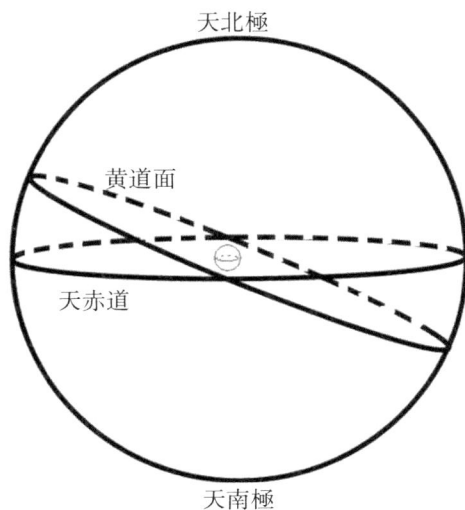

天球赤道和黄道示意圖

縮矣"。

日道

亦稱"日路"。古謂太陽運行之迹，實即太陽視運動之軌道。此稱漢代已行用。漢王充《論衡·說日》："夏時日在東井，冬時日在牽牛。牽牛去極遠，故日道短；東井近極，故日道長。"《西京雜記》卷六："拂天河而布葉，橫日路而擢枝。"唐王勃《梓州郪縣靈瑞寺浮圖碑》："飛廉按轡，定樞臬於風衢；羲和頓策，揆鉤繩於日路。"唐李白《化城寺大鐘銘》："光噴日道，氣歊天維。"參見本卷《天宇稱謂說·專題名類與通名類考》"黃道"文。

【日路】

即日道。此稱漢代已行用。見該文。

九行

亦稱"九道""九規"。指月亮運行之九條圓弧形軌迹。即內朱道，外朱道，內白道，外白道，內黑道，外黑道，內青道，外青道，中黃道。此稱漢代已行用。《漢書·天文志》："日有中道，月有九行。"又，"月有九行者：黑道二，出黃道北；赤道二，出黃道南；白道二，出黃道西；青道二，出黃道東。立春、春分，月東從青道；立秋、秋分，西從白道；立冬、冬至，北從黑道；立夏、夏至，南從赤道。"晉成公綏《天地賦》："望舒弭節於九道，羲和止轡於中黃。"《宋書·律曆志下》："前世諸儒依圖緯云：月行有九道，故畫作九規，更相交錯，檢其行次。"唐段成式《酉陽雜俎·寺塔記下》："百步望雲立，九規看月張。"宋沈括《夢溪筆談·象數二》："日之所由，謂之黃道。南北極之中，度最勻處，謂之赤道。月行黃道之南，謂之朱道；行黃道之北，謂之黑道；黃道之東，謂之青道；黃道之西，謂之白道。"

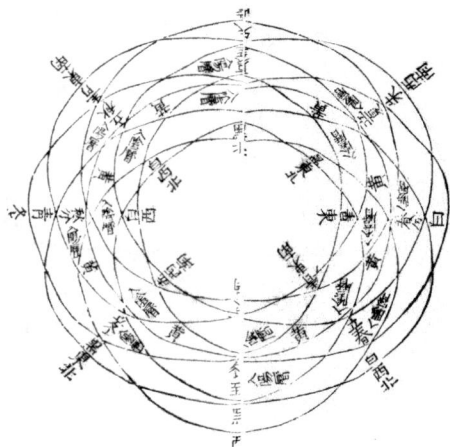

九道（日月冬夏九道之圖）
（明王圻等《三才圖會》）

【九道】

即九行。此稱晉代已行用。見該文。

【九規】

即九行。此稱南北朝時期已行用。見該文。

黃道[2]

亦稱"中道""光道""中黃"。是地球環繞太陽公轉軌道平面與天球相交的大圓。古人認爲太陽繞地而行，黃道就是想象中的太陽繞地之軌道。此稱漢代已行用。《史記·天官書》："月行中道，安寧和平。"《漢書·天文志》："日有中道，月有九行。中道者，黃道，一曰光道。"《後漢書·律曆志》："日有光道，月有九行，九行出入而交生焉。"晉成公綏《天地賦》："望舒弭節於九道，羲和正轡於中黃。"《新五代史·司天考》："黃道者，日軌也。其半在赤道內，半在赤道外，去極二十四度。"唐李白《明堂賦》："于是結構乎黃道，岧嶤乎紫微。絡句陳以繚垣，闢閶闔而啓扉。"

【中道】

即黃道。此稱漢代已行用。見該文。

【光道】

即黃道。此稱漢代已行用。見該文。

【中黃】

即黃道。此稱晋代已行用。見該文。

朱道

古時月球繞地球運行軌道名稱之一（又分内朱道、外朱道）。此稱漢代已行用。詳"九行"文。

白道

古時月球繞地球運行軌道名稱之一（又分内白道、外白道）。此稱漢代已行用。今泛稱月球繞地球運行之軌道平面和天球相交之大圓。詳"九行"文。

黑道

古時月球繞地球運行軌道名稱之一（又分内黑道、外黑道）。此稱漢代已行用。詳"九行"文。

青道

古時月球繞地球運行軌道名稱之一（又分内青道、外青道）。此稱漢代已行用。詳"九行"文。

月道

月亮運行之軌道。此稱隋代已行用。《隋書・藝術傳・張胄玄》："月行月道，二十七日有餘一周天。月道交絡黃道，每行黃道内十三日有奇而出，又行黃道外十三日有奇而入。終而復始。"詳"九行"文。

内道

古稱月亮在黃道之北運行之軌道。此稱隋代已行用。《隋書・藝術傳・張胄玄》："月道交絡黃道，每行黃道内十三日有奇而出，又行黃道外十三日有奇而入，終而復始。月經黃道，謂之交。朔望去交前後各十五度已下，即爲當食。若月行内道，則在黃道北，食多有驗；日行外道，在黃道之南也。雖遇正交，無由掩映，食多不驗。"

外道

古稱月亮在黃道之南運行之軌道。此稱隋代已行用。詳"内道"文。

十二次

亦稱"十二度"。我國古代爲度量日、月、五星運行之位置，把黃道附近一周天分作十二等分。從西向東依次爲星紀、玄枵、娵訾、降婁、大梁、實沈、鶉首、鶉火、鶉尾、壽星、大火、析木。其創立年代約於春秋或更早一些，一般認爲起源於對木星（歲星）之觀察。《左傳》《國語》即用之於歲星紀年。約在故國時，又據之製定二十四節氣。十二節氣爲各次之起點，十二中氣爲各次之中點，明末以後，用其名翻譯黃道十二宮，但各宮之起點改爲與十二中氣相對應。此稱三國時期已行用。《史記・太史公自序》："夫陰陽、四時、八位、十二度、二十四節各有教令。"南朝宋裴駰集解引三國魏張晏曰："十二度，十二次也。"

【十二度】

即十二次。此稱漢代已行用。見該文。

星紀

十二星次之一。與十二辰相配爲丑，與二十八宿相配爲斗宿和牛宿。據《漢書・律曆志下》載，日至其初爲大雪，至其中爲冬至，其分野爲吳越，屬揚州。明末後譯黃道十二宮之摩羯宮爲星紀宮。此稱先秦時期已行用。《左傳・襄公二十八年》："歲在星紀而淫於玄枵。"杜預注："歲，歲星也。星紀在丑，斗牛之次。"

《爾雅·釋天》："星紀，斗牽牛也。"郭璞注："牽牛斗者，日、月、五星之所終始，故謂之星紀。"《晋書·天文志上》："自南斗十二度至須女七度爲星紀，於辰在丑，吴越之分野，屬揚州。"北周庾信《思舊銘》："星紀吴亡，庚辰楚滅。"清鈕琇《觚賸·石言》："端州分野直星紀。"

玄枵 2

亦稱"天黿"。十二星次之一。與十二辰相配爲子，與二十八宿相配爲女宿、虛宿和危宿。《爾雅》曾以虛宿爲標志星。據《漢書·律曆志下》載，日至其初爲小寒，至其中爲大寒。其分野爲齊，屬青州。明末後譯黄道十二宫之寶瓶宫爲玄枵宫。此稱先秦時期已行用。《左傳·襄公二十八年》："玄枵，虛中也。"楊伯峻注："玄枵有三宿，女、虛、危。虛宿在中。"《國語·周語下》："星在天黿。"韋昭注："天黿，次名。一曰玄枵。"《晋書·天文志上》："自須女八度至危十五度爲玄枵，於辰在子，齊之分野，屬青州。"唐王勃《拜南郊頌》："時乘黑帝，月旅玄枵。"

【天黿】

即玄枵。此稱先秦時期已行用。見該文。

娵訾

亦作"娵觜""諏訾""觜陬"。十二星次之一，與十二辰相配爲亥，與二十八宿相配爲室宿和壁宿。其分野爲衛，屬并州。古稱"娵觜之口"。《爾雅·釋天》："娵觜之口，營室東壁也。"明末後改爲日至其初爲雨水，以與黄道十二宫的雙魚宫相當。此稱先秦時期已行用。《左傳·襄公三十年》："及其亡也，歲在娵訾之口。"《文選·王延壽〈魯靈光殿賦〉》："上憲

觜陬。"《漢書·律曆志下》："諏訾，初危十六度，立春。中營室十四度，驚蟄。（原注：今曰雨水）"《晋書·天文志上》："自危十六度至奎四度爲諏訾，於辰在亥，衛之分野，屬并州。"宋王之望《天申節賀表》："竊以歲在娵訾之分，藝祖肇生；律中蕤賓之音，大辰畢見。"宋李曾伯《丁亥紀蜀百韻》："太歲在娵訾，義取正東陸。"宋晁補之《代蘇翰林爲皇弟諸王元日賀太皇太后表》："日回月周，辰集諏訾之紀；天清地肅，風來東北之方。"

【娵觜】 2

同"娵訾"。此體秦漢時期已行用。見該文。

【諏訾】

即娵訾。此稱漢代已行用。見該文。

【觜陬】

即娵訾。此稱漢代已行用。見該文。

降婁

十二星次之一。與十二辰相配爲戌，與二十八宿相配爲奎宿和婁宿。古音降婁與奎婁相同，故稱。《爾雅·釋天》："降婁，奎婁也。"據《漢書·律曆志下》載，日至其初爲驚蟄，至其中爲春分。其分野爲魯，屬徐州。明末後譯黄道十二宫之白羊宫爲降婁宫。此稱先秦時期已行用。《左傳·襄公三十年》："於是歲在降婁，降婁旦而中。"《晋書·天文志上》："自奎五度至胃六度爲降婁，於辰在戌，魯之分野，屬徐州。"宋宋庠《台州嘉祐院記》："歲在降婁，始還台州。"

大梁

十二星次之一。與十二辰相配爲酉，與二十八宿相配爲胃宿、昴宿和畢宿。《爾雅》曾以昴宿爲標志星。據《漢書·律曆志下》載，

日至其初爲清明，至其中爲穀雨。其分野爲趙，屬冀州。明末後譯黃道十二宮之金牛宮爲大梁宮。此稱先秦時期已行用。《國語·晋語四》："歲在大梁，將集天行。"《晋書·天文志上》："自胃七度至畢十一度爲大梁，於辰在酉，趙之分野，屬冀州。"北周庾信《三月三日華林園馬射賦》："歲次昭陽，月在大梁，其日上巳，其時少陽。"

實沈 [2]

十二星次之一。與十二辰相配爲申，與二十八宿相配爲觜宿和參宿。古時爲魏晋之分野，屬益州。古代曾以參星爲標志星，參星又名實沈，故稱此星次爲"實沈"。據《漢書·律曆志下》載，日至其初爲立夏，至其中爲小滿。明末後譯黃道十二宮之雙子宮爲實沈宮。此稱先秦時期已行用。《國語·晋語四》："歲在大梁，將集天行，元年始受實沈之星也。實沈之虛，晋人是居，所以興也。"《漢書·王莽傳中》："厥明年，歲在實沈。"北魏酈道元《水經注·洧水》："晋居參之分，實沈之土；鄭處大辰之野，閼伯之地。"宋王炎《喜雨賦》："歲行於涒灘之辰，斗建於實沈之次。"

鶉首

十二星次之一。與十二辰相配爲未，與二十八宿相配爲井宿和鬼宿。南方七宿，取象於鳥，故曰鶉。井鬼居其首，故稱鶉首。據《漢書·律曆志下》載：日至其初爲芒種，至其中爲夏至。其分野爲秦，屬雍州。明末後譯黃道十二宮之巨蟹宮爲鶉首。此稱漢代已行用。《文選·張衡〈西京賦〉》："昔者大帝説秦繆公而觀之，饗以鈞天廣樂。帝有醉焉，乃爲金策，錫用此土，而翦諸鶉首。"李善注："《漢書》

曰：自井至柳，謂之鶉首之次，秦之分也。盡取鶉首之分爲秦之境也。"《晋書·天文志上》："自東井十六度至柳八度爲鶉首，於辰在未，秦之分野，屬雍州。"北周庾信《思舊銘》："歲在攝提，星居鶉首，梁故觀寧侯蕭永卒。"

鶉火 [2]

十二星次之一。與十二辰相配爲午，與二十八宿相配爲柳宿、星宿和張宿。南方七宿，取象於鳥，故曰鶉。柳、星、張居其中，猶鶉鳥之心（按五行配合律，火心相配），故稱鶉火。《爾雅》曾以柳宿爲其標志星。據《漢書·律曆志下》載，日至其初爲小暑，至其中爲大暑。其分野爲周，屬三河。明末後譯黃道十二宮之獅子宮爲鶉火宮。此稱先秦時期已行用。《國語·周語下》："昔武王伐殷，歲在鶉火，月在天駟。"韋昭注："鶉火，次名。"《晋書·天文志上》："自柳九度至張十六度爲鶉火，於辰在午，周之分野，屬三河。"宋蘇頌《坤成節集英殿宴教坊詞·教坊致語》："臣聞日在鶉火，當東朝誕慶之辰；班集鷺庭，奉聖主惠慈之宴。"

鶉尾

十二星次之一。與十二辰相配爲巳，與二十八宿相配爲翼宿和軫宿。南方七宿，取象於鳥，故曰鶉。翼、軫居其末，故稱鶉尾。據《漢書·律曆志下》載，日至其初爲立秋，至其中爲處暑。其分野爲楚，屬荆州。明末後譯黃道十二宮之室女宮爲鶉尾宮。此稱先秦時期已行用。《國語·晋語四》："歲在壽星及鶉尾，其有此土乎？"《晋書·天文志上》："自張十七度至軫十一度爲鶉尾，於辰在巳，楚之分野，屬荆州。"宋張嵲《喜雨行》："歲星運行至荒落，鶉尾初占建魁杓。"

壽星 [2]

　　十二星次之一。與十二辰相配爲辰，與二十八宿相配爲角宿和亢宿。據《漢書·律曆志下》載，日至其初爲白露，至其中爲秋分。其分野爲鄭，屬兗州。明末後譯黃道十二宮之天秤宮爲壽星宮。此稱秦漢時期已行用。《爾雅·釋天》："壽星，角亢也。"郭璞注："數起角亢，列宿之長，故曰壽。"《晋書·天文志上》："自軫十二度至氐四度爲壽星，於辰在辰，鄭之分野，屬兗州。"唐柳宗元《送蔡秀才下第歸覲序》："今兹歲在鶉首，若合於壽星，其果合乎？"

大火 [2]

　　十二星次之一。與十二辰相配爲卯，與二十八宿相配爲氐宿、房宿和心宿。心宿或心宿二又名大火，故此次亦名爲"大火"。據《漢書·律曆志下》載，日至其初爲寒露，至其中爲霜降。其分野爲宋，屬豫州。明末後譯黃道十二宮之天蝎宮爲大火宮。此稱漢代已行用。《晋書·天文志上》："自氐五度至尾九度爲大火，於辰在卯，宋之分野，屬豫州。"唐獨孤及《古函谷關銘》："太歲在大火，余適下陽，停驂塞門，憑覽舊國。"

析木 [3]

　　亦稱"析木之津""析木津"。十二星次之一。與十二辰相配爲寅，與二十八宿相配爲尾宿和箕宿。《爾雅》稱其標志星爲箕宿、斗宿間之銀河。據《漢書·律曆志下》載，日至其初爲立冬，至其中爲小雪。其分野爲燕，屬幽州。明末後譯黃道十二宮之人馬宮爲析木宮。此稱先秦時期已行用。《左傳·昭公八年》："陳，顓頊之族也，歲在鶉火，是以卒滅。陳將如之。今在析木之津，猶將復由。"《國語·周語下》："我姬氏出自天黿及析木者，有建星及牽牛焉。"晋傅玄《大寒賦》："日月會於析木兮，重陰凄而增肅。"《文選·木華〈海賦〉》："東演析木，西薄青徐。"李善注："言流至析木之境。"宋劉敞《元日發古北口寄禹玉直孺昌言三閣老》："應憐二使星安在，北斗杓端析木津。"

【析木之津】 [2]

　　即析木。此稱先秦時期已行用。見該文。

【析木津】 [2]

　　即析木。此稱宋已行用。見該文。

黃道十二宮

　　古巴比倫、希臘天文學家爲了標示太陽運動之位置，將黃道等分爲十二段，稱爲"黃道十二宮"，後引入我國。從春分點起，每隔三十度爲一宮。其次序爲：白羊宮、金牛宮、雙子宮、巨蟹宮、獅子宮、室女宮、天秤宮、天蝎宮、人馬宮、摩羯宮、寶瓶宮和雙魚宮。兩千多年前，黃道十二宮與黃道之十二個主要星座基本一一對應。當時春分點在白羊宮。由於歲差，春分點現已移至雙魚宮。1974年在河北宣化發掘了一座遼代墓葬（下葬年代爲公元1116年），墓室頂部有一圓形星圖，圖中除二十八宿外，還有西方經阿拉伯國家傳進來的黃道十二宮，但圖畫已經中國化了，衣服、臉譜亦皆中國樣式。《明史·曆志六》："推五星順逆交宮時刻，視逐日五星細行，與黃道十二宮界宿次同名，其度分又相近者以相減。"清代《皇朝通志·器服略二·儀器》載"渾天合七政儀"曰："其最内平面圓環爲黃道十二宮，中心爲日，體圓，邊爲地球。對地球立表以指日行宮度。"

白羊宮

黄道十二宮之一。和十二次之降婁相當，約當於二十八宿之奎宿和婁宿。此稱遼代已行用。詳"黄道十二宮""降婁"文。

金牛宮

黄道十二宮之一。和十二次之大梁相當，約當於二十八宿之胃宿、昴宿和畢宿。此稱遼代已行用。詳"黄道十二宮""大梁"文。

【八殺宮】

亦稱"八煞""病厄宮"。指十二宮之金牛宮。古星命家推算命運時，以角亢所在的天秤宮爲第一宮，胃、昴、畢所在的金牛宮則爲第八宮，故稱。舊謂主不吉。此稱唐代已行用。唐杜牧《自撰墓銘》："予生於角星，昴畢於角爲第八宮，曰病厄宮，亦曰八殺宮，土星在焉。"宋周密《齊東野語·降仙》："辨（法辨）善五星，每以八煞爲説，時人號爲辨八煞。"

【八煞】

即八殺宮。此稱宋代已行用。見該文。

【病厄宮】

即八殺宮。此稱唐代已行用。見該文。

雙子宮

黄道十二宮之一。和十二次之實沈相當。約當於二十八宿之觜宿和參宿。此稱遼代已行用。詳"黄道十二宮""實沈"文。

巨蟹宮

黄道十二宮之一。和十二次之鶉首相當，約當於二十八宿之井宿和鬼宿。此稱遼代已行用。詳"黄道十二宮""鶉首"文。

獅子宮

黄道十二宮之一。和十二次之鶉火相當，約當於二十八宿之柳宿、星宿和張宿。此稱遼代已行用。詳"黄道十二宮""鶉火"文。

室女宮

黄道十二宮之一。和十二次之鶉尾相當，約當於二十八宿之翼宿和軫宿。此稱遼代已行用。詳"黄道十二宮""鶉尾"文。

天秤宮

黄道十二宮之一。和十二次之壽星相當，約當於二十八宿之角宿和亢宿。此稱遼代已行用。詳"黄道十二宮""壽星"文。

天蝎宮

黄道十二宮之一。和十二次之大火相當。約相當於二十八宿之氐宿、房宿和心宿。此稱遼代已行用。詳"黄道十二宮""大火"文。

人馬宮

黄道十二宮之一。和十二次之析木相當，約當於二十八宿之尾宿和箕宿。此稱遼代已行用。詳"黄道十二宮""析木"文。

摩羯宮

亦稱"磨蝎"。黄道十二宮之一。和十二次之星紀相當，約當於二十八宿之斗宿和牛宿。此稱遼代已行用。詳"黄道十二宮""星紀"文。

【磨蝎】

即摩羯宮。此稱宋代已行用。宋蘇軾《東坡志林》卷一："退之詩云：'我生之辰，月宿南斗。'乃知退之磨蝎爲身宮。而僕乃以磨蝎爲命。平生多得謗譽，殆是同病也。"元尹廷高《挽尹曉山》詩："清苦一生磨蝎命，凄涼千古耒陽墳。"

寶瓶宮

黄道十二宮之一。和十二次之玄枵相當，

約當於二十八宿之女宿、虛宿和危宿。此稱遼代已行用。詳"黃道十二宮""玄枵"文。

雙魚宮

黃道十二宮之一。和十二次之娵訾相當。約當於二十八宿之室宿和畢宿。此稱遼代已行用。詳"黃道十二宮""娵訾"文。

乾軸

亦稱"乾樞"。意謂天軸。古人認爲天體之運行如車有軸，故稱。此稱晉代已行用。《文選·袁宏〈三國名臣贊〉》："赫赫三雄，并回乾軸。"劉良注："三雄，謂三國之主也。乾，天也。言其競天下若運轉天軸萬物震動也。"南朝宋謝莊《迎神歌》："地紐謐，乾樞回。"元戴良《西門行》："出西門，望崦嵫，莫停乾軸駐坤維。"明高啓《送張進士會試》詩："坐令王綱復大正，乾樞共仰天中旋。"

【乾樞】

即乾軸。此稱南北朝時期已行用。見該文。

中衡

古天文學稱黃道與天赤道之交點爲"中衡"。此稱漢代已行用。漢《周髀算經》卷下："春分、秋分日在中衡。春分以往，日益北五萬九千五百里而夏至；秋分以往，日益南五萬九千五百里而冬至。"唐楊炯《渾天賦》："中衡、外衡每不召而自至，黃道、赤道亦殊塗而同歸。"

中宿

古天文學將二十八宿分爲四方，每方各七宿，其中間一宿稱"中宿"。即東方蒼龍七宿之房宿，北方玄武七宿之虛宿，西方白虎七宿之昴宿，南方朱雀七宿之星宿。此稱南北朝已行用。《宋書·律曆志下》："直以月推四仲，則中宿常在衡陽。"《新唐書·曆志一》："七宿畢見，舉中宿言耳。"宋蘇頌《坤成節集英殿宴教坊詞·小兒致語》："當辰火之西流，近陰靈之中宿。"

中景

亦稱"中暑"。午時日影。景，即"影"。此稱三國時期已行用。三國魏王粲《大暑賦》："遠昆吾之中景，天地翕其同光。"《新唐書·曆志六下》："九服中暑。各於其地立表候之。"《新五代史·司天考一》："測岳臺之中暑，以辨二至之日夜，而軌漏實矣。"《宋史·律曆志九》："後漢熹平三年，《四分曆》志立冬中景長一丈，立春中景長九尺六寸。"

【中暑】

即中景。此稱唐代已行用。見該文。

中星

亦稱"半星"。二十八宿繞地一周，按一定軌道運轉，每月依次行至中天南方之星。古人常觀察中星以確定四時。此稱先秦已行用。《書·堯典》"曆象日月星辰"孔傳："星，四方中星。"孔穎達疏："'星，四方中星'者，二十八宿布在四方，隨天轉運，更互在南方，每月各有中者。"《管子·宙合》："歲有春秋冬夏，月有上、下、中旬，日有朝暮，夜有昏晨，半星辰序，各有其司。"郭沫若等集校："孫星衍云：'半星即中星。'王念孫云：'半星者，中星也……中星居天之半，故曰半星。'"唐韓休《奉和聖製喜雨賦》："乘正陽而取六氣之辨，考中星而授四時之命。"

【半星】

即中星。因居天之半，故稱。此稱先秦時期已行用。見該文。

十二辰

我國古代爲度量日、月、五星運行位置，把黃道附近一周天分作十二等分，從東向西依次爲子、丑、寅、卯、辰、巳、午、未、申、酉、戌、亥。它與十二次、二十八宿有對應關係。古代曾用之以紀年和紀時。此稱漢代已行用。《史記·天官書》："斗柄兼之，所從來久矣。"唐張守節正義："言北斗所建秉十二辰，兼十二州，二十八宿，自古所用，從來久遠矣。"宋沈括《夢溪筆談·象數一》："今考子丑至于戌亥謂之十二辰者，《左傳》云'日月之會是謂辰'，一歲日月十二會於東方，蒼龍、角亢之舍起於辰，故以所首者名之。"唐韋應物《白沙亭逢吳叟歌》："星歲再周十二辰，爾來不語今爲君。"

攝提格

省稱"攝提"。太歲運行至十二辰"寅"時之名。此稱秦漢時期已行用。戰國屈原《離騷》："攝提貞于孟陬兮，惟庚寅吾以降。"《爾雅·釋天》："太歲在寅曰攝提格。"《史記·天官書》："以攝提格歲：歲陰左行在寅，歲星右轉居丑。"司馬貞索隱引李巡云："言萬物承陽起，故曰攝提格。格，起也。"唐陳子昂《唐故循州司馬申國公高君墓志》："粵載初元年，歲在攝提格，始昭啓亡靈，改卜遷祔。"唐蕭穎士《滯舟賦》："攝提歲，拂衣海岳，應調函洛。"

【攝提】[3]

即攝提格。此稱先秦時期已行用。見該文。

單閼

亦作"蟬焉"，亦稱"亶安"。太歲運行至十二辰"卯"時之名。此稱秦漢時期已行用。《爾雅·釋天》："〔太歲〕在卯曰單閼。"《史記·天官書》："單閼歲：歲陰在卯，星（歲星）居子。"司馬貞索隱引李巡云："陽氣推萬物而起，故曰單閼。單，盡也；閼，止也。"《史記·曆書》裴駰集解引徐廣曰："單閼，一作亶安。"《史記·屈原賈生列傳》司馬貞索隱引三國孫炎以爲本作"蟬焉"。唐陳子昂《忠州江亭喜重遇吳參軍見牛司倉序》："昔歲居單閼，適言別於兹都；今龍集昭陽，復相逢於此地。"

【蟬焉】

同"單閼"。此稱漢代已行用。見該文。

【亶安】

即單閼。此稱漢代已行用。見該文。

執徐

太歲運行至十二辰"辰"時之名。此稱秦漢時期已行用。《爾雅·釋天》："〔太歲〕在辰曰執徐。"《史記·天官書》："執徐歲：歲陰在辰，星（歲星）居亥。"司馬貞索隱引李巡云："伏蟄之物皆敦舒而出，故曰執徐。執，蟄；徐，舒也。"宋宋祁《皇帝後苑燕射賦》："執徐統歲，少皞司秋，月著授衣之令，日紀吹花之游。"

大荒落

亦作"大荒駱"。亦稱"大芒落""大芒駱"。太歲運行至十二辰"巳"時之名。此稱秦漢時期已行用。《爾雅·釋天》："〔太歲〕在巳曰大荒落。"郝懿行義疏引李巡曰："言萬物皆熾茂而大出，霍然落落，故曰荒落。"又引孫炎曰："物長大荒蕪落莫也。"《史記·天官書》作"大荒駱"。又《曆書》作"大芒落"，唐司馬貞索隱作"大芒駱"。宋秦觀《謝雨文》："惟大荒落陽氣浸驕，沮傷天和。"

【大荒駱】

同"大荒落"。此體漢代已行用。見該文。

【大芒落】

即大荒落。此稱漢代已行用。見該文。

【大芒駱】

即大荒落。此稱唐代已行用。見該文。

敦牂

太歲運行至十二辰"午"時之名。此稱秦漢時期已行用。《爾雅·釋天》:"(太歲)在午曰敦牂。"《史記·天官書》:"敦牂歲:歲陰在午,星(歲星)居酉。"司馬貞索隱引孫炎云:"敦,盛也;牂,壯也。言萬物盛壯。"南朝齊謝朓《酬德賦》:"惟敦牂之旅歲,實興齊之二六;奉武運之方昌,睹休風之未淑。"

協洽

亦作"叶洽"。太歲運行至十二辰"未"時之名。此稱秦漢時期已行用。《爾雅·釋天》:"〔太歲〕在未曰協洽。"《史記·天官書》:"叶洽歲,歲陰在未,星(歲星)居申。"司馬貞索隱引李巡云:"陽氣欲化萬物,故〔協洽〕。協,和;洽,合也。"宋宋祁《時雪贊》:"歲次協洽,惟仲之冬。不雨十旬,有害無農。"宋王珪《神宗皇帝第二女剃胎髮文》:"伏以叶洽之年,姑洗之月,動星彩於瑶精,發神光於紫闥。"

【叶洽】

同"協洽"。此體漢代已行用。見該文。

涒灘

太歲連行至十二辰"申"時之名。此稱秦漢時期已行用。《爾雅·釋天》:"〔太歲〕在申曰涒灘。"《史記·天官書》:"涒灘歲:歲陰在申,星(歲星)居未。"司馬貞索隱:"涒灘歲,《爾雅》云'在申爲涒灘'李巡曰:'涒灘,物

吐秀傾垂之貌也。'"《金石萃編·漢五》引漢佚名《孔廟禮器碑》作"涒灘"。宋宋祁《安州景福寺重修鐘樓記》:"起敦牂之始歲,逮涒灘之有秋,功惟告成,事不愆素。"

作噩

亦作"作咢""作鄂"。太歲運行至十二辰"酉"時之名。此稱秦漢時期已行用。《爾雅·釋天》:"〔太歲〕在酉曰作噩。"陸德明釋文:"噩,本或作咢。"《史記·天官書》:"作鄂歲:歲陰在酉,星(歲星)居午。"唐吳融《綿竹山》:"歲在作噩年,銅梁搖蠱毒。"

【作咢】

同"作噩"。此體秦漢時期已行用。見該文。

【作鄂】

同"作噩"。此體漢代已行用。見該文。

閹茂

亦作"掩茂""淹茂"。太歲運行至十二辰"戌"時之名。此稱秦漢時期已行用。《爾雅·釋天》:"〔太歲〕在戌曰閹茂。"《史記·天官書》:"閹茂歲:歲陰在戌,星(歲星)居巳。"司馬貞索隱引孫炎云:"萬物皆蔽冒,故曰〔閹茂〕。閹,蔽;茂,冒也。"《淮南子·天文訓》《漢書·天文志》作"掩茂""閡茂",《史記·曆書》作"淹茂"。唐王勃《續書序》:"于時龍集閹茂,勉踵前修,在大唐御天下之五十七祀也。"

【掩茂】

同"閹茂"。此體漢代已行用。見該文。

【淹茂】

同"閹茂"。此體漢代已行用。見該文。

大淵獻

太歲運行至十二辰"亥"時之名。此稱秦

漢時期已行用。《爾雅·釋天》:"〔太歲〕在亥曰大淵獻。"郝懿行義疏引李巡曰:"言萬物落於亥,大小深藏,屈近陽,故曰淵獻。淵,藏也;獻,近也。"《史記·天官書》:"大淵獻歲:歲陰在亥,星(歲星)居辰。"宋王之道《送無爲倅張南仲歸吉州》:"三閲大淵獻,歲月亦已長。"

困敦

太歲運行至十二辰"子"時之名。此稱秦漢時期已行用。《爾雅·釋天》:"〔太歲〕在子曰困敦。"《史記·天官書》:"困敦歲:歲陰在子,星(歲星)居卯。"司馬貞索隱引孫炎云:

"困敦,混沌也。言萬物初萌,混沌於黄泉之下也。"宋張方平《祭紫微韓舍人文》:"歲困敦以南謫,同江淮之往蹇。"

赤奮若

太歲運行至十二辰"丑"時之名。此稱秦漢時期已行用。《爾雅·釋天》:"〔太歲〕在丑曰赤奮若。"《史記·天官書》:"赤奮若歲:歲陰在丑,星(歲星)居寅。"司馬貞索隱引李巡曰:"言陽氣奮迅。若,順也。"宋曹彦約《答都昌程宰賀正旦啓》:"支離疏之竊粟,復見三陽;赤奮若之紀年,又增一歲。"

第二節　合體連稱考

天宇名物以天體研究爲主,也包括一些天文現象。如前幾章的五星、三垣、二十八宿等,皆爲常見合體連稱,但古代也有一些偶爾使用的合體連稱,是將不同的常見組合中的詞素相合相連而形成的不常用名物,如將行星金星與二十八宿中的昴宿(即白虎星)合體稱爲"金虎",將日、月、星辰合稱爲"懸象",將日、月、五星連稱爲"七曜",將風、雲、雷、海、火、日、地、天、空連稱爲"九大"等。這些名物詞在中國現代天文學中已少有關注,而在古代天文史中却并非偶見。今分類列舉,也遵循古人的習慣章法,逐一考釋如次。

重明

亦稱"重光"。指日和月。此稱先秦時期已行用。《易·離》:"重明以麗乎正。"《文選·左思〈吴都賦〉》:"常重光。"劉逵注引馬融曰:

"有日月爲常。重光,謂日月畫於旗上也。"晋葛洪《抱朴子·廣譬》:"重光麗天,而不能曲景於幽岫之中。"唐王勃《梓州郪縣靈瑞寺浮圖碑》:"有隋素曆,重明改照,事與時遷,迹從原燎。”唐楊炯《渾天賦》：“爾乃重明合璧，五緯連珠。”

【重光】

即重明。此稱晉代已行用。見該文。

二辰

亦稱“二景”“二麗”。指日、月。此稱先秦時期已行用。《尚書大傳》卷三：“其二辰以次相將，其次受之。”鄭玄注：“二辰，謂日、月也。”《宋書·志序》：“然則自漢高帝五年之首冬，暨宋順帝升明二年之孟夏，二辰六沴，甲子無差。”南朝梁陶弘景《周氏冥通記》卷二：“動則二景舒明，静則風雲息氣。”唐韋渠牟《步虛詞》之三：“三才閑布象，二景鬱生光。”明王逢《葛稚川移居圖為友生朱禹方仲矩題》詩：“雲霞輸漿石供髓，二麗精華晨夜委。”

【二景】

即二辰。此稱南北朝時期已行用。見該文。

【二麗】

即二辰。此稱明代已行用。見該文。

【二紀】

即二辰。亦稱“二儀”。此稱漢代已行用。《後漢書·張衡傳》：“倚招摇攝提以低回劉流兮，察二紀、五緯之綢繆通皇。”李賢注：“二紀，日、月也。”南朝陳沈炯《陳武帝衰策文》：“二儀協序，五緯同符。”明王鏊《震澤長語·象緯》：“二儀運而出没，五緯隨而起伏。”

【二儀】

即二紀。此稱南北朝時期已行用。見該文。

【二鼠】

即二辰。佛教語。以白鼠喻太陽，以黑鼠喻月亮。此稱漢代已行用。宋法雲《翻譯名義集·增數譬喻》引《大集經》：“昔有一人避二醉象（生死），緣藤（命根）入井（無常）。有黑白二鼠（日月）囓藤將斷，旁有四蛇（四大）欲螫，下有三龍（三毒）吐火，張爪拒之。其人仰望，二象已臨井上，憂惱無託。忽有蜂過遺蜜滴入口（五欲），是人唼蜜，全亡危懼。”晉葛洪《抱朴子·任命》：“釋户庭之獨潔，覽二鼠而遠寤。”南朝梁沈約《四城門》詩：“六龍既驚軫，二鼠復馳光。”

懸景

指日、月。日、月懸空而光明，故稱。此稱三國時期已行用。三國魏曹植《朔風》詩：“四氣代謝，懸景運周。”晉陸機《演連珠》之三十三：“懸景東秀，則夜光與玙珧匿耀。”晉傅玄《飲馬長城窟行》：“懸景無停居，忽如馳駟馬。”

雙曜

亦稱“二耀”“二曜”“兩曜”“兩耀”。指日、月。此稱南北朝時期已行用。南朝齊顔延之《為織女贈牽牛》詩：“虛計雙曜周，空遲三星没。”《南齊書·王融傳》：“偶化兩儀，均明二耀。”南朝梁任昉《為齊宣德皇后重敦勸梁王令》：“四時等契，兩曜齊明。”《隋書·律曆志中》：“懸象著明，莫大於二曜；氣序環復，無信於四時。”唐元稹《賀聖體平復御紫宸殿受朝賀表》：“臣聞兩耀有晦明，所以成其不已。”

【二耀】

即雙曜。此稱南北朝時期已行用。見該文。

【二曜】

即雙曜。此稱隋代已行用。見該文。

【兩曜】

即雙曜。此稱南北朝時期已行用。見該文。

【兩耀】

雙曜。此稱唐代已行用。見該文。

兩明

亦稱"二明"。指太陽和月亮。日、月格外明亮，故稱。此稱南北朝時期已行用。南朝梁簡文帝《南郊頌》："故以熊熊灼灼，炫兩明而仰七曜；紛紛沐沐，承五烟而帶三靈。"宋張君房《雲笈七籤》卷二三："兩鼻孔下，左有日，右有月。日中有黄精赤氣，月中有赤精黄氣。精者，二明之質；色氣者，日月烟也。"

【二明】

即兩明。此稱宋代已行用。見該文。

二輪

亦稱"兩輪"。指太陽和月亮。日月圓如車輪，故稱。此稱唐代已行用。唐劉駕《勵志》詩："白髮豈有情，貴賤同日生。二輪不暫駐，似趁長安程。"宋王安石《客至當飲酒》詩之二："天提兩輪光，環我屋角走。"宋劉克莊《沁園春·六和林卿韵》詞："浮生短，更兩輪屋角，來去荒忙。"

【兩輪】

即二輪。此稱宋代已行用。見該文。

雙丸

日月之合稱。其形皆圓如丸，故名。此稱宋代已行用。宋方夔《春歸雜興》詩之二："雙丸不肯駐頹光，宇宙悠悠萬物長。"元朱德潤《題陳直卿一碧萬頃》詩："日月雙丸吐，江山萬古愁。"

烏兔

亦稱"兔烏"。指日月。傳説日中有三足烏，月中有玉兔，故稱。此稱南北朝時期已行用。南朝梁元帝《玄覽賦》："岑嶺崎嶬，烏兔蔽虧。"宋陳造《吹韵趙子野贈别》："翠鳳未禽口不觛，吮嗽沆瀣騎兔烏。"《金瓶梅詞話》第一三回："烏兔循環似箭忙，人間佳節又重陽。"

【兔烏】

即烏兔。此稱宋代已行用。見該文。

曦舒

亦作"羲舒"。指日月。曦，指日。舒，望舒，本爲月御，借以指月。此稱唐代已行用。唐王晙《謝追賦大禮表》："俯陳螢燭，寧有益於曦舒；思竭涓塵，何以裨於海岳。"唐王勃《上絳州上官司馬書》："夫以幽明不測，尺標見天下之心；巨細相傾，寸管合羲舒之度。"宋晏殊《立春日詞·御閣》詩："令月歸餘届早春，羲舒相望協元辰。"宋岳珂《桯史·徐鉉入聘》："其視騎省之辯，正猶螢燭之擬羲舒也。"《金石萃編》卷一二四引宋扈蒙《新修唐高祖廟碑》："體曦舒之至明，禀融結之元精。"參見"羲娥"文。

【羲舒】

同"曦舒"。此體唐代已行用。見該文。

羲娥

指日、月。羲，指日神羲和。娥，指月神嫦娥。後遂以其神代指日、月。此稱唐代已行用。唐韓愈《石鼓歌》："孔子西行不到秦，掎摭星宿遺羲娥。"朱熹考异引孫汝聽曰："羲娥，日月也。羲和，日御；嫦娥，月御。"

蟾踆

亦稱"烏蟾"。指日月。古代神話謂日中有踆烏，月中有蟾蜍，故稱。此稱宋代已行用。宋穆脩《秋浦會遇》詩："吁嗥睒蓋幒，照覆隔蟾踆。"宋梅堯臣《和新晴》詩："誰咏陳根有微緑，烏蟾易失似跳丸。"

【烏蟾】

即蟾踆。此稱宋代已行用。見該文。

金虎 [2]

指金星和白虎星（昴宿）。古人以爲金星與白虎星相近是兵亂之象。此稱先秦時期已行用。《文選・陸機〈答賈長淵〉詩》："大辰匿耀，金虎習質。"李善注引戰國甘德、石申《甘石星經》曰："昴者，西方白虎之宿也。太白者，金之精。太白入昴，金虎相薄，主有兵亂也。"唐李嘉祐《潤州楊別駕宅送蔣九侍御收兵歸揚州》詩："冷氣清金虎，兵威壯鐵冠。"

天宗

指日、月、星辰。此稱先秦時期已行用。《逸周書・世俘》："武王乃翼矢珪矢憲，告天宗上帝。"朱右曾校釋："天宗，日、月、星辰。"《禮記・月令》："〔孟冬之月〕天子乃祈來年於天宗。"《書・舜典》"禋于六宗"孔穎達疏："賈逵以爲六宗者，天宗三，日、月、星也；地宗三，河、海、岱也。"

【懸象】

即天宗。亦作"縣象"。此稱漢代已行用。《易・繫辭上》："縣象著明，莫大乎日月。"漢班固《典引》："懸象暗而恒文乖，彝倫斁而舊章缺。"南朝陳徐陵《爲貞陽侯答王太尉書》："公之忠孝信感人神，公之盟誓事同懸象。"

【縣象】

同"懸象"。此體先秦時期已行用。見該文。

【曜】

即天宗。此稱先秦時期已行用。先秦《素問・天元紀大論》："九星懸朗，七曜周旋。"王冰注："七曜，謂日、月、五星。"《宋書・律曆志下》："臣以爲辰極居中，而列曜貞觀。"《陳書・高祖紀上》："陽光合魄，曜象呈暉。"

【光緯】

即天宗。指日、月、星。光，指發光天體。南朝梁江淹《蕭驃騎讓封第三表》："莫不下協河嶽，上踵光緯。"

二斗

北斗七星和南斗六星。此稱唐代已行用。唐皎然《答裴集陽伯明二賢》詩："星文齊七政，天軸明二斗。"

三宮

指紫微、太微、文昌三星座。此稱漢代已行用。《楚辭・遠游》："後文昌使掌行兮。"漢王逸注："天有三宮，謂紫宮、太微、文昌也。"唐楊炯《送劉校書從軍》詩："天將下三宮，星門召五戎。"

三五 [2]

二十八宿之心宿和柳宿的代稱。心宿有三星，柳宿較亮者有五星，故稱。此稱先秦時期已行用。《詩・召南・小星》："嘒彼小星，三五在東。"毛傳："三心五噣，四時更見。"噣即柳宿。一說，指二十八宿中的參宿和昴宿。清王引之《經義述聞・毛詩上》："三五，舉其數也；參昴，著其名也。"

三辰

亦稱"三元""三象"。指日、月、星。此稱先秦時期已行用。《左傳・桓公三年》："三辰旂旗，昭其明也。"杜預注："三辰，日、月、星也。"《黃庭內景經・上睹》："上睹三元如連珠，落落明景照九隅。"梁丘子注："三元，謂三光之元，曰日、月、星也。"南朝梁沈約《齊武帝議謚》："含精靈於五緯，駕貞明於三象。"唐呂巖《七言》詩之三十一："天綱運轉三元净，地脉通來萬物生。”清唐孫華《進呈御覽詩一百韵》：“紫極三辰正，黃圖九域清。”

【三元】 [2]

即三辰。此稱先秦時期已行用。見該文。

【三象】

即三辰。此稱南北朝時期已行用。見該文。

【三光】

即三辰。亦稱“三明”“三曜”“三景”。此稱先秦時期已行用。《莊子·説劍》：“上法圓天以順三光，下法地以順四時，中和民意以安四鄉。”《黃庭内景經·五行》：“三明出華生死際。”梁丘子注：“天三明，日月星；人三明，耳目口；地三明，文章華。”晋葛洪《抱朴子·至理》：“引三景於明堂，飛元始以煉形。”唐武平一《奉和幸白鹿觀應制》詩：“玉府凌三曜，金壇駐六龍。”五代杜光庭《謝恩宣賜衙殿點鐘表》：“伏惟陛下二儀覆燾，三景照臨，澤浸無涯，惠敷有截。”

【三明】

即三光。道教以日、月、星爲天之三明。此稱先秦時期已行用。見該文。

【三曜】

即三光。此稱唐代已行用。見該文。

【三景】

即三光。此稱晋代已行用。見該文。

【三靈】

即三辰。亦稱“三精”“三玄”。人視日、月、星如神靈，故稱。此稱漢代已行用。《漢書·揚雄傳上》：“方將上獵三靈之流，下決醴泉之滋。”顔師古注引如淳曰：“三靈，日、月、星垂象之應也。”《後漢書·光武帝紀贊》：“九縣飆回，三精霧塞。”李賢注：“三精，日、月、

星也。”《南史·宋紀上》：“三靈垂象，山川告祥。”宋張君房《雲笈七籤》卷五〇：“天有三玄，謂日、月、星也。”

【三精】

即三靈。此稱漢代已行用。見該文。

【三玄】

即三靈。此稱宋代已行用。見該文。

四象 [2]

指日、月、星、辰。此稱清代已行用。《西游記》第一回：“日、月、星、辰，謂之四象。”

七政 [2]

亦作“七正”“柒政”。指日、月、五星。此稱先秦時期已行用。《書·舜典》：“在璇璣玉衡，以齊七政。”孔傳：“七政，日、月、五星各異政。”孔穎達疏：“七政，謂日、月與五星也。”《史記·律書》：“《書》曰，七正，二十八舍。”司馬貞索隱：“七正，日、月、五星，七者可以正天時。又孔安國曰：‘七正，日、月、五星各異政’也。”漢揚雄《太玄·攡》：“運諸柒政，繫之泰政極焉。”范望注：“柒政，日、月、五星也。”

【七正】

同“七政”。此體漢代已行用。見該文。

【柒政】

同“七政”。此體漢代已行用。見該文。

【七精】

即七政。亦稱“七緯”“七景”“七元”“七辰”。精，指星辰。此稱漢代已行用。漢蔡邕《司空文烈侯楊公碑》：“璇璣運周，七精循軌。”南朝宋鮑照《河清頌》：“如彼七緯，累璧重珠。”南朝梁陶弘景《冥通記》卷二：“近來乾坤澄净，七景齊明。”五代杜光庭《又馬尚書南

斗醮詞》："三官五緯，咸罄誠祈；六府七元，普
申懺謝。"宋范仲淹《易兼三材賦》："璇璣測象，
括運動於七辰；玉琯候時，合慘舒於四氣。"

【七緯】

即七精。此稱南北朝時期已行用。見該文。

【七景】

即七精。此稱南北朝時期已行用。見該文。

【七元】

即七精。本指日、月和五大行星運行的周
期，後以代指日、月和五大行星。此稱五代時
期已行用。見該文。

【七辰】

即七精。此稱宋代已行用。見該文。

【七耀】[1]

即七政。亦作"七耀""七曜"。此稱漢代

已行用。《後漢書 · 劉陶傳》："宜還本朝挾輔
王室，上齊七耀，下鎮萬國。"晋范寧《穀梁傳
序》："陰陽爲之愆度，七耀爲之盈縮。"唐楊士
勛疏："日、月、五星皆照天下，故謂之七曜。"
宋張載《正蒙 · 參兩》："愚謂在天而運者，唯
七曜而已。"清王夫之《讀四書大全說 · 論
語 · 爲政篇十一》："曆元者，日月合璧，五星
連珠，七曜復合，一元之始也。"

【七曜】[2]

同"七耀"。此體唐代已行用。見該文。

九大

道教指風、雲、雷、海、火、日、地、天、
空等九物。此稱唐代已行用。唐張志和《玄真
子 · 鸑鷟》："造化之初，九大相競。"

附録一　中國古籍中有關天宇神靈專考

一、太陽神靈考

東王公

亦稱"東王父""東華帝君""東君""木公""東華紫府少陽君""青童君""青提帝君"。是中國神話中的仙人，傳統上與西王母相對應：西王母統率天界的衆女仙，而東王公則統率所有男仙。東王公與西王母共爲道教尊神，究其源，可追溯到戰國時期，當時楚地信仰"東皇太一"神，又稱"東君"，即爲神化了的太陽神。此稱先秦時期已行用。先秦楚人屈原《九歌》裏的至高神是東皇太一。有人認爲"東皇"原來是楚國的祖先神，和"太一"不是同一個神，但在文學中被屈原結合原創出了一個新的至高神。有些考證認爲，東皇太一其實是太陽神。由於東皇太一衹是楚人文學裏的神，後期并没有流傳下來，而是演變成了其他的一些神。東王公被認爲是東皇後期演變出的神祇之一。而東王公的別稱，又有"東皇""東皇公"等。因而，東王公、東皇、東皇公也就當成了太陽神。

【東君】[2]

即東王公。此稱先秦時期已行用。《楚辭》載屈原《九歌·東君》："暾將出兮東方，照吾檻兮扶桑；撫余馬兮安驅，夜皎皎兮既明；駕龍輈兮乘雷，載雲旗兮委蛇。"宋洪興祖補注引《博雅》曰："朱明、耀靈、東君，日也。"祭祀對象是東君，也就是太陽神。詩歌各章歌辭之間的聯接承轉，又極其自然，在輪唱中烘托出日神的尊貴、雍容、威嚴、英武，那高亢宏亮的聲樂正恰如其分地演繹出光明之神的燦爛輝煌，很好地表現了太陽神的特點。曹操《陌上桑》："駕虹霓，乘赤雲，登彼九疑歷玉門。濟天漢，至崑崙，見西王母謁東君。"東君和西王母對舉，研究者以爲即指東王公，指日神。

太陽帝君[1]

亦稱"太陽神"。此稱宋代已行用。《太平廣記》卷七引晉葛洪《神仙傳》："〔馬鳴生〕受《太陽神丹經》三卷，歸入山，和藥服之。"宋佚名《宣和畫譜》卷二："御府所藏九十有三：天尊像一、太陽帝君像一……"明張丑《清河書畫舫》卷八上記有"太陽帝君""木星帝君"等畫作。

【太陽神】

即太陽帝君。此稱晉代已行用。見該文。

日主

此稱先秦時期已行用。山東威海成山頭，因其地處中國海岸綫的最東端，古時被認爲日神居此地。據《史記·封禪書》載，姜太公封八神，日神首東，曾在此拜日神迎日出，修日主祠。公元前219年、公元前210年秦始皇曾兩次駕臨此地，拜祭日主、修長橋、求長生不老之藥。留下了"秦橋遺蹟"。漢武帝劉徹也曾率領文武百官在這裏築"拜日臺"，齋沐禮拜月餘，留下"武帝祀日主"的典故。

太陽星

此稱明代已行用。《西游記》第五回寫托塔天王李靖率衆天神討伐大鬧天空的孫悟空："太陰星精神抖擻，太陽星照耀分明。"《西游記》第六五回寫孫悟空等大戰六耳獼猴，直殺得天昏地暗，直到傍晚："只殺得太陽星，西没山根；太陰星，東升海嶠。"後一例還可理解爲指太陽、月亮本身，前一例就衹能理解爲指月亮星神和太陽星神了。因爲在前一例中，和太陰星、太陽星并列的，還有哪吒太子、九曜星官、四值功曹等。當然，如果把後一例中的"太陰星""太陽星"，理解指月亮星神和太陽星神，雖然有些勉强，但似乎也不算錯。在古人心目中，太陽、月亮的地位遠遠高於其他星宿，但在《西游記》此處的描寫中，太陽、月亮的地位，僅僅等同於其他"普天星象"了。

義和[2]

傳説東君乘坐六龍所駕之車，義和爲御車之神，後又爲太陽代稱，説詳本卷《日月五星説・太陽考》"義和[1]"文。按義和傳爲堯時主天文之官。《書・堯典》："乃命義和，欽若昊天，曆象日、月、星辰，敬授民時。"又《胤征》："羲和湎淫，廢時亂日。"又或傳爲黄帝時占日之官。《史記・曆書》司馬貞索隱引《世本》："黄帝使羲和占日，常儀占月，臾區占星氣，伶倫造律呂。"以主天文，尤其占日職務，後遂傳説成爲與日相關的神。最早傳説爲與日有關的國名或帝俊之妻名，見《山海經・大荒南經》："東［南］海之外，甘水之間，有羲和之國，有女子名曰羲和，方日浴於甘淵。羲和者，帝俊之妻，生十日。"郭璞注："羲和，蓋天地始生

主日月者也。"戰國時期又演繹成羲和爲日神馭車，《廣雅・釋天》稱之爲"羲馭"。故《楚辭・離騷》有"吾令羲和彌節兮，望崦嵫而勿迫"之句，王逸注："羲和，日御也。"《初學記》卷一引《淮南子・天文訓》亦曰："爰止羲和，爰息六螭，是謂懸車。"原注："日乘車，駕以六龍，羲和馭之。"後世乃以此爲駕日車飛行的典故，或徑作日之代稱。三國魏曹植《贈王粲》詩："悲風鳴我側，羲和逝不留。"

三足烏[3]

省稱"三足"。傳説日中神鳥，金烏化身，是長有三足的踆烏。三足烏後又爲太陽代稱，説詳第三章"三足烏[1]"文。關於三足烏傳説來源，文獻頗有異説。一謂西王母使者，爲西王母取食之神鳥。《史記・司馬相如列傳》引《大人賦》："西王母……亦幸有三足烏爲之使。"張守節正義引漢張揖曰："三足烏，青鳥也，主爲西王母取食。"而青鳥之説出《山海經・西山經》："三危之山，三青鳥居之。"郭璞注："三青鳥主爲西王母取食者。"又《大荒西經》："有三青鳥，赤首黑目，一名曰大鵹，一名曰小鵹，一名曰青鳥。"此謂青鳥爲三隻鳥，而非指一鳥三足，可知與日中金烏無關。又傳爲祥瑞之鳥。《東觀漢紀・章帝紀》："三足烏集沛國，白鹿、白兔、九尾狐見。"晋成公綏《烏賦》："若乃三足德靈，國有道則見，國無道則隱。"北魏酈道元《水經注・濕水》亦曰："又按《瑞應圖》有三足烏、赤烏、白烏之名。"此指某種飛行於現實中的神鳥，亦非日中金烏。按日中金烏傳説戰國時已出現。初指日中有金烏，或謂金烏載日而行。《山海經・海外東經》："湯谷上有扶桑，十日所浴……九日居下枝，一日居上枝。"郭璞

注引《淮南子》："堯乃令羿射十日，中其九日，日中烏盡死。"今本《淮南子》無此文。又《大荒東經》曰："湯谷上有扶木，一日方至，一日方出，皆載於烏。"屈原《天問》："羿焉彈日？烏焉解羽？"故烏與日，關係密切。長沙馬王堆西漢墓出土的升仙圖帛畫右上角所繪太陽，中間即有一隻金烏（但畫的是二足）。三足神烏傳說已見於漢代文獻。《淮南子·精神訓》曰："日中有踆烏。"高誘注："踆，猶蹲也，謂三足烏。"《藝文類聚》卷一引《淮南子》及注文："日中有踆烏。（踆，趾也，謂三足烏也。）"漢王充《論衡·說日》："儒者曰：日中有三足烏，月中有兔、蟾蜍。"《藝文類聚》卷一百引《黃帝占書》："日中三足烏見者，大旱赤地。"舊題後漢郭憲撰《洞冥記》卷四："〔東方〕朔曰：'東北有地日之草，西南有春生之魚。'帝曰：'何以知之？'朔曰：'三足烏數下地食此草，羲和欲馭，以手掩烏目，不聽下也。'"此則見三足烏載日傳說的進一步演義。袁珂《山海經校注》之《海外東經》注論日中烏、金烏、陽烏、三足烏皆同一物，言其由來甚確："至於郭注引《淮南子》云'羿射中其九日，日中烏盡死'者，傳'日中有踆烏'（《淮南子·精神篇》），即三足烏，又稱陽烏、金烏，《天問》所謂'彈日、解羽'者是也。本當是日之精魂，《洞冥記》又以爲日馭……（卷四）是又傳說之

演變也。"後因以三足烏爲日。唐杜甫《岳麓山道林二寺行》詩："蓮花交響共命鳥，金榜雙回三足烏。"仇兆鰲注引黃生曰："三足烏，即日也。"宋陸游《月夜短歌》："明星雖高未須喜，三足陽烏生海底。"唐柳宗元《跂烏詞》詩："無乃慕高近白日，三足妒爾令爾疾。"

【三足】[2]

"三足烏"之省稱。此稱唐代已行用。見該文。

三足烏

炎官[2]

傳說太陽中的火神。此稱唐代已行用。唐韓愈《游青龍寺贈崔大補闕》詩："光華閃壁見神鬼，赫赫炎官張火傘。"《宋史·樂志七》："惟神之安，方解羽鑾，赤旗霞曳，從以炎官。"明劉基《爲詹同文題浙江月夜觀潮圖》："炎官挾長握天柄，七月赤日熾元穹。"

二、月亮神靈考

太陰元君[1]

此稱漢代已行用。漢代有"月宮黃華素曜元精聖后太陰元君"之稱。

【太陰星】

即"太陰元君"。此稱明代已行用。《西游記》第五回寫托塔天王李靖率衆天神討伐大鬧

天空的孫悟空，"太陰星精神抖擻，太陽星照耀分明。"《西游記》第六五回寫孫悟空等大戰六耳獼猴，直殺得天昏地暗，直到傍晚，"只殺得太陽星，西没山根；太陰星，東升海嶠。"後一例還可理解爲指太陽、月亮本身，前一例就衹能理解爲指月亮星神和太陽星神了。如前所言，因爲在前一例中，和太陰星、太陽星并列的，還有哪吒太子、九曜星官、四值功曹等。當然，如果把後一例中的"太陰星""太陽星"，理解指月亮星神和太陽星神，雖然有些勉强，但似乎也不算錯。在古人心目中，太陽、月亮的地位遠遠高於其他星宿，但在《西游記》此處的描寫中，太陽、月亮的地位，僅僅等同於其他"普天星象"了。

望舒 [2]

亦稱"纖阿"。御月之女神。此稱後乃成月亮代稱，説詳"望舒 [1]"文。傳説日御有羲和，月御遂有望舒。望舒御月傳説戰國時已有之。《楚辭·離騷》："前望舒使先驅兮，後飛廉使奔屬。"王逸注："望舒，月御也。"洪興祖補注："《淮南子》曰：'月御曰望舒，亦曰纖阿。'"望舒又名纖阿，世傳纖阿本山岩中美女，躍入月中爲月御。《史記·司馬相如列傳》引《子虛賦》："陽子驂乘，纖阿爲御。"裴駰集解："纖阿，月御也。"司馬貞索隱："纖阿……美女姣好貌。又樂産曰：'纖阿，山名，有女子處其岩，月歷數度，躍入月中，因爲月御也。'"漢劉向《九嘆·愍命》："纖阿不御，焉舒情兮？"洪興祖注："纖阿，古善御者。"晋陸雲《喜霽賦》："改望舒之離畢兮，曜六龍於紫閣。"《玉篇·月部》："月：魚厥切。太陰之精也。夜見光謂之月。月御謂之望舒。"唐柳宗元《天對》

"問羲和之未揚，若華何光"蔡夢弼注引《廣雅》："日御曰羲和，月御曰望舒。"按漢以後，望舒（纖阿）以御月神女而被轉稱月亮。《後漢書·蔡邕傳》："元首寬則望舒朓，侯王肅則月側匿。"李賢注："望舒，月也。"

【纖阿】 [2]

即望舒 [2]。此稱漢代已行用。見該文。

常羲

神話中與日相關的帝俊之妻或后羿之妻，羿妻升月而又稱姮娥，則又成月亮象徵。按羲和在上古神話中本是孕育太陽的女神。《山海經·大荒南經》："東［南］海之外，甘泉之間，有羲和國。有女子名羲和，爲帝俊之妻，是生十日，常浴日於甘泉。"又因語音之變，分化爲帝俊妻娥皇、常羲二女神。娥皇又演化爲舜妻，常羲則爲生月女神。傳説常羲後又變而爲羿妻，最後飛往月宫而爲嫦娥。亦或將其視作占月者。王謨輯《世本》："羲和占日，常儀占月，臾區占星氣，伶倫造律吕。"（按出自《史記·曆書》索隱引《世本》）明胡應麟《二酉綴遺》上："常羲則常儀占月之訛，後世嫦娥之説所由本也。"章太炎《訄書·尊史》亦認爲："及言帝俊竹林與妃羲和、常羲者，其名實尚不可知"；"《大荒南經》'羲和生十日'，《大荒西經》'常羲生月十有二'，皆占日占月者"。言常羲爲占月者，本自《世本》。常羲名稱甚多，亦見其傳説之雜蕪。明陳士元《名疑》卷一："堯母四妃，有娵氏名常羲……常羲一作羲和，一作常戲，一作常儀，一作尚儀，一作常宜一作常耳，字轉訛。"

吴剛

月中仙人。此稱唐代已行用。唐段成式

《酉陽雜俎·天咫》："舊言月中有桂，有蟾蜍，故異書言，月桂高五百丈，下有一人常斫之，樹創隨合。人姓吳名剛，西河人，學仙有過，謫令伐樹。"明無名氏《金雀記·玩燈》："嫦娥真可想，伐木有吳剛。"清趙翼《月中桂樹·壬午順天鄉試題得香字》詩："蕊珠宮闕朗，攀折許吳剛。"

月中桂樹

傳說月宮有桂樹。此稱唐代已行用。唐段成式《酉陽雜俎·天咫》："舊言月中有桂，有蟾蜍，故異書言，月桂高五百丈，下有一人常斫之，樹創隨合。人姓吳名剛，西河人，學仙有過，謫令伐樹。"

月中蟾蜍

傳說月宮有蟾蜍。此稱漢代已行用。《淮南子》："日中踆烏，月中有蟾蜍。"《後漢書·天文志》注："羿請無死之藥于西王母，娥竊之以奔月……嫦娥遂托身於月，是爲蟾蜍。"唐段成

式《酉陽雜俎·天咫》："舊言月中有桂，有蟾蜍，故異書言，月桂高五百丈，下有一人常斫之，樹創隨合。人姓吳名剛，西河人，學仙有過，謫令伐樹。"

月中玉兔

亦稱"月兔"。傳說月宮有玉兔。此稱漢代已行用。《藝文類聚》卷一引漢劉向《五經通義》："月中有兔與蟾蜍何？月，陰也，蟾蜍，陽也，而與兔並明，陰繫陽也。"《藝文類聚》卷一引晉傅咸《擬天問》："月中何有？白兔擣藥。"宋俞琰《席上腐談》卷上："愚謂兔自屬日，所謂月中兔者，月中之日光也。"

【月兔】[2]

即月中玉兔。此稱唐代已行用。唐黃滔《省試內出白鹿宣示百官》詩："形奪場駒潔，光交月兔寒。"《舊唐書·史志十三》："月欲有蝕，先月形搖振，狀若驚懼，月兔及側月色黃如有憂狀。"

三、北斗九星神靈考

按，奇門遁甲等占卜書所言，多爲不可信的唯心迷信。但北斗九曜，已經成爲一種文化現象，在古代文化典籍中，時有所見，對此還是應當有所瞭解。

北斗九星[2]

亦稱"北斗九曜"。北斗七星加上左輔、右弼後稱爲九星。九星源於古人對遠古的星辰自然崇拜，是古代神話和天文學結合的產物。它們的排行是一白貪狼、二黑巨門、三碧祿存、四綠文曲、五黃廉貞、六白武曲、七赤破軍，

這七個星宿稱爲北斗七星，而斗柄破軍與武曲之間有兩顆星，一顆星爲右弼而不現，一顆爲左輔常見，左輔排在八，右弼排在九，由七星配二星共成九星。風水學中稱這九星爲：一白、二黑、三碧、四綠、五黃、六白、七赤、八白、九紫。奇門遁甲中分別把這九星稱爲：天蓬

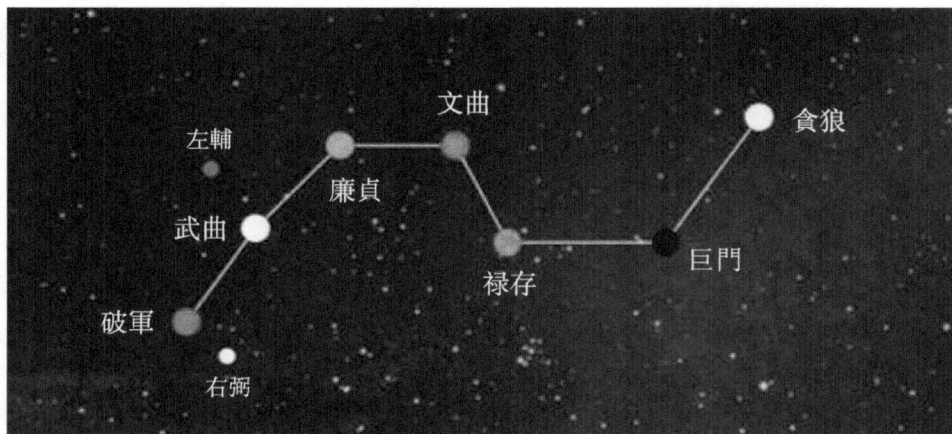

北斗九星神靈示意圖

星、天芮星、天衝星、天輔星、天禽星、天心星、天柱星、天任星、天英星。《素問·天元紀大論》："九星懸朗。"王冰注："九星，謂天蓬、天芮、天衝、天輔、天禽、天心、天任、天柱、天英。"因爲北斗七星從斗身上端開始，到斗柄的末尾，按順序依次命名爲：天樞、天璇、天璣、天權、玉衡、開陽、搖光，所以道教稱北斗七星爲七元解厄星君，居北斗七宮，即天樞宮貪狼星君、天璇宮巨門星君、天璣宮禄存星君、天權宮文曲星君、玉衡宮廉貞星君、開陽宮武曲星君、搖光宮破軍星君。

【北斗九曜】

即北斗九星。此稱明代已行用。《西游記》第五回寫孫悟空官封弼馬温後，"與那九曜星"等普天星相，皆以兄弟相稱。《西游記》第五回寫托塔天王李靖率衆天神討伐大鬧天空的孫悟空："五行星偏能豪傑，九曜星最喜相争。"托塔李天王"先差九曜惡星出戰"。衆妖猴"却被九曜惡星一起掩殺"。

天蓬星

原名"陰襲大衍天蓬隱光右弼星"，簡稱"右弼星"，北斗七星之右弼星，與北方一宮坎卦相對應，陽星，五行屬水。坎水正當隆冬季節，至寒、至冷、至暗，喜陰害陽星。唐楊筠松《撼龍經》："君如識得右弼星……此星多吉少傍凶。"《西游記》中猪八戒被罰下天界前曾被封爲"天蓬元帥"，説的就是這個天蓬星。被罰下天界後變成了猪的形象，被稱爲猪八戒。後人也以"天蓬元帥"指猪。重慶大足石刻保存了多尊"天蓬元帥"造像，其中較爲完好的一尊在石門山石刻的三皇洞内，爲三頭六臂模樣，頭部正面像雙目怒瞪，呲牙咧嘴，身著鎧甲。六臂姿態不一，持物各异。另一處雕刻有"天蓬元帥"的舒成岩石刻，在紫微大帝龕内，正中端坐的是道教尊神紫微大帝，在他的兩側各有一位神將，頭戴束髮金冠，身着鎧甲，橫眉怒目，其中左側的神將即爲天蓬元帥，亦爲三頭六臂，肩上飄帶垂地，相貌猙獰。這些造像的時間，基本上都在南宋時期。

【右弼星】

即天蓬星。此稱唐代已行用。見該文。

天芮星

原名"陽琮孚慶天芮洞明左輔星"，簡稱"左輔星"，北斗七星之左輔星，與西南方二宮坤卦相對應，陰星，五行屬土。因與八門中死門相對應，占卜認爲它的出沒與疾病流行有關。唐楊筠松《撼龍經》："夫人識得左輔星，識得之時莫開口。"

【左輔星】

即天芮星。此稱唐代已行用。見該文。

天衝星

原名"凝華好化天衝破軍星"，簡稱"破軍星"，北斗七星之第七星，與東方三宮震卦相對應，陽星，五行屬木。人們認爲它有慈心造化、助人爲樂之德，與農事活動有關。占卜認爲天衝星臨宮，宜於選將出師，征伐交戰，鳴金擊鼓，搖旗呐喊。唐楊筠松《撼龍經》："不知三吉不常生，有處觀來無一實。蓋緣不識破軍星，星說走旗拖尾出。"梁啓超則說袁崇煥是"明季第一重要人物，以一身之言動、進退、生死，關係國家之安危、民族之隆替"。袁崇煥被稱之爲"典型的破軍星"。"破軍星"古占卜書稱之爲"耗星"。這個"耗"，代表破壞力、消耗力。對敵人破壞力强大，但自身也存在着較大的危險。

【破軍星】

即天衝星。此稱唐代已行用。見該文。

天輔星

原名"大益樞京天輔武曲紀星"，簡稱"武曲星"，亦稱"天職星"，北斗七星之第六星，與東南四宮巽卦相對應，陽星，五行屬木。古占卜者認爲它能動能静，與乾卦爲天、爲父、爲首長相應，和領導才能、軍事指揮有關。此稱明代已行用。明萬民英《星學大成》卷一五："天蝎宮天輔星，又名天職星，主有大職印，大貴也。"

【天職星】

即天輔星。此稱明代已行用。見該文。

【武曲星】

即天輔星。此稱明代已行用。唐楊筠松《撼龍經》："峰覆鍾釜……端嚴富貴。"《水滸傳》第一回："端的是玉帝差遣紫微宮中兩座星辰下來，輔佐這朝天子：文曲星乃是南衙開封府主龍圖閣大學士包拯，武曲星乃是征西夏國大元帥狄青。這兩個賢臣，出來輔佐這朝皇帝。"

天禽星

原名"執慶剛昱天禽廉貞綱星"，簡稱"廉貞星"，北斗七星之第五星，陽星，五行屬土。土生萬物，中宮是遁甲元帥值符所在之地。古占卜者認爲天禽星臨宮，百事皆宜，四時皆吉。此稱明代已行用。明楊慎《宋儒論天》："天禽星，天符中土，黃。"（原注見《唐會要》）《太平廣記》卷三〇七引《逸史》曰："裴度少時，有術士云：'命屬北斗廉貞星神，宜每存敬祭以果酒。'"

【廉貞星】

即天禽星。此稱唐代已行用。見該文。

天心星

原名"總承符允天心文曲紐星"，簡稱"文曲星"，北斗七星之第四星，陰星，五行屬金。占卜認爲它是天上的文曲星，與文化教育事業有關。此稱明代已行用。明楊慎《宋儒論天》："天心星，青龍乾，金，白。"《水滸傳》第一回："端的是玉帝差遣紫微宮中兩座星辰下來，輔佐這朝天子：文曲星乃是南衙開封府主龍圖閣大學士包拯，武曲星乃是征西夏國大元帥狄青。這兩個賢臣，出來輔佐這朝皇帝。"

【文曲星】[2]

即天心星。此稱唐代已行用。唐楊筠松《撼龍經》："文曲星柔最易見，每遇旺方生側面。"

文昌 [2]

亦稱"文星""文昌帝君"。古時認爲是主持文運功名的星宿。一說共六星，在斗魁之前，形成半月形狀。一說特指北斗七星的第四星，即文曲星。亦可指星神文昌帝君，其成爲民間和道教所信奉的文昌帝君。此稱先秦時期已行用。戰國屈原《遠游》："後文昌使掌行兮。"宋黃庭堅《驀山溪》詞："山圍江暮，天鏡開晴絮。斜影過梨花，照文星、老人星聚。"明謝肇淛《五雜俎·天部一》："俗言，南斗注生，北斗注死，故以北斗爲司命。而文昌者，斗魁戴匡六星之一也。俗以魁故祠文星以祈科第，因其近斗也，故亦稱文昌司命云。傅會甚矣。至以蜀梓潼神爲文昌化身者，又可笑也。"《醒世姻緣傳》第一八回："那畫士果然替他寫了三幅文昌帝君般的喜像。"清陳康祺《郎潛紀聞》卷一："故自戊辰至丁丑五科狀元……珠聯璧合，名應文昌，非偶然也。"民國《醴泉縣志》卷一四："隕星，應夢寺有石，相傳以爲隕星，不可動。萬曆甲戌年歲有胡僧見之，曰此文星也，宜置寺前。人疑其言。明年乙亥二月二日，里諸生祭而掘之，入地四尺果動，遂徙之寺前，歲歲祭享。後里人郭玉柱於東鄉得一石，亦曰文星，置之星聚書院。"梁啓超《變法通議·論幼學》："今之學塾於孔子之外，乃兼祀文昌魁星等……夫文昌者，櫺燎司命，或稱爲天神。"湖南長沙天心閣近年將文昌帝君、魁星像正式安放到天心閣主閣一樓。兩尊神像爲銅質鑄造，正中上方懸挂"文運昌盛"橫匾，兩側牆面挂"狀元及第""進士"牌匾，鑲嵌牆面的青石板刻有天心閣供奉文昌帝君、魁星的史料以及《歷代湖南狀元名録》《歷代長沙進士名録》《明清長沙府著名科舉人才名録》。

【文星】[2]

即文昌星[2]。此稱宋代已行用。見該文。

【文昌帝君】

即文昌星[2]。此稱清代已行用。見該文。

天柱星

原名"通玄須變天柱禄存貞星"，簡稱"禄存星"，北斗七星之第三星，陰星，五行屬金。人們認爲它正當金秋肅殺之時，喜殺好戰，與驚恐怪异、破壞毀折有關。古占卜者認爲天柱星臨宮，宜於修築營壘，訓練士卒，屯兵固守，不宜出戰交兵、經商遠行。唐楊筠松《撼龍經》："形在高嶺爲高形，山頂上生禄存星。"金劉完素《素問要旨論》有"兑七金天柱"之語，書注曰："兑爲士官，屬金，上應天柱星。"

【禄存星】

即天柱星。此稱唐代已行用。見該文。

天任星

原名"英明集華天任星"，又稱"天璿宮巨門星"，簡稱"巨門星"，北斗七星之第二星。陽星，五行屬土。土能生萬物，又正當春季萬物萌生之時，古占卜者認爲天任星臨宮，宜立國邑，安人民，斷決群凶，教化人民。此稱唐代已行用。唐李筌《太白陰經》卷九："六丙在八宮，八宮爲天任，是謂得天下者得天任星也。"唐楊筠松《撼龍經》："貪狼一變巨門星，星方磊落如屏形。"

【巨門星】

即天任星。此稱唐代已行用。見該文。

天英星[1]

原名"照衝勳令天英貪狼星"，簡稱"貪狼星"，北斗七星之第一星，陰星，五行屬火。古占卜者認爲天英星居離宫之位，烈火炎炎，性躁易暴，雖然如日升中天，大放光明，但又和血光之灾有關，故天英星臨宫，宜於謀劃獻策，面君謁貴，不宜求財考官、嫁娶遷徙。此稱金代已行用。金劉完素《素問要旨論》有"離九天英"之語，書注曰："離爲九宫，屬火，上應天英星。"明劉伯温輯《奇門遁甲秘笈大全》卷三："天英之星嫁娶凶，遠行移徙不宜逢。"

【貪狼星】

即天英星。此稱唐代已行用。唐孟遲《發蕙風觀有陰不見九華山有作》之一："人家敲鏡救不得，光陰却屬貪狼星。"《金鎖玉關風水圖解》："形若貪狼樣，人秀分外嘉。"

四、二十八星宿神靈考

二十八星宿神怪

緣於古代"天人感應""天人合一"的思想觀念，古人將二十八宿神怪化。每一星宿都有一對應的神怪名稱，其功用、法力亦各自有别。

南朝劉宋范曄爲東漢雲臺二十八將一一作傳，并在《後漢書·馬武傳》末評曰："中興二十八將，前世以爲上應二十八宿，未之詳也。"其前人已有"中興二十八將上應二十八宿"之說，范曄雖未十分肯定，後人却將此説大力宣揚，這是那個時代"天人感應""天人合一"思想的某種體現。

相傳我國唐代的曆算家袁天罡把二十八宿和金、木、水、火、土、日、月等七曜及二十八種動物結合，形成了二十八宿的全稱（參見題袁天罡、李淳風所著《二十八宿值日風雨陰晴歌訣秘傳》），見下：西方白虎奎木狼、婁金狗、胃土雉、昴日鷄、畢月烏、觜火猴、參水猿；南方朱雀井木犴、鬼金羊、柳土獐、星日馬、張月鹿、翼火蛇、軫水蚓；東方青龍角木蛟、亢金龍、氐土貉、房日兔、心月狐、尾火虎、箕水豹；北方玄武斗木獬、牛金牛、女土蝠、虚日鼠、危月燕、室火豬、壁水貐。可見二十八種動物包括十二生肖，而且每方七宿各包括了十二生肖之中的三個生肖（并且皆爲每方七宿的金、日、火三曜）；十二生肖從後向前倒過來看，順序則是：亥（豬）、子（鼠）、丑（牛）、寅（虎）、卯（兔）、辰（龍）、巳（蛇）、午（馬）、未（羊）、申（猴）、酉（鷄）、戌（狗），和傳統的十二生肖順序是一致的。足證袁天罡并非隨意而爲，而是經過一番精心思考纔安排的。這二十八宿成員的名稱都由三個字組成：第一個字是星宿名；第二個字是七曜（金、木、水、火、土、日、月）之一，每曜共四個成員（如四金星、四火星）；第三個字是各不相同的動物名（二十八宿都是動物修煉成仙）。當時主要是用它紀日并標定日、月、五星的位置，但也有時也用它來紀年、紀月、紀時，也有不少是用來算命。

元末明初成書的《水滸傳》中，從第八三回宋公明奉詔破大遼，至第八九回破遼成功，曾寫到遼國的"十一曜星將"，還寫到遼國統軍元帥兀顏光麾下的二十八星宿將軍。他們都曾與梁山好漢交戰，都慘遭失敗。這遼國的二十八位上將，又成了袁闊成的《水泊梁山》中的人物（他們的姓名和二十八星宿相配與《水滸全傳》全同），但身份已經變化，他們成了高俅重金聘請的擂官，協助"擎天柱"鮑闐和"生鐵佛"崔道成設立"神州擂"，和天下英雄作對。這二十八宿各負絕藝，在擂臺上贏過不少好漢，但本身也傷亡慘重。如壁水貐成珠那海在擂臺上肉掌碎了石碑，傲視群雄，半晌無人敢上臺比試。好在火眼狻猊鄧飛登臺，一連氣踢斷了八棵青石樁，技驚四座，震嚇住了成珠那海。"神州擂"被破後，幽州二十八宿也作鳥獸散。

明初成書的《西游記》中，就是把二十八宿每一宿都當成一個神怪，而且借用袁天罡的說法，把二十八宿的每個成員都用了這樣一個富有特色而又有些奇怪的名稱。《西游記》原著原文第五回、第六回、第二八回至第三一回（前幾回雖未明說奎木狼，但說黃袍怪實是奎木狼變化而成）、第五一回、第五五回、第六五回、第六六回、第七三回、第九二回等等，都有二十八宿的全部或部分成員的描寫。如第六回寫到"四日星"（虛日鼠、昴日雞、星日馬和房日兔），第九二回寫到"四木星"（角木蛟、斗木獬、奎木狼和井木犴），第二八回至第三一回是奎木狼的專章，第六六回特別重點描寫亢金龍，第七三回特別重點描寫昴星官。其中奎木狼、亢金龍、昴星官、井木犴，形象都比較鮮明，給讀者留下了較深刻的印象。

袁天罡和《水滸傳》《西游記》這種對二十八宿每個成員的認定，給後世帶來很大的影響。清代以來的小說如《封神演義》（姜子牙都以這套名稱封神）、《鏡花緣》（寫心月狐受命下凡，化身女皇武則天）、《說岳全傳》（女土蝠化爲秦檜妻子王氏），更有前面提到的東漢雲臺二十八將，也都一一上應以這套名稱爲定稱二十八宿每個成員的專稱，這是中國古天文學、古代神話、古代民俗和中國古代文學有機結合的產物，影響還是比較深遠的。

至於這些二十八宿的全部成員的的性別問題，真是不好一口咬定。從《水滸傳》《西游記》所寫這二十八宿的全部成員都征戰殺伐來看，似乎這二十八宿的全部成員都是男性；從《封神演義》所寫姜子牙都以這套名稱封神的死於萬仙陣的戰將來看，似乎這二十八宿的全部成員也都應該是男性；東漢雲臺二十八將，也都一一上應二十八宿，認定是屬於男性也不會有任何問題。但受命下凡，化身女皇武則天的心月狐，爲報私仇托生爲秦檜妻子王氏的女土蝠，至少從幻化成形的結果來看，可以說是女性無疑了。所以關於他們的繪圖，是男是女，有些并不一致，我們所選圖像，關於他們的性別可能有些爭議，自然也是難免的了。

這些人物形象，或者說這些神怪，都是二十八宿的派生物、衍生物，瞭解這些，對於更深入、更全面地瞭解傳統文化的緣起、演化或可提供另一思路。

角木蛟

二十八星宿神靈之一，屬東方蒼龍七宿的角宿，和七曜之木星相配，所配動物爲蛟。蛟，古代傳說中一種能發洪水的龍。角星爲二十八星宿之首，最爲善戰，故受到召請時必會排在前列。其在《封神演義》第九九回姜子牙封神前原名柏林，爲截教門人，通天教主名下的弟子，死於萬仙陣，隨後封神爲角木蛟。東漢雲臺二十八將之首的太傅高密侯鄧禹，後人擬之爲二十八星神的角木蛟。《西游記》第六五回："角木蛟急喚：'兄弟們！怪物來了！'亢金龍、女土蝠、房日兔、心月狐、尾火虎、箕水豹、斗木獬、牛金牛、氐土貉、虛日鼠……各執兵器，一擁而上。"（此處二十八星宿的次序有誤，"女土蝠"和"氐土貉"應該互換，詳參徐傳武《〈西游記〉第六十五回一誤》，見《文史》第 48 輯）《西游記》第九二回謂角木蛟是妖怪而修煉成仙。孫悟空等三人大戰青龍山，八戒、沙僧相繼被犀牛怪擒拿。孫悟空上天請來角木蛟、斗木獬、奎木狼與井木犴四星降妖，犀牛三怪落荒而逃，直至西洋大海。龍太子拿了一犀，井木犴現出原形，咬死一犀，角木蛟、斗木獬、奎木狼共捉二犀。

《水滸全傳》從第八三回宋公明奉詔破大遼至第八九回破遼成功，曾寫到遼國的"十一曜星將"之一的遼國統軍元帥兀顏光麾下的二十八星宿將軍，列在首位的就是角木蛟孫忠。他曾與梁山好漢交戰，慘遭失敗。在袁闊成的《水泊梁山》中，也寫到幽州二十八宿之角木蛟孫忠，但身份已經變化，他成了高俅重金聘請的擂官，協助"擎天柱"鮑旭和"生鐵佛"崔道成設立"神州擂"，和天下英雄作對。他也武藝高強，在擂臺上贏過不少好漢，但最終慘敗，"神州擂"被破後，幽州二十八宿也作鳥獸散。

亢金龍

二十八星宿神靈之一，屬東方蒼龍七宿的亢宿，和七曜之金星相配，所配動物爲龍。亢宿本身是蜥蜴，因大角相護，蟲非蟲，獸非獸。是風神，如火珠，位於蒼龍星群中的脖子位置，是蒼龍之精華，故名其爲亢金龍，形態、性情都與龍相同，身長，有鱗，能飛，善走。古書記載時常有人見其戲於水中。東漢雲臺二十八將之著名將領大司馬廣平侯吳漢，後人擬之爲二十八星神的亢金龍。宋代學問家朱熹談十二生肖，說："以二十八宿之象言之，唯龍與牛爲合，而他皆不類。"如朱熹所言，十二生肖、二十八星宿，將這兩套系統做比較，相符合的

角木蛟（永樂宮壁畫）

亢金龍（永樂宮壁畫）

祇有兩項：首先是龍，辰龍方位在東，青龍七宿也在東；其次是牛，丑牛之位，與牛宿重疊。故曰"唯龍與牛爲合"。其在《封神演義》第九九回姜子牙封神前原名李道通，陣亡於萬仙陣後被封神爲亢金龍。《西游記》寫小雷音寺，孫悟空被困金鐃之中，不得脫身，最後由亢金龍用獨角從縫隙鑽入金鐃，孫悟空在亢金龍的獨角上鑽了一個小洞以容身，最後纔從這鐃中解脫。

《水滸全傳》從第八三回宋公明奉詔破大遼至第八九回破遼成功，曾寫到遼國的"十一曜星將"之一的遼國統軍元帥兀顏光麾下的二十八星宿將軍，列在次席的就是亢金龍張起。他曾與梁山好漢交戰，慘遭失敗。在袁闊成的《水泊梁山》中，也寫到幽州二十八宿之亢金龍張起，但身份已經變化，他成了高俅重金聘請的擂官，協助"擎天柱"鮑閣和"生鐵佛"崔道成設立"神州擂"，和天下英雄作對。他也武藝高強，在擂臺上贏過不少好漢，但最終慘敗，"神州擂"被破後，幽州二十八宿也作鳥獸散。

氐土貉

二十八星宿神靈之一，屬東方蒼龍七宿的氐宿，是蒼龍胸星之精，是龍心，是要害所在。它和七曜之土星相配，所配動物爲貉。貉，又名土狗，耳短小，形如狸。其在《封神演義》第九九回姜子牙封神前原名高丙，在萬仙陣中陣亡，隨後封神爲氐土貉。東漢雲臺二十八將之著名將領左將軍膠東侯賈復，後人擬之爲二十八星神的氐土貉。《西游記》第六五回："角木蛟急喚：'兄弟們！怪物來了！'亢金龍、女土蝠、房日兔、心月狐、尾火虎、箕水豹、斗木獬、牛金牛、氐土貉、虛日鼠……各執兵器，

氐土貉（山西晉城玉皇廟造像）

一擁而上。"（此處二十八星宿的次序有誤，"女土蝠"和"氐土貉"應該互換，詳參徐傳武《〈西游記〉第六十五回一誤》，見《文史》第48輯）

《水滸全傳》從第八三回宋公明奉詔破大遼至第八九回破遼成功，曾寫到遼國的"十一曜星將"之一的遼國統軍元帥兀顏光麾下的二十八星宿將軍，列在第三位的就是氐土貉劉仁。他曾與梁山好漢交戰，慘遭失敗。在袁闊成的《水泊梁山》中，也寫到幽州二十八宿之遼國統軍元帥兀顏光麾下有二十八星宿將軍氐土貉劉仁，但身份已經變化，他成了高俅重金聘請的擂官，協助"擎天柱"鮑閣和"生鐵佛"崔道成設立"神州擂"，和天下英雄作對。他也武藝高強，在擂臺上贏過不少好漢，但最終慘敗，"神州擂"被破後，幽州二十八宿也作鳥獸散。

房日兔

二十八星宿神靈之一，屬東方蒼龍七宿的房宿，和七曜的太陽相配，所配動物爲兔。其

在《封神演義》第九九回姜子牙封神前原名姚公伯，在萬仙陣中陣亡，隨後封神爲房日兔。東漢雲臺二十八將之著名將領建威大將軍好畤侯耿弇，後人擬之爲二十八宿神的房日兔。有人認爲此處的兔，古時象徵天馬。《晉書·天文志上》："房四星……亦曰天駟，爲天馬，主車駕。"唐李賀《馬詩》之四："此馬非凡馬，房星本是星。"王琦彙解引《瑞應圖》："馬爲房星之精。"《爾雅·釋天》："天駟，房也。"長沙馬王堆三號漢墓出土的帛書中有一本手寫的《相馬經》，其中的一篇講兔與狐，鳥與魚，"得此四物，毋相其餘"。再如關羽的赤兔，即指紅色的駿馬。但二十八星宿神靈，每個配合一種動物，決不重複。西方白虎七宿已經有"星日馬"，此處祇能是兔而決不會是馬。《西游記》第六回寫木叉奉菩薩之命，協助征討大鬧天宮的孫悟空，"早有虛日鼠、昴日鷄、星日馬、房日兔，將言傳到中軍帳下"。

《水滸全傳》從第八三回宋公明奉詔破大遼至第八九回破遼成功，曾寫到遼國的"十一曜星將"之一的遼國統軍元帥兀顏光麾下的二十八星宿將軍，列在第四位的就是房日兔謝武。他曾與梁山好漢交戰，慘遭失敗。在袁闊成的《水泊梁山》中，也寫到幽州二十八宿之房日兔謝武，但身份已經變化，他成了高俅重金聘請的擂官，協助"擎天柱"鮑闈和"生鐵佛"崔道成設立"神州擂"，和天下英雄作對。他也武藝高強，在擂臺上贏過不少好漢，但最終慘敗，"神州擂"被破後，幽州二十八宿也作鳥獸散。

心月狐

二十八星宿神靈之一，屬東方蒼龍七宿的心宿，是蒼龍胸星之心，和七曜的月亮相配，所配動物爲狐。其在《封神演義》第九九回姜子牙封神前原名蘇元，在萬仙陣中陣亡，隨後封神爲心月狐。東漢雲臺二十八將之著名將領執金吾雍奴侯寇恂，後人擬之爲二十八星神的心月狐。《西游記》多次寫到心月狐同二十八星宿其他神靈一起的行動。《鏡花緣》第三回寫心月狐受命下凡，化身女皇武則天奪得唐氏江山："適有心月狐思凡獲譴，即請敕令投胎爲唐家天子，錯亂陰陽，消此罪案。心月狐得了此信，歡喜非常，日盼下凡吉期。"

《水滸全傳》從第八三回宋公明奉詔破大遼至第八九回破遼成功，曾寫到遼國的"十一曜星將"之一的遼國統軍元帥兀顏光麾下的二十八星宿將軍，列在第五位的就是心月狐裴直。他曾與梁山好漢交戰，慘遭失敗，被梁山將楊林等活捉獻功。在袁闊成的《水泊梁山》中，也寫到幽州二十八宿之心月狐裴直，但身份已經變化，他成了高俅重金聘請的擂官，協助"擎天柱"鮑闈和"生鐵佛"崔道成設立

房日兔（山西晋城玉皇廟造像）

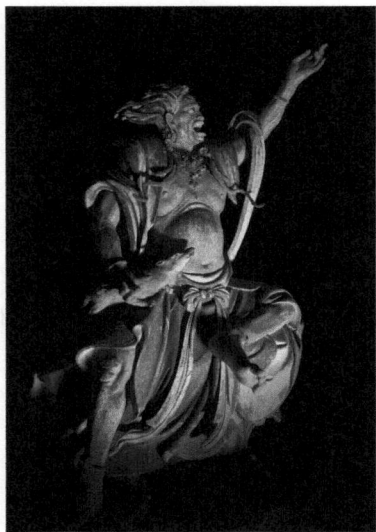

心月狐（山西晋城玉皇廟造像）

"神州擂"，和天下英雄作對。他也武藝高强，在擂臺上贏過不少好漢，但最終慘敗，"神州擂"被破後，幽州二十八宿也作鳥獸散。

尾火虎

　　二十八星宿神靈之一，屬東方蒼龍七宿的尾宿，是蒼龍之尾，和七曜之火星相配，所配動物爲虎。其在《封神演義》第九九回姜子牙封神前原名朱招，在萬仙陣中陣亡，隨後封神

尾火虎（山西晋城玉皇廟造像）

爲尾火虎。東漢雲臺二十八將之著名將領征南大將軍舞陽侯岑彭，後人擬之爲二十八星神的尾火虎。尾即龍尾，是搏殺中最易受到攻擊的部位，故尾宿多主凶。《西游記》多次寫到尾火虎同二十八星宿其他神靈一起的行動。

　　《水滸全傳》從第八三回宋公明奉詔破大遼至第八九回破遼成功，曾寫到遼國的"十一曜星將"之一的遼國統軍元帥兀顏光麾下的二十八星宿將軍，列在第六位的就是尾火虎顧永興。他曾與梁山好漢交戰，慘遭失敗。在袁闊成的《水泊梁山》中，也寫到幽州二十八宿之尾火虎顧永興，但身份已經變化，他成了高俅重金聘請的擂官，協助"擎天柱"鮑聞和"生鐵佛"崔道成設立"神州擂"，和天下英雄作對。他也武藝高强，在擂臺上贏過不少好漢，但最終慘敗，"神州擂"被破後，幽州二十八宿也作鳥獸散。

箕水豹

　　二十八星宿神靈之一，屬東方蒼龍七宿的箕宿，是蒼龍之尾，和七曜之水星相配，所配動物爲豹。其在《封神演義》第九九回姜子牙封神前原名楊真，在萬仙陣中陣亡，隨後封神爲箕水豹。東漢雲臺二十八將之著名將領征西大將軍夏陽侯馮異，後人擬之爲二十八星神的箕水豹。因其爲東方最後一宿，爲龍尾擺動所引發之旋風，故箕宿好風，被稱爲風神。箕宿一旦特別明亮就是起風的預兆，因此又代表好調弄是非，主口舌之象，故多凶。《西游記》多次寫到箕水豹同二十八星宿其他神靈一起的行動。

　　《水滸全傳》從第八三回宋公明奉詔破大遼至第八九回破遼成功，曾寫到遼國的"十一

箕水豹（山西晉城玉皇廟造像）

曜星將”之一的遼國統軍元帥兀顏光麾下的二十八星宿將軍，列在第七位的就是箕水豹賈茂。他曾與梁山好漢交戰，慘遭失敗。在袁闊成的《水泊梁山》中，也寫到幽州二十八宿之箕水豹賈茂，但身份已經變化，他成了高俅重金聘請的擂官，協助“擎天柱”鮑閱和“生鐵佛”崔道成設立“神州擂”，和天下英雄作對。他也武藝高強，在擂臺上贏過不少好漢，但最終慘敗，“神州擂”被破後，幽州二十八宿也作鳥獸散。

斗木獬

二十八星宿神靈之一，屬北方玄武七宿的斗宿，是北方玄武的額頭，因其星群組合狀如斗而得名，古人又稱其爲“天廟”。傳說玄武七星曾告誡伏羲及女媧兄妹人類將有大災險而有功於人類，於是升爲星座，後人將之神化，稱爲玄武大帝。它是屬於天子的星。天子之星是常人不可輕易冒犯的，故多主凶。它和“七曜”之五大行星的木星相配，所配動物爲獬。獬，古代傳說中的異獸，能辨曲直，見有人爭鬥就

用獨角去頂壞人。其在《封神演義》第九九回姜子牙封神前原名楊信，在萬仙陣中陣亡，隨後封神爲斗木獬。東漢雲臺二十八將之著名將領建義大將軍融侯朱祜，後人擬之爲二十八星神的斗木獬。《西游記》謂斗木獬是妖怪而修煉成仙。孫悟空等三人大戰青龍山，八戒、沙僧相繼被犀牛怪擒拿。孫悟空上天請來角木蛟、斗木獬、奎木狼與井木犴四星降妖，犀牛三怪落荒而逃，直至西洋大海。龍太子拿了一犀，井木犴現出原形，咬死一犀，角木蛟、斗木獬、奎木狼又共捉二犀。

《水滸全傳》從第八三回宋公明奉詔破大遼至第八九回破遼成功，曾寫到遼國的“十一曜星將”之一的遼國統軍元帥兀顏光麾下的二十八星宿將軍，列在第八位的就是斗木獬蕭大觀。他曾與梁山好漢交戰，慘遭失敗，被梁山將歐鵬等活捉獻功。在袁闊成的《水泊梁山》中，也寫到幽州二十八宿之斗木獬蕭大觀，但身份已經變化，他成了高俅重金聘請的擂官，協助“擎天柱”鮑閱和“生鐵佛”崔道成設立

斗木獬（山西晉城玉皇廟造像）

"神州擂"，和天下英雄作對。他也武藝高强，在擂臺上贏過不少好漢，但最終慘敗，"神州擂"被破後，幽州二十八宿也作鳥獸散。

牛金牛

二十八星宿神靈之一，屬北方玄武七宿的牛宿，和七曜之金星相配，因其星群組合如牛角而得名。有人説，其星群中最著名的是織女星與牽牛星，雖然牛郎與織女的忠貞愛情能讓數代人傾心感動，然最終還是無法逃脱悲劇性的結局，故牛宿多主凶。這裏的牛宿在南天空，有六顆星，和在北天空的有三顆星的牛郎（牽牛星），完全不是一回事。宋代理學家朱熹談十二生肖説："以二十八宿之象言之，唯龍與牛爲合，而他皆不類。"如朱熹所言，十二生肖、二十八星宿，將這兩套系統做比較，相符合的，衹有兩項：首先是龍，辰龍方位在東，青龍七宿也在東；其次是牛，丑牛之位，與牛宿重疊。故曰"唯龍與牛爲合"。這樣的吻合，造成二十八宿神的一個特例，丑牛與牛宿之合，就具有了精確度。十二支的方位，丑在北方而

牛金牛（山西晉城玉皇廟造像）

偏東。二十八宿北方玄武七宿横列於北天，由東向西依次排開，爲斗、牛、女、虚、危、室、壁七宿。這七宿對應着亥、子、丑三辰。如果對號入座的話，丑牛位在斗、牛、女三宿；居中入座，兼顧左右，丑牛正該坐在牛宿之位。用隋代《五行大義》的話，叫做"上當牛宿"。其在《封神演義》第九九回姜子牙封神前原名李泓，在萬仙陣中陣亡，隨後封神爲牛金牛。東漢雲臺二十八將之著名將領征虜將軍潁陽侯祭遵，後人擬之爲二十八星神的牛金牛。《西游記》多次寫到牛金牛同二十八星宿其他神靈一起的行動。

《水滸全傳》從第八三回宋公明奉詔破大遼至第八九回破遼成功，曾寫到遼國的"十一曜星將"之一的遼國統軍元帥兀顏光麾下的二十八星宿將軍，列在第九位的就是牛金牛薛雄。他曾與梁山好漢交戰，慘遭失敗。在袁闊成的《水泊梁山》中，也寫到幽州二十八宿之牛金牛薛雄，但身份已經變化，他成了高俅重金聘請的擂官，協助"擎天柱"鮑旭和"生鐵佛"崔道成設立"神州擂"，和天下英雄作對。他也武藝高强，在擂臺上贏過不少好漢，但最終慘敗，"神州擂"被破後，幽州二十八宿也作鳥獸散。

女土蝠

二十八星宿神靈之一，屬北方玄武七宿的第三宿斗宿，和七曜之土星相配，所配動物爲蝠。蝠，即蝙蝠。其在《封神演義》第九九回姜子牙封神前原名鄭元，在萬仙陣中陣亡，隨後封神爲女土蝠。東漢雲臺二十八將之著名將領驃騎大將軍櫟陽侯景丹，後人擬之爲二十八星神的女土蝠。在《説岳全傳》第一回中，女

土蝠是個命運不佳的角色，後來化作了殘害忠良而被萬人唾罵的秦檜妻子王氏："正説得天花亂墜、寶雨繽紛之際，不期有一位星官，乃是女土蝠，偶在蓮臺之下聽講，一時忍不住撒出一個臭屁來。我佛原是個大慈大悲之主，毫不在意。不道惱了佛頂上頭一位護法神祇，名爲大鵬金翅明王，眼射金光，背呈祥瑞，見那女土蝠污穢不潔，不覺大怒，展開雙翅落下來，望著女土蝠頭上，這一嘴就啄死了！那女土蝠一點靈光射出雷音寺，逕往東土認母投胎，在下界王門爲女，後來嫁與秦檜爲妻，殘害忠良，以報今日之仇。"《西游記》第六五回："角木蛟急唤：'兄弟們！怪物來了！'亢金龍、女土蝠、房日兔、心月狐、尾火虎、箕水豹、斗木獬、牛金牛、氐土貉、虛日鼠……各執兵器，一擁而上。"此處二十八星宿的次序有誤，"女土蝠"和"氐土貉"應該互換，詳參徐傳武《〈西游記〉第六十五回一誤》。

《水滸全傳》從第八三回宋公明奉詔破大遼至第八九回破遼成功，曾寫到遼國的"十一曜星將"之一的遼國統軍元帥兀顏光麾下的

女土蝠（山西晋城玉皇廟造像）

二十八星宿將軍，列在第十位的就是女土蝠俞得成。他曾與梁山好漢交戰，慘遭失敗。在袁闊成的《水泊梁山》中，也寫到幽州二十八宿之女土蝠俞得成，但身份已經變化，他成了高俅重金聘請的擂官，協助"擎天柱"鮑闊和"生鐵佛"崔道成設立"神州擂"，和天下英雄作對。他也武藝高強，在擂臺上贏過不少好漢，但最終慘敗，"神州擂"被破後，幽州二十八宿也作鳥獸散。

虛日鼠

二十八星宿神靈之一，屬北方玄武七宿之第四宿。它是秋天的代表星座，又名"天節"，因其附近有哭星、泣星、敗臼等星辰，被賦予不祥的意味。它和七曜的太陽相配，所配動物爲鼠。其在《封神演義》第九九回姜子牙封神前原名周寶，在萬仙陣中陣亡，隨後封神爲虛日鼠。東漢雲臺二十八將之著名將領虎牙大將軍安平侯蓋延，後人擬之爲二十八星神的虛日鼠。《西游記》第六回寫木叉奉菩薩之命，協助征討大鬧天宮的孫悟空："早有虛日鼠、昴日鷄、星日馬、房日兔，將言傳到中軍帳下。"《西游記》多次寫到虛日鼠同二十八星宿其他神靈一起的行動。

《水滸全傳》從第八三回宋公明奉詔破大遼至第八九回破遼成功，曾寫到遼國的"十一曜星將"之一的遼國統軍元帥兀顏光麾下的二十八星宿將軍，列在第十一位的就是虛日鼠徐威。他曾與梁山好漢交戰，慘遭失敗。在袁闊成的《水泊梁山》中，也寫到幽州二十八宿之虛日鼠徐威，但身份已經變化，他成了高俅重金聘請的擂官，協助"擎天柱"鮑闊和"生

虛日鼠（山西晋城玉皇廟造像）

危月燕（山西晋城玉皇廟造像）

鐵佛"崔道成設立"神州擂"，和天下英雄作對。他也武藝高强，在擂臺上贏過不少好漢，但最終慘敗，"神州擂"被破後，幽州二十八宿也作鳥獸散。

危月燕

二十八宿神靈之一，屬北方玄武七宿之第五宿危宿，居玄武尾部，因爲戰爭中，斷後者常有危險，故此而得名"危"。危者，高也，高而有險，故危宿多主凶。在實際天空中，危宿所占範圍很廣，不過星光并不太明亮。附近的星座均爲一些不光亮的星座，故而危宿與虛宿并列爲秋天肅殺的星群。它和七曜的月亮相配，所配動物爲燕。其在《封神演義》第九九回姜子牙封神前原名侯太乙，在萬仙陣中陣亡，隨後封神爲危月燕。東漢雲臺二十八將之著名將領左曹合肥侯堅鐔，後人擬之爲二十八星神的危月燕。《西游記》多次寫到危月燕同二十八星宿其他神靈一起的行動。

《水滸全傳》從第八三回宋公明奉詔破大遼至第八九回破遼成功，曾寫到遼國的"十一

曜星將"之一的遼國統軍元帥兀顏光麾下的二十八星宿將軍，列在第十二位的就是危月燕李益。他曾與梁山好漢交戰，慘遭失敗。在袁闊成的《水泊梁山》中，也寫到幽州二十八宿之危月燕李益，但身份已經變化，他成了高俅重金聘請的擂官，協助"擎天柱"鮑闐和"生鐵佛"崔道成設立"神州擂"，和天下英雄作對。他也武藝高强，在擂臺上贏過不少好漢，但最終慘敗，"神州擂"被破後，幽州二十八宿也作鳥獸散。

室火猪

二十八星宿神靈之一，爲北方玄武七宿之第六宿室宿。因其星群組合像房屋狀而得名"室"（像一所覆蓋龜蛇之上的房子），室和壁是相連的兩宿，古有營室、東壁之稱。營室原爲四星，成四方形，有東壁、西壁各兩星，正如宮室之象。其後東壁從營室中分出，成爲了室、壁兩宿。曾侯乙墓漆箱蓋上稱這兩宿爲西縈與東縈。東壁、西壁四星，就是著名的飛馬座四邊形。室宿一和室宿二是西壁，也稱爲定，

《詩·豳風》："定之方中，作于楚宮。"春秋時期室宿在秋末冬初的傍晚出現在南方中天，此時是農閑時節，人們利用這段時間建造房屋爲冬天作準備，因此有"營室"之稱。營室乃人之所需，故室宿多主吉。它和七曜之火星相配，所配動物爲豬。其在《封神演義》第九九回姜子牙封神前原名高震，在萬仙陣中陣亡，隨後封神爲室火豬。東漢雲臺二十八將之著名將領東郡太守樂光侯耿純，後人擬之爲二十八星神的室火豬。《西游記》多次寫到室火豬同二十八星宿其他神靈一起的行動。

《水滸全傳》從第八三回宋公明奉詔破大遼至第八九回破遼成功，曾寫到遼國的"十一曜星將"之一的遼國統軍元帥兀顏光麾下的二十八星宿將軍，列在第十三位的就是室火豬祖興。他曾與梁山好漢交戰，慘遭失敗。在袁闊成的《水泊梁山》中，也寫到幽州二十八宿之室火豬祖興，但身份已經變化，他成了高俅重金聘請的擂官，協助"擎天柱"鮑閭和"生鐵佛"崔道成設立"神州擂"，和天下英雄作對。他也武藝高强，在擂臺上贏過不少好漢，但最終慘敗，"神州擂"被破後，幽州二十八宿也作鳥獸散。

壁水貐

二十八星宿神靈之一，屬北方玄武七宿的第七宿壁宿，居於室宿之外，形如室宿的圍墻，故而得名爲壁。墻壁，乃家園之屏障，故壁宿多主吉。它和七曜之水星相配，所配動物爲貐。貐，是一種鼻子翹起、有利爪、形似狐狸的動物，叫豬獾。其在《封神演義》第九九回姜子牙封神前原名方吉清，在萬仙陣中陣亡，隨後封神爲壁水貐。東漢雲臺二十八將之著名將領城門校尉朗陵侯臧宮，後人擬之爲二十八星神的壁水貐。《西游記》多次寫到壁水貐同二十八星宿其他神靈一起的行動。

《水滸全傳》從第八三回宋公明奉詔破大遼至第八九回破遼成功，曾寫到遼國的"十一曜星將"之一的遼國統軍元帥兀顏光麾下的二十八星宿將軍，列在第十四位的就是壁水貐成珠那海。他曾與梁山好漢交戰，慘遭失

室火豬（山西晋城玉皇廟造像）

壁水貐（山西晋城玉皇廟造像）

敗。在袁闊成的《水泊梁山》中，也寫到幽州二十八宿之壁水貐成珠那海，但身份已經變化，他成了高俅重金聘請的擂官，協助"擎天柱"鮑闐和"生鐵佛"崔道成設立"神州擂"，和天下英雄作對。他也武藝高強，在擂臺上贏過不少好漢，但最終慘敗，"神州擂"被破後，幽州二十八宿也作鳥獸散。

奎木狼

二十八星宿神靈之一，屬西方白虎七宿的首宿奎宿，和七曜之木星相配，所配動物爲狼。其在《封神演義》第九九回姜子牙封神前原名李雄，在萬仙陣中陣亡，隨後封神爲奎木狼。東漢雲臺二十八將之著名將領捕虜將軍楊虛侯馬武，後人擬之爲二十八星神的奎木狼。其在《西游記》二十八宿裏是着墨最多的，也是性格特別鮮明的一個神怪。《西游記》第二八回至三一回中，寫他曾下界在寶象國波月洞，化身爲黃袍怪，居住在碗子山波月洞。原是天界奎木狼，法力無邊，武藝高強，因與披香殿侍香的玉女相愛，思凡下界佔山爲怪，與托生爲

奎木狼（山西晋城玉皇廟造像）

寶象國公主百花羞的玉女作了十三年的夫妻。唐僧師徒西天取經路過碗子山時被黃袍怪抓住，八戒與沙僧不敵黃袍怪，危急之時百花羞放走師徒三人。之後，八戒、沙僧受寶象國國王所托，爲營救公主再戰黃袍怪，不敵。黃袍怪遂懷恨在心，到寶象國佯稱自己是駙馬，并將唐僧變成猛虎誣其爲妖怪。白龍馬僞裝成宮女刺殺黃袍怪受傷，遂求八戒尋回孫悟空，打跑了黃袍怪。孫悟空尋他不着，上天界求助。玉帝令四大天師查勘，方知是奎星下凡，遂命二十七宿星員收他上界。後在西天取經路上，奎木狼官復原職，與孫悟空不計前嫌，曾大戰小雷音寺，擒捉犀牛怪。

《水滸全傳》從第八三回宋公明奉詔破大遼至第八九回破遼成功，曾寫到遼國的"十一曜星將"之一的遼國統軍元帥兀顏光麾下的二十八星宿將軍，列在第十五位的就是奎木狼郭永昌。他曾與梁山好漢交戰，慘遭失敗。在袁闊成的《水泊梁山》中，也寫到幽州二十八宿之奎木狼郭永昌，但身份已經變化，他成了高俅重金聘請的擂官，協助"擎天柱"鮑闐和"生鐵佛"崔道成設立"神州擂"，和天下英雄作對。他也武藝高強，在擂臺上贏過不少好漢，但最終慘敗，"神州擂"被破後，幽州二十八宿也作鳥獸散。

婁金狗

二十八星宿神靈之一，屬西方白虎七宿的次宿婁宿。婁，有牧養衆畜以供祭祀的意思，故婁宿多主吉。它和七曜之金星相配，所配動物爲狗。其在《封神演義》第九九回姜子牙封神前原名張雄，在萬仙陣中陣亡，隨後封神爲婁金狗。東漢雲臺二十八將之著名將領驃騎將

婁金狗（山西晉城玉皇廟造像）

胃土雉（山西晉城玉皇廟造像）

軍慎侯劉隆，後人擬之爲二十八星神的婁金狗。《西游記》多次寫到婁金狗同二十八星宿其他神靈一起的行動。

　　《水滸全傳》從第八三回宋公明奉詔破大遼至第八九回破遼成功，曾寫到遼國的"十一曜星將"之一的遼國統軍元帥兀顏光麾下的二十八星宿將軍，列在第十六位的就是婁金狗阿哩義。他曾與梁山好漢交戰，慘遭失敗。在袁闊成的《水泊梁山》中，也寫到幽州二十八宿之婁金狗阿哩義，但身份已經變化，他成了高俅重金聘請的擂官，協助"擎天柱"鮑聞和"生鐵佛"崔道成設立"神州擂"，和天下英雄作對。他也武藝高強，在擂臺上贏過不少好漢，但最終慘敗，"神州擂"被破後，幽州二十八宿也作鳥獸散。

胃土雉

　　二十八星宿神靈之一，屬西方白虎七宿的第三宿胃宿。如同人體胃之作用一樣，胃宿就像天的倉庫屯積糧食，故胃宿多主吉。它和七曜之土星相配，所配動物爲雉。雉，俗稱野雞。

其在《封神演義》第九九回姜子牙封神前原名宋庚，在萬仙陣中陣亡，隨後封神爲胃土雉。東漢雲臺二十八將之著名將領中山太守全椒侯馬成，後人擬之爲二十八星神的胃土雉。《西游記》多次寫到胃土雉同二十八星宿其他神靈一起的行動。

　　《水滸全傳》從第八三回宋公明奉詔破大遼至第八九回破遼成功，曾寫到遼國的"十一曜星將"之一的遼國統軍元帥兀顏光麾下的二十八星宿將軍，列在第十七位的就是胃土雉高彪。他曾與梁山好漢交戰，慘遭失敗，被梁山將單廷珪等活捉獻功。在袁闊成的《水泊梁山》中，也寫到幽州二十八宿之胃土雉高彪，但身份已經變化，他成了高俅重金聘請的擂官，協助"擎天柱"鮑聞和"生鐵佛"崔道成設立"神州擂"，和天下英雄作對。他也武藝高強，在擂臺上贏過不少好漢，但最終慘敗，"神州擂"被破後，幽州二十八宿也作鳥獸散。

昴日鷄

　　亦稱"昴日星"。二十八星宿神靈之一，屬

西方白虎七宿的第四宿昴宿，和七曜之太陽相配，所配動物爲鷄。它住在上天的光明宮，本相是六七尺高的大公鷄，神職是"司晨啼曉"。其在《封神演義》第九九回姜子牙封神前原名黃倉，在萬仙陣中陣亡，隨後封神爲昴日鷄。東漢雲臺二十八將之著名將領河南尹卓成侯王梁，後人擬之爲二十八星神的昴日鷄。《西游記》第五五回寫唐僧師徒取經途中在毒敵山琵琶洞被蠍子精困住，那妖怪想與唐僧結爲夫妻。孫悟空、猪八戒屢戰屢敗，後經觀音菩薩指點，昴日星官下界降妖。等到孫悟空引誘蠍子精出洞來戰，星官現出本相，長叫一聲，妖怪現出原形，再叫一聲，蠍子精渾身酥軟，死於面前。《西游記》有詩曰："花冠綉頸若團纓，爪硬距長目怒睛。踊躍雄威全五德，峥嶸壯勢羡三鳴。豈如凡鳥啼茅屋，本是天星顯聖名。毒蠍枉修人道行，還原反本見真形。"《西游記》第五三回寫昴日星官的母親是毗藍婆菩薩，借助她兒子在"日眼裏煉的綉花針兒"，收伏了大蜈蚣精，孫悟空取笑道："我想昴日星是只公鷄，這

昴日鷄（山西晋城玉皇廟造像）

老媽媽必定是個母鷄。鷄最能降蜈蚣，所以能收伏也。"

《水滸全傳》從第八三回宋公明奉詔破大遼至第八九回破遼成功，曾寫到遼國的"十八曜星將"之一的遼國統軍元帥兀顔光麾下的二十八星宿將軍，列在第十八位的就是昴日鷄順受高。他曾與梁山好漢交戰，慘遭失敗。在袁闊成的《水泊梁山》中，也寫到幽州二十八宿之昴日鷄順受高，但身份已經變化，他成了高俅重金聘請的擂官，協助"擎天柱"鮑旭和"生鐵佛"崔道成設立"神州擂"，和天下英雄作對。他也武藝高強，在擂臺上贏過不少好漢，但最終慘敗，"神州擂"被破後，幽州二十八宿也作鳥獸散。

【昴日星】

即昴日鷄。此稱明代已行用。見該文。

畢月烏

二十八星宿神靈之一，屬西方白虎七宿的第五宿畢宿，和七曜之月亮相配，所配動物爲烏鴉。其在《封神演義》第九九回姜子牙封神前原名金繩陽，在萬仙陣中陣亡，隨後封神爲畢月烏。東漢雲臺二十八將之著名將領琅邪太守祝阿侯陳俊，後人擬之爲二十八星神的畢月烏。其在十二月份時的夜晚，或一月下旬的黃昏時分，出現於天空。畢宿位於金牛座，與昴宿相鄰，因爲這兩顆星都非常明亮，所以，畢宿也跟昴宿一起，并列爲白虎星群裏傳説最多的兩顆星。古巴比倫稱這對姐妹爲"雨星"，乃帝王必祭之宿。《詩·小雅·漸漸之石》曰："月離于畢，俾滂沱矣。"是説月亮經過畢宿時，雨季來臨。古人亦把畢宿當作雨神。《西游記》多次寫到畢月烏同二十八星宿其他神靈一

畢月烏（山西晋城玉皇廟造像）

觜火猴（山西晋城玉皇廟造像）

起的行動。

《水滸全傳》從第八三回宋公明奉詔破大遼至第八九回破遼成功，曾寫到遼國的"十一曜星將"之一的遼國統軍元帥兀顏光麾下的二十八星宿將軍，列在第十九位的就是畢月烏國永泰。他曾與梁山好漢交戰，慘遭失敗。在袁闊成的《水泊梁山》中，也寫到幽州二十八宿之畢月烏國永泰，但身份已經變化，他成了高俅重金聘請的擂官，協助"擎天柱"鮑閫和"生鐵佛"崔道成設立"神州擂"，和天下英雄作對。他也武藝高強，在擂臺上贏過不少好漢，但最終慘敗，"神州擂"被破後，幽州二十八宿也作鳥獸散。

觜火猴

二十八星宿神靈之一，屬西方白虎七宿的第六宿觜宿，和七曜之火星相配，所配動物為猴。居白虎之口，口福之象徵，故觜宿多主吉。其在《封神演義》第九九回姜子牙封神前原名方貴，在萬仙陣中陣亡，隨後封神為觜火猴。東漢雲臺二十八將之著名將領積弩將軍昆陽侯

傅俊，後人擬之為二十八星神的觜火猴。《西游記》多次寫到觜火猴同二十八星宿其他神靈一起的行動。

《水滸全傳》從第八三回宋公明奉詔破大遼至第八九回破遼成功，曾寫到遼國的"十八曜星將"之一的遼國統軍元帥兀顏光麾下的二十八星宿將軍，列在第二十位的就是觜火猴潘異。他曾與梁山好漢交戰，慘遭失敗。在袁闊成的《水泊梁山》中，也寫到幽州二十八宿之觜火猴潘異，但身份已經變化，他成了高俅重金聘請的擂官，協助"擎天柱"鮑閫和"生鐵佛"崔道成設立"神州擂"，和天下英雄作對。他也武藝高強，在擂臺上贏過不少好漢，但最終慘敗，"神州擂"被破後，幽州二十八宿也作鳥獸散。

參水猿

二十八星宿神靈之一，屬西方白虎七宿的第七宿參宿。居白虎之前胸，雖居七宿之末但為最要害部位，故參宿多主吉。它和七曜之水星相配，所配動物為猿。其在《封神演義》第

參水猿（山西晉城玉皇廟造像）

井木犴（山西晉城玉皇廟造像）

九九回姜子牙封神前原名孫寶，在萬仙陣中陣亡，隨後封神爲參水猿。東漢雲臺二十八將之著名將領驃騎大將軍參遽侯杜茂，後人擬之爲二十八星神的參水猿。《西游記》多次寫到參水猿同二十八星宿其他神靈一起的行動。

《水滸全傳》從第八三回宋公明奉詔破大遼至第八九回破遼成功，曾寫到遼國的“十八曜星將”之一的遼國統軍元帥兀顏光麾下的二十八星宿將軍，列在第二十一位的就是參水猿周豹。他曾與梁山好漢交戰，慘遭失敗。在袁闊成的《水泊梁山》中，也寫到幽州二十八宿之參水猿周豹，但身份已經變化，他成了高俅重金聘請的擂官，協助“擎天柱”鮑閗和“生鐵佛”崔道成設立“神州擂”，和天下英雄作對。他也武藝高強，在擂臺上贏過不少好漢，但最終慘敗，“神州擂”被破後，幽州二十八宿也作鳥獸散。

井木犴

二十八星宿神靈之一，屬南方朱雀七宿的第一宿井宿，和七曜之木星相配，所配動物爲

犴。犴，狴犴，龍之九子第七子，傳說狴犴不僅急公好義、仗義執言，且能明辨是非，加上它的形象威風凛凛，因此除裝飾在獄門上外，還匍伏在官衙的大堂兩側，既是牢獄的象徵，又是黎民百姓的守護神。其在《封神演義》第九九回姜子牙封神前原名沈庚，在萬仙陣中陣亡，隨後封神爲井木犴。東漢雲臺二十八將之著名將領衞尉安成侯姚期，後人擬之爲二十八星神的井木犴。梁山一百零八將第四十一條好漢郝思文，譚號就叫井木犴。《水滸傳》第六三回《宋江兵打北京城關勝議取梁山泊》中寫道：“這個兄弟，姓郝，雙名思文，是我拜義弟兄。當初他母親夢井木犴投胎，因而有孕，後生此人，因此人喚他做井木犴。”《西游記》謂井木犴是妖怪而修煉成仙。孫悟空等三人大戰青龍山，八戒、沙僧相繼被犀牛怪擒拿。孫悟空上天請來角木蛟、斗木獬、奎木狼與井木犴四星降妖，犀牛三怪落荒而逃，直至西洋大海。龍太子拿了一犀，井木犴現出原形，咬死一犀辟寒兒，“大口小口的啃著吃哩”。其生猛兇殘不

亞於奎木狼。

《水滸全傳》從第八三回宋公明奉詔破大遼至第八九回破遼成功，曾寫到遼國的"十八曜星將"之一的遼國統軍元帥兀顏光麾下的二十八星宿將軍，列在第二十二位的就是井木犴童里合。他曾與梁山好漢交戰，慘遭失敗。在袁闊成的《水泊梁山》中，也寫到幽州二十八宿之井木犴童里合，但身份已經變化，他成了高俅重金聘請的擂官，協助"擎天柱"鮑旭和"生鐵佛"崔道成設立"神州擂"，和天下英雄作對。他也武藝高強，在擂臺上贏過不少好漢，但最終慘敗，"神州擂"被破後，幽州二十八宿也作鳥獸散。

鬼金羊

二十八星宿神靈之一，屬南方朱雀七宿的第二宿鬼宿。猶如一頂戴在朱雀頭上的帽子，鳥類在受到驚嚇時頭頂羽毛成冠狀，人們把疑懼而難識其真相的東西稱作"鬼"，鬼宿因此而得名，多主凶。它和七曜之金星相配，所配動物爲羊。其在《封神演義》第九九回姜子牙封

鬼金羊（山西晉城玉皇廟造像）

神前原名趙白高，在萬仙陣中陣亡，隨後封神爲鬼金羊。東漢雲臺二十八將之著名將領上谷太守淮陽侯王霸，後人擬之爲二十八星神的鬼金羊。《西游記》多次寫到鬼金羊同二十八星宿其他神靈一起的行動。

《水滸全傳》從第八三回宋公明奉詔破大遼至第八九回破遼成功，曾寫到遼國的"十八曜星將"之一的遼國統軍元帥兀顏光麾下的二十八星宿將軍，列在第二十三位的就是鬼金羊王景。他曾與梁山好漢交戰，慘遭失敗。在袁闊成的《水泊梁山》中，也寫到幽州二十八宿之鬼金羊王景，但身份已經變化，他成了高俅重金聘請的擂官，協助"擎天柱"鮑旭和"生鐵佛"崔道成設立"神州擂"，和天下英雄作對。他也武藝高強，在擂臺上贏過不少好漢，但最終慘敗，"神州擂"被破後，幽州二十八宿也作鳥獸散。

柳土獐

二十八星宿神靈之一，屬南方朱雀七宿的第三宿柳宿。居朱雀之嘴，其狀如柳葉，嘴爲進食之用，故柳宿多主吉。它和七曜之土星相配，所配動物爲獐。獐，小型鹿科動物，比麝略大。其在《封神演義》第九九回姜子牙封神前原名吳坤，在萬仙陣中陣亡，隨後封神爲柳土獐。東漢雲臺二十八將之著名將領信都太守阿陵侯任光，後人擬之爲二十八星神的柳土獐。《西游記》多次寫到柳土獐同二十八星宿其他神靈一起的行動。

《水滸全傳》從第八三回宋公明奉詔破大遼至第八九回破遼成功，曾寫到遼國的"十八曜星將"之一的遼國統軍元帥兀顏光麾下的二十八星宿將軍，列在第二十四位的就是柳土

柳土獐（山西晋城玉皇廟造像）

星日馬（山西晋城玉皇廟造像）

獐雷春。他曾與梁山好漢交戰，慘遭失敗，被梁山將韓滔等活捉獻功。在袁闊成的《水泊梁山》中，也寫到幽州二十八宿之柳土獐雷春，但身份已經變化，他成了高俅重金聘請的擂官，協助“擎天柱”鮑闐和“生鐵佛”崔道成設立“神州擂”，和天下英雄作對。他也武藝高強，在擂臺上贏過不少好漢，但最終慘敗，“神州擂”被破後，幽州二十八宿也作鳥獸散。

星日馬

二十八星宿神靈之一，屬南方朱雀七宿的第四宿星宿。居朱雀之目，鳥眼睛明亮如星，故由而得名曰“星”。它和七曜的太陽相配，所配動物爲馬。其在《封神演義》第九九回姜子牙封神前原名呂能，在萬仙陣中陣亡，隨後封神爲星日馬。東漢雲臺二十八將之著名將領豫章太守中水侯李忠，後人擬之爲二十八星神的星日馬。《西游記》第六回寫木叉奉菩薩之命，協助征討大鬧天宮的孫悟空：“早有虛日鼠、昴日鷄、星日馬、房日兔，將言傳到中軍帳下。”《西游記》多次寫到星日馬同二十八星宿其他神

靈一起的行動。

《水滸全傳》從第八三回宋公明奉詔破大遼至第八九回破遼成功，曾寫到遼國的“十八曜星將”之一的遼國統軍元帥兀顏光麾下的二十八星宿將軍，列在第二十五位的就是星日馬卞君保。他曾與梁山好漢交戰，慘遭失敗。在袁闊成的《水泊梁山》中，也寫到幽州二十八宿之星日馬卞君保，但身份已經變化，他成了高俅重金聘請的擂官，協助“擎天柱”鮑闐和“生鐵佛”崔道成設立“神州擂”，和天下英雄作對。他也武藝高強，在擂臺上贏過不少好漢，但最終慘敗，“神州擂”被破後，幽州二十八宿也作鳥獸散。

張月鹿

二十八星宿神靈之一，屬南方朱雀七宿的第五宿，它和七曜的月亮相配，所配動物爲鹿。其居朱雀身體與翅膀連接處，翅膀張開意味着飛翔，故張宿多主吉。其在《封神演義》第九九回姜子牙封神前原名薛寶，在萬仙陣中陣亡，隨後封神爲張月鹿。東漢雲臺二十八將

張月鹿（山西晋城玉皇廟造像）

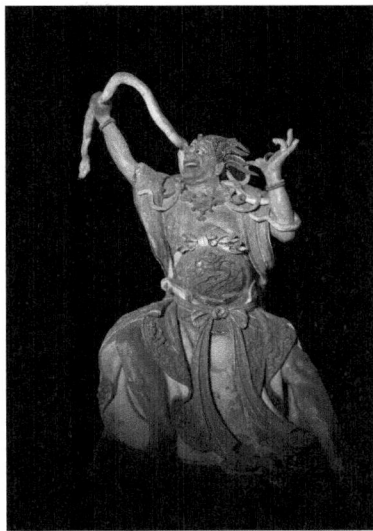

翼火蛇（山西晋城玉皇廟造像）

之著名將領右將軍槐里侯萬修，後人擬之爲二十八星神的張月鹿。《西游記》多次寫到張月鹿同二十八星宿其他神靈一起的行動。

《水滸全傳》從第八三回宋公明奉詔破大遼至第八九回破遼成功，曾寫到遼國的"十八曜星將"之一的遼國統軍元帥兀顔光麾下的二十八星宿將軍，列在第二十六位的就是張月鹿李復。他曾與梁山好漢交戰，慘遭失敗。在袁闊成的《水泊梁山》中，也寫到幽州二十八宿之張月鹿李復，但身份已經變化，他成了高俅重金聘請的擂官，協助"擎天柱"鮑閩和"生鐵佛"崔道成設立"神州擂"，和天下英雄作對。他也武藝高强，在擂臺上贏過不少好漢，但最終慘敗，"神州擂"被破後，幽州二十八宿也作鳥獸散。

翼火蛇

二十八星宿神靈之一，屬南方朱雀七宿的第六宿翼宿，它和七曜之火星相配，所配動物爲蛇。其居朱雀翅膀之位，故而得名曰"翼"，鳥有翅膀則能騰飛，故翼宿多主吉。其在《封

神演義》第九九回姜子牙封神前原名王蛟，在萬仙陣中陣亡，隨後封神爲翼火蛇。東漢雲臺二十八將之著名將領太守靈壽侯邳彤，後人擬之爲二十八星神的翼火蛇。《西游記》多次寫到翼火蛇同二十八星宿其他神靈一起的行動。

《水滸全傳》從第八三回宋公明奉詔破大遼至第八九回破遼成功，曾寫到遼國的"十八曜星將"之一的遼國統軍元帥兀顔光麾下的二十八星宿將軍，列在第二十七位的就是翼火蛇狄聖。他曾與梁山好漢交戰，慘遭失敗，被梁山將韓滔等活捉獻功。在袁闊成的《水泊梁山》中，也寫到幽州二十八宿之翼火蛇狄聖，但身份已經變化，他成了高俅重金聘請的擂官，協助"擎天柱"鮑閩和"生鐵佛"崔道成設立"神州擂"，和天下英雄作對。他也武藝高强，在擂臺上贏過不少好漢，但最終慘敗，"神州擂"被破後，幽州二十八宿也作鳥獸散。

軫水蚓

二十八星宿神靈之一，屬南方朱雀七宿的第七宿軫宿。居朱雀之尾，鳥尾用以掌握方向，

古代稱車箱底部後面的橫木爲"軫"，其部位與軫宿居朱雀之位相當，故此得名。軫宿古稱"天車"，"軫"有悲痛之意，故軫宿多主凶。它和七曜之水星相配，所配動物爲蚓。蚓，即蚯蚓。其在《封神演義》第九九回姜子牙封神前原名胡道元，在萬仙陣中陣亡，隨後封神爲軫水蚓。東漢雲臺二十八將之著名將領驍騎將軍昌成侯劉植，後人擬之爲二十八星神的軫水蚓。《西游記》多次寫到軫水蚓同二十八星宿其他神靈一起的行動。

《水滸全傳》從第八三回宋公明奉詔破大遼至第八九回破遼成功，曾寫到遼國的"十八曜星將"之一的遼國統軍元帥兀顏光麾下的二十八星宿將軍，列在第二十位的就是軫水蚓班古兒。他曾與梁山好漢交戰，慘遭失敗。在袁闊成的《水泊梁山》中，也寫到幽州二十八宿之軫水蚓班古兒，但身份已經變化，他成了

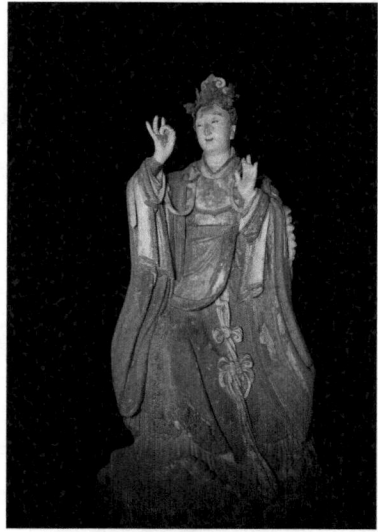

軫水蚓（山西晉城玉皇廟造像）

高俅重金聘請的擂官，協助"擎天柱"鮑旭和"生鐵佛"崔道成設立"神州擂"，和天下英雄作對。他也武藝高强，在擂臺上贏過不少好漢，但最終慘敗，"神州擂"被破後，幽州二十八宿也作鳥獸散。

五、十一曜星君考

十一曜星君，緣起於道教十一曜星神崇拜。十一曜在道經中一般稱作"十一曜星君"或"十一曜真君"。包括：日月兩個星君，即太陽帝君、太陰（月）元君，五大行星木德歲星星君、火德熒惑星君、金德太白星君、水德辰星星君、土德鎮星星君，還有"四餘星曜"，指"羅睺星""計都星""月孛星""紫炁星"等四個虛星，合稱"十一曜星君"。羅睺、計都爲逆日月而行的星君，紫炁、月孛爲順日月而行的星君。羅睺與計都合稱羅計，因與日月反向而行，故稱"蝕神"。古代有《元始天尊說十一曜大消災神咒經》《上清十一大曜燈儀》等有關利用十一曜進行祈福消災的方法和儀式的記載，自然是不可相信的。有些星名，一般人是肉眼未曾看到的，但道教認爲是存在的。天空中的星星有萬億顆，人們肉眼看到的不過是滄海一粟。暗物質暗能量理論告訴我們，宇宙間看得見的物質總能祗占百分之四，另有看不見的百分之二十三是暗物質，更重要的是看不見的百分之七十三是暗

能量。暗物質、暗能量就是看不見也感覺不到，但事實上却是存在的，而且也不產生光學作用，不管是電磁波、無綫電，還是紅外射綫、伽馬射綫、X射綫，都難以探測到它們，但它們會產生引力作用，是真實的存在。我們這樣說，也不是就認爲，"四餘""四曜"就一定是暗物質、暗能量，我們祗是認爲道教的這種認識似乎也是對我們進一步探索宇宙的一種啓發。道教這種涉及"星象神怪"的理論不少，如說"五斗星君"，南斗、北斗確有天星對應，而東斗，西斗、中斗就都是一般人肉眼不能看到的，但道教認爲是存在的。宇宙中還有太多的東西，對於人類都還是未知數，祗有堅持不懈地探索，纔能攀上一個又一個的高峰，在認識自然的道路上，永遠没有止境。

太陽帝君 [2]

亦稱"日神""日主""東君""太陽星君""東王公""東王父""東華帝君""木公""東華紫府少陽君"等等。《水滸全傳》第八四回、八七回、八八回、八九回寫宋江征遼，與遼將耶律得重大戰。耶律得重被描寫爲十一曜星將之太陽星將，是御弟大王，薊州主將。於玉田縣戰勝盧俊義，但隨即被宋江擊敗，退回燕京。後隨兀顏統軍布太乙混天像陣，連敗宋軍。後九天玄女傳授宋江破陣之法，遼軍被攻破天陣，耶律得重對陣魯智深，被武松所殺。下面這幅圖像，是傳統的"太陽帝君"的圖像，神聖肅穆、莊嚴威嚴，很好地顯示了太陽帝君在人們心目中非常崇高的地位。

太陽帝君

太陰元君 [2]

亦稱"太陰星君""太陰星精"。中國的月神"姮娥"，因西漢時爲避漢文帝劉恒諱而改稱"嫦娥"，又作"常娥"。古代傳說，姮娥因偷食大羿自西王母處所求得的不死藥而奔月成仙，居住在月亮上面的廣寒宮中，人們以之爲月神。道教在其神話中，將嫦娥與月神太陰星君合并爲一人，道教以月爲陰之精，稱之爲太陰，并尊稱爲"月宮黃華素曜元精聖后太陰元君"，或稱"月宮太陰皇君孝道明王"。

《水滸全傳》第八七回、八八回、八九回寫宋江征遼，與遼將天壽公主答里孛大戰。這天壽公主答里孛被描寫爲十一曜星將之太陰星將，曾連敗宋軍。後九天玄女傳授宋江破陣之法，攻破答里孛統領五千女兵組成的太陰陣，答里孛對陣扈三娘，不敵，被扈三娘、王英俘虜。

《西游記》第五回寫托塔天王李靖率衆天神討伐大鬧天空的孫悟空，"太陰星精神抖擻，太陽星照耀分明"。《西游記》第六五回寫孫悟空

太陰元君

等大戰六耳獼猴，殺得天昏地暗，直到傍晚，"只殺得太陽星，西沒山根；太陰星，東升海嶠"。後一例還可理解爲指太陽、月亮本身，前一例就衹能理理解爲指月亮星神和太陽星神了。因爲在前一例中，和太陰星、太陽星并列的，還有哪吒太子、九曜星官、四值功曹等。當然，如果把後一例中的"太陰星""太陽星"理解指月亮星神和太陽星神，雖然有些勉強，但似乎也不算錯。在古人心目中，太陽、月亮的地位遠遠高於其他星宿，但在《西游記》此處的描寫中，太陽、月亮的地位，僅僅等同於其他"普天星象"了。

五行星君

指木德歲星星君、火德熒惑星星君、金德太白星星君、水德辰星星君、土德鎮星星君。《西游記》第五回寫托塔李天王并哪吒三太子率普天星相討伐孫悟空時說："五行星偏能豪傑，九曜星最喜相争。"這"五行星"就指"五行星君"，這"九曜星"就指"北斗九星神靈"。

金德太白星君

全稱"西方金德太白天皓星君"，亦稱"太白金星""金神""西方金德星君""太白長庚星"。太白即五大行星之一的金星，是啓明星的神格化人物。《山海經·海外西經》："西方蓐收，左耳有蛇，乘兩龍。"晋郭璞注："金神也，人面虎爪，白毛，執鉞。"宋抱腹山人楊在的《還丹衆仙論》引《大道密旨》曰："太白金星者，金之精也，受月之魄，合土星之氣。"金長筌子《洞淵集》卷七："西方金德星君，金之精，白帝之子。主刀兵將軍肅殺之威。其精下降爲雨師之神，光照七十萬里，徑一百里，一年一周天。星君戴星冠，躡朱履，衣皓鶴白霞之衣，執玉簡懸七星寶劍，垂白玉環佩。管人間金銀鋼鐵玉石、兔牛馬牲豕鼠蟲、石人石馬、霜雪之事。"據《七曜禳災法》描述最初太白金星的形象是穿着黄色裙子、戴着鷄冠、演奏琵琶的女性神。此衹是一種傳説而已。今知金德太白星君，明代以後變化爲年邁的白鬚老者形象，手中持一柄光净柔軟的拂塵，入道修遠，神格清高，時常出現在一些有影響的古典小説中。如《西游記》多次寫到太白金星的形象，如第三回末玉帝要捉拿孫悟空，"班中閃出太白長庚星"，勸玉帝招安爲好，玉帝即"著太白金星"前往招安。後來在孫悟空大鬧天空時，太白金星亦多次出現。在取經途中，這位太白金星亦曾多次幫助孫悟空收伏妖怪。《水滸全傳》第八七回、八八回、八九回寫宋江征

金德太白星君

遼，與遼將烏利可安大戰。這烏利可安被描寫爲十一曜星將之西方太白金星大將，連敗宋軍。後九天玄女傳授宋江破陣之法，遼兵被攻破天陣，對陣秦明，失敗逃跑。

【西方金德太白天皓星君】

　　即金德太白星君。此稱明代已行用。見該文。

【太白金星】

　　即金德太白星君。此稱宋代已行用。見該文。

【金神】

　　即金德太白星君。此稱晉代已行用。見該文。

【西方金德星君】

　　即金德太白星君。此稱金代已行用。見該文。

【太白長庚星】

　　即金德太白星君。此稱明代已行用。見該文。

木德歲星星君

　　全稱"東方木德歲星重華星君"，亦稱"木神""東方木德星君""木德星官"。唐李筌《太白陰經》卷一〇："太衝九月，將加在卯木神，

木德歲星星君

功曹十月，將加在寅木神。"宋抱腹山人楊在的《還丹衆仙論》引《大道密旨》曰："歲星者，木也，日之魂，水之精炁也。"金長筌子《洞淵集》卷七："東方木德星君，木之精，蒼帝之子。光照三十萬里，徑一百里，十二年一周天。真君戴星冠，蹋朱履，衣青霞壽鶴之衣，執玉簡，垂七寶劍白玉環佩。下管人間山林草木、龍蛇黿鱉水族、風雷之事。木之氣直行仁和司於有德。"《太上洞真五星秘授經》詳述五星之職掌，稱東方木德真君："主發生萬物，變慘爲舒。如世人運氣逢遇，多有福慶，宜弘善迎之。"《西游記》第四回寫孫悟空被封弼馬溫後，"玉帝又差木德星官送他去御馬監到任"。《水滸全傳》第八七回、八八回、八九回寫宋江征遼，與遼將只兒拂郎大戰。這只兒拂郎被描寫爲十一曜星將之東方青帝木星大將，連敗宋軍。後九天玄女傳授宋江破陣之法，遼兵被攻破天陣，對陣林冲，失敗逃跑。

【木神】

　　即木德歲星星君。此稱唐代已行用。見該文。

【東方木德星君】

　　即木德歲星星君。此稱金代已行用。見該文。

【木德星官】

　　即木德歲星星君。此稱明代已行用。見該文。

【東方木德歲星重華星君】

　　即木德歲星星君。此稱明代已行用。見該文。

水德辰星星君

　　全稱"北方水德伺辰星君"，亦稱"北方水

德星君""水德星君""水神""北方水德真君"。金長筌子《洞淵集》卷七："北方水德星君，水之精。黑帝之子，水德爲天心，紫辰之星，正對崑崙之頂處。紫微之宮，即元氣之主。其精下降爲先農之神，主發生物，光照五十萬里，徑一百里，一年一周天。星君戴星冠，躡朱履，衣黑霞鶴壽之衣。執玉簡，懸七星寶劍，垂白玉環佩。管人間水族絞龍群魚、雪雹凝寒之事。博大冠五行之首，生萬物之根，海瀆江河宰酌之事。"唐杜光庭《水德星君咒》詩："妙哉符五氣，仿佛見真門。"唐陸廣微《吳地記》："明日，睹二石神像浮水上。衆言曰：'水神也。'"唐宋間佚名《太上洞真五星秘授經》曰："北方水德真君，通利萬物，含真娠靈，如世人運氣逢遇，多有種刻掠之苦。宜弘善以迎之。"宋蔣叔輿《無上黃籙大齊立成儀》："北方水德伺辰星君、北斗落死星君、北方七宿星君：右三位共一狀起結與東方同。"《西游記》第五二回，寫孫悟空大戰青牛怪，而青牛怪神通廣大，用寶貝把悟空的金箍棒和諸多位天兵天將的兵器都收了進去，於是悟空先後請來了火德星君和水德星君幫忙。水德星君自己沒有前去，而是派黃河水伯前去助戰。清黃士珣《北隅掌錄》記載，杭州有水星閣，康熙皇帝南下杭州，也曾到過水星閣，還題寫了《武林坊巷志》碑文，其中有"記他事，只旁及水星閣一語"之語。《封神演義》第九九回姜子牙封在萬仙陣中陣亡的魯雄爲北斗五氣水德星君。《水滸全傳》第八七回、八八回、八九回寫宋江征遼，與遼將曲利出清大戰。這曲利出清被描寫爲十一曜星將之北方玄武水星大將，連敗宋軍，斬殺宋朝禁軍槍棒教頭、鄭州團練使王文斌。後九天玄女傳授宋江破陣之法，遼兵被攻破天陣，曲利出清對陣董平，不敵，被朱同俘虜。下面是電視連續劇中的形象，像個農村老漢，和人們心目中的星君形象，似乎還是有較大距離的。

【北方水德伺辰星君】

即水德辰星星君。此稱宋代已行用。見該文。

【北方水德星君】

即水德辰星星君。此稱金代已行用。見該文。

【水德星君】

即水德辰星星君。此稱唐代已行用。見該文。

【水神】

即水德辰星星君。此稱唐代已行用。見該文。

【北方水德真君】

即水德辰星星君。此稱唐宋時期已行用。見該文。

火德熒惑星君

全稱"南方火德熒惑星君"，亦稱"火德星君""火神""南方三氣火德星君"。《魏書·西域傳·波斯國》："俗事火神、天神，文字與胡書異。"金長筌子《洞淵集》卷七："南方火德熒惑星君，火之精，赤帝之子，執法之星，其精下降爲風伯之神。常以十月入太微受事，光照八十萬里，徑約一百里，二年一周天。星君戴星冠，躡朱履，衣朱霞鶴壽之衣，執玉簡，垂七星金劍白玉環佩。管人間火焰、衆蟲、鳳凰、烏鵲、百勞、群飛鳥雀之類，火德昭彰，巡行天下。"唐宋間佚名《太上洞真五星秘授經》詳述五星之職掌，稱南方火德星君："主長養萬物，燭幽洞微。如世人運氣逢遇，多有災厄疾病之尤，宜弘善以迎之。"《西游記》第五二回，寫孫悟空大戰青牛怪，而青牛怪神通廣大，用寶貝把悟空的金箍棒和諸多位天兵天將的兵器都收了進去，於是悟空先後請來了火德星君和水德星君幫忙。《封神演義》第九九回姜子牙封在萬仙陣中陣亡的羅宣爲"南方三氣火德星君"。《水滸全傳》第八七回、八八回、八九回寫宋江征遼，與遼將洞仙文榮大戰。這洞仙文榮被描寫爲十一曜星將之南方熒惑火星大將，連敗宋軍。後九天玄女傳授宋江破陣之法，遼兵被攻破天陣，洞仙文榮對陣呼延灼，失敗逃跑。

【南方火德熒惑星君】

即火德熒惑星君。此稱金代已行用。見該文。

【火德星君】

即火德熒惑星君。此稱唐代已行用。見該文。

【火神】

即火德熒惑星君。此稱南北朝時期已行用。見該文。

【南方三氣火德星君】

即火德熒惑星君。此稱明代已行用。見該文。

土德鎮星星君

全稱"中央土德鎮星星君"，亦稱"中央土德星君""土神""土德星君"。《宋書·明帝紀》："宮內禁忌尤甚，移牀治壁，必先祭土神。"宋蔣叔輿《無上黃籙大齊立成儀》中有"中央土德鎮星星君"語。金長筌子《洞淵集》卷七："中央土德星君，黃帝之子，其精下降爲靈星之

神，光照十二萬里，徑五十里，二十九年一周天。星君戴星冠，躡朱履，衣黃霞鶴壽之衣，執玉簡，懸七星寶劍，垂白玉環佩。管人間兆庶形踝蟲蟻之類，霧露虹蜺之屬，土宿主信厚萬物之事。"唐宋間佚名《太上洞真五星秘授經》詳述五星之職掌，稱中央土德星君"主四時廣育萬類，成功不怠。如世人運氣逢遇，多有憂塞刑律之厄，宜弘善以迎之"。《水滸全傳》從第八四回至第八九回寫宋江征遼，與遼軍統軍、遼國第一將兀顏光大戰。這兀顏光被描寫爲十一曜星將之中央鎮星土星上將：親率十一曜大將、二十八宿將軍布置太乙混天像陣迎戰宋江，連敗宋軍。後九天玄女傳授宋江破陣之法，遼兵被攻破天陣，兀顏光對陣關勝，單挑關勝、花榮、張清，不敵被殺。兀顏光雖然僅僅是五行星君之一的土星上將，但高於十一曜星將其餘諸位星君，甚至高於太陽星君和太陰星君。因爲土在五行中，居中，屬黃色（古人

土德鎮星星君

以之爲特尊貴色），所以這土星星君的地位就特別重要。

【中央土德鎮星星君】

即土德鎮星星君。此稱宋代已行用。見該文。

【中央土德星君】

即土德鎮星星君。此稱金代已行用。見該文。

【土神】

即土德鎮星星君。此稱南北朝時期已行用。見該文。

【土德星君】

即土德鎮星星君。此稱唐代已行用。見該文。

四餘星曜

指"羅睺星""計都星""月孛星""紫炁星"等四虛星。源於古代中國民間對星辰的自然崇拜，關乎朝政，關乎民生，漸演化爲神。虛星，也叫"隱曜"，爲肉眼不可見的星曜，但特殊的情形下，却仍然可同其他"七曜"一樣能够進行觀測。例如"羅睺""計都"掩住日、月的光綫形成日食和月食，所以在發生食相時就可以測得。古人認爲當有妖孽出現時"月孛"也可以憑視覺觀見，"其星爲彗星之屬"，但不同的是光芒四出，不同於一般祇有一條彗尾的彗星，《春秋》中就曾經有"孛見大辰""孛入北斗"的記載。"王者德至于天"時，"紫炁"也可看見，形狀如同半月，通常出現於陰曆月末至月初，"助月爲明"，這就是常説的"景星"或"德星"。《漢書·天文志六》中就有"景星者，德星也，其狀無常，常出於有道之國"一說。"四餘""四曜"都和月行軌道相關。月球沿白道由黄道南過升交點入北時，稱"羅睺"；再由黄道北過降交點入南時，稱爲"計都"；月球沿白道運行至遠地點稱爲"月孛"；運行至近地點時稱爲"紫炁"。

神首羅睺星君

省稱"羅睺"，亦稱"羅睺神首星君""羅猴""羅侯"。羅睺是古代中國天文學中的隱曜，四餘星曜之一，是九曜中的一個凶星。神首羅睺星君即其神。古人彦語："羅睺當頭照，男人憂愁到。"當然是不可信以爲真的。金長筌子《洞淵集》卷七："羅睺神首星君，主九天之下一切諸惡，星君戴星冠，躡朱履，衣純玄霞雲之帔，執玉簡，垂七星金劍，帶白玉環佩。逆行天道，順之則昌，逆之則禍。"《西游記》第五回寫托塔天王李靖率衆天神討伐大鬧天空的孫悟空："羅猴星爲頭檢點，計都星隨後崢嶸。"《西游記》第五一回寫取經途中遇阻，孫悟空上天求助，玉帝派徹查衆星，其中包括"羅侯、計都、氣、孛四餘"。其在《封神演義》第九九

神首羅睺星君

回姜子牙封神前原名彭遵，在萬仙陣中陣亡，隨後封神爲羅睺星君。《水滸全傳》第八七回、八八回、八九回寫宋江征遼，與遼國皇侄耶律得榮大戰。這耶律得榮被描寫爲十一曜星將之神首羅睺星君。後九天玄女傳授宋江破陣之法，遼兵被宋江攻破天陣，"陣内羅睺、月孛二皇侄，俱被刺死于馬下"，耶律得榮被亂軍所殺。

【羅猴】

"神首羅睺星君"之省稱。此稱明代已行用。見該文。

【羅睺神首星君】

即神首羅睺星君。此稱金代已行用。見該文。

【羅侯】

即神首羅睺星君。此稱明代已行用。見該文。

【羅睺】

即神首羅睺星君。此稱明代已行用。見該文。

神尾計都星君

省稱"計都"，亦稱"計都神尾星君"。計都是古代中國天文學中的隱曜，四餘星曜之一，是九曜中的一個凶星。神尾計都星君即其神。古人認爲，女人遇到計都星值年，人緣差，有口舌是非，倒楣晦氣。宋普濟《五燈會元》卷一七："今日計都星入巨蟹宫，寶峰不打這鼓笛。便下座。上堂：大道縱横，觸事現成。"金長筌子《洞淵集》卷七："計都神尾星君，主九天之下一切罪福，多主疾病困苦之災。星君戴星冠，躡朱履，衣純玄瑞雲霞帔，執玉簡，垂七星金劍，帶白玉環佩，逆行天道，不顯神光。順之則吉，逆之則凶。"《西游記》第五回

神尾計都星君

寫托塔天王李靖率衆天神討伐大鬧天空的孫悟空，"羅猴星爲頭檢點，計都星隨後崢嶸。"《西游記》第五一回寫取經途中遇阻，孫悟空上天求助，玉帝派徹查衆星，其中包括"羅侯、計都、氣、孛四餘"。《封神演義》第九九回姜子牙把在萬仙陣中陣亡的、封神前原名王豹的封神爲計都星君。《水滸全傳》第八七回、八八回、八九回寫宋江征遼，與遼將耶律得華大戰。這耶律得華被描寫爲十一曜星將之神尾計都星君。後九天玄女傳授宋江破陣之法，遼兵被攻破天陣，神尾計都星君對陣盧俊義，不敵，被俘虜。

【計都】

"神尾計都星君"之省稱。此稱明代已行用。見該文。

【計都神尾星君】

即神尾計都星君。此稱金代已行用。見該文。

天一紫炁星君

省稱"氣"。紫炁是四餘星曜之一，是九曜

天一紫炁星君

太一月孛星君

中的一個凶星。天一紫炁星君即其神。金長筌子《洞淵集》卷七稱："天一紫炁星君，戴星冠，躡朱履，衣紫霞瑞雲之帔，執玉簡，垂七星寶劍，帶白玉環佩，長侍紫微垣門，降人間之百福，添祿筭之司。"《西游記》第五一回寫取經途中遇阻，孫悟空上天求助，玉帝派徹查衆星，其中包括"羅侯、計都、炁、孛四餘"。《水滸全傳》第八七回、八八回、八九回寫宋江征遼，與遼將耶律得忠大戰。這耶律得忠被描寫爲十一曜星將之天一紫炁星君，連敗宋軍。後九天玄女傳授宋江破陣之法，遼兵被攻破天陣，耶律得忠失敗逃跑。

【炁】

"天一紫炁星君"之省稱。此稱明代已行用。見該文。

太一月孛星君

省稱"孛"。月孛是古代中國天文學中的隱

曜，太一月孛星君即其神。金長筌子《洞淵集》卷七："太一月孛星君，主九天之下一切兇殺。星君戴星冠，躡朱履，衣玄霞鶴壽之帔，執玉簡，帶七星寶劍，垂白玉環佩。逆行黑道，順之則吉，逆之則凶。"《西游記》第五一回寫取經途中遇阻，孫悟空上天求助，玉帝派徹查衆星，其中包括"羅侯、計都、炁、孛四餘"。《水滸全傳》第八七回、八八回、八九回寫宋江征遼，與遼國皇侄耶律得信大戰。這耶律得信被描寫爲十一曜星將之太一月孛星君，連敗宋軍。後九天玄女傳授宋江破陣之法，遼兵被宋江攻破天陣，太一月孛星君耶律得信被亂軍所殺。

【孛】 [2]

即太一月孛星君。此稱明代已行用。見該文。

六、三十六天罡星神考

三十六天罡星神源於中國古代民間對星辰自然崇拜。道教認爲北斗叢星中有三十六顆天罡星，每顆天罡星各有一個神，合稱"三十六天罡"。北斗叢星中這些星名，一般肉眼看不到，但道教認爲是存在的。天空中的星星有萬億顆，人們肉眼看到的不過是滄海一粟。據暗物質、暗能量理論可知，宇宙間看得見的物質總量祇占百分之四，另有看不見的百分之二十三是暗物質，更重要的是看不見的百分之七十三是暗能量。暗物質、暗能量既看不見也感覺不到，而且也不産生光學作用，不管是電磁波、無綫電，還是紅外射綫、伽馬射綫、X射綫，都難以探測到，但它會産生引力作用，是的確真實的存在。不過，這也不是就認爲"三十六天罡星""七十二地煞星"就一定是暗物質、暗能量，祇是説明道教的這種認識對探索宇宙有一定的啓發意義。道教這種涉及"星象神怪"的理論不少，如説"五斗星君"，南斗、北斗確有天星對應，而東斗、西斗、中斗就都是一般人肉眼看不到的，但道教認爲是存在的。我們僅僅選取傳播較廣、影響較大的"三十六天罡星""七十二地煞星"。"三十六天罡星"之説，早在《水滸傳》之前的宋佚名《大宋宣和遺事》前集就已有踪影："天書付天罡院三十六員猛將，使呼保義宋江爲帥，廣行忠義，殄滅奸邪。"《水滸傳》第七一回中，寫宋江"石碣受天文"，將一百零八好漢分爲"三十六員天罡"和"七十二座地煞"。《水滸傳》引首："不因此事，如何教三十六員天罡、七十二座地煞降在人間，閧動宋國乾坤，鬧遍趙家社稷！"《水滸傳》第七○回："三十六天罡臨化地，七十二地煞鬧中原。"《封神演義》第九九回寫姜子牙封三界首領八部三百六十五位爲星神，其中有隨斗部三十六天罡和七十二地煞。《水滸傳》"三十六員天罡""七十二座地煞"一百零八星神之説，從最尊、次尊到最差，一路排將下來，井然有序，星神之名和人物性別、性貌特點，多有相合之處。而《封神演義》則顯得隨意性太强，當是沿用了《水滸傳》這一説法，另加變通。雖然《封神演義》成書晚於《水滸傳》，但由於《封神演義》敘寫的人物遠遠早於《水滸傳》，所以後面論述時特將《封神演義》置於《水滸傳》之前。

　　傳説黄帝戰敗蚩尤，中原統一之後，神州天下一共有三十六個城市，黄帝按照三十六天罡星取名，分別是天魁城、天罡城、天機城、天閑城、天勇城、天雄城、天猛城、天威城、天英城、天貴城、天富城、天滿城、天孤城、天傷城、天玄城、天捷城、天暗城、天佑城、天空城、天速城、天异城、天殺城、天微城、天究城、天退城、天壽城、天劍城、天平城、天罪城、天損城、天敗城、天牢城、天慧城、天暴城、天哭城、天巧城。這個傳説并不可信，但至少説明三十六天罡的説法在我國影響很大。

天魁星

北斗叢星之一。此稱明代已行用。《封神演義》第九九回姜子牙封高衍爲天魁星。《水滸傳》第七一回寫石碣受天文，及時雨宋江受封爲天魁星。

天罡星

北斗叢星之一。此稱明代已行用。《封神演義》第九九回姜子牙封黃真爲天罡星。《水滸傳》第七一回寫石碣受天文，玉麒麟盧俊義受封爲天罡星。

天機星

北斗叢星之一。此稱明代已行用。《封神演義》第九九回姜子牙封盧昌爲天機星。《水滸傳》第七一回寫石碣受天文，智多星吳用受封爲天機星。

天閑星

北斗叢星之一。此稱明代已行用。《封神演義》第九九回姜子牙封紀丙爲天閑星。《水滸傳》第七一回寫石碣受天文，入雲龍公孫勝受封爲天閑星。

天勇星

北斗叢星之一。此稱明代已行用。《封神演義》第九九回姜子牙封姚公孝爲天勇星。《水滸傳》第七一回寫石碣受天文，大刀關勝受封爲天勇星。

天雄星

北斗叢星之一。此稱明代已行用。《封神演義》第九九回姜子牙封施檜爲天雄星。《水滸傳》第七一回寫石碣受天文，豹子頭林冲受封爲天雄星。

天猛星

北斗叢星之一。此稱明代已行用。《封神演義》第九九回姜子牙封孫乙爲天猛星。《水滸傳》第七一回寫石碣受天文，霹靂火秦明受封爲天猛星。

天威星

北斗叢星之一。此稱明代已行用。《封神演義》第九九回姜子牙封李豹爲天威星。《水滸傳》第七一回寫石碣受天文，雙鞭呼延灼受封爲天威星。

天英星 [2]

北斗叢星之一。此稱明代已行用。《封神演義》第九九回姜子牙封朱義爲天英星。《水滸傳》第七一回寫石碣受天文，小李廣花榮受封爲天英星。

天貴星

北斗叢星之一。此稱明代已行用。《封神演義》第九九回姜子牙封陳坎爲天貴星。《水滸傳》第七一回寫石碣受天文，小旋風柴進受封爲天貴星。

天富星

北斗叢星之一。此稱明代已行用。《封神演義》第九九回姜子牙封黎仙爲天富星。《水滸傳》第七一回寫石碣受天文，撲天雕李應受封爲天富星。

天滿星

北斗叢星之一。此稱明代已行用。《封神演義》第九九回姜子牙封方保爲天滿星。《水滸傳》第七一回寫石碣受天文，美髯公朱仝受封爲天滿星。

天孤星

北斗叢星之一。此稱明代已行用。《封神演義》第九九回姜子牙封詹秀爲天孤星。《水滸傳》第七一回寫石碣受天文，花和尚魯智深受封爲天孤星。

天傷星

北斗叢星之一。此稱明代已行用。《封神演義》第九九回姜子牙封李洪仁爲天傷星。《水滸傳》第七一回寫石碣受天文，行者武松受封爲天傷星。

天玄星

亦稱"天立星"。北斗叢星之一。此稱明代已行用。《封神演義》第九九回姜子牙封王龍茂爲天玄星。《水滸傳》第七一回寫石碣受天文，雙槍將董平受封爲天立星。

【天立星】

"天玄星"之訛，玄、立，形近而訛。此稱明代已行用。見該文。

天健星

亦稱"天捷星"。北斗叢星之一。此稱明代已行用。《封神演義》第九九回姜子牙封鄧玉爲天健星。《水滸傳》第七一回寫石碣受天文，沒羽箭張清受封爲天捷星。

【天捷星】

即天健星。此稱明代已行用。見該文。

天暗星

北斗叢星之一。此稱明代已行用。《封神演義》第九九回姜子牙封李新爲天暗星。《水滸傳》第七一回寫石碣受天文，青面獸楊志受封爲天暗星。

天佑星

北斗叢星之一。此稱明代已行用。《封神演義》第九九回姜子牙封徐正道爲天佑星。《水滸傳》第七一回寫石碣受天文，金槍手徐寧受封爲天佑星。

天空星

北斗叢星之一。此稱明代已行用。《封神演義》第九九回姜子牙封典通爲天空星。《水滸傳》第七一回寫石碣受天文，急先鋒索超受封爲天空星。

天速星

北斗叢星之一。此稱明代已行用。《封神演義》第九九回姜子牙封吳旭爲天速星。《水滸傳》第七一回寫石碣受天文，神行太保戴宗受封爲天速星。

天异星

北斗叢星之一。此稱明代已行用。《封神演義》第九九回姜子牙封呂自成爲天异星。《水滸傳》第七一回寫石碣受天文，赤髮鬼劉唐受封爲天异星。

天煞星

一作"天殺星"。北斗叢星之一。此稱明代已行用。《封神演義》第九九回姜子牙封任來聘爲天煞星。《水滸傳》第七一回寫石碣受天文，黑旋風李逵受封爲天殺星。

【天殺星】

即天煞星。此稱明代已行用。見該文。

天微星

北斗叢星之一。此稱明代已行用。《封神演義》第九九回姜子牙封龔清爲天微星。《水滸傳》第七一回寫石碣受天文，九紋龍史進受封爲天微星。

天究星

北斗叢星之一。此稱明代已行用。《封神演義》第九九回姜子牙封單百招爲天究星。《水滸傳》第七一回寫石碣受天文，沒遮攔穆弘受封爲天究星。

天退星

北斗叢星之一。此稱明代已行用。《封神演義》第九九回姜子牙封高可爲天退星。《水滸傳》第七一回寫石碣受天文，插翅虎雷横受封爲天退星。

天壽星

北斗叢星之一。此稱明代已行用。《封神演義》第九九回姜子牙封戚成爲天壽星。《水滸傳》第七一回寫石碣受天文，混江龍李俊受封爲天壽星。

天劍星

北斗叢星之一。此稱明代已行用。《封神演義》第九九回姜子牙封王虎爲天劍星。《水滸傳》第七一回寫石碣受天文，立地太歲阮小二受封爲天劍星。

天平星

北斗叢星之一。此稱明代已行用。《封神演義》第九九回姜子牙封卜同爲天平星。《水滸傳》第七一回寫石碣受天文，船火兒張横受封爲天平星。

天罪星

北斗叢星之一。此稱明代已行用。《封神演義》第九九回姜子牙封姚公爲天罪星。《水滸傳》第七一回寫石碣受天文，短命二郎阮小五受封爲天罪星。

天損星

北斗叢星之一。此稱明代已行用。《封神演義》第九九回姜子牙封唐天正爲天損星。《水滸傳》第七一回寫石碣受天文，浪裏白條張順受封爲天損星。

天敗星

北斗叢星之一。此稱明代已行用。《封神演義》第九九回姜子牙封申禮爲天敗星。《水滸傳》第七一回寫石碣受天文，活閻羅阮小七受封爲天敗星。

天牢星

北斗叢星之一。此稱明代已行用。《封神演義》第九九回姜子牙封聞傑爲天牢星。《水滸傳》第七一回寫石碣受天文，病關索楊雄受封爲天牢星。

天慧星

北斗叢星之一。此稱明代已行用。《封神演義》第九九回姜子牙封張智雄爲天慧星。《水滸傳》第七一回寫石碣受天文，拼命三郎石秀受封爲天慧星。

天暴星

北斗叢星之一。此稱明代已行用。《封神演義》第九九回姜子牙封畢德爲天暴星。《水滸傳》第七一回寫石碣受天文，兩頭蛇解珍受封爲天暴星。

天哭星

北斗叢星之一。此稱明代已行用。《封神演義》第九九回姜子牙封劉達爲天哭星。《水滸傳》第七一回寫石碣受天文，玉麒麟盧俊義受封爲天哭星。

天巧星

北斗叢星之一。此稱明代已行用。《封神演義》第九九回姜子牙封程三益爲天巧星。《水滸傳》第七一回寫石碣受天文，浪子燕青受封爲天巧星。

<h1 style="text-align:center">七、七十二地煞星神考</h1>

七十二地煞源於中國古代民間對星辰的自然崇拜。道教認爲，北斗七叢星中除却三十六顆天罡星外，尚有七十二顆地煞星與之相應合。每一地煞星亦有一神，其職責如同三十六天罡一樣，兩者常與二十八宿聯合行動，降妖伏魔。《水滸傳》中將一百零八位好漢分爲"三十六員天罡""七十二座地煞"，兩者相加正好是一百單八將，帶有明顯的道教色彩。按民間傳統的神明分類，三十六天罡稱爲天兵兇神，七十二地煞爲帝兵惡煞，兩者皆被稱爲神將。

地魁星

北斗叢星之一。此稱明代已行用。《封神演義》第九九回姜子牙封陳繼真爲地魁星。《水滸傳》第七一回寫石碣受天文，神機軍師朱武受封爲地魁星。

地煞星

北斗叢星之一。此稱明代已行用。《封神演義》第九九回姜子牙封黃景元爲地煞星。《水滸傳》第七一回寫石碣受天文，鎮三山黃信受封爲地煞星。

地勇星

北斗叢星之一。此稱明代已行用。《封神演義》第九九回姜子牙封賈成爲地勇星。《水滸傳》第七一回寫石碣受天文，病尉遲孫立受封爲地勇星。

地傑星

北斗叢星之一。此稱明代已行用。《封神演義》第九九回姜子牙封呼顏爲地傑星。《水滸傳》第七一回寫石碣受天文，醜郡馬宣贊受封爲地傑星。

地雄星

北斗叢星之一。此稱明代已行用。《封神演義》第九九回姜子牙封魯修德爲地雄星。《水滸傳》第七一回寫石碣受天文，井木犴郝思文受封爲地雄星。

地威星

北斗叢星之一。此稱明代已行用。《封神演義》第九九回姜子牙封須成爲地威星。《水滸傳》第七一回寫石碣受天文，百勝將軍韓滔受封爲地威星。

地英星

北斗叢星之一。此稱明代已行用。《封神演義》第九九回姜子牙封孫祥爲地英星。《水滸傳》第七一回寫石碣受天文，天目將彭玘受封爲地英星。

地奇星

北斗叢星之一。此稱明代已行用。《封神演義》第九九回姜子牙封王平爲地奇星。《水滸傳》第七一回寫石碣受天文，聖水將軍單廷圭受封爲地奇星。

地猛星

北斗叢星之一。此稱明代已行用。《封神演義》第九九回姜子牙封柏有患爲地猛星。《水滸傳》第七一回寫石碣受天文，神火將軍魏定國受封爲地猛星。

地文星

北斗叢星之一。此稱明代已行用。《封神演義》第九九回姜子牙封萆高爲地文星。《水滸傳》第七一回寫石碣受天文，聖手書生蕭讓受封爲地文星。

地正星

北斗叢星之一。此稱明代已行用。《封神演義》第九九回姜子牙封考鬲爲地正星。《水滸傳》第七一回寫石碣受天文，鐵面孔目裴宣受封爲地正星。

地闔星

亦稱"地闊星"。北斗叢星之一。此稱明代已行用。《封神演義》第九九回姜子牙封李燧爲地闔星。《水滸傳》第七一回寫石碣受天文，摩雲金翅歐鵬受封爲地闊星。

【地闊星】

即地闔星。此稱明代已行用。見該文。

地闍星

北斗叢星之一。此稱明代已行用。《封神演義》第九九回姜子牙封劉衡爲地闍星。《水滸傳》第七一回寫石碣受天文，火眼狻猊鄧飛受封爲地闍星。

地强星

北斗叢星之一。此稱明代已行用。《封神演義》第九九回姜子牙封夏祥爲地强星。《水滸傳》第七一回寫石碣受天文，錦毛虎燕順受封爲地强星。

地暗星

北斗叢星之一。此稱明代已行用。《封神演義》第九九回姜子牙封余惠爲地暗星。《水滸傳》第七一回寫石碣受天文，錦豹子楊林受封爲地暗星。

地輔星

亦稱"地軸星"。北斗叢星之一。此稱明代已行用。《封神演義》第九九回姜子牙封鮑龍爲地輔星。《水滸傳》第七一回寫石碣受天文，轟天雷凌振受封爲地軸星。

【地軸星】

即地輔星。此稱明代已行用。見該文。

地會星

北斗叢星之一。此稱明代已行用。《封神演義》第九九回姜子牙封魯芝爲地會星。《水滸傳》第七一回寫石碣受天文，神算子蔣敬受封爲地會星。

地佐星

北斗叢星之一。此稱明代已行用。《封神演義》第九九回姜子牙封黃丙慶爲地佐星。《水滸傳》第七一回寫石碣受天文，小温侯呂方受封爲地佐星。

地佑星

北斗叢星之一。此稱明代已行用。《封神演義》第九九回姜子牙封張奇爲地佑星。《水滸傳》第七一回寫石碣受天文，賽仁貴郭盛受封爲地佑星。

地靈星

北斗叢星之一。此稱明代已行用。《封神演義》第九九回姜子牙封郭巳爲地靈星。《水滸傳》第七一回寫石碣受天文，神醫安道全受封爲地靈星。

地獸星

北斗叢星之一。此稱明代已行用。《封神演義》第九九回姜子牙封金南道爲地獸星。《水滸傳》第七一回寫石碣受天文，紫髯伯皇甫端受封爲地獸星。

地微星

北斗叢星之一。此稱明代已行用。《封神演義》第九九回姜子牙封陳元爲地微星。《水滸傳》第七一回寫石碣受天文，矮脚虎王英受封爲地微星。

地慧星

北斗叢星之一。此稱明代已行用。《封神演義》第九九回姜子牙封車坤爲地慧星。《水滸傳》第七一回寫石碣受天文，一丈青扈三娘受封爲地慧星。

地暴星

北斗叢星之一。此稱明代已行用。《封神演義》第九九回姜子牙封桑成道爲地暴星。《水滸傳》第七一回寫石碣受天文，喪門神鮑旭受封爲地暴星。

地默星

亦稱“地然星”。北斗叢星之一。此稱明代已行用。《封神演義》第九九回姜子牙封周庚爲地默星。《水滸傳》第七一回寫石碣受天文，混世魔王樊瑞受封爲地然星。

【地然星】

即地默星。此稱明代已行用。見該文。

地猖星

北斗叢星之一。此稱明代已行用。《封神演義》第九九回姜子牙封齊公爲地猖星。《水滸傳》第七一回寫石碣受天文，毛頭星孔明受封爲地猖星。

地狂星

北斗叢星之一。此稱明代已行用。《封神演義》第九九回姜子牙封霍之元爲地狂星。《水滸傳》第七一回寫石碣受天文，獨火星孔亮受封爲地狂星。

地飛星

北斗叢星之一。此稱明代已行用。《封神演義》第九九回姜子牙封葉中爲地飛星。《水滸傳》第七一回寫石碣受天文，八臂哪吒項充受封爲地飛星。

地走星

北斗叢星之一。此稱明代已行用。《封神演義》第九九回姜子牙封顧宗爲地走星。《水滸傳》第七一回寫石碣受天文，飛天大聖李袞受封爲地走星。

地巧星

北斗叢星之一。此稱明代已行用。《封神演義》第九九回姜子牙封李昌爲地巧星。《水滸傳》第七一回寫石碣受天文，玉臂匠金大堅受封爲地巧星。

地明星

北斗叢星之一。此稱明代已行用。《封神演義》第九九回姜子牙封方吉爲地明星。《水滸傳》第七一回寫石碣受天文，鐵笛仙馬麟受封爲地明星。

地進星

北斗叢星之一。此稱明代已行用。《封神演義》第九九回姜子牙封徐吉爲地進星。《水滸傳》第七一回寫石碣受天文，出洞蛟童威受封爲地進星。

地退星

北斗叢星之一。此稱明代已行用。《封神演義》第九九回姜子牙封樊煥爲地退星。《水滸傳》第七一回寫石碣受天文，翻江蜃童猛受封爲地退星。

地滿星

北斗叢星之一。此稱明代已行用。《封神演義》第九九回姜子牙封卓公爲地滿星。《水滸傳》第七一回寫石碣受天文，玉幡竿孟康受封爲地滿星。

地遂星

北斗叢星之一。此稱明代已行用。《封神演義》第九九回姜子牙封孔成爲地遂星。《水滸傳》第七一回寫石碣受天文，通臂猿侯健受封爲地遂星。

地周星

北斗叢星之一。此稱明代已行用。《封神演義》第九九回姜子牙封姚金秀爲地周星。《水滸傳》第七一回寫石碣受天文，跳澗虎陳達受封爲地周星。

地隱星

北斗叢星之一。此稱明代已行用。《封神演義》第九九回姜子牙封寧三益爲地隱星。《水滸傳》第七一回寫石碣受天文，白花蛇楊春受封爲地隱星。

地异星

北斗叢星之一。此稱明代已行用。《封神演義》第九九回姜子牙封余知爲地异星。《水滸傳》第七一回寫石碣受天文，白面郎君鄭天壽受封爲地异星。

地理星

北斗叢星之一。此稱明代已行用。《封神演義》第九九回姜子牙封童貞爲地理星。《水滸傳》第七一回寫石碣受天文，九尾龜陶宗旺受封爲地理星。

地俊星

北斗叢星之一。此稱明代已行用。《封神演義》第九九回姜子牙封袁鼎相爲地俊星。《水滸傳》第七一回寫石碣受天文，鐵扇子宋清受封爲地俊星。

地樂星

北斗叢星之一。此稱明代已行用。《封神演義》第九九回姜子牙封汪祥爲地樂星。《水滸傳》第七一回寫石碣受天文，鐵叫子樂和受封爲地樂星。

地捷星

北斗叢星之一。此稱明代已行用。《封神演義》第九九回姜子牙封耿顏爲地捷星。《水滸傳》第七一回寫石碣受天文，花項虎龔旺受封爲地捷星。

地速星

北斗叢星之一。此稱明代已行用。《封神演義》第九九回姜子牙封邢三鸞爲地速星。《水滸傳》第七一回寫石碣受天文，中箭虎丁得孫受封爲地速星。

地鎮星

北斗叢星之一。此稱明代已行用。《封神演義》第九九回姜子牙封姜忠爲地鎮星。《水滸傳》第七一回寫石碣受天文，小遮攔穆春受封爲地鎮星。

地羈星

亦稱“地稽星”。北斗叢星之一。此稱明代已行用。《封神演義》第九九回姜子牙封孔天兆爲地羈星。《水滸傳》第七一回寫石碣受天文，操刀鬼曹正受封爲地稽星。

【地稽星】

即地羈星。此稱明代已行用。見該文。

地魔星

北斗叢星之一。此稱明代已行用。《封神演

義》第九九回姜子牙封李躍爲地魔星。《水滸傳》第七一回寫石碣受天文，雲裏金剛宋萬受封爲地魔星。

地妖星

北斗叢星之一。此稱明代已行用。《封神演義》第九九回姜子牙封龔倩爲地妖星。《水滸傳》第七一回寫石碣受天文，摸着天杜遷受封爲地妖星。

地幽星

北斗叢星之一。此稱明代已行用。《封神演義》第九九回姜子牙封段清爲地幽星。《水滸傳》第七一回寫石碣受天文，病大蟲薛永受封爲地幽星。

地伏星

北斗叢星之一。此稱明代已行用。《封神演義》第九九回姜子牙封門道正爲地伏星。《水滸傳》第七一回寫石碣受天文，金眼彪施恩受封爲地伏星。

地僻星

北斗叢星之一。此稱明代已行用。《封神演義》第九九回姜子牙封祖林爲地僻星。《水滸傳》第七一回寫石碣受天文，打虎將李忠受封爲地僻星。此稱明代已行用。《封神演義》地僻星在前，地空星在後；而《水滸傳》地空星在前，地僻星在後。

地空星

北斗叢星之一。此稱明代已行用。《封神演義》第九九回姜子牙封蕭電爲地空星。《水滸傳》第七一回寫石碣受天文，小霸王周通受封爲地空星。此稱明代已行用。《封神演義》地僻星在前，地空星在後，而《水滸傳》地空星在前，地僻星在後。

地孤星

北斗叢星之一。此稱明代已行用。《封神演義》第九九回姜子牙吳四玉爲地孤星。《水滸傳》第七一回寫石碣受天文，金錢豹子湯隆受封爲地孤星。

地全星

北斗叢星之一。此稱明代已行用。《封神演義》第九九回姜子牙匡玉爲地全星。《水滸傳》第七一回寫石碣受天文，鬼臉兒杜興受封爲地全星。此稱明代已行用。《封神演義》地孤星在前，地全星在後，而《水滸傳》地全星在前，地孤星在後。

地短星

北斗叢星之一。此稱明代已行用。《封神演義》第九九回姜子牙封蔡公爲地短星。《水滸傳》第七一回寫石碣受天文，出林龍鄒淵受封爲地短星。

地角星

北斗叢星之一。此稱明代已行用。《封神演義》第九九回姜子牙封藍虎爲地角星。《水滸傳》第七一回寫石碣受天文，獨角龍鄒潤受封爲地角星。此稱明代已行用。《封神演義》地短星在前，地角星在後，而《水滸傳》地角星在前，地短星在後。

地囚星

北斗叢星之一。此稱明代已行用。《封神演義》第九九回姜子牙封宋祿爲地囚星。《水滸傳》第七一回寫石碣受天文，旱地忽律朱貴受封爲地囚星。

地藏星

北斗叢星之一。此稱明代已行用。《封神演義》第九九回姜子牙封關斌爲地藏星。《水滸傳》

第七一回寫石碣受天文，笑面虎朱富受封爲地藏星。

地平星

北斗叢星之一。此稱明代已行用。《封神演義》第九九回姜子牙封龔成爲地平星。《水滸傳》第七一回寫石碣受天文，鐵臂膊蔡福受封爲地平星。

地損星

北斗叢星之一。此稱明代已行用。《封神演義》第九九回姜子牙封黃烏爲地損星。《水滸傳》第七一回寫石碣受天文，一枝花蔡慶受封爲地損星。

地奴星

北斗叢星之一。此稱明代已行用。《封神演義》第九九回姜子牙封孔道靈爲地奴星。《水滸傳》第七一回寫石碣受天文，催命判官李立受封爲地奴星。

地察星

北斗叢星之一。此稱明代已行用。《封神演義》第九九回姜子牙封張煥爲地察星。《水滸傳》第七一回寫石碣受天文，青眼虎李雲受封爲地察星。

地惡星

北斗叢星之一。此稱明代已行用。《封神演義》第九九回姜子牙封李信爲地惡星。《水滸傳》第七一回寫石碣受天文，沒面目焦挺受封爲地惡星。

地魂星

亦稱"地醜星"。北斗叢星之一。此稱明代已行用。《封神演義》第九九回姜子牙封徐山爲地魂星。《水滸傳》第七一回寫石碣受天文，石將軍石勇受封爲地醜星。

【地醜星】

即地魂星。此稱明代已行用。見該文。

地數星

北斗叢星之一。此稱明代已行用。《封神演義》第九九回姜子牙封葛方爲地數星。《水滸傳》第七一回寫石碣受天文，小尉遲孫新受封爲地數星。

地陰星

北斗叢星之一。此稱明代已行用。《封神演義》第九九回姜子牙封焦龍爲地陰星。《水滸傳》第七一回寫石碣受天文，母大蟲顧大嫂受封爲地陰星。

地刑星

北斗叢星之一。此稱明代已行用。《封神演義》第九九回姜子牙封秦祥爲地刑星。《水滸傳》第七一回寫石碣受天文，菜園子張青受封爲地刑星。

地壯星

北斗叢星之一。此稱明代已行用。《封神演義》第九九回姜子牙封武衍公爲地壯星。《水滸傳》第七一回寫石碣受天文，母夜叉孫二娘受封爲地壯星。

地劣星

北斗叢星之一。此稱明代已行用。《封神演義》第九九回姜子牙封范斌爲地劣星。《水滸傳》第七一回寫石碣受天文，活閃婆王定六受封爲地劣星。

地健星

北斗叢星之一。此稱明代已行用。《封神演義》第九九回姜子牙封葉景昌爲地健星。《水滸傳》第七一回寫石碣受天文，險道神郁保四受封爲地健星。

地賊星

北斗叢星之一。此稱明代已行用。《封神演義》第九九回姜子牙封姚燁爲地賊星。《水滸傳》第七一回寫石碣受天文，鼓上蚤時遷受封爲地賊星。

地戚星

亦稱"地耗星"。北斗叢星之一。此稱明代已行用。《封神演義》第九九回姜子牙封孫吉爲地戚星。《水滸傳》第七一回寫石碣受天文，白日鼠白勝受封爲地耗星。此稱明代已行用。《封神演義》"地戚星"在"地賊星"之後，而《水滸傳》"地戚星"在"地賊星"之前。

【地耗星】

即地戚星。此稱明代已行用。見該文。

地狗星

北斗叢星之一。此稱明代已行用。《封神演義》第九九回姜子牙封陳夢庚爲地狗星。《水滸傳》第七一回寫石碣受天文，金毛犬段景住受封爲地狗星。

附録二　有關天宇知識論説及糾繆

一、試論牛女神話起源於母系氏族時期

牛郎織女的故事，有人認爲産生時間"可能在西漢，但完成却是在漢末魏晉之間"[1]。不少人認爲，牛女故事的濫觴，最早也就是上溯至《詩·小雅·大東》之中。但筆者覺得，牛郎織女的神話起源很古，是一則原始神話。由於是以"平民"爲内容的神話故事，所以長久缺乏見諸文字的記述，又世世代代堆上了後來傳述的"積層"，故事本身也由簡略而趨於繁富，成了一則非常完整、富有趣味而且反封建色彩頗濃的星宿神話。

先從杜甫的一首詩説起。其詩名《牽牛織女》，頭兩句是："牽牛出河西，織女處其東。"清代學者浦起龍在《讀杜心解》卷一之四中説："'牽牛織女'四字宜倒轉。牽牛三星如荷擔，在河東；織女三星如鼎足，在河西。公涉筆偶誤耳。"今人在談中國天文學史的小書中也説："這裏東西方向是顛倒的。"[2]從今天的星象看，他們講得很有道理，因爲織女星在天河西，而牽牛星在天河東。但，杜甫詩題目即爲《牽牛織女》，全詩又不長，豈能起首二句就把牛、女二星宿的方位弄顛倒了？原來杜詩是在用典：南朝梁宗懍《荆楚歲時記》曰："天河之東有織女，天帝之子也；年年織杼勞逸，織成雲錦天衣。天帝憐其獨處，許嫁河西牽牛郎。嫁後遂廢織。天帝怒，責令歸河東，使一年一度相會。"這段話又見於明代馮應景《月令廣義·七月令》所引《小説》。南朝梁殷芸有《小説》，已散佚，魯迅在《中國小説史略》中説，這書明初尚存，《月令廣義》所引當是。杜詩"牽牛河西""織女河東"當由此傳説而來，決非"涉筆偶誤"。[3]但實際天象爲何與《荆楚歲時記》、殷芸《小説》及杜詩所寫之牛女二星神的方位不合？鄭文光在《中國天文學源流》第三章談到牛、女二星宿時曾説："據計算，西元前 2400 年，河鼓（牛郎星）在織女西。"[4]如此看來，《荆楚歲時記》、殷芸《小説》、杜詩等所言牛、女二星方位與當時以及今天的天象不合，但却與公元前 2400 年的天象暗合。這是爲什麼呢？

筆者認爲這裏恰好透露了一個秘密：牛郎織女神話的創始年代是與牛、女二星方位相合的公元前 2400 年左右的那個時代。程薔在《〈博物志〉在古代神話學史上的地位》[5]、袁珂在《中國神話對於後世文學的影響》中[6]，都有牛女神話起源很古的推測。但到底

"古"到何時，爲何起源很古，又都語焉不詳。學者們認爲黄河流域是我國古代文化的摇籃，早在八千年前的裴李崗文化時期就出現了農業、手工業和畜牧業，就對天文知識有所瞭解。進入仰韶文化時期（前5000—前3000），農業生產有了進一步發展，農作物除粟外，還種植了麻、蔬菜和藕。那時先民們已掌握了較多的天文和生產季節的知識，在鄭州大河村仰韶文化遺址中，出土的彩陶紋飾上繪有與天文氣象有關的太陽紋、月亮紋、星座紋、日珥紋等圖案，説明那時的先民們爲了生產和生活的需要，已注意觀察認識天象并尋求其變化規律。中國的歷史紀年在共和元年（前841）以前不能完全確定，現在多數人相信古本《竹書紀年》的説法，認爲夏王朝約在公元前21世紀至前16世紀。而公元前2400年，相當於母權制氏族向父權制過渡的時期。馬克思曾説："古代各族是在幻想、神話中經歷了自己的史前時期。"[7]又説，在人類社會"野蠻時期的低級階段"，就"已經開始創造了還不是用文字來記載的神話、傳奇和傳説的文學，而且給予人類以强大的影響"。[8]"野蠻時期的低級階段"，正是中國原始氏族社會的母權制時期。筆者認爲牛郎織女的神話，即起源這個時期。

那時的先民們已注意觀察天象，除日、月之外，最早認識的恒星可能就是北斗、北極、心宿、織女等（夏代曾用織女所向以定四時[9]，足見織女在遠古人心目中是很重要的星）。由於織女星是北天空很亮的一顆星，除大角星外，就數它了。而織女星又在天河旁，較大角星更容易辨認，於是先民們就把北天空這顆很亮的星取名爲和"女性"有關的星（此言和"女性"有關，可能最初僅名女星，隨着織作物的產生和發展，纔又名之爲織女）——這應當是母權制氏族社會繁榮時期尊重女性的迹象和印記。在仰韶文化時期，先民們已有了麻的種植，説明母系氏族的社會已能用麻類織作衣物，并且這一工作全由婦女操作。再從傳説來看，相傳黄帝娶西陵氏女，名嫘祖，她是我國傳説中最早的養蠶人，後代尊之，爲其舉行"先蠶"祭祀。可見植桑養蠶業在我國歷史之悠久。這就是先民們把天河旁這顆亮星尊之爲"織女"的社會背景和條件。早在八千年前的裴李崗文化時期就已出現了畜牧業，先民們已開始對豬、牛等進行馴化養殖。《易·繫辭》言神農氏"斫木爲耜，揉木爲耒，耒耜之利，以教天下"。在母系氏族時期，"牽牛以馴"，"馴牛以用"，是可信的——這項工作基本上由男子操作。隨着人們精勤觀測星象的進展，先民們除較易認識的北斗、織女等星外，又陸續認識了其他一些星宿。於是又在天河的另一旁選取了三顆星（其中之"河鼓二"也較亮），名之爲"牽牛"。這在一定程度上反映了先民們對牲畜的馴養。那時社會的發展已從群婚制過渡到對偶婚，人們把天上的兩個星宿説成是一對夫妻，就是對偶婚在神話中的反映。牽牛在天河西，織女在天河東，東升西落，男跑女追，緊緊相隨，這大概也和母系氏族社會中女子地位較高，在情愛方面也更主動、更大膽有關。這兩顆星相比，織女比牽牛大多了，亮多了，可見牛女神話傳説，還殘留着以女性爲中心的對偶婚的痕迹，那時候的牛女神話，肯定簡略得很，可能祇是説這兩個星宿一爲織女，一爲牽牛，是對恩愛夫妻，女織男牧（或耕），共同創造着美滿的生活。這神話是當時先民們生活的曲折反映，寄托着他們的美好願望。

　　神話作爲一種意識形態，反映了先民們對現實世界的樸素想象，其中反映了他們對宇宙的直觀認識。隨着對天象的長期觀察，先民們發現牛、女二星宿總是兩兩相離，不能聚合在一塊，大概由此萌發了兩人被隔離而不能團聚在一起的創作動機。當二星宿來到子午綫上時，似乎相靠得近多了，這種情形如在每天的同一時間（譬如初昏）觀看，每年祇有一次，大概由此萌發了牛、女二人一年纔得一度相會的創造動機。另一方面，歷史的車輪緩慢地從原始社會轉到奴隸社會，氏族制度逐漸解體，逐漸向着國家發展，社會内部逐漸產生統治者和被統治者，逐步產生壓迫階級和被壓迫階級，這個時期的某些特徵反映在神話上，就是上帝的出現，壓迫和被壓迫意識（以及由此產生的反抗意識）的出現。牛女神話中因之出現一個使他們長久分離、使他們的美滿生活遭到破壞的權力大神——天帝。至於招致天帝發怒而逼使牛女分離的原因，《荊楚歲時記》言織女嫁牽牛後，"遂廢織"，而《太平御覽》卷三〇引《日緯書》曰："嘗見《道書》云：'牽牛娶織女，取天帝錢二萬備禮，久而不還，被驅在營室是也。'"我覺得《荊楚歲時記》所説更接近神話的原貌，"嫁後廢織"，似可看作以男性爲中心的奴隸社會對婦女貶斥而產生的説法，表現了女子地位的下降。這種把牛女夫妻拆散的做法，極易引起人們對牛女遭遇的同情和對天帝的不滿，人們迫使天帝不得不作讓步，允許他們"一年一度相會"。而"取錢二萬備禮"之説，肯定要在重利輕義的戰國時代以後纔有可能產生，且被驅在"營室（壁宿）"之營室，古人們認識它要比北斗、織女星等要晚得多，遠不如使牛女隔阻於天河，易於先民觀察而產生聯想。但《道書》所言對天帝的譴責意味更濃，把造成牛女夫妻被隔離的原因歸結爲他們生活貧困，可以讓人更感到是由於封建制度的不合理，所以這種説法的反封建意識更爲强烈。

　　由於牛郎織女的神話是以兩個"平民"爲主角，所以不像其他與帝王大臣有關的神話一樣更容易被後人"歷史化"，更容易被文人擷入典籍之中。可以設想上古時代這樣的

“平民神話”還是不少的，由於這種原因而不少神話自生自滅了。牛女的神話雖然在先秦時代的文籍中幾乎全無記載，但由於牛女神話和天上的兩個著名星宿有關，再加上故事本身的生動性，所以一直在群衆中較爲廣泛地流傳着。先秦時代唯一和牛女神話有關的文字是《詩·小雅·大東》一篇：“維天有漢，監亦有光。跂彼織女，終日七襄。雖則七襄，不成報章。睆彼牽牛，不以服箱。”關於其中的“牽牛”，唐代韓愈、今人王力先生等認爲指的不是牛郎三星，而是二十八宿中的牛宿三星[10]。近從牛女神話的源流來考察，還是指牛郎三星爲佳。三家《詩》以及毛傳、鄭箋都認爲指牛郎星，但都不曾引用牛女故事，連解釋《詩》喜歡引用民間故事的《焦氏易林》也未提及牛女神話。但詩中提到織女、牽牛、天河（漢），提到“跂彼織女，終日七襄”，“不成報章”，提到“睆彼牽牛，不以服箱（拉車）”，正是抓住了牛女故事的主要人物及故事發生的主要場所（天河），抓住了牛女二人的主要“職業特點”（女織布，男以牛運載）。大概因爲注疏者認爲該詩要表現的主旨與牛女神話的内容無關，所以在注疏時都未和牛女神話相聯繫，但這并不能説當時尚無此神話或他們毫不知曉。可見這首《大東》詩不是牛女神話的濫觴，而是一個由牛女神話生發出來的小支流。這首詩雖非專記牛女神話，但也可以從中看到牛女故事的蛛絲馬跡。今天所能見到的有關天河牛女的文字記述，以此爲最早，所以仍是研究牛女神話者不可忽視的重要資料。

　　把牛女神話上溯到原始社會末期，再來看漢代以後的有關記載就比較好理解了。《歲時廣記》卷二六引《淮南子》（今本佚）：“烏鵲填河成橋而渡織女。”《歲華紀麗》卷三引《風俗通》：“織女七夕當渡河，使鵲爲橋。”晋崔豹《古今注》卷中：“鵲，一名神女。”這些“烏鵲填河而渡織女”情節產生的時代，要比見於文字記述的時代早得多，筆者認爲可能會在商周時期。古人觀察天象，在七月初頭的黄昏，牛女二星都出現在子午綫上，看似距離相近多了，所以人們把七月七日當成牛女相會的日子。這時候，又恰是烏鵲脱毛的季節，古人仰看天河牛女，就很自然地聯想到可借助於烏鵲爲橋使牛女相會。宋羅願《爾雅翼·釋鳥》：“涉秋七日，〔烏鵲〕首無故皆髠。相傳以爲是日河鼓與織女會於漢東，役烏鵲爲梁以渡，故毛皆脱去。”從自然現象上解釋了“役烏鵲爲橋”的起因，是很有道理的。這個情節也爲牛女的故事增色不少。《説郛》卷三一引《奚囊橘柚》曰：“袁伯文七月六日過高唐，遇雨宿於山家，夜夢女子甚都，自稱神女。伯文欲留之，神女曰：‘明日當爲織女造橋，違命之辱。’伯文驚覺，天已辨色。啓窗視之，有群鴉東飛，有一稍小者從窗中飛去，是以名鵲爲神女也。"這是由"鵲橋"神話生發出來的一個小故事，由此可見"鵲橋"的傳說流傳之廣、生命力之强。人們遂把七月七日當成牛女相會的日子，後來又把這天當作婦女的節日。古詩《孔雀東南飛》："初七及下九，嬉戲莫相忘。"初七，即七月七日，由牛女相會的佳期，成爲人們的節日。《荆楚歲時記》："七月七日爲牽牛織女聚會之夜。是夕人家婦女結彩樓，穿七孔針，或以金銀鍮石爲針，陳瓜果於庭中以乞巧。有喜子網於瓜上，則以爲符應。"《説郛》卷六○引《風土記》："七月七日，其夜灑掃於庭，露施几筵，設酒脯、時果，散香粉於河鼓織女，言此二星神當會。守夜者咸懷私願。或云見天漢中有奕奕正白氣，有耀五色，以此爲徵應。見者便拜，而願乞富乞壽，無子乞子，唯得乞一不得兼求。三年乃得言之，頗有受其祚者。"

　　筆者認爲原始的牛女神話中的主角是兩個"女織男牧（或耕）"的勞動者的"平民形象"，顯示着當時的男女勞動的兩大分工，或者説是勞動者在創作神話的過程中自然而然地把自己的形象和天上的星宿結合起來（由於觀星也是古人的一項重要活動），從中"塑造了自我"。所以這是一則以"平民勞動者"爲主角的神話，雖在群衆中廣爲流傳但長久却未被記入文籍之中。至秦漢時代國家出現了大一統的局面，君主制政體確立，反映在天文學上則是把滿天似乎雜亂無章的星宿，説成是一個等級森嚴的"星國"，有天帝（北極星）、帝車（北斗），還有三公、九卿、將相、后妃、太子……織女星也被説成天帝的孫女（一説帝女，或曰帝子）。《史記·天官書》："織女，天女孫也。"司馬貞索隱曰："織女，天孫也。案《荆州占》云：一名天女，天子女也。"織女由於和天帝攀上了血統關係，身價倍增。這或者也是"七夕"節不但民間，而且連宫庭之内、官宦之家都十分重視的一個原因吧。白居易《長恨歌》寫唐明皇與楊貴妃尚且"七月七日長生殿，夜半無人私語時"。

　　由於牛女神話流傳的久遠、廣泛，由於秦漢以來織女被看作帝女或帝孫（且與牛郎一起被看作兩"星神"），所以漢代以後有關牛女故事的記述就多起來了。漢代時在昆明池旁還爲牛女二星神造了像。《文選·班固〈西都賦〉》："臨乎昆明之池，左牽牛而右織女，似雲漢之無涯。"李善注引《漢宫闕疏》曰："昆明池有二石人，牽牛織女像。"東漢末年還出現了專以牛女神話爲内容的詩篇《古詩十九首·迢迢牽牛星》："迢迢牽牛星，皎皎河漢女。纖纖擢素手，札札弄機杼。終日不成章，泣涕零如雨。河漢清且淺，相去復幾許？盈盈一水間，脉脉不得語。"人們把這首詩當成最早明確牛女情愛關係的文字記述，是牛女神話的"結婚證"，其實這是把古代流傳久遠的牛女神話"詩化"，是借牛女的神話以抒發詩人愛的激情。"終日不成章"之句，顯係承《詩·小雅·大東》"終日七襄，不成報章"，以及"河漢清且淺，相會復幾許"，"涕泣零如雨"，"脉脉不得語"等詩句，都有成熟的牛女故事作背景，否則，人們會不知所云。《文選·洛神賦》李善注引曹植《九咏注》曰："牽牛爲夫，織女爲婦，織女牽牛之星，各處一旁，七月七日乃得一會。"可以説，有關牛女的神話當時是婦孺皆知的。至於《淮南子·俶真篇》所言"妾宓妃，妻織女"，漢王逸《九思》"就傳説兮騎龍，與織女兮合婚"，晋杜預"星占之織女，處女也"，都把織女當作一個處女的形象，并不能因而説他們不知牛女爲夫妻的故事，因爲牛女的神話不是信史，而是故事傳説，對於這類傳説詩文中引用可以隨便得很。

　　我國古代神話的發展演變是一個長期的過程，隨着時代的發展，有些原始神話表現出與歷史人物、地方風物相融合以及宗教迷信等思想滲入的特點，這些神話因而明顯地向傳説轉化。牛女神話在魏晋時代又受到仙話的侵入，受仙話的影響而"仙話化"。晋張華《博物志·雜説下》載："舊説云：天河與海通。近世有人居海渚者，年年八月有浮槎去來不失期。人有奇志，立飛閣於槎上，多齎糧，乘槎而去。十餘日中，猶觀日月星辰，自後芒芒忽忽，亦不覺晝夜。去十餘日，奄至一處，有城郭狀，屋舍甚嚴，遥望宮中多織婦。見一丈夫，牽牛渚次飲之。牽牛人乃驚問曰：'何由至此？'此人具説來意，並問此是何處？答曰：'君還至蜀郡，訪嚴君平則知之。'竟不上岸，因還如期。後至蜀問君平，曰：'某年月日有客星犯牽牛宿。'計年月，正是此人到天河時也。"《太平御覽》卷八引《集林》曰："昔有一人尋河源，見婦人浣紗，以問之，曰：'此天河也。'乃與一石。而歸問嚴君平，云：'此織女支機石也。'"嚴君平，漢代之善占卜者，曾在成都市上賣卜。這裏已雜入關於仙境和相星術的觀念，已非原始社會的意識。在後來的流傳中，那個到達天河、與牛郎對話的人，又漸漸被附會到漢代出使大夏的張騫身上，見《天中記》卷二引《荆楚歲時記》。那人所得的"支機石"，在各地流傳也很廣，《蜀都雜抄》、《益都談資》卷中、《蜀中名勝記》卷一引《道教靈驗記》、《蜀中廣記》卷六八、《池北偶談》卷二五等，都有關於這塊"支機石"在蜀中等地作爲文物的記述、傳説和駁證。這"支機石"或許是天上落下的隕石的附會。《博物志》等所記述的故事已脱離了牛女愛情故事的本體，而專注於構設一種神奇的仙境，喪失了原有神話的反抗精神和戰鬥精神，已是原有神話的變種、末流。

　　牛郎織女的故事，以後又有許多演變和發展，誠如范寧先生所説："唐宋以後又和'天鵝女郎''山伯英台'兩個故事混合，變成了今天流行全國各地三種情節不同的牛女故事的類型。但是其中祇有'烏鵲添河'型才屬於這個神話的傳統形式。"[11]其他還有些和織女有關的傳說，如《法苑珠林》卷六二引漢劉向《古孝子傳》、《太平廣記》卷六八引《靈怪集》、《情史》卷一九所記"織女婺女須女星"的傳說等，故事中的男方已不是牛郎，這和由二星宿創作出來的牛女神話已相去甚遠，且喪失了原神話的原始性和健康性，這裏不再贅述。

注釋：

[1]范寧：《牛郎織女故事的演變》，載《文學遺產增刊》第一輯。

[2]上海科學技術出版社所出版《天文史話》，其中有《臥看牽牛織女星》一節，臺灣明文書局翻印爲《中國天文史話》，亦仍之。

[3]關於河東織女、河西牛郎之語，晋陸機《擬迢迢牽牛星》詩"牽牛西北回，織女東南顧"，宋佚名《錦綉萬花谷》前集卷四引張文潛《七夕詩》"河東美人天帝子"，"河西嫁與牽牛夫"等與杜甫詩例同，可參看。

[4]鄭文光《中國天文學源流》，科學出版社1979年版，第77頁。參見竺可楨《二十八宿起源之時代與地點》，載《思想與時代》第十八期，1944年。

[5]載《中國神話》第一集，中國民間文藝出版社，1987年。

[6]載袁珂《神話論文集》，上海古籍出版社，1982年版。

[7]馬克思《黑格爾法哲學批判》。

[8]馬克思《摩爾根〈古代社會〉一書摘要》。

[9]鄭文光《中國天文學源流》第二章講述到，《夏小正》謂"七月、初昏織女正東鄉（向）"，"十月，織女正北鄉（向）則旦"，可參看。

[10]韓愈《三星行》："牛奮其角"，"牛不見服箱"。自注："牛六星。"指牛宿而非牛郎（河鼓）。王力《爲什麽學習古代漢語要學點天文學》談到《大東》詩說："牽牛，指牛宿（不是指牽牛星）。"陳遵媯《中國天文學史》第三編第五章談到二十八宿之牛宿時引《大東》詩，可見陳先生亦以《大東》之"牽牛"爲二十八宿中之牛宿。

[11]范寧《牛郎織女故事的演變》，載《文學遺產增刊》第一輯。

（本文原載《文學遺產》1989年第六期，後收入《古代文學與古代文化》上冊）

二、《辭源》天文詞目釋義獻疑

　　因講授古天文課，有時翻閲修訂本《辭源》，發現其中某些有關天文詞目的注釋、引例等，有錯誤或不準確的地方，特録出以供使用或編改《辭源》者參考。

　　有些是對詞目本身的注釋有錯誤或欠準確者。如"大火"一詞（第 1 册第 661 頁），釋曰："星名。心宿中央的紅色大星，即營惑星。"把"營惑星"當作"大火"則大誤。"大火"是恒星，又名"心宿二"，屬二十八宿東方蒼龍七宿心宿中的一星，也名"火"（如"七月流火"）。而"營惑星"是五大行星之一，通作"熒惑"，因其熒熒若火，時而順行，時而逆行，隱現不定，令人迷惑而取名。"五行説"盛行以後，又名"火星"，亦名"罰星"、"執法"。《廣雅·釋天》："營惑謂之罰星，或謂之執法。"《漢書·李尋傳》："臣聞五星者，五行之精。……營惑往來亡常，周歷兩宫。"其中的"營惑"，即指五大行星中的"火星"。"大火"和"營惑"雖都名"火"，但決非同一星，不應混爲一談。又如"璿璣"一詞（第 3 册第 2073 頁），釋曰："星名。指北斗魁第四星。"亦誤。北斗有星七顆，依次爲天樞、天璿、天璣、天權、玉衡、開陽、摇光。前四星爲斗魁，後三星叫斗柄。斗魁有"天璿""天璣"二星，合稱"璿璣"，因以"璿璣"代指斗魁四星，王逸《九思·怨上》："謡吟兮中壄，上察兮璿璣。"洪興祖補注："北斗魁四星爲璿璣。"可見，璿璣應指北斗前四星，而非第四星。《辭源》釋義後亦引王文及洪注，但仍釋作"第四星"，這是誤解了洪注"北斗魁四星"之義。又如"斗杓"一詞（第 2 册第 1367 頁），釋曰："即北斗柄。北斗七星，四星象斗，三星象杓。杓即柄。""四星象斗"一句是錯的。北斗七星全形如斗，前四星僅是斗首（斗魁），後三星爲斗柄。甲骨文、金文之"斗"字字形和出土的實物"斗"，俱有柄，不能理解爲今之量器無柄之升斗之"斗"。再如"勾陳"一詞（第 1 册第 386 頁），釋曰："星名。同'鈎陳'。共六星，在紫微垣内。勾陳，即北極星。"釋"鈎陳"一詞（第 4 册第 318 0 頁）曰："星名。在紫微垣内，最近北極，天文家多借以測極，謂之極星。"皆以之作"極星"，有欠準確。因爲由於地軸的運動，北天極也在悄悄地移動着它在北天空的位置，所以不同時代的北極星是不相同的。右樞星、天乙星、太乙星、少尉星、帝星、天樞星等都曾靠近北天極，充當過不同時期的北極星。《辭源》在"勾陳"釋義後引漢代用例，在"鈎陳"釋義後引晉代用例，也欠準確。因爲古今北極星非一，漢晉時的北極星非勾陳。又因勾陳有六星，非六星皆作極星，今之北極星也祇是"勾陳一"。

再如"參橫"一詞（第 1 册第 446 頁），釋曰："參星已落，形容夜深。"也有欠準確。横者，橫在太空也。謂參宿運行過中天以後逐漸向西北方移動，參宿七星在移向西北方以前作南北向，而移向西北方後作東西向，故曰"橫"，非"已落"也。"已落"則已看不見，何"橫"之有？又如"參辰卯酉"一詞（第 1 册第 447 頁），釋曰："參星酉時（午後五時、六時）出於西方，辰星卯時（午前五時、六時）出於東方，因用以比喻敵對，勢不兩立。"亦欠準確。辰星即商星，與參星各在天一方，此升彼没，永不相見，因以喻敵對。相傳高辛氏二子不睦，日尋干戈，以相征討，因被遷於兩地，分主參、商二星（見《左傳・昭公元年》），即喻勢不兩立，相互敵對。在十二地支中，卯表東方，酉表西方，東西相反，以喻不和，不應從時辰方面着眼。單以"卯酉"，亦可喻不和，如元雜劇《陳州糶米》："我偏和那有勢力的官人每卯酉，謝大人向朝中保奏。"參辰二星總是遥遥相對，互不相見，并非酉時、卯時不可，所以不應把二星與時辰結合在一塊理解。"參辰""卯酉"都可比喻"敵對""不和"，兩者是并列關係。再如"填星"一詞（第 1 册第 623 頁），釋曰："即土星……土星要 29.45 年纔能繞太陽移行一周，約略與二十八宿的數目相符，大體上每年進入一宿，像輪流坐鎮或填充二十八宿，故稱填星。"填星又作"鎮星"，"填"與"鎮"，音義皆通，古代通用。如《史記・吳王濞列傳》："上患吳會稽輕悍，無壯士以填之。"索隱："填，音鎮。"《漢書・高帝紀》："填國家，撫百姓。"《史記・高祖本紀》即作"鎮國家，撫百姓"。所以，"填星"之"填"，決非"填充"之義。

　　《辭源》解釋二十四節氣中的"四立"四詞，有三詞有誤。釋"立春"曰："在農曆二月初四、五日。"（第 3 册第 2336 頁）釋"立夏"曰："在農曆五月初六、七日。"（第 3 册第 2337 頁）釋"立秋"曰："在農曆八月初八、九日。"（第 3 册第 2336 頁）二十四節氣，是純陽曆，與農曆中的月日是不太對應的，三句中的"農曆"都應作"陽曆"。再如"魁岡"一詞（第四册 3498 頁），《辭源》釋作"指北斗星的河魁、天岡二星"，則誤。這裏的"河魁、天岡"，指的是星命家所説的月内凶神，而非北斗星的二星。如《協紀辨方書》引《曆例》所説的："陽建之月，前三辰爲天岡，後三辰爲河魁，陰建之月反是。"當此之日，諸事宜避。觀《辭源》釋"魁岡"引嵇康和《資治通鑑》二例，恰是指的星命家所言的月内凶神，犯之行事不吉。和"魁岡"同義的還有"魁罡"一詞，《辭源》釋曰："星名，指河魁與天罡。"（第 4 册第 3499 頁）下引二例，第一例引三國吳楊泉的《物理論》："豈有太一之君，坐於庶人之座，魁罡之神，存於匹婦之室？"這裏的"魁罡之神"，正是前面

説的星命家所説的月内凶神，釋文中應予説明。但第二例引的是湯顯祖《紫釵記》："同吉
魁罡，走馬升帳。"這又非星命家所説的月内凶神了，而是指的主將設置軍帳的方位，和
李白《司馬將軍歌》"身居玉帳臨河魁，紫髯若戟冠崔嵬"，以及宋代張溪《雲谷雜記》"戌
爲河魁，謂主將之帳宜在戌也"中的"河魁"義同。

　　有些是所引書證有不當之處，有的釋義與引例對不上號，有的書證甚至與詞目根本不
是一回事，影響讀者對詞目或書證中詞目的含義作正確理解。如"觜宿"一詞（第 4 册第
2864 頁），釋曰："星宿名。二十八宿之一。西方白虎七宿的第六宿。又名觜觿。有星三
顆，屬今獵户座。"本不誤。但却引《爾雅・釋天》作書證："娵觜之門，營室東壁也。"
注："星四方似口，因名云。"則大誤。"娵觜"，應指壁宿（又名東壁）或室（又名營室）、
壁二宿。《石氏星經》："壁名東壁，又名娵觜。"《爾雅・釋天》："娵觜之門，營室、東壁
也。"郭璞注："室、壁二星，四方似口，故名娵觜。娵，魚也；觜，口也。謂啞魚之口
也。"室宿二星和壁宿二星組成一個大四方形，故曰"四方似口"。觜宿與娵觜，一在西
方白虎七宿中，一在北方玄武七宿内，相距甚遠。二宿僅一"觜"字相同，則誤爲一星。
又如"斗"字第四個義項（第 2 册第 1367 頁），釋曰："星名。即北斗。"本不誤，却引
《詩・小雅・大東》"維（《辭源》誤作'雖'）北有斗，不可以挹酒漿"爲例，則誤。因
《大東》詩中的"北斗"實指南斗六星，而非北斗七星，之所以言北斗者，是承上句"維
南有箕"而來，牛宿與箕宿相比，一在北，一在南，故稱。詳孔穎達疏。再如"斗城"一
詞（第 2 册第 1367 頁），釋曰："在陝西西安市西北。漢長安故城。《三輔黄圖》一'漢長
安故城'；城南爲南斗形，北爲北斗形，至今人呼漢京城爲斗城。"不誤。但接着又引唐嚴
武《酬別杜二》詩曰："斗城憐舊路，涪水惜歸期。"而曰"即指長安"，則誤。嚴詩指的
應是四川綿州城。此城"依山作州，東據天池，西臨涪水，形如北斗，卧龍伏焉。則斗城
指綿州之城非謂長安也"[1]。再如"九星"一詞（第 1 册第 105 頁）釋曰："九個星，即北
斗七星和輔佐二星。"不誤。但引例却是《素問・天元紀大論》，其九星乃"遁甲式法"所
用之九星，指天蓬、天内、天衝、天輔、天禽、天心、天任、天柱、天英，與北斗七星及
輔佐二星關係隔着一層。又如"招摇"一詞（第 2 册第 1237 頁），釋曰："星名。在北斗
杓端。"不誤。接引《禮・曲禮上》例，又引《釋文》曰："北斗第七星。"則誤。北斗有
二輔星，一曰招摇，一曰玉繩。招摇上古時在恒顯圈内，離北天極不遠，所以被當作斗柄
的代名詞，但招摇與北斗第七星摇光并非同一星。又如"飈"一詞（第 3 册第 2083 頁），

釋曰："小瓜。"而引例却是王褒《九懷·思忠》："抽庫婁兮酌醴，援瓟瓜兮接糧。"庫婁、瓟瓜皆星宿名，洪興祖補注已釋明，而《辭源》釋爲"小瓜"不妥。

有些是所引書證之間的含義有了較大差別，已成了別一義項，或一個義項中需單獨列出解說的"另一層次"，而《辭源》却未加區別。如"天棓"一詞（第1册第691頁），釋曰："星名。"先轉引《吕氏春秋·明理》："其星有熒惑，有天棓。"末又曰："又名覺星。見《晋書·天文志·雜星氣》。"在此二書中之"天棓"，皆爲彗星雜星之屬。《晋書·天文志》原文作："天棓，一名覺星，本類彗，末鋭長四丈。"而《史記·天官書》："紫宫右五星曰天棓。"此乃恒星，有星五顆，類斗形。《天官書》與上二書中例雖皆名"天棓"，但名同而實异。又如"天門"一詞（第1册第687頁），釋曰："星名。"又引《宋史·天文志三》："東方角宿二星，爲天關，其間天門也，其内天庭也。"《宋史·天文志》所言非星名，而是角宿二星間的天區。此語亦見於《晋書·天文志上》。《晋書·天文志上》還説"天門二星，在平星北"，這纔是星名。"天門"應分兩個義項，一爲天區名，一爲星名。《辭源》釋爲"星名"，但却引表天區之例，欠妥。又如"天田"一詞（第1册第684頁），先引《星經》"天田九星"，屬北方七宿之區，在牛宿之南。又引《史記·封禪書》及集解："龍星左角曰天田，有二星，屬東方七宿之區，在角宿之北。二者名同而實异。"《辭源》混爲一談，亦不妥。又如"天廟"一詞（第1册第693頁），釋曰："星名。"先引《國語·周語》："日月底於天廟。"注："天廟，營室也。"指室宿二星，又引《晋書·天文志上》："張南十四星曰天廟。"在南方七宿之區，張宿以南，有十四星。二者也非一回事。混爲一談，亦不妥。再如"天倉"一詞（第1册第689頁），釋曰："星名，即胃宿。"先引《天官書》例，接引《晋書·天文志》例："天倉六星，在婁南，倉穀所藏也。"胃宿，有三星，而《晋志》所言六星之"天倉"在胃宿的西南，當然也非一事，混爲一談亦欠妥。再如"龍角"一詞（第四册3606頁），釋曰："星宿名。"先引《天官書》"杓攜龍角"爲例，在此例中之"龍角"即指角宿二星。朱文鑫曰："龍角，角宿也。蓋角在子午圈時，杓正南向以對之。"[2]又引《春秋運斗樞》"房爲龍角"爲例，房宿爲四星，與角宿顯非一事。混而不析亦不妥。再如，"天根"一詞（第1册第689頁），釋曰："氐宿星別名。"先引《國語》例，又引《爾雅》例。《爾雅·釋天》曰："天根，氐也。"作氐宿星別名天根之例不誤，但引《國語》例却不妥。《國語·周語中》曰："夫辰角見而雨畢，天根見而水涸，本見而草木節解。"韋昭注："天根，亢氐之間。""本，氐也。"以"本"爲氐宿別名。

觀《國語》"辰角""天根""本"（此後尚有指房宿的"駟"，指心宿的"火"）連言，有時間連續性，"本"，指氐宿，且與"氐"義近，而"天根"祇能在氐宿之前，所以韋注是有道理的，若以"天根"指氐宿，"本"將無着落了。所以"天根"表天文之義，可爲兩個層次：一爲氐宿別名，引《爾雅》例；二爲表亢、氐之間的天區，引《國語》及韋注爲例。

再如"天津"一詞（第 1 册第 687 頁），釋曰："星名。"先引《離騷》例，又引《晋書·天文志》例。《晋書·天文志》："天津九星，橫河中。"指星名不誤。但《離騷》"朝發軔于天津兮，夕余至乎西極"，却不是指星名，而是指天河。所以"天津"一詞也應分兩個義項爲好。又如，"魁罡"一詞（第 4 册第 3499 頁），釋曰："星名，指河魁與天罡。"先引唐人之例，稱"魁罡之神"，尚可，接引明代《紫釵記》十九："同吉魁罡，走馬升帳。"已顯非星名，而已轉化成喻指人之義了。以上屬於書證含義有別，該分而誤合。還有書證含義無別，不該分説而誤分的。如"農祥"一詞（第 4 册第 3045 頁），釋曰："星名，即房星。"引《國語》二例，不誤。但又曰："後亦以指農時。"引《舊五代史·唐張全義傳》爲例："每農祥勸耕之始，全義必自立畎畝，餉以酒食，政寬事簡，吏不敢欺。"因《國語·周語下》韋昭注有"房星晨正而農事起"之語，故有"農祥勸耕"之説，但其中的"農祥"仍指房宿。《辭源》以《舊五代史》中"農祥勸耕"之"農祥"爲"以指農時"，不妥。

另外，還有些其他錯誤或欠妥之處。如"實沈"一詞（第 2 册第 859 頁）分兩個義項，一爲星次名，二爲神話中人名，是參宿之神。應該把神話中人名作爲第一個義項，因爲參宿所在的星次取名爲實沈，就因爲實沈是參宿之神，主參宿。見《左傳·昭公元年》。又如"耀魄寶"一詞（第 3 册第 2515 頁），引例作"漢甘德、石申《星經》上《天皇》"，則誤。甘、石皆爲戰國時天文學家，一爲齊人，一爲魏人，皆有天文著作，已佚，後人輯爲《星經》，題作"漢甘公石申著"，雖吸收了漢人的成果，但亦不應標二人時代爲"漢"。再如"三能"一詞（第 1 册第 34 頁），釋曰：星名，即"三台"。末曰"參見'三台'"。但"三台"一詞（第 1 册第 39 頁），無星名之義項，使參見無着落。再如"泰階"一詞（第 3 册第 1746 頁），釋曰："星名，即三台。"注解末曰："參見'泰階六符'。"但《辭源》却無"泰階六符"一詞。又如"天田"一詞（第 1 册第 684 頁），引李白《明堂賦》曰："帝躬乎天田，後親于郊桑。"後，應作"后"，指帝后，夫人。這幾個問題雖屬細枝末節，但也影響辭書品質，還可能給讀者帶來不便甚或理解上的錯誤。

注釋：

[1]仇兆鼇《杜詩詳注》附《嚴武詩注三》，中華書局，1979年版，第2冊第914頁。

[2]朱文鑫《〈史記・天官書〉恒星圖考》，商務印書館，1927年版，第11頁。

（原載《文史哲》1989年第五期，後收入《古代文學與古代文化》中冊）

三、《漢語大詞典》天象詞目獻疑

正在出版中的《漢語大詞典》，古今語詞（兼及百科）兼收，源流并重，無論從規模上，還是從品質上，都不愧爲第一流的詞書。溉及學人，其澤甚遠，言其功德無量亦非虛譽也。近來翻閱前四冊中有關天象的某些詞目，感到她和一切高品質的詞書一樣，白璧自然難免有些許瑕疵。吹毛以求，以供《漢語大詞典》（以下簡稱《大詞典》）的編撰者和使用者參考。不妥之處，敬請斧正。

有些錯誤還是挺嚴重的。比如“玉羊”一詞（4冊478頁1欄），第四個義項曰：“天狼星的別名。南朝梁劉孝綽《望月有所思》詩：‘玉羊東北上，金虎西南昃。’”這裏的玉羊不是指天狼星，而是指月亮。這兩句詩與“金烏（太陽）西墜，玉兔（月亮）東升”同義。因日光強烈，故以金虎作比；因月光柔和，故以玉羊爲喻。細繹劉氏全詩，詩題即爲“望月”，詩中亦非寫及星名，可知玉羊不應指天狼星。[1]若指天狼星，天狼星在南天空參宿以南，何以能言“東北上”？若指天狼星，則金虎也不能指太陽，而祇能指星名，祇能指參宿或參宿所在的西方白虎諸宿，但天狼星離參宿等頗近，又決不能一東升、一西落。其他辭書如修訂本的《辭源》《辭海》及臺灣省編的《中文大辭典》等，都把玉羊釋作月亮，不誤，當從爲是。

有些和星名有關的詞目，注解也有誤或欠妥。如“榆”字（4冊1186頁2欄）第二個義項，釋曰：“星名。”但所引三例皆非星的專名，如所引《隴西行》一例：“天上何所有？歷歷種白榆。”乃以白榆喻衆星，故不可釋作“星名”，而可釋作“喻指星星”。筆者再補充一例：宋歐陽修《鵲橋仙》詞曰：“鵲迎橋路接天津，映夾岸，星榆點綴。”以“星榆”并稱。“榆”可曰“指星”“喻星”，而不可釋爲“星名”，更顯而易見也。還有的不是星名而誤作星名者。如“佩珍”一詞（4冊555頁2欄），釋曰：“星名。”引《魏書・術藝傳·張淵》"淵著《觀象賦》曰……扶匡照耀,麗珠佩珍。"據原注可知:扶匡有七星,麗珠有五星,皆爲星宿名。但"佩珍"却非星名,此言麗珠星"后夫人之盛飾","其星主皇后之服也",是從其星所主而言的。再如"司空"一詞(3 冊 63 頁 1 欄),第五個義項曰:"星名。"但引唐曹唐《勘劍》詩"垂情不用將閑氣,惱亂司空犯斗牛"一例却大誤,例中的"司空"根本不是星名,而是指的曾任過司空的張華。詩寫劍,用的是"豐城劍氣","氣冲斗牛"之典,參見《晋書·張華傳》。[2]

有些詞目的注釋是錯誤的,或不準確的。有的詞目釋文中對於黄道概念的表述就不正確。如"二十八宿"一詞(1 冊 116 頁 2 欄),釋文曰:"指我國古代天文學家把周天黄道(太陽和月亮所經天區)的恒星分成二十八個星座。"黄道是地球環繞太陽公轉的軌道平面與天球相交的大圓,或曰即太陽周年視運動在天球上的路徑。古人認爲太陽繞地而行,黄道就是人們想象中的太陽繞地的軌道,而不是月亮繞地的軌道,也不是月亮運行所經的天區,所以括弧内對黄道的夾注是不對的。且不説關於二十八宿所經天區是按黄道劃分還是按赤道劃分目前尚無定論,詞典釋義可以避開這一問題,而説"把天球赤道和黄道一帶的恒星"或説把太陽和月亮視運動的天區部分的恒星"分成二十八個星組"爲好。又如"十二宫"一詞(1 冊 807 頁 1 欄)第二個義項中解説"天文學名詞,太陽與月亮沿黄道運行一周"云云,古天文學認爲太陽沿黄道繞地而行,而月亮沿白道繞地而行,所以不能説月亮也沿黄道運行一周。

有的詞目釋義用語欠科學,欠嚴密,或含混不清。如"中樞"一詞(1 冊 616 頁 1 欄),第一個義項中釋曰:"天體運行的中心。"在太陽系裏天體運行的中心是太陽,在銀河系裏天體運行的中心是銀心,所以把北極星所在的一帶天區當作"天體運行的中心"是不對的。即使單純從語義上着眼,也應指明是"古人認爲"纔是,免得混同於嚴密的現代科學的概念。再如"太一"一詞(2 冊 1461 頁 2 欄)第四個義項曰:"星名。即帝星。又名北極二。因離北極星最近,故隋唐以前文獻多以之爲北極星。《星經》卷上'太一星,在天一南半度'。"太一星,一指曾作爲北極星的帝星,在小熊星座内,《史記·天官書》所説的"天極星,其一明者,太一常居也",即指此星。[3] 一指在天龍座内太乙星(又名太一),《星經》所言"在天一南半度"者即此星。《大詞典》以《星經》所言太乙星和帝星混爲一談是不對的。"因離北極星最近,故……以之爲北極星"一語亦不通。由於地球自轉軸的運動,不同歷史時期所看到的北極星是不相同的。隋唐以前因爲帝星離北極點(或曰北天極）較近而又較明亮，故以之爲北極星，但不能説"離北極星最近"。如果釋文中的第一個北極星是指北極五星中的北極五（又名北極，其他四星依次爲太子、帝星、庶子、后宫），但這顆太一星（帝星）又不離北極五最近，所以這個義項的錯漏是很多的。又如"小犬"一詞（2 册 1590 頁 1 欄），第三個義項曰："星座名，即我國古代所稱的南河三星，屬井宿。"小犬這個星座决不是僅指南河三星，座内有亮於六等（目視星等）的星就有 32 顆，所以把小犬座和南河三星完全等同是不對的。

有些與月亮、月相有關的詞目，解釋上也欠妥或錯誤。如"小弦"一詞（2 册 1609 頁 1 欄），第二個義項曰："弧形曲綫，常用以稱舊曆每月上旬初出及下旬將晦時的眉狀月。宋吴文英《宴清都・壽秋壑》詞：'對小弦、月掛南樓，凉浮桂酒。'"弦，决非弧形曲綫。古諺曰："直如弦，死道邊。"弦指半月的直綫形一邊。《釋名・釋天》："弦，月半之名也，其形一旁曲，一旁直，若張弓施弦也。"曲的一旁是弓背，直的一邊是弓弦。知此則知釋文解爲"眉狀月"是不對的，應指上弦月或下弦月，在農曆每月的初七、八或二十二、二十三日，不是上旬初出或下旬將晦之時的月亮。又如"玉鈎"一詞（4 册 506 頁 2 欄），第二個義項曰："喻新月"。新月有二義：一曰初升之月，一曰月初之月。而"玉鈎"喻月是從月形如鈎上取義，應釋爲"鈎月，彎月"爲是。而"玉簾鈎"一詞（4 册 520 頁 1 欄）第二個義項曰："比喻弦月。"弦月僅指農曆每月初七、八或二十二、二十三時的月亮，而玉簾鈎却可指農曆每月上旬初出的新月及下旬將晦時的殘月。如《大詞典》所引宋蘇軾《菩薩蠻・新月》例："畫檐初掛彎彎月，孤光未滿先憂缺。遥認玉簾鈎，天孫梳洗樓。"從詩題和詩句中，都難以判斷寫的就是弦月，從例句中亦可看出如釋爲"鈎月，彎月"則更爲貼合。

有的詞目則本爲此星却釋作彼星。如"倉龍"一詞（1 册 1441 頁 1 欄），第二個義項曰："木星位於東方之稱。《漢書・王莽傳中》：'歲在壽星，填在明堂，倉龍癸酉，德在中宫。'顔師古注引服虔曰：'倉龍，太歲也。'"顔師古還注引張晏曰："太歲起於甲寅爲龍，東方倉。癸德在中宫也。"這裏的倉龍，指的是人們假想的和歲星背道而馳，用以紀年的太歲星，而非木星（歲星）。"倉龍癸酉"，即用的太歲紀年法，指這一年爲癸酉年，即公元 13 年。

有的詞目釋義則以部分混全體。如"元台"一詞（2 册 209 頁 2 欄），釋爲"指三台星中的上階二星"云云，是對的。但後面又説"又稱天柱星，象徵三公之位"，則誤。因爲天柱星指三台六星，而元台（又名上台），僅指三台中的前二星。《晋書·天文志上》曰："三台六星，兩兩而居，起文昌，列抵太微。一曰天柱，三公之位也。"故以元台二星等同於天柱六星則誤。

　　與天象有關的詞目，注釋有的亦有誤。如"喜雨"一詞（3 冊 403 頁 1 欄），第二個義項曰："易於下雨。清陸榮陛《帝京歲時紀勝·宜忌》：'五月喜旱，六月喜雨。'"以"易於下雨"釋"喜雨"是錯的。《帝京歲時紀勝》緊接着又曰："諺云：'有錢難買五月旱，六月連陰吃飽飯。'"我家鄉魯西南一帶亦有此諺，意謂農民五月喜歡天旱一些，利於農作物蹲苗；六月喜歡雨水多一些，利於莊稼迅速生長。此"喜"字，乃是喜歡之義。還有"天都"一詞（2 冊 1428 頁 2 欄），第三個義項曰："星名，屬於南方七星中的星宿。"南方七宿第四宿名"星宿"，共有七顆星，故又名之爲"七星"，天都是七星的异名，《晋書·天文志上》："七星，一名天都。"故釋作"屬於南方七星中的星宿"是不對的，天都和七星，不是隸屬關係，而是等同關係。

　　有些詞目的注釋還可再周密些。如"大火"一詞（2 冊 1329 頁 2 欄）第一個義項曰："星宿名，即心宿。《爾雅·釋天》：'大火謂之大辰。'郭璞注：大火，心也，在中最明，故時候主焉。"後尚有二例。大火指心宿也不錯，但大多數情況下指"心宿二"（即心宿三星中間的紅色大星，故郭璞注曰"在中最明"）。釋義中應指出爲是。再如"參辰"一詞（2 冊 841 頁 1 欄），第一個義項釋曰："參星和辰星，分別在西方和東方"云云。"參商"一詞（2 冊 845 頁 2 欄）第一個義項釋曰："參星和商星。參星在西，商星在東"云云，二詞中的"在東""在西"之説都不嚴密。這兩個詞都是説的參宿和心宿（又名辰星、商星），二宿一在西方白虎七宿之中，一在東方蒼龍七宿之中，這就是釋文所言"在東"、"在西"的本義。但容易誤解成二星宿在天空中的常態，應表述清楚、準確爲是。有些詞目的注釋雖不能説有錯，但過於簡略，使人查到後仍不得其解。如"安周星"一詞（3 冊 1319 頁 2 欄），釋曰："星名。《史記·天官書》：'兔七命，曰小正、辰星、天攙、安周星、細爽、能星、鈎星'。"同星异名的"小正"一詞（2 冊 1593 頁 1 欄），第一個義項亦僅釋爲"星名"，也是引《天官書》爲例，不同的是多了點司馬貞索隱："謂星凡有七名。命者，名也。小正，一也。"讀後仍讓人不知所指爲何星。應指明它們都是辰星（水星）的別名。《史記·天官書》："兔過太白。"索隱："《廣雅》云：'辰星謂之兔星。'則辰星之別名兔。"又如"二咸"一詞（1 冊 128 頁 2 欄），亦僅釋作"星名"。應指明這是兩組星的合稱，即東咸四星和西咸四星。又總稱之爲"兩咸"。在房宿和心宿以北。《石氏星經》："東咸、西咸各有四星"，"兩咸爲日月五星之中道也"。再如"下台"一詞（1册312頁1欄）第二個義項僅釋爲"星名"，從例句中也看不出它屬於三台之内，連個參見"三台"的字樣也没有，所以給人的知識粗略得很。釋"上台"（1册271頁1欄）在"星名"之外，多了"在文昌星之南"幾字，釋"中台"（1册587頁2欄）在"星名"之外，多了"詳三台"幾字，都應指明分屬三台星的上、中、下階各二星。又如"依烏"一詞（1册1351頁2欄），第一個義項也僅釋爲"星名"，應指出是郎位星的別名爲好。又如"妖精"一詞（4册307頁1欄），第一個義項曰："指流星。"從引例看，是不錯的。但"妖精"一詞，按詞義這裏應指"妖星"，即古人認爲的灾异之星。精者，星也。如火星又曰火精，木星又曰木精。故"妖精"即爲"妖星"。所以釋義時應説："妖精，即妖星。包括彗星、客星和流星等古人認爲是災異之星者。"再如"柳星"一詞（4册926頁1欄），釋曰："二十八宿中南方朱雀七宿的第三星。"亦不錯。但這裏的"第三星"易於誤解爲"第三顆星"，如改爲"第三宿"或"第三個星宿"。柳星即柳宿，有星八顆。

古人認爲天人相應，常以天象比附人事，常以星名象徵或主掌某事某物。如《史記・天官書》"斗爲帝車"，義謂北斗星象徵天帝的車輿，後人因以"帝車"爲北斗星的別名，有李白《聞李太尉出征東南》詩"帝車信回轉，河漢復縱橫"等爲例，所以編撰詞書者就以北斗星的別名收録"帝車"爲詞。但如果後人無用帝車指稱北斗者，則帝車就不應作爲星名收列。但《大詞典》却收録了某些古人認爲星名所象徵或主掌的某些事物，後人又未用爲星的別名者。如"天衢"一詞（2册1454頁1欄）第五個義項，曰："星名。《晋書・天文志上》：房四星，爲明堂，天子布政之宫也……又爲四表，中間爲天衢，爲天關，黄道之所經也。"從例中可以看出，天衢并非星名，而是天街、天道之義。再如"天梁"一詞（2册1436頁1欄），第二個義項曰"星名"，節引《晋書・天文志上》爲例，所引之文補全則是："南斗六星，天廟也，垂相太宰之位。……南二星魁，天梁也；中央二星，天相也；北二星，天府庭也。"天梁、天相、天府庭，皆南斗六星所分主，不當作爲星名。又如"員官"一詞（3册360頁2欄），第一個義項曰："星名。二十八宿中南方朱雀七宿的第四宿。亦稱'星宿'，凡七星。《史記・天官書》：'七星，頸，爲員官，主急事。'司馬貞索隱引宋均曰：'頸，朱鳥頸也。員官，喉也。物在喉嚨，終不久留，故主急事也。'"從引例及索隱看，員官不應作星名收列作釋，或可立一個作爲"喉嚨"講的義項。再如

"柳星張"一詞（4 冊 926 頁 1 欄），僅爲柳宿、星宿、張宿的并稱，結構較鬆，不可作爲詞目收録。但有些詞如"天格"，《大詞典》却又未收，似不當遺。作爲星名，《辭源》和《中文大辭典》都已收録。可見，《大詞典》在一些詞目的取捨上也有寬嚴不一的毛病。

有些詞目所引的書證欠妥，書證和釋義有的不對號，有的甚至風馬牛根本不相及。除了前面提到的"司空"一例以外，又如"天泉"一詞（2 冊 1425 頁 2 欄），第一個義項曰："星名。《史記·天官書》：'困敦歲：歲陰在子，星居卯。以十一月與氐、房、心晨出，曰天泉。玄色甚明。'"所引例證亦非星名，司馬貞索隱引孫炎云："困敦，混沌也。言萬物初萌，混沌於黄泉之下也。"這裏講的是星歲紀年。《天官書》中還説：單閼歲，曰降入；執徐歲，曰青章；大荒駱歲，曰跰踵；敦牂歲，曰開明；協洽歲，曰長列……。皆同"曰天泉"例，皆非星名。天泉爲星名可引《宋史·天文志三》爲例："天淵十星，一曰天池，一曰天泉，一曰天海，在鱉星東南九坎間，又名太陰，主灌溉溝渠。"再如"女宿"一詞（4 冊 263 頁 1 欄），釋爲星宿名，即北方玄武七宿的第三宿，不誤。但引第二例爲明代張煌言《〈冰槎集〉引》"昔之乘槎者，或爲客星而犯斗牛，或入女宿而得支機，故至今羨爲勝事"却誤。因此例中的"女宿"不是北方玄武七宿之一的女宿（有星四顆），而是天琴座内的織女星（有星三顆）。據《獨異志》卷上載，有客曾至天河，見牽牛織女，嚴君平稱之爲"客星犯斗牛"。又據《天中記》卷二所引《荆楚歲時記》（今本佚），至天河者爲漢代的張騫，并得到織女的支機石。女宿不在天河中，且離牛女二星較遠，所以張煌言文中的女宿，應指織女星爲是。再如"冷光"一詞（2 冊 403 頁 1 欄），釋曰"指月光"。第一例引李賀《李憑箜篌引》"十二門前融冷光，二十三絲動紫皇"，查王琦彙解、葉葱奇疏注以及近十個選本，[4] 皆無以"冷光"指月光者，此例應删。

有些詞目所引的書證指的不是一星，應當分成兩個義項，不應混爲一談。如"司危"一詞（3 冊 61 頁 1 欄），釋爲"星座名"。引二例，《宋史·天文志三》例指的是作爲星座名的司危星（有二星），但《史記·天官書》例"司危星"，出正西西方之野，星去地可六丈，大而白，類太白"，却非星座名，而是彗星、客星之屬了。又如"帝座"一詞（3 冊 711 頁 2 欄），第二個義項曰："亦作'帝座'，古星名，屬天市垣，即武仙座二星。戰國甘德、石申《星經》：'帝座一星在市中，神農所貴，色明潤。'《後漢書·襄楷傳》：'熒惑入太微，犯帝坐。'……"第一例指天市垣内的帝座星（僅一星），第二例指的是太微垣内的五帝座，有五星，故而《襄楷傳》言"入太微，犯帝坐"。再如"帝廷"一詞（3 冊 709 頁

1欄），第二個義項曰："古天文學上指太微垣。"引二例，第二例引《漢書·李尋傳》及
顏注和釋義相符，第一例引《史記·天官書》"大角者，天王帝廷"云云，則是以大角星
爲帝廷。張守節正義曰："大角一星，在兩攝提間，人君之象也。"故以之指帝廷。兩例所
指大異，不應誤混爲一。又如"句星"一詞（3冊54頁1欄），釋曰"星名"。又分二義，
第二義爲"即鈎陳星"。第一義曰："即鈎星。九星如鈎狀。《淮南子·道應訓》：'昔吾見
句星在房、心之間，其地動乎？'高誘注：'句星，客星也。'"這個第一義又應分作兩義。
一爲客星，可引《淮南子》作例；二即鈎星，九星如鈎狀。可引《晉書·天文志上》"其
西河九星如鈎狀，曰鈎星"爲例。二者亦非同一星宿。再如"瑤樞"一詞（4冊625頁
1欄），釋曰："即天樞。北斗第一星。"引二例，第一例引前蜀杜光庭《壽春節進章真人
像表》："北極瑤樞，煥虹光而誕睿；中天玉斗，飛紫電以凝華。"這裏以瑤樞和北極并稱，
而又和"玉斗（北斗七星）"相對而言，決非北斗第一星，而是指的北極五星的紐星。《晉
書·天文志上》："北極，北辰最尊者也，其紐星，天之樞也。"故以極、樞連言。所以杜
光庭文例應當別立爲一個義項。又如"極樞"一詞（4冊1142頁2欄），釋曰："指北極星
和天樞星。"引第二例曰："《隋書·天文志上》：抱極樞四星曰四輔，所以輔佐北極，而出
度授政也。"這裏的極樞，也應指北極和紐星，如果是北極星和北斗第一星天樞，則四輔
不能"抱"也。《管窺輯要》曰："四星（指四輔）各去極四度，抱北極樞。"所以依《隋
書》書證，極樞亦應別立一義項。再如"司中"一詞（3冊59頁1欄）第一個義項釋曰
"星名"。引三例。前二例（《周禮·春官·大宗伯》和《史記·天官書》）指的是文昌六星
的第五星，第三例引《晉書·天文志上》指的是三台六星的中台二星。也應分成兩個小義
項爲好。又如"南極老人"一詞（1冊900頁1欄），釋曰："星名，即南極星。舊時以爲
此星主壽，故常用於祝壽時稱頌主人。"引《天官書》、李白詩等爲例。但所引《水滸傳》
第一回"披髮仗劍，北方真武踏龜蛇；跣履頂冠，南極老人伏龍虎"，則是指的南極星神
了，也應當別立一義項或同一義項內再加一層次纔是。再如"天柱"一詞（2冊1424頁
1欄），第四個義項曰："星名。屬於東方七宿中的角宿。（1）《晉書·天文志上》：'三台
六星，兩兩而居，起文昌，列抵太微。一曰天柱，三公之位也。'（2）《星經》卷上：'天
柱五星在紫微宮內，近東垣，主建教等二十四氣也。'"這裏把太微垣的六星天柱和紫微垣
的五星天柱都隸屬於東方七宿中的角宿內是錯誤的。天柱指星名，應分三個小項：（1）天
柱十一星，在角宿天區內；（2）三台六星又名天柱，在太微垣內；（3）天柱五星，在紫微

垣内。他如"天田"第三個義項（2冊1410頁2欄），"天根"第一個義項（2冊1429頁1欄）、"天倉"第一個義項（2冊1431頁1欄）等等，也應分作兩個義項。我在《辭源天文詞目釋義獻疑》中已予以辨明，[5]這裏就不再重複了。

以上講的是應分而合者，還有的則是分而應合爲好者。如"信風"一詞（1冊1419頁2欄），共三個義項。前兩個義項以合并爲好。其第一義曰："隨時令變化，定期定向而至的風。……唐李肇《唐國史補》卷下：自白沙溯流而上，常待東北風，謂之信風。"其第二義曰："在低空由副熱帶高氣壓帶吹向赤道地區的風。北半球盛行東北信風，南半球盛行東南信風。"這樣一來，第一義項中《唐國史補》的例子就侵入第二義項的領地了，給人以眉目不清之感。似以"混一"爲好。

此外，還有些技術性的小問題。"嫦娥"一詞（4冊404頁1欄）第二個義項引明唐寅《掏水月在手》詩爲例，"掏水"，不詞，應爲"掬水"，見《六如居士全集》卷三。"東方星"一詞（4冊826頁1欄）引《詩·谷風·大東》"東有啓明，西有長庚"爲例，篇名應爲《詩·小雅·大東》。"五潢"一詞（1冊386頁1欄）釋曰："星名。又名'五車'"，云云，引《史記·天官書》爲例。後有"司馬貞索引《元命苞》云"，應作"司馬貞索隱《元命苞》云"，是"索隱"，而非"索引"，也可理解为漏一"隱"字。

還有個專名號問題，按《大詞典》體例規定，星名不標專名號，有些詞目中卻未嚴格遵照規定去做。如"天市"一詞（2冊1411頁2欄）所引衆星名大都未標專名號。但卻在引張守節正義"天市二十三星"云云之"天市"下加了專名號。又如"南極"一詞（1冊900頁1欄）第二個義項是星名，也是絕大多數星名未標專名號，但卻在"弧"（星名）下標了專名號。再如"參野"一詞（2冊845頁1欄）引《舊唐書·忠義傳上·蘇安恒》"皇唐親事戎旗，鳳翔參野，削平宇縣，龍踐哀極"爲例，在"鳳翔"下加了專名號，鳳翔既非星名（況且按《大詞典》規定，星名也不應標專號），也非地名，是個普遍語詞，義猶"龍飛"。所以不應加標專名號。中華書局標點本的《舊唐書》亦未標專號，[6]當從爲是。

注釋：

[1]劉孝綽《望月有所思》詩，全詩是："秋月始纖纖，微光垂步檐。朣朧入牀簟，仿佛鑒窗簾。簾螢隱光息，簾蟲映光織。玉羊東北上，金虎西南戾。長門隔清夜，高堂夢容色。如何當此時，情懷滿胸臆。"

[2]《晋書》卷三六《張華傳》言張華："數年，代下邳王晃爲司空，領著作"，張華被殺後，"其復華侍中、中書監、司空、公、廣武侯及所没財物與印綬符策"。以上見中華書局標點本《晋書》，1974 年版第四册 1072 和 1077 頁。"劍氣冲牛斗"事見該書 1075—1076 頁，文長不録。

[3]參見朱文鑫《史記天官書恒星圖考》，商務印書館 1927 年版，第 3—4 頁。

[4]王琦彙解此二句曰："上句言其聲能變易氣候，即鄒衍吹律而温氣至之意，下句言其聲能感動天神，即圜丘奏樂而天神皆降之意。"葉葱奇疏解言："形容聲調的清越、幽美，説它把京師的氣候都變温暖了，而皇帝也爲之欣賞贊嘆。"

[5]參見拙文《〈辭源〉天文詞目釋義獻疑》，載《文史哲》1989 年第五期。

[6]《舊唐書》卷一八七上，中華書局 1975 年版第四册第 4880 頁。

（原載《烟臺師院學報》1993 年第二期，後收入《古代文學與古代文化》中册）

索　引

索引凡例

　　一、本索引爲詞條索引，凡正文詞條欄目出現的主詞條均用"*"標示，副詞條則無特殊標識。

　　二、本索引諸詞條收錄順序以漢語拼音音序爲基礎，兼顧古音、方言等差异，然爲方便檢索，又與音序排列法則有异，原則如下：

　　首先，以詞條首字所對應的拼音字母爲序排列，詞條首字相同（讀音亦同）者爲同一單元；詞條首字不同但讀音相同的各個單元，一般按照各單元詞條首字的筆畫，由簡至繁依次排列。例如以huáng爲首字的詞條，則按首字筆畫依次分作"皇""黃"等不同單元；又如以diāo爲首字的詞條，則按首字筆畫依次分作"虭""蛠""貂"等不同單元。此外，爲方便查閲和比較，在對幾個同音且各衹有一個詞條的單元排序時，一般將兩個或幾個含義相同或相近的單元鄰近排列。如"埋頭蛇""貍蟲""薶頭蛇"都屬於mái爲首字的單元，且"埋頭蛇"與"薶頭蛇"含義相同，因此這三個單元的排列順序是"貍蟲""埋頭蛇""薶頭蛇"。

　　其次，同一單元内按各詞條第二字讀音之音序排列，第二字讀音相同者則按第三字讀音之音序排列，以此類推。例如以"皇"爲首字的單元各詞條的排列依次爲"皇戌、皇帝鹵簿金節……皇貴妃儀仗金節……皇史宬……皇太后儀駕卧瓜……皇庭"。

　　三、本索引中詞條右側的數字爲該詞條在正文位置的起始頁碼。

　　四、本索引所收詞條僅限於正文、附錄中明確按主、副詞條格式撰寫的詞條，而在其他行文中涉及的詞條不收錄。

　　五、多音字、古音字或方言字詞條按其讀音分屬相應的序列或單元，如"大常"古音爲tàicháng，因此歸入音序T序列；又如"葛上亭長"，"葛"是多音字，此處讀gé，因此歸入音序G序列之ge的二聲單元；互爲通假的詞條，字雖异然而讀音同者，如"解食""解倉"皆爲芍藥別稱，因"食"與"倉"通，故"解食"讀音與"解倉"同；等等。

　　六、某些詞條多次出現，在正文中以詞條右上標記數字爲標志，如"朝[1]""朝[2]""百足[1]""百足[2]"等，索引中亦按照其右上標記數字的順序排列。詞條相同但讀音不同的則按照其讀音分屬相應的音序序列和單元。如"蟒[1]"（měng）、"蟒[2]"（mǎng），"蟒[1]"歸入音序M序列之meng的三聲單元，"蟒[2]"則歸入音序M序列之mang的三聲單元。

　　七、某些特殊詞條，如數字詞條、外文字母詞條等，則收入《索引附錄》。

A

B

C

E

F

G

H

J

M

N

O

P

Q

R

S

X

Y

Z